Hablar español en Estados Unidos

MM Textbooks

Se pueden encontrar detalles completos sobre cada libro de esta serie y sobre todas nuestras publicaciones en http://www.multilingual-matters.com o escribiendo a Multilingual Matters, St. Nicholas House, 31–34 High Street, Bristol BS1 2AW, UK.

MM Textbooks: 17

Hablar español en Estados Unidos

La sociopolítica del lenguaje

Jennifer Leeman y Janet M. Fuller

MULTILINGUAL MATTERS
Bristol • Jackson

DOI https://doi.org/10.21832/LEEMAN3948
Library of Congress Cataloging in Publication Data
A catalog record for this book is available from the Library of Congress.
Names: Leeman, Jennifer, author. | Fuller, Janet M., author.
Title: Hablar español en Estados Unidos: La sociopolítica del lenguaje /
    Jennifer Leeman y Janet M. Fuller.
Other titles: Speaking Spanish in the US: The Sociopolitics of Language
Description: Bristol; Blue Ridge Summit: Multilingual Matters, [2022] |
    Series: MM Textbooks: 17 | Includes bibliographical references and
    index. | Summary: 'Este libro ofrece un acercamiento a la
    sociolingüística, centrándose en el español hablado en Estados
    Unidos. Se examina la historia del español en dicho país, la relación
    de la lengua con las identidades latinxs, y las formas en que las
    ideologías y las políticas lingüísticas reflejan y condicionan la
    percepción del español y sus hablantes' – Provided by publisher.
Identifiers: LCCN 2021027806 (print) | LCCN 2021027807 (ebook) | ISBN
    9781800413931 (pbk) | ISBN 9781800413948 (hbk) | ISBN 9781800413955
    (pdf) | ISBN 9781800413962 (epub)
Subjects: LCSH: Spanish language – United States. | Spanish language – Social
    aspects – United States. | Sociolinguistics – United States.
Classification: LCC PC4826 .F8513 2022 (print) | LCC PC4826 (ebook) | DDC
    306.442/61073 – dc23

British Library Cataloguing in Publication Data
A catalogue entry for this book is available from the British Library.

ISBN-13: 978-1-80041-394-8 (hbk)
ISBN-13: 978-1-80041-393-1 (pbk)

Multilingual Matters
UK: St Nicholas House, 31-34 High Street, Bristol BS1 2AW, UK.
USA: Ingram, Jackson, TN, USA.

Página web: www.multilingual-matters.com
Twitter: Multi_Ling_Mat
Facebook: https://www.facebook.com/multilingualmatters
Blog: www.channelviewpublications.wordpress.com

Multilingual Matters/Channel View Publications procura usar papeles naturales de productos renovables y
reciclables, hechos a partir de maderas que crecen en bosques de desarrollo sostenible. Para la impresión de
nuestros libros y para apoyar nuestra postura, hemos dado preferencia a impresores que tienen certificación
de la Cadena de custodia FSC y PEFC. Los logos de FSC y PEFC aparecerán en los libros cuyo impresor haya
obtenido la certificación correspondiente.

Typeset by Riverside Publishing Solutions Ltd.

Tabla de contenido

Tablas y figuras

Tablas

Figuras

Agradecimientos

Quisiéramos agradecer a quienes, desde el anonimato, nos ayudaron con las revisiones, así como a las siguientes personas, por su generosa colaboración y por los enriquecedores comentarios sobre esta edición en español, sobre la edición en inglés, o en algunos casos sobre ambas: Joan Bristol, Yvette Bürki, Isolda Carranza, Manuel Cuellar, Héctor Emanuel, Claudia Holguín Mendoza, Carla Marcantonio, Galey Modan, Adriana Patiño-Santos, Kim Potowski, Adam Schwartz, Randolph Scully, Ellen Serafini, Julio Torres y Hai Zhang. Estamos agradecidas por sus agudas observaciones y acertadas sugerencias, así como por su apoyo moral, que nos han ayudado de manera inestimable. Queremos darle un agradecimiento especial a Felipe Fossati por su esfuerzo, atención al detalle, y colaboración generosa en la preparación de esta edición en español. Finalmente, agradecemos a Lalo Alcaraz por el permiso para reproducir la caricatura que aparece en el capítulo 4 y a Héctor Emanuel por las fotos que aparecen en los capítulos 3 y 6.

Capítulo 1

Hablar español en Estados Unidos: Presentación del libro

Objetivos

Presentar y explicar el eje y abordaje del libro, proporcionar un marco general para el estudio de la sociopolítica del lenguaje y ofrecer una breve reseña de los capítulos siguientes.

Introducción

En las décadas anteriores y posteriores al comienzo del siglo xxi, la presencia de la lengua española en Estados Unidos se ha vuelto más evidente. La razón más obvia de esta mayor visibilidad es que tanto el número como el porcentaje de personas que hablan español han aumentado significativamente en las últimas décadas. Según la U.S. Census Bureau ('Oficina del Censo de los Estados Unidos'), en 1990 aproximadamente 17 millones de personas de cinco años o más edad hablaban español en el hogar, lo que representaba el 7,5% de todas las personas de esta edad. Ese número aumentó a 28 millones de personas (10,7%) en el 2000 y a 41 millones (13,4%) en el 2017 (American Community Survey, 2017). El español es, con diferencia, la lengua no inglesa más comúnmente hablada en Estados Unidos (le sigue el chino, hablado en casa por unos 3,5 millones de personas). Estas estadísticas, junto con la larga historia del español en lo que hoy es Estados Unidos, hacen que sea la segunda lengua *de facto* y parte del entramado nacional.

Es probable que incluso personas que no hablan español y que no tienen un contacto frecuente con gente de habla hispana se hayan vuelto más conscientes de la presencia del español en las últimas décadas. En otras palabras, el aumento del número de hablantes también ha incrementado la visibilidad del español en la esfera pública. Pensemos, por ejemplo, en la expansión de los medios de comunicación y de la industria del entretenimiento en español —incluidos los canales de televisión, la música, la radio y la programación de Internet— y en la proliferación de menús automáticos que ofrecen a cada usuario la posibilidad de utilizar el español en los cajeros y en las líneas telefónicas de atención al cliente. Además del crecimiento y mayor reconocimiento de las poblaciones de habla hispana en Estados Unidos, estas tendencias también derivan de la expansión de los medios de comunicación, la segmentación de la audiencia, la programación transnacional, el mercadeo dirigido y de nicho, así como del avance tecnológico en general. A su vez, las protestas y el activismo en torno a la falta de diversidad **etnorracial** en la programación televisiva, las películas de Hollywood y en la cultura popular dominante han hecho que se preste más atención a la escasa representación de las poblaciones latinxs[1] e hispanohablantes en los medios de comunicación de lengua inglesa (como en la campaña #OscarsSoWhite). También el diálogo político y las campañas electorales discuten invariablemente el crecimiento y el impacto del electorado latinx. Debido a que la población latinx está vinculada al español en la mente de muchas personas en Estados Unidos, el discurso público sobre cualquier tema relacionado con ella suele dirigir la atención hacia el español, incluso cuando el idioma no es discutido explícitamente. Por esto mismo, es común que en las campañas electorales se utilice el español con el fin de atraer votantes latinxs, a veces incluso en contextos en los que predomina el inglés, como los debates presidenciales.

Si bien la presencia, la visibilidad y la atención hacia el español han ido en aumento en los últimos años, dicha lengua se ha hablado en lo que es hoy Estados Unidos durante cientos de años. De hecho, dos tercios del actual territorio estadounidense estuvo bajo el dominio de un país cuyo idioma oficial era el español (a saber, España o México), y desde entonces siempre ha habido un segmento significativo de la población que lo habla (Macías, 2014). En efecto, el español ha sido y sigue siendo "un idioma americano" (Lozano, 2018).[2] En pocas palabras, el español desempeña un papel importante en la sociedad estadounidense, tanto si lo hablas como si no. Por ende, comprender lo que implica hablar español en Estados Unidos es crucial para entender el funcionamiento de la sociedad estadounidense. Asimismo, comprender el caso del español en Estados Unidos ayuda a entender cuestiones más globales del multilingüismo, por lo que los conceptos, temas y teorías que se tratan en este libro también son pertinentes para quienes tengan interés en la diversidad lingüística en un sentido más amplio.

Nuestro interés principal radica en las cuestiones sociales y políticas relacionadas con el español en Estados Unidos. Por lo tanto, nos centramos en el uso y la representación de la lengua más que en sus características lingüísticas. Del mismo modo, nos interesa el lenguaje como acción social, particularmente las formas en que las personas usan el lenguaje para transmitir significados sociales y políticos. Este enfoque se refleja en el título del libro; la primera parte hace hincapié en la acción de hablar español y lo que esta implica socialmente, más que en el idioma en sí. La segunda parte del título refleja de manera similar nuestro abordaje, y también pretende poner en claro que ofrecemos una amplia introducción al estudio de la sociopolítica del lenguaje, para el cual el español en Estados Unidos puede considerarse un estudio de caso extensivo. En las siguientes secciones esbozaremos nuestra orientación teórica y luego ofreceremos un breve panorama de los capítulos por venir.

Un enfoque sociopolítico interdisciplinario

Un principio clave de nuestro enfoque es que el lenguaje es inseparable de las personas que lo hablan y del contexto en el que se sitúa; el contexto sociopolítico moldea las características formales del lenguaje, su uso y su significado simbólico. Por esta razón, nuestra investigación abarca un amplio espectro de cuestiones, como por ejemplo: ¿quién habla español en Estados Unidos y por qué?, ¿cómo se relaciona el español con la identidad latinx?, ¿cómo usa la gente el lenguaje para expresar sus identidades?, ¿cómo son tratados el español y las personas de habla hispana en el sistema educativo?, ¿qué políticas públicas rigen el uso del español y otras **lenguas minoritarias**?, ¿cómo se representa y se utiliza el español en los medios de comunicación?

Con el fin de responder a estas y otras preguntas, nuestra discusión incorpora teorías e investigaciones de una amplia gama de disciplinas académicas. Claro está que una de ellas es la sociolingüística, o el estudio del lenguaje en relación con la sociedad. Sin embargo, este libro hace uso de la teoría social de una manera más amplia, y también se apoya en la antropología, la educación, la teoría crítica de la raza, la demografía, la historia, el derecho, los estudios de medios, las ciencias políticas y la sociología, entre otras disciplinas. Cada capítulo se centra en un aspecto o perspectiva diferente, con el fin de ofrecer la oportunidad de examinar el español en Estados Unidos desde diversos ángulos, aunque también hacemos hincapié en la interrelación de los temas abordados. Desde nuestro punto de vista, solamente a través de este prisma de perspectivas es posible obtener una plena apreciación de lo que significa hablar español en Estados Unidos.

Así como el uso del lenguaje es inherentemente social y político, el mundo social y político también está moldeado por el lenguaje. De hecho, el lenguaje está en el centro de muchos de los temas tratados en este libro, tales como las identidades individuales y de grupo, la educación y los derechos civiles, así como las concepciones históricas y contemporáneas de la pertenencia nacional. Por esta razón, nuestros objetivos no son solo mostrar cómo un abordaje sociolingüístico interdisciplinario puede proporcionar una comprensión multifacética de las personas de habla hispana y del español en Estados Unidos, sino también mostrar cómo una consideración de lo que significa hablar español puede arrojar nueva luz sobre esos otros temas. Por lo tanto, el propósito de este libro es lograr que la información sobre el lenguaje en su contexto social sea accesible a lectoras y lectores con distinta formación académica y diversos intereses.

Variación y variedades lingüísticas

Una de las características más destacadas del lenguaje humano es su increíble diversidad, y la variación es inherente a todas las lenguas. Un tipo de variación que es particularmente llamativo, tanto para lingüistas como para cualquier individuo, es la variación geográfica; las diferencias en las formas en que la gente habla un idioma compartido en distintos lugares suelen ser motivo de humor y una fuente ocasional de malentendidos. Para dar un ejemplo relativo a la lengua española, *carro* es la palabra típicamente usada en países como México y Puerto Rico para referirse a cierto tipo de vehículo motorizado de cuatro ruedas; de igual modo, en Cuba se dice *máquina*, mientras que en otros lugares se utiliza *coche* o *auto*. En español también hay una considerable variación geográfica en el uso de pronombres personales; en algunos lugares, como México y el Caribe, para la segunda persona del singular se usa el pronombre *tú*, mientras que, en una amplia extensión de América Central y del Sur, se utiliza *vos*, y en algunas regiones la gente emplea ambas formas. (En el capítulo 10 se ofrecen más ejemplos de variación geográfica.)

El lenguaje no solo varía geográficamente, sino que también varía socialmente. Es decir, hay variación entre grupos sociales que comparten el mismo espacio geográfico. A propósito del ejemplo anterior, en algunos lugares el pronombre *vos* es usado por miembros de todas las clases sociales, mientras que en otras partes su uso es más común entre personas de menor nivel socioeconómico y/o educativo (Lipski, 1993). Asimismo, las personas no hablan todo el tiempo de la misma manera, sino que su lenguaje varía según dónde y con quiénes se encuentren, según lo que estén haciendo o cómo quieran presentarse, entre otros factores. Así pues, existen tres grandes tipos de variación: geográfica, social y contextual o estilística. También hay lingüistas que citan un cuarto tipo de variación lingüística, la variación temporal o diacrónica (p. ej., Penny, 2000). La variación temporal equivale al cambio lingüístico, un proceso que experimenta toda lengua humana.

Cuando decimos que la variación es un aspecto inherente al lenguaje nos referimos a todos los niveles del lenguaje. Por ejemplo, podemos hablar de variación léxica (como en las diferentes palabras que se usan para designar cierto tipo de vehículo, mencionadas anteriormente), de variación fonética (como en las diferentes maneras de pronunciar la consonante final de palabras terminadas en *s*, la cual puede ser vocalizada como *s*, aspirada o elidida del todo) y de variación morfosintáctica (como en los diferentes pronombres y sus correspondientes formas verbales, que trataremos con mayor profundidad más adelante). También hay variación en las normas sociales relativas al uso del lenguaje.

Aunque mucha gente usa la palabra *dialecto* para referirse a una manera particular de hablar asociada a un lugar específico, en el campo de la lingüística generalmente se prefiere el término *variedad* para designar a una de las diversas formas de hablar una lengua, ya sean variedades regionales o variedades sociales asociadas a algún género en particular, a grupos étnicos o a otras categorías sociales. Generalmente, preferimos evitar la palabra *dialecto*, ya que fuera del ámbito de la lingüística a veces se usa despectivamente para referirse a idiomas con menor reconocimiento oficial o prestigio social, como el caso de las lenguas mayas en Centroamérica.

Construccionismo social

En la teoría social contemporánea, el **construccionismo social** (también llamado *socioconstruccionismo*) es el enfoque teórico predominante en el estudio de las estructuras sociales, identidades y comportamientos. La idea fundamental que propone es que las categorías sociales (como raza, género y clase social), así como las características específicas que asociamos con estas, no son fijas ni ocurren naturalmente. Por el contrario, aunque parezcan hechos objetivos, en realidad se construyen a través de las prácticas y creencias sociales de las personas que integran la sociedad.

Un aspecto importante de esta perspectiva teórica es que reconoce que las construcciones sociales, tales como los límites entre las categorías o las características asociadas a estas, pueden cambiar. A modo de ejemplo, en muchas sociedades las ideas en torno a la categoría 'mujer' han cambiado con el tiempo (p. ej., ¿qué edad marca el límite entre 'muchacha' y 'mujer'? ¿Es necesario tener dos cromosomas X para ser 'mujer'?), así como las convenciones sociales acerca de cómo son las mujeres y cómo deben comportarse.

Otra idea central del construccionismo social apunta a que nuestras identidades no son la fuente de nuestro comportamiento social, sino el resultado del mismo. Dado que este no es el sentido que usualmente le damos a la palabra *identidad* en nuestra vida cotidiana, puede tomar un tiempo acostumbrarse a esta idea. Trataremos estas ideas detalladamente en los capítulos 5 y 6; por ahora basta señalar que el construccionismo social es un eje que atraviesa todo el libro. Como se mencionó anteriormente, concebimos el lenguaje como un tipo de acción social, y en este libro indagamos sobre cómo la gente usa el lenguaje para construir tanto sus propias identidades como las de otras personas. Prestamos atención a cómo el hablar español puede ser un recurso para presentarse ante el mundo y a cómo impacta en las formas en que una persona es percibida socialmente por otras.

Hay una interacción constante entre nuestro comportamiento social (incluido el comportamiento lingüístico) y nuestras ideas sobre el mundo; se influyen mutuamente. Para dar un ejemplo, aunque bastante simplificado: si hablar español se percibe negativamente, es probable que ciertas personas de habla hispana eviten hacerlo con el fin de escapar del estigma público. Por otra parte, si la gente habla español públicamente y con orgullo, esto podría contribuir a una mejora en la percepción del idioma. La construcción de los significados sociales en torno a determinadas prácticas lingüísticas, así como las interacciones entre el uso del lenguaje y las percepciones de la realidad social constituyen un tema central de este libro.

Abordajes críticos

El último tema teórico general que debemos explicar está relacionado con los abordajes críticos al estudio del lenguaje y la sociedad. La denominación general *estudios críticos* abarca muchos enfoques diferentes (p. ej., el análisis crítico del discurso, la teoría crítica de la raza, la filosofía crítica, etc.), pero todos comparten el objetivo esencial de examinar los fenómenos dentro de su contexto sociohistórico, investigar las relaciones entre las estructuras sociales y políticas y exponer las desigualdades de la sociedad. Otro punto clave es el estudio de las ideologías, así como las formas habituales y aceptadas de pensar el mundo, un tema que profundizaremos con gran detalle en el capítulo 4.

En los abordajes o enfoques críticos subyace una perspectiva propia del construccionismo social, es decir, la idea discutida anteriormente de que las categorías sociales no son fijas, sino que se basan en conductas y creencias sociales. Los enfoques críticos nos invitan a cuestionar normas y categorías sociales que suelen darse por sentadas sin previo análisis. Al cuestionar y observar todo aquello habitualmente considerado de 'sentido común', las presuposiciones y sesgos subyacentes salen a la luz, así como las formas en que estas presuposiciones sirven a intereses poderosos y refuerzan la desigualdad.

Un ejemplo ilustrativo puede encontrarse al examinar la indignación expresada en la web y en otros lugares sobre el hecho de tener que 'pulsar 1 para el inglés'; por ejemplo, véase la canción *Press One for English* de Rivoli Revue (https://www.youtube.com/watch?v=sEJfS1v-fU0). El supuesto que se da por sentado y que subyace a esta irritación e indignación es que el inglés es el único idioma legítimo en Estados Unidos. Por lo tanto, hablar español es visto como una violación del estado 'natural' de las cosas. Una perspectiva crítica pone de manifiesto estos supuestos, examina su conexión con la xenofobia y el racismo, y analiza cómo contribuyen a la desigualdad (volvemos a este tema en el capítulo 4; y a este ejemplo, en la segunda consigna de la sección *Actividades y preguntas de discusión sobre el capítulo 8*). Una vez reveladas, estas suposiciones pueden ser comprendidas y cuestionadas con el fin de promover la justicia social.

Mediante este libro esperamos ayudar a pensar críticamente sobre el lenguaje y el mundo que nos rodea, tanto en un sentido más general como en este caso específico de la lengua española en Estados Unidos.

Lenguaje inclusivo y otras cuestiones terminológicas

En la versión en inglés de este libro, tomamos la decisión de utilizar lenguaje inclusivo y no sexista. Por ejemplo, adoptamos la palabra *latinx* (en plural *latinxs*)[3] como término genérico para referirnos a individuos y grupos, el cual se utiliza cada vez más en círculos académicos y activistas dentro de Estados Unidos (véase Vidal-Ortiz y Martínez, 2018). Queríamos mantener este compromiso con el lenguaje inclusivo en la versión en español, pero la cuestión es mucho más complicada en esta lengua que en inglés. Asimismo, en inglés el sistema de marcación de género es relativamente limitado, mientras que en español abarca no solo la palabra *latino/a/x* sino casi todas las etiquetas etnorraciales y nacionales (p. ej., *blanco/a/x, mexicano/a/x*), la mayoría de los adjetivos y sustantivos referentes a seres humanos, además de los artículos definidos e indefinidos que los modifican.

Al emprender esta edición en español consideramos varias opciones, entre ellas: 1) el uso normativo de las formas masculinas para usos genéricos y grupos mixtos (p. ej., *los lectores atentos de este libro*); 2) el desdoblamiento (p. ej., decir *los lectores atentos y las lectoras atentas de este libro*); y 3) el uso de la terminación *-x* o *-e* como flexión de género neutro para todas las palabras variables referentes a seres humanos (p. ej., *lxs lectorxs atentxs de este libro* o *les lectores atentes de este libro*).[4] No nos quedamos totalmente satisfechas con ninguna de ellas, ya que la primera no es inclusiva porque da preferencia a lo masculino e invisibiliza lo femenino y lo no binario, la segunda entorpece la lectura y también se basa en una categorización binaria de género ('masculino' y 'femenino'), y la tercera es todavía más difícil de leer. Al final, con el propósito de evitar el uso del masculino genérico, facilitar la lectura y ser inclusivas con todas las personas, sea cual sea su identidad de género, quienes hicimos esta edición hemos asumido el siguiente compromiso: tratar de recurrir a estructuras y palabras que no varían según el género (p. ej., *quienes lean este libro con atención*) y utilizar las terminaciones con *-x* para la palabra *latinx(s)*. De esta manera no solo queríamos evitar dar preferencia a las formas masculinas y binarias, sino también llamar la atención sobre las limitaciones del sistema de género normativo para reflejar y representar la gran diversidad de identidades de género. A pesar de los esfuerzos, al elaborar el texto en español, no siempre logramos encontrar estructuras y expresiones totalmente inclusivas, y por ende en algunos casos nos resignamos al desdoblamiento, al uso de la barra (p. ej., *lectores/as*) e incluso al masculino genérico. No es una solución perfecta, pero sirve para poner de manifiesto que el lenguaje es un tipo de acción social y que hay muchos factores y fuerzas que influyen en las maneras en que este se usa.

Como veremos en profundidad más adelante, las formas particulares de usar el lenguaje permiten que las personas se posicionen en formas particulares. Nosotras utilizamos el término *latinx* con el fin de posicionarnos, en calidad de autoras, como inclusivas y críticas en nuestro pensamiento. No obstante, dado que reconocemos que *latinx* presenta algunas limitaciones, seguiremos en el compromiso de no conformarnos y revisar continuamente las etiquetas que utilizamos, con el fin de reflejar de la manera más justa posible la heterogeneidad de la población latinx y las personas de habla hispana, así como la marginación de grupos a través del lenguaje. En los casos en que se hace referencia (ya sea a través de nuestras propias palabras o de otras citas) a individuos específicos que se identificaron como hombres o mujeres, utilizamos consecuentemente los términos *latino* o *latina*. Asimismo, cuando citamos investigaciones o documentos oficiales, usamos el término que haya aparecido en el original. Conviene señalar que ni el término *latinx* ni el lenguaje inclusivo de género son aceptados por todo el mundo, y en el capítulo 5 discutimos algunas de las objeciones que se han presentado al respecto.

Otro término presente en este volumen que está lejos de ser perfecto es la palabra *anglo*, que en Estados Unidos se utiliza más comúnmente para referirse a personas blancas no latinas, especialmente en inglés. Cabe destacar que, en contraste con lo que ocurre en español, en inglés el prefijo *anglo-* no suele utilizarse con referencia a la lengua inglesa, sino al país de Inglaterra (o sus habitantes germánicos de los siglos v–x), y la etiqueta *anglo* suele utilizarse como una etiqueta etnorracial, no lingüística. Así, el uso del término para referirse a las personas blancas en general es problemático porque implica que la herencia cultural de todas ellas es inglesa, lo que no es el caso. De todos modos, como acabamos de explicar, las categorías de identidad no se basan en hechos objetivos, sino que se construyen socialmente. De hecho, el significado de las etiquetas (y de las palabras en general) no reside en las palabras mismas, sino en las maneras en que son usadas y entendidas por la sociedad. En este sentido, aunque no refleje la etimología o el significado histórico de la palabra, *anglo* ha llegado a ser usada para referirse a una persona blanca no latina (sea cual sea su herencia cultural y lingüística) y, por ende, es este su significado, al menos en algunos contextos, como en el Suroeste de Estados Unidos —donde es más común que en otras regiones—. Aun así, pocas personas utilizan *anglo* para identificarse a sí mismas. Por lo tanto, si bien usamos este término, lo hacemos moderadamente.

Esperamos que esta introducción les haya aportado una noción del abordaje teórico y del enfoque que adoptamos en este libro. Como hemos dicho, dos objetivos principales de este trabajo son ayudar a entender los aspectos históricos, sociales y lingüísticos de lo que implica hablar español en Estados Unidos, así como apreciar la importancia de tener en cuenta el lenguaje en otras disciplinas. Si bien el español en Estados Unidos es importante en sí mismo, también sirve como un valioso ejemplo o estudio de caso para comprender más profundamente los aspectos sociales y políticos del lenguaje. A su vez, un tercer objetivo es que quienes lean estas páginas puedan familiarizarse con la sociopolítica del lenguaje más ampliamente; por ello, a lo largo del libro hemos tratado de introducir y explicar los principales constructos teóricos de una manera fácil de entender. Finalmente, pretendemos despertar el espíritu crítico ante las ideas que se dan por sentadas acerca del lenguaje, las personas latinxs y la lengua española, y contagiar una actitud reflexiva respecto al discurso público y a la cultura popular. De este modo, esperamos que esta lectura les sirva de inspiración para salir en defensa de políticas y prácticas que tengan un impacto positivo en las sociedades en las que viven.

Reseña de los capítulos

Esta edición en español se basa en la segunda edición en inglés, pero con ciertas modificaciones pensadas para el público hispanohablante. Asimismo, hemos aclarado ciertas cuestiones y modificado o añadido algunas explicaciones. Al mismo tiempo, hemos intentado mantener cierta consistencia con la edición en inglés, para asegurarnos de que quienes lean una versión o la otra vean reflejada la misma temática, aunque la manera en que se explica pueda variar un poco. En general, señalamos explícitamente aquellos pasajes en los que hay diferencias sustanciales o en los que se han actualizado datos que sufrieron variaciones a raíz de cambios en la política.

Cada capítulo comienza con una breve introducción antes de presentar algunas consideraciones teóricas centrales, perspectivas históricas, investigaciones empíricas, análisis crítico y discusión de cuestiones prácticas. Hacemos hincapié en la interdisciplinariedad y en temas recurrentes a lo largo del libro, y cada capítulo termina con una sección que resalta las conexiones con otros capítulos, seguido de un conjunto de actividades y preguntas de discusión, muchas de las cuales están relacionadas con materiales disponibles en línea o con temas discutidos en capítulos anteriores. En la edición en español hemos incluido todas las actividades y preguntas de la edición en inglés, pero algunas de ellas se basan en materiales externos en inglés. Por esta razón, hemos incorporado actividades nuevas basadas en materiales en español. Así, cada capítulo tiene preguntas y actividades que se pueden completar sin necesidad de saber inglés. Por último, cada capítulo también contiene una breve lista de lecturas y referencias recomendadas. Después del último capítulo se ofrece un glosario con la explicación y traducción al inglés de términos importantes; asimismo, en cada capítulo las palabras contenidas en el glosario aparecen en negrita cuando se mencionan por primera vez. Al final del volumen se proporciona un índice.

El capítulo 2 proporciona información demográfica sobre las personas que hablan español en Estados Unidos, incluyendo una consideración de sus orígenes nacionales, su distribución geográfica y su conocimiento del inglés y el español. También se analiza críticamente la pregunta sobre lengua de la Oficina del Censo y se repasa la investigación teórica y empírica sobre el mantenimiento del español y el **desplazamiento lingüístico**. El capítulo 3 se centra en la historia de la lengua española en Estados Unidos, desde la conquista y colonización, la inmigración histórica y la actual, hasta las disputas contemporáneas con respecto a la representación de esa historia. Este capítulo contextualiza la situación actual del español en Estados Unidos, que es el tema central del resto del libro.

Las ideologías lingüísticas, un eje fundamental de este manual, constituyen el enfoque del capítulo 4, que describe cómo las ideas sobre el lenguaje están profundamente arraigadas en las normas sociales y están estrechamente vinculadas a las personas que hablan una determinada lengua, más que a la lengua en sí misma. Luego, en el capítulo 5, abordamos los conceptos de raza y etnicidad, haciendo hincapié en que ambos son constructos sociales y en que el lenguaje juega un papel importante en dicha construcción; en esta misma línea, comparamos las construcciones de identidad etnorracial en América Latina y en Estados Unidos, y examinamos la clasificación etnorracial de las personas latinxs en dicho país. Este enfoque sobre la identidad se amplía y profundiza en el capítulo 6, en el cual aportamos más detalles de los fundamentos teóricos de la investigación sobre lenguaje e identidad, y examinamos la conexión que hay entre hablar español y varios tipos de identidades —como el género, la sexualidad, la nacionalidad y así sucesivamente—.

El capítulo 7 muestra cómo se retrata a las personas latinxs en los medios de comunicación y cómo estas representaciones reproducen construcciones de la **latinidad** basadas en ideologías específicas sobre lengua, raza e identidad. Se analizan los medios de comunicación en inglés y en español, y también se incluye una sección sobre el uso del español en carteles y vallas publicitarias presentes en el espacio público. El capítulo 8 aborda las políticas lingüísticas en Estados Unidos, con una breve historia del temprano y persistente multilingüismo en dicho país y de cómo fue ganando dominancia la lengua inglesa. Además, ofrece un análisis del papel de las ideologías en la política lingüística. El capítulo 9 se centra en las políticas y prácticas dentro de una importante institución social: la educación. Aquí se examinan los objetivos y la eficacia de los diferentes modelos destinados a la educación de personas hispanohablantes, y se vinculan estos enfoques pedagógicos con las ideologías sobre el multilingüismo, el español y las comunidades de habla hispana. A su vez, tratamos la enseñanza del español dirigida a **hablantes de herencia** y la enseñanza del español como segunda lengua o lengua adicional.

El capítulo 10 vira hacia un enfoque más lingüístico al poner el ojo en las estructuras que resultan del contacto entre el español y el inglés, así como otros idiomas. Aquí proporcionamos una breve descripción de las diferentes variedades del español habladas en Estados Unidos, además de una discusión sobre el contacto lingüístico y la mezcla de idiomas, así como las variedades del inglés habladas por latinxs. En este capítulo es donde hay más diferencias con la edición en inglés: hemos reorganizado las secciones y eliminado algunos detalles para presentar una visión más clara del contacto lingüístico y su impacto en el español hablado en Estados Unidos. No obstante, con el fin de mantener la equivalencia entre las dos ediciones, toda la información presentada en la versión en lengua inglesa se ha incluido también aquí. Por último, el capítulo 11 proporciona un panorama general que repasa algunos puntos clave de los temas tratados, apunta al futuro del español en Estados Unidos y constituye un llamado a la acción.

Actividades y preguntas de discusión sobre el capítulo 1

(1) Mira el video *Yatsiri – Siri for Mexicans* (https://www.youtube.com/watch?v=2gIXuPinuYo), una parodia de un anuncio publicitario que promociona una asistente virtual diseñada para el mercado mexicano. Analiza la variación lingüística representada en el video (incluyendo la voz en *off*). Identifica ejemplos de por lo menos dos niveles de variación, así como un ejemplo de variación social y uno de variación geográfica. Analiza también el uso de la palabra *dialecto*; ¿a qué se refiere y qué otra palabra podrías utilizar en su lugar? Como preparativo

para los capítulos 6 y 7, considera el uso del lenguaje, junto con la vestimenta y los gestos, en la representación de las diferentes personas que se ven en el video. ¿Qué características se asocian con las diferentes formas de hablar?

(2) Analiza los anuncios publicitarios en español *Waterfall* (https://www.ispot. tv/ad/Arb9/state-farm-waterfall-spanish) y *Prime Location* (https://vimeo. com/174836718), de la compañía de seguros State Farm. ¿Qué nos muestran sobre la influencia del contexto en el significado de las palabras y los enunciados? ¿Cómo se relaciona esto con la explicación de los abordajes críticos en este capítulo? Finalmente, considera la apariencia física de las personas en los anuncios. ¿Te parecen representativos de la población latinx en Estados Unidos? En el capítulo 7 discutimos la construcción del 'look latinx' en los medios de comunicación.

Notas

(1) Más adelante explicaremos el uso que le damos a este término. Véase también la discusión en el capítulo 5.

(2) Por *americano* Lozano se refiere a 'de Estados Unidos'. Cabe señalar que mucha gente objeta este uso del término, dado que América no es solamente Estados Unidos, sino que abarca todo el norte, el centro y el sur del continente americano.

(3) Usualmente pronunciado 'latíneks', pero en inglés algunas veces también se pronuncia 'látin-eks'.

(4) En América Latina, reemplazar las terminaciones en *-a* y *-o* con la *-e* es la forma, cada vez más usual, de expresar el género neutro.

Capítulo 2

La demografía del español en Estados Unidos

Objetivos

Proporcionar datos cuantitativos sobre el lugar de nacimiento, los orígenes nacionales, la distribución geográfica y los perfiles lingüísticos de las personas que hablan español en Estados Unidos, discutir algunas limitaciones de las estadísticas oficiales y explicar los patrones de mantenimiento y desplazamiento del español, así como los factores que influyen en ellos.

Introducción

Como se mencionó en el capítulo anterior, de acuerdo con la U.S. Census Bureau ('Oficina del Censo de los Estados Unidos'), en 2017 había más de 41 millones de personas en Estados Unidos que hablaban español en el hogar. En este capítulo, intentamos dar una idea de quiénes son estas personas, proporcionando estadísticas sobre su lugar de nacimiento (es decir, si nacieron en Estados Unidos o en el extranjero), su origen nacional o étnico y su distribución geográfica dentro de Estados Unidos. Luego hacemos una consideración de los patrones de conocimiento y uso del español y del inglés. Específicamente, ponderamos si las personas que hablan español también hablan inglés, si el español debe considerarse una amenaza para el inglés y si el bilingüismo español-inglés es la norma entre personas latinxs nacidas en Estados Unidos. Para responder a estas cuestiones, presentamos algunas estadísticas de la Oficina del Censo y explicamos las limitaciones de estos datos. Posteriormente, examinamos las estadísticas de otras fuentes para arrojar luz adicional sobre los patrones generacionales de conocimiento lingüístico.

Por último, presentamos varios enfoques teóricos relativos al estudio del mantenimiento de la lengua y del **desplazamiento lingüístico**, considerando los factores sociales e individuales que inciden en esta cuestión, y luego observamos cómo se aplican al caso particular del español en Estados Unidos

Un retrato estadístico del español en Estados Unidos

En Estados Unidos, mucha gente ve el español como una lengua extranjera, y es común el error de creer que en dicho país las personas que lo hablan son principalmente inmigrantes. Más aún, el discurso público suele retratar el español como un idioma no solo de inmigrantes, sino de inmigrantes sin autorización (Dick, 2011; DuBord, 2014; Leeman, 2012a). Sin embargo, en realidad, más de la mitad (53%) de las personas que hablan español en el hogar nacieron en Estados Unidos (American Community Survey, 2017). Estos datos, junto con la larga historia del español dentro de las actuales fronteras de Estados Unidos (analizada en detalle en el siguiente capítulo), ponen en claro que en realidad el español no es una lengua extranjera (Alonso, 2006; Lozano, 2018). Además de repercutir en nuestras concepciones relativas al estatus del español en Estados Unidos, estas estadísticas también tienen repercusiones lingüísticas y sociolingüísticas específicas. Concretamente, implican que la mayoría de las personas hispanohablantes en dicho país son bilingües o tienen el inglés como su lengua dominante. Así pues, cabe destacar que cuando utilizamos el término *hispanohablantes* o la frase *de habla hispana* no nos referimos a las personas que son monolingües en español, sino a las personas que hablan español, independientemente de que también hablen inglés y del idioma que utilicen con mayor frecuencia. De hecho, la tasa de bilingüismo español-inglés en la población de habla hispana es alta. Tanto el bilingüismo como el desplazamiento lingüístico hacia el inglés (analizados a continuación) tienen importantes implicaciones para la política educativa y la política lingüística en general (analizadas en los capítulos 8 y 9).

Otro error común es creer que todas las personas latinxs hablan español. Incluso hay quienes usan los términos *hispanohablante* y *latinx* indistintamente, como si fueran sinónimos. Asimismo, algunas personas latinxs creen que saber español es una obligación y, entre aquellas que no lo hablan, no son raros los sentimientos de vergüenza o de culpa (volveremos sobre este tema más adelante). Sin embargo, aunque hay quienes consideran que saber español es una parte clave de la 'auténtica' identidad latinx, las estadísticas revelan que aproximadamente una cuarta parte (27%) de la población latinx de cinco años o más edad el único idioma que habla en el hogar es el inglés (American Community Survey,

2017). Entre la población latinx nacida en Estados Unidos, el porcentaje que en sus hogares solo habla inglés es aún mayor (41%). Debido a que hay una creciente proporción de latinxs que nacieron en Estados Unidos (66% en 2017; American Community Survey, 2017), la proporción general de latinxs que solo habla inglés también está en aumento (López y González-Barrera, 2013).

Hasta ahora hemos hablado del número y porcentaje de hispanohablantes en Estados Unidos como un conjunto, pero cabe destacar que hay una gran variación de un estado a otro, de un condado a otro y de una ciudad a otra. Como se muestra en la figura 2.1, los estados con el mayor porcentaje de personas que hablan español en el hogar están en el Suroeste, seguidos por Florida, Nueva Jersey y Nueva York. En Maine, las personas que hablan español en el hogar representan menos del 1% de la población, mientras que en Texas comprenden más del 29%, lo que demuestra esta enorme variedad que recién señalábamos. También hay diferencias dentro de los estados; tomando Florida como ejemplo, en la ciudad de Miami aproximadamente el 67% de la población de cinco años o más edad habla español en el hogar, pero en la ciudad de San Petersburgo solo el 4% lo hace. Como veremos en detalle en el próximo capítulo, los estados con los porcentajes más altos de hispanohablantes no solo están más cerca de México, sino que formaban parte de México hasta mediados del siglo xix. Aun así, pese a que el porcentaje de hispanohablantes es menor en algunas partes del país, el español es la lengua no inglesa más comúnmente hablada en todos los estados, excepto en Alaska, Hawái, Luisiana, Maine, Nuevo Hampshire, Dakota del Norte y Vermont (Blatt, 2014).

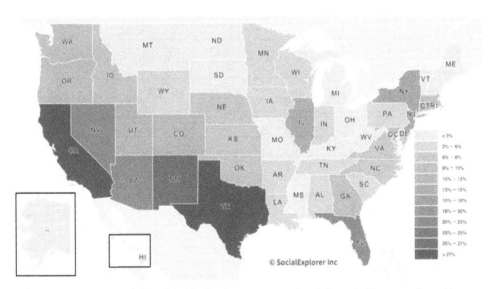

Figura 2.1 Porcentaje de la población de cinco años o más edad que habla español en el hogar
Datos – American Community Survey, 2017, estimados de un año; mapa – SocialExplorer

Grupos de origen nacional

Como subrayamos reiteradamente en este libro, la gente que habla español constituye un conjunto extremadamente diverso. En las secciones anteriores vimos que la categoría 'hispanohablantes' incluye a personas nacidas en territorio estadounidense así como a inmigrantes. En esta sección pretendemos identificar los grupos de origen nacional que componen la población hispanohablante de Estados Unidos. Debido a que la Oficina del Censo no elabora datos estadísticos sobre el uso lingüístico dentro de subgrupos específicos de latinxs, en la tabla 2.1 presentamos el tamaño relativo de los grupos de origen nacional, como una forma de aproximarnos a la composición de la población hispanohablante

Tabla 2.1 *Composición de la población latinx: grupos de origen nacional*

Mexicano	62,3%
Puertorriqueño	9,5%
Cubano	3,9%
Salvadoreño	3,9%
Dominicano (República Dominicana)	3,5%
Guatemalteco	2,5%
Colombiano	2,1%
Hondureño	1,6%
Spaniard[a] ('Español')	1,4%
Ecuatoriano	1,3%
Peruano	1,2%
Spanish[a] ('Español')	0,8%
Nicaragüense	0,8%
Venezolano	0,7%
Argentino	0,5%
Panameño	0,4%
Chileno	0,3%
Costarricense	0,3%
Boliviano	0,2%
Uruguayo	0,1%

Nota[a]: Las categorías aquí presentes reflejan las respuestas proporcionadas por las personas encuestadas. Como veremos más adelante en este capítulo, así como en el capítulo 5, *Spanish*, como término de identidad, posee múltiples significados posibles. A veces se utiliza como una etiqueta panétnica que equivale aproximadamente a los términos en inglés *Hispanic* y *Latinx*, pero también puede hacer referencia específicamente a que se tiene orígenes en España. En cambio, la palabra *Spaniard* se refiere específicamente a España.
Fuente: American Community Survey, 2017, estimados de un año

(¡pero tomar como referencia el origen nacional no es una aproximación perfecta, como explicamos anteriormente!). Los datos se basan en las respuestas a la pregunta de la Oficina del Censo sobre origen hispano (véase el capítulo 5). Para que se entienda con claridad, digamos que el concepto *origen nacional* no significa 'nacionalidad' ni 'lugar de nacimiento', sino que se aproxima al de 'etnicidad' (discutiremos la etnicidad también en el capítulo 5). Por lo tanto, los grupos de origen nacional enumerados en la tabla 2.1, y en otras partes de este libro, incluyen tanto a personas nacidas en Estados Unidos (ya sean descendientes de inmigrantes o de territorios anexionados por Estados Unidos) como a personas nacidas en otros países.

Como se puede ver en la tabla 2.1, las personas mexicanas y mexicoamericanas constituyen, con diferencia, la mayor parte de la población latinx. Sin embargo, ese porcentaje ha disminuido desde que alcanzó su punto máximo en 2008, y la población latinx se ha vuelto cada vez más diversa (Flores, 2017). (Estos datos se presentan gráficamente en el próximo capítulo; véase la figura 3.6.)

También existe una gran variación geográfica, y la proporción de cada grupo de origen nacional varía en diferentes partes del país. Por ejemplo, en Arizona la gran mayoría (89%) de latinxs son de origen mexicano; en Florida los grupos latinxs más grandes son el cubano (29%) y el puertorriqueño (21%); en Nueva York, estos son el puertorriqueño (29%) y el dominicano (23%); y en Virginia, el salvadoreño (23%) y el mexicano (23%) (American Community Survey, 2017). (Quienes deseen obtener información sobre grupos de origen nacional específicos o sobre determinada región, pueden realizar búsquedas personalizadas en línea mediante la herramienta de datos de la Oficina del Censo, disponible en https://data. census.gov.)

Además de la distribución geográfica, las estadísticas demográficas también revelan otras diferencias entre los varios grupos latinxs. Por ejemplo, la tasa de pobreza entre personas de origen guatemalteco, hondureño y dominicano es del 28%, pero solo del 16% entre personas de origen argentino —frente al 25% en la población latinx en su conjunto y al 16% en la población general de Estados Unidos— (López y Patten, 2015). El porcentaje de personas nacidas fuera de Estados Unidos está disminuyendo en todos los grupos latinxs, pero las diferencias intergrupales son notables: en 2013, el 69% de las personas de origen venezolano y el 65% de las personas de origen peruano nacieron en el extranjero, mientras que en el caso de las personas de origen mexicano solo el 33% nació en el extranjero (López y Patten, 2015). Por último, el grupo de origen mexicano tenía la edad media más baja (26 años), mientras que el de origen cubano tenía la más alta (40 años), que es superior a la media tanto de toda la población latinx (28 años) como de la población general de Estados Unidos (37 años) (López y Patten, 2015). Los perfiles demográficos de cada uno de los 14 grupos más grandes de latinxs se pueden consultar en el sitio web del Pew Research Center ('Centro de Investigaciones Pew') (https://www.pewresearch.org/hispanic/2015/09/15/ the-impact-of-slowing-immigration-foreign-born-share-falls-among-14-largest-us-hispanic-origin-groups/). Dado que estas estadísticas revelan tendencias generales, queremos subrayar una vez más que hay variación y diferencias individuales dentro de cada uno de los grupos de origen nacional.

Tabla 2.2 *Composición racial de la población latinx*

Blanca	65,0%
Negra o africana americana[a]	2,1%
India[a] americana o nativa de Alaska	1,0%
Asiática	0,4%
Nativa de Hawái u otra de las islas del Pacífico	0,1%
Alguna otra raza	26,7%
Dos o más razas	4,7%

Nota[a]: En 2017 la Oficina del Censo traducía *American Indian* como *indio americano*; este término fue reemplazado por *indígena de las Américas* en 2020. También se cambió *africano americano* por *afroamericano*.
Fuente: American Community Survey, 2017, estimados de un año

De igual modo, tanto la población latinx como la población hispanohablante en Estados Unidos son **etnorracialmente** diversas. Esto se debe a la polifacética historia de la conquista, colonización, esclavitud e inmigración en todo el continente americano, así como a las variadas historias personales y familiares, sumadas a las experiencias vitales dentro de Estados Unidos. La tabla 2.2 muestra las estadísticas de la Oficina del Censo sobre la composición racial de la población latinx. Como veremos en profundidad en el capítulo 5, la Oficina del Censo considera que el término *latino* hace referencia a una identidad étnica, más que racial. En dicho capítulo, examinamos críticamente la **construcción social** de la raza y la etnicidad, las preguntas de la Oficina del Censo sobre raza y origen étnico y la clasificación etnorracial de las personas latinxs.

Quisiéramos señalar un contraste entre las estadísticas etnorraciales de la Oficina del Censo y las del Centro Pew: en el censo la identidad racial de casi dos tercios de la población latinx es clasificada como blanca, pero una reciente encuesta del Centro Pew reveló que dos tercios de las personas latinxs consideran que su ascendencia latinx es parte de su identidad racial, y aproximadamente un tercio se considera de 'raza mixta' (González-Barrera, 2015). Además, a pesar de ser pequeño el porcentaje de latinxs que describen su raza como negra o afroamericana en las encuestas de la Oficina del Censo, aproximadamente una cuarta parte de las personas latinxs encuestadas por el Centro Pew se autoclasificaron como afrolatinos, afrocaribeños o afro-[país de origen] (López y González-Barrera, 2016). Estas discrepancias ponen de relieve la naturaleza construida, contextual y cuestionada de las identidades etnorraciales, cuestión a la que volveremos en los capítulos 5 y 6, además de demostrar el tremendo impacto de la formulación de la pregunta en las respuestas y los datos recogidos.

La diversidad de la población latinx y la concentración de grupos de origen nacional en diferentes partes del país también indican la diversidad de variedades del español que se hablan en Estados Unidos. La composición de las poblaciones locales de latinxs da forma al español hablado en diferentes zonas del país, de manera que el español que se escucha en El Paso (Texas) tiene más probabilidades de sonar parecido a variedades mexicanas, mientras que el español que se escucha en Washington Heights (Nueva York) tiene más probabilidades de parecerse al español dominicano (en el capítulo 10 se discuten algunas características lingüísticas variables). Sin embargo, esto no quiere decir que el español que se habla en estas zonas sea igual al que se podría escuchar en México o en la República Dominicana; todas las variedades lingüísticas cambian y se desarrollan de manera diferente a lo largo del tiempo, y el contacto con el inglés, así como con otras variedades del español, también tiene un impacto en el español hablado en Estados Unidos (véase el capítulo 10). Además, queremos subrayar que el 'español mexicano' y el 'español dominicano' no son entidades monolíticas y homogéneas. Pues existe una importante variación geográfica y social dentro de las naciones y grupos de origen nacional (en el capítulo 4 discutimos las ideologías que vinculan al idioma con la nación).

Estadísticas sobre el conocimiento y uso de las lenguas

Para tener una idea de cuántas personas hablan español, nos basamos en las estadísticas oficiales de la Oficina del Censo. Antes de proseguir con la discusión sobre los patrones de conocimiento y uso del español y del inglés, vale la pena detenerse a examinar de dónde vienen esas estadísticas y cómo se producen. En particular, examinaremos la pregunta de la Oficina del Censo sobre la lengua, analizaremos qué datos lingüísticos se recogen y cuáles no, y explicaremos cómo dicha pregunta limita nuestro conocimiento acerca del español y las personas que lo hablan en Estados Unidos (Leeman, 2004, 2018c). En el capítulo 5 explicaremos y analizaremos críticamente las estadísticas de la Oficina del Censo sobre identidad etnorracial.

Desde 1980, la Oficina del Censo ha elaborado estadísticas sobre el conocimiento y uso de idiomas a través de una pregunta de tres partes, destinada a personas de cinco años o más edad (véase la figura 2.2). En la primera parte se pregunta si la persona habla en su hogar una lengua que no sea inglés. Si la respuesta es afirmativa, la siguiente parte de la pregunta le pide identificar dicho idioma y en la tercera parte se pregunta cuán bien habla inglés esta persona, con cuatro opciones de respuesta: "Muy bien"; "Bien"; "No bien"; y "No habla inglés". Esta pregunta no aparece en el censo propiamente dicho (que se realiza cada diez años), sino en la Encuesta sobre la comunidad estadounidense (ACS, por sus siglas en inglés: *American Community Survey*) de la Oficina del Censo. La ACS es una encuesta anual, basada en una muestra de hogares, que recoge una amplia gama de datos sociales y económicos entre otros tipos de datos. Los datos lingüísticos son utilizados para determinar dónde proveer materiales electorales en español y otras **lenguas minoritarias** y cómo implementar otras políticas lingüísticas (véase el capítulo 8).

Hay varios aspectos de la pregunta, y de las estadísticas resultantes, que vale la pena señalar. Primero, la ACS no pregunta sobre el *conocimiento* de la lengua no inglesa, sino sobre el *uso* de la misma (y exclusivamente sobre el uso dentro del *hogar*).

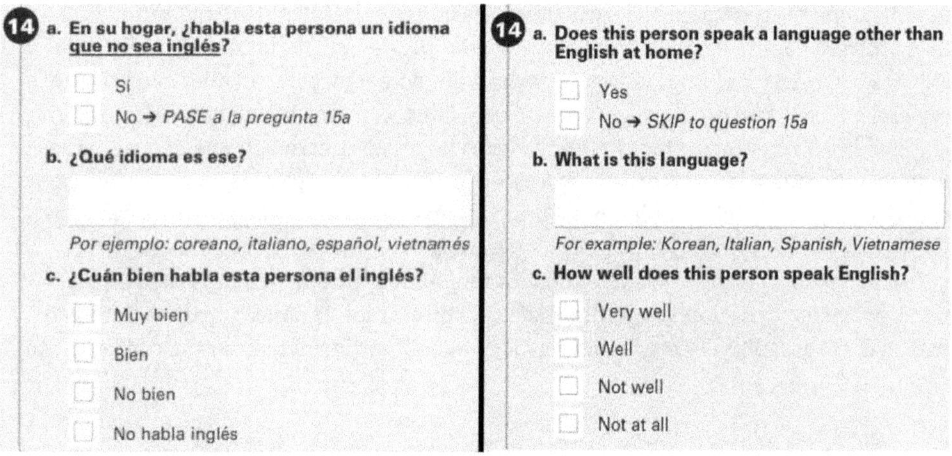

14 a. En su hogar, ¿habla esta persona un idioma que no sea inglés?

☐ Sí

☐ No → *PASE a la pregunta 15a*

b. ¿Qué idioma es ese?

Por ejemplo: coreano, italiano, español, vietnamés

c. ¿Cuán bien habla esta persona el inglés?

☐ Muy bien

☐ Bien

☐ No bien

☐ No habla inglés

14 a. Does this person speak a language other than English at home?

☐ Yes

☐ No → *SKIP to question 15a*

b. What is this language?

For example: Korean, Italian, Spanish, Vietnamese

c. How well does this person speak English?

☐ Very well

☐ Well

☐ Not well

☐ Not at all

Figura 2.2 Pregunta sobre la lengua de la ACS (la traducción oficial al español y la versión original en inglés)

Por lo tanto, si una persona sabe otro idioma pero no lo habla en su casa, este conocimiento no es registrado por la Oficina del Censo. Por esta razón, el número real de personas que saben español es ciertamente superior a los 41 millones reportados por la Oficina del Censo, ya que muchas personas que saben español no lo hablan en el hogar (Leeman, 2004, 2020). En segundo lugar, la pregunta sobre idiomas distintos del inglés proporciona un solo recuadro de escritura. Como resultado, no hay forma de saber si las personas encuestadas hablan en sus hogares más de un idioma distinto del inglés (por ejemplo, español y coreano, o quechua y español). La proporción de inmigrantes de América Latina, y especialmente de América Central, que hablan lenguas indígenas (como el quiché, el mixteco y el náhuatl) está aumentando (Bazo Vienrich, 2018). Algunas de estas personas también hablan español, pero otras no. Sin embargo, debido a que la ACS solo proporciona espacio para una lengua que no sea el inglés, las personas multilingües que responden que hablan el aymara, el quiché, el mixteco, el náhuatl, el quechua o cualquier otra lengua son omitidas en el conteo de personas que hablan español. Por otra parte, si responden que hablan español, el uso de las lenguas indígenas no queda registrado.

El tercer y el cuarto punto que queremos resaltar están relacionados con la pregunta sobre la habilidad oral en inglés. La pregunta se basa en el juicio subjetivo de quienes participaron en la encuesta, más que en una evaluación objetiva sobre el nivel de inglés de la persona. Esto despierta cierta preocupación respecto a la fiabilidad y validez de los resultados, ya que las personas difieren en los criterios que utilizan, y las nociones sobre las 'buenas' y 'malas' maneras de hablar podrían influir en las respuestas (Leeman, 2015). Por otro lado, de ninguna manera sería factible o deseable que las personas encuestadas tuvieran que hacer un examen de inglés. El cuarto aspecto de la pregunta que queremos mencionar es que no se indaga sobre la habilidad en la lengua no inglesa. Por lo tanto, mientras que la pregunta permite clasificar a las personas en base a cuatro niveles de habilidad en el idioma inglés, no hay forma de saber su habilidad en español (o en cualquier otro idioma distinto del inglés). Algunas personas que hablan español en el hogar lo hacen con gran fluidez, mientras que otras tienen una capacidad más limitada, pero no hay forma de distinguirlas en los datos de la ACS (Leeman, 2004, 2018c).

Una última limitación que presenta la ACS es que, al basarse en una muestra (y no en toda la población, como sucede con el censo), no es posible calcular estadísticas para zonas pequeñas. Por lo tanto, solo podemos usar los datos de la ACS para comparar el porcentaje de personas que hablan español en diferentes estados o en grandes ciudades, pero no en condados menos poblados, ciudades más pequeñas o barrios.

El hecho de que las estadísticas sobre lengua de la Oficina del Censo presenten estas características particulares tiene que ver tanto con la política lingüística como con las ideologías lingüísticas (Leeman, 2004, 2018c, 2020). Como discutimos en el capítulo 8, en Estados Unidos hay algunas políticas que exigen la provisión de servicios en lenguas minoritarias, pero estos están diseñados para personas cuyo conocimiento del inglés es limitado (Gilman, 2011). En algunos casos (p. ej., la *Voting Rights Act*, 'Ley de Derecho al Voto'), la provisión de servicios depende de cuántas de esas personas viven en una zona dada, y se utilizan las estadísticas de la ACS para tomar esa determinación. Por el contrario, no hay ninguna política basada en el conocimiento de idiomas distintos del inglés (Leeman, 2018c). Además, las ideologías dominantes no ven a las lenguas minoritarias como una característica social particularmente interesante (Leeman, 2004), algo que profundizaremos en el capítulo 4. Por esta razón, aunque la ACS proporciona estadísticas inestimables sobre el uso lingüístico en el hogar y el conocimiento del inglés, las estadísticas sobre el conocimiento del español solo provienen de fuentes no gubernamentales.

La habilidad de hablar inglés en hispanohablantes y latinxs

Un aspecto que las estadísticas de la ACS nos permiten determinar es la habilidad de hablar inglés en las personas que hablan español en el hogar, y así evaluar la tan repetida afirmación de que tanto las personas inmigrantes de habla hispana como sus descendientes no aprenden inglés. Este es un tema común en los medios sociales y en los comentarios en línea, en cartas al editor y en el discurso cotidiano, ámbitos en los que a menudo se da por sentado o se presenta como un hecho, sin ninguna evidencia. Además, la supuesta no adquisición del inglés suele representarse como un rechazo o una falta de voluntad de hacerlo. Por ejemplo, en una reciente aparición en *Meet the Press* (un programa televisivo de noticias y entrevistas), el expresentador de noticias de la NBC, Tom Brokaw, respondió de la siguiente manera a una pregunta sobre los altos niveles de apoyo entre residentes de

Wyoming y Dakota del Sur para la construcción de un muro en la frontera entre Estados Unidos y México:

And a lot of this, we don't want to talk about. But the fact is, on the Republican side, a lot of people see the rise of an extraordinary, important, new constituent in American politics, Hispanics, who will come here and all be Democrats. Also, I hear, when I push people a little harder, "Well, I don't know whether I want brown grandbabies". I mean, that's also a part of it. It's the intermarriage that is going on and the cultures that are conflicting with each other. I also happen to believe that the Hispanics should work harder at assimilation. That's one of the things I've been saying for a long time. You know, they ought not to be just codified [sic] in their communities but make sure that all their kids are learning to speak English, and that they feel comfortable in the communities. And that's going to take outreach on both sides, frankly.

Y mucho de esto no lo queremos decir. Pero el hecho es que, del lado republicano, mucha gente ve el surgimiento de un nuevo electorado extraordinario e importante en la política estadounidense: la población hispana, que vendrá aquí y será toda demócrata. También, escucho, cuando presiono a la gente un poco más, "Bueno, no sé si quisiera tener nietos/as de tez morena". Quiero decir, eso también es parte de este asunto. Son los matrimonios mixtos y las culturas que están en conflicto entre sí. También creo que las personas hispanas deberían esforzarse más en la asimilación. Esa es una de las cosas que he estado diciendo durante mucho tiempo. No deberían estar codificadas[1] [sic] en sus comunidades, sino asegurarse de que sus hijos/as aprendan a hablar inglés y se sientan bien en las comunidades. Y eso va a requerir un acercamiento por ambos lados, francamente. (NBC News, 2019)

Hay mucho por desentrañar en la declaración de Brokaw, como su reconocimiento de que el apoyo a un muro fronterizo tiene raíces, al menos en parte, en el racismo antilatinx y en los temores sobre la composición racial de la nación, así como su afirmación implícita de que las personas latinxs no siempre velan por que sus descendientes hablen inglés. También es un ejemplo flagrante de la tendencia de la prensa estadounidense a tratar siempre a ambos lados de un debate como igualmente válidos (en inglés, *bothsidesism*): Brokaw presenta la oposición racista, por parte de personas de raza blanca, al matrimonio mixto como si esto fuera moralmente equivalente a la supuesta falta de esfuerzo de las personas latinxs para enseñar inglés a sus descendientes.[2] En el capítulo 5 examinamos la **racialización** del español, y en el capítulo 8 discutimos el sentido jurídico de la discriminación lingüística como un sustituto de la discriminación basada en la raza o el origen nacional; aquí nos centramos en la falsa noción de que tanto hispanohablantes como latinxs en general se niegan a aprender inglés.

A pesar de la frecuencia con que se repite, la investigación cuantitativa y cualitativa ha demostrado que el mito de que las personas latinxs y/o que inmigran de América Latina se rehúsan a aprender inglés no es más que eso: un mito. Este mito en realidad consiste en tres nociones interrelacionadas, todas ellas falsas: (1) estas personas no quieren aprender inglés; (2) no aprenden inglés; y (3) no se aseguran de que sus hijos/as aprendan inglés. Empecemos con la idea de que no quieren aprender inglés. En efecto, una encuesta del Centro Pew reveló justamente lo contrario: nueve de cada diez latinxs piensan que aprender inglés es importante (Taylor *et al.*, 2012).

Al igual que las encuestas cuantitativas, los estudios cualitativos, así como las narrativas autobiográficas, también han encontrado consistentemente que las personas que han inmigrado a Estados Unidos perciben el aprendizaje del inglés como algo valioso tanto para fines simbólicos como prácticos. Por ejemplo, en el estudio etnográfico de DuBord (2014) sobre inmigrantes de México en un centro de jornaleros en Arizona, varios testimonios de participantes mencionan las barreras lingüísticas y las dificultades que habían tenido que afrontar antes de aprender inglés. Estas incluían tener menos acceso a empleos, sentirse incapaces de reclamar justicia en casos de abuso laboral y depender de otras personas para ir de compras. Y quienes no habían aprendido inglés, no era porque lo hubieran rechazado. Por el contrario, veían el conocimiento del inglés como una forma de conseguir mejores trabajos, de tener mejores relaciones con el personal de mayor jerarquía, de ganar más dinero o, como se ve en el siguiente ejemplo, de abrir su propia empresa: "Yo no sé el inglés, pero si supiera inglés ya anduviera en mi propia compañía porque hay muchos que no saben trabajar pero saben el inglés. Eso es lo que les ayuda a ellos". (DuBord, 2014: 69)

Aunque en el contexto de la investigación de DuBord no pareciera que el conocimiento del inglés realmente confiera los beneficios imaginados, el punto clave aquí es que las personas de habla hispana sí quieren aprender inglés y lo perciben como algo valioso por razones profesionales (en el capítulo 4 discutimos esta importancia que se le da al valor económico de los idiomas).

Además de las consideraciones prácticas y laborales, muchas personas latinxs también consideran que el inglés es un requisito para tener plena participación y legitimidad en la sociedad estadounidense. Por ejemplo, en la investigación de Velázquez (2018: 74), cuando se le preguntó a una participante si consideraba que había algún aspecto positivo en hablar inglés, esta respondió: "Pues la comunicación, el no sentir, el no sentirse como una sombra en todo lugar". Otra mujer respondió de la siguiente manera: "Pues lo bueno de hablar inglés es para comunicarse con las demás personas de aquí [...] O para entenderles también [...] Para entenderles, eso es bueno porque [...] Si no hablamos no somos nada". (Velázquez, 2018: 74)

Del mismo modo, otros estudios también han descubierto que las personas que migran de México a Estados Unidos sienten la obligación de aprender inglés, así como una sensación de vergüenza y/o dolor emocional cuando no lo adquieren tan plenamente o con la rapidez que desearían (García Bedolla, 2003; Relaño Pastor, 2014). Asimismo, al igual que un gran número de personas no latinxs, muchas personas mexicoamericanas que participaron en el estudio de García Bedolla compartían la creencia de que ser inmigrante supone la obligación moral de aprender inglés. En la misma línea, Ullman (2010) describió la sensación de fracaso e inadecuación personal experimentada por migrantes de México que habían gastado cientos de dólares en el programa de aprendizaje de idiomas *Inglés sin barreras,* pero que no habían sido capaces de dominar el inglés con la rapidez que habían imaginado (o que se les había prometido).

Pero lo que refuta la segunda y la tercera parte del mito no es solamente el hecho de que la mayoría de inmigrantes de habla hispana *quieran* aprender inglés, pues con el tiempo efectivamente *logran* aprenderlo (al igual que lo hace la generación que les sigue y así sucesivamente). De hecho, según las estadísticas de la Oficina del Censo, más de tres cuartas partes (76%) de las personas que hablan español en el hogar hablan inglés "muy bien" o "bien" (American Community Survey, 2017). El porcentaje es aún más alto (95%) en las personas de habla hispana que nacieron en Estados Unidos, dato estadístico que incluye a las personas nacidas en Puerto Rico. E incluso entre hispanohablantes que nacieron en el extranjero, el 55% habla inglés "muy bien" o "bien". En otras palabras, prácticamente toda la población hispanohablante nacida en Estados Unidos habla bien el inglés, al igual que la mayoría de las personas de habla hispana que nacieron en el extranjero. A propósito de esto, vale la pena señalar que dentro de esta mayoría nacida en el extranjero se incluye a inmigrantes que recién llegaron, así como a personas que llegaron a Estados Unidos en su adultez. No es sorprendente que las personas que migraron en su infancia y/o que llevan muchos años en Estados Unidos sean los grupos demográficos con los mayores índices de dominio del inglés (American Community Survey, 2017; Portes y Rumbaut, 2001; Veltman, 2000), dado que el aprendizaje de un idioma lleva tiempo y tiende a ser más difícil para las personas adultas, especialmente para quienes solo disponen de tiempo y/o recursos financieros limitados para dedicarse a ello.

Cabe destacar que las estadísticas que acabamos de presentar son sobre la habilidad de hablar inglés de las personas que hablan español en el hogar. Pero Brokaw no dijo que las personas *hispanohablantes* necesitan asegurarse de que sus descendientes hablen inglés; dijo que las personas *hispanas* deberían hacerlo. Este es un claro ejemplo del fenómeno que describimos al principio de este capítulo: hay una gran cantidad de personas que usan las palabras *hispano* e *hispanohablante* como sinónimos y/o asumen que toda la población latinx habla español. Aunque ya lo mencionamos anteriormente, lo diremos de nuevo: ser latinx no necesariamente implica saber hablar español. De hecho, el 41% de las personas latinxs nacidas dentro de Estados Unidos el único idioma que habla en el hogar es el inglés (American Community Survey, 2017). Y entre toda la población latinx (incluidas tanto las personas nativas como las nacidas en el extranjero), más de tres cuartos (81%) habla inglés "muy bien" o "bien".

La preocupación de Brokaw de que la inmigración latinx y su descendencia no hable inglés —que no es exclusiva de este presentador, sino que es representativa de un discurso público más amplio que presenta a la población latinx como una amenaza para el inglés— es simplemente infundada. El inglés no corre peligro. Tal como explicamos con mayor detalle en el capítulo 4, la idea de que la gente que habla español no habla también inglés se basa en suposiciones sobre el monolingüismo como estado normal de las cosas. De hecho, la preocupación no debería ser que los hijos e hijas de inmigrantes hispanohablantes no aprendan inglés; debería ser que no aprendan español.

El deseo de mantener el español y el dolor de perderlo

Como vimos en la sección anterior, a pesar de que mucha gente presuponga lo contrario, no hay absolutamente ninguna evidencia de que las personas de habla hispana (ni las personas latinxs en general) rechacen el inglés o fracasen en aprenderlo. Esto no significa, sin embargo, que no se preocupen por mantener el español. De hecho, el 95% de las personas que participaron en la encuesta del Centro Pew dijeron que era importante que las futuras generaciones de latinxs hablaran español (Taylor *et al.*, 2012). El deseo de la población inmigrante de transmitir el español a sus descendientes también se pone de manifiesto en los estudios cualitativos sobre el mantenimiento de la lengua y las prácticas lingüísticas dentro de la familia (p. ej., Schecter y Bayley, 2002; Torrez, 2013; Velázquez, 2018).

A veces el español es valorado como algo útil para futuras oportunidades laborales (Schecter y Bayley, 2002; Velázquez, 2018), pero más comúnmente se considera importante para la identidad etnorracial y/o necesario para la comunicación familiar, ya sea dentro de Estados Unidos o con parientes en el extranjero. Por ejemplo, en la investigación de Torrez (2013), una inmigrante mexicana manifestó el deseo de que sus hijos contaran con oportunidades educativas bilingües en español e inglés:

> Son perdidos porque no saben cómo hablar con sus familias. ... Porque en primer lugar, nosotros, con nuestros hijos, nosotros hablamos puro español porque nosotros no sabemos mucho inglés y nuestra raza es de México y por eso. Y si ellos hablan puro inglés pues no van a entendernos a nosotros. Por eso queremos que puedan hacer eso, que puedan poner español [e] inglés. Y pues la mayor parte se comunica uno con ellos en español. Y en español, español porque es nuestro lenguaje de nosotros. Y ellos ya es diferente porque ellos es otro nivel de vida que llevan ellos y ellos ya están aprendiendo otro idioma, y qué bueno. (Torrez, 2013: 282)

En su explicación, esta mujer subraya la importancia del español para la identidad de grupo y la comunicación familiar, y describe las terribles consecuencias emocionales de no aprender el español ("Son perdidos"). Su comentario a favor del español no es un rechazo al inglés, ya que claramente quiere que sus hijos lo sepan hablar. En cambio, aboga por la educación bilingüe español-inglés, porque no tiene ninguna duda de que sus hijos aprenderán inglés.

Aspectos como el deseo de transmitir el español a la próxima generación, la convicción de que el conocimiento de este idioma juega un papel importante en las relaciones intrafamiliares y el reconocimiento de que la adquisición del inglés es universal entre las personas nacidas en Estados Unidos también se observan en el testimonio de Nilda, una participante en el estudio de Schecter y Bayley (2002). En este estudio, que se llevó a cabo en Texas y California, se pretendía analizar las prácticas de socialización lingüística entre migrantes procedentes de México y su descendencia nacida en Estados Unidos. Nilda nació en Estados Unidos; tanto su madre como su padre nacieron en México. A los 15 años se casó con un hombre mexicano y tuvieron un hijo. Nilda explica su decisión de hablar español con su hijo de la siguiente manera:

> And I got pregnant, and it seemed inconceivable to me that I would teach my son anything else but Spanish. Because I knew that if he went into the school system, he'd learn English. And I spoke English so I could always help him out in that way. But to think that my son would lose out on all that I had learned and that was me. There was too much of me to say, 'Well now you learn English so you can get ahead'.

> Y me quedé embarazada, y me parecía inconcebible que le enseñara a mi hijo otra cosa que no fuera español. Porque *sabía* que, si él entraba en el sistema escolar, aprendería inglés. Y yo hablaba inglés así que siempre podía ayudarlo con eso. Pero pensar que mi hijo se perdería todo lo que yo había aprendido y que era yo. Había demasiado de mí como para decir: "Bueno, ahora aprende inglés para poder salir adelante". (Schecter y Bayley, 2002: 167)

Sin embargo, por más que un gran número de latinxs comparta el deseo de que las generaciones posteriores mantengan el español (Taylor *et al.*, 2012), la desafortunada realidad es que muchas personas descendientes de inmigrantes no dominan el idioma de sus progenitores/as, y, en la mayoría de los casos, sus nietos/as son anglohablantes monolingües (más adelante en este capítulo presentamos estadísticas detalladas sobre los patrones generacionales del conocimiento del español). En algunos casos esto se debe a que padres y madres inmigrantes se centran en que sus hijos/as aprendan inglés; en otros casos el alejamiento del español pasa por voluntad propia. Las personas de todas las generaciones están expuestas a mensajes sociales explícitos e implícitos de que el inglés es la clave para encajar y lograr el éxito, y de que otros idiomas son peligrosos y ajenos a la nación; y estos mensajes desempeñan un papel significativo tanto en las prácticas lingüísticas del hogar como en las elecciones lingüísticas individuales (King y Fogle, 2006; Velázquez, 2018). El impacto de estas ideologías se puede ver en el estudio etnográfico de Zentella sobre una comunidad puertorriqueña radicada en Nueva York, en el que se ofrece el siguiente testimonio: "I gotta let some of it go. If I start hanging on to my culture, speaking Spanish, it's gonna hold me back" ('Tengo que soltar parte de esto. Si empiezo a aferrarme a mi cultura, hablar en español, me va a frenar') (Zentella, 1997a: 142).

En algunos casos, las personas de habla hispana han sido objeto tanto de violencia física como simbólica, y los recuerdos y el trauma de haber sufrido algún tipo de castigo o sanción social por hablar español pueden incitar a estas personas a priorizar el inglés. Por ejemplo, una mujer en la investigación de García-Bedolla (2003: 269) explicó que en la juventud de su abuela: "they would hit them and stuff when they spoke Spanish in schools, so she didn't teach her kids how to speak Spanish" ('les pegaban y cosas así cuando hablaban español en las escuelas, por lo que no quiso enseñarle español a sus hijos/as').

Madres y padres hispanohablantes a veces expresan su pesar cuando no logran transmitir el español a sus hijos/as. Sin embargo, como explica agudamente Velázquez (2018), la transmisión intergeneracional del español es solo una de las muchas tareas en "la constelación de deberes que implica la crianza infantil" (p. 77, traducido del inglés). En un contexto en el que hay poco apoyo educativo a la enseñanza del español y otras **lenguas minorizadas**, esta responsabilidad recae, en gran medida, sobre madres, padres y otras personas encargadas de la crianza. Para quienes deben trabajar fuera del hogar, esto puede ser un desafío, como se expresa en el siguiente testimonio de una madre:

I think a lot of parents are working and I don't think they have the time to get their kids. ... It's a lot of work. And I have to say that first hand that I wish I could sit and spend a couple of hours a day because I'm sure I could teach them as well as the school could and you know that's so expensive. We don't have the time. You know we are living at such a fast paced life. Everything is so expensive, two working parents, you are constantly going, so you basically just let it go, and they start to lose it.

Creo que bastantes madres y padres están trabajando y no creo que tengan tiempo para atender a sus hijos/as. ... Es mucho trabajo. Y tengo que decir de primera mano que me gustaría poder sentarme y pasar un par de horas al día, porque estoy segura de que podría enseñarles tan bien como la escuela, y tú sabes que eso es muy caro. No tenemos tiempo. Estamos viviendo una vida muy acelerada. Todo es tan caro, dos padres que trabajan, constantemente estás yendo y viniendo, así que básicamente lo dejas ir, y empiezan a perderlo. (Pease-Alvarez, 2003: 18)

No son solo madres y padres quienes lamentan que su descendencia carezca de habilidad en español, sino que dentro de esas nuevas generaciones también hay personas que al llegar a la adolescencia o a la adultez lo terminan lamentando (García Bedolla, 2003; Goble, 2016; Villa y Rivera-Mills, 2009). Para un gran número de latinxs que no hablan español, el desplazamiento lingüístico viene acompañado de un sentimiento de vergüenza que tiene cierta similitud con la vergüenza que sus progenitores/as (o la generación anterior) experimentaban si no hablaban inglés (García Bedolla, 2003). Además, a menudo también hay una sensación de pérdida, así como de sentimientos de inseguridad cultural o de inautenticidad. De hecho, la ideología que entiende que hablar español es un requisito de la 'auténtica' identidad latinx está muy extendida tanto entre latinxs como entre personas no latinxs (véase el capítulo 6). Estos sentimientos se evidencian en la siguiente cita de una maestra mexicoamericana que fue entrevistada por Goble:

A huge barrier for me learning Spanish was also fear of shaming myself because, because Spanish is something that I am supposed to know, because I'm Mexican ... If I say it, and

I mispronounce something, that would be really embarrassing to me. I was always afraid of sounding like a White girl, trying to speak Spanish. That was – that was a huge fear of mine, and so it was better to just not try at all.

Una gran barrera para mi aprendizaje del español era también el miedo a sentir vergüenza de mí misma porque, porque el español es algo que debo saber, porque soy mexicana... Si lo digo, y pronuncio mal algo, eso sería realmente embarazoso para mí. Siempre tuve miedo de sonar como una chica blanca intentando hablar español. Ese era... ese era un gran temor, así que era mejor simplemente no intentarlo en absoluto. (Adaptado de Goble, 2016: 43–44)

En este pasaje vemos que la inseguridad lingüística puede llevar a la evasión, lo que a su vez puede contribuir a la pérdida del idioma. Además, algunas personas latinxs que no hablan español sienten que esto ha impactado negativamente en sus relaciones con latinxs que sí lo hablan. Por ejemplo, una persona que participó en la investigación de García Bedolla (2003: 270) declaró lo siguiente: "some people think I'm snobby because I don't speak Spanish" ('algunas personas piensan que me creo superior porque no hablo español').

En la próxima sección examinaremos con más detalle, y de forma más sistemática, los factores sociales e individuales que influyen en el mantenimiento y el desplazamiento lingüísticos.

Factores que inciden en el mantenimiento y el desplazamiento lingüísticos

Ya observamos los patrones de conocimiento y uso del inglés y el español entre latinxs y personas de habla hispana dentro de Estados Unidos; ahora es momento de considerar algunos factores grupales e individuales de relevancia. En esta sección nos centramos en las estructuras sociales y los valores de la sociedad, y las prácticas que resultan de estas, que pueden fomentar o inhibir el uso de lenguas minorizadas como el español.

Vitalidad etnolingüística

Uno de los marcos teóricos más conocidos para el análisis de las posibilidades de supervivencia de una lengua minoritaria es el modelo de **vitalidad etnolingüística** de Giles *et al.* (1977), que presupone que el mantenimiento de las lenguas minoritarias y el de las identidades de los grupos étnicos van de la mano. Aunque el modelo de vitalidad etnolingüística ha recibido bastantes críticas, sigue siendo muy utilizado para analizar el mantenimiento y/o el desplazamiento de lenguas en los entornos de contacto a lo largo de todo el mundo (Velázquez, 2018; Yagmur y Ehala, 2011). Asimismo, a pesar de sus limitaciones, un aspecto valioso de este modelo es que tiene en cuenta tres tipos diferentes de factores, además de la percepción subjetiva que tienen de estos factores los miembros del grupo. Los tres tipos de factores que configuran los patrones de mantenimiento del idioma son los siguientes: *factores demográficos, factores de estatus* y *factores de apoyo institucional* (Giles *et al.*, 1977; Harwood *et al.*, 1994).

Los *factores demográficos* incluyen el número total de hablantes, su distribución y densidad geográficas, y el grado de aislamiento respecto al resto de la sociedad. Se cree que los grupos etnolingüísticos grandes con densas concentraciones de integrantes y que están aislados de otros grupos tienen más probabilidades de mantenimiento lingüístico. También se considera que una baja tasa de **exogamia** (es decir, el matrimonio fuera del grupo), en comparación con la **endogamia** (es decir, el matrimonio dentro del grupo), contribuye al mantenimiento. El potencial impacto de las tasas de exogamia y endogamia se ve reflejado en una encuesta reciente que muestra que el 92% de madres y padres latinxs con cónyuge o pareja latinx hablan español con sus hijos/as, mientras que solo el 55% de madres y padres latinxs con pareja no latinx lo hacen (López *et al.*, 2018). Esto es particularmente notable dadas las crecientes tasas de exogamia en la población latinx, y especialmente en el caso de las personas nacidas en Estados Unidos; en 2015, cerca del 39% de las personas latinxs nacidas en Estados Unidos se había casado recientemente con personas no latinxs (Livingston y Brown, 2017).

Los *factores de estatus* están relacionados con la valoración subjetiva del idioma minoritario tanto dentro del grupo etnolingüístico como en la sociedad en general, e incluyen el estatus social o el prestigio, el estatus cultural y el estatus sociohistórico. Las ideologías negativas como el racismo, la subordinación lingüística y la xenofobia también pueden considerarse factores de estatus. Por último, entre los *factores de apoyo institucional* se encuentra la disponibilidad de medios de comunicación en idiomas minoritarios (como sitios web, radio y televisión, así como periódicos), la existencia de instituciones y/o servicios religiosos y de servicios gubernamentales en el idioma minoritario.

Un factor de apoyo institucional clave es la educación en el idioma minoritario. Es importante no solo disponer de esta, sino también saber con qué tipo de programas cuenta. ¿Ofrece el sistema escolar público programas bilingües o de **inmersión dual**? ¿O las clases en el idioma minoritario se limitan a unas pocas horas a la semana, están disponibles solo en los grados superiores, o no se ofrecen en absoluto (con la excepción quizás de clases impartidas dentro de la comunidad local en horario nocturno o en escuelas de fin de semana)? Como profundizamos en el capítulo 9, la alfabetización y la educación en el idioma minoritario son fundamentales para promover el mantenimiento, por esta misma razón, quienes han investigado sobre el tema piden más oportunidades educativas en español (p. ej., Valdés, 2015).

Por supuesto, los tres tipos de factores esbozados por Giles *et al.* (1977) no son independientes entre sí. Los factores demográficos y de estatus inciden claramente en la disponibilidad del apoyo institucional: cuando hay un gran número de hablantes de un idioma minoritario concentrado en una zona determinada es más fácil establecer medios de comunicación comunitarios e instituciones religiosas (o conseguir que las instituciones existentes ofrezcan programación) en ese idioma. Análogamente, las políticas que exigen que los gobiernos locales y nacionales proporcionen servicios o materiales en idiomas minoritarios dependen a veces del número o del porcentaje de hablantes de una zona determinada. Por ejemplo, en Estados Unidos, de acuerdo con la Ley de Derecho al Voto, solo aquellos distritos en los que un determinado porcentaje de la población habla el mismo idioma minoritario (y presenta dominio limitado del inglés) tienen la obligación de proporcionar materiales electorales en ese idioma (véase el capítulo 8).

El modelo de vitalidad etnolingüística ha suscitado varias críticas. Por un lado, los diversos factores son difíciles de medir. Al mismo tiempo, ningún factor por sí solo es suficiente para explicar los patrones de mantenimiento y desplazamiento lingüísticos, y no está claro cuáles deben considerarse los más importantes, lo que implica que el modelo sea extremadamente difícil de probar (Husband y Khan, 1982). Además, el modelo se centra únicamente en las características de los grupos minoritarios, por lo que no tiene en cuenta el poder y las prácticas de los grupos dominantes (Tollefson, 1991). De hecho, las ideologías sociales sobre los idiomas en general (más que sobre un idioma o grupo etnolingüístico específico) también pueden influir en la vitalidad. Por ejemplo, la noción de que el monolingüismo es la norma, y de que el multilingüismo es divisivo, puede repercutir en los patrones de uso de los idiomas (Valdés, 2015), al igual que las actitudes hacia cualquier idioma específico.

Otras limitaciones del modelo de vitalidad etnolingüística están vinculadas a la suposición de que existe una relación de uno a uno entre la identidad del grupo y el idioma. Si bien muchas veces se considera que el hecho de hablar un idioma es la clave de la 'auténtica' identidad de grupo, esto no es siempre el caso. Pensemos, por ejemplo, en varios grupos étnicos presentes en Estados Unidos, como lo son el italiano y el polaco; muchas personas reivindican para sí estas identidades a pesar de ser monolingües en inglés, sin que nadie las cuestione.

Además, los grupos etnolingüísticos no son homogéneos. Al centrarse en los factores que afectan a los grupos sin tener en cuenta factores como la clase social, la edad, el género y la pertenencia a subgrupos, el modelo de vitalidad etnolingüística no permite explicar las diferencias entre personas que pertenecen a un mismo grupo (Husband y Khan, 1982; Pauwels, 2016). Esta crítica alude a la **interseccionalidad**, una construcción analítica que exploramos con mayor profundidad en el capítulo 6. Los enfoques interseccionales hacen hincapié en que las personas no pertenecen a una sola categoría de identidad (como el género, la clase o la raza), sino que pertenecen a varias categorías diferentes al mismo tiempo, y sus experiencias (y la discriminación que experimentan) están moldeadas por las formas en que estas categorías (y los diferentes tipos de discriminación) interactúan entre sí (Crenshaw, 1989). Por ejemplo, sería un error agrupar a todas las personas que hablan español en una sola categoría sin considerar también sus identidades de raza, clase y género, entre otras. De hecho, en su estudio longitudinal de la descendencia de inmigrantes en diversos países, Portes y Rumbaut (2001) encontraron que estos factores eran predictores del mantenimiento de la lengua. Es probable que, como resultado de estas limitaciones, el modelo de vitalidad etnolingüística no siempre dé lugar a predicciones precisas. En particular, las lenguas minoritarias se mantienen a veces en contextos en los que el modelo predice el desplazamiento (Velázquez, 2018; Yagmur y Ehala, 2011).

Redes sociales, prácticas lingüísticas en el entorno familiar y otras diferencias individuales

Dado que el modelo de vitalidad etnolingüística se centra en los factores que afectan a los grupos, hay quienes argumentan que la **teoría de las redes sociales**, con su énfasis en las relaciones que establecen los individuos dentro y fuera de los grupos, es más adecuada para explicar los patrones de mantenimiento y uso de la lengua a nivel individual (Pauwels, 2016). La aplicación de la teoría de las redes sociales a cuestiones lingüísticas tiene como premisa que los patrones de uso del lenguaje de cada persona se derivan de las personas con las que interactúan regularmente. Así pues, quienes adoptan este enfoque examinan las relaciones y las redes sociales de las personas a nivel individual (y no tanto a nivel grupal). Si bien las primeras investigaciones en esta esfera estudiaron la forma en que las relaciones influían en el uso y la difusión de rasgos lingüísticos específicos, las investigaciones posteriores ampliaron el enfoque al examinar la forma en que las redes sociales pueden incidir en los patrones de mantenimiento y desplazamiento de los idiomas minoritarios (p. ej., Raschka *et al.*, 2002; Stoessel, 2002).

Dos características de las redes sociales que han sido objeto de análisis son la densidad y la multiplexidad. Las redes sociales densas son aquellas en las que muchas personas de la red tienen vínculos entre sí. Pensemos, por ejemplo, en un grupo de personas que comparten un vínculo íntimo de amistad; cada miembro del grupo tiene una relación de amistad con los otros miembros. En cambio, en una red social dispersa, se establecen conexiones que no son compartidas con otras personas, como en el caso de un grupo de amigas y/o amigos que se reúnen en la escuela o el trabajo, pero que fuera de ese contexto interactúan con muchas otras amistades que no se conocen entre sí. Las redes múltiples o multiplexadas son aquellas en las que hay múltiples tipos de vínculos o relaciones entre las personas, por ejemplo, si tu cuñada es también tu colega y tu compañera de yoga. En el caso de los idiomas minoritarios, es lógico que cuanto más use una persona un idioma, más probable es que lo mantenga. Por lo tanto, si una persona está conectada a redes sociales densas y multiplexadas en las que se utiliza un idioma minoritario, tiene más probabilidad de mantenerlo. Algunas investigaciones han determinado que la composición de las redes sociales de las personas es un indicador más fiable del mantenimiento o el desplazamiento de lengua que la situación socioeconómica o el género (García, 2003; Milroy, 2002; Sallabank, 2010).

En los últimos años, se ha observado que el aumento de la migración y la movilidad, así como las nuevas tecnologías, facilitan la participación de las personas en redes dispersas y la negociación de sus identidades a nivel transnacional (Coupland, 2003; De Fina y Perrino, 2013; Márquez Reiter y Martín Rojo, 2014). El incremento de la movilidad aumenta tanto las probabilidades de que las personas inmigrantes y sus descendientes visiten sus países de origen como las posibilidades de que entren en contacto con inmigrantes que recién llegaron. El bajo costo de las telecomunicaciones, así como el consumo de medios de comunicación producidos para audiencias transnacionales facilitan el contacto de las personas inmigrantes y sus descendientes con personas e idiomas del país de origen, incluso sin moverse. Prestar atención a estas tendencias nos obliga a reconocer que los idiomas y las redes sociales realmente no pueden ser mapeados en lugares específicos, ya que las personas están frecuentemente en movimiento y pueden comunicarse diariamente con personas a miles de kilómetros de distancia.

Algunas personas que han investigado el mantenimiento y el desplazamiento lingüísticos señalan que, en cierto sentido, la decisión de utilizar o no un idioma minoritario se reduce a una serie de elecciones cotidianas, tanto conscientes como inconscientes (Valdés, 2015; Velázquez, 2018). De la misma manera, en la mayoría de los casos, las personas tienen cierta libertad para elegir las redes sociales en las que participan. Por ende, dado que el mantenimiento de un idioma minorizado depende de la transmisión intergeneracional (Fishman, 1991), las investigaciones tienen cada vez más en cuenta las decisiones y actitudes lingüísticas adoptadas por madres y padres (y otras personas encargadas de la crianza) en relación con el mantenimiento del idioma minorizado (en el capítulo 8 se analiza más a fondo la **política lingüística familiar**). Aun así, es importante subrayar que las políticas lingüísticas de las familias (incluidas las prácticas lingüísticas tanto de personas adultas como de las que están en la etapa de la niñez) no tienen lugar en el vacío. Por el contrario, las elecciones lingüísticas individuales están condicionadas por fuerzas estructurales e ideologías sociales (Grosjean, 1982; Valdés, 2015), y tener actitudes positivas hacia el idioma minorizado no es suficiente para asegurar su mantenimiento (Velázquez, 2018).

De hecho, si bien es fundamental que madres y padres comprendan los factores que pueden influir en la adquisición y el uso del idioma, ello no significa que debamos entender la transmisión intergeneracional o familiar del idioma como si dependiera únicamente de las decisiones personales que toman los individuos, ya que de este modo ignoraríamos las condiciones estructurales que limitan el accionar de madres y padres. Como demostró Zentella (1997a) en su innovador estudio etnográfico sobre el desplazamiento lingüístico en una comunidad puertorriqueña de Nueva York, el racismo, la subordinación lingüística y la precariedad económica son factores clave que limitan las decisiones lingüísticas de madres y padres e influyen en el desplazamiento lingüístico.

Análogamente, el deseo de una persona de mantener el español puede no ser suficiente para que eso ocurra y, a pesar de los sentimientos comunes de culpa por la pérdida del idioma, el accionar individual se ve limitado por factores estructurales. Así pues, además de examinar las redes sociales, los factores individuales y las decisiones personales, no debemos perder de vista las formas en que las ideologías y políticas lingüísticas de la sociedad repercuten en los grupos y en las personas que los integran.

Mantenimiento y desplazamiento del español en Estados Unidos

Históricamente, las personas que migraron a Estados Unidos han seguido, en gran medida, un patrón de tres generaciones en lo que respecta al proceso de desplazamiento lingüístico hacia el inglés: en su mayoría, las personas denominadas **inmigrantes de primera generación** (nacidas fuera del país) tienen como lengua dominante la lengua no inglesa; aquellas denominadas **inmigrantes de segunda generación** (nacidas dentro del país) suelen ser bilingües; mientras que la tercera generación y las subsiguientes tienden a ser monolingües en inglés (Alba, 2004; Rivera-Mills, 2012; Veltman, 2000). Sin embargo, hay quienes dudan de que estos patrones se mantengan en el caso del español, dado el gran número de hablantes de este idioma y su densidad relativamente alta en ciertas partes del país; factores demográficos que, según el modelo de vitalidad etnolingüística, deben contribuir a su mantenimiento. En algunos casos, estas dudas tienen su origen en el racismo y se entrelazan con las afirmaciones infundadas y erróneas de que las personas de habla hispana no quieren aprender inglés —como vimos en la cita de Tom Brokaw, presentada anteriormente en este capítulo—, así como en el discurso más amplio sobre la supuesta falta de voluntad e incapacidad de asimilación de las personas latinxs (Chávez, 2013). Asimismo, algunas personas han sugerido que una mayor 'tolerancia' hacia el multilingüismo y el multiculturalismo hace menos probable que quienes inmigraron recientemente logren asimilarse lingüísticamente. En las siguientes secciones, evaluaremos estas ideas al examinar los patrones de mantenimiento y pérdida del español entre las personas inmigrantes y sus descendientes.

El desplazamiento lingüístico hacia el inglés

En la discusión anterior sobre los datos de la ACS comparamos la habilidad oral en inglés de inmigrantes con personas hispanohablantes y latinxs nacidas en Estados Unidos, pero en ninguno de los casos tuvimos en cuenta la cantidad de generaciones que sus familias llevaban en dicho país. Para tener una mejor idea de los patrones de transmisión intergeneracional, así como del conocimiento y uso del español, Alba (2004) sí lo hizo. Específicamente, comparó entre inmigrantes de primera, segunda y tercera generación. A partir de esto, descubrió que prácticamente todas las personas latinxs nacidas en Estados Unidos hablan bien inglés, pero notó una importante diferencia entre la segunda y la tercera generación en cuanto al uso del español: el 85% de la segunda generación hablaba español en el hogar, pero solo el 18% de la tercera generación lo hacía. Alba interpretó esto como una prueba de la persistencia del patrón de tres generaciones en lo que respecta al desplazamiento hacia el inglés.

Basándose en el alto porcentaje de personas pertenecientes a la segunda generación que, según la ACS, hablan español sus hogares, Alba también llegó a la conclusión de que el bilingüismo está muy extendido en la segunda generación. Sin embargo, aunque a primera vista esta conclusión parece razonable, debe tomarse con cierta cautela. Como vimos anteriormente, la Oficina del Censo no pregunta cuán bien hablan español las personas (véase la figura 2.2), y por lo tanto el conteo de personas 'hispanohablantes' incluye a personas que solo tienen dominio limitado del español junto con personas que lo hablan con fluidez, y no hay forma de saber la proporción relativa que le corresponde a cada parte. Como resultado, las estadísticas de la Oficina del Censo sobre personas que hablan español en el hogar pueden dar una sensación inflada de mantenimiento del español y del bilingüismo español-inglés (Leeman, 2018c). Lo mismo ocurre con las investigaciones que se basan en estas estadísticas, como los informes del Instituto Cervantes sobre el número de hispanohablantes en diferentes países del mundo (p. ej., Instituto Cervantes, 2018). Por este motivo, para obtener una imagen más precisa de los patrones de conocimiento del idioma entre la segunda generación y las siguientes, recurrimos a los datos de las encuestas de latinxs llevadas a cabo por el Centro Pew, una organización no gubernamental que realiza encuestas y sondeos de opinión pública sobre una amplia gama de cuestiones políticas y sociales.

En contraste con la ACS de la Oficina del Censo, las encuestas del Centro Pew preguntan a las personas cuán bien hablan el español y el inglés. Al preguntar sobre la habilidad en ambos idiomas, el Centro Pew es capaz de comparar el conocimiento de las dos lenguas en cada participante, obteniendo así una mejor idea del nivel de bilingüismo en las diferentes generaciones. En cuanto al inglés, los hallazgos del Centro Pew coinciden con los de la Oficina del Censo, ya que muestran que casi toda la población latinx nacida en Estados Unidos domina el inglés (Taylor *et al.*, 2012). Pero en lo que respecta a la cuestión del mantenimiento del español, son de mayor interés los datos obtenidos de las respuestas a la pregunta sobre la habilidad en español. Los resultados muestran que el conocimiento del español disminuye entre generaciones: el 82% de la denominada segunda generación (es decir, hijas e hijos de inmigrantes) habla español "muy bien" o "bastante bien" pero, en el caso de la tercera generación, solo el 47% lo hace (Taylor *et al.*, 2012).

El análisis de López *et al.* (2017) de una encuesta posterior del Centro Pew muestra una tendencia similar. En ese análisis, se comparó la habilidad de las personas en inglés y en

Tabla 2.3 *Lengua dominante entre personas latinxs*

	Inglés (incl. monolingües)	*Bilingües*	*Español (incl. monolingües)*
Personas nacidas en el extranjero	7%	32%	61%
Segunda generación	43%	51%	6%
Tercera o siguiente generación	75%	24%	–
Todas las personas latinxs	28%	36%	36%

Fuente: López *et al.* (2017)

español: las personas encuestadas que reportaron hablar ambos idiomas "muy bien" o "bastante bien" fueron consideradas bilingües, y el resto fue clasificado de acuerdo a su lengua dominante: inglés o español (de modo que el conjunto de personas clasificadas según su lengua dominante también incluye a monolingües). Las personas nacidas en el extranjero tenían más probabilidades de tener el español como lengua dominante, aunque casi un tercio de estas eran bilingües. En la segunda generación, la gran mayoría eran bilingües o tenían el inglés como lengua dominante, y casi toda la tercera generación (y las siguientes) tenía el inglés como lengua dominante (una cuarta parte declaró hablar bien ambos idiomas) (véase la tabla 2.3).

Teniendo en cuenta estos datos, así como las estadísticas de la ACS sobre lengua hablada en el hogar y conocimiento del inglés, vimos que casi todas las personas latinxs nacidas en Estados Unidos dominan el inglés y la gran mayoría de la segunda generación lo tienen como lengua dominante o bien son bilingües. El conocimiento del español disminuye a través de las generaciones; por esta razón, quienes son nietos/as de inmigrantes en su mayoría hablan inglés mejor que español o incluso son monolingües en inglés. Este patrón es consistente no solo en los estudios basados en datos de la Oficina del Censo y el Centro Pew (p. ej., Alba, 2004; López *et al.*, 2017; Taylor *et al.*, 2012; Veltman, 2000), sino también en las investigaciones etnográficas (p. ej., Schecter y Bayley, 2002; Zentella, 1997a) y los estudios que utilizan una combinación de encuestas y entrevistas (p. ej., Bills *et al.*, 1999; Porcel, 2006; Portes y Rumbaut, 2001; Rivera-Mills, 2001). En otras palabras, la tendencia de la inmigración hispanohablante a desplazarse lingüísticamente hacia el inglés en el transcurso de tres generaciones es paralela a las trayectorias lingüísticas de los grupos de inmigrantes anteriores. Este patrón se mantiene incluso en Miami, a pesar de su alta densidad de hispanohablantes y su nivel socioeconómico relativamente más alto (Carter y Lynch, 2015).

El bien documentado patrón de desplazamiento lingüístico entre descendientes de inmigrantes hispanohablantes demuestra que la aparente vitalidad y la presencia ininterrumpida de la lengua española en Estados Unidos ha sido el resultado de una inmigración continua, más que de la transmisión intergeneracional y el mantenimiento del idioma (Jenkins, 2018; Rumbaut, 2009; Silva-Corvalán, 2004; Veltman, 2000). Además de desmentir el mito perdurable de que la inmigración hispanohablante y su descendencia no aprenden inglés, el patrón de desplazamiento intergeneracional deja claro que es el español, y no el inglés, el que está en peligro. Sin embargo, a pesar de la universalidad de la adquisición del inglés y el predominio del desplazamiento lingüístico, no queremos sugerir que la pérdida del idioma español sea universal o inevitable, como veremos en la siguiente sección.

El mantenimiento del español contra todo pronóstico

Como hemos comentado anteriormente en este capítulo, la utilidad de las estadísticas de la Oficina del Censo sobre el español en Estados Unidos se ve limitada tanto por las preguntas que se incluyen en el cuestionario como por las que se dejan fuera (Leeman, 2004, 2018c). En particular, vimos que el hecho de que falte una pregunta sobre el nivel de dominio de lenguas no inglesas nos impide medir el grado de bilingüismo entre las personas que hablan español en el hogar. Otra carencia en los datos de la ACS es que no se pregunta a las personas encuestadas qué idioma(s) saben, sino que solo se pregunta si en sus hogares hablan un idioma distinto del inglés (véase la figura 2.2). En consecuencia, las personas que saben español pero no lo hablan en sus hogares no son registradas como hispanohablantes y, por lo tanto, parte del mantenimiento del español es omitido en las estadísticas de la Oficina del Censo (Leeman, 2004, 2020).

Varias investigaciones han encontrado que a veces el español sí se mantiene (junto con el dominio del inglés) dentro de la tercera generación e incluso en generaciones subsiguientes. Por ejemplo, Alba (2004) encontró que en algunas comunidades fronterizas, como Laredo (Texas), más del 40% de la tercera generación habla al menos algo de español en el hogar. Y en su investigación sobre el mantenimiento del idioma en el sur de California, Rumbaut *et al.* (2006) encontraron que, según las encuestas que realizaron, el 17% de las personas mexicoamericanas de tercera generación hablaban español con fluidez. De modo más anecdótico, Carter y Lynch (2015) atestiguan que en Miami no es difícil encontrar bilingües de tercera generación con altos niveles de dominio del español, mientras que Rivera-Mills (2012) reporta un uso persistente del español en la cuarta generación en su estudio llevado a cabo en Arizona. En esta misma línea, la investigación de Anderson-Mejías (2005) en Texas presenta el caso de personas de cuarta y quinta generación que hablaban español con fluidez. De hecho, algunas personas de habla hispana se resisten activamente a la presión de asimilarse al monolingüismo del inglés utilizando el español en su vida pública y privada. Algunas personas han tomado esta determinación como respuesta a las políticas y discursos antiespañol y antilatinxs de los últimos años (Sánchez-Muñoz y Amezcua, 2019). El *hashtag* #stillspeakingspanishyque es otra manifestación de esta resistencia.

García *et al.* (2001) también mencionan el uso continuo del español en la población puertorriqueña de Nueva York. Su trabajo desafía la conceptualización binaria del conocimiento y uso de una lengua en los estudios sobre el mantenimiento lingüístico (es decir, conoces un idioma o bien no lo conoces; hablas inglés o bien hablas español), así como la suposición de que el desplazamiento lingüístico es una calle de un solo sentido. En cambio, García y sus colegas describen los patrones de uso del español y el inglés en el caso de personas puertorriqueñas como un vaivén, haciendo hincapié no solo en las conexiones de ida y vuelta y la movilidad de las personas puertorriqueñas en Nueva York y Puerto Rico, sino también en el uso continuado del español, y en su importancia simbólica, incluso entre personas que los modelos binarios más tradicionales podrían considerar que han sufrido desplazamiento hacia el inglés.

Factores que afectan el mantenimiento o el desplazamiento del español

En nuestra discusión sobre el marco de vitalidad etnolingüística esbozamos los tres tipos de factores que conforman los patrones de mantenimiento y desplazamiento lingüísticos. En las secciones anteriores, vimos que, aunque los factores demográficos favorables pueden contribuir a tasas algo más altas de mantenimiento del español, estos no han sido suficientes para contrarrestar la tendencia general de desplazamiento hacia el inglés. En particular, las zonas con mayor número y densidad de hispanohablantes tienden a tener más mantenimiento del español, pero aquellas personas pertenecientes a la tercera y subsiguientes generaciones que han mantenido el español siguen siendo una minoría.

En cuanto a los factores de estatus, las ideologías lingüísticas que construyen a Estados Unidos como una nación de habla inglesa, la representación negativa del español y la racialización de las personas latinxs son todos aspectos de la subordinación del español que contribuyen a su pérdida intergeneracional. Estas ideologías y procesos (que discutimos en el capítulo 4) también condicionan el grado de apoyo institucional. En general, hay poco apoyo gubernamental para el mantenimiento del español, y las políticas educativas también favorecen el desplazamiento hacia el inglés. De hecho, para una hija o hijo de inmigrante que aprende español en su hogar, el comienzo de la etapa escolar a menudo marca la transición al dominio del inglés. Por el contrario, cuando la política educativa promueve el **bilingüismo aditivo**, se ha demostrado que esto tiene un impacto positivo en el mantenimiento del español (véase el capítulo 9).

Además de las tendencias sociales y los factores de grupo, las investigaciones también han examinado los factores individuales que influyen en el mantenimiento del español. Por ejemplo, puede haber diferencias según el orden de nacimiento: imaginemos una familia compuesta por tres o cuatro hermanas; en ese caso, la primogénita y la que nació segunda tienen más probabilidades de conservar el español que sus hermanas menores (Beaudrie y Ducar, 2005; Parada, 2016; Valdés, 2005). También se ha visto que el género puede tener incidencia, ya que en algunos casos las niñas muestran niveles de competencia más altos que los niños (Arriagada, 2005; Lutz, 2006; Portes y Rumbaut, 2001; Zentella, 1997a).

Algunos de estos patrones de género podrían explicarse a partir de las redes sociales; entre las niñas y los niños puertorriqueños del estudio de Zentella (1997a), se esperaba que las niñas ayudaran en el hogar y no se alejaran demasiado de ese ámbito, por lo que era más probable que interactuaran con otras personas hispanohablantes. En cambio, a los niños se les permitía más libertad para salir del vecindario y, por lo tanto, desarrollaban más amistades con niños no latinxs que no hablaban español. Además, las madres parecen desempeñar un papel más importante en la transmisión intergeneracional que los padres (Arriagada, 2005; Velázquez, 2018). La investigación de Cashman (2017) sobre los patrones de uso del idioma entre latinxs queer ofrece un importante recordatorio tanto de que las identidades de género no son binarias (es decir, hay más identidades que la 'masculina' y la 'femenina') como de que es necesario tener en cuenta las identidades interseccionales. En este sentido, Cashman descubrió que, en algunos casos, la homofobia de las familias biológicas provocaba la ruptura de los lazos y la reducción de la participación en las redes de habla hispana.

Aunque las fuerzas sociales conspiran contra el mantenimiento del español, los esfuerzos de madres, padres (y otras personas encargadas) por utilizar y transmitir su idioma a las nuevas generaciones pueden servir de contrapeso (Fishman, 2001). Como hemos señalado anteriormente, no siempre tienen éxito en sus esfuerzos por transmitir su lengua a sus descendientes, y por esta razón en el último tiempo se ha tratado de estudiar los casos exitosos, para identificar los comportamientos específicos y las prácticas lingüísticas que han tenido un impacto positivo en el mantenimiento de la lengua (p. ej., Schecter y Bayley, 2002; Velázquez, 2018). Un hallazgo que surge de estas investigaciones es que el deseo de transmitir el español no es suficiente por sí solo. En cambio, la socialización del idioma mediante actividades compartidas e interacciones sostenidas en español es importante, así como la participación en eventos centrados en el idioma y relacionados con la alfabetización; por ejemplo, actividades religiosas, trabajos escolares, películas o lecturas por placer (p. ej., Schecter y Bayley, 2002; Velázquez, 2018).

No son solo madres y padres quienes toman decisiones por sus descendientes; también cada individuo desempeña un papel evidente en su propia adquisición y uso lingüísticos, tanto en la niñez como después. Las personas también cambian con el tiempo, y algunos que rechazan el español durante la infancia luego hacen un esfuerzo consciente por recuperarlo y fortalecer su conocimiento. Silva-Corvalán (1994) utiliza el término **bilingüismo cíclico** para referirse al fenómeno de las personas que aprenden el español en el entorno familiar, que pasan al inglés después de entrar en la escuela y que luego tratan de volver a adquirir el español en la adolescencia o en la veintena. Es probable que algunas de estas personas estén incluidas en los informes relativos a hispanohablantes de cuarta y quinta generación, citados anteriormente. En relación con esto, Villa y Rivera-Mills (2009) utilizan la frase *generación de readquisición* en referencia a latinxs cuya lengua dominante es el inglés que se matriculan en cursos de español y, al igual que Silva-Corvalán, hacen hincapié en que la motivación es (re)conectarse con la herencia etnolingüística. Así como la pérdida del español suele ir acompañada de vergüenza y arrepentimiento, mantener el español y/o transmitirlo a las nuevas generaciones suele asociarse con orgullo y satisfacción, así como con otros indicadores sociales positivos (Portes y Rumbaut, 2005; Schecter y Bayley, 2002; Velázquez, 2018).

Conclusiones y conexiones

En este capítulo hemos profundizado en las estadísticas sobre el español y las personas que lo hablan en Estados Unidos, y hemos usado estos datos para demostrar la gran diversidad de la población hispanohablante en dicho país. Esta abarca una amplia gama de identidades raciales y orígenes nacionales, e incluye tanto a inmigrantes recientes como a personas cuyas familias han estado en Estados Unidos durante muchas generaciones. Asimismo, las personas de habla hispana viven en una gran variedad de lugares; hay comunidades en las que la gran mayoría de la gente habla español y otras en las que es bastante raro oírlo. El próximo capítulo ofrece un estudio más profundo de esta diversidad, así como una revisión de la historia del español y de las personas que lo han hablado en lo que ahora es Estados Unidos desde que Cristóbal Colón llegó a las Américas hace más de cinco siglos.

Las estadísticas que examinamos en este capítulo muestran que, si bien no todas las personas inmigrantes de habla hispana dominan el inglés (especialmente inmigrantes que recién llegaron), las segundas y subsiguientes generaciones sí lo hacen. El mantenimiento del español, en cambio, es más variable. Por un lado, la descendencia de inmigrantes de habla hispana sigue en gran medida el patrón de tres generaciones típico de la primera inmigración europea. En otras palabras, aunque prácticamente la mitad de la segunda generación es bilingüe (y el resto tiene como lengua dominante el inglés), para la tercera generación el inglés es la norma. Por otra parte, las excepciones a esta regla demuestran que el mantenimiento o la readquisición del español son posibles. En el capítulo 4 analizamos críticamente las ideologías lingüísticas que trabajan en contra del mantenimiento del español, mientras que en los capítulos 5 y 6 profundizamos en el papel del español en las identidades latinxs. El capítulo 9 examina el papel de las ideologías en las políticas educativas y las formas en que las políticas de *English-only* ('solo inglés') contribuyen al desplazamiento lingüístico, así como los enfoques alternativos que pueden permitir el florecimiento del multilingüismo. Por supuesto, uno de los objetivos de este libro es ayudar a que esas alternativas sean posibles.

Actividades y preguntas de discusión sobre el capítulo 2

(1)   Lee *I rejected Spanish as a kid. Now I wish we'd embrace our native languages* ('De niño rechacé el español. Ahora quisiera que aceptáramos nuestras lenguas nativas') de Daniel José Older, publicado en el volumen 2019, *The Good*

Immigrant: 26 Writers Reflect on America (disponible en línea a través de la revista *Time*: https://time.com/5528434/daniel-jose-older-spanish). Teniendo en cuenta la información presentada en este capítulo, analiza lo expresado por el autor: su rechazo infantil al español y los factores sociales que condicionaron dicha actitud, así como su sentido de pérdida. ¿Qué lo llevó a querer recuperar y fortalecer su habilidad en el español y cómo lo hizo? Complementariamente, podrías comparar la experiencia de Older con el mito de que las personas inmigrantes y sus descendientes se niegan a aprender inglés.

(2)   En los últimos años, varias organizaciones han señalado que hay más hispanohablantes en Estados Unidos que en muchos países de América Latina. En la misma línea, el Instituto Cervantes (2018) ha sugerido que Estados Unidos superará a España en el número de hablantes de español (véase, por ejemplo, *Ya somos 577 millones de hispanohablantes* del periódico *El País*; disponible en español en https://elpais.com/cultura/2018/07/03/actualidad/1530619272_823616.html; y en inglés, en https://english.elpais.com/elpais/2018/07/05/inenglish/ 1530780465_701866.html). ¿En qué se basa esta predicción? ¿Qué factores podrían limitar el crecimiento de la población hispanohablante de Estados Unidos? ¿En qué se diferencian las personas de habla hispana y el estatus del español en Estados Unidos respecto a otros países? Por último, ¿por qué podría el Instituto Cervantes (que recibe financiación del Gobierno de España) estar interesado en dar a conocer y celebrar el número de hablantes de español que hay en Estados Unidos?

(3)   En nuestras discusiones sobre demografía, patrones de conocimiento y uso del español y el inglés, hicimos referencia a diferentes *generaciones* de inmigrantes y sus descendientes. Considera las connotaciones de etiquetar a alguien como **estadounidense de primera generación** versus *inmigrante de segunda generación*. ¿Qué es lo que tiene más sentido y por qué? En algunas discusiones sobre inmigración, la gente usa el término **generación 1.5** para referirse a las personas que inmigraron a Estados Unidos en la niñez. ¿De qué manera la generación 1.5 es similar y diferente a las personas inmigrantes de primera y segunda generación? ¿Qué patrones de conocimiento y uso del español y el inglés predecirías para la generación 1.5? ¿Hay alguna ventaja o desventaja en el uso de este término?

(4)   Un tema al que volvemos reiteradamente en este libro es el papel del español en la construcción de la identidad latinx. En otras palabras, ¿puede alguien 'realmente' ser latinx sin hablar español? ¿Puedes pensar en ejemplos del discurso público o de interacciones que hayas tenido en las que surgió el tema? Mira el video de Remezcla *Do you have to speak Spanish to be Latino?* ('¿Tienes que hablar español para ser latino?') (https://www.youtube.com/ watch?v=yKmrVdF17Lw); el video de Mitú *Are you a REAL Latino if you DON'T speak Spanish?* ('¿Eres un latino DE VERDAD si NO hablas español?') (https://

www.youtube.com/watch?v=BNxPuQaGmNM); y el video del rapero Andrew Figgy Baby Figueroa del BBC Mundo (https://www.bbc.com/news/av/world-us-canada-50395013/i-m-hispanic-but-can-t-speak-spanish). Discute tus ejemplos y/o los videos a la luz de las estadísticas y los patrones de mantenimiento y desplazamiento tratados en este capítulo. ¿Crees que las tendencias demográficas tendrán un impacto en cómo la gente entiende la relación entre la lengua española y la identidad latinx?

(5) En este capítulo identificamos varios desafíos en el uso de los datos de la Oficina del Censo para determinar cuántas personas hablan español en Estados Unidos. Resume estos desafíos (así como cualquier otro que puedas identificar) y considera cómo podrían ser abordados. Si dependiera de ti, ¿cómo cambiarías las preguntas de la Oficina del Censo (véase la figura 2.2)? ¿Hay otras preguntas relacionadas con el idioma que quisieras agregar? Si no pudieras hacer ningún cambio en las preguntas de la Oficina del Censo, ¿qué otras metodologías podrías utilizar para complementar los datos y tener una mejor idea de cuántas personas hablan español en Estados Unidos?

Notas

(1) Es posible que haber dicho *codified* haya sido un desliz y que Brokaw haya querido decir *coddled* ('mimado', 'consentido').

(2) Además, Brokaw parece sugerir simultáneamente dos 'problemas' contradictorios: 1) una alta tasa de matrimonios mixtos; y 2) el fracaso de personas latinxs para integrarse y asimilarse.

Lecturas y materiales adicionales

García Bedolla, L. (2003) The identity paradox: Latino language, politics and selective disassociation. *Latino Studies* 1 (2), 264–283.

Leeman, J. (2004) Racializing language: A history of linguistic ideologies in the US census. *Journal of Language and Politics* 3 (3), 507–534.

Schecter, S.R. y Bayley, R. (2002) *Language as Cultural Practice: Mexicanos en el Norte*. Mahwah, NJ: Lawrence Erlbaum.

Velázquez, I. (2018) *Household Perspectives on Minority Language Maintenance and Loss: Language in the Small Spaces*. Bristol: Multilingual Matters.

Zentella, A.C. (1997a) *Growing Up Bilingual*. Oxford: Blackwell.

Capítulo 3

La historia del español y sus hablantes en Estados Unidos

Objetivos

Repasar la historia de la lengua española en Estados Unidos, incluyendo la llegada y la conquista española en América del Norte y el Caribe, la expansión territorial de Estados Unidos y la anexión de tierras habitadas por personas de habla hispana, así como la migración de hispanohablantes a dicho país. De este modo, pretendemos analizar cómo la historia y las formas en que esta ha sido representada conforman el estatus actual del español y sus hablantes.

Introducción

En el capítulo 2 refutamos el mito de que las personas que hablan español en Estados Unidos son principalmente inmigrantes, señalando que la mayoría de las personas que declaran hablar español en el hogar nacieron en territorio estadounidense. Es más, aunque no se puede negar que la inmigración ha jugado (y sigue jugando) un papel clave en la presencia del español en Estados Unidos, sería un error clasificar el español exclusivamente como lengua inmigrante; el español se hablaba en lo que ahora es Estado Unidos incluso antes que el inglés, y desde entonces nunca se ha dejado de hablar (González, 2011).

Pese a que los relatos convencionales de la historia de Estados Unidos suelen comenzar con el establecimiento de las colonias inglesas de Jamestown (Virginia) en 1607 y de Plymouth (Massachusetts) en 1620, el Gobierno español había establecido un asentamiento en Virginia 80 años antes (Taylor, 2002; Weber, 2000).[1] De hecho, al abogar por el estudio de la lengua española, Thomas Jefferson se refirió a la larga presencia de dicha lengua en América del Norte, así como a la llegada de hispanohablantes antes que la de anglohablantes, y observó que "la parte antigua de la historia estadounidense está escrita principalmente en español" (Jefferson, 1787, citado en Boyd, 1955; traducido del inglés). La observación de Jefferson es aún más precisa hoy en día que en el momento en que la escribió, porque en el siglo siguiente Estados Unidos anexó miles de acres de tierra que en la época de Jefferson estaban bajo el dominio español, y donde el español era la lengua dominante. Al igual que Jefferson, consideramos que conocer la historia del español y la población hispanohablante es crucial para comprender cabalmente la historia estadounidense. Más aún, es crucial para comprender la situación del español en Estados Unidos, puesto que la sociolingüística y la sociopolítica de dicho idioma (así como sus características lingüísticas) están enraizadas en esta historia.

La versión de la historia que se enseña comúnmente en las escuelas estadounidenses enmarca el desarrollo de Estados Unidos como una expansión hacia el oeste por parte de la población **anglo**, lo que implica, en gran medida, minimizar el papel —y en algunos casos incluso la existencia— de los pueblos originarios, de la población esclavizada proveniente de África y también de integrantes de otras colonias europeas (Taylor, 2002). En consecuencia, muchas personas en Estados Unidos no son conscientes de que grandes franjas de Norteamérica fueron reclamadas por España mucho antes de que pasaran a formar parte de Estados Unidos. Por esta razón, el presente capítulo ofrece una breve historia de las posesiones coloniales españolas que se incorporaron finalmente a Estados Unidos. Estas posesiones incluyen esencialmente todo lo que es el actual territorio estadounidense al oeste del río Misisipi, así como Florida y Puerto Rico (véase la figura 3.1).

Esta historia colonial se refleja en los nombres de cientos de ríos, montañas, pueblos e incluso varios estados (como Arizona y Colorado) de Estados Unidos, aunque el origen español de estos nombres no siempre es reconocido por quienes habitan actualmente dicho territorio (González, 2011). La anexión estadounidense de estas tierras a través de la fuerza militar, así como la intervención más amplia en Centroamérica y el Caribe, fue lo que hizo que Estados Unidos pasara de ser "una aislada democracia de vasallo" para convertirse en un imperio mundial (González, 2011: 28; traducido del inglés). En este capítulo, explicamos la conquista española en América del Norte y la subsiguiente anexión de tierras por parte de Estados Unidos; los momentos clave de esta historia se muestran en la línea cronológica de la figura 3.2.

En las últimas décadas, se ha tratado de corregir las versiones triunfalistas eurocéntricas y anglocéntricas de la historia de Estados Unidos, poniendo énfasis en todo lo que se ha dejado de lado o minimizado. En particular, grupos activistas, así como investigadoras e

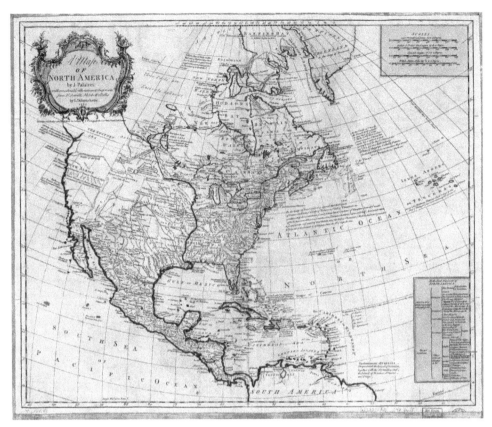

Figura 3.1 Mapa de 1765 que muestra las posesiones coloniales británicas
y españolas en Norteamérica
Fuente: Biblioteca del Congreso, División de Geografía y Mapas, Washington D.C.

investigadores vinculados a la historia y a otras disciplinas, han disipado enérgicamente el mito de que las colonias europeas se establecieron en tierras vírgenes, destacando el gran número de pueblos originarios que vivían en América del Norte previo a la colonización europea.

Aunque el tamaño exacto de la población precolombina es objeto de cierto debate, la opinión académica predominante la sitúa entre 7 y 18 millones de habitantes (Daniels, 1992; González, 2011; Taylor, 2013). La guerra, la esclavitud, la tortura, la enfermedad, el hambre y el asesinato que resultaron de la colonización europea causaron la muerte de 100 millones de personas indígenas en el hemisferio occidental durante los siguientes 400 años, lo que se ha calificado como el mayor genocidio de la historia universal (Stannard, 1993). Otros estudios recientes han subrayado la importancia de la esclavitud en el proyecto colonial inglés y, en última instancia, en el desarrollo de la riqueza y el poder de Estados Unidos (p. ej., Baptist, 2016; Beckert y Rockman, 2016). Asimismo, también se ha tratado

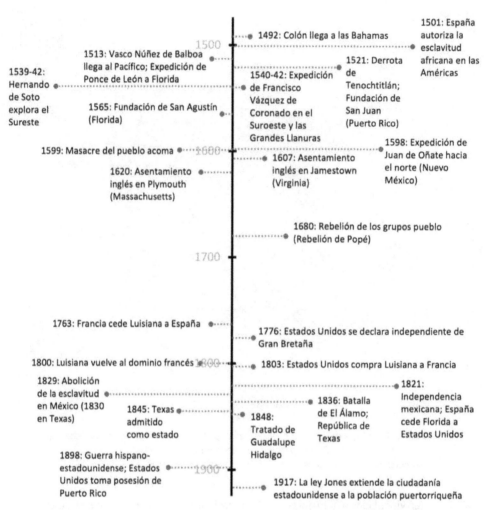

Figura 3.2 Línea cronológica de la conquista española y la anexión estadounidense
Fuente: ©Jennifer Leeman (2020)

de incorporar en el relato histórico de Estados Unidos a otras colonias europeas presentes en América del Norte, incluidas las holandesas, las francesas y las españolas (p. ej., Taylor, 2002).

Los esfuerzos por ofrecer una imagen más completa de la historia del país constituyen una rectificación necesaria al sesgo cultural de los relatos más tradicionales, que suponen un blanqueamiento de los hechos históricos. Sin embargo, la atención a la historia colonial española de Estados Unidos no es exclusivamente un fenómeno contemporáneo. De hecho, ya a principios del siglo xx, desde varios sectores de la sociedad se había intentado resaltar la historia colonial española (particularmente del Suroeste, pero también de Florida). Más adelante en el capítulo profundizamos sobre esta celebración de la colonización española, sobre su conexión con intereses económicos y políticos específicos, y sobre las formas en que esta también oculta la brutalidad de la conquista europea, que sometió y diezmó a las poblaciones y culturas originarias. También examinamos las protestas contra el retrato romántico de la conquista y colonización española de América, estableciendo paralelismos con los recientes cuestionamientos a la glorificación racista de los líderes de los Estados Confederados de América. Nuestra discusión hace hincapié en la continua relevancia de la historia, y de la representación histórica, para los debates actuales sobre identidad y pertenencia nacional.

La intervención de Estados Unidos en América Latina no terminó con la anexión de las tierras que ahora comprenden Puerto Rico y el Suroeste estadounidense. Por el contrario, Estados Unidos siguió ejerciendo su poder económico, político y militar en el Caribe, así como en América Central y del Sur. Mientras que las intervenciones del siglo xix y principios del siglo siguiente se centraban en permitir que las empresas estadounidenses maximizaran sus beneficios, principalmente mediante el apoyo a gobiernos represivos que mantuvieran a raya a la clase trabajadora, en la segunda mitad del siglo xx las preocupaciones que suscitó la Guerra Fría (como detener los movimientos comunistas) también desempeñaron un papel crucial.

Estas intervenciones y otras políticas estadounidenses han contribuido a la inestabilidad económica y política, así como al malestar social, en América Latina, lo que a su vez ha provocado un aumento de la migración a Estados Unidos. El mercado laboral en Estados Unidos también ha estimulado la inmigración, a veces como resultado de los esfuerzos de reclutamiento activo por parte de las empresas. La inmigración es un factor clave para explicar la continua presencia y fortaleza del español en dicho país, especialmente porque el patrón predominante de **desplazamiento lingüístico** indica que la tercera generación tiende a ser casi exclusivamente de habla inglesa. Por esta razón, en la segunda mitad del capítulo se examina la historia de la migración latinoamericana a Estados Unidos y se analiza brevemente la inmigración actual.

La colonización española en América del Norte y el Caribe

Con la llegada de Cristóbal Colón a las Bahamas en 1492, España inició varios siglos de exploración, conquista y colonización en el Caribe y en toda América. Colón y su séquito reclamaron las islas de Cuba y La Española (esta compartida por los actuales países de Haití y la República Dominicana). Después de regresar a España e impresionar a la reina Isabel y al rey Fernando con relatos de oro y riquezas, Colón volvió a navegar hacia el Caribe —esta vez con mayor número de naves y acompañantes— para llevar adelante el plan de crear un Imperio español en las Américas.

En el Caribe, esclavizaron a la población originaria taína, a la que obligaron a trabajar en las plantaciones de azúcar y en las granjas, así como en las minas. Como resultado de la explotación y el trato brutal infligido por las fuerzas conquistadoras, junto con los devastadores efectos de la exposición a las enfermedades europeas, la población taína quedó severamente diezmada y cientos de miles de personas murieron. Según Taylor (2002), la población taína en La Española se redujo de al menos 300 000 personas en 1492 a tan solo 500 en 1548, una reducción del 98% en poco más de 50 años. También hay quienes sostienen que el número original era más alto y que la velocidad de la devastación fue aún más rápida (González, 2011). Con el declive de la población taína, su lengua arahuaca se perdió. Algunos **préstamos** arahuacos al español (e inglés a través del español) han perdurado, como *huracán*, *tabaco* y *guayaba*. Y gran parte de la población puertorriqueña, de todos los orígenes étnicos, se refiere a la isla como *Boriquén* o *Borinquen*, y se autodenominan *boricuas*, todos estos derivados de términos arahuacos. En los últimos años se ha producido un movimiento creciente para reclamar y reconstruir la identidad taína y reconocer la perdurabilidad de ciertos aspectos de su cultura, así como de otras culturas originarias del Caribe (González, 2018).

Los exploradores españoles utilizaron sus asentamientos en el Caribe como punto de partida de expediciones hacia el norte, sobre la costa atlántica, alrededor del Golfo de México, subiendo el río Misisipi y hacia el oeste, hasta América Central. En 1513 Ponce de León dirigió la primera expedición europea a la península de Florida, que estaba habitada por apalaches, calusas y timucuas, entre otros grupos originarios. Ese mismo año, Vasco Núñez de Balboa cruzó Panamá y se convirtió en el primer europeo en ver el océano Pacífico, al que reclamó, junto con todas las tierras adyacentes, como propiedad española. En sus expediciones, arrasaron aldeas y capturaron a personas indígenas para reemplazar a la población taína esclavizada en las colonias del Caribe. Estas también fueron víctimas de enfermedades europeas como el sarampión, la viruela y la gripe, así que los esclavistas españoles capturaban habitantes de aldeas cada vez más distantes, alrededor del Golfo de México (Taylor, 2013). En 1501 empezaron a traer personas esclavizadas de África para trabajar en el Caribe.

Los pueblos originarios de América del Norte incluían una multitud de grupos diferentes, con una enorme diversidad cultural y lingüística. Hablaban por lo menos 375 idiomas distintos y diferían en sus rituales, creencias y organización social (Mithun, 2001; Taylor, 2002). Por ejemplo, en el Suroeste, las comunidades acoma, hopi y zuñi, entre otras, conjuntamente identificadas como *grupos pueblo*, vivían en sociedades sedentarias basadas en la agricultura. En cambio, los diversos grupos originarios de la costa del Pacífico septentrional dependían de la caza, la pesca y la recolección (Taylor, 2002). Los pueblos originarios no se consideraban a sí mismos pertenecientes a "una categoría común hasta que fueron nombrados y tratados así por los invasores coloniales" (Taylor, 2002: 12; traducido del inglés). Aquellas personas esclavizadas, traídas de África, también eran cultural y lingüísticamente diversas, y pertenecían a distintos grupos étnicos: ashanti, fulani, ibo, malgache, mandingo y yoruba, entre otros (Taylor, 2002). En el capítulo 5 analizamos la **racialización**, el proceso sociopolítico e ideológico en el que se pone a distintas personas dentro de una sola categoría, se les asigna una identidad racial compartida y se les trata como intrínsecamente diferentes e inferiores a los grupos dominantes.

En 1521, Hernán Cortés, acompañado por miles de tropas indígenas, tomó Tenochtitlán (hoy Ciudad de México), el centro del Imperio azteca. Con gran asombro por las increíbles riquezas de la civilización mesoamericana y con la ambición de encontrar otros yacimientos de oro más al norte, España envió a Hernando de Soto a explorar Florida y el Sureste, mientras que Francisco Vázquez de Coronado partió desde México hacia el norte, rumbo al Suroeste y a las Grandes Llanuras. Dondequiera que fueran, sus expediciones acarreaban la muerte y la destrucción en forma de masacres, explotación y enfermedad. A mediados del siglo XVI, el Imperio español abarcaba tierras y pueblos en lo profundo de América del Norte, así como en el Caribe y América del Sur. Sin embargo, España no pobló en igual medida estas nuevas posesiones que reclamaba. Por ejemplo, aunque exploraron la cuenca del río Misisipi y reclamaron Luisiana para la Corona española, no establecieron asentamientos permanentes allí. Y a pesar de que España a principios del siglo XVI reclamó todas las tierras que tocaban el Pacífico, el asentamiento español en la costa de lo que hoy es California no comenzó hasta mucho tiempo después, en el siglo XVIII.

Tanto en España como en sus colonias, la monarquía y la Iglesia católica estaban estrechamente entrelazadas, y la conversión de los pueblos originarios al catolicismo iba de la mano con su subyugación a la Corona española. Debido a esto, y a la evidente necesidad de contar con personas leales y adeptas a la monarquía española, las misiones también jugaban un papel clave en el proyecto colonial. Las autoridades de España esperaban que los frailes franciscanos pudieran consolidar el poder español con la misma eficacia, y a un coste menor, que si se hiciera mediante la fuerza militar (Taylor, 2002). La Orden franciscana estableció misiones en Florida, California y el Suroeste, en muchos casos cerca de aldeas indígenas que había en el lugar. Algunas de las actuales ciudades estadounidenses fundadas por las misiones españolas son San Antonio, El Paso, San Diego, Los Ángeles y San Francisco, entre otras (González, 2011). Muchas misiones siguen en pie hoy en día (véase la figura 3.3 y el sitio web de los Parques Estatales de California para obtener información sobre las 21 misiones franciscanas del estado, en https://www.parks. ca.gov/?page_id=22722).

En algunos casos, se establecieron alianzas entre grupos originarios y españoles, pero no se trataba precisamente de un relacionamiento entre pares. Por el contrario, las fuerzas colonizadoras trataban —a menudo con éxito— de subordinar a las personas nativas de Norteamérica a través de una variedad de sistemas de trabajo forzado y acuerdos de tributación, y las huestes coloniales y misioneras competían por el control del trabajo y las almas del pueblo (Taylor, 2002). Sin embargo, los pueblos originarios se resistían de varias maneras, incluyendo la revuelta total. Por ejemplo, en lo que comúnmente se conoce como la Rebelión de los grupos pueblo o como la Rebelión de Popé (en referencia al líder tewa que la encabezó), casi 17 000 indígenas participaron en un levantamiento bien coordinado contra la continua explotación y abuso español. Este acto de resistencia de finales del siglo XVIII fue el mayor revés que los pueblo infligieron a la expansión europea en América del

Figura 3.3 Misión de San Xavier en las afueras de Tucson (Arizona); la misión fue fundada en 1692 y la estructura actual se terminó de construir en 1797
Fuente: ©Jennifer Leeman (2012)

Norte y obligó a que España mostrara algo más de moderación en su ejercicio del poder y la dominación (Taylor, 2002: 89).

A diferencia de las colonias inglesas de América del Norte, que estaban formadas en su mayoría por unidades familiares que se segregaban de las comunidades indígenas, la mayoría de los colonos españoles eran hombres solteros (González, 2011). La unión sexual entre colonos y mujeres indígenas era común, y los **mestizos** (su descendencia 'mixta') se convirtieron en una nueva categoría social, al igual que los **mulatos**, término que se utilizaba para referirse a la descendencia producida de la unión entre personas europeas y africanas. En el Caribe, la 'mezcla' racial típica era el resultado de la unión de colonos españoles con africanas esclavizadas. En México, América Central y el Suroeste de lo que hoy es Estados Unidos, la población mestiza y la indígena eran más comunes que las personas de ascendencia africana, pero todos los grupos están atestiguados en los registros históricos (Bristol, 2007; Nieto-Phillips, 2000). En contraste con las categorías raciales más rígidas de Nueva Inglaterra, "la creciente complejidad racial y cultural de la Nueva España desafió las crudas y simples dualidades de la conquista: español e indígena, cristiano y pagano, conquistador y conquistado" (Taylor, 2002: 61; traducido del inglés), así como la oposición binaria blanco/negro. La sociedad colonial española incorporó la noción de mezcla racial en las estructuras sociales y políticas a través de las **castas**, una serie jerarquizada de categorías raciales que determinaban todo, desde el estatus social hasta los privilegios legales y políticos (véase el capítulo 5).

Los encuentros entre los pueblos de África, América y Europa obviamente tuvieron, y siguen teniendo, enormes repercusiones culturales, demográficas, económicas y políticas en estos tres continentes y en todo el mundo. En América del Norte, a pesar de la gran desigualdad entre estos, los tres grupos influyeron en las culturas de los demás. Para Taylor (2002: xii; traducido del inglés), "en esos intercambios y combinaciones, encontramos la verdadera medida de la singularidad americana, el verdadero fundamento de la variada América de nuestro tiempo". Debido a que este es un libro centrado en el lenguaje, queremos mencionar que algunas de estas influencias también se manifiestan lingüísticamente. Numerosos préstamos de varias lenguas indígenas y africanas se incorporaron al español hablado en América del Norte y el Caribe y, en algunos casos, en todo el mundo. Muchos de ellos están relacionados con la comida, la flora y la fauna, o las expresiones culturales. Dos ejemplos de palabras de origen africano son *plátano* y *chango* (sinónimo de *mono*) (Megenney, 1983). Además de los préstamos taínos (arahuacos) que mencionamos al principio de esta sección, las palabras *aguacate* (sinónimo de *palta*), *cacao, chocolate* y *elote* (sinónimo de *choclo* o *maíz*) son de origen náhuatl; así como *cancha, choclo* y *puma* son de origen quechua. Asimismo, existen investigaciones acerca de la influencia de las lenguas indígenas y africanas en la gramática y la fonología del español. También hay estudios que abordan el desarrollo de lenguas criollas basadas en el español, en el seno de poblaciones descendientes de comunidades africanas radicadas en las Américas, así como el impacto del español en las lenguas indígenas (p. ej., Lipski, 2005; Stolz *et al.*, 2008).

La breve historia de la exploración y conquista española en el Caribe y América del Norte que hemos presentado en esta sección también es, por supuesto, la historia de la lengua española en dichas regiones. Queremos señalar que bajo el dominio colonial hispánico el español era la lengua del poder, esgrimida por sus hablantes como otra forma de mantener el privilegio social y político. A su vez, en toda América Latina los gobiernos posteriores a la independencia siguieron privilegiando el español y a las personas de habla hispana a expensas de los idiomas y pueblos originarios, africanos y de ascendencia africana. En el capítulo 5 profundizaremos en cuestiones de identidad **etnorracial** y racialización. Aquí traemos a colación la elevada posición del español para destacar que el estatus de un idioma no es una característica del idioma en sí, sino que está ligado al estatus y al poder de sus hablantes. Además, la continua discriminación contra los pueblos originarios y sus lenguas en América Latina condiciona las experiencias de inmigrantes indígenas provenientes de dicha región que llegan a Estados Unidos.

En la siguiente sección explicaremos cómo las antiguas tierras españolas, junto con las personas de habla hispana que las habitaban, pasaron a formar parte de Estados Unidos. Esta anexión también marca un cambio en el estatus del español en América del Norte, que pasa de ser una lengua colonizadora a ser una lengua colonizada. Por supuesto, el impacto de ese nuevo estatus perdura en la actual subordinación del español dentro del territorio estadounidense.

El expansionismo y la lengua española en Estados Unidos

Durante los siglos XVII y XVIII, las potencias europeas competían por el control de las colonias norteamericanas mientras que los pueblos originarios luchaban por la soberanía, lo que dio lugar a varios conflictos armados y a cambios en las alianzas entre grupos. Luego de que Estados Unidos se independizara de Gran Bretaña, estos conflictos continuaron desarrollándose, pero la nueva nación acabó dominando gran parte de América del Norte. En el siglo XIX, el expansionismo estadounidense dio lugar a un enorme crecimiento territorial y a la incorporación dentro de Estados Unidos de grandes extensiones de tierra que antes estaban gobernadas por España, así como de territorios controlados por otras potencias europeas (véase la figura 3.4).

La política expansionista estadounidense se basaba en preocupaciones tanto materiales como ideológicas. Por una parte, reflejaba las ambiciones geopolíticas y económicas

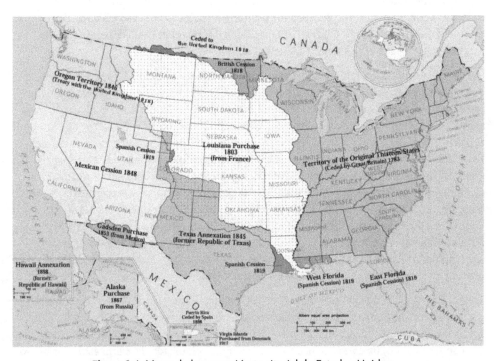

Figura 3.4 Mapa de la expansión territorial de Estados Unidos

de Estados Unidos como nación, así como los intereses financieros de banqueros, comerciantes y especuladores (Acuña, 2015; Duany, 2017; González, 2011); Estados Unidos podía ganar dinero adquiriendo más territorio y ampliando la frontera, y la expansión solidificaría el poder del país a la vez que enriquecería a sus habitantes. Por otra parte, la doctrina del **Destino manifiesto** marcaba como inevitable, deseable e incluso divinamente ordenado que Estados Unidos se expandiera a través de América del Norte, una visión que estaba ligada a las nociones racistas sobre la supuesta superioridad política y cultural de la raza blanca sobre la población indígena y de 'raza mixta' (Horsman, 1981).

La incorporación de las tierras que antes estaban en manos del Imperio español se produjo en el siglo XIX en tres fases: Florida y la región del Sureste fueron anexionadas a principios; Texas, el Suroeste y California, a mediados; y Puerto Rico, a finales de siglo (González, 2011). Estas tres fases, y las formas en que se incorporaron las tierras y los pueblos, no solo proporcionan el trasfondo histórico para entender la situación actual de la lengua española y la población hispanohablante en Estados Unidos, sino que también dan forma a esa situación; las raíces de la racialización del español se remontan a este período. Incluimos fechas claves en la siguiente discusión; se presentan más detalles en la línea cronológica de la figura 3.2 así como en el mapa de la figura 3.4.

Fase 1: Florida y el Sureste

Tal como hemos visto, España fue de los primeros poderes europeos en explorar y/o reclamar gran parte de lo que hoy es el Sureste estadounidense. Sin embargo, Francia y Gran Bretaña también tenían planes para la región, y los tres imperios se alternaron en el control de varias áreas. Aquí nos centramos en cómo estas tierras fueron incorporadas por Estados Unidos.

Francia reclamó el territorio de Luisiana, el que en aquel entonces, además del actual estado de Luisiana, también comprendía la totalidad o parte de lo que hoy son los estados de Arkansas, Colorado, Iowa, Kansas, Missouri, Montana, Nebraska, Dakota del Norte, Oklahoma, Dakota del Sur y Wyoming. A principios del siglo XVIII, los puestos de avanzada militar franceses llegaban desde el Golfo de México hasta la bahía de Hudson (actualmente territorio canadiense). Estas tierras estaban habitadas por numerosos pueblos originarios, como los caddo, choctaw, crow, lakota, natchez y osage, entre otros.

Francia cedió Luisiana a España en la segunda mitad del siglo XVIII, la recuperó unos 40 años después, y finalmente, en 1803, se la vendió a Estados Unidos, en lo que se conoce comúnmente como la Compra de Luisiana. Durante el período de la dominación colonial española, España había reclutado a miles de colonos para que se afincaran en Luisiana; de modo que la compra de Luisiana trajo el primer grupo de personas de habla hispana bajo la bandera de Estados Unidos (González, 2011: 35). Entre la población colonial española predominaban habitantes provenientes de las Islas Canarias y, como resultado, su variedad lingüística dio forma al español isleño que se hablaba en varias comunidades aisladas de Luisiana hasta bien entrado el siglo XX (Lipski, 2008).

Un devenir bastante distinto al de Luisiana le deparó a Florida; allí los españoles no solo exploraron el territorio, sino que rápidamente establecieron varios asentamientos y misiones. Por ejemplo, San Agustín, la ciudad más antigua de lo que hoy es el territorio continental estadounidense, fue fundada en 1565. El control colonial de Florida cambió de manos varias veces entre el Imperio español y el británico, y fue devuelto a España a fines del siglo XVIII. Tras la independencia estadounidense, las tensiones con España aumentaron a raíz de los planes expansionistas de Estados Unidos y como consecuencia de que las colonias españolas refugiaban a personas afroamericanas que huían de la esclavitud y a los grupos indígenas que luchaban contra Estados Unidos (González, 2011).

Estados Unidos anexionó Florida a través de una táctica conocida en inglés como *filibuster*, que es un préstamo de la palabra española *filibustero* ('pirata'). Esta táctica, que se utilizó o se intentó en gran parte de las tierras fronterizas estadounidenses, funcionaba de la siguiente manera: primero se trasladaban un gran número de colonos y especuladores anglo desde Estados Unidos a zonas españolas escasamente pobladas y, una vez allí, se declaraban independientes de España; luego el Gobierno estadounidense enviaba tropas para apoyar a los invasores y finalmente el Congreso aprobaba su incorporación a Estados Unidos. Bajo la constante presión filibustera, España acabó transfiriendo la propiedad de Florida a Estados Unidos a cambio de tan solo 5 millones de dólares (equivalentes a unos 100 millones de dólares en 2019), con la esperanza de que esto pudiera saciar la sed estadounidense de más y más tierras, y así permitir que España mantuviera su imperio (González, 2011). No fue así.

Fase 2: Texas, el Suroeste y California

El mismo año en que Estados Unidos le quitó a España la extensión de Florida (1821), el fin de la guerra por la independencia mexicana trajo el cierre del colonialismo español en la América del Norte continental. Como resultado, Texas, el Suroeste y California pasaron a formar parte de un México independiente.

España no había establecido muchos asentamientos en Texas y, por lo tanto, la población seguía siendo predominantemente apache, caddo y comanche. Luego de independizarse de España, México trató de atraer a estadounidenses anglo que sirvieran de "contrapeso" a la población nativa de Texas (Massey, 2016: 161; traducido del inglés). Una vez en Texas, esta población anglo recién llegada —gran parte de ella atraída por las aventuras y la especulación de tierras— se rebelaba cada vez más contra el Gobierno mexicano (González, 2011). Sentían disconformidad con varios aspectos de la ley y la cultura religiosa mexicanas, pero la abolición de la esclavitud en México en 1829 fue el motivo de discordia más significativo (Gómez, 2007; Massey, 2016). Cuando las autoridades mexicanas trataron de hacer cumplir la prohibición, la comunidad anglo declaró la independencia de Texas y estalló la guerra.

Aunque el ejército de Texas perdió la mítica batalla de El Álamo en 1836, pudo derrotar al ejército mexicano y establecer la República Independiente de Texas, más tarde ese mismo año. La admisión de Texas como parte de Estados Unidos se retrasó debido al debate en el Congreso entre estados esclavistas y estados libres, pero finalmente entró como estado esclavista en 1845. Como explica Ramos (2019), a pesar de que la Revolución de Texas se sigue describiendo como un levantamiento orgánico y la batalla de El Álamo es narrada como una heroica defensa de la libertad, "El Álamo estaba en México, su ocupación [y la de Texas] fue precisamente un acto de expansión estadounidense" (traducido del inglés). El papel de la esclavitud en la independencia de Texas y su eventual admisión dentro de Estados Unidos, así como las referencias a la raza en los argumentos tanto a favor como en contra de la anexión (Gómez, 2007), ilustran que "la raza estuvo en el centro del primer intento de definir una clara frontera simbólica entre las tierras angloamericanas y latinas hacia el sur" (Massey, 2016: 162; traducido del inglés).

Después de la incorporación de Texas, Estados Unidos trató de continuar su expansión territorial. Envió tropas a territorio mexicano, iniciando lo que generalmente se conoce en Estados Unidos como *The Mexican-American War* ('la guerra mexicano-estadounidense') (1847–1848). Dicho conflicto —que en México se conoce como *la guerra de la intervención estadounidense*— fue brutal, con tremendas pérdidas en ambos lados. Las tropas estadounidenses avanzaron bien adentro de México, eventualmente hasta ocupar la Ciudad de México. (Los nombres alternativos de la guerra subrayan el papel del lenguaje en la representación histórica.)

El Tratado de Guadalupe Hidalgo de 1848 puso fin a la guerra y estableció el Río Grande como frontera entre las dos naciones. Bajo los términos del tratado, México cedió a Estados Unidos más de la mitad de su territorio y renunció a todas las reclamaciones territoriales de Texas. Las aproximadamente 525 000 millas cuadradas (unos 1 359 745 kilómetros cuadrados) de tierra transferidas de México a Estados Unidos incluían la totalidad o parte de lo que hoy son los estados de Arizona, California, Colorado, Nevada, Nuevo México, Utah y Wyoming. Algunos políticos estadounidenses habían defendido la anexión de incluso más territorio mexicano, pero la oposición, que estaba en contra de la incorporación a Estados Unidos de tantas personas no blancas o de raza mixta, acabó prevaleciendo (Gómez, 2007; González, 2011). Unos años más tarde, Estados Unidos pagó a México 10 millones de dólares por aproximadamente 30 000 millas cuadradas (77 700 kilómetros cuadrados) de tierra adicionales dentro de lo que hoy es Arizona y Nuevo México, en lo que se conoce como la Compra de Gadsden o la Venta de La Mesilla.

Tras la anexión, el número de migrantes anglo procedentes del este de Estados Unidos superó rápidamente a la antigua población mexicana que se había quedado al norte de la nueva frontera (Massey, 2016). La afluencia fue especialmente rápida en California, tras el descubrimiento de yacimientos de oro en 1848, con efectos devastadores para los pueblos originarios, los cuales fueron expulsados y, en muchos casos, masacrados. La composición lingüística y racial de la población de los antiguos territorios mexicanos ocupó un lugar importante en los debates sobre su admisión como estados (Gómez, 2007; Nieto-Phillips, 2000). Por ejemplo, un editorial publicado por un periódico de Cincinnati se opuso a que Nuevo México ostentara la condición de estado, caracterizando a quienes allí residían como "aliens to us in blood and language" ('personas extranjeras para nosotros en sangre y lengua', Gómez, 2007: 72). A medida que la afluencia de migrantes anglo iba emblanqueciendo la población, la condición de estado fue ganando más apoyo, especialmente en los territorios que habían recibido más inmigración, como California (Baron, 1990; Crawford, 1992).

Sobre el papel, el Tratado de Guadalupe Hidalgo había concedido la plena ciudadanía estadounidense a todas las personas residentes de los antiguos territorios mexicanos; pero en la práctica fue una ciudadanía racializada de segunda clase. La **ciudadanía del tratado** (*treaty citizens*, es decir, las personas a quienes el Tratado de Guadalupe Hidalgo les había concedido la ciudadanía) fue sometida a escuelas, viviendas e instalaciones públicas segregadas e inferiores, y a menudo se les negó el derecho a votar (Gómez, 2007; Gross, 2008; Lozano, 2018; Olivas, 2006). Asimismo, bajo el Gobierno mexicano las comunidades indígenas (como los grupos pueblo) habían sido integradas a la ciudadanía, pero bajo el Gobierno estadounidense sus derechos eran severamente restringidos. A su vez, las promesas de respetar las concesiones de tierras españolas y mexicanas a menudo se incumplían y las tierras de la antigua población mexicana eran rutinariamente apropiadas por personas metidas en el negocio de la especulación o concedidas a gente anglo que llegaba desde el este (Acuña, 2015; González, 2011).

Sumado a la denegación de derechos y la confiscación de bienes, la población mexicana y mexicoamericana también fue objeto de la violencia colectiva, y miles de estas personas sufrieron linchamientos en el período comprendido entre 1848 y 1928 (Carrigan y Webb, 2013). Los linchamientos fueron una herramienta de subyugación, además de un reflejo del racismo. Ocurrieron en todos los estados del Suroeste, así como lejos de la frontera, como en Nebraska y Wyoming, pero fueron de mayor alcance y duración en Texas (Carrigan y Webb, 2013). El comienzo del siglo xx fue un período de violencia particularmente brutal contra las personas mexicanas y mexicoamericanas, en parte llevada a cabo por los Texas Rangers, un cuerpo policial oficial. (Para más información sobre este tipo de violencia racial, sus efectos duraderos y los esfuerzos por aumentar la conciencia pública, véase el sitio web *Refusing to Forget* en https://refusingtoforget.org.) Hay quienes ven paralelismos entre la violencia antimexicana de principios del siglo xx y los recientes ataques antilatinxs, como el tiroteo masivo de 2019 en un Walmart de El Paso (Texas), en el que el tirador parece haber estado motivado por el racismo antiinmigrante, antimexicano y de supremacía blanca (Beckett, 2019).

Fase 3: Puerto Rico

En el siglo xix, y coincidiendo con los movimientos independentistas en toda América Latina, hubo también en Puerto Rico una serie de revueltas contra el poder colonial español y en busca de una mayor autodeterminación. A finales del siglo se consiguió que España concediera cierta autonomía y control local (sin la independencia total) a Puerto Rico, pero este nuevo estatus duraría poco. En 1898 estalló la guerra hispano-estadounidense, con tropas de Estados Unidos luchando contra el dominio español en Cuba y Filipinas. Al final de la guerra ese mismo año, España se vio en la obligación de ceder Puerto Rico, Guam y las Filipinas, así como el control temporal de Cuba, a Estados Unidos. Al principio, gran parte del pueblo puertorriqueño celebró la derrota de España, optimistas de que el control estadounidense traería valores democráticos y mejores condiciones laborales (Duany, 2017). Sin embargo, ese optimismo no duró mucho tiempo; Estados Unidos le concedió a la población puertorriqueña incluso menos autonomía y derechos políticos que los que tenían bajo el dominio colonial español.

Al igual que en la expansión hacia el oeste, la doctrina del Destino manifiesto y el trato dado a quienes habitaban los territorios del Suroeste, el racismo también desempeñó un papel crucial en las decisiones sobre el estatus político de Puerto Rico (Gelpí, 2011; González, 2011; Rivera Ramos, 1996; Torruella, 2007). En particular, el rechazo a extender la ciudadanía a personas puertorriqueñas se centraba en nociones que suponían que dicha población no era capaz de adecuarse a la democracia representativa y al autogobierno. Por ejemplo, el senador Albert Beveridge de Indiana (que también se oponía a que los territorios del Suroeste fueran admitidos como estados) argumentó que Dios había "estado preparando a los pueblos anglohablantes y teutónicos durante mil años" para ser "los organizadores maestros del mundo" y para "administrar el gobierno entre los pueblos salvajes y serviles" (Gelpí, 2011: 22; traducido del inglés). También el presidente Theodore Roosevelt describió la democracia estadounidense como "inapropiada" para el pueblo de Puerto Rico (Gelpí, 2011: 22, traducido del inglés).

Dos décadas después de que Puerto Rico pasara a ser territorio estadounidense, la Ley Jones (1917) extendió la ciudadanía a la población puertorriqueña. La nueva ley le otorgó algunos derechos adicionales, pero al mismo tiempo dio lugar a que los puertorriqueños pasaran a ser elegibles para el servicio militar obligatorio, justo en medio de la Primera Guerra Mundial. Además, pese a que ahora formaban parte de la ciudadanía, a la población puertorriqueña no se le concedió plena representación política ni todos los derechos legales asociados. Por ejemplo, el Congreso federal tenía la última palabra sobre los proyectos de ley aprobados por la legislatura de Puerto Rico, la mayor parte de los cargos públicos eran designados, en lugar de ser elegidos, y las personas que los ocupaban solían ser del territorio continental de Estados Unidos (Ayala y Bernabé, 2009; Cruz, 2017; Duany, 2017). Y es más, la población puertorriqueña no tenía derecho a un juicio con jurado, y en una serie de casos legales de principios del siglo xx, la Corte Suprema dictaminó que tampoco tenía derecho a las mismas protecciones constitucionales que el resto de la ciudadanía estadounidense. Las decisiones oficiales, que aún siguen vigentes, incluyen referencias a "alien races" ('razas extranjeras') presuntamente tan diferentes de la población estadounidense (de raza blanca) en cuanto a "religión, costumbres, leyes, métodos de tributación y modos de pensamiento" que "los principios anglosajones" no podían aplicarse (Cruz, 2017: 46; traducido del inglés).

Finalmente, a mediados del siglo xx, la población puertorriqueña obtuvo el derecho a elegir su propio gobernador y a redactar su propia Constitución, pero hasta el día de hoy, a pesar de formar parte de la ciudadanía estadounidense, no tiene representación en el Congreso ni el derecho de votar en las elecciones presidenciales. El estatus de Puerto Rico como Estado Libre Asociado con derechos limitados contrasta fuertemente con el anterior modelo de expansión territorial estadounidense, en el que las tierras anexionadas eran incorporadas y eventualmente se convertían en estados. El actual estatus de Puerto Rico como territorio no incorporado y de su población como ciudadanía de segunda clase, así como la idea de que la actual crisis económica de Puerto Rico es el resultado de insuficiencias culturales o políticas, más que de cuestiones estructurales o políticas federales, tienen sus raíces en este pasado racista que mencionamos.

En esta sección hemos examinado las tres fases de la conquista española en tierras norteamericanas y caribeñas, así como la subsiguiente anexión de estos territorios por parte de Estados Unidos. En el siglo xvi, el idioma español llegó a lo que hoy es Estados Unidos como una lengua de colonizadores, pero a lo largo del siglo xix se convirtió cada vez más en una lengua colonizada. Como tal, el español se subordinó al inglés en las ideologías lingüísticas (discutidas en el siguiente capítulo) así como en las políticas lingüísticas (discutidas en el capítulo 8). Por supuesto, estas ideologías y políticas no se referían solo al idioma en sí, sino que formaban parte de una subordinación más amplia de las personas de habla hispana en la que el idioma era una herramienta para el ejercicio del poder. De la misma manera que la racialización de los pueblos originarios y de las personas afrodescendientes se remonta a los encuentros coloniales y al tráfico esclavista, la construcción de las personas hispanohablantes y latinxs como una **otredad** se origina en los comienzos de la expansión territorial estadounidense y se desarrolla en todo el período subsiguiente (Vélez-Ibáñez, 2017).

Las leyendas negra y blanca, la hispanofilia y el pie de Oñate

Al principio de este capítulo hemos observado que la presencia española es a menudo pasada por alto en los relatos tradicionales de la historia estadounidense. No obstante, por más que los períodos de dominio español y mexicano sean frecuentemente omitidos o minimizados, esto no significa que hayan sido universalmente ignorados. En esta sección discutiremos el retrato de la historia española del Suroeste, y de Nuevo México en particular. La historia nunca es una mera descripción neutral del pasado, y los relatos históricos del pasado colonial español de Estados Unidos no escapan a esta regla. Por el contrario, como veremos, estos relatos están ligados a varios intereses políticos, económicos y sociales, así como a debates sobre la construcción y representación de las identidades etnorraciales y nacionales.

Los siglos xvi y xvii constituyeron un período de intensa competencia entre las potencias imperiales europeas y las instituciones religiosas por el dominio en las Américas, así como en todo el mundo. Además de la fuerza militar, los imperios rivales también utilizaron la propaganda política y religiosa para convencer a la población de la rectitud de sus esfuerzos. Uno de estos esfuerzos se conoce como la **leyenda negra**, la descripción falsa del colonialismo español como más brutal que el de otras potencias europeas (Taylor, 2002). La leyenda negra fue popularizada por los intereses británicos que trataban de justificar su propio imperialismo reivindicando su superioridad moral respecto al accionar del Imperio español (Nieto-Phillips, 2004). Si bien no cabe duda de que el colonialismo español cometió horribles atrocidades, estas también fueron llevadas a cabo por el Imperio británico en igual medida. No obstante, la leyenda negra perduró y en los años posteriores a la independencia estadounidense una buena parte de la población de Estados Unidos tenía una opinión negativa sobre España y la cultura española, a la que consideraban autoritaria, sanguinaria, corrupta y fanática (Weber, 2000).

En contraste con esta visión negativa de la idiosincrasia española representada por la leyenda negra, un nuevo movimiento literario y cultural, a veces llamado *hispanofilia*, surgió hacia finales del siglo xix (Nieto-Phillips, 2004). La hispanofilia celebraba la presencia colonial española en el Suroeste con novelas, revistas y películas de la época que retrataban a los conquistadores españoles no como crueles fanáticos, sino como románticos, nobles aventureros y misioneros (véase el capítulo 7 para una discusión de tales representaciones en el cine). Este nuevo relato glorificado de la conquista española, que Nieto-Phillips (2004) llama *the White Legend* ('la leyenda blanca'), enmarca al contingente español como un agente 'civilizador' de los pueblos nativos 'primitivos', minimizando así el genocidio, la esclavitud y la opresión. No solo se le atribuía a la conquista española cualidades heroicas, sino que se minimizaba o se negaba el **mestizaje**. De esta manera, las personas de habla hispana eran representadas como una descendencia 'racialmente pura' de la población europea.

Según Nieto-Phillips (2004), la leyenda blanca y la minimización del mestizaje sirvieron a varios propósitos ideológicos y discursivos tanto para residentes anglo como para la comunidad nuevomexicana. En particular, la narración que enmarcaba a los colonizadores españoles como señores valientes y caballerosos no solo representaba una resistencia a la leyenda negra; también era un contrapunto a las representaciones racistas de la población mexicana (incluida la nuevomexicana) como miembros de una 'raza impura' (Gómez, 2007; Nieto-Phillips, 2000, 2004). De acuerdo con las opiniones racistas dominantes de la época, la blanquitud era el ideal y las uniones interraciales eran degradantes, y estas opiniones tenían implicaciones políticas; como señalamos anteriormente, el racismo antimexicano y antiindígena era fundamental en los argumentos contra la estadidad de Nuevo México. Adjudicarle a la población nuevomexicana ascendencia europea, en lugar de representarla como indígena y mestiza, era una forma de 'blanquear' el territorio y sus habitantes, por lo tanto, de hacer una afirmación sobre su aptitud para el autogobierno, incluso sin la enorme afluencia de personas anglo que había alterado la demografía etnorracial y lingüística en California y Texas (Gómez, 2007; Nieto-Phillips, 2004).

La lengua y la lingüística —en particular, la existencia de una variedad del español única perteneciente a Nuevo México— también desempeñaron un papel de apoyo en el discurso sobre los supuestos orígenes españoles de la población nuevomexicana. Múltiples factores contribuyeron al desarrollo del español nuevomexicano, pero algunas investigaciones se centraban principalmente en el aislamiento lingüístico y social de las comunidades asentadas en este territorio (Lipski, 2008). Por ejemplo, a principios del siglo xx el lingüista nuevomexicano Aurelio Espinosa puso de relieve las similitudes de las variedades del español habladas en Nuevo México, así como de los dichos y canciones populares, con los que se encontraban en España. La existencia de ciertas semejanzas, junto con una supuesta falta de influencia africana e indígena en el español nuevomexicano, apoyaban la idea de que la población nuevomexicana también era racialmente 'pura' (Nieto-Phillips, 2004; Wilson, 1997).

Durante los períodos subsiguientes de inmigración mexicana, parte de la ciudadanía del tratado intentaba distinguirse de estas personas recién llegadas haciendo valer su dominio del inglés y/o sus afirmaciones de ascendencia europea (Gonzales-Berry y Maciel, 2000; Lozano, 2018). Por una parte, las reivindicaciones de blanquitud eran una forma de resistir la discriminación racial, la segregación y la privación de derechos. Sin embargo, muchas de esas reivindicaciones se centraban únicamente en mejorar el estatus de aquellas personas que estaban en condiciones de hacerlas, en lugar de cuestionar el racismo antimestizo y antiindígena en general y, por lo tanto, han sido muy criticadas.

La Oficina de Inmigración de Nuevo México también desplegó una representación romántica del pasado colonial español en sus esfuerzos por atraer turistas y potenciales migrantes del este (Nieto-Phillips, 2004). En contraste con las imágenes anteriores de "salvajes" hostiles y la representación de la gente mexicana como universalmente cruel, los materiales de mercadeo de la Oficina pintaban un cuadro de Nuevo México como un paisaje "encantador" donde "grupos pueblo amantes de la paz y españoles nobles habían coexistido durante casi tres siglos" (Nieto-Phillips, 2004: 119–120; traducido del inglés). Si bien a simple vista esto podría parecer un retrato positivo tanto de la colonia española como de la comunidad indígena, este se basaba en la exotización, así como en la idea de que estas culturas estaban menos desarrolladas o eran menos sofisticadas que la angloamericana, supuestamente más moderna e industriosa. De esta manera, lo que se buscaba era atraer turistas de la Costa Este ofreciéndoles una escapada nostálgica de los centros urbanos industrializados (Nieto-Phillips, 2004).

Ya a finales del siglo xix, el reconocimiento del enorme potencial económico del turismo y de la **comodificación** de la etnicidad y la cultura eran factores fundamentales en la promoción de un pasado colonial depurado y, a su vez, de una identidad basada en la ascendencia española (esta identidad se analiza en el capítulo 5, en la discusión de etiquetas y categorías etnorraciales). Además de los folletos turísticos, los diarios de viaje, las películas y otros materiales similares, la hispanofilia y la celebración de la 'Vieja España' podían encontrarse en los motivos arquitectónicos, así como en los recuerdos y artefactos culturales de Nuevo México (Nieto-Phillips, 2004; Wilson, 1997). El idioma era otra forma de construir un ambiente español exótico y romántico; en el mismo período se produjo un aumento del uso del español en los nombres de empresas y bienes raíces,

Figura 3.5 *Don't miss Plaza Hacienda* ('No se pierda Plaza Hacienda'). Old Town, Albuquerque (Nuevo México)

como en hoteles llamados El Conquistador y La Hacienda, así como en el desarrollo urbanístico de plazas y calles llamadas, por ejemplo, Alameda y Camino. En muchos casos, el español fue utilizado por anglohablantes y dirigido hacia anglohablantes (a menudo con poca consideración por las reglas de la gramática española) (Hill, 2008: 131). Como discutimos en el capítulo 7, el español todavía lo utilizan algunas empresas para crear un ambiente particular, transmitir un sabor exótico o dar la impresión de autenticidad cultural para atraer a clientes anglo (véase, por ejemplo, el punto turístico en la figura 3.5).

La celebración y la comodificación de un pasado colonial español de carácter imaginario han perdurado a lo largo del siglo xx y hasta el xxi. Al igual que en los años anteriores, el significado simbólico y las implicaciones discursivas del énfasis sobre el papel de España en la historia de la región son multifacéticos. La existencia de significados múltiples, opuestos y contradictorios es evidente, por ejemplo, en las controversias que rodean a varias estatuas del conquistador español Juan de Oñate, quien se convirtió en el primer gobernador del Nuevo México colonial, a finales del siglo xvi. Oñate dirigió una brutal masacre de aproximadamente

800 hombres, mujeres, niños y niñas acoma como castigo por haber resistido violentamente a las órdenes de entregar su comida a los soldados españoles. Tras la masacre, además de condenar a los hombres y mujeres supervivientes a la servidumbre forzosa, Oñate ordenó la amputación del pie derecho de todos los hombres mayores de 25 años.

A pesar de esta brutal historia, en Nuevo México hay numerosos negocios, escuelas y calles que llevan el nombre de Oñate y otros conquistadores, así como una variedad de celebraciones y desfiles de temática española. Por ejemplo, una recreación de la Entrada, la reocupación española de Santa Fe después de la Rebelión de los grupos pueblo, era una parte central del festival anual de la ciudad hasta hace muy poco. Esta representación se creó a principios del siglo XX como una atracción turística destinada a aprovechar la historia cultural de la región (Rael-Galvéz, 2017). Motivaciones similares dieron forma a los planes de finales del siglo XX para las conmemoraciones oficiales del 400 aniversario de la llegada de Oñate a Nuevo México. Por ejemplo, se construyó una colosal estatua ecuestre de Oñate, hecha en bronce, para el nuevo Centro de visitantes en Alcalde (Nuevo México), y se planificaron otras para Albuquerque (Nuevo México) y El Paso (Texas), ciudades fundadas por Oñate.

Aunque el fomento del turismo fue un impulso clave, también hubo motivaciones no económicas para conmemorar la conquista española. De hecho, parte de quienes defienden los monumentos de Oñate los vieron como "una oportunidad para ayudar a corregir una deficiencia de la historia española en la educación pública de Nuevo México" (June-Friesen, 2005; traducido del inglés). En otras palabras, para estas personas los monumentos y el Centro de visitantes eran una forma de proporcionar el reconocimiento, largamente esperado, de la presencia y de las contribuciones culturales del pueblo español y sus descendientes, así como una manera de poner en tela de juicio la enseñanza tradicional de la historia estadounidense, según la cual, la creación del país consistió apenas en una expansión de este a oeste. El interés en Oñate también puede haber estado relacionado con la "inseguridad de la población nuevomexicana por la pérdida de su idioma, cultura y dominio político y demográfico", como resultado del desplazamiento lingüístico hacia el inglés y la afluencia de población anglo proveniente del este (Brooke, 1998; traducido del inglés). Así pues, algunas personas veían el reconocimiento de la historia colonial de Oñate y de España como una forma de recuperar un pasado y un relato de la historia diferentes a la versión anglo, más que una celebración de la propia conquista española.

Sin embargo, para mucha gente, los monumentos de Oñate y las conmemoraciones del cuatricentenario que tenían al conquistador como temática central no representaban simplemente el reconocimiento de una historia largamente olvidada. Por el contrario, la celebración de la historia colonial española sustituía un falseamiento y un **borrado** histórico por otro, centrándose exclusivamente en la colonización europea y sus descendientes sin reconocer ni abordar las atrocidades que España cometió contra el pueblo acoma y otras comunidades indígenas. Por esta razón, hubo numerosas manifestaciones y reclamos en contra de las estatuas. En un acto de protesta de alto nivel, un grupo que se hacía llamar *Friends of Acoma* ('Amigos de Acoma') cortó el pie derecho de la estatua de Oñate en el

Centro de visitantes de Alcalde. El grupo envió una carta al periódico local explicando su motivación: "No vemos ninguna gloria en la celebración del cuarto centenario de Oñate y no queremos que nos lo refrieguen en la cara" (Alcorn, 2018; traducido del inglés).

En los años siguientes, el rechazo hacia los monumentos de Oñate y hacia las celebraciones relacionadas con la conquista ha crecido, al igual que las objeciones a las estatuas de los generales confederados. En cuanto a los planes anteriormente mencionados de erigir nuevos monumentos de Oñate en Albuquerque y en el aeropuerto de El Paso, se organizaron varios foros públicos, se publicaron múltiples editoriales en los periódicos y se escribieron numerosas cartas al editor en contra y a favor. Finalmente, se instaló la estatua en el aeropuerto de El Paso, pero se le cambió el nombre a *The Equestrian* ('El Ecuestre'), en un esfuerzo por disipar la oposición. En Albuquerque, los planificadores modificaron el diseño original añadiendo un segundo monumento que representaba la tierra antes de la invasión europea (Alcorn, 2018).

En los años posteriores a la violencia ocasionada por supremacistas blancos en las manifestaciones del 2017, por la defensa de la estatua del general confederado Robert E. Lee, ubicada en Charlottesville (Virginia), se han intensificado las protestas y la oposición a todos los monumentos que celebran figuras racistas. En 2018, la ciudad de Santa Fe suspendió la recreación de la Entrada, y celebró la Fiesta de Santa Fe sin ella (se puede leer algunas reacciones al cambio en el artículo del *New York Times, New Mexico grapples with its version of Confederate tributes: A celebration of Spanish conquest* en https://www.nytimes.com/2018/09/08/us/new-mexico-la-entrada.html). En junio del 2020, después de que se publicara la edición en inglés de este libro, las estatuas de Oñate en Albuquerque y Alcalde fueron retiradas en respuesta a una ola internacional de protestas por la justicia racial.

La (in)migración y el español en Estados Unidos

Como vimos, la primera presencia española en la historia estadounidense se debió a la colonización y la conquista, más que a la inmigración. Si bien hay descendientes de aquellas familias pertenecientes a la ciudadanía del tratado que han podido retener o readquirir el español, el desplazamiento lingüístico hacia el inglés ha sido abrumadoramente mayoritario. Esto significa que la migración ha sido un factor clave en la presencia continua del español dentro de Estados Unidos. Las personas de habla hispana que migran a Estados Unidos provienen de una variedad de países, y tienen innumerables razones personales, profesionales y políticas para hacerlo. Algunas vienen refugiándose de la violencia o la persecución, mientras que otras vienen en busca de oportunidades educativas, económicas o profesionales. En otras palabras, este conjunto de personas supone una amplia gama de situaciones socioeconómicas y antecedentes educativos.

Quienes han indagado sobre el tema hacen hincapié en que los patrones de migración están determinados tanto por **factores de empuje** como por **factores de atracción**. Los factores de empuje son las condiciones del país de origen que contribuyen a que una persona emigre, como los desastres naturales, la violencia política, las pandillas o el alto desempleo. Los factores de atracción, por otra parte, tienen que ver con el país receptor; a saber: la libertad política o religiosa, la demanda de mano de obra (y la contratación de trabajadores y trabajadoras migrantes) y las oportunidades educativas, entre otros. Estos factores sociales y estructurales condicionan los patrones generales del movimiento de grupos, pero, por supuesto, las circunstancias individuales de las personas también inciden en sus decisiones relativas a la migración.

En el capítulo anterior, observamos que muchas personas en Estados Unidos piensan equivocadamente que todo el conjunto de hispanohablantes, así como la totalidad de latinxs en general, son inmigrantes, pero los porcentajes reales indican que solo el 47% y el 38%, respectivamente, lo son (American Community Survey, 2017). De manera similar, y con la misma inexactitud, el discurso público suele equiparar la inmigración en general con la inmigración mexicana en particular. En realidad, aunque México es el país de origen más común entre las personas inmigrantes en Estados Unidos, la tasa de inmigración mexicana ha disminuido en los últimos tiempos. De hecho, actualmente salen más personas mexicanas de Estados Unidos que las que entran, lo que ha dado lugar a una disminución neta del número de inmigrantes provenientes de México que viven en Estados Unidos (Batalova y Zong, 2018). Asimismo, en la mayoría de los años transcurridos desde 2010, el número de personas procedentes de Asia ha superado al número de latinxs en lo que respecta a la migración a Estados Unidos; y la India ha sido el país de origen de la mayoría de las personas que llegaron en el 2017 (Radford, 2019).

De la misma manera, mucha gente parece presuponer que la mayoría de las personas inmigrantes está en Estados Unidos sin autorización. En realidad, es menos de la cuarta parte, el 23% (Radford, 2019). De hecho, casi la mitad del total de inmigrantes en Estados Unidos han adquirido la ciudadanía y un poco más de la cuarta parte son residentes legales permanentes (Radford, 2019). A su vez, el número total de inmigrantes sin autorización ha disminuido constantemente desde que alcanzó su punto máximo en 2007, y las cifras de 2017 representan una reducción del 14% (Radford, 2019). Además, la categoría de 'inmigrantes no autorizados/as' incluye a las personas con Estatus de Protección Temporal (*Temporary Protected Status*) y Acción Diferida para los Llegados en la Infancia (*Deferred Action for Childhood Arrivals*) —TPS y DACA, por sus siglas en inglés, respectivamente— . El TPS permite que personas migrantes de ciertos países permanezcan en Estados Unidos cuando el Gobierno designa que es demasiado peligroso que regresen a sus países de origen, debido a un conflicto armado o un desastre natural. El DACA, un programa creado mediante una orden ejecutiva del entonces presidente Barack Obama en 2012, otorga un estatus temporal (sin camino a la ciudadanía) a ciertas personas traídas a Estados Unidos en su niñez antes del 2007. La gran mayoría de las investigaciones han demostrado que el programa DACA ha tenido impactos positivos en la economía general, así como en quienes participan de este y sus familias, y que no ha tenido un impacto negativo en las perspectivas de trabajo o en los salarios del resto de la población (Kurtzleben, 2017).

En 2017, durante su presidencia, Donald Trump suspendió el programa DACA como parte de un esfuerzo más amplio por reducir tanto la inmigración autorizada como la no autorizada. El Gobierno de Trump también puso fin a las protecciones del TPS para la mayoría de los países e instituyó una prohibición que rige para migrantes de ciertos países de mayorías musulmanas. Estos cambios en la política de inmigración fueron objeto de numerosas impugnaciones jurídicas basadas en el argumento de que eran discriminatorios, y en varios casos las cortes fallaron contra las medidas antiinmigrantes. En 2020, la Corte Suprema determinó que la suspensión del programa DACA había sido inconstitucional, pero, aun así, la administración Trump se negó a aceptar nuevas solicitudes.

El actual presidente Joe Biden ha iniciado una reforma de la política migratoria, la cual comenzó el mismo día de su investidura en enero del 2021, cuando emitió un memorando a fin de proteger y fortalecer el programa DACA. Desde entonces se aceptan nuevas solicitudes y renovaciones. Sin embargo, y a pesar de estas reformas y de la reunificación de muchas familias que la administración anterior había separado en la frontera, en el momento en que esta edición en español se imprime sigue habiendo un gran número de deportaciones. Para obtener información actualizada sobre el DACA y el TPS, véase el sitio web del National Immigration Law Center ('Centro Nacional de Leyes Migratorias'): https://www.nilc.org/issues/daca.

El poder del lenguaje: la inmigración no autorizada y la palabra *ilegal*

Dado que el discurso público a menudo afirma que en siglos anteriores las personas inmigrantes llegaban a Estados Unidos de la manera 'correcta', en supuesto contraste con la 'inmigración ilegal' de hoy en día, queremos problematizar esta noción, así como el uso de la palabra *ilegal*. Al hacerlo también destacaremos algunos momentos clave en la historia de la política de inmigración estadounidense.

Luego de la independencia estadounidense, durante más de cien años la inmigración fue en gran medida sin restricciones. Por lo tanto, esencialmente cualquiera que quisiera entrar a Estados Unidos podía hacerlo sin problemas legales. Esta política de inmigración abierta comenzó a cambiar a finales del siglo XIX, cuando grupos **nativistas** expresaban su oposición hacia el creciente número de personas inmigrantes, especialmente hacia aquellas que consideraban diferentes a las personas que habían llegado antes (un sentimiento similar al que manifiesta el nativismo actual, aunque la 'nueva inmigración' de principios del siglo XX es la 'vieja inmigración' de hoy en día). El Congreso impuso varias restricciones basadas en la raza que determinaban quiénes tenían la puerta abierta a Estados Unidos y quiénes no;

las personas asiáticas fueron excluidas, y en la década de 1920 la inmigración procedente del sur y este de Europa fue estrictamente limitada. Por lo tanto, la posibilidad de inmigrar de manera legal se redujo drásticamente y se limitó a ciertos grupos.

Las nuevas leyes de inmigración de los años veinte no establecieron límites para la inmigración latinoamericana, principalmente para permitir a las empresas estadounidenses un suministro continuo de mano de obra procedente de México. Sin embargo, las personas que deseaban entrar a Estados Unidos a través de México eran sometidas a pruebas de alfabetización y de salud que a veces se administraban de manera arbitraria; además, tenían que pagar una tasa que para mucha gente era prohibitiva (Hernández, 2017; Ngai, 2004). Así pues, una cantidad considerable de migrantes seguía cruzando la frontera como lo habían hecho anteriormente, sin pasar por un puerto de entrada oficial.

En 1929, el Congreso aprobó una ley que afectaba específicamente a la inmigración mexicana; por primera vez se tipificó como delito el ingreso al país fuera de un puerto oficial de entrada, lo que podía castigarse con multas y penas de prisión, así como con la deportación (Hernández, 2017). Este cambio ha tenido un impacto dramático no solo en la forma en que se trata a la migración transfronteriza en el sistema jurídico, sino también en la forma en que se aborda la migración en los debates políticos y en el discurso público en general; al constituirse la 'entrada ilegal al país' en un acto delictivo, las personas migrantes son tachadas de criminales.

Independientemente de que hayan entrado en el país ilegalmente o que hayan cometido la infracción civil de sobrepasar su visado, rechazamos el uso de la etiqueta *ilegal* para referirse a las personas que están en Estados Unidos sin autorización, del mismo modo que no aplicaríamos esta etiqueta a una persona que viola los límites de velocidad o incluso a delincuentes que deben cumplir una condena. En otras palabras, rechazamos la idea de que una persona pueda ser ilegal. Como señalamos insistentemente a lo largo de este libro, el lenguaje es inseparable del mundo sociopolítico, y la forma en que nos referimos a la gente tiene consecuencias en el mundo real. En la misma línea que el creciente número de activistas y periodistas que quieren eliminar la palabra de la cobertura de los medios y del debate público, creemos que llamar a las personas *ilegales* no solo es inexacto, sino que es deshumanizante y contribuye al discurso racializante más amplio que presenta a las personas migrantes como inherentemente no deseadas y perjudiciales para el país (para más información sobre la campaña *Drop the i-word*, 'desechar esa palabra que empieza con i', véase la página web de Race Forward en https://www.raceforward.org/practice/tools/drop-i-word, o la cobertura de ABC News en https://abcnews.go.com/ABC_Univision/press-drops-illegal-immigrant-standards-book/story?id=18862824). Optamos por utilizar el término más neutro *no autorizadas* o *sin autorización* para describir a las personas que se encuentran en Estados Unidos (o en cualquier otro país) sin permiso oficial.

Como vimos anteriormente, la gran mayoría de latinxs tiene la ciudadanía estadounidense o son inmigrantes con autorización para estar en el país. Sin embargo, análogamente a lo que sucede con las nociones falsas que suponen que no hay latinx que no sea inmigrante y que no hable español, el mito de que la mayoría de las personas inmigrantes no están autorizadas perdura, a pesar de su inexactitud. Estos tres tópicos interrelacionados, junto con los mencionados discursos que criminalizan la inmigración no autorizada, contribuyen a la representación de las personas latinxs como una población 'perpetuamente extranjera' que vive en Estados Unidos ilegalmente y a la representación del español como lengua 'ilegal' (Leeman, 2012a, 2013).

Grupos de origen nacional y patrones de (in)migración

En el capítulo anterior presentamos algunos datos cuantitativos sobre los orígenes nacionales de la población latinx, con el porcentaje específico que comprende cada grupo (véase la tabla 2.1). Sobre la base de los mismos datos, en la figura 3.6 mostramos el tamaño relativo de los diferentes grupos de origen nacional que componen la población latinx. En las secciones siguientes se examina la historia de la migración de los cinco grupos de origen nacional más importantes: el mexicano, el puertorriqueño, el cubano, el salvadoreño y el

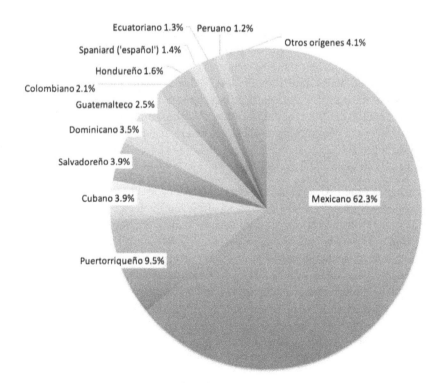

Figura 3.6 Composición de la población latinx: grupos de origen nacional (American Community Survey, 2017, estimados de un año)

dominicano (debido a las limitaciones de espacio, no podemos abarcar todos los grupos). Nuestra discusión se centra en la historia de estos grupos que migraron a Estados Unidos y se asentaron allí, así como en los factores de empuje y de atracción que promovieron la migración.

La población de origen mexicano

En lo que respecta a la población latinx en Estados Unidos, el grupo de origen nacional más grande, con diferencia, es el mexicano, que comprende aproximadamente el 62% de esta. Las personas nacidas en México también constituyen el grupo más grande (aproximadamente el 25%) del total de inmigrantes que se encuentran actualmente en Estados Unidos (Migration Policy Institute, s.f.). Sin embargo, como dijimos anteriormente, la población mexicana y mexicoamericana, además de incluir a inmigrantes y a su descendencia directa, incluye a descendientes de aquellas personas que vivían en tierras mexicanas anexionadas a Estados Unidos, así como a descendientes de inmigrantes de hace tiempo. De hecho, menos de un tercio de las personas de origen mexicano son inmigrantes; más de dos tercios nacieron en Estados Unidos.

La población mexicana y mexicoamericana está más densamente concentrada en el Suroeste, que es la parte de Estados Unidos más cercana a México y donde su historia es de más larga data; allí conforman una clara mayoría dentro de la población latinx (y en ciertos lugares son mayoría incluso dentro la población total). Sin embargo, también hay comunidades mexicanas y mexicoamericanas con gran arraigo histórico en el Medio Oeste (especialmente, en Chicago) y el Noroeste, así como comunidades más nuevas en el Sureste. De hecho, hay comunidades mexicanas en todo el país, incluyendo el Noreste. También vale la pena señalar que miles de personas que viven en México cruzan la frontera todos los días, ya sea para estudiar o trabajar.

La inmigración a Estados Unidos procedente de México ha tenido sus vaivenes conforme a las condiciones políticas y laborales de los dos países. A principios del siglo xx se produjo un período importante de migración, estimulado en parte por la represión y la violencia que caracterizaron a la época en que se gestó y desarrolló la Revolución mexicana (1910–1920), así como por la devastación que esta ocasionó. Sin embargo, otro factor clave fue la gran oferta de trabajo y el reclutamiento por parte de empresas estadounidenses después de que la prohibición de la inmigración japonesa diera lugar a una escasez de mano de obra (Lozano, 2018; Massey, 2016). Las oleadas de inmigrantes que llegaron de México a principios del siglo xx superaron con creces al número de personas que conformaban la ciudadanía del tratado, es decir, quienes vivían en las tierras mexicanas anexionadas por Estados Unidos (Lozano, 2018).

La inmigración mexicana siguió aumentando en los años veinte, pero en 1929 el comienzo de la Gran Depresión la detuvo en gran medida. La crisis de desempleo, el nativismo y el racismo "llevaron el sentimiento antimexicano a un punto álgido" en todo el país (Lozano, 2018: 145; traducido del inglés). No solo se le impidió a mucha gente mexicana cruzar la frontera, sino que entre 600 000 y un millón de ciudadanos y ciudadanas estadounidenses de ascendencia mexicana sufrieron la deportación a México, al igual que casi el mismo número de inmigrantes de ciudadanía mexicana —quienes, en su mayoría, tenían autorización para estar en Estados Unidos— (Balderrama y Rodríguez, 2006; Hoffman, 1974). Estas supuestas 'repatriaciones' tenían por objeto, en palabras del entonces presidente Herbert Hoover, mantener "los empleos estadounidenses para estadounidenses de verdad" (González, 2011; Malavé y Giordani, 2015), un marco discursivo que ha reaparecido en posteriores llamamientos a favor de las deportaciones y las restricciones a la inmigración. Esos llamamientos son más frecuentes durante las crisis económicas y los períodos de alto desempleo, pero también pueden ocurrir en épocas de crecimiento económico y de casi pleno empleo, como fue el caso en el período 2010–2020.

La entrada de Estados Unidos a la Segunda Guerra Mundial, en 1940, precipitó una escasez de mano de obra que nuevamente llevó al reclutamiento de trabajadores de México, esta vez a través del Programa Bracero, un programa federal que contrataba a hombres mexicanos para trabajos temporales en Estados Unidos, principalmente en la agricultura. Originalmente previsto como una medida de guerra, el Programa Bracero se amplió y renovó debido a que el auge económico de la posguerra intensificó la demanda de mano de obra en el mercado laboral estadounidense. Pese a que la desaceleración económica de los años cincuenta trajo otra ronda de deportaciones, esta vez bajo el despectivo nombre oficial de *Operation Wetback* ('Operación Espalda Mojada'), el Programa Bracero fue extendido. Esto aseguró una fuente continua de mano de obra barata de trabajadores 'huéspedes', que no tenían permitido establecerse en Estados Unidos de forma permanente, ya que debían regresar a México al final de cada contrato de 12 meses. Los detalles del programa, incluyendo la naturaleza temporal de las visas, implicaban una gran vulnerabilidad a los abusos, y las condiciones de trabajo a menudo eran duras e inhumanas. Es más, se ha demostrado que tanto empresas contratantes como organismos gubernamentales incumplieron promesas contractuales relativas a los salarios y a las prestaciones de jubilación (Mize y Swords, 2010). Como resultado del activismo de la población mexicana y mexicoamericana, especialmente en el contexto del movimiento por los derechos civiles, el Programa Bracero fue reconocido cada vez más como una forma de explotación, lo que llevó al Congreso a ponerle fin en 1965 (Massey, 2016).

También en el marco de la lucha por los derechos civiles, el Congreso llevó a cabo una importante revisión de la política migratoria que fue muy significativa para inmigrantes tanto de México como de otros países. Concretamente, en 1965 se eliminaron tanto las exclusiones basadas en la raza como las cuotas de origen nacional, y en su lugar se establecieron preferencias para inmigrantes que tuvieran miembros de la familia en Estados Unidos o que contaran con las habilidades requeridas en el mercado laboral. Sin embargo, se establecieron límites al número de inmigrantes por país (incluidos los países de América

Latina), así como al número total de inmigrantes (para obtener información general sobre el sistema de inmigración, véase el sitio web del American Immigration Council, 'Consejo de Inmigración Estadounidense', en https://www.americanimmigrationcouncil.org/topics/immigration-101).

Como resultado de los cambios en la política migratoria, el pueblo mexicano pasó de tener acceso a medio millón de visados permanentes y temporales ante la ley, a tener solo 20 000 visados (permanentes) en 1976; aunque los factores de empuje y atracción relacionados con la oferta y la demanda de mano de obra continuaron como antes (Massey, 2016). Así pues, la inmigración desde México también continuó, pero mucha más gente entraba sin autorización, lo que generó preocupación sobre la seguridad de la frontera y, en última instancia, dio lugar a la militarización de la frontera por parte de Estados Unidos (Massey, 2016) (véase la figura 3.7).

A su vez, la militarización de la frontera provocó más y más aprehensiones de migrantes, una tendencia que era alimentada por el creciente sentimiento antiinmigrante y antimexicano, y al mismo tiempo alimentaba el discurso de criminalidad y peligro que rodeaba cada vez más a la inmigración, y especialmente a la mexicana (Dick, 2011; Massey, 2016; Ngai, 2004). Este discurso se ha convertido en una fuerza motriz de la política estadounidense, que se refleja, por ejemplo, en las representaciones racistas del expresidente Trump, cuando acusaba a inmigrantes mexicanos de ser "bad hombres", y de ser violadores y asesinos, a pesar de que las estadísticas muestran sistemáticamente que las personas inmigrantes tienen menos probabilidades de cometer delitos que las personas nacidas en Estados Unidos.

Figura 3.7 La frontera entre México y Estados Unidos
Fuente: ©Héctor Emanuel (2019 y 2005)

Desde 2010, la inmigración procedente de México ha ido disminuyendo debido a las mejoras en la economía mexicana y al descenso de las tasas de natalidad (Zong y Batalova, 2018). De hecho, hay más regresos a México que emigraciones a Estados Unidos, el número total de inmigrantes no autorizados/as procedentes de México ha disminuido desde 2007 y en 2017 las detenciones de personas mexicanas en la frontera alcanzaron su nivel más bajo en 40 años (González-Barrera y Krogstad, 2018; Zong y Batalova, 2018). También se ha producido un cambio en las características demográficas de las personas que inmigran desde México: ahora es más probable que tengan un título universitario y poseen un mayor dominio del inglés que en el pasado. La mayoría lleva mucho tiempo en el país: el 60% llegó antes del año 2000; otro 29% entre 2000 y 2009; y solo el 11% en 2010 o más recientemente (Zong y Batalova, 2018). Las personas de origen mexicano también son quienes cuentan con mayor participación en el DACA: constituyen aproximadamente el 80% del total de participantes (U.S. Citizenship and Immigration Services, 2018).

La población de origen puertorriqueño

A diferencia de otros grupos migrantes, las personas nacidas en Puerto Rico forman parte de la ciudadanía estadounidense, y por lo tanto no necesitan visado para trasladarse a Estados Unidos. Esto, junto con la proximidad geográfica entre Puerto Rico y Estados Unidos, permite cierto vaivén migratorio (García et al., 2001). No es sorprendente que la migración desde Puerto Rico se haya visto influida por las fuerzas del mercado laboral estadounidense, así como por las propias condiciones del territorio isleño. Los factores de empuje y atracción convergieron a principios del siglo xx cuando dos huracanes devastaron la industria azucarera de Puerto Rico; en este marco, en muchas plantaciones de Hawái (ya en ese entonces territorio de Estados Unidos) se aprovechó a reclutar la mano de obra puertorriqueña que había quedado desempleada, con el fin de satisfacer la nueva demanda del mercado del azúcar hawaiano (López, 2005). En consecuencia, la comunidad puertorriqueña constituye el mayor subgrupo de latinxs en Hawái (American Community Survey, 2017).

Según Whalen (2005), la migración puertorriqueña ha seguido un patrón general que podría resumirse de la siguiente manera: la ocupación estadounidense provocó cambios económicos y desplazamientos, la población puertorriqueña fue reclutada como fuente de mano de obra barata (pero no siempre fue bienvenida en los lugares donde esta se asentó), y luego la existencia de comunidades puertorriqueñas atrajo a más migrantes a esas zonas. Por ejemplo, a pesar de obtener grandes ganancias, las plantaciones azucareras de Puerto Rico recortaron los salarios, y estos recortes, junto con el alto desempleo y los consiguientes disturbios sociales y políticos, empujaron a mucha gente a dirigirse a Estados Unidos (González, 2011). Para la década de 1920 se habían establecido grandes vecindarios puertorriqueños en Nueva York, y en las décadas de 1930 y 1940 se establecieron comunidades en otros lugares del Noreste, como Filadelfia y Boston

(Lipski, 2008). También se establecieron comunidades puertorriqueñas en Lorain (Ohio) y Chicago, en gran parte como resultado de las agencias de empleo que reclutaban mano de obra procedente de Puerto Rico y ofrecían pasajes aéreos y trabajos en el continente (González, 2011). Durante la Gran Migración de los años cincuenta, aproximadamente 470 000 personas puertorriqueñas (más de la quinta parte de la población) emigraron al territorio continental estadounidense (Culliton-González, 2008).

En la década de 1960 se reclutó mano de obra puertorriqueña para trabajar en granjas del Medio Oeste, en el norte del estado de Nueva York y en todo el Noreste (González, 2011), pero Nueva York ha seguido siendo el corazón simbólico de la población puertorriqueña del continente, y la comunidad nuyorriqueña mantiene una posición prominente en el imaginario de la diáspora puertorriqueña (Lipski, 2008).

En el siglo xxi, una serie de problemas económicos, que hace tiempo se venían arrastrando, se vieron exacerbados por la desindustrialización, la austeridad y los cambios en la política fiscal federal, así como por ciertas limitaciones en la reestructuración de la deuda que tienen que ver con el estatus político de Puerto Rico, es decir, con el hecho de que no sea ni un país independiente ni un estado, sino un territorio de Estados Unidos. En Puerto Rico, el 45% de la población vive por debajo del umbral de pobreza, más del doble de la tasa correspondiente al estado de Misisipi y casi tres veces el promedio nacional (American Community Survey, 2017). Debido a estas difíciles condiciones, y a una tasa de desempleo que supera por más del doble a la de los Estados Unidos continentales, casi medio millón de personas salieron de Puerto Rico hacia el continente entre 2006 y 2014 (Mora *et al.*, 2017).

Para hacer las cosas más difíciles aún, en 2017 el huracán María devastó Puerto Rico y dejó sin electricidad a gran parte de la isla durante meses. Tras la estela del huracán, más de 400 000 personas puertorriqueñas (aproximadamente el 6% de la población de la isla) abandonaron el territorio (Echenique y Melgar, 2018). Una parte importante se dirigió a las comunidades puertorriqueñas establecidas en el Noreste y Chicago, pero más de la mitad fue hacia Florida, especialmente al área de Orlando. Por otra parte, en 2018 hasta tres cuartas partes de las personas que huyeron del huracán María habían regresado, aunque los problemas de infraestructura y la situación financiera distaban mucho de estar resueltos (Echenique y Melgar, 2018). En el sitio web del Centro de Periodismo Investigativo (http://periodismoinvestigativo.com) se puede encontrar información actualizada (en español e inglés) sobre la situación política de Puerto Rico.

La población de origen cubano

Los primeros asentamientos cubanos en Estados Unidos datan de principios del siglo xix, no solamente antes de la guerra hispano-estadounidense (1898), sino también antes de que España cediera Florida a Estados Unidos. En otras palabras, la población cubana comenzó a asentarse en Florida cuando tanto Cuba como Florida estaban aún bajo control español. La inmigración se aceleró en el período previo y posterior a la guerra hispano-estadounidense, con 100 000 personas, casi el 10% de la población de Cuba, que se fueron a Estados Unidos (González, 2011). Como vimos más arriba, al final de la guerra en 1898, España cedió Cuba a Estados Unidos. Aunque Estados Unidos le concedió la independencia a Cuba en 1902, siguió involucrado en los asuntos cubanos e impuso varias condiciones, incluyendo el permiso para construir varias estaciones navales (la de la Bahía de Guantánamo sigue en funcionamiento) y un derecho permanente a intervenir en Cuba. Las fuerzas estadounidenses ocuparon Cuba de 1906 a 1909.

A principios del siglo xx, al mismo tiempo que se comercializaba una versión romántica del pasado español del Suroeste a turistas y a quienes recién llegaban, Florida también promovía una versión tropical exótica de su historia y arquitectura españolas (Lynch, 2018). En general, el turismo estadounidense veía a Miami casi como una extensión de La Habana y se visitaban regularmente ambas ciudades en el mismo viaje (Lynch, 2018), mientras que la élite cubana venía a Estados Unidos para vacacionar, para recibir tratamiento médico y para asistir a la universidad (González, 2011).

Las cosas eran menos soleadas para la gente común de Cuba, que debía soportar la desigualdad, la corrupción y los gobiernos cada vez más represivos, como la dictadura de Fulgencio Batista en la década de 1950. Batista, que antes había sido elegido presidente, volvió al poder mediante un golpe militar con el apoyo de Estados Unidos. La corrupción y la violencia del régimen de Batista llevaron a otras 63 000 personas a huir de Cuba; esta nueva oleada también se estableció principalmente en Florida (Lipski, 2008).

En 1959 la Revolución cubana derrocó el régimen de Batista y llevó a Fidel Castro y su Partido Comunista al poder. Esto condujo a un éxodo aún mayor, ya que el Gobierno revolucionario nacionalizó tierras, viviendas y negocios, y reprimió violentamente la disidencia. A pesar de las restricciones a la emigración impuestas por el régimen de Castro, en la década de 1960 casi medio millón de personas abandonaron Cuba para ir a Estados Unidos, estableciéndose principalmente en la zona de Miami. La Calle Ocho de Miami se convirtió en el centro simbólico de la comunidad cubana en Estados Unidos y todavía se considera una parada obligatoria para cualquier campaña electoral que pretende conseguir el apoyo de la comunidad cubana. Aproximadamente tres cuartas partes de la población cubana y cubanoamericana vive en Florida, pero también hay importantes comunidades cubanas en Nueva York y Nueva Jersey (Batalova y Zong, 2017).

Las personas que abandonaron Cuba tras la revolución tendían a ser más ricas, más blancas, más educadas y a tener más conocimientos técnicos que la mayor parte de la población cubana y que la inmigración latinoamericana en general (Alfaraz, 2014; González, 2011). Tantos sus recursos socioeconómicos como su identidad etnorracial les dieron una ventaja al llegar a Estados Unidos. Además, recibieron trato preferencial del Gobierno estadounidense, que también les brindaba asilo político por huir del comunismo. Específicamente, hasta mediados de los años noventa, a cualquier persona proveniente de Cuba que llegaba a aguas estadounidenses se le permitía permanecer en el país y se le sometía a un proceso acelerado que le daba la residencia permanente después de solo un año, así como otros tipos de asistencia (Batalova y Zong, 2017). Gracias a las ventajas socioeconómicas que trajeron consigo de Cuba, combinadas con el apoyo que recibieron una vez en Estados Unidos, en su conjunto, las comunidades cubanas lograron una mayor prosperidad que otros grupos latinxs (González, 2011).

Como otros regímenes comunistas, el Gobierno de Castro restringió fuertemente la emigración. Sin embargo, en 1980 se permitió la salida de aproximadamente 125 000 personas que buscaban libertad política y oportunidades económicas. Debido a que salieron de Cuba en un barco del puerto de Mariel, se les conoce comúnmente como *marielitos*. Como grupo, los marielitos eran más pobres y de piel más oscura que aquellas primeras camadas de migrantes y, como resultado, tuvieron que enfrentarse a los prejuicios de clase y de raza tanto de sus compatriotas como del resto de la sociedad estadounidense. Además, mientras que las oleadas anteriores habían llegado en el punto álgido de la Guerra Fría y, por ende, fueron acogidas calurosamente, los marielitos llegaron en un momento de creciente nativismo, por lo que su experiencia se asemeja más a la de otros grupos de inmigrantes latinxs (González, 2011). Este también fue el caso de los *balseros*, que comenzaron a llegar en gran número en la década de 1990. Durante el mandato del expresidente Bill Clinton, ya no se permitió que migrantes de Cuba interceptados en el mar llegaran a Estados Unidos, pero a quienes llegaban a suelo estadounidense se les continuó dando la oportunidad de quedarse, una política conocida como 'pies secos, pies mojados' (*wet feet, dry feet policy*). Como parte de un movimiento hacia la normalización de las relaciones entre Estados Unidos y Cuba, el presidente Obama puso fin a esta política en 2017. Cuando el presidente Trump asumió el cargo ese año, se restablecieron algunas restricciones a las inversiones en Cuba, así como a los viajes a dicho país.

La población de origen salvadoreño

Aunque las comunidades cubanas han constituido durante mucho tiempo el tercer grupo de origen nacional más significativo entre la población latinx de Estados Unidos, a partir del siglo xxi el número de personas de origen salvadoreño es casi igual al de personas con raíces cubanas. Los casi 1,4 millones de inmigrantes de El Salvador equivalen a una quinta parte de la población de El Salvador (Menjívar y Gómez Cervantes, 2018). La población de origen salvadoreño se concentra en torno a Los Ángeles y en el área metropolitana de Washington D.C. (que incluye el norte de Virginia y los suburbios de Maryland). Dentro de la diversa comunidad latinx del área de D.C., la comunidad salvadoreña constituye el mayor grupo de origen nacional (aproximadamente el 33%), mientras que en Los Ángeles la población mexicana es cinco veces mayor al tamaño de la salvadoreña (American Community Survey, 2015). Otras zonas de alta concentración se encuentran en Texas, Nevada y Nueva York.

Tras independizarse de España en 1821, El Salvador se enfrentó a una creciente dependencia del café como único producto de exportación, lo que aumentó la concentración de la tierra en manos de una pequeña oligarquía e intensificó las dificultades económicas de la población rural (Menjívar y Gómez Cervantes, 2018). Cuando el pueblo salvadoreño pedía libertad política, redistribución de la tierra y reformas económicas, se encontraba con una brutal represión, incluyendo la matanza de 1932, una masacre de miles de personas campesinas —la mayoría indígenas— ordenada por el Gobierno (González, 2011; Menjívar y Gómez Cervantes, 2018). El patrón de protesta popular y represión militar continuó durante décadas, con las fuerzas militares dando golpes de Estado siempre que parecía que el sector izquierdista estaba a punto de ganar las elecciones (González, 2011).

En 1979, las fuerzas militares de El Salvador volvieron a tratar de adelantarse a una victoria electoral de izquierda mediante otro golpe de Estado. Estalló una guerra civil entre las fuerzas gubernamentales apoyadas por Estados Unidos y varios grupos guerrilleros de izquierda. Aproximadamente 75 000 personas murieron durante la guerra, alrededor del 85% de ellas a manos del Gobierno, según un informe de la Comisión de la Verdad de la Organización de las Naciones Unidas (ONU) (Menjívar y Gómez Cervantes, 2018). Además, los escuadrones de la muerte de derecha asesinaron a miles de dirigentes sindicales y civiles. Particularmente descarado fue el asesinato del arzobispo católico Óscar Romero, quien fue abatido a tiros mientras daba misa, en represalia por haber hablado en contra de la pobreza, la injusticia social y la tortura. Durante el mandato del presidente Reagan, Estados Unidos siguió suministrando al Gobierno salvadoreño ayuda militar y financiera, incluso después de que soldados del Gobierno violaran y mataran a cuatro monjas estadounidenses en 1980. A medida que la guerra se hizo más violenta, más y más gente huyó de El Salvador, en gran medida hacia Estados Unidos.

Indudablemente la Guerra Fría incidió tanto en la violencia que empujó a parte de la población salvadoreña a emigrar como en el trato que esta recibió al llegar a Estados Unidos. A diferencia de la migración cubana que huía de un régimen comunista, la población salvadoreña huía de un gobierno anticomunista apoyado por Estados Unidos. Por lo tanto, no recibían asilo político ni beneficios de ningún tipo y entraban en Estados Unidos, en gran medida, sin autorización.

En 1986, como parte de una nueva ley estadounidense que dificultó la contratación de inmigrantes sin autorización, el Congreso aprobó una amnistía limitada a residentes que llevaban mucho tiempo en el país con un historial limpio y con conocimientos de inglés, siempre que pagaran los impuestos atrasados y una multa. Esto permitió que mucha gente salvadoreña en Estados Unidos regularizara su estatus y obtuviera la autorización para permanecer en el país. Sin embargo, siguieron llegando más inmigrantes sin autorización.

En 1992 la guerra civil llegó a su fin, pero "El Salvador quedó inundado de armas y [...] traumas psicosociales" (Menjívar y Gómez Cervantes, 2018; traducido del inglés). A su vez, no se afrontó la desigualdad social estructural y se impusieron políticas neoliberales de austeridad, por lo que las condiciones económicas empeoraron para la mayoría de la población salvadoreña. Como resultado, las maras (o pandillas) prosperaron, debido a la pobreza de la posguerra, la violencia y la falta de oportunidades, así como a la llegada de gente que había sido deportada y había formado parte de maras en Estados Unidos. En 2001 una serie de terremotos y réplicas catastróficas provocaron más sufrimiento y empeoraron las condiciones, lo que llevó a la administración Bush a conceder el TPS a casi 200 000 migrantes de El Salvador. Aunque la administración Trump intentó poner fin a las protecciones del TPS para esta comunidad, esto fue revocado por los tribunales en 2018.

Los niveles de violencia en El Salvador son peores ahora que durante la guerra civil y la migración ha seguido aumentando (Menjívar y Gómez Cervantes, 2018). En 2014 hubo un aumento en la migración de menores sin acompañantes, no solo de El Salvador sino de toda América Central. En algunos de estos casos, viajan para reunirse con sus familiares que ya están en Estados Unidos, y en otros casos las familias se quedan en el país de origen y envían a las generaciones más jóvenes para que puedan escapar de la violencia y la falta de oportunidades. En teoría, la ley de inmigración de Estados Unidos permite que las personas entren o permanezcan en el país si han sido perseguidas o tienen un temor razonable de ser perseguidas por motivos de raza, religión, nacionalidad, pertenencia a un grupo social determinado u opinión política, pero en la práctica cada vez se aprueba un porcentaje menor de solicitudes. Asimismo, la ley estipula que las personas pueden solicitar asilo en un punto de entrada o dentro de Estados Unidos, pero la administración Trump se negó a aceptar solicitudes en la frontera, y detenía o deportaba a las personas que solicitaban asilo cuando ya estaban en suelo estadounidense. Estas acciones, junto con una política de separación familiar en la que miles de niñas y niños fueron apartados de sus familiares y retenidos en centros de detención separados, causaron una crisis humanitaria. En muchos casos, las autoridades no mantenían registros de sus acciones, haciendo imposible la reunificación posterior de las familias separadas. (Para encontrar periodismo de investigación actualizado sobre la política de inmigración, véase el sitio web de ProPublica en https://www.propublica.org/topics/immigration)

La población de origen dominicano

Como es de esperar, la población dominicana tiene algunas similitudes, así como algunas diferencias, con otros grupos latinxs. La inmigración dominicana comenzó a llegar a Estados Unidos en la década de 1960. Casi tan numerosa como la cubana y la salvadoreña, la población de origen dominicano se concentra en muchos de los mismos lugares que las comunidades puertorriqueñas: Nueva York y las ciudades del Noreste. También hay una gran comunidad dominicana en el área de Miami. Rhode Island es el único estado donde la población dominicana constituye el mayor subgrupo de latinxs, pero también predomina en partes del este de Massachusetts y Connecticut (American Community Survey, 2017).

Dado el legado histórico de la esclavitud africana en el Caribe, gran parte de la población dominicana tiene ascendencia africana, al igual que la población puertorriqueña y las oleadas de migrantes que huyeron de Cuba después de 1980. Según González (2011: 117; traducido del inglés), tanto migrantes de Puerto Rico como de la República Dominicana "pasaban en gran medida desapercibidos/as al principio [porque] la gente neoyorquina tendía a pensar que eran personas afroamericanas que por casualidad hablaban español". Otra similitud es que tanto las personas dominicanas como las puertorriqueñas tienden a mantener estrechas conexiones con sus sociedades de origen, gracias a la proximidad geográfica al este de Estados Unidos, a la disponibilidad y bajo coste tanto del transporte como de las telecomunicaciones (Guarnizo, 1994; Roth, 2012). Sin embargo, dado que la población nacida en la República Dominicana no pertenece a la ciudadanía estadounidense, la capacidad de la primera generación para viajar de un lado a otro está mucho más restringida que en el caso puertorriqueño.

Al igual que otros países latinoamericanos, especialmente del Caribe, la República Dominicana ha sido objeto de la intervención económica, política y militar estadounidense. La participación de Estados Unidos en la República Dominicana ha sido tan continua e intensa que a mediados del siglo xix el presidente dominicano solicitó la anexión por parte de Estados Unidos. Aunque la anexión nunca ocurrió, Estados Unidos ha estado activamente involucrado en los asuntos políticos e internos dominicanos (Lowenthal, 1970). En el siglo xx, el cuerpo de marines estadounidense ocupó Santo Domingo tres veces, al menos en parte, para proteger los intereses comerciales de Estados Unidos en la producción de azúcar y fruta. El trasfondo de la ocupación más reciente, en 1965, fue el asesinato del dictador Rafael Trujillo, un autócrata que había gobernado la República Dominicana con mano dura durante 31 años. El sucesor de Trujillo, elegido democráticamente, fue derrocado por un golpe militar, lo que llevó a un levantamiento popular. Temiendo que la República Dominicana estuviera al borde de una revolución al estilo cubano, Estados Unidos envió tropas para ayudar a las milicias a aplastar la revuelta. Esto permitió que un antiguo ayudante de Trujillo llegara al poder y continuara la violencia de la derecha y la represión de los derechos humanos y civiles (González, 2011).

Durante el reinado de Trujillo, el Gobierno dominicano había logrado que fuera extremadamente difícil salir del país. Su muerte —y la violencia que la rodeó— llevó a una emigración a gran escala a mediados de los años sesenta. Ese primer grupo de migrantes incluía miembros de la clase media alta urbana (con elevado nivel de estudios), así como personas de condición socioeconómica inferior provenientes tanto de ciudades como de zonas rurales (Guarnizo, 1994; Zong y Batalova, 2018). Era más probable que se tratara de personas buscando asilo político que de migrantes económicos (González, 2011) pero, al igual que la migración centroamericana que escapaba de las guerras civiles, la población dominicana que llegaba huía de un gobierno respaldado por Estados Unidos y, por lo tanto, no recibía la misma asistencia que se prestaba a las personas que huían de la Cuba comunista. Las posteriores oleadas migratorias procedentes de la República Dominicana han sido económicamente diversas y han incluido tanto a profesionales de la ciudad como a personas de áreas rurales (Zong y Batalova, 2018).

Conclusiones y conexiones

La historia de la anexión de las tierras mexicanas por Estados Unidos se ve reflejada en un dicho popular entre la gente mexicoamericana: "nosotros no cruzamos la frontera; la frontera nos cruzó a nosotros", que se suele dar como réplica a los comentarios antimexicanos o a las visiones que retratan a la gente mexicoamericana como si fuera una población intrusa o no bienvenida. Macías (2014) señala que la mayor parte de lo que hoy es Estados Unidos perteneció alguna vez a naciones que tenían el español como idioma oficial, mientras que el inglés nunca ha sido el idioma oficial del país (véase el capítulo 8). Asimismo, Macías (2014) argumenta que el español es diferente de las llamadas lenguas inmigrantes porque, a pesar de su historia como lengua de colonizadores, la mayoría de las personas que actualmente hablan español en Estados Unidos son descendientes de pueblos colonizados (como resultado del mestizaje, la subordinación lingüística de las lenguas indígenas y el desplazamiento lingüístico hacia el español). Esto podría implicar que el español tiene más en común con las lenguas indígenas de lo que podría parecer a primera vista, y que esto tal vez debería tenerse en cuenta en el tratamiento de sus hablantes.

En nuestro análisis sobre la anexión de los antiguos territorios españoles, vimos que la raza y el racismo incidieron significativamente no solo en el expansionismo estadounidense, sino también en la manera en que se trataba a las personas que vivían en las tierras anexionadas. Las cuestiones de raza e identidad racial, así como las reivindicaciones de pureza y/o superioridad racial también jugaron un papel en las luchas por la representación política y la estadidad, y en los esfuerzos por atraer turistas. Aunque criticamos el hecho de que se reste importancia a la presencia histórica del español (un tema al que volvemos en el siguiente capítulo, cuando abordamos el retrato de Estados Unidos como una nación monolingüe de habla inglesa), también demostramos que los esfuerzos por reclamar el pasado colonial español no son simplemente un intento de contrarrestar las narrativas anglodominantes. Por el contrario, están entrelazados con agendas sociales, políticas y raciales particulares además de reivindicaciones de identidad.

Debido a que las representaciones de la historia tienen tanto implicaciones simbólicas como consecuencias concretas en el mundo real, fueron y siguen siendo muy discutidas. Las reivindicaciones de la herencia europea y la identidad española que hemos discutido en este capítulo también serán relevantes para nuestro análisis de la raza y la racialización en el capítulo 5. En ese capítulo examinaremos las formas en que la conquista y la colonización, y los encuentros entre gentes europeas, indígenas y africanas, han condicionado la manera en que se concibe la raza y la identidad racial tanto en América Latina como en Estados Unidos. Estos temas también se destacan en nuestra discusión de la historia de la política lingüística estadounidense, presente en el capítulo 8.

En este análisis sobre los grupos de origen nacional más numerosos, esperamos haber dado alguna noción de la diversidad que caracteriza tanto a la población latinx como a la hispanohablante y de lo variadas que pueden ser las razones que empujan y/o atraen a una persona a migrar a Estados Unidos, sin que por esto se pierda de vista que la mayoría de las personas latinxs no son de hecho inmigrantes. Los diversos orígenes nacionales de las personas de habla hispana serán cruciales en nuestra discusión sobre las características lingüísticas del español hablado en Estados Unidos (en el capítulo 10). Al observar las historias particulares de la migración mexicana, puertorriqueña, cubana, dominicana y salvadoreña, mostramos que una combinación de factores de empuje y atracción ha llevado a las personas a dejar sus hogares en busca de una vida mejor en Estados Unidos, tanto para ellas mismas como para sus descendientes. Y aunque cada lugar de origen es diferente, vimos que un hilo común que los atraviesa a todos es el intervencionismo político, económico y militar estadounidense. En los últimos años, la inmigración latinoamericana ha estado en el centro del debate político en Estados Unidos. Esperamos que esta lectura les haya proporcionado los antecedentes necesarios para desarrollar una mirada reflexiva frente a este tipo de debates, así como la motivación para adoptar una actitud comprometida y seguir investigando al respecto.

Actividades y preguntas de discusión sobre el capítulo 3

(1) En su serie *Lines and lineage* ('Líneas y linaje') (https://tomasvh.com/works/lines-and-lineage), el fotógrafo Tomas van Houtryve combina paisajes y retratos del siglo XXI para representar el Suroeste antes de su anexión por Estados Unidos en 1848. Mira las fotos (y preferentemente también escucha la conferencia de 30 minutos enlazada en esa página). ¿Cuáles son algunos de los temas que conectan la obra de Van Houtryve, la hispanofilia de principios del siglo XX y las controversias que rodean a Oñate? ¿Cómo impactan las representaciones del pasado en nuestra comprensión del presente? ¿En qué medida nuestra comprensión de la historia está influida por la cultura popular y el arte, y en qué medida pueden utilizarse para revisar o 'corregir' las interpretaciones erróneas?

(2) Joshua Fishman (2001) identificó tres tipos de **lenguas minoritarias**: indígena, colonial e inmigrante. Considera cómo cada una de estas etiquetas podría aplicarse al caso del español en Estados Unidos. A continuación, analiza si el tipo de lengua debería impactar en el estatus de una lengua minoritaria o en los derechos de sus hablantes.

(3) Repasa la historia y los patrones de migración de los grupos de origen nacional más grandes entre la población latinx de Estados Unidos e identifica las similitudes y diferencias entre ellos. Como mínimo, deberías considerar: el

momento histórico de la migración; los factores de empuje y atracción; el estatus migratorio y/o de ciudadanía; la composición etnorracial de los grupos; y la ubicación dentro de Estados Unidos. Además de la información que figura en este capítulo, tal vez desees consultar los perfiles demográficos disponibles en el sitio web del Pew Research Center ('Centro de Investigaciones Pew') (http://www. pewhispanic.org/2015/09/15/the-impact-of-slowing-immigration-foreign-born-share-falls-among-14-largest-us-hispanic-origin-groups) o los datos de la U.S. Census Bureau ('Oficina del Censo de los Estados Unidos') disponibles en línea (https://data.census.gov).

(4)   Lee el informe de ProPublica sobre el trato hacia las personas inmigrantes no autorizadas que son reclutadas para trabajar en plantas de procesamiento de pollos en Carolina del Norte y Ohio (https://www.propublica.org/article/case-farms-chicken-industry-immigrant-workers-and-american-labor-law) y sobre su lugar de origen, en las tierras altas de Guatemala (https://www. propublica.org/article/photos-returning-to-guatemala-roots-of-case-farms-workers). ¿Cuáles son algunos de los factores de empuje y atracción que han contribuido a que personas de Guatemala migren a Estados Unidos? ¿Qué papel jugó la política exterior estadounidense? ¿De qué manera la inmigración no autorizada es especialmente vulnerable a empresas y contratantes sin ética? ¿Cómo pueden incidir el idioma y las barreras lingüísticas?

(5)   Entrevista informalmente a alguien que conozcas sobre su propia historia de (in)migración o la de su familia, y pregúntale sobre su mantenimiento/pérdida del idioma minoritario (o analiza tu propio caso). ¿Cuáles fueron los factores individuales y grupales que dieron lugar a la migración? ¿Cuán fácil o difícil fue para estas personas obtener autorización para hacerlo? ¿Tiene la persona contacto regular con personas de su país de origen? Si la persona ha mantenido un idioma minoritario, ¿cuáles fueron los factores de grupo y las decisiones individuales que ayudaron a hacerlo posible? Si la persona sufrió la pérdida de su idioma (o nunca aprendió el idioma materno de su familia), ¿cuáles fueron los factores contribuyentes y cómo se siente la persona por haber perdido (o nunca haber adquirido) su idioma materno? Probablemente será útil repasar el capítulo 2 para la segunda parte de esta actividad.

Nota

(1)   También es importante recordar que antes de las invasiones inglesa y española había aproximadamente 15 000 personas indígenas viviendo en la zona de Tidewater (Hedgpeth, 2019).

Lecturas y materiales adicionales

Acuña, R. (2015) Occupied America (8ᵛᵃ ed.). Nueva York: Pearson Longman.

Alcorn, S. (2018) Oñate's Foot. *99% Invisible*, 4 de diciembre. Ver https://99percentinvisible.org/episode/onates-foot/.

Duany, J. (2017) *Puerto Rico: What Everyone Needs to Know*. Oxford: Oxford University Press.

Gonzalez, J. (2011) *Harvest of Empire: A History of Latinos in America* (2ª ed.). Nueva York: Penguin.

Nieto-Phillips, J.M. (2004) *The Language of Blood*. Albuquerque, NM: University of New Mexico Press.

Capítulo 4

Ideologías lingüísticas

Objetivos

Definir las ideologías lingüísticas, explicar cómo estas vinculan el lenguaje con los significados sociales y el poder y analizar varias ideologías lingüísticas relacionadas con el español en Estados Unidos.

Introducción

Las formas en que el lenguaje, y particularmente el español en Estados Unidos, está ligado a las identidades sociales, la cultura y el poder constituyen un tema central de este libro. En capítulos anteriores hicimos referencia a la suposición errónea de que la gente que habla español no sabe inglés, así como a la representación del español y de las personas de habla hispana como elementos ajenos a Estados Unidos o incluso como una amenaza para la identidad nacional. ¿De dónde vienen estas ideas y qué supuestos las sustentan? ¿Por qué la gente asigna diferentes significados sociales a diferentes idiomas y a diferentes prácticas lingüísticas? ¿Cómo se vinculan estas nociones a procesos sociales más amplios y de qué manera reproducen las jerarquías sociales? En este capítulo abordamos estas cuestiones a través de un análisis de las ideologías lingüísticas, que en el nivel más simple pueden definirse como ideas sobre la estructura y el uso del lenguaje (Errington, 2000). Como veremos, también hay otras definiciones más complejas.

Las ideologías lingüísticas pueden ser sobre el lenguaje en general, idiomas específicos, variedades lingüísticas específicas o maneras específicas de utilizar el lenguaje. Un ejemplo de una ideología lingüística relevante para el español en Estados Unidos es la idea de que a cada nación le corresponde 'naturalmente' un solo idioma y que la presencia de múltiples idiomas causa divisiones (discutiremos esta ideología con más profundidad más adelante en este capítulo). Otro conjunto de creencias bastante común es la **ideología de la lengua estándar**, que supone que hay una única forma correcta e invariable de hablar que es 'mejor' que las variedades 'no estándar', que a menudo son tildadas de ilógicas o descuidadas. La ideología de la lengua estándar es incompatible con una premisa básica en el campo de la lingüística: todas las lenguas y variedades lingüísticas son igualmente sistemáticas y no hay ninguna razón lingüística objetiva para que una variedad o una lengua sea considerada 'mejor' que otra.

Si ninguna variedad es realmente mejor que las otras, ¿cómo es que una forma de hablar llega a ser designada como estándar? Habitualmente, es la variedad de la élite socioeconómica la que es asociada a las normas de la lengua escrita y seleccionada como el estándar (Lippi-Green, 2012; Piller, 2015). Es evidente, pues, que las creencias sobre el valor o la corrección de las diferentes variedades y prácticas lingüísticas no solo se refieren al lenguaje, sino también a otras cosas, como la condición de las personas que hablan esas variedades. Las ideologías lingüísticas también están condicionadas por cuestiones no lingüísticas, tales como la visión que tenga la sociedad acerca de la identidad nacional (p. ej., quiénes son estadounidenses 'de verdad'), la presunta inteligencia o el 'valor' cultural de los diferentes grupos, así como otras ideas sobre las personas que hablan diferentes idiomas y variedades lingüísticas (Woolard, 1998). Asimismo, las ideologías lingüísticas no solo reflejan ideas sobre las personas, los grupos o las cuestiones sociales y políticas, sino que también influyen en ellas. Por ejemplo, las ideologías lingüísticas sustentan discusiones y debates sobre si el inglés debería ser el idioma oficial de Estados Unidos, si alguien es 'realmente' latinx si no habla español, qué idioma(s) debería(n) enseñarse en las escuelas, y si está bien visto combinar el inglés y el español en una conversación.

En las siguientes secciones ofrecemos una introducción al estudio de las ideologías lingüísticas y a los procesos ideológicos que le dan significado social al lenguaje. Además de examinar el funcionamiento de las ideologías lingüísticas, mostramos que estas son inseparables de las cuestiones del poder y que permiten que la diferencia lingüística sirva de mecanismo para mantener la desigualdad social. En la segunda mitad del capítulo presentamos algunas ideologías lingüísticas clave en torno al español en Estados Unidos. Como veremos, las ideologías lingüísticas se reflejan y refuerzan en varios tipos de discurso público y de políticas lingüísticas, y tienen un impacto en el 'mundo real'.

Definiciones de ideología lingüística

Dentro de los campos de la sociolingüística y la antropología lingüística, se afirma que las ideas y creencias sobre el lenguaje son un puente entre el lenguaje y el mundo social. Las ideologías lingüísticas son lo que dan significado social a las formas particulares de utilizar el lenguaje y nos permiten juzgar a las personas en base a su forma de hablar.

Esta noción se refleja en la definición de Woolard (1998: 3; traducido del inglés) de las ideologías lingüísticas como "representaciones, ya sean explícitas o implícitas, que construyen la intersección del lenguaje y los seres humanos en un mundo social", así como en la definición de Irvine (1989: 255; traducido del inglés) que las define como "el sistema cultural de ideas sobre las relaciones sociales y lingüísticas, junto con su carga de intereses morales y políticos".

Otro elemento importante de la definición de Irvine es su descripción de las ideologías lingüísticas como sistemas culturales. De este modo, da a entender que las ideologías no son solo opiniones o impresiones individuales de personas concretas, sino que las diferentes ideologías lingüísticas están relacionadas entre sí y también están vinculadas a los valores y las normas de la sociedad. En otras palabras, nuestras ideas sobre el lenguaje no se nos ocurren espontáneamente de la nada; es decir, no surgen aisladas del mundo. Al contrario, nuestras creencias sobre el lenguaje (y otras cosas) están condicionadas por nuestras familias y nuestras comunidades, así como por las instituciones y las estructuras socioeconómicas y políticas con las que interactuamos. A su vez, las ideologías lingüísticas pueden variar de una sociedad a otra y de una cultura a otra.

Al señalar que las ideologías lingüísticas están entrelazadas con "intereses morales y políticos", Irvine deja claro que no son simplemente opiniones o preferencias sin importancia, sino que benefician a determinadas personas o grupos. Tal como dijimos anteriormente, cuando la ideología de la lengua estándar coloca la forma en que habla la élite por encima de otras formas de hablar, no se trata simplemente de una preferencia estética neutral, sino que refleja el estatus y el poder superior del grupo dominante. Así como el estatus socioeconómico o político del grupo dominante incide en que su forma de hablar se vea con mejores ojos, la ideología de la lengua estándar también ayuda al grupo dominante a mantener ese estatus. Frecuentemente se considera a quienes hablan variedades 'estándar' intelectual y moralmente superiores a las personas que hablan variedades 'no estándar' —que son vistas como ignorantes o perezosas— y, por ende, se les ofrecen más oportunidades educativas y profesionales (volveremos a tratar este tema más adelante en el capítulo). Por esta razón, las investigaciones sobre las ideologías lingüísticas hacen hincapié en que estas forman parte de la producción y reproducción de la desigualdad social. En otras palabras, las prácticas lingüísticas y sociales no solo reflejan las normas sociales, sino que también las configuran y las perpetúan.

Hegemonía y dominación simbólica

El concepto de **hegemonía** es útil para pensar en el papel de las ideologías lingüísticas en la reproducción de la desigualdad social y el poder. La definición básica es simple: *hegemonía* significa que una entidad (generalmente un grupo social o una nación) ejerce dominio sobre otra. El concepto de hegemonía también hace referencia a la influencia cultural y/o ideológica del grupo dominante en la configuración de normas y creencias sociales más

Figura 4.1 *Bienvenido a Estados Unidos: ¡Ahora HABLE INGLÉS!* Pegatina para el parachoques

amplias. En cuanto a las ideologías lingüísticas, nos preocupa no solo la forma en que ciertas ideologías ayudan a establecer o sostener la hegemonía de ciertos grupos, sino también la hegemonía de ciertas formas de pensar el lenguaje y las lenguas.

Las ideologías hegemónicas no siempre se expresan explícitamente, ya que en muchos casos se **naturalizan** y se dan por sentadas (Kroskrity, 2004). Cuando una idea se naturaliza, no se reconoce como un valor o punto de vista cultural específico, sino que se percibe como una expresión del sentido común, una verdad inevitable o algo inherente a la experiencia humana. Por ejemplo, en Estados Unidos hay una aceptación generalizada de la **ideología de una lengua-una nación** (es decir, la noción de que cada nación se define por un solo idioma y viceversa) y de la hegemonía del inglés. Estas ideologías se dan por sentadas en gran medida, como se muestra en la pegatina de la figura 4.1 que dice *Welcome to America: Now* SPEAK ENGLISH! ('Bienvenido a Estados Unidos: ¡Ahora HABLE INGLÉS!').

En ninguna parte del texto de esta pegatina hay una afirmación *explícita* de que las naciones deberían tener un solo idioma, de que hablar inglés es una parte clave de la identidad nacional de Estados Unidos ni de que otros idiomas no son bienvenidos. Sin embargo, el texto solo tiene sentido si quien lo lee tiene acceso a estas ideologías hegemónicas. Además de la creencia de que las personas que inmigran a Estados Unidos tienen la obligación de asimilarse lingüísticamente, el mensaje de la pegatina también se basa en la presunción (errónea) de que estas personas no hablan inglés (discutida en el capítulo 2); de lo contrario, no necesitarían una directiva para hacerlo.

Las ideologías hegemónicas pueden ser tan poderosas y pueden llegar a estar tan naturalizadas que a veces la gente las reproduce sin darse cuenta, incluso en casos en los que se pretende rechazar argumentos basados en ellas (Gal, 1998; Kroskrity, 2004; Silverstein, 1996). A modo de ejemplo, detengámonos un momento en la pegatina de la figura 4.2, que dice *Welcome to America: Now speak Cherokee* ('Bienvenido a Estados Unidos: Ahora hable cheroqui').

Esta pegatina ofrece una refutación sarcástica al mensaje de la pegatina de la figura 4.1, recordándole a quien lo lea que el inglés es un idioma relativamente nuevo en lo que hoy

Figura 4.2 *Bienvenido a Estados Unidos: Ahora hable cheroqui.* Pegatina para el parachoques

es Estados Unidos. La intención aparente es rechazar el menosprecio hacia hablantes de idiomas distintos del inglés y, en la primera lectura, puede parecer un cuestionamiento de la ideología de *English-only* ('solo inglés'). Sin embargo, este aparente cuestionamiento en realidad encarna algunos de los mismos supuestos. De hecho, la pegatina de *Speak Cherokee* ni rechaza la ideología de una lengua-una nación ni celebra el multilingüismo, sino que defiende la idea de que hay un único idioma 'legítimo'; simplemente sustituye el inglés por el cheroqui. Al ignorar la diversidad lingüística y cultural de los pueblos originarios, y dando a entender que los miembros de estos pueblos se habrían sentido de la misma manera con respecto a las obligaciones lingüísticas de las personas llegadas de otros lugares, la pegatina refuerza inadvertidamente las ideologías hegemónicas como nociones intemporales de sentido común. Asimismo, el hecho de que una persona indígena dé la bienvenida a 'Estados Unidos' proyecta la existencia del país hacia atrás en el tiempo y la naturaliza. Es más, esta pegatina parece sugerir una falsa equivalencia entre la inmigración contemporánea a Estados Unidos y la colonización y conquista histórica de las Américas por parte de Europa, ocultando así el genocidio y la dominación política que vimos en el capítulo 3.

Las dos pegatinas que acabamos de analizar ilustran las formas en que el discurso público está influenciado por las ideologías lingüísticas. Pero esta relación es bidireccional, o circular, en el sentido de que este tipo de discurso también refuerza ideologías lingüísticas específicas. En el caso de la pegatina de *Speak English*, una persona podría ponerla en su coche debido a sus creencias sobre el papel del inglés en Estados Unidos y al supuesto de que todo el mundo tiene la obligación moral de hablarlo. Pero podemos suponer que la persona que pone esta pegatina en su coche también espera influir en otras personas y conseguir que piensen de la misma manera, y aunque esa no sea su intención, puede tener ese impacto. De este modo, el discurso no solo refleja las ideologías lingüísticas, sino que también las difunde y promueve entre otras personas.

Las ideologías lingüísticas se difunden y reproducen de manera similar en la interacción cotidiana, las declaraciones de las figuras públicas, los noticieros, los programas de televisión y las películas, así como en las políticas gubernamentales y no gubernamentales.

Y esto es lo que ocurre generalmente tanto con las políticas como con las prácticas lingüísticas y sociales: no solo reflejan normas o ideologías sociales, sino que también las perpetúan y configuran. En otras palabras, la relación entre las ideologías y las prácticas es circular e iterativa. La hegemonía del inglés, y especialmente del inglés 'estándar', se traslada a la educación y el gobierno. Luego se asocia con estos ámbitos, y la gente lo utiliza para transmitir estatus y autoridad. Esto, a su vez, refuerza aún más tanto esas asociaciones como el valor simbólico del inglés estándar, y así continúa el ciclo.

A veces se tiene conciencia de las ideologías y son expresadas abiertamente. Sin embargo, en otros casos discurren por debajo del nivel de conciencia (Kroskrity, 2004). Su reproducción también puede ser más sutil, por ejemplo, cuando los programas de televisión o las películas utilizan acentos 'extranjeros' o 'no estándar' para retratar a los personajes como poco inteligentes (Lippi-Green, 2012). Y aunque las ideologías lingüísticas tengan consecuencias negativas para los grupos no dominantes, las personas pertenecientes a esos grupos también suelen darlas por sentadas. En otras palabras, tanto los grupos socialmente dominantes como los dominados consideran que las ideologías hegemónicas son naturales y universales, o ni siquiera se dan cuenta de ellas (Woolard, 1998). Por ejemplo, la ideología hegemónica que supone que los idiomas distintos del inglés son antiestadounidenses y/o interfieren en la adquisición del inglés no es exclusiva de anglohablantes monolingües. Por el contrario, las personas que hablan otros idiomas (ya sea en forma monolingüe o adicional al inglés) a veces también lo creen, especialmente si ese es el mensaje transmitido por las escuelas donde estudian sus hijos/as, lo cual puede llevar al uso exclusivo del inglés en el hogar (Zentella, 1997a). (Esta es una noción generalizada pero falsa. Como vimos en el capítulo 2, el mantenimiento de la lengua española no interfiere con la adquisición del inglés. De hecho, está positivamente correlacionado con el logro académico y la movilidad social ascendente en general; véase la discusión en el capítulo 9.)

Quienes estudian la desigualdad social utilizan a veces la noción de **dominación simbólica** (Bourdieu, 1991) para referirse a la capacidad de los grupos dominantes de convencer a los grupos dominados de que las jerarquías sociales existentes son justas y equitativas, y señalan a las escuelas como un lugar clave en el que esto ocurre (véase el capítulo 9). Utilicemos de nuevo el ejemplo de la ideología de la lengua estándar que, como vimos, privilegia la variedad lingüística hablada por el grupo dominante. Al presentar a quienes hablan la **variedad estándar** como más inteligentes o con mayor disposición al trabajo que aquellas personas consideradas ignorantes y perezosas por hablar otras variedades, la ideología de la lengua estándar no solo favorece al grupo dominante, sino que también lo presenta como intelectual y moralmente merecedor de un estatus superior. Bourdieu (1991) subraya que la hegemonía de un idioma o variedad se basa en parte en la complicidad de las personas que hablan otros idiomas o variedades. Así, en el caso de las ideologías lingüísticas, la dominación simbólica consiste en hacer que las personas asuman o acepten las ideologías hegemónicas que las perjudican.

Aunque ciertas ideologías lingüísticas logran la hegemonía dentro de una sociedad determinada, también siempre hay ideologías coexistentes con las que compiten (Kroskrity, 2004). Por ejemplo, en la ideología de una lengua-una nación, la lengua se considera una característica definitoria de la identidad nacional, el monolingüismo se concibe como impulsor de la unidad nacional y el multilingüismo se considera divisivo. Sin embargo, existe también una ideología en pugna que presenta al multilingüismo como un recurso nacional para la competitividad mundial o la seguridad nacional. Las ideologías en pugna vinculadas al multilingüismo también operan a nivel individual. Una ideología apunta a que el monolingüismo es el estado normal de las cosas y que el mantenimiento de las **lenguas minoritarias** o **minorizadas** es un obstáculo para la adquisición del inglés, pero otra ideología construye el multilingüismo como un recurso valioso para el desarrollo intelectual, así como para el éxito profesional (más adelante en este capítulo analizaremos con mayor profundidad estas ideologías).

En algunos casos, distintos miembros de la sociedad suscriben diferentes ideologías, pero en otros casos las personas fluctúan entre diversas ideologías dependiendo del contexto. El hecho de que las ideologías contrahegemónicas puedan coexistir con las hegemónicas da la pauta de que a veces es posible resistirse a las formas de pensamiento dominantes. Además, sugiere que las ideologías pueden cambiar con el tiempo y, por lo tanto, que las ideologías hegemónicas no deben considerarse permanentes ni inexpugnables.

Las ideologías lingüísticas también juegan un papel crucial en la forma en que pensamos o categorizamos a las personas y a los diferentes grupos que estas conforman. Para entender esto, veamos de nuevo los ejemplos de ideologías que hemos mencionado hasta ahora. Como hemos señalado, la ideología de la lengua estándar no solo refleja el prestigio y el poder relativo de un grupo. Por el contrario, al enmarcar ciertas formas de hablar como mejores que otras, también incide en la diferenciación social, o la clasificación y evaluación de personas y grupos. En la misma línea, en Estados Unidos la ideología de una lengua-una nación contribuye a presentar a las personas que hablan idiomas distintos del inglés como no estadounidenses (aunque también hablen inglés). En la siguiente sección analizaremos más detenidamente cómo las ideologías permiten que las formas y prácticas lingüísticas adquieran significados sociales y simbólicos, y que se justifiquen las jerarquías sociales sobre la base de la diferencia lingüística.

Ideologías lingüísticas: uniendo lo lingüístico y lo social

Una forma clave en la que el lenguaje expresa el significado social es a través de un proceso llamado **indexicalidad**. Cuando un rasgo lingüístico (o un idioma, variedad o práctica lingüística) se asocia con una **postura**, categoría social o característica específica, se dice que el rasgo **indexicaliza** esa categoría o característica (Ochs, 1992; Silverstein, 1996). Para comprender esta noción, recordemos que no solo el contenido de nuestro discurso tiene significado, sino también la manera en que hablamos. Así como podemos expresar algo de nuestra persona por la forma en que nos vestimos o nos peinamos, también podemos encarnar ciertas identidades hablando en un idioma o estilo particular, o incluso simplemente utilizando ciertas palabras. La indexicalidad es el proceso que nos permite hacer esto. Por ejemplo, en su investigación sobre las pandillas de latinas en el norte de California, Mendoza-Denton (2008) observó que el color rojo era un índice de la pandilla Norteña mientras que el color azul era un índice de las Sureñas, de tal manera que vestirse con estos colores era una forma de señalar la pertenencia a una u otra pandilla. El pelo emplumado y los números 14 y 4 eran también índices de la identidad Norteña, mientras que las colas de caballo verticales y los números 13 y 3 eran índices de las Sureñas. El idioma era otra forma de señalar la pertenencia a una u otra pandilla: hablar español (y minimizar o negar el dominio del inglés) indexicalizaba a las Sureñas, mientras que hablar inglés y minimizar o evitar el español indexicalizaba a las Norteñas.

Los significados indexicalizados no son inherentes, sino que dependen del contexto; claramente, el color azul no es índice de la pandilla Sureña en todas partes. Del mismo modo, las características y prácticas lingüísticas no siempre significan lo mismo en todos los contextos, ni siquiera para todas las personas que comparten un determinado contexto. Obviamente, el español no indexicaliza la identidad Sureña universalmente; en muchos contextos de Estados Unidos es un índice de la identidad latinx, un tema al que volvemos más adelante en este capítulo y a lo largo del libro. Para ver otro ejemplo de la naturaleza contextual de la indexicalidad, consideremos el caso de las conversaciones que se desarrollan principalmente en español, pero en las que se incorporan algunas palabras o expresiones en inglés. Los significados sociales y simbólicos del uso del inglés dependen del contexto, y son diferentes en América Latina y en Estados Unidos. En muchos contextos latinoamericanos, la incorporación de unas palabras en inglés puede servir para indexicalizar el internacionalismo y la sofisticación, pero en Estados Unidos la misma práctica se interpreta a veces como descuido lingüístico o se considera que evidencia un conocimiento deficiente del español.

Un marco para analizar el papel de las ideologías lingüísticas en la diferenciación social, o la forma en que estas permiten utilizar las diferencias lingüísticas para asignar a las personas a diferentes categorías sociales o identidades, es el modelo propuesto por Irvine y Gal (2000). Identifican tres procesos clave: la **iconicidad**, la recursividad fractal y el **borrado**. La iconicidad es un proceso ideológico en el que los rasgos lingüísticos no solo sirven de índice de determinados grupos o actividades, sino que se consideran representaciones icónicas de los mismos y reflejos de la "naturaleza o esencia inherente" del grupo (Irvine y Gal, 2000: 37; traducido del inglés). En otras palabras, el rasgo lingüístico o el idioma no solo 'apunta' al grupo social, sino que se considera inherente al grupo. Además, con la iconización, el rasgo lingüístico y el grupo asociado a este se perciben como similares o que comparten ciertas características. Tomando el caso del español en Estados Unidos, en muchos contextos dicho idioma se ha convertido en un ícono para las comunidades latinxs, de tal manera que las características percibidas (y los estereotipos) de las personas latinxs se corresponden con la forma en que se percibe la lengua española. Por ejemplo, en Estados Unidos el idioma español comúnmente se considera como 'fácil' o 'simple' (Lipski, 2002: 1248), lo cual corresponde a las actitudes racistas sobre los logros culturales e intelectuales de las personas hispanohablantes.

De manera similar, la práctica del **Mock Spanish** ('español paródico') de añadir terminaciones en -*o* a sustantivos en inglés (p. ej., *no problemo* —para decir que no hay problema—, *el cheapo* —para referirse a algo barato o a alguien tacaño—) y el manejo del español como si no fuera un idioma 'real', con sus propias palabras y su gramática compleja, traen aparejados la devaluación de las personas y culturas latinxs (Barrett, 2006; Hill, 1995, 2008; tratamos el *Mock Spanish* con más detalle en el capítulo 6). En estos casos, las características que se consideran comunes al español y a las personas latinxs son negativas, pero no siempre es así en la iconización. Cuando un sitio web que vende clases de idiomas en línea afirma que "el español encabeza nuestra lista como una de las lenguas más románticas del mundo debido a su sonido apasionado y sensual" (https:// www.rocketlanguages.com/blog/the-languages-of-love-the-5-most-romantic-languages, consultado el 12 de septiembre de 2018; traducido del inglés), la pasión y la sensualidad se perciben como características comunes a la lengua y a sus hablantes. Por supuesto, incluso cuando se presentan como atributos positivos, siguen siendo estereotipos que pueden tener implicaciones negativas.

Recursividad fractal es el término que utilizan Gal e Irvine para describir el hecho de que las diferencias sociales y lingüísticas tienden a operar en múltiples niveles. Concretamente, los rasgos ideológicos que se utilizan para hacer una diferenciación *entre* grupos se suelen utilizar también para diferenciar *dentro* de los grupos de forma recursiva. La recursividad en la ideología lingüística de Estados Unidos puede encontrarse en la jerarquía que posiciona a algunas lenguas como mejores que otras y en la idea generalizada de que solo hay una forma correcta de hablar, la cual es superior a las demás. En la jerarquía lingüística dominante, el inglés se concibe como intelectualmente superior al español. Sin embargo, también se hacen distinciones similares *dentro* del inglés, de tal manera que las variedades del norte de Estados Unidos son vistas como 'más inteligentes' que las variedades del sur. Así, la idea de una forma 'correcta' de hablar y de múltiples formas inferiores se ve tanto en el nivel del idioma como en el de la variedad.

La recursividad fractal también opera en español; los mismos tipos de distinción que se observan entre las variedades nacionales también se observan dentro de estas. Por ejemplo, una creencia común entre hispanohablantes es que el español colombiano es 'mejor' que otras variedades nacionales. Al mismo tiempo, dentro del español colombiano, el español de Bogotá se considera a menudo superior a las variedades habladas a lo largo de la costa y, dentro de Bogotá, las variedades habladas por la élite se consideran mejores que las de la clase obrera.

Por último, el borrado es el fenómeno de ignorar o hacer invisible cualquier información o práctica que contradiga la ideología hegemónica. La ideología de una lengua-una nación considera al monolingüismo dentro de un territorio nacional como la manera natural y correcta de operar de un país, y por lo tanto retrata el multilingüismo como divisivo, como un impedimento para participar en la cultura dominante de Estados Unidos y como una característica de las comunidades de inmigrantes empobrecidas. Para que esta ideología se mantenga, varias realidades sociolingüísticas son borradas. A saber, hay muchas naciones multilingües en todo el mundo, y se cree que la gran mayoría de la población mundial es multilingüe. En el caso de Estados Unidos, muchas personas bilingües nacieron dentro del país, participan plenamente en todos los aspectos de la sociedad estadounidense y pertenecen a las clases media y alta. Asimismo, el mantenimiento del español (es decir, el bilingüismo español-inglés) se correlaciona con el logro y el éxito académico (véase el capítulo 9). Estos hechos constituyen una evidencia contraria a la ideología prevaleciente, pero quienes la suscriben no los ven o no los reconocen. De manera similar, la imagen de Estados Unidos como una nación monolingüe de habla inglesa implica el borrado selectivo de varios aspectos de la historia lingüística del país, incluyendo el carácter multilingüe de los primeros asentamientos y el mantenimiento de las lenguas de inmigrantes e indígenas. Y por supuesto, también se borra el hecho de que el inglés en sí no es nativo de lo que hoy es Estados Unidos.

Consecuencias de las ideologías lingüísticas: poder, política y prejuicio

Como hemos visto, las ideologías lingüísticas son opiniones o creencias, pero tienen consecuencias en el mundo real. Al influir en la representación y percepción públicas de las personas y grupos, las ideologías lingüísticas configuran el modo en que son tratadas esas personas y grupos. Esto puede ser a nivel de las interacciones individuales, como cuando alguien grita o ataca a las personas por hablar idiomas distintos del inglés. En los últimos años se han registrado en video numerosos ejemplos de este tipo de acoso; a continuación veremos un ejemplo representativo que recibió mucha atención en los medios de comunicación y en el discurso público: el caso de un neoyorquino que se enfureció porque el personal de un restaurante de Manhattan hablaba en español (Robbins, 2018; https://www.nytimes.com/2018/05/16/nyregion/man-threatens-spanish-language-video.html, consultado el 15 de septiembre de 2018). La ideología de una lengua-una nación se refleja claramente en el hecho de que este hombre se indigne porque "staff is speaking Spanish to customers when they should be speaking English" ('el personal está hablando en español a la clientela cuando deberían estar hablando en inglés'), en su explicación de que "it's America" ('esto es Estados Unidos'), y en su posterior suposición y amenaza: "I will be following up, and my guess is they're not documented. So my next call is to ICE [Immigration and Customs Enforcement] to have each one of them kicked out of my country" ('Voy a hacer un seguimiento, y apuesto a que no tienen documentación. Así que mi próxima llamada es al ICE [Inmigración y Aduanas] para que sean echados/as de mi país'). Para este hombre, el vínculo ideológico entre el inglés y Estados Unidos es tan fuerte que no solo exige que otras personas sepan inglés, sino que se siente con el derecho a no tener que escuchar español dentro de Estados Unidos. Además, ve el español como algo tan ilegítimo que supone que si el personal lo habla entonces deben ser inmigrantes sin autorización (y amenaza con llamar al ICE), y sugiere que no pertenecen a 'su' país.

Es importante señalar que hubo un gran clamor público en respuesta a este incidente, lo que demuestra una vez más la multiplicidad de ideologías que pueden coexistir, así como la posibilidad de resistencia a las ideologías hegemónicas y/o racistas. Resulta particularmente interesante la respuesta de una transeúnte que desafió al hombre; se la puede escuchar en el video diciendo: "It *is* America" ('Sí, es Estados Unidos'), aparentemente rechazando la ideología de una lengua-una nación en favor de una construcción de la identidad nacional estadounidense ligada al reconocimiento (y quizás a la celebración) del pluralismo. Y como señalamos en el capítulo 2, hablar español en público puede constituir en sí mismo una forma de resistencia a los discursos antiinmigrantes y antilatinxs (Sánchez-Muñoz y Amezcua, 2019).

Las ideologías lingüísticas también afectan la forma en que son tratadas las personas de un modo más sutil, pero igualmente perjudicial. Por ejemplo, cuando las escuelas representan a un idioma o una variedad lingüística como la única opción 'correcta', se le está diciendo al conjunto de estudiantes que habla de manera diferente que su forma de hablar es incorrecta o mala y que, por extensión, también lo son sus formas de ser, su identidad, su familia y su comunidad. Esta denigración puede ser considerada como un tipo de violencia simbólica (Bourdieu, 1991; Zentella, 2017) o "terrorismo lingüístico" (Anzaldúa, 1987; traducido del inglés). El impacto negativo no es solo simbólico, emocional y psicológico, sino también académico. Para empezar, el hecho de que se les pida que hagan tareas escolares y que realicen pruebas en una variedad diferente a la que hablan normalmente dificulta las cosas, especialmente si el cuerpo docente no reconoce que hay estudiantes que están aprendiendo una variedad adicional. Imaginemos cuánto más difícil debe ser obtener buenos resultados en la escuela si las lecciones, las consignas y los recreos se dan en un idioma que aún no hemos aprendido y, además, se nos califica, en parte, por el manejo que tengamos de las reglas gramaticales de ese idioma. Asimismo, a veces hay docentes que, por influencia de las ideologías lingüísticas, presuponen que determinado tipo de estudiantes son menos inteligentes que el resto del alumnado, en función de su forma de hablar, lo que también influye en los resultados académicos. Así como las ideologías lingüísticas apoyan las ideas negativas sobre estudiantes que no hablan 'correctamente', también apoyan las decisiones de empleadores/as que optan por no contratar a determinadas personas debido a que no suenan 'profesionales'.

Es importante señalar que el uso de la ideología de la lengua estándar como mecanismo de control de acceso no solo afecta a *individuos* (sean estudiantes o personas que buscan trabajo), sino que contribuye a la desigualdad estructural, en la que se discrimina a *grupos* desfavorecidos (Fairclough, 1992, 2001; Flores y Rosa, 2015; Leeman, 2005, 2018b). De esta manera, como hemos señalado anteriormente, las ideologías lingüísticas hegemónicas inciden en la reproducción de la desigualdad social. En Estados Unidos, la jerarquía lingüística presenta al inglés como superior al español (y a otras lenguas 'extranjeras') y coloca las formas de hablar de la clase media y de las personas de raza blanca en lo más alto;

las variedades **etnorraciales** (como el **inglés afroamericano** o AAE —por sus siglas en inglés: *African American English*—), así como las variedades asociadas a los sectores pobres y a la población rural se sitúan en la parte inferior. Así pues, la ideología de la lengua estándar incide en la exclusión socioeconómica y política de estos grupos. Sin embargo, debido a que esta misma ideología presenta a la variedad favorecida (también conocida como 'inglés estándar') como inherentemente mejor, la discriminación del idioma a menudo se naturaliza y no se percibe como discriminación.

Como veremos más adelante, hablar una variedad o un idioma en particular se describe a menudo como una elección, y esta descripción refuerza la idea de que ciertas maneras de hablar merecen consecuencias negativas, porque se supone que hablar el estándar es un simple acto que está al alcance de cualquier hablante. A su vez, esto permite a las personas expresar opiniones racistas o discriminatorias mientras parecen (y afirman) estar defendiendo opiniones de sentido común sobre la manera 'buena' y 'correcta' de hablar, o sobre el hecho de que el inglés es el idioma nacional de Estados Unidos. Y debido a que las formas específicas de hablar están vinculadas a grupos específicos (p. ej., el AAE a personas afroamericanas, y el español a latinxs), las ideologías lingüísticas contribuyen al racismo estructural sin hacer referencia explícita a la identidad étnica o racial (véase el capítulo 5).

Las ideologías lingüísticas también pueden codificarse en las políticas lingüísticas y en leyes sobre el lenguaje. La ideología de una lengua-una nación y la idea de que el monolingüismo es la norma inciden directamente en las políticas lingüísticas relacionadas con el sistema educativo, lo que se ve reflejado, por ejemplo, en la falta de educación bilingüe. Como veremos más a fondo en el capítulo 9, en Estados Unidos, las políticas educativas para hablantes de lenguas minoritarias (incluyendo a quienes hablan español) normalmente dan prioridad a la adquisición del inglés por encima del desarrollo de las lenguas maternas del estudiantado, e incluso del aprendizaje de materias académicas. En los casos relativamente raros en que se imparte educación en español (u otro idioma minoritario), esta suele ser solo una medida temporal, como una forma de enseñar el inglés o ciertas materias y no como una manera de promover el mantenimiento del español. A su vez, las personas de habla hispana que también saben inglés no suelen recibir ningún apoyo académico para mantener o desarrollar sus capacidades en español. Estas mismas ideologías también explican por qué en Estados Unidos menos del 20% del estudiantado de la educación primaria y secundaria está matriculado en algún curso de idioma 'extranjero', un porcentaje que es aún más bajo en el nivel de la escuela primaria (American Councils for International Education, 2017).

En lo que va de este capítulo hemos dado una visión general de las ideologías lingüísticas y los procesos ideológicos que median entre el lenguaje y el mundo social, y hemos esbozado algunas de las consecuencias afectivas, académicas, profesionales y políticas de las ideologías lingüísticas. En la segunda mitad del capítulo presentaremos varias ideologías lingüísticas que son especialmente relevantes para el caso del español en Estados Unidos.

La ideología de la lengua estándar

Hemos utilizado de ejemplo la ideología de la lengua estándar varias veces en nuestra discusión de las ideologías lingüísticas, pero ahora queremos dar una definición además de hacer unos comentarios adicionales. Lippi-Green (2012: 67; traducido del inglés) define la ideología de la lengua estándar de la siguiente manera:

> ... un sesgo hacia un lenguaje hablado abstracto, idealizado y homogéneo que es impuesto y mantenido por las instituciones del bloque dominante y que supone que toma su modelo del lenguaje escrito, pero que en realidad se extrae principalmente del lenguaje hablado por la clase media alta.

Esta autora señala que, puesto que la variación es inherente a todos los idiomas y variedades lingüísticas, los idiomas nunca son realmente homogéneos. No hay dos personas que hablen exactamente igual, y además, todo el mundo habla de manera diferente según dónde y con quiénes están, lo que están haciendo y lo que están tratando de expresar. Por esta razón, Lippi-Green describe el estándar como "abstracto" e "idealizado". No obstante, la ideología establece como objetivo la uniformidad (Milroy y Milroy, 1999), y debido a que ciertas formas de hablar son representadas y se perciben como estándar se consideran mejores que otras variedades.

A pesar de favorecer el habla de la clase media alta, la ideología de la lengua estándar presenta a la variedad estándar como si fuera neutra e igualmente accesible para todas las personas, borrando así las relaciones desiguales de poder que esta refleja y reproduce (Woolard, 2005, 2016). Esto permite culpar a las personas que 'eligen' no hablar el estándar. Esto es problemático por (al menos) dos razones. En primer lugar, no es simplemente que las personas elijan hablar de una manera u otra; las lenguas, variedades lingüísticas y acentos de las personas, obviamente, guardan un estrecho vínculo con sus identidades y con las comunidades en las que se hayan criado (Lippi-Green, 2012).

En segundo lugar, a partir de la ideología de la lengua estándar se desprende la idea de que los grupos subordinados podrían mejorar su estatus simplemente hablando la variedad estándar. Pero esto pone al lenguaje como si fuera la *causa* de las diferencias sociales, cuando en realidad las jerarquías lingüísticas son el *mecanismo* por el cual se reproduce la desigualdad. Tomemos como ejemplo el caso del AAE y del **inglés chicanx**. Estas variedades se consideran a menudo como 'no estándar' y sus hablantes son frecuentemente objeto del desprecio y la discriminación social. Si la lengua fuera realmente la causa de esta discriminación, entonces las personas afroamericanas y **chicanxs** que hablan inglés estándar nunca serían discriminadas. Sin embargo, no es así; el racismo institucional e interpersonal continúa operando, independientemente de cómo hable la gente (Bartolomé y Macedo, 1999; Macedo, 1997).

¿Pero quién elige una variedad para ser el estándar y cómo se establecen las normas? Una de las maneras en que se manifiesta la subordinación lingüística (que va de la mano con la ideología de la lengua estándar) es a través de la mistificación del idioma y la descripción de quienes lo hablan como incapaces de usar su propio idioma sin la guía de una persona experta (Lippi-Green, 2012). Como resultado, se deslegitima a la gente común con respecto a cómo hablar su propio idioma, y la autoridad lingüística se asigna a personas 'expertas' que se supone que saben más que quienes 'apenas' hablan el idioma.

En algunos países, y para algunos idiomas, la autoridad lingüística es otorgada a academias oficiales. En el caso del español, la primera academia de la lengua fue la Real Academia Española (RAE), fundada en Madrid en 1713. Hoy en día hay más de veinte academias nacionales —en las Américas, Guinea Ecuatorial y las Filipinas— y todas están afiliadas a la Asociación de Academias de la Lengua Española (ASALE), pero la RAE sigue siendo la más influyente.

Conformada por miembros de prestigio en las artes y las ciencias (incluyendo escritores y escritoras de renombre), y con el lema oficial de "Limpia, fija y da esplendor", la RAE produce diccionarios, ortografías (es decir, reglas ortográficas) y libros de gramática que describen el uso 'correcto' del idioma. Además de promover el 'buen' uso del idioma, la RAE busca asegurar la unidad del español no solo dentro de España, sino también a nivel internacional (Mar-Molinero y Paffey, 2011; Paffey, 2012; Villa y Del Valle, 2014). En ese respecto, la RAE trabaja en colaboración con la ASALE en la promoción de normas "panhispánicas". Aunque estas normas reconocen alguna variación regional, la RAE busca mantener a España como propietario simbólico del español (Mar-Molinero y Paffey, 2011).

Al igual que las instituciones financiadas por el Gobierno español como la RAE y el Instituto Cervantes (que promueve el estudio del español en todo el mundo), los intereses empresariales y corporativos privados (como el gigante de las telecomunicaciones Telefónica) también han buscado mantener el liderazgo de España en la definición de normas lingüísticas internacionales, destacando el entrelazamiento de las preocupaciones lingüísticas, políticas y económicas (Mar-Molinero y Paffey, 2011; Villa y Del Valle, 2014; Zentella, 2017). La participación de estas instituciones en la definición de normas y estándares lingüísticos también incluye la publicación de materiales de enseñanza del español como segunda lengua, así como el patrocinio y la promoción del Servicio Internacional de Evaluación de la Lengua Española, un servicio de evaluación y certificación del dominio del idioma (véase https://siele.org).

Una de las academias de lengua española más recientes en unirse a la ASALE es la Academia Norteamericana de la Lengua Española (ANLE), fundada en 1973 y con sede en Nueva York. El sitio web de la ANLE (https://www.anle.us/nuestra-academia/mision/, consultado el 15 de septiembre de 2018) señala que parte de su misión es "el estudio, elaboración e implementación de las reglas normativas del español de los Estados Unidos de América", así como establecer y promover "los criterios de propiedad y corrección" y "cuidar que, en su constante adaptación a las necesidades particulares de los hablantes, el uso de la variante hispanounidense no afecte la unidad y comprensión del idioma en el ámbito hispánico". Al igual que la RAE y la política del panhispanismo, la ANLE ha sido criticada por privilegiar las normas europeas y por subordinar las variedades y prácticas locales, especialmente las que reflejan la influencia del inglés (Lynch y Potowski, 2014; Zentella, 2017).

Si bien la ideología de la lengua estándar desprecia las variedades lingüísticas asociadas a grupos desfavorecidos (como los que tienen menos educación o un nivel socioeconómico más bajo, o los que pertenecen a minorías etnorraciales), este rechazo de la variación social coexiste a veces con una aceptación de la variación geográfica. Por ejemplo, la aceptación de la variación geográfica se refleja en las descripciones del español como idioma **pluricéntrico**. El pluricentrismo significa que no hay un español estándar único e internacional, sino que cada país 'hispanohablante' tiene su propia variedad estándar (Lope Blanch, 1986, 2001). Sin embargo, este reconocimiento de múltiples variedades estándar no pone en tela de juicio el menosprecio de las variedades 'no estándar'. En efecto, si bien el pluricentrismo implica la igualdad entre las distintas variedades geográficas, reproduce las jerarquías entre las variedades sociales (Leeman, 2012b). Esto se ejemplifica en la siguiente cita del lingüista Lope Blanch:

> Es evidente que en cada país hispanohablante existe una norma lingüística ejemplar, paradigmática, a la que los habitantes de cada nación tratan de aproximarse cuando de hablar bien se trata. Suele ella ser la norma culta de la ciudad capital: la madrileña para España, la bogotana para Colombia, la limeña para el Perú, etc. (Lope Blanch, 2001: s.p.)

Aquí, la descripción del español como pluricéntrico va de la mano de la reproducción de la ideología de la lengua estándar y la naturalización del privilegio de la élite educada en la definición de las variedades estándar.

La noción de que cada "país hispanohablante" tiene su propio estándar es consistente con el hecho de que cada uno tenga su respectiva academia de la lengua española, y parece sugerir que todos tienen el mismo estatus. Sin embargo, esto no es así. Como hemos discutido anteriormente, la RAE ejerce una influencia significativa en la formación de las normas de las academias que integran la ASALE. Además, la ideología de la lengua estándar y la creencia en la 'pureza' lingüística con la que está vinculada contribuyen a las ideas sobre la relativa 'calidad', 'corrección' y 'valor' de las diferentes variedades nacionales del español.

A veces estas jerarquías lingüísticas se basan en interpretaciones racistas sobre la superioridad de las variedades lingüísticas habladas en países que se considera que tienen poblaciones con menos ascendencia africana e indígena (Alfaraz, 2002, 2014; Niño-Murcia, 2001; Valdés *et al.*, 2003). La riqueza relativa de las distintas naciones y la situación socioeconómica de las personas que hablan diferentes variedades nacionales también pueden influir en las actitudes hacia estas (Carter y Callesano, 2018). El purismo lingüístico también desempeña un papel, como en la prolongada subordinación del español de Puerto Rico a las variedades supuestamente superiores que se hablan en España y América del Sur, así como en la descalificación por parte de la ANLE de palabras y expresiones típicamente utilizadas por las comunidades hispanohablantes de Estados Unidos (Zentella, 1997a, 2017). El entrelazamiento ideológico de la identidad etnonacional, la situación socioeconómica, la educación y la autoridad lingüística, así como la resistencia a la subordinación lingüística, son evidentes en la siguiente declaración de una anciana matriarca perteneciente a una familia mexicana de la zona rural de Michigan:

> No hablamos español, nunca hablamos español. Nuestra lengua es del campo, no de la escuela. Si yo hablo con alguien de España, no me va a entender. Ellos nos [dicen] que somos pobres, que no [podemos] hablar nuestra lengua. Pero sí [podemos], mexicano es nuestra lengua. (Torrez, 2013: 291)

En el capítulo 10 abordamos las investigaciones sobre las actitudes hacia las diferentes variedades del español.

En cuanto al inglés, a finales del siglo XVIII, Noah Webster intentó crear una academia de la lengua estadounidense pero sus esfuerzos no tuvieron éxito (Lepore, 2002). A pesar de la ausencia de una academia de la lengua, no faltan autoridades lingüísticas, instituciones poderosas y especialistas que tratan de establecer normas de uso apropiado y correcto del inglés estadounidense. La ideología de la lengua estándar se reproduce explícitamente en libros de gramática, diccionarios, guías de estilo de los periódicos y columnas sobre idiomas, y en muchas otras fuentes.

Es importante señalar que las ideologías también se reproducen en el uso lingüístico, así como en la vinculación implícita de las identidades sociales con formas específicas de hablar (Woolard, 1998). En este sentido, en su investigación sobre el uso de diferentes acentos y variedades lingüísticas en las películas de Disney, Lippi-Green (2012) descubrió que los acentos 'no estándar', 'extranjeros' y de grupos racializados se asociaban típicamente con villanos/as, mientras que los personajes positivos tendían a hablar un 'inglés estándar'. Por un lado, esto demuestra que la asociación de variedades no estándar con características negativas está tan naturalizada que estas variedades pueden utilizarse como índice de deficiencias morales. Por otra parte, señala el papel de la cultura popular y los medios de comunicación en la reproducción de las ideologías lingüísticas. Volvemos a este tema en nuestra discusión del capítulo 7 sobre el uso y la representación del español en los medios de comunicación; allí analizamos el uso de los acentos y el idioma en la representación de los personajes latinxs.

La investigación de Lippi-Green también ha demostrado que las autoridades judiciales reflejan prejuicios contra las personas que hablan variedades no estándar y/o tienen acentos 'extranjeros', aunque la discriminación basada en el idioma está prohibida cuando está relacionada con otros tipos de discriminación ilegal (como la discriminación basada en la raza o el origen nacional). Tratamos las prohibiciones legales contra la discriminación basada en el idioma con más detalle en el capítulo 8, dedicado a la política lingüística en Estados Unidos.

La ideología de una lengua-una nación

Sin entrar en una larga discusión sobre naciones, Estados nacionales y nacionalismo, queremos mencionar que los países no son entidades naturales basadas en el mundo físico o geológico. Más bien, son **constructos sociales** que se crean y sostienen a través de una serie de procesos socioculturales, históricos y políticos que se basan en parte en la naturalización de su existencia y en convencer a las personas que los integran de que pertenecen a la misma nación. (Antes de continuar, tal vez desees tomarte un momento para reflexionar sobre la pegatina de *Speak Cherokee* que analizamos anteriormente.) Anderson (1991) se refiere a las naciones como *imagined communities* ('comunidades imaginadas') porque los miembros de estas comunidades no conocen a la mayoría de las personas que las integran, pero sin embargo imaginan que comparten valores, prácticas, etc. Al producir sentimientos de identidad compartida entre un gran número de personas que nunca se han conocido y que difieren entre sí de numerosas maneras, las naciones pueden lograr el apego emocional y la lealtad de su ciudadanía —y a veces hasta la voluntad de sacrificar la propia vida por el país o la causa nacionalista— (Anderson, 1991; Billig, 1995).

La ideología de una lengua-una nación supone que el idioma es un elemento clave para definir las identidades nacionales. Por un lado, la existencia de un idioma compartido puede servir de justificación para las reivindicaciones nacionalistas, como cuando los grupos lingüísticos minoritarios buscan autonomía o la independencia (Anderson, 1991; Billig, 1995). Por otro lado, la diversidad lingüística se considera un impedimento para la unidad nacional. Como resultado, hablar el idioma nacional se impone como un requisito para pertenecer a determinada nación y, por otra parte, si una persona es hablante de otros idiomas es considerada forastera y se naturaliza su exclusión social y/o política. Dado que los idiomas suelen indexicalizar grupos étnicos o culturales específicos, al señalar qué idioma pertenece a una nación, inevitablemente, también señalamos quiénes pertenecen a esta y quiénes no.

Cabe señalar que la ideología de una lengua-una nación es bidireccional; así como un idioma compartido participa en la construcción de una identidad nacional, la existencia de una nación asociada a una forma particular de hablar contribuye a que esa forma de hablar se considere un idioma en lugar de una variedad regional o 'dialecto', cuestión a la que volvemos más adelante en este capítulo. Asimismo, como señala Woolard (1998: 17; traducido del inglés), las personas hablantes de lenguas minorizadas que buscan el reconocimiento y el apoyo del Gobierno a menudo se basan en la misma "ideología nacionalista de lengua e identidad" que se utiliza para subordinarlas a la lengua de la mayoría.

En Estados Unidos, el inglés es considerado un elemento fundamental de la identidad y la unidad nacional. Aunque la noción de que Estados Unidos es y siempre ha sido una nación anglohablante (monolingüe) se naturaliza y se da por sentada, no es coherente con el registro histórico, y está basada en el borrado del multilingüismo histórico tanto de las colonias inglesas como de Estados Unidos. En el capítulo 3, además de examinar la larga historia del español en lo que actualmente es Estados Unidos, también observamos que cientos de lenguas indígenas se hablaban en América del Norte antes y después de la conquista europea. Por más de que muchas lenguas desaparecieron como resultado del genocidio y la asimilación forzosa, otras lenguas indígenas, como el cheroqui y el navajo, siguen siendo ampliamente habladas y en algunos casos se están revitalizando (McCarty, 2016). La población esclavizada procedente de África también hablaba numerosos idiomas diferentes, al igual que los colonizadores e inmigrantes que llegaron de Europa y Asia (Schmid, 2001; Schmidt, 2000). En algunas zonas del país, el francés y el alemán eran dominantes y se mantuvieron incluso después de que el inglés se convirtiera en el idioma nacional *de facto* (Wiley, 1998, 2010). Inmigrantes de todo el mundo han seguido trayendo nuevos idiomas y han renovado los que se hablan aquí desde hace mucho tiempo. Así pues, siempre se han hablado múltiples idiomas en la zona que ahora se conoce como Estados Unidos (Kloss, 1977; Potowski, 2010).

A pesar de que el inglés ha predominado durante mucho tiempo en Estados Unidos, y más allá de algunos esfuerzos iniciales para establecer un idioma estadounidense que unificara la nación (Lepore, 2002), la diversidad lingüística generalmente no se consideraba problemática antes de mediados del siglo xix. Hasta ese momento, la identidad nacional de Estados Unidos se construía principalmente en torno a la raza (es decir, la blanquitud) y a los principios democráticos, más que al idioma (Painter, 2010; Pavlenko, 2002; Wiley, 2000). A medida que aumentaba la inmigración en el período previo al siglo xx, y un mayor porcentaje de inmigrantes procedía de Europa meridional y oriental, se planteó la preocupación por la llegada de personas que se percibían como inherentemente diferentes de la población existente. Al igual que hoy, a principios del siglo xx quienes integraban el movimiento **nativista** sentían miedo de que las personas inmigrantes no se asimilaran y de que el país sufriera cambios no deseables (Bonfiglio, 2002; Leeman, 2004). En esa época, la idea de que las personas inmigrantes debían no solo aprender inglés, sino también renunciar a sus lenguas nativas, se convirtió en hegemónica (Pavlenko, 2002; Schmidt, 2000; Wiley, 1998).

Las quejas del siglo xxi sobre la actual inmigración a menudo apuntan a que las personas que componían las oleadas migratorias anteriores aprendían inglés poco después de su llegada, pero la realidad de los hechos indica que les llevó mucho más tiempo e incluso hubo quienes nunca aprendieron inglés en absoluto (Wiley, 2010; Wilkerson y Salmons, 2008). Este hecho, así como el sufrimiento de quienes fueron objeto de la estigmatización y discriminación pública por su acento o por su desconocimiento del inglés, es otro aspecto del borrado histórico del que hablábamos anteriormente (Pavlenko, 2002).

Una famosa carta escrita por el entonces presidente Theodore Roosevelt a principios del siglo xx refleja el creciente énfasis en el monolingüismo en inglés, así como la vinculación ideológica de la filosofía política, la identidad nacional y el idioma:

> *There can be no divided allegiance here. Any man who says he is an American, but something else also, isn't an American at all. We have room for but one flag, the American flag, and this*

excludes the red flag which symbolizes all wars against liberty and civilization just as much as it excludes any foreign flag of a nation to which we are hostile. We have room for but one language here and that is the English language, for we intend to see that the crucible turns our people out as Americans, and American nationality, and not as dwellers in a polyglot boarding house; and we have room for but one soul [sic] loyalty, and that is loyalty to the American people.

No puede haber una lealtad dividida aquí. Cualquier hombre que diga que es americano, pero también otra cosa, no es americano en absoluto. Tenemos espacio para una sola bandera, la bandera americana, y esto excluye la bandera roja que simboliza todas las guerras contra la libertad y la civilización, así como excluye cualquier bandera extranjera de una nación a la que somos hostiles. Tenemos espacio para un solo idioma aquí, el inglés, porque queremos que el crisol convierta a nuestro pueblo en americano, en una nacionalidad americana, y no en residentes de una pensión políglota; y tenemos espacio para una sola lealtad, que es la lealtad al pueblo americano. (Roosevelt, 1919: 1–2)

Llama la atención los paralelos que Roosevelt traza aquí entre la bandera estadounidense, la identidad nacional de Estados Unidos, la libertad, la civilización, el idioma inglés y la lealtad al pueblo estadounidense. El idioma se convierte sin ambigüedades en un símbolo de pertenencia, y el hablar inglés —y solo inglés— se representa como una elección de ser estadounidense. El monolingüismo en inglés es retratado como una representación transparente de la identidad estadounidense, y el bilingüismo como reflejo de una lealtad dividida. La alternativa al monolingüismo en inglés, sugiere Roosevelt, es una "pensión políglota" (Roosevelt, 1919: 2), lo que implica que el multilingüismo trae consigo una cierta transitoriedad propia de la clase trabajadora.

En los ejemplos que presentamos anteriormente, la ideología que supone que la identidad nacional estadounidense exige el monolingüismo en inglés es una de las fuentes de hostilidad hacia el español (y otros idiomas distintos del inglés). Esta hostilidad también se refleja en una serie de políticas lingüísticas federales y locales, incluyendo la escasez de educación bilingüe, el requisito de saber inglés para la naturalización como ciudadano/a estadounidense y los limitados servicios públicos disponibles en español y otros idiomas minorizados (véase el capítulo 8). Los discursos antiespañol, antilatinxs y antiinmigrantes se dan en una amplia gama de contextos, desde las interacciones cotidianas hasta las campañas electorales y los discursos políticos de quienes gobiernan o han gobernado el país (un ejemplo notorio es el caso del expresidente Trump). Si uno dedica unos minutos a mirar la sección de comentarios de prácticamente cualquier periódico o sitio web en inglés en el que se habla del español o de la inmigración, encontrará numerosos ejemplos de este tipo.

Aunque la retórica *English-only* ataca a todos los idiomas distintos del inglés, y hablantes de varios idiomas no ingleses han sido objeto de abuso verbal y físico, el español y las personas de habla hispana parecen ser los objetivos más frecuentes (Zentella, 1997b). Esto se debe probablemente en parte a la prominencia demográfica del español en comparación con otras lenguas minoritarias de Estados Unidos, pero también está seguramente relacionado con la relación indexical entre el español y la identidad latinx, que permite expresar el racismo antilatinx a través de la referencia al idioma español.

La hostilidad hacia la lengua española es particularmente intensa cuando esta se combina con símbolos nacionales, como el juramento a la bandera o el himno nacional, lo que sugiere que está arraigada en las ideas sobre la identidad nacional. Por ejemplo, hubo un gran clamor popular, en 2006, como respuesta a la publicación de *Nuestro Himno*, una versión en español del himno nacional estadounidense. El tema estuvo en todas las noticias y charlas de radio en inglés y en español, y sobre esta polémica opinaron desde gente de la política —incluido el entonces presidente George W. Bush— hasta familiares del autor de la versión original de *The Star-Spangled Banner* ('La bandera estrellada'). Un tema recurrente en las reacciones fue que el idioma español era 'ofensivo', un sentimiento expresado incluso por gente identificada con la defensa de los derechos de las personas inmigrantes y latinxs, como Antonio Villaraigosa (entonces alcalde de Los Ángeles), quien dijo a la CNN: "I was offended, because, for me, the national anthem is something that I believe deserves respect" ('Me sentí ofendido, porque, para mí, el himno nacional es algo que creo que merece respeto'). Continuó explicando su posición afirmando que los himnos de España y México deberían cantarse en español y el himno de Francia en francés, dejando en evidencia tanto la fuerza como la naturalización de la ideología de una lengua-una nación.

En ese momento, las encuestas de opinión pública encontraron que entre el 69% y el 78% de las personas adultas en Estados Unidos pensaban que el himno debía ser cantado solo en inglés, y según un artículo en el *Washington Post*: "Transforming the musical idiom of *The Star-Spangled Banner* is one thing, argue the skeptics, but translating the words sends the opposite message: 'We are not Americans'" ('Transformar el lenguaje musical de *The Star-Spangled Banner* es una cosa, argumentan los escépticos, pero traducir las palabras expresa el mensaje opuesto: "No somos estadounidenses"') (Montgomery, 2006). En contraste con esta interpretación del mensaje de la canción, el título del álbum en el que apareció dicha canción es *Somos americanos*, y el productor declaró que sus intenciones eran patrióticas (Walters, 2006). Por lo tanto, el hecho de que la gente interpretara la canción como una negación de la identidad estadounidense refleja que la relación indexical del monolingüismo en inglés con la identidad nacional de Estados Unidos es tan fuerte que sobrepasaba al contenido explícito de la canción. En la figura 4.3, el caricaturista Lalo Alcaraz comenta la percepción de que hablar en español es inherentemente antiestadounidense, independientemente del contenido del mensaje, aunque lo que se esté diciendo sea una declaración de amor hacia Estados Unidos.

Una interpretación diferente de la protesta en torno a *Nuestro Himno* sugiere que la gente lo entendía como una reivindicación de pertenencia nacional, y no estaban dispuestos a considerar a la población hispanohablante como verdaderamente estadounidense (Butler y

Figura 4.3 *¡Yo* ♥ *U.S.A!* En la parte inferior del dibujo se puede apreciar la etiqueta de *America Hater*, una persona que odia Estados Unidos
La caricatura aparece por cortesía de Lalo Alcaraz y Andrews McMeel Syndication © 2019

Spivak, 2007; Cepeda, 2010). De cualquier manera, la controversia muestra el poder de la ideología de una lengua-una nación y el menosprecio hacia el español (y sus hablantes, así como hacia cualquier persona que esté indexicalmente vinculada al español) y su retrato como un elemento ajeno a Estados Unidos. Tales ideologías juegan un papel clave en la **racialización** del español y de las personas latinxs, como veremos en el capítulo 5.

Asimismo, es importante puntualizar que, a pesar de que hemos presentado la ideología de la lengua estándar y la ideología de una lengua-una nación como dos ideologías distintas, están entrelazadas. Las variedades estándar de las diferentes lenguas nacionales, y las academias de lenguas creadas para 'protegerlas' y difundirlas, son una forma de reforzar el sentimiento de una identidad compartida dentro de las fronteras de una nación. De hecho, los llamamientos del siglo XVIII para la creación de una academia de 'la lengua estadounidense' que estableciera normas lingüísticas y convenciones ortográficas basadas en Estados Unidos tenían como propósito fomentar la unidad nacional dentro de la nueva nación así como distinguirla de Inglaterra (Lepore, 2002). En lo que respecta al español, la RAE ha desempeñado un papel ideológico en la consolidación del dominio del castellano sobre otras lenguas dentro de España, como el catalán y el gallego (Paffey, 2012). Incluso la suposición tan naturalizada de que hay distintas 'variedades nacionales' se basa en la falsa premisa de que la variación lingüística sigue las fronteras políticas. Lo cierto es que muchas veces personas que se encuentran en lados opuestos de las fronteras nacionales están lingüísticamente más ligadas entre sí que con las personas que viven en la capital de sus respectivos países; hablar de 'variedades nacionales' oscurece estas similitudes transfronterizas, así como las variaciones geográficas (y sociales) dentro de cada país.

El monolingüismo normativo y la ideología de suma cero

La ideología de una lengua-una nación conceptualiza el monolingüismo como la situación normal o preferida, una ideología a la que denominamos **monolingüismo normativo**. Como hemos subrayado a lo largo de este capítulo, el monolingüismo normativo se aplica no solo a nivel nacional, sino también a nivel individual. En ambos casos, se considera que los idiomas existen en un estado de competición, en el que el conocimiento de un idioma implica un menor conocimiento de otro, como si hubiera cierto límite de espacio disponible, de manera tal que cualquier espacio que ocupe un idioma reduce el espacio disponible para otros idiomas (Wiley, 2000). Esta **ideología de suma cero** opera tanto a nivel social (este es el caso de la anterior cita de Roosevelt) como a nivel individual, y no solo sustenta la idea de que el bilingüismo es una excepción a la norma, sino que lo sitúa como algo inherentemente problemático. En ambos niveles, el mantenimiento de un idioma minoritario se considera un impedimento para la adquisición del idioma mayoritario, y a menudo se sugiere a madres y padres de habla hispana (o de otros idiomas que no sean el inglés) que hablen en inglés a sus hijos/as, para evitar que se confundan (Zentella, 1997a).

Contrariamente a la ideología de suma cero y al monolingüismo normativo, un creciente conjunto de investigaciones muestra que el bilingüismo temprano ofrece importantes ventajas cognitivas (Bialystok, 2011), y que existe una correlación entre el bilingüismo, la retención de idiomas minoritarios, los logros académicos y la movilidad socioeconómica ascendente (García, 2009a; Linton, 2004; Portes y Rumbaut, 2005). No obstante, el monolingüismo normativo es difícil de superar y, como vimos anteriormente, incluso las personas afectadas negativamente por ciertas ideologías a veces las comparten. Recordemos, por ejemplo, el testimonio del participante puertorriqueño, en la investigación de Zentella (1997a) que discutimos en el capítulo 2, quien dijo que aferrarse a su cultura y a la lengua española lo iba a frenar en la vida. Cuando una persona en su niñez no tiene la oportunidad de adquirir la lengua de su familia puede experimentar una gran sensación de pérdida o resentimiento en la edad adulta; y aunque puede ser tentador 'culpar' a su padre y/o su madre por no haberle transmitido su idioma, lo cierto es que de cualquier modo ambas partes están expuestas a las mismas ideologías monolingües y es posible que tanto su padre como su madre hayan sufrido discriminación o sentido vergüenza si tuvieron que luchar para adquirir el inglés o si tenían acento.

Ideologías monoglósicas y heteroglósicas

¿Cuántos idiomas hay en el mundo? Realmente no es posible saberlo, no porque no tengamos tiempo de viajar alrededor del mundo para contarlos, sino porque los idiomas no son objetos contables claramente definidos (Blommaert, 2010; Makoni y Pennycook, 2005). En este libro venimos usando los términos *inglés* y *español* como si tuvieran referentes claros y bien definidos, y por comodidad seguiremos haciéndolo en gran medida. Pero, ¿qué es exactamente el inglés, o el español, o cualquier otro idioma? Al igual que las variedades estándar, los idiomas son abstracciones idealizadas así como construcciones sociopolíticas. No hay dos hablantes de un mismo idioma que hablen exactamente de la misma manera. Por el contrario, cada persona tiene su propio **repertorio lingüístico**, o la colección de recursos lingüísticos —como variedades nacionales y regionales, acentos, variedades sociales, registros, estilos lingüísticos y normas de interacción lingüística— que conocen. Así pues, no hay una forma fácil (ni siquiera difícil) de determinar lo que incluye cualquier 'idioma'. De hecho, la idea de que los idiomas son entidades definibles y contables con límites claros entre sí es el reflejo de una forma particular de pensar sobre el comportamiento lingüístico (Heller y Duchêne, 2007; Makoni y Pennycook, 2005). A veces se refiere a esta manera de pensar en las lenguas como una **ideología monoglósica**.

En contraste con las ideologías monoglósicas que consideran los idiomas como sistemas lingüísticos uniformes y bien delimitados, los enfoques **heteroglósicos** consideran que los idiomas consisten en múltiples y variados sistemas que se superponen y se cruzan entre sí. Asimismo, los enfoques heteroglósicos reconocen que los repertorios lingüísticos de las personas suelen incluir recursos asociados a lo que se ha dado en llamar diferentes 'idiomas', (Blommaert, 2010). Por ejemplo, los repertorios lingüísticos de hispanohablantes bilingües de Estados Unidos incluyen algunas variedades, estilos, palabras y otros recursos lingüísticos asociados con el inglés, así como algunos asociados con el español. Al hablar (o escribir), las personas recurren a los diferentes elementos lingüísticos de sus repertorios, dependiendo del contexto, con quién hablan, lo que quieren expresar, cómo quieren presentarse, la relación que quieren establecer con su interlocutor/a (es decir, la persona con la que hablan), etc. En algunos casos, las personas multilingües pueden combinar elementos asociados a diferentes idiomas dentro de una conversación, una frase o incluso una sola palabra.

Los siguientes ejemplos son una adaptación de las transcripciones inéditas de Fuller de las interacciones en un programa bilingüe en una escuela primaria.

(1) ¡Déjala! ¡Déjala! Porque luego te metes en *problems*.

(2) ¿Por qué no se enseña qué queremos saber? *Open that!* ('¡Abre eso!')

(3) **Estudiante 1:** No puedo leer porque es demasiado pequeño.

   Estudiante 2: *Okay, I'll read.* ('Okey, leo yo')

En estos ejemplos, algunos elementos se asocian con el español y otros con el inglés, por lo que es fácil ver cómo las personas combinan recursos de diferentes idiomas. Sin embargo, los enfoques heteroglósicos del idioma se basan en la idea de que incluso el discurso 'monolingüe' (es decir, el que se asocia con un solo idioma, como el inglés o el español) contiene una multitud de registros, estilos, géneros y variedades (Bailey, 2007; Bakhtin, 1981; García, 2009b). En el capítulo 6 analizamos cómo la gente se nutre de sus repertorios lingüísticos para representarse a sí misma de manera particular, y en el capítulo 10 observamos los patrones gramaticales en el discurso multilingüe y explicamos cómo la combinación de idiomas puede ser una estrategia conversacional.

Es posible que hayas escuchado el término **cambio de código**, que en el campo de la lingüística se refiere a la alternancia o combinación de diferentes idiomas o variedades dentro de una conversación o de una misma expresión. Este término puede ser utilizado de manera algo diferente fuera del campo de la lingüística; la gente a veces lo usa para referirse a la capacidad de las personas para hablar de manera diferente en diferentes contextos, y especialmente para utilizar el inglés 'estándar' y una variedad 'no estándar' como el AAE, dependiendo de con quién estén. Este parece ser el significado del título de *Code Switch* ('Cambio de código'), un pódcast y programa de la National Public Radio (radio pública estadounidense) centrado en la raza y la identidad, que a veces cubre cuestiones relacionadas con el idioma y/o la identidad latinx (https://www.npr.org/sections/codeswitch). En lugar de hablar de *cambio de código*, alguien con conocimientos de lingüística probablemente describiría esta capacidad simplemente como la elección de diferentes elementos del repertorio lingüístico de un individuo dependiendo del contexto (algo que todo el mundo hace).

En cualquier caso, dado que especialistas en la materia han llegado a rechazar la idea de los idiomas y las variedades como entidades delimitadas y distintas, ha surgido cierto escepticismo con respecto al término *cambio de código*, justamente porque se basa en la idea de que hay idiomas o códigos distintos: ¿cómo se podría cambiar de un código a otro si no fueran independientes? A su vez, parece basarse en la noción del lenguaje como un 'código', más que una forma de comunicar significados sociales, como quiénes somos, qué relación tenemos con las personas con las que hablamos, etc. Por estas razones, en lugar de *cambio de código*, algunas personas prefieren emplear el término **translenguaje** (*translanguaging*) (García, 2009b; García y Wei, 2014). La adopción de este término pretende reflejar una concepción heteroglósica del lenguaje al reconocer que los repertorios lingüísticos de las personas multilingües incluyen recursos que están distribuidos a través de las fronteras de lo que tradicionalmente se ha etiquetado como idiomas distintos (Wei, 2018). En la interacción, las personas multilingües simplemente utilizan y combinan diferentes recursos de los que disponen, sin necesariamente prestar atención a qué lengua corresponden. El uso del gerundio *translanguaging* también hace hincapié en que el lenguaje es un tipo de acción, al tiempo que enfatiza los aspectos sociales y simbólicos de las prácticas multilingües más que los rasgos formales del lenguaje. No a todo el mundo le gusta el nuevo término (p. ej., Auer, de próxima publicación; Bhatt y Bolonyai, 2019), cuestión a la que volvemos en el capítulo 10.

Además del hecho de que hablantes de un mismo 'idioma' tienen diferentes repertorios lingüísticos entre sí, lo que hace imposible delinear los idiomas, otra prueba de que estos no son objetos delimitados es que a nivel social tampoco hay una forma objetiva de trazar una línea entre un idioma y otro. Con esto queremos decir que no existe un criterio lingüístico por el que podamos decir que dos formas diferentes de hablar deben clasificarse como variedades diferentes de la misma lengua o, alternativamente, como dos lenguas diferentes (Penny, 2000). Antes bien, esas clasificaciones dependen de consideraciones sociales o políticas, como el hecho de que un idioma se hable en diferentes naciones o de que se asocie a diferentes ortografías o sistemas de escritura, más que de cierta cantidad cuantificable de diferencia lingüística. La base no lingüística de tales distinciones se refleja en el conocido refrán atribuido a Max Weinreich, un estudioso de la sociolingüística yiddish: "Un idioma es un dialecto con un ejército y una marina".

Un corolario de las ideologías monolingües y monoglósicas es la noción de que los idiomas deben mantenerse estrictamente separados (García, 2009b; Zentella, 2017). Dentro de este sistema ideológico, los idiomas se valoran solo como entidades puras y diferenciadas; el cambio de código o el translenguaje, así como otras muestras de contacto lingüístico (que analizamos en el capítulo 10), se considera que evidencian un conocimiento deficiente o que no deben tomarse en serio. En consecuencia, se espera que las personas multilingües hablen cada idioma como lo hacen las monolingües, a lo que Heller (1999, 2002) se refiere como *monolingüismo paralelo* y otra parte de la academia ha denominado **monolingüismo dual** o **monolingüismo doble**. Asimismo, muchas veces se piensa que las personas que combinan idiomas no conocen realmente ninguno de los dos idiomas y a veces se las describe como 'semilingües' (Rosa, 2016b; Walsh, 1991; Zentella, 1997a, 2017). Esta ideología también es, en parte, responsable de las concepciones negativas acerca del español en Estados Unidos, en comparación con las variedades monolingües vinculadas a Estados nacionales. Sin embargo, no siempre depende de las prácticas lingüísticas reales; Flores y Rosa (2015) notan que a menudo se cree que las personas de habla hispana en Estados Unidos mezclan idiomas o hablan una variedad no estándar no por su manera de hablar sino porque su identidad etnorracial determina la forma en que son 'escuchadas' por el resto de la población, independientemente de cómo hablen en realidad. El menosprecio hacia el translenguaje o cambio de código ignora el vasto conjunto de investigaciones que demuestran la naturalidad del discurso multilingüe (p. ej., Fuller, 2009; García, 2009b; Heller, 1999; Toribio, 2004). Además, no reconoce que el discurso multilingüe es un recurso útil en la interacción, una forma importante de expresar la propia identidad y un reflejo de la creatividad lingüística. Volvemos a estas cuestiones en los capítulos 6 y 10.

Instrumentalidad y comodificación del lenguaje

En las secciones anteriores dedicamos bastante tiempo a explicar el monolingüismo normativo y las ideologías monoglósicas del lenguaje que construyen el bilingüismo como un problema. Aunque algunas de las actitudes y el discurso que hemos descrito pueden resultar familiares, también existen representaciones más positivas del multilingüismo. Por ejemplo, es común escuchar a la gente decir que hablar un segundo idioma es valioso para conseguir un trabajo, o que una persona bilingüe vale por dos monolingües. Los discursos **instrumentalistas** del lenguaje hacen hincapié en la utilidad de un idioma (o variedad), es decir, su valor para conseguir algo, más que en su valor intrínseco. Un discurso similar retrata el multilingüismo como una mercancía, algo de valor económico que puede ser 'comprado' y 'vendido'. Esta **comodificación** del lenguaje refleja la influencia del capitalismo y de las políticas neoliberales en las ideologías lingüísticas (Duchêne y Heller, 2011). En lugar de centrarse en las lenguas como características primordiales de los grupos etnolingüísticos (Silverstein, 2003), se hace hincapié en su valor de mercado.

Además de ser presentado como un elemento clave de la identidad de Estados Unidos, el inglés es a menudo considerado —tanto por inmigrantes como por personas nacidas en el país— como una forma de aumentar las oportunidades económicas a nivel individual. Por ejemplo, en su investigación en un sitio de jornaleros en el Suroeste, DuBord (2014, 2017) encontró que los trabajadores que no hablaban inglés sentían que el conocimiento de dicho idioma confería ventajas a sus pares bilingües, a pesar de que estos sostenían que no era así. Los discursos sobre el valor económico del inglés y su supuesta capacidad para abrir puertas y ofrecer nuevas oportunidades a las personas inmigrantes que lo aprenden también se reproducen en el mercadeo de programas de aprendizaje de idiomas como *Inglés sin barreras* (https://inglessinbarreras.co). El valor real del bilingüismo inglés-español (en contraste con el monolingüismo en español o inglés) varía geográficamente dentro de Estados Unidos, pero a menudo es menor de lo que los discursos de la comodificación podrían hacernos creer (DuBord, 2017; Subtirelu, 2017).

Es común escuchar argumentos similares utilizados como estrategia de venta para convencer a estudiantes de que vale la pena tomar cursos de idiomas 'extranjeros', especialmente el chino y el español. Hoy en día, la comodificación del lenguaje y el énfasis en su valor económico se puede ver en la promoción de la 'industria de la lengua' por parte de la RAE y el Instituto Cervantes, que incluye la enseñanza del español, las pruebas de aptitud y la certificación, los materiales pedagógicos y las experiencias de estudios en el extranjero, y que constituye un sector significativo de la economía española (Bruzos Moro, 2017; Villa y Del Valle, 2014). En Estados Unidos, la enseñanza del español ha estado vinculada durante mucho tiempo a un discurso que lo presenta como una lengua 'útil', mientras que otras lenguas europeas han sido enmarcadas con mayor frecuencia como prestigiosos recipientes de alta cultura y literatura (Leeman, 2007). De hecho, en los comentarios del presidente Jefferson en favor del estudio del español, que citamos en el capítulo 3, destacó su valor instrumentalista. Ya en el siglo XIX era común que el español se presentara como algo económicamente valioso, en particular para los empresarios que establecían empresas en América Latina (Lozano, 2018; Spell, 1927). Más recientemente, quienes defienden la educación bilingüe han insistido cada vez más en los beneficios económicos del multilingüismo tanto a nivel individual como para las sociedades, más que en las cuestiones de equidad educativa o justicia social (véase el capítulo 9).

Bilingüismo diferencial

El discurso sobre el bilingüismo que prevalece varía según a qué hablante nos referimos. Mientras que el bilingüismo español-inglés de la población latinx de Estados Unidos se representa con demasiada frecuencia como un fracaso de asimilación o un problema, las personas que estudian español como segunda lengua son a menudo elogiadas. Este **bilingüismo diferencial** (Aparicio, 1998) subraya que el valor simbólico o el significado de un idioma no es inherente a la lengua.

Curtin (2007) documentó el impacto del bilingüismo diferencial en sus entrevistas con estudiantes latinxs y **anglo** de una universidad estadounidense. Entre estudiantes latinxs era común expresar vergüenza de hablar español y/o por tener un conocimiento 'imperfecto' de dicho idioma, mientras que las narraciones de estudiantes anglo se centraban en el orgullo que les significaba adquirir incluso una limitada capacidad comunicativa en español. En un análisis relacionado, Duchêne (2019) señala que el discurso contemporáneo que pregona ampliamente el valor económico del multilingüismo a menudo no reconoce que los beneficios se acumulan de manera diferente según qué idiomas y qué hablantes tomemos en consideración.

El valor relativo del inglés y del español

Si bien en la sección anterior vimos la forma en que se estigmatizan las prácticas lingüísticas multilingües en comparación con las variedades monoglósicas 'estándar', es preciso señalar que también se asignan valores simbólicos diferentes a las distintas lenguas estándar. El inglés se suele presentar no solo como un elemento central de la pertenencia nacional estadounidense, sino también como un idioma que conduce naturalmente al éxito en la escuela y en la vida. Esta visión del inglés puede verse en el siguiente comentario en un debate en línea sobre las políticas educativas para hablantes de lenguas minoritarias en Oregón:

> *For the first 200 years of our republic people have come from all over the world and immigrated to America. They spoke every language on earth. With the exception of few isolated exceptions there were no ELL, ESL or dual language programs, just English immersion. Because immigrants were forced to learn English they became better citizens, more productive people and better educated.*

Durante los primeros 200 años de nuestra república la gente ha venido de todo el mundo y ha inmigrado a América. Hablaban todos los idiomas de la tierra. Con la excepción de algunas excepciones aisladas, no había programas de ELL, ESL o de dos idiomas, solo de inmersión en inglés. Debido a que las personas inmigrantes fueron forzadas a aprender inglés, se convirtieron en mejores ciudadanos/as, personas más productivas y mejor educadas. (http://www.answerbag.com/debates/oregon-pass-in-mersión-inglés-medida_1855505, consultado el 20 de agosto de 2010; enlace no disponible)

Este comentario ofrece otro ejemplo del borrado discursivo mencionado anteriormente, ya que se oculta el hecho de que no todas las personas que integraron las primeras oleadas migratorias aprendieron inglés o lo hicieron rápidamente, y se ignora la existencia histórica de educación en lenguas minoritarias (Fishman, 2001; Wiley, 2010). Aquí nos centramos en la representación del inglés, que según el comentario recién citado fue clave para que de aquellas oleadas migratorias surgieran personas productivas y bien educadas, capaces de insertarse exitosamente dentro de la ciudadanía. En otras palabras, se considera que hablar inglés proporciona beneficios morales, políticos e intelectuales.

En su análisis de la cobertura periodística de un referéndum de California sobre la educación bilingüe, Santa Ana (2002) también constató que el inglés se retrataba de forma diferente (y mejor) que otros idiomas; donde el inglés se consideraba un idioma transparente que se aprendía fácilmente, los otros idiomas se construían como 'barreras' para la comunicación. Esas representaciones positivas del inglés no se limitan a Estados Unidos; las investigaciones han demostrado que en la esfera internacional los discursos que rodean al inglés a menudo lo vinculan con la modernidad, la democracia y la civilización (Horner y Weber, 2018; May, 2001).

Gran parte del discurso público negativo acerca del español en Estados Unidos gira en torno a la noción de que este no solo es un idioma de inmigrantes, sino que es hablado principalmente por la clase baja (Schmidt, 2002). Entre los ejemplos se incluye la cita de Tom Brokaw que analizamos en el capítulo 2, la descripción que hizo el expresidente de la Cámara de Representantes Newt Gingrich del inglés como "the language of prosperity" ('el idioma de la prosperidad') y del español como "the language of living in a ghetto" ('el idioma de la vida en un gueto') (Hunt, 2007), y la siguiente cita del profesor de Harvard Samuel Huntington:

> There is no Americano dream. There is only the American dream created by an Anglo-Protestant society. Mexican Americans will share in that dream and in that society only if they dream in English.

> No hay ningún sueño americano ('Americano dream'). Solo existe el sueño americano ('American dream') creado por una sociedad angloprotestante. La gente mexicoamericana podrá ser parte de ese sueño y de esa sociedad solo si sueñan en inglés. (Huntington, 2004: 45)

En esta ideología, el inglés se presenta como el único idioma que conduce al éxito, y el español se considera vinculado a la pobreza. Asimismo, esta representación coloca al idioma como la causa de la desigualdad y al español como inherentemente perjudicial y subordinado. Así pues, borra el estatus del español como lengua global que se utiliza para los negocios, la diplomacia y la política (a veces de manera que subordina a otras lenguas). También se borra el uso del español por parte de la clase media y los grupos de élite dentro de Estados Unidos, así como el hecho de que la retención del español se correlaciona con un estatus socioeconómico más alto (Portes y Rumbaut, 2005).

Como vimos, las actitudes hacia las lenguas y las variedades lingüísticas son inseparables de las actitudes hacia sus hablantes, y la hostilidad hacia el español resulta de (y reproduce) una animosidad más amplia hacia las personas latinxs y de habla hispana. Estas representaciones negativas también se extienden a los discursos sobre la enseñanza y aprendizaje del español como segunda lengua. El español es denigrado y presentado como algo fácil, poco importante o útil solo para hablar con el personal doméstico (Schwartz, 2008).

Paralelamente a esta denigración, empero, hay una ideología que celebra el español —al menos en ciertos contextos—. Desde finales del siglo xx, se ha hablado de un 'boom latino' en la música y la cultura popular (Cepeda, 2000). De hecho, esta fijación con los elementos culturales latinoamericanos y españoles se remonta al menos a principios del siglo xx (Lynch, 2018; Nieto-Phillips, 2004), como vimos en el capítulo anterior. Si bien estos discursos pueden parecer celebratorios, en muchos casos se basan en nociones estereotipadas sobre personas supuestamente apasionadas y de sangre caliente, que en realidad sirven para reforzar la idea de que las personas anglo son más racionales (y por lo tanto superiores). Además, como vimos en el capítulo 2, esas representaciones son cómplices del encumbramiento de la ascendencia y la blanquitud españolas (es decir, europeas) (Cepeda, 2000; Nieto-Phillips, 2004). En el capítulo 7 consideramos cómo las películas y los programas de televisión vinculan al español con una serie de características negativas, como la criminalidad, la promiscuidad y los valores anticuados o pasados de moda.

El español como esencia de la identidad latinx versus la lengua como elección

Dos ideas comunes que reflejan ideologías lingüísticas contradictorias son las siguientes: (1) el español es una parte esencial de la identidad latinx; y (2) las personas inmigrantes deberían elegir hablar inglés. Ya hemos observado que en Estados Unidos el español a menudo indexicaliza la identidad latinx, y profundizamos en esta relación ideológica en los capítulos 5 y 6. Por ahora, solo queremos mencionar la expectativa generalizada (tanto entre latinxs como entre no latinxs) de que las personas latinxs hablen español. Esto se manifiesta, por ejemplo, en la presión dentro de las comunidades latinxs para que quienes la integran hablen un español 'impecable' con el fin de demostrar su 'autenticidad' (Christoffersen, 2019; García Bedolla, 2003; Shenk, 2007), así como en el frecuente uso intercambiable por parte de los medios de comunicación de los términos *latinxs* e *hispanohablantes* como si fueran sinónimos. La construcción ideológica del español como parte inherente de la identidad latinx es tan fuerte que el idioma español a menudo sirve como un sustituto o índice para todas las personas latinxs, incluso para las que son monolingües en inglés (Leeman, 2013, 2016).

En contraste con esta ideología sobre una relación primordial o **esencializada** entre el idioma y la identidad (y específicamente entre el español y la identidad latinx), una ideología co-ocurrente considera que los idiomas y las variedades lingüísticas son independientes de la identidad y están igualmente disponibles para todo el mundo. Esta noción se refleja en la ideología de la lengua estándar, así como en los discursos neoliberales afines a la comodificación que hemos analizado anteriormente. La desvinculación de la lengua y la identidad coloca al idioma como una *elección* individual, más que como la consecuencia de la identidad y la experiencia vital, o de factores estructurales. Como tal, el aprendizaje del inglés se discute como si fuera una cuestión de determinación individual; las personas que no hablan inglés son retratadas como si simplemente hubieran elegido no hacerlo. De hecho, mucha gente cree que las personas inmigrantes se niegan a aprender inglés, y las encuestas de opinión pública han revelado que la gran mayoría (58%) piensa que las personas inmigrantes no aprenden inglés en un tiempo razonable (Pew Research Center, 2006). Por supuesto, lo que cuenta como 'una cantidad razonable de tiempo' es una pregunta subjetiva (e ideológica), pero vale la pena recordar que las personas inmigrantes y sus descendientes valoran el inglés y aprenden a hablarlo, como vimos en el capítulo 2.

Esta concepción de la lengua como elección es evidente en las quejas sobre la supuesta falta de asimilación por parte de inmigrantes recientes y en los llamamientos para que el inglés sea la lengua oficial de Estados Unidos (véase el capítulo 8). Los defensores del inglés describen la asimilación como igualitaria: si el inglés fuera el idioma oficial, los privilegios de ser anglohablante estarían disponibles para todo el mundo (Schmidt, 2007). Por supuesto, esto borra el tiempo y el esfuerzo necesarios para aprender un idioma, y la falta de oportunidades para que las personas lo hagan. No obstante, la noción del idioma como elección tiene un importante impacto discursivo porque permite culpar a las personas que hacen 'malas elecciones', en lugar de reconocer la marginación estructural. Debido a los discursos que encumbran al inglés y contribuyen a la representación negativa del español, se considera a quienes hablan este idioma como personas que eligen una vida empobrecida y construyen sus propias barreras a la integración socioeconómica y/o política (Leeman, 2004).

A su vez, cuando el idioma se construye como una elección, la discriminación lingüística parece menos problemática que la discriminación basada en características consideradas permanentes e inmutables, como el género o la raza (Cameron, 1997; Schmidt, 2002; Urciuoli, 2009). Debido a que los prejuicios raciales explícitos se han llegado a considerar socialmente indeseables, la gente encuentra formas más indirectas de expresar los prejuicios (Sniderman *et al.*, 1991). En este 'nuevo racismo', las diferencias raciales se codifican como cultura o idioma, lo que permite a las personas expresar prejuicios sin ser etiquetadas (o verse a sí mismas) como racistas (véase el capítulo 5 para un análisis de la raza y la racialización). Esto es aún más insidioso en lo que respecta a las personas latinxs, ya que a menudo se da por sentado que son personas de habla hispana que optan por no hablar inglés, independientemente de sus prácticas lingüísticas reales (Leeman, 2012a, 2013).

Al igual que otras ideologías hegemónicas, la idea de que el aprendizaje del inglés es una cuestión de elección individual también es asumida a veces por personas inmigrantes, algunas de las cuales sienten vergüenza o culpa por no haber aprendido inglés, como si esto implicara un fallo moral de su parte (Relaño Pastor, 2014; Ullman, 2010).

La noción del idioma como elección se aplica no solo al aprendizaje del inglés, sino también al aprendizaje o mantenimiento del español y su transmisión a las nuevas generaciones. La idea de que cada individuo simplemente elige qué idiomas hablar contribuye a que las personas latinxs se culpen a sí mismas si no hablan el español tan bien como creen que deberían (García Bedolla, 2003; Sánchez Muñoz, 2016; Urciuoli, 2008), en lugar de considerar cuestiones estructurales más amplias como el predominio de los modelos educativos basados únicamente en el inglés (véase el capítulo 9) o las ideologías hegemónicas que los sustentan.

Conclusiones y conexiones

De nuestra discusión en este capítulo debería quedar claro que las ideologías lingüísticas juegan un papel tremendamente importante en la vida de las personas. Condicionan la forma en que pensamos acerca del lenguaje, y lo que es aún más importante, inciden en la forma en que vemos a la gente, ya que dan significado social a las diferentes maneras de hablar y usar el lenguaje. El marco teórico que esbozamos en este capítulo, así como el análisis de algunas de las ideologías lingüísticas más prevalentes en torno al español en Estados Unidos, puede considerarse el fundamento de los capítulos restantes.

En el próximo capítulo veremos que las ideologías lingüísticas están intrínsecamente ligadas a las ideologías de raza y a la clasificación racial, y analizaremos su papel en la racialización de la población latinx. En el capítulo 6 repararemos en la relación entre lengua e identidad examinando un conjunto más amplio de identidades y las formas en que son representadas a través del lenguaje. Estas discusiones se basarán en el concepto de indexicalidad (que explicamos en el presente capítulo) y en la naturaleza ideológica de la relación entre las formas particulares de hablar y las identidades particulares. En el capítulo 8 veremos cómo las ideologías lingüísticas dan forma a las políticas lingüísticas, y en el capítulo 9 nos centraremos en la política educativa. Como veremos, las políticas reflejan y refuerzan las ideologías lingüísticas, una relación bidireccional que también es evidente en nuestro análisis del capítulo 7 sobre la representación del español y sus hablantes en los medios de comunicación.

Actividades y preguntas de discusión sobre el capítulo 4

(1) Pídele a un/a amigo/a que defina y describa el 'inglés estándar' o el 'español estándar', y a continuación pregúntale acerca de quién lo habla, y quién decide lo que es 'bueno' y 'malo' del inglés o el español. ¿Coincide con lo discutido en este capítulo? ¿Qué ideologías lingüísticas reflejan sus respuestas?

(2) Busca en Internet dónde se habla el 'mejor' inglés o español. ¿Qué ideologías lingüísticas revelan las respuestas o los resultados arrojados? ¿Qué factores no lingüísticos juegan un papel?

(3) Haz una lista de todos los idiomas, variedades, registros, etc., que están en tu repertorio lingüístico. Además de cualquiera de los recursos más convencionales y 'definidos' que hayas identificado (por ejemplo, AAE, inglés estadounidense 'estándar', español peruano 'estándar'), piensa en los diferentes estilos que usas en diferentes ámbitos y con diferentes personas. Intenta describir estos recursos lingüísticos aunque no tengan nombres establecidos. A continuación, compara tu lista con la de un/a amigo/a. ¿En qué se parecen y/o difieren? ¿Qué dice esto respecto del estatus de los idiomas como entidades delimitadas y uniformes?

(4) ¿Cuál crees que es el valor social del español en Estados Unidos? ¿Es prestigioso hablar español? Y si es así, ¿en qué contextos, qué variedades, y quién debe hablarlo para que sea considerado prestigioso? ¿Qué otros tipos de significado social tiene el hablar español?

(5) Mira el video de la BBC *Las sorprendentes razones por las que estos niños quieren aprender español en Estados Unidos* (https://www.youtube.com/watch?v=YPmLtudnWbo). ¿Qué ideologías identificas en las razones expresadas? ¿Son iguales para todo el mundo? Por lo que cuentan en el video, ¿cuáles son algunas fuentes de las ideas que tienen estos niños y niñas sobre el valor del español? Finalmente, considera los concursos de deletreo. ¿Por qué son tan comunes y qué ideologías podrían reflejar?

Lecturas y materiales adicionales

Bruzos Moro, A. (2017) 'De camareros a profesores' de ELE: La mercantilización del español y de su enseñanza como lengua extranjera. *Spanish in Context* 14 (2), 230–249.

Cepeda, M.E. (2000) *Mucho loco* for Ricky Martin or the politics of chronology, crossover, and language within the Latin(o) music "boom". *Popular Music and Society* 24 (3), 55–71.

Fuller, J.M. (2019) Ideologies of language, bilingualism, and monolingualism. En A. De Houwer y L. Ortega (eds.) *The Cambridge Handbook of Bilingualism* (pp. 119–134). Cambridge: Cambridge University Press.

Kroskrity, P. (2004) Language ideologies. En A. Duranti (ed.) *A Companion to Linguistic Anthropology* (pp. 496–517). Malden, MA: Blackwell.

Leeman, J. (2012b) Investigating language ideologies in Spanish as a heritage language. En S.M. Beaudrie y M. Fairclough (eds.) *Spanish as a Heritage Language in the United States: The State of the Field* (pp. 43–59). Washington, DC: Georgetown University Press.

Lippi-Green, R. (2012) *English with an Accent: Language, Ideology and Discrimination in the United States* (2ª ed.). Londres: Routledge.

Pavlenko, A. (2002) 'We have room but for one language here': Language and national identity at the turn of the 20th century. *Multilingua* 21, 163–196.

Capítulo 5

Raza, racialización e identidad etnorracial de la población latinx

Objetivos

Analizar la construcción social de la raza en América Latina y Estados Unidos, introducir la noción de racialización, estudiar cómo esta se aplica al español en Estados Unidos y analizar críticamente las construcciones de identidad etnorracial entre la población latinx de dicho país.

Introducción

En el análisis que desarrollamos en el capítulo 3 acerca de la historia del español y sus hablantes en Estados Unidos, vimos que la raza y el racismo ocuparon un lugar central en la conquista y colonización europea de África y las Américas, en la organización de las sociedades coloniales españolas y británicas, así como en el expansionismo territorial de Estados Unidos. El racismo antiindígena y antinegro dio forma al posterior trato (y maltrato) hacia las personas latinxs en Estados Unidos, como veremos en nuestra consideración sobre la historia de las políticas lingüísticas y educativas en los capítulos 8 y 9. Esta historia, así como el racismo que perdura al día de hoy, siguen incidiendo en las experiencias de las personas latinxs. La lengua está intrínsecamente ligada a las identidades étnicas y raciales, y el español juega un papel central en la construcción de la identidad latinx. Asimismo, tal como se evidenció en el capítulo anterior sobre las ideologías lingüísticas, la subordinación lingüística es un mecanismo para la reproducción de las jerarquías sociales y la desigualdad. Por estas razones, es imposible hablar cabalmente sobre la sociolingüística del español en Estados Unidos sin tener en cuenta la raza y la **racialización**, conceptos centrales del presente capítulo.

En consonancia con la concepción académica actual, entendemos la raza como un **constructo social**, al mismo tiempo que reconocemos las enormes consecuencias sociales, políticas y materiales que implican la raza y el racismo. Después de proporcionar una introducción a la raza y la racialización, nos centramos en la racialización de la lengua española y su representación como intrínsecamente extranjera y peligrosa para la identidad nacional estadounidense. A continuación, exploramos cómo las ideologías raciales y las construcciones sociales de la raza dependen del contexto y varían con el tiempo, así como de un lugar a otro. Esto nos lleva a una visión general de la raza en América Latina y a una comparación con la construcción social de la raza en Estados Unidos. Después de observar los límites difusos entre raza y etnicidad, nos centramos específicamente en las identidades **etnorraciales** de la población latinx en Estados Unidos (este término señala la falta de una clara distinción entre los dos constructos). En la última sección del capítulo, nos remitimos a la clasificación que la U.S. Census Bureau ('Oficina del Censo de los Estados Unidos') hace de la población latinx, para comprender su papel en la racialización de esta, así como para analizar el carácter cambiante y controvertido de la construcción de la identidad latinx. Entre los temas relativos al idioma que abordamos en el debate sobre el censo, figuran la construcción del español como una característica inherente y cuasi biológica, los múltiples y controvertidos significados de las etiquetas de identidad y el poder de la lengua para poner en cuestión las interpretaciones dominantes de la identidad racial. Por último, repasamos los debates actuales sobre el lenguaje inclusivo en cuanto al género.

La raza como constructo social

La gente a menudo piensa en la raza como una característica física visible, arraigada en los genes y la biología, que permanece constante a lo largo de la vida de una persona. De este modo, es común creer que las personas que pertenecen a la misma raza comparten ciertas características físicas que las distinguen de las personas de otros grupos raciales. Sin embargo, como señala un artículo reciente publicado en *Scientific American*, "la creencia mayoritaria entre la comunidad científica es que la raza es un constructo social sin significado biológico" (Gannon, 2016; traducido del inglés). ¿Pero qué significa decir que la raza es un constructo social en lugar de algo biológico? En el capítulo anterior, vimos que las naciones y las lenguas, y las fronteras entre ellas, no se basan en características objetivas, sino que reflejan ciertas formas de imaginar y pensar estas categorías que están influidas social y políticamente. Del mismo modo, la raza no es una propiedad fisiológica objetiva y observable, sino una ideología sobre la diferencia humana, o una forma particular de pensar las características físicas y darles significado social y político. Parte de la ideología de la raza es la creencia de que la humanidad puede ser dividida en grupos distintos y definidos objetivamente en base a su genotipo —la composición genética de una persona— o su **fenotipo** —su apariencia física, incluyendo el color de la piel y los ojos o la textura del cabello—. Las ideologías sobre la raza y la diferencia racial son tan poderosas que se **naturalizan** y parecen hechos más que construcciones sociales.

Si la raza es un constructo social, ¿de dónde surgió esta manera de pensar la diferencia humana? Históricamente, la concepción moderna de la raza es inseparable de la conquista europea en África y las Américas. En particular, los miembros de los diversos pueblos originarios americanos y africanos fueron agrupados en categorías construidas no solo como homogéneas, sino como inherentemente diferentes a las personas europeas. Como señalamos en el capítulo 3, las instituciones religiosas fueron parte integral de la colonización y la dominación, y el discurso europeo a menudo se valió de la diferencia religiosa como justificación para la esclavitud y la explotación de los pueblos 'paganos'. Con el tiempo, los discursos raciales llegaron a representar las diferencias como biológicas, y algunos estudios de los siglos XVIII y XIX llegaron a sugerir que las diferentes razas pertenecían a especies diferentes (Nobles, 2000; Omi y Winant, 1994; Painter, 2010). Hoy en día, las ideologías raciales y el concepto de raza se reproducen en las estructuras sociales, económicas y políticas, así como en las prácticas cotidianas que asignan a las personas a diferentes categorías que son utilizadas en la organización de la sociedad (Omi y Winant, 1994).

Decir que la raza es un constructo social no implica negar la variación física o genética, ni decir que las personas no tengan rasgos fenotípicos diferentes; obviamente los tienen. Sin embargo, a pesar de la creencia generalizada en la existencia de razas distintas con límites claros, los diferentes rasgos físicos no se correlacionan ni se alinean claramente con las identidades raciales. Así, dos personas con identidades raciales diferentes a veces tienen más material genético en común entre sí que con personas consideradas de la misma raza. De hecho, las investigaciones genéticas han revelado que más del 84% de la variación física se produce dentro de una misma raza, y no entre las razas (Jobling *et al.*, 2016; Mersha y Abebe, 2015).

Ya que estamos en el tema de la genética, diremos ahora algo sobre los servicios de pruebas de ADN a domicilio, proporcionados por empresas como 23andMe. Basándose en una muestra de saliva que la persona interesada envía por correo, estos servicios producen un informe de 'composición de la ascendencia' que pretende mostrar los porcentajes exactos de ascendencia y su distribución por continentes, regiones o países específicos. Las pruebas de ADN a domicilio se han convertido en una industria multimillonaria, pero la comunidad científica ha identificado numerosas limitaciones y supuestos problemáticos. Por un lado, las bases de datos de referencia, utilizadas para la comparación con las muestras de la clientela, no captan la diversidad genética real de las regiones o grupos que supuestamente representan. En segundo lugar, se basan en muestras recientes; aunque revelen dónde se encuentran *actualmente* poblaciones genéticamente similares, esto no significa que esas poblaciones sean *de* allí (Bolnick *et al.*, 2007). En tercer lugar, cuando se encuentra que un marcador genético es más común en una población determinada que en otras se trata como si fuera un indicador de esa población. Sin embargo, por más que algunos marcadores genéticos son más probables en determinados grupos poblacionales, esto no significa que todas las personas con ese marcador pertenezcan a ese grupo (Jobling *et al.*, 2016). Según Bolnick y sus colegas (2007), estas deficiencias pueden dar lugar a resultados absurdos, como pasó con las pruebas de AncestryByDNA, que sugirieron que había altos porcentajes de personas de Oriente Medio, la India y la región mediterránea de Europa que tenían ascendencia de los pueblos originarios americanos, lo que obviamente se contradice con el registro arqueológico e histórico.

Más allá de que los aspectos técnicos de las pruebas de ascendencia son poco fiables y engañosos, lo que más preocupa es que refuerzan la idea común y errónea de que la genética es la fuente de la identidad racial (Bolnick *et al.*, 2007; Jobling *et al.*, 2016). Como hemos explicado, la identidad es un fenómeno social y cultural, no biológico, por lo que las pruebas de ADN nunca pueden identificar la 'verdadera' raza de alguien. De hecho, los frecuentes desajustes entre la raza autodeclarada y los resultados de las pruebas de ADN proporcionan evidencia precisamente de que la genética no es la fuente de la identidad (Mersha y Abebe, 2015; Roth y Ivemark, 2018).

Vale aclarar que cuando afirmamos que la raza es un constructo social en lugar de un hecho biológico, no estamos diciendo que no sea 'real'. Por el contrario, la raza, como otros constructos sociales, tiene un significado individual y social muy real, además de tener consecuencias materiales de gran alcance. Volvamos al caso de las naciones. Aunque las naciones se construyen socialmente, no hay duda de que existen realmente, como lo demuestra el hecho de que provoquen gran apego emocional y lealtad entre la ciudadanía, así como sentimientos de identidad compartida entre personas que no se conocen entre sí (Anderson, 1991; Billig, 1995). Además, los gobiernos nacionales tienen un poder increíble para regular e influir en la vida de las personas así como para establecer las normas sobre quiénes pueden entrar y qué trato hay que darles, todo lo cual tiene consecuencias materiales que, sin duda, son muy reales. En consecuencia, aunque las fronteras nacionales son límites políticos que no se corresponden con líneas reales de la tierra, si una persona cruza de un lado a otro, tanto la forma en que esta es percibida como sus libertades individuales (lo que tiene permitido decir y hacer) pueden verse alteradas; dicho de otro modo, si es vista como un miembro de la sociedad o como una persona foránea e indeseable puede variar según de qué lado de la frontera se encuentre. Así pues, aunque no corresponden a una realidad física, podemos decir con certeza que las naciones son 'reales'.

De la misma forma que sucede con las naciones, la raza también es 'real' y tiene un impacto tremendo no solo en cómo las personas conciben su propia identidad y la de los demás, sino también en su bienestar físico, sus derechos y su situación jurídica, así como en el acceso a una amplia gama de bienes y servicios. Por supuesto, la historia de Estados

Unidos proporciona numerosos ejemplos de que la raza y el racismo se han oficializado en la ley con consecuencias muy reales, como la esclavitud, la denegación de la ciudadanía y del derecho al voto, y la segregación racial, por nombrar solo algunas. Aunque la discriminación racial está ahora prohibida por la ley, en la práctica el legado de la historia, junto con el persistente racismo individual y estructural, hacen que la raza siga influyendo en la situación socioeconómica, las condiciones de vida, los resultados en materia de salud y la esperanza de vida de las personas.

Racialización

Está extendido dentro de la academia y de grupos activistas el uso del término *racialización* para destacar que la construcción social de la raza es un proceso y un proyecto ideológicos, más que un hecho estático. Si bien no todo el mundo utiliza el término exactamente de la misma manera, una definición comúnmente citada es "la extensión de significados raciales a relaciones, prácticas sociales o grupos que previamente no comprendían ninguna clasificación racial" (Omi y Winant, 1994: 64; traducido del inglés). Un aspecto de la racialización es la construcción de categorías raciales y la vinculación ideológica de características físicas particulares con la identidad racial, aunque las características específicas pueden variar de un lugar a otro. Como sabemos, la raza en Estados Unidos se construye principalmente tomando como referencia el color de piel, aunque el tipo de pelo y los rasgos faciales también se consideran indicadores raciales. Pero la racialización no es solo la atribución de rasgos fenotípicos particulares a determinadas razas; también implica una visión **esencialista** de las características sociales y morales, como la ambición, la pereza o la criminalidad, como si fueran inherentes a grupos raciales particulares, e incluye el uso de la raza como explicación de las diferencias culturales, intelectuales y de comportamiento percibidas entre las personas. Por lo tanto, la racialización no es un proceso neutral de clasificación o categorización; es, más bien, una forma de subordinar a los grupos no dominantes y diferenciarse de estos, etiquetándolos como **otredad**. O, como dice Schmidt (2002: 158; traducido del inglés): "La racialización es un proceso social cuyo propósito es la desigualdad".

Como hemos visto, la conquista europea fue un momento histórico clave en la construcción de las categorías raciales y en la concesión o denegación de estatus, derechos y privilegios conforme a esas categorías. Sin embargo, la racialización es un proyecto que continúa vigente, en el sentido de que la raza es reproducida constantemente. Una instancia en la que se refuerza la noción de las distintas razas es en las clasificaciones raciales oficiales, como el censo, del que hablamos más adelante en este capítulo. Además de las políticas y prácticas institucionales y oficiales, las ideologías racializantes y el racismo también se reproducen a través del lenguaje, incluyendo la cobertura de noticias y otros discursos de los medios de comunicación y las políticas oficiales, así como el habla cotidiana a nivel interpersonal (Van Dijk, 1993, 2005). Por ejemplo, Santa Ana (2002) demostró que la cobertura periodística de la inmigración no autorizada se basa en gran medida en metáforas racistas y deshumanizadoras que presentan a las personas migrantes como invasoras y/o animales.

La academia ha utilizado el marco teórico de la racialización para analizar "los procesos a través de los cuales los significados raciales se vinculan a cuestiones particulares —a menudo tratadas como problemas sociales— y a la manera en que la raza parece ser un factor clave, o a menudo el factor clave, en la forma en que se definen y entienden" (Murji y Solomos, 2005: 3; traducido del inglés). En Estados Unidos, la delincuencia está racializada y discursivamente vinculada a los hombres afroamericanos y latinxs, de manera que algunas personas cuando escuchan de un crimen presumen que fue cometido por alguien de color (aunque no se mencione la identidad racial) y estereotipan a los hombres afroamericanos y latinxs como violentos (Welch, 2007). De igual manera, la concepción racializada de la criminalidad y el consumo de drogas se utiliza para justificar el perfilado racial y el aumento de la vigilancia en los barrios de comunidades afroamericanas y latinxs, y contribuye a que las penas de prisión sean más duras y las tasas de encarcelamiento de personas latinxs y afroamericanas sean mayores que las de personas blancas, a pesar de que estadísticamente es menos probable que quienes integran dichas comunidades hayan consumido drogas ilegales (Knafo, 2013).

El lenguaje también es una práctica social y cultural que a menudo es racializada. Por ejemplo, el hecho de representar el español y otros idiomas distintos del inglés como no estadounidenses y como una amenaza para la identidad nacional de Estados Unidos forma parte del discurso que describe a quienes hablan esos idiomas como personas "tan 'ajenas' que es imposible concebir que sean miembros iguales de la misma comunidad política" (Schmidt, 2002: 158; traducido del inglés). Asimismo, en muchos contextos latinoamericanos, las personas que hablan lenguas indígenas, como el quiché o el quechua, han sido históricamente encasilladas como ajenas al colectivo nacional imaginario (French, 2008; Koc-Menard, 2017). No solo se racializan lenguas específicas, sino también variedades y prácticas lingüísticas que no se ajustan a la **variedad 'estándar'**. En Estados Unidos, las variedades lingüísticas asociadas a personas latinxs y afroamericanas se presentan sistemáticamente como incorrectas, descuidadas y generalmente inferiores (véase el capítulo 4), lo que constituye un elemento de la racialización de estos grupos. Centrarse en las prácticas lingüísticas y otras prácticas culturales, más que en las características físicas, es una estrategia (a veces inconsciente) para ocultar racismo. Pensemos, por ejemplo, en alguien que aspira a un puesto de trabajo y que pronuncia la palabra *ask* ('preguntar') como 'aks', lo cual es común en el **inglés afroamericano** (AAE). No hay nada intrínsecamente malo en esta pronunciación, y enmarcarla como 'poco profesional' o 'de ignorante' da lugar a que una persona afroamericana que aspira a un puesto de trabajo puede ser rechazada por razones supuestamente no relacionadas con la raza (Lippi-Green, 2012).

En este ejemplo, la racialización implica la discriminación de personas basada en características lingüísticas asociadas a grupos específicos, pero la vinculación de características específicas, prácticas sociales y rasgos lingüísticos con identidades raciales específicas también es ideológica. Al igual que la representación del consumo de drogas ilícitas como si fuera más común entre personas afroamericanas y latinxs que entre personas blancas no latinxs, mucha gente en Estados Unidos asocia ciertas construcciones que están socialmente estigmatizadas con el habla afroamericana, aunque otros grupos también las utilizan (Chun y Lo, 2016). Por ejemplo, la doble negación (p. ej. *I don't have none*, 'no tengo ninguno'), una estructura estigmatizada en inglés, es percibida como un fenómeno típicamente afroamericano, cuando en realidad está bastante extendido entre otros grupos etnorraciales. Así pues, la racialización de la doble negación no se basa solo en la forma en que las personas hablan, sino también en la forma en que sus interlocutores/as escuchan esa manera de hablar y le asignan un significado social o racial (Chun y Lo, 2016; Inoue, 2006). En lo que respecta a la racialización de hablantes, las nociones preconcebidas pueden ser tan fuertes que muchas veces hay una predisposición a 'escuchar' el habla de las personas racializadas como si fuera no estándar, sin importar cómo hablen en realidad (Flores y Rosa, 2015). Flores y Rosa (2015) demuestran el poder de los discursos racializantes en su análisis sobre la construcción del estudiantado latinx como lingüísticamente deficiente a pesar de la complejidad y la riqueza de sus repertorios translingüísticos así como de sus prácticas lingüísticas. Esta racialización repercute en la forma en que este tipo de estudiantes es tratado en la interacción cotidiana y también da forma a la política educativa, como veremos en el capítulo 9.

La racialización del español

La racialización del español implica tanto el hecho de que sea considerado una característica cuasi física o racial de las personas latinxs como su subordinación y denigración (Leeman, 2004, 2013; Rosa, 2019; Rosa y Flores, 2017). Históricamente, esto ha incluido la vinculación de la 'sangre' con la lengua en las negativas explícitas a otorgar la condición de estado a los territorios del Suroeste, basadas en el porcentaje de hispanohablantes (Gómez, 2007; Leeman, 2013, 2016), y el uso del inglés como mecanismo para restringir la participación política (véase el capítulo 8) y segregar o excluir a niñas y niños mexicoamericanos de las escuelas públicas (véase los capítulos 8 y 9). La representación negativa del español en la esfera pública —incluida la condena social y política de *Nuestro Himno* (la versión en español del himno nacional estadounidense que vimos en el capítulo 4), la descripción que hizo el expresidente de la Cámara de Representantes Newt Gingrich del español como "el idioma de la vida en un gueto" (Hunt, 2007; traducido del inglés) y los comentarios del periodista Tom Brokaw discutidos en el capítulo 2— refuerza la definición del español como perjudicial para la nación y también para las personas que lo hablan.

El español y quienes lo hablan también son objeto de racialización por parte de distintas autoridades, como se puede apreciar en el caso de un oficial de la U.S. Border Patrol ('Patrulla Fronteriza de los Estados Unidos') en Montana que detuvo a dos mujeres por hablar español (véase el capítulo 8), o la profesora de secundaria que amonestó a sus estudiantes para que dejaran de hablar español diciendo: "the brave men and women

[are] not fighting for your rights to speak Spanish; they're fighting for your rights to speak American" ('los valientes hombres y mujeres no están luchando por sus derechos a hablar español; están luchando por sus derechos a hablar estadounidense') (Stevens, 2017). En esta misma línea, también hay docentes que incitan a estudiantes latinxs a adoptar nombres 'estadounidenses'; como se puede ver en el testimonio de Juan González, a quien su docente de primer grado le dijo: "Your name isn't Juan. In this country it's John. Shall I call you John?" ('Tu nombre no es Juan. En este país es John. ¿Te llamo John?') (González, 2011: 90–91). Así también, la miríada de agresiones y comentarios cotidianos que insultan a las personas por hablar en español o que exigen que hablen en inglés o que 'vuelvan por donde vinieron' también contribuyen a la racialización del español y de las personas que lo hablan (véase el capítulo 4).

Los discursos públicos así como las políticas oficiales y no oficiales que desprecian el español no solamente racializan el español y sus hablantes, sino también a las personas latinxs en general, sean las que sean sus prácticas lingüísticas. Esto se debe en parte a que las ideologías raciales **hegemónicas** de Estados Unidos representan al español como algo biológicamente vinculado a las personas latinxs, como si fuera una característica genética o fenotípica. Esta noción se refleja en los comentarios sobre quienes 'parecen' y quienes 'no parecen' ser hablantes de español. Debido a que el español es simultáneamente retratado como fuera de lugar en Estados Unidos, y la identidad prototípica estadounidense es a menudo asociada con la raza blanca, se tiene la imagen de las personas latinxs como una población perpetuamente extranjera que nunca puede asimilarse completamente (Leeman, 2013, 2016). Sin embargo, al presentar la lengua como una elección, las personas que desprecian el español pueden afirmar no ser racistas (Cameron, 1997). A su vez, estas dos ideologías (es decir, la noción de la lengua como una elección y la idea del español como algo inherente a la identidad latinx) llevan a que se represente a las personas latinxs como no dispuestas a asimilarse, independientemente de la lengua que hablen en realidad (como en la cita de Tom Brokaw discutida en el capítulo 2) (Leeman, 2013, 2016).

Otra forma de racializar el español y a las personas latinxs es emparentar la inmigración, y especialmente la inmigración no autorizada, con ser de origen mexicano o latinx. En el discurso público contemporáneo, estas asociaciones son bidireccionales: por un lado, hablar de 'inmigrantes ilegales' a menudo es una manera encubierta de hablar de personas de México (Dick, 2011; DuBord, 2014) y, por el otro, toda persona de origen mexicano es retratada como inmigrante. Además, tal como dijimos en el capítulo 3, el uso de la palabra *ilegal*, en lugar de un término más neutro como *indocumentado/a* o *no autorizado/a*, estigmatiza y deshumaniza a las personas (algunas de las cuales han cometido la violación civil, que no es lo mismo que un acto criminal, de quedarse más tiempo del previsto en su visado). Asimismo, puesto que las personas mexicanas, al igual que otros grupos latinxs, son percibidas socialmente como hispanohablantes naturales, estas asociaciones negativas también se terminan vinculando al español, que se presenta como un idioma 'ilegal' (Leeman, 2012a). En el siguiente capítulo se analiza otro discurso racista, el *Mock Spanish*, que se basa en los estereotipos negativos sobre las personas latinxs, al mismo tiempo que los refuerza, devaluando así el español.

La variabilidad en la construcción de la raza

Debido a que la raza se construye socialmente, las diferentes sociedades pueden tener diferentes formas de dividir el mundo en categorías y de asignar personas a esas categorías. En consecuencia, a veces es posible 'cambiar' de raza simplemente subiéndose a un avión o moviéndose de un lugar a otro. No es que las características físicas de la persona cambien, por supuesto, sino que la comprensión sociocultural de esas características y, por lo tanto, la identidad racial de la persona son diferentes en los dos lugares. Las diferencias contextuales en la construcción social de la raza son un tema central de una rutina cómica de Trevor Noah, en la que contrasta su identidad racial en Sudáfrica y en Estados Unidos (https://www.youtube.com/watch?v=vi7SeBI7z9A). Nacido de madre negra y padre blanco durante el régimen de *apartheid* de Sudáfrica, Noah fue considerado oficialmente 'de color', una categoría que en Sudáfrica significa que no es negro ni blanco, sino 'mixto'.

La idea de que una persona de madre negra y padre blanco no sea negra contrasta con el punto de vista dominante en Estados Unidos, donde las personas con cualquier rastro de ascendencia africana suelen ser consideradas negras. En la rutina, Noah cuenta que tomó la decisión de venir a Estados Unidos para ser visto como negro. Además de la naturaleza circunstancial de la construcción de la raza, la rutina de Noah también ilustra varios otros aspectos de la identidad a los que volveremos más adelante, incluida la asociación de formas particulares de hablar con identidades particulares, y la posibilidad de desajustes entre el sentido propio de la identidad y la identidad atribuida por otras personas.

Para visualizar la inestabilidad de los constructos de raza e identidad racial a través del tiempo, observemos la historia de la clasificación racial en el censo de Estados Unidos, el recuento oficial de todas las personas que viven en el país. El censo de Estados Unidos siempre ha clasificado a la población por raza, pero las categorías específicas utilizadas y las formas en que las personas se asignan a estas han cambiado numerosas veces, como se muestra en la tabla 5.1. Las categorías del censo constituyen un discurso oficial y, por lo tanto, los cambios reflejan y refuerzan los cambios en la concepción de la identidad racial por parte de la sociedad (Nobles, 2000), parecido a la manera en que los discursos sobre el idioma revelan y reproducen las ideologías lingüísticas (véase el capítulo 4). Por ejemplo, las categorías *Mulatto* ('**mulato**'), *Quadroon* ('cuarterón') y *Octoroon* ('octerón'), así como fracciones específicas de *Black blood* ('sangre negra') se utilizaron a finales del siglo xix, un período en el que tanto desde la academia como desde la política se trató de examinar las implicaciones de la 'mezcla' de razas investigando la relación entre los **cuantos de sangre** específicos y diversos indicadores sociales, como el número de hijos/as y la esperanza de vida (Nobles, 2000). Estas categorías de 'raza mixta' se eliminaron posteriormente con la institucionalización de una rígida segregación racial y la oficialización legal de la *one-drop rule* ('**regla de una gota**'), que consideraba de raza negra a toda persona que tuviera algo de ascendencia africana. Desde el 2000, las personas encuestadas en el censo han podido elegir

Tabla 5.1 *Clasificación racial en los censos de Estados Unidos 1790–2010*

Año	Categorías de 'raza' y 'color'
1790	Free Whites; All other free people (by color); Slaves
1800–1810	Free Whites; All other free people (by color); Slaves
1820–1840	Free Whites; Free colored persons; Slaves
1850–1860	White; Black; Mulatto
1870	White; Black; Mulatto; Chinese; Indian
1880	White; Black; Mulatto; Chinese; Indian
1890	White; Black; Quadroon; Chinese; Japanese; Indian
1900	White; Black; Chinese; Japanese; Indian
1910	White; Black; Mulatto; Chinese; Japanese; Indian; Other
1920	White; Black; Mulatto; Chinese; Japanese; Indian; Filipino; Hindu; Korean; Other
1930	White; Black; Mexican; Chinese; Japanese; Indian; Filipino; Hindu; Korean; Other
1940	White; Black; Chinese; Japanese; Indian; Filipino; Hindu; Korean; Other
1950	White; Negro; Indian; Japanese; Chinese; Filipino; Other
1960	White; Negro; American Indian; Japanese; Filipino; Hawaiian; Part Hawaiian; Aleut Eskimo; (etc.)
1970	White; Negro or Black; Indian (Amer.); Japanese; Chinese; Hawaiian; Korean; Other
1980	White; Black or Negro; Japanese; Chinese; Filipino; Korean; Vietnamese; Indian (Amer.); Asian Indian; Hawaiian; Guamanian; Samoan; Eskimo; Aleut; Other
1990	White; Black or Negro; Indian (Amer.); Eskimo; Aleut; Asian or Pacific Islander (API); Chinese; Filipino; Hawaiian; Korean; Vietnamese; Japanese; Asian Indian; Samoan; Guamanian; Other API; Other race
2000, 2010	White; Black, African Am., or Negro; American Indian or Alaska Native; Asian Indian; Chinese; Filipino; Japanese; Korean; Vietnamese; Other Asian; Native Hawaiian; Guamanian or Chamorro; Samoan; Other Pacific Islander; Some other race[a]

Nota[a]: A partir del 2000, se aceptan y tabulan respuestas múltiples a la pregunta de raza
Fuentes: Gauthier (2002); Nobles (2000)

múltiples categorías de razas, lo que refleja otro cambio en la concepción dominante de la raza y una nueva prominencia y reconocimiento de las identidades multirraciales (Nobles, 2000).

Como se puede ver en la tabla 5.1, el origen nacional se ha usado a menudo como sinónimo de raza, y en 1930 el censo añadió una categoría racial *Mexican* ('mexicano/a'). Esta adición, que siguió a la afluencia de inmigrantes de México al Suroeste de Estados Unidos después de la Revolución mexicana de 1910, reflejaba un creciente sentimiento antimexicano. La categoría fue eliminada en respuesta al activismo mexicoamericano y las protestas del Gobierno mexicano (Rodríguez, 2000). (Como veremos en detalle más adelante en el capítulo, el Gobierno de Estados Unidos ahora considera que 'hispano o latino' es una categoría étnica, y no racial.) En la siguiente sección examinamos la etnicidad y cómo se diferencia de la raza.

Raza versus etnicidad

La etnicidad es una categorización social que está vinculada de alguna manera con la ascendencia o la herencia, aunque la academia ha tenido dificultad para definir lo que significa y en qué se diferencia de la raza. Es común hablar de la etnicidad como algo ligado a prácticas y rasgos culturales, como la religión, el idioma, las costumbres alimentarias y la música, mientras que la raza se describe con referencia a características físicas o genéticas. Sin embargo, esta distinción no se sostiene realmente en el uso común de los términos. Por ejemplo, el *Merriam Webster dictionary* enumera *nation* ('nación'), *nationality* ('nacionalidad') y *race* ('raza') como sinónimos de *ethnicity* ('etnicidad' o 'etnia') (https://www.merriam-webster.com/dictionary/ethnicity).[1] Del mismo modo, la etnicidad y la cultura a menudo se construyen como algo con raíces genéticas; por ejemplo, el servicio de pruebas de ADN Ancestry.com promete "connect you to the cultures, cuisines, and traditions of your heritage in a deeper way [and to let you] discover your ethnicity" ('conectarte a las culturas, costumbres culinarias y tradiciones de tu linaje de una manera más profunda y permitirte descubrir tus orígenes étnicos') (https://www.ancestry.com/dna/ethnicity, consultado el 12 de agosto de 2018). Otra compañía de pruebas de ADN a domicilio, MyHeritage, vincula la genética, la etnicidad y la geografía en su promesa de permitirte descubrir "what makes you unique" ('lo que te hace único/a') y aprender "where you really come from" ('de dónde vienes realmente') (https://www.myheritage.com/dna, consultado el 2 de noviembre de 2019).

Al igual que la raza y otros constructos sociales, la etnicidad no tiene un significado estable. Del mismo modo, la distinción entre *etnicidad* y *raza*, así como la clasificación de las identidades de grupo conforme a un concepto u otro, ha fluctuado a lo largo del tiempo. Por ejemplo, antes de la Segunda Guerra Mundial, los grupos de origen nacional que hoy en día en Estados Unidos se denominan generalmente *ethnicities* ('etnias'), como el irlandés, el italiano y el polaco, se denominaban comúnmente *razas*. Asimismo, los trabajos académicos de la época definían estos grupos con referencia explícita a las características físicas (Ignatiev, 1995; Jacobson, 1998; Leeman, 2004). No obstante, la diferencia racial se construía como un sistema de dos niveles: las distinciones raciales entre las personas de ascendencia europea no tenían la misma importancia social o jurídica que la distinción entre las personas clasificadas como blancas y las clasificadas como no blancas (Jacobson, 1998; Painter, 2010).

Tras los genocidios de la Alemania nazi, el concepto de etnicidad ganó en popularidad como una forma de hablar de la diferencia de grupo sin atribuirla a la biología (Omi y Winant, 1994; Zelinksy, 2001). Sin embargo, lo que hay que destacar es que el concepto de etnicidad no reemplazó al de raza como una forma de hablar de toda diferencia.

En Estados Unidos el concepto de *etnicidad* se ha utilizado principalmente para hacer referencia a inmigrantes de Europa, e implica la posibilidad de asimilación a la blanquitud dominante con el paso del tiempo (Jacobson, 1998; Omi y Winant, 1994). En cambio, las ideologías raciales de Estados Unidos construyen la *raza* como una diferencia duradera que se transmite de una generación a otra para siempre.

Si bien *raza* y *etnicidad* son dos conceptos que se superponen en gran medida, y ambas construcciones se utilizan para marcar algunos grupos de personas como una otredad, expresan distintos tipos de diferencia social, diferentes trayectorias de absorción en las jerarquías raciales de Estados Unidos y diferentes posibilidades de pertenencia nacional (Urciuoli, 1996). Urciuoli sostiene que los grupos racializados, como la comunidad puertorriqueña que fue el enfoque de su investigación etnográfica, se construyen como peligrosos y amenazadores, mientras que los grupos construidos como étnicos, como el italoamericano, se presentan como relativamente inofensivos e incluso pintorescos o encantadores, especialmente cuando sus expresiones étnicas tienen lugar en festivales, desfiles y otros espacios similares. Como veremos más adelante en este capítulo, la concepción racializada de la lengua española y de la identidad latinx no coincide con la clasificación oficial que hace el Gobierno de Estados Unidos del origen 'hispano o latino' como una identidad étnica.

La raza en América Latina

Un examen exhaustivo de la raza y la racialización en América Latina está claramente fuera del alcance de este libro. Sin embargo, debido a que las personas que han migrado desde América Latina traen consigo nociones de raza que son diferentes de las que predominan en Estados Unidos (Roth, 2012), y dado que aproximadamente dos tercios del territorio estadounidense estuvo en algún momento bajo el dominio colonial español, queremos dar un panorama de la construcción social de la raza en América Latina.

En primer lugar, es importante subrayar que no existe una única conceptualización latinoamericana de la raza; la diversidad de los pueblos originarios, y las particularidades de la conquista, la colonización, las prácticas laborales, la economía, las guerras de independencia, la inmigración, los movimientos sociales y la política —así como una amplia gama de otros factores— han influido en la construcción de las identidades raciales en cada lugar y, por lo tanto, existen importantes diferencias a través de América Latina. Para dar solo un ejemplo, en el Caribe la disminución de la población taína fue seguida por la temprana y continua introducción de personas esclavizadas provenientes de África, lo que dio lugar a que las poblaciones de afrodescendientes en esa región fueran más numerosas que en las regiones montañosas de América Central y del Sur. No obstante, si bien la proporción relativa de cada grupo y el grado de 'mixtura' variaba de un lugar a otro, una cosa que caracteriza a gran parte de América Latina es la mezcla histórica de poblaciones indígenas, colonialistas de Portugal y España, y personas africanas (y de ascendencia africana nacidas en España). El término **mestizaje** se utiliza para referirse a la mezcla racial y cultural (especialmente entre los pueblos originarios y europeos).

La concepción colonial latinoamericana de la diferencia social y racial también se vio influida por los conflictos y jerarquías de la España medieval y, en particular, por los siglos de batallas entre seguidores del cristianismo y del islam que se disputaban el control de la península ibérica y que culminaron con la toma del Emirato de Granada en 1492 a manos de la reina Isabel y el rey Fernando. Los colonizadores españoles que desembarcaron en las Américas trajeron consigo una ideología racial que unía la religión, las prácticas culturales (incluido el idioma) y el linaje o la ascendencia, aspecto este en el que la 'limpieza de la sangre' (es decir, falta de antepasados judíos o musulmanes) era clave para la posición social y la pertenencia nacional (Alcoff, 2015; Bristol, 2007; Nieto-Phillips, 2004). En las Américas se ampliaron las jerarquías sociales, jurídicas y políticas racializadas para incluir a los pueblos originarios y africanos, a los que consideraban inferiores y a los que sometieron a sistemas de trabajo forzoso y esclavitud, así como al genocidio.

Como vimos en el capítulo 3, la identidad racial fue un determinante crucial de los derechos y la posición social en todas las colonias americanas de España, incluyendo las colonias que más tarde serían anexionadas por Estados Unidos. La gente que venía de Europa se encontraba en la parte superior de la jerarquía, seguida por la población criolla (descendientes de personas europeas pero que nacieron en las Américas), mientras que la población indígena y la afrodescendiente ocupaban los dos últimos niveles (Bristol, 2007; Nieto-Phillips, 2004). Las ideologías raciales coloniales también hicieron distinciones sociales y jurídicas entre las diversas **castas** (categorías de 'razas mixtas'). Esas ideologías, así como la preocupación por la 'mixtura' de razas, se reflejan en las pinturas de castas mexicanas de principios del siglo xviii, como la de la figura 5.1 (Katzew, 2005). Estas pinturas proporcionaron ilustraciones y etiquetas para la descendencia de 16 uniones interraciales diferentes. Aunque muchas de las etiquetas y categorías de las pinturas de castas, como las fantásticas y despectivas 'Torna atrás' y 'Tente en el aire', nunca se utilizaron realmente (Katzew, 2005), varias identidades de casta se reflejan en los censos de Nuevo México del siglo xviii, que tenían categorías separadas para **mestizo** (descendiente de progenitores/as españoles e indígenas), *coyote* (descendiente de progenitores/as mestizos e indígenas), *genízaro* (persona indígena esclavizada) y *mulato* (descendiente de progenitores/as de África y España) (Nieto-Phillips, 2004).

En cuanto a las identidades raciales contemporáneas, muchas de las categorías del período colonial —pero no todas— han caído en desuso. Grandes segmentos de la población pueden considerarse de raza 'mixta' y el mestizaje se ha presentado a veces como prueba de una supuesta falta de racismo, así como del ideal nacional, en algunos países como México y Perú. Sin embargo, en realidad, las poblaciones indígenas y afrodescendientes no se han incorporado plenamente, la blanquitud sigue estando asociada a la condición económica y social, y el racismo y la desigualdad racial son aspectos perdurables de las sociedades latinoamericanas. Asimismo, la presencia histórica y contemporánea de los grupos

Figura 5.1 *De Indio y Mestiza sale Coyote.*
Artista desconocido (México, aprox. 1750). Óleo sobre lienzo. 31 1/2 x 41 pulgadas
Cortesía de Collection of Frederick & Jan Mayer, 2014.218
Fotografía ©Denver Art Museum

afrodescendientes suele ser minimizada o **borrada** (Andrews, 2004), los pueblos originarios suelen ser excluidos de las construcciones de la identidad nacional (French, 2008), y aún persiste el mito de que el **desplazamiento lingüístico** hacia el español fue un proceso rápido y universal durante el período colonial, lo cual no se corresponde con el hecho de que las lenguas y culturas originarias perduren en el presente (Kamen, 2008).

A pesar de estos puntos en común, las identidades raciales, las etiquetas que se les aplican y el significado de las diferentes etiquetas varían enormemente en toda América Latina, dependiendo en parte de la composición histórica de la población. Por ejemplo, en Puerto Rico es común utilizar etiquetas basadas en el fenotipo que expresan gradaciones de color (p. ej. *morena, pardo, trigueña, y café con leche*) (Duany, 2005), mientras que en Guatemala la principal frontera social está entre 'ladinos' (población de ascendencia europea e indígena, llamada *mestizos* en otros lugares) e 'indios', categoría que subsume 21 grupos etnolingüísticos mayas diferentes bajo una misma etiqueta (French, 2008). En el Caribe, el término *indio/a* se utiliza para referirse a las personas con ascendencia africana y europea. También hay variación dentro de las naciones. Por ejemplo, en México, 'moreno' (que en otros contextos podría equivaler a 'negro') es una categoría importante en la costa sur del Pacífico (Lewis, 2000), pero es menos frecuente en el interior, donde hay menos personas con ascendencia subsahariana y donde la ascendencia indígena o su ausencia juega un papel más importante en la identidad etnorracial (Farr, 2010).

En su investigación en Michoacán (México), Farr (2010) determinó que la principal distinción racial era entre las identidades indígenas y las no indígenas. Quienes participaron en su estudio, que tenían una variedad de fenotipos, se autodescribían como una mezcla de ascendencia indígena y europea, pero nadie se autoclasificaba con el término *mestizo* o *mestiza*. En cambio, se autoidentificaban bajo la etiqueta de *ranchero/a*, que en otros contextos parece una simple referencia a su actividad laboral. Sin embargo, en este contexto el término significaba más que la ocupación; era una forma de distanciarse de la comunidad indígena y reivindicar una identidad no indígena, aunque su fenotipo sugiriera una ascendencia indígena. Otra forma de encarnar una identidad no indígena era restarle importancia o negar su conocimiento del purépecha, el idioma indígena local, otro ejemplo de la relación de la lengua con la identidad etnorracial.

Desde el siglo XIX, la inmigración de Asia, Europa y el Oriente Medio ha traído una mayor diversidad así como nuevas identidades etnorraciales. Por citar solo algunos ejemplos, hay una gran población de origen japonés en Perú, a menudo denominada *nikkei*, que remonta su historia a finales del siglo XIX; una conocida comunidad italoargentina que data del mismo período; y numerosas comunidades de ascendencia libanesa en toda América Latina, especialmente en Argentina, Colombia y Venezuela.

Queremos subrayar que las categorías raciales no son homogéneas y, al igual que otras categorías de identidad, siempre incluyen personas con una gama de experiencias y características físicas. La raza tampoco es necesariamente el aspecto más destacado de la identidad en cada contexto o situación. Además, la raza se cruza con otras categorías como el género y la condición socioeconómica, entre otras. Por ejemplo, al hablar de las condiciones laborales racializadas o los estereotipos raciales, es importante tener en cuenta que a menudo hay diferencias significativas entre hombres y mujeres. Asimismo, incluso personas de un mismo lugar y con antecedentes similares no siempre conceptualizan la raza y la identidad racial de la misma manera (Dowling, 2014; Roth, 2012).

La construcción de la raza en América Latina y en Estados Unidos: una comparación

El colonialismo español y el británico en las Américas, y la racialización asociada a estos procesos, presentan una historia similar en ciertos aspectos evidentes: ambos imperios europeos colonizaron tierras que ya estaban habitadas por pueblos originarios y trajeron personas esclavizadas de África, procesos en los cuales la racialización fue un mecanismo ideológico y administrativo clave para mantener el poder. En todo el continente americano, las uniones sexuales entre personas de diferentes razas dieron lugar a una descendencia 'mixta'. Además, el racismo, la desigualdad racial y la elevación de la blanquitud han sido duraderos tanto en América Latina como en Estados Unidos. Sin embargo, también hay importantes diferencias.

Por un lado, los grupos culturales y lingüísticos específicos dentro de las tres grandes categorías no son los mismos, y las poblaciones indígenas son más numerosas en las colonias españolas (González, 2011). Hoy en día, un porcentaje mucho mayor de la población latinoamericana sigue hablando lenguas indígenas (ya sea en forma monolingüe o adicional al español), aunque en todo el continente americano muchas lenguas indígenas han desaparecido o están en peligro de extinción. Tanto en Estados Unidos como en América Latina, los grupos indígenas y afrodescendientes han liderado movimientos sociales y políticos que han dado como resultado un mayor reconocimiento y más derechos políticos. Desde la década de 1990, las reformas constitucionales llevadas a cabo en numerosas naciones latinoamericanas han reconocido formalmente el pluralismo y la diversidad cultural, y han establecido nuevos derechos indígenas, incluyendo el estatus oficial de las lenguas indígenas y la educación bilingüe (Yrigoyen Fajardo, 2015).

Otra diferencia significativa entre Estados Unidos y América Latina tiene que ver con las ideologías y prácticas de 'mezcla' racial. Al menos en parte como resultado del predominio del sexo masculino entre el contingente colonialista español, los matrimonios y las uniones sexuales interraciales eran más comunes en las colonias españolas que en las británicas (González, 2011; Taylor, 2002). La América Latina posterior a la independencia también se caracteriza por tasas más altas, y una mayor aceptación social, de los matrimonios interraciales (Telles y Bailey, 2013). Asimismo, aunque la desigualdad y el racismo han persistido, muchos países de América Latina han incorporado elementos de las culturas originarias y africanas, así como una celebración del mestizaje, en el folclore y la expresión artística nacional. Como explican Telles y Bailey (2013: 1560; traducido del inglés):

> ... aunque las jerarquías raciales en América Latina y Estados Unidos son aproximadamente similares, los proyectos nacionales latinoamericanos de mestizaje, o mezcla racial y cultural, contrastan fuertemente con el énfasis histórico de Estados Unidos en la segregación y la 'pureza' de la raza blanca.

En esta misma línea, una diferencia entre las ideologías raciales de Estados Unidos y de América Latina es que en dicho país se tiende a hacer una distinción binaria entre la raza negra y la raza blanca, mientras que muchas sociedades latinoamericanas conceptualizan la raza como un continuo con gradaciones intermedias. Por ejemplo, en el Caribe hay numerosas identidades entre 'blanco/a' y 'negro/a', incluyendo 'trigueño/a', 'indio/a' y 'mulato/a' (Duany, 2005; Roth, 2012). Además, en algunos contextos latinoamericanos, las personas no siempre se clasifican de la misma manera que sus progenitores/as, lo que sugiere que a veces se da más peso al fenotipo que a la ascendencia en la adscripción racial. A su vez, en América Latina 'raza' y 'nacionalidad' son categorías de identidad que a menudo se utilizan indistintamente, y no es raro oír referencias a, por ejemplo, la *raza mexicana,* a pesar de la diversidad de fenotipos, orígenes y culturas de la población.

Roth (2012) usa el término *racial schemas* ('esquemas raciales') para referirse a las diferentes formas de concebir la raza, definir las categorías raciales y asignar las personas a ellas. Para tener una mejor idea de los esquemas raciales que prevalecen en Puerto Rico y la República Dominicana, la socióloga les pidió a quienes participaron en su investigación que identificaran la raza de las personas en unas fotografías que les mostró, y que describieran su propia identidad racial. Una buena parte de las personas participantes utilizó lo que Roth denomina *nationality schema* ('esquema de nacionalidad'): hablaron de la raza utilizando términos de nacionalidad como *puertorriqueño/a* o *dominicano/a.* Sin embargo, también hubo participantes que utilizaron un *continuum schema* ('esquema de continuo') basado en el color, y usaron términos como *blanco/a, trigueño/a* y *moreno/a.* Además de la variabilidad entre quienes participaron, Roth también comprobó que había participantes que utilizaban esquemas diferentes según el contexto; por ejemplo, empleaban el esquema de nacionalidad al describir las fotos pero el esquema de continuo al describir a sus amistades o familiares.

Tanto en Estados Unidos como en América Latina, la raza a menudo se correlaciona con el estatus socioeconómico, y hay una valoración estructural de la blanquitud, con la raza y el fenotipo desempeñando un papel en la conformación de la riqueza y el estatus de los grupos. Un reciente proyecto de investigación que utilizó datos sociológicos y antropológicos para estudiar la raza y etnicidad en Brasil, Colombia, México y Perú encontró que el color de piel, al menos tanto como la categorización racial, era un predictor de la desigualdad socioeconómica y la discriminación (Telles, 2014). En Estados Unidos, también se ha documentado que la estratificación del tono de piel y la discriminación (es decir, el **colorismo**) repercuten en la educación, el empleo, las sentencias de la justicia penal y la salud mental, entre otros aspectos de la vida (Hunter, 2016).

En el continuo de las categorías raciales latinoamericanas, la posición social no es simplemente el resultado de la categorización racial, sino que también es uno de los factores que la determinan (p. ej., Hernández, 2002; Roth, 2012; Wade, 2008). Así pues, el ascenso o descenso de una persona en la jerarquía social puede provocar cambios en la forma en que se percibe su identidad racial. La expresión coloquial *el dinero emblanquece* refleja la tendencia a que un estatus socioeconómico y un prestigio más altos den lugar a una clasificación más blanca (Roth, 2012: 20).

La elevación ideológica de la blanquitud, la subordinación de la negritud y el papel del estatus en la determinación de la identidad racial en América Latina son descritos por Hernández como sigue:

> En los contextos latinoamericanos, la condición social informa la clasificación racial formal, como ilustra la creencia común de que no se debe 'insultar' a las personas eminentes trayendo a colación su visible ascendencia africana. Además, en general se presume que, dado que ninguna persona eminente puede ser negra, esas personas deben ser designadas de manera distintiva. (Hernández, 2002: 7; traducido del inglés)

Aunque la influencia del estatus social en la clasificación racial es más reconocida en América Latina, vale la pena señalar que investigaciones recientes han documentado que los cambios en la posición social a veces también afectan a la clasificación racial en Estados Unidos (Saperstein y Penner, 2012). Sin embargo, hay una mayor fluidez racial en América Latina que en Estados Unidos, en el sentido de que las personas pueden 'moverse' más fácilmente entre categorías, no solo a lo largo de sus vidas, sino incluso de un contexto a otro. De hecho, en América Latina la identidad racial es relacional y situacional y, por lo tanto, las categorizaciones a veces se desplazan en función del contexto. Como explica Roth:

> Alguien que es de piel morena o que tiene rasgos africanos puede referirse a un hombre de tono de piel medio como *blanco*. Pero ese mismo hombre podría ser descrito como *trigueño* por alguien de color claro que tiene rasgos europeos. Tanto en Puerto Rico como en la República Dominicana, es común que niñas y niños sean apodados *la blanquita* o *el negrito*, no porque ella o él sean objetivamente blanca o negro, sino porque son el miembro más claro u oscuro de la familia. De igual manera, una misma persona puede identificar a una mujer como *trigueña* en un momento y como *morena* en el siguiente, incluso en una misma conversación, según el contexto o la comparación implícita. (Roth, 2012: 20; traducido del inglés)

Una cosa que sorprende a muchas personas que vienen a Estados Unidos desde América Latina (así como de otros lugares) es que la clasificación racial explícita esté institucionalizada y sea ubicua. En Estados Unidos, la gente suele dar por sentado que será clasificada según la raza: la identificación racial de una persona se solicita en formularios y documentos burocráticos desde la más tierna infancia (aunque en los certificados estándar de nacimiento ya no se registra la raza de la persona recién nacida, la raza de la madre y el padre sí se registra; véase: http://www.cdc.gov/nchs/data/dvs/birth11-03final-ACC.pdf, consultado el 12 de agosto de 2018) y continúa a lo largo de toda la vida. Esta constante categorización racial no es tan frecuente en América Latina, donde las personas suelen considerar extrañas las preguntas sobre su raza (Alcoff, 2015; Duany, 2005). Como resultado de la escasa clasificación racial explícita en muchos países latinoamericanos, así como de la concepción de las identidades nacionales como razas, gran parte de la inmigración latinoamericana en Estados Unidos responde a las preguntas sobre su raza haciendo referencia a su país de origen.

Entonces, ¿por qué en Estados Unidos se recogen todos estos datos raciales? ¿Acaso no fortalece la ideología de la raza y, por lo tanto, el racismo? Este es ciertamente un argumento al que recurren algunas personas. Como vimos, la clasificación racial es un sitio o mecanismo de 'creación de razas' y racialización, y puede reforzar la idea de que la raza es un elemento clave de la identidad así como la idea de que la gente encaja perfectamente en las categorías raciales. Sin embargo, la eliminación de tales clasificaciones no sería suficiente para eliminar el racismo estructural. Además, la clasificación se utiliza a menudo para combatir el racismo. De hecho, desde la época de los movimientos por los derechos civiles, la razón principal por la cual se reúnen datos sobre el origen étnico y la raza es para rastrear y mitigar la desigualdad y la discriminación. Pensemos, por ejemplo, en el seguimiento de la identidad racial de las personas detenidas por la policía o sometidas a interrogatorios adicionales por agentes de aduanas; en estos contextos, la clasificación racial permite la producción de estadísticas utilizadas para demostrar el uso del perfilado racial. Las estadísticas y las pruebas cuantitativas suelen considerarse más objetivas que la experiencia de primera mano de las personas que han sido objeto de este tipo de discriminación, por lo que pueden ser útiles para convencer a las autoridades de la magnitud del problema.

A su vez, se utilizan los datos raciales para documentar la desigualdad de ingresos, las discrepancias en las tasas de inscripción de votantes y en la esperanza de vida, entre otros indicadores sociales, políticos, económicos y de salud. También se requieren para la aplicación de políticas federales como la *Voting Rights Act* ('Ley de Derecho al Voto') (véase el capítulo 8). Como dicen Mora y Rodríguez-Muñiz (2017: 2; traducido del inglés), "la evidencia estadística de la subrepresentación y la desigualdad ha sido indispensable para las campañas de justicia racial". De hecho, hoy en día los llamados a no prestar atención al color y a la eliminación de las estadísticas raciales provienen con mayor frecuencia de grupos políticos que abogan por el fin de los programas diseñados para reducir la desigualdad racial (Omi, 2001). Asimismo, en el caso del censo, tener una categoría oficial para una identidad de grupo particular ofrece un reconocimiento simbólico de ese grupo dentro de la nación. Además, ofrece una forma de documentar el tamaño del grupo y de exigir mayor atención y representación; como dice el proverbio, hay poder en los números.

En los últimos años, los países de América Latina que se declaran oficialmente multiculturales o plurinacionales y procuran ser más inclusivos en cuanto a los pueblos originarios y afrodescendientes han aumentado el recabado de datos sobre esas poblaciones y han introducido nuevas preguntas en los censos (Nobles, 2000; Telles y Bailey, 2013). El hecho de que las propias organizaciones sociales indígenas y afrodescendientes hayan exigido visibilidad en los censos nacionales (Moreno y Benavides, 2019) pone de relieve que en la actualidad hay una conexión entre el recabado de datos, el reconocimiento simbólico, la protección de los derechos de las minorías y los esfuerzos de lucha contra la discriminación (Leeman, 2018c). Dada la prominencia del censo en la definición y oficialización de las categorías e identidades raciales, más adelante en este capítulo se analizará la clasificación etnorracial de la población latinx en el censo de Estados Unidos.

La migración y las identidades raciales

Como venimos viendo en este capítulo y los anteriores, la larga historia de la racialización de la población latinx en Estados Unidos se remonta tanto al colonialismo español como al británico, así como a las jerarquías raciales establecidas tras la anexión de los territorios del Suroeste de Estados Unidos en 1848. Por lo tanto, la **ciudadanía del tratado** y otras personas mexicoamericanas han sido sometidas a múltiples capas de racialización. Aunque en una causa judicial federal de 1896 se estableció que las personas mexicanas y las mexicoamericanas eran legalmente blancas (Gross, 2008), la sociedad siguió tratándolas como no blancas (Gómez, 2007). El estatus racial de las personas latinxs dentro de las ideologías de Estados Unidos ha sido durante mucho tiempo ambigua y cambiante (Almaguer, 2012; Leeman, 2013, 2016; Rodríguez, 2000; Roth, 2012), pero desde mediados del siglo xx la llegada de un mayor número y una mayor diversidad de migrantes de América Latina (así como de Asia, África y el Oriente Medio) ha planteado nuevas cuestiones no solo sobre la forma en que se clasifican estas personas recién llegadas, sino también sobre la construcción social de la raza en Estados Unidos en general.

Cada inmigrante suele llegar con las ideologías raciales que trae de su país de origen y, como se mostró en la sección anterior, la categorización racial en América Latina es muy diferente a la de Estados Unidos. ¿En qué circunstancias las personas migrantes continúan basándose en la concepción de la identidad racial que trajeron consigo y cuándo es que adoptan la concepción dominante en Estados Unidos? ¿La presencia de latinxs (y otras personas cuyas identidades no encajan fácilmente en las categorías existentes) desestabilizará las concepciones dominantes de la raza? Estas preguntas sustentan las recientes investigaciones sociológicas sobre la identidad y la clasificación etnorracial, incluida la investigación de Roth (2012) que examinamos en la sección anterior. Además de comparar los esquemas raciales de las personas que viven en la República Dominicana y Puerto Rico, Roth también investigó los esquemas raciales utilizados por personas dominicanas y puertorriqueñas que habían emigrado a Nueva York, para ver si la migración había repercutido en la concepción que tenían de la raza y la identidad racial. Como explicamos anteriormente, Roth descubrió, a partir de la experiencia con sus participantes, que en el Caribe empleaban con mayor frecuencia el esquema de nacionalidad y el esquema de continuo. En cambio, quienes habían emigrado a Estados Unidos tenían más probabilidades de utilizar lo que Roth llama el *U.S. schema* ('esquema estadounidense'), describiendo a las personas como negras, blancas o hispanas/latinas. Así, una implicación clave es que la gente cuando emigra puede adoptar nuevas concepciones localizadas de la identidad racial.

Otra conclusión importante del estudio de Roth es que las personas pueden tener múltiples esquemas que se superponen o compiten entre sí y que utilizan de acuerdo con el contexto social específico. En el estudio de Roth, cada participante elegía diferentes esquemas dependiendo en parte de con quién hablaba y de lo que sabía o imaginaba sobre las personas de las fotos. Por ejemplo, si imaginaban que la persona en una foto estaba en Nueva York, era más probable que utilizaran el esquema estadounidense; si imaginaban que la persona era de fuera de Estados Unidos, era más probable que utilizaran el esquema de nacionalidad.

Una forma en que la población inmigrante aprende sobre los esquemas raciales de Estados Unidos puede ser respondiendo a esas preguntas constantes sobre la raza. El estudio de Leeman (2018a) sobre las entrevistas en español del censo de 2010, en el que analizó las interacciones entre el personal de la Oficina del Censo y las personas encuestadas en torno a las preguntas sobre raza y etnicidad, ofrece algunas pruebas al respecto.

Leeman descubrió que buena parte de las personas encuestadas nacidas en el extranjero comenzaban la entrevista expresando confusión sobre cómo clasificarse y cómo clasificar a otros miembros del hogar, pero al final de la entrevista solían adoptar un nuevo sistema de clasificación. Sorprendentemente, los sistemas de clasificación que utilizaban al final de la entrevista no siempre coincidían con las definiciones oficiales de la Oficina del Censo. Por el contrario, los sistemas de clasificación resultantes incorporaban aspectos de los esquemas raciales del personal del censo y de las personas encuestadas; por ejemplo, en una de estas interacciones acabaron usando el país de nacimiento como criterio clave para definir la identidad racial. Al igual que la investigación de Roth (2012), los resultados de Leeman indican que las personas migrantes pueden adquirir nuevos esquemas raciales, pero también que no necesariamente dejan de usar los esquemas raciales que traen consigo.

De hecho, no solo la población inmigrante entiende la identidad racial de manera diferente al esquema estadounidense convencional (Flores-González, 2017). En el estudio de Flores-González, las personas latinxs nacidas en Estados Unidos a menudo utilizaban etiquetas de nacionalidad, a veces junto con referencias al fenotipo, para describir sus identidades raciales. Al igual que los otros estudios mencionados en esta sección, la investigación de Flores-González sugiere que la creciente población latinx tiene el potencial de desafiar o desestabilizar el esquema racial dominante en Estados Unidos.

En la siguiente sección veremos cómo se ha clasificado la población latinx en el censo de Estados Unidos, utilizando algunas de las controversias en torno a la clasificación censal como una forma de hablar más ampliamente sobre algunos debates clave en relación con la identidad etnorracial de las personas latinxs en general.

La identidad latinx en el censo de Estados Unidos y más allá

Los censos son una instancia clave de la racialización y de la producción de discursos oficiales sobre la raza en general, y sobre la población latinx en particular. Por esta razón, es importante analizar críticamente cómo se construye la identidad latinx en el censo (Leeman, 2013, 2016, 2018a; Nobles, 2000; Omi y Winant, 1994; Rodríguez, 2000). Además, la identidad etnorracial se expresa en el censo explícitamente, lo que hace que el análisis de los censos sea una forma conveniente de examinar tanto las construcciones oficiales de la identidad como la manera en que la gente se autoidentifica y reivindica identidades particulares. Sin embargo, si bien las etiquetas son una manera basada en el idioma mediante la cual se construyen y reproducen las categorías etnorraciales, es importante no tomar estas etiquetas y categorías como identidades en sí mismas. Es más, como veremos más adelante, tanto las categorías oficiales como las formas en que las personas responden a las preguntas a veces contradicen sus experiencias vitales y su sentido de la propia identidad fuera del contexto del censo.

Como ya dijimos, los censos coloniales fueron un instrumento de racialización y sustentaron los discursos que concebían a los grupos racializados como una otredad (Anderson, 1991). De manera similar, la clasificación etnorracial en los primeros censos de Estados Unidos estaba vinculada a políticas e ideologías excluyentes y racistas (Leeman, 2004; Nobles, 2000; Rodríguez, 2000). Sin embargo, a mediados del siglo xx, la clasificación y los datos censales comenzaron a adquirir nuevos usos y significados simbólicos en Estados Unidos y en otros lugares (Leeman, 2018c; Loveman, 2014; Omi, 2001). En Estados Unidos en particular, como resultado del movimiento por los derechos civiles, las estadísticas sobre grupos etnorraciales se empezaron a utilizar para documentar la desigualdad y aplicar las leyes contra la discriminación (como la Ley de Derecho al Voto). Las categorías del censo y las estadísticas resultantes también fueron una forma de que los grupos insuficientemente representados exigieran la inclusión política y social. Por estas razones, varios grupos activistas ejercieron presión tanto para mejorar la recolección de datos como para establecer nuevas categorías etnorraciales.

Gracias al activismo de grupos mexicanos y puertorriqueños, en la encuesta de 1970 la Oficina del Censo ensayó varias formas de identificar a la población latinx (Mora, 2014; Rodríguez, 2000). Una pregunta sobre el idioma fue uno de los métodos probados, pero en última instancia, debido a que tanto el funcionariado gubernamental como quienes defendían la causa querían incluir a todas las personas latinxs independientemente del idioma que hablaran, se optó por añadir una pregunta de autoidentificación al censo de 1980 (Leeman, 2018a; Mora, 2014; Rodríguez, 2000). La redacción específica de lo que a menudo se denomina *pregunta sobre origen hispano* ha variado ligeramente en los años posteriores; las versiones en inglés y español de 2010 se muestran en la figura 5.2 (la pregunta de 2020 es casi idéntica, como se explica a continuación).

Aunque los documentos gubernamentales, la cobertura de los medios de comunicación y el discurso público dominante a menudo construyen la categoría de origen hispano como vinculada al idioma español, y a veces se utilizan los términos *hispanohablante* y *latinx* indistintamente (véase el capítulo 2), la definición oficial no hace referencia explícita al idioma (Leeman, 2013, 2016). En cambio, la Office of Management and Budget ('Oficina de Administración y Presupuesto'; OMB, por sus siglas en inglés), la agencia gubernamental que establece las directrices para todas las estadísticas federales, incluyendo las del censo, define 'hispano o latino' con referencia a "cultura u origen":

Hispanic or Latino: A person of Cuban, Mexican, Puerto Rican, South or Central American, or other Spanish culture or origin, regardless of race. The term, 'Spanish origin', can be used in addition to 'Hispanic or Latino'.

Hispano o latino: una persona de origen cubano, mexicano, puertorriqueño, sudamericano o centroamericano, o de otra cultura u origen español, sin importar la raza. El término 'origen español' puede usarse además de 'hispano o latino'. (OMB, 1997)

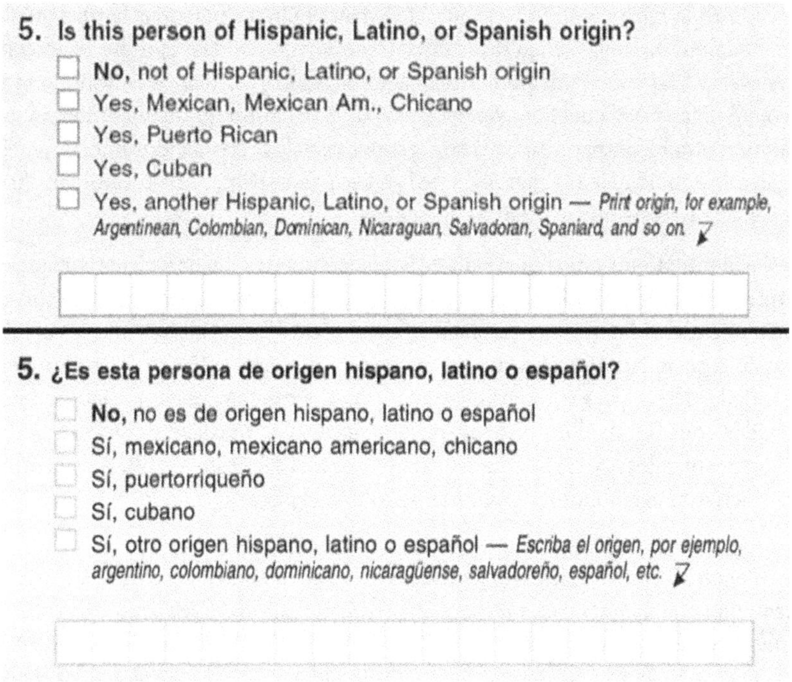

5. **Is this person of Hispanic, Latino, or Spanish origin?**

☐ **No,** not of Hispanic, Latino, or Spanish origin
☐ Yes, Mexican, Mexican Am., Chicano
☐ Yes, Puerto Rican
☐ Yes, Cuban
☐ Yes, another Hispanic, Latino, or Spanish origin — *Print origin, for example, Argentinean, Colombian, Dominican, Nicaraguan, Salvadoran, Spaniard, and so on.* ⬈

---

5. **¿Es esta persona de origen hispano, latino o español?**

☐ **No,** no es de origen hispano, latino o español
☐ Sí, mexicano, mexicano americano, chicano
☐ Sí, puertorriqueño
☐ Sí, cubano
☐ Sí, otro origen hispano, latino o español — *Escriba el origen, por ejemplo, argentino, colombiano, dominicano, nicaragüense, salvadoreño, español, etc.* ⬈

Figura 5.2 Pregunta sobre origen hispano del censo de 2010, versiones oficiales en inglés y español

Una crítica frecuente a la pregunta de origen hispano, así como a los términos panétnicos como *Hispanic* y *Latinx* (y sus equivalentes en español) fuera del contexto del censo, es que agrupan en una sola categoría a personas muy diversas (Oboler, 1998) (aunque este es el caso de todas las categorías etnorraciales). Además, muchas personas de ascendencia latinoamericana se identifican primero por su nacionalidad u origen nacional, en lugar de una etiqueta panétnica (Taylor *et al.*, 2012). No obstante, muchas personas latinxs también se identifican y sienten tener conexión con otras de origen nacional diferente, lo que sugiere que la categoría panétnica 'hispano o latino' es significativa, al menos en algunos contextos y para algunas personas. Dada la utilidad de las estadísticas etnorraciales para documentar y combatir la desigualdad y la discriminación, muchas personas consideran que las ventajas prácticas de estos términos panétnicos superan las limitaciones. En las siguientes secciones se examinan otras cuestiones y preocupaciones.

Origen hispano o latino: etnicidad versus raza

Oficialmente, 'hispano o latino' es una categoría étnica, no racial, y desde que se introdujo al censo, en 1980, la pregunta sobre origen hispano ha estado separada de la pregunta sobre raza (mostrada en la figura 5.3). Pues según la OMB (1997), las personas latinxs pueden pertenecer a cualquiera de las cinco razas oficialmente reconocidas: 1) india americana o nativa de Alaska; 2) asiática; 3) negra o africana americana; 4) nativa de Hawái u otra isla del Pacífico; y 5) blanca. El cuestionario del censo de 2010 también incluía un espacio para escribir "alguna otra raza", pero no hay otros grupos raciales reconocidos oficialmente. En lo que respecta a la etnicidad y a la raza, el censo se basa en el principio de autoidentificación y clasifica a las personas según las casillas que elijan.

A pesar de las definiciones oficiales de la OMB, el sistema de clasificación etnorracial del censo no funciona muy bien para la población latinx, ya que no parece coincidir con la propia noción de identidad de las personas latinxs o con la forma en que son percibidas por el resto de la sociedad. Por un lado, como vimos, en América Latina es común pensar en las identidades nacionales como categorías raciales, y muchas personas latinxs en Estados Unidos consideran 'dominicana', 'puertorriqueña' y 'mexicana' como identidades raciales (Flores-González, 2017; Rodríguez, 2000; Rosa, 2019; Roth, 2012). Por ejemplo, la académica y activista estadounidense Gloria Anzaldúa explica:

> We say 'nosotros los mexicanos' *(by* mexicanos *we do not mean citizens of Mexico; we do not mean national identity, but a racial one). We distinguish between* 'mexicanos del otro lado' *and* 'mexicanos de este lado'. *Deep in our hearts we believe that being Mexican is nothing to do with which country one lives in. Being Mexican is a state of soul – not one of mind, not one of citizenship.*

> Decimos 'nosotros los mexicanos' (por *mexicanos* no queremos decir ciudadanos/as de México; no queremos decir identidad nacional, sino racial). Distinguimos entre 'mexicanos del otro lado' y 'mexicanos de este lado'. En el fondo de nuestro corazón creemos que ser mexicano/a no tiene nada que ver con el país en el que se vive. Ser mexicano/a es un estado del alma, no de la mente, no de la ciudadanía. (Anzaldúa, 1987: 62)

Asimismo, una reciente encuesta del Pew Research Center ('Centro de Investigaciones Pew') encontró que aproximadamente dos tercios de la población latinx considera que sus antecedentes latinxs son parte de su composición racial (González-Barrera y López, 2015). Esta forma de entender la identidad explica por qué una proporción significativa de la población latinx responde a la pregunta sobre raza del censo marcando "alguna otra raza" y escribiendo ya sea un origen nacional específico (como **chicanx**, *mexicano, puertorriqueña* o *salvadoreño*) o una etiqueta panlatina (como *Hispanic, hispana,* o *Latino*). En el censo de 2010, más del 30% eligió la categoría "alguna otra raza", a pesar de las instrucciones explícitas de que el censo no considera el origen hispano como una raza (Ríos *et al.*, 2014). De manera similar, una encuesta telefónica del Centro Pew reveló que cuando se les pidió que identificaran su raza utilizando las categorías del censo solo el 49% de las personas latinxs eligió una de las cinco categorías oficialmente reconocidas (Taylor *et al.*, 2012).

La noción de que la identidad latinx es racial también se refleja en la investigación de Bailey (2000a, 2000b) con estudiantes de secundaria de origen dominicano en Providence (Rhode

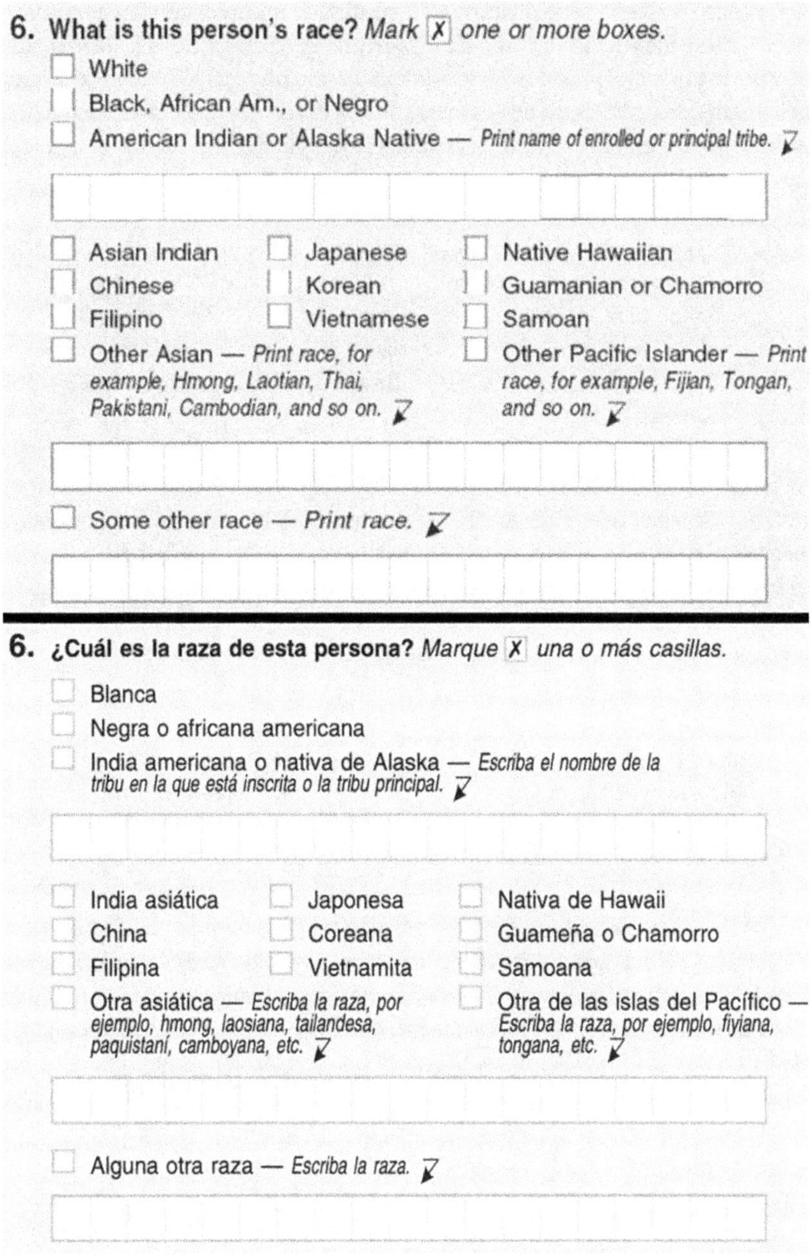

6. What is this person's race? *Mark ☒ one or more boxes.*

☐ White
☐ Black, African Am., or Negro
☐ American Indian or Alaska Native — *Print name of enrolled or principal tribe.* ➘

[   ]

☐ Asian Indian	☐ Japanese	☐ Native Hawaiian
☐ Chinese	☐ Korean	☐ Guamanian or Chamorro
☐ Filipino	☐ Vietnamese	☐ Samoan
☐ Other Asian — *Print race, for example, Hmong, Laotian, Thai, Pakistani, Cambodian, and so on.* ➘		☐ Other Pacific Islander — *Print race, for example, Fijian, Tongan, and so on.* ➘

[   ]

☐ Some other race — *Print race.* ➘

[   ]

6. ¿Cuál es la raza de esta persona? *Marque ☒ una o más casillas.*

☐ Blanca
☐ Negra o africana americana
☐ India americana o nativa de Alaska — *Escriba el nombre de la tribu en la que está inscrita o la tribu principal.* ➘

[   ]

☐ India asiática	☐ Japonesa	☐ Nativa de Hawaii
☐ China	☐ Coreana	☐ Guameña o Chamorro
☐ Filipina	☐ Vietnamita	☐ Samoana
☐ Otra asiática — *Escriba la raza, por ejemplo, hmong, laosiana, tailandesa, paquistaní, camboyana, etc.* ➘		☐ Otra de las islas del Pacífico — *Escriba la raza, por ejemplo, fiyiana, tongana, etc.* ➘

[   ]

☐ Alguna otra raza — *Escriba la raza.* ➘

[   ]

Figura 5.3 Pregunta sobre raza del censo de 2010, versiones oficiales en inglés y español

Island). A pesar de su ascendencia africana y su similitud fenotípica con la población afroamericana, no se identificaban como de raza negra. En contraste con la afirmación de la OMB de que una persona puede ser latinx (oficialmente una identidad étnica) y también negra (oficialmente una raza), quienes participaron en el estudio de Bailey concebían estas categorías como mutuamente excluyentes, como se ejemplifica en el siguiente extracto de datos:

Wilson: *A lot of people confuse me for an African American most of the time. They ask me, "Are you Black?" I'm like, "No, I'm Hispanic". And they'll be like, "Oh I thought you were Black or something". Most of the time I'll be talking with them, chilling, or whatever. They'll be thinking that I'm just African American. Because sometimes the way I talk, my hair, my skin color, it's just that my hair is nappy. I use a lot of slang. You can confuse a lot of Dominicans as African Americans by their color.*

Mucha gente me confunde con un afroamericano, la mayoría de las veces. Me preguntan: "¿Eres negro?". Yo digo: "No, soy hispano". Y ellos dicen, "Oh, pensé que eras negro o algo así". La mayor parte del tiempo, cuando estoy hablando, pasando el rato, o lo que sea. Pensarán que simplemente soy afroamericano. Porque a veces la forma en que hablo, mi pelo, mi color de piel, es simplemente mi pelo afro. Uso mucha jerga. Puedes confundir a muchas personas dominicanas con gente afroamericana por su color. (Bailey, 2000a: 565)

Además, el lenguaje puede desempeñar un papel aún más destacado que el fenotipo en la adscripción racial; cuando se oía hablar en español a personas dominicanas que previamente habían sido percibidas como afroamericanas, se desencadenaba una reclasificación racial, como en el siguiente extracto de datos.

Wilson: *Like for example, like I told you before, a lot of people confuse me like I'm Black. Yesterday I got that comment, on Sunday. I was at the park playing basketball ... there was this Spanish kid, he was Dominican, I was standing next to him and this other friend of mine, he's Dominican too, he was talking to me, and he heard me speaking Spanish to the other kid, he said, "Oh I could've sworn he was Black" ... he asked me, "Yo, you Black? You're not Black, huh?" I was like, "Nah, I'm Spanish". He was like, "I could've sworn you was Black".*

Por ejemplo, como te dije antes, mucha gente me confunde como si fuera negro. Ayer me hicieron ese comentario, el domingo. Estaba en el parque jugando al baloncesto... había un chico hispano [literalmente 'español'],[2] era dominicano, estaba parado a su lado y otro amigo mío, también dominicano, me hablaba, y me escuchó hablando en español con el otro chico, dijo, "Oh, hubiera jurado que es negro"... me preguntó, "Ey, ¿tú eres negro? No eres negro, ¿eh?". Yo dije: "No, soy hispano". Él dijo, "Hubiera jurado que eres negro". (Bailey, 2000b: 559)

Puesto que mucha gente latinx considera que 'latinx' es una identidad racial, y dado el largo historial de racialización de la población latinx dentro de Estados Unidos, algunas personas han pedido que la OMB reclasifique el origen hispano como una categoría racial (y que elimine la pregunta independiente de origen hispano). Quienes defienden esta propuesta sostienen que así se capturaría mejor la experiencia vivida de las personas que entienden su identidad latinx como racial (Alcoff, 2000). Además, argumentan que las personas que se identifican como latinxs y otra raza (como la negra o la blanca) todavía podrían marcar varias casillas. Por otra parte, las personas que prefieren el formato actual de dos preguntas sostienen que es necesario para captar la diversidad racial de la población latinx, dado que las identidades raciales y el racismo desempeñan un papel importante en la diferenciación social dentro de América Latina, y entre las personas latinxs en Estados Unidos (López, 2013). Debido a que la etnicidad y la raza son constructos sociales que varían no solo geográficamente, sino también por situación y contexto, es difícil imaginar un sistema de clasificación etnorracial que pueda reflejar una concepción de la raza que represente a cada individuo y al mismo tiempo producir los datos necesarios para examinar la racialización y combatir la desigualdad racial.

La Oficina del Censo mantiene un programa de investigación continua sobre las preguntas de raza y origen étnico, y en el censo de 2010 incluyó una prueba de 15 formatos diferentes de preguntas de clasificación etnorracial (Compton *et al.*, 2013). Sobre la base de los resultados, así como de los aportes de especialistas y del público, quienes llevaron a cabo la investigación recomendaron el uso de un formato de pregunta única, así como la adición de una nueva categoría de 'Oriente Medio o África del Norte' (MENA, por sus siglas en inglés: *Middle Eastern or North African*). Sin embargo, estos cambios no fueron adoptados y el formato de dos preguntas (es decir, una pregunta sobre origen hispano y otra sobre raza) se mantuvo para el censo de 2020. La pregunta de origen hispano de 2020 fue casi idéntica a la utilizada en 2010; la única diferencia está en los ejemplos proporcionados para "otro origen hispano, latino o español", que en la versión de 2020 fueron "salvadoreño, dominicano, colombiano, guatemalteco, español, ecuatoriano, etc.". En cambio, el formato de la pregunta sobre raza en 2020 fue modificado significativamente con respecto a los censos anteriores. Concretamente, en el formato adoptado para el censo de 2020, cada categoría racial iba acompañada de espacios para que las personas encuestadas escribieran su identidad etnorracial específica (véase la figura 5.4).

La inestabilidad de la clasificación racial latinx

Anteriormente en este capítulo, vimos que las categorías raciales en el censo han cambiado con el tiempo, reflejando y contribuyendo a modificar la concepción social de la raza. De manera similar, desde principios del siglo xx, el censo ha utilizado una variedad de

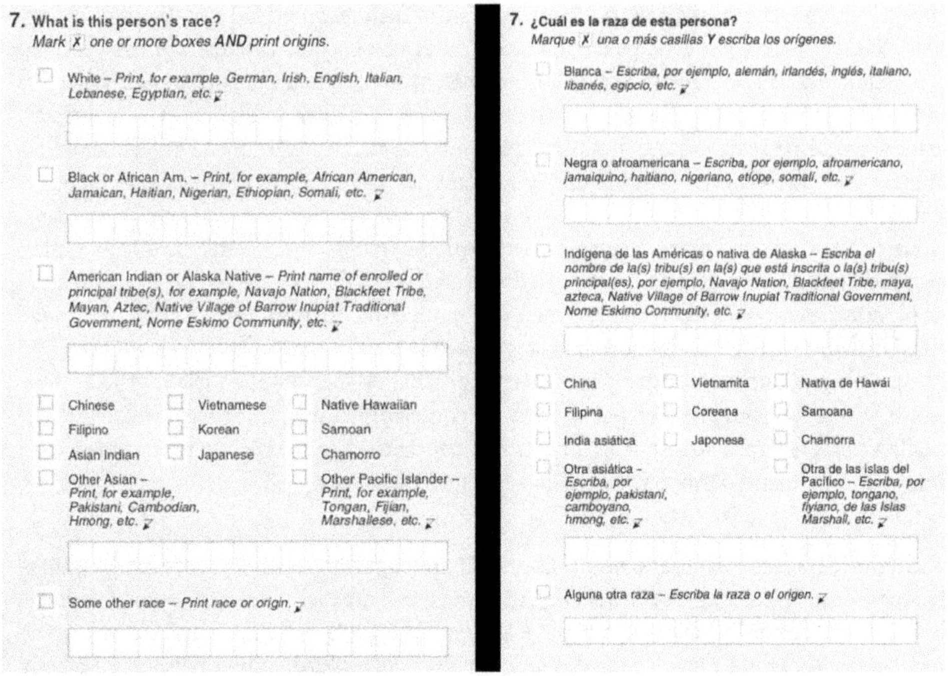

7. **What is this person's race?**
Mark X one or more boxes AND print origins.

☐ White – *Print, for example, German, Irish, English, Italian, Lebanese, Egyptian, etc.*

☐ Black or African Am. – *Print, for example, African American, Jamaican, Haitian, Nigerian, Ethiopian, Somali, etc.*

☐ American Indian or Alaska Native – *Print name of enrolled or principal tribe(s), for example, Navajo Nation, Blackfeet Tribe, Mayan, Aztec, Native Village of Barrow Inupiat Traditional Government, Nome Eskimo Community, etc.*

☐ Chinese ☐ Vietnamese ☐ Native Hawaiian
☐ Filipino ☐ Korean ☐ Samoan
☐ Asian Indian ☐ Japanese ☐ Chamorro
☐ Other Asian – *Print, for example, Pakistani, Cambodian, Hmong, etc.*
☐ Other Pacific Islander – *Print, for example, Tongan, Fijian, Marshallese, etc.*

☐ Some other race – *Print race or origin.*

7. **¿Cuál es la raza de esta persona?**
Marque X una o más casillas Y escriba los orígenes.

☐ Blanca – *Escriba, por ejemplo, alemán, irlandés, inglés, italiano, libanés, egipcio, etc.*

☐ Negra o afroamericana – *Escriba, por ejemplo, afroamericano, jamaiquino, haitiano, nigeriano, etíope, somalí, etc.*

☐ Indígena de las Américas o nativa de Alaska – *Escriba el nombre de la(s) tribu(s) en la(s) que está inscrita o la(s) tribu(s) principal(es), por ejemplo, Navajo Nation, Blackfeet Tribe, maya, azteca, Native Village of Barrow Inupiat Traditional Government, Nome Eskimo Community, etc.*

☐ China ☐ Vietnamita ☐ Nativa de Hawái
☐ Filipina ☐ Coreana ☐ Samoana
☐ India asiática ☐ Japonesa ☐ Chamorra
☐ Otra asiática – *Escriba, por ejemplo, pakistaní, camboyano, hmong, etc.*
☐ Otra de las islas del Pacífico – *Escriba, por ejemplo, tongano, fiyiano, de las Islas Marshall, etc.*

☐ Alguna otra raza – *Escriba la raza o el origen.*

Figura 5.4 Pregunta sobre la raza del censo de 2020, versiones oficiales en inglés y español

mecanismos para categorizar y cuantificar la población latinx, incluida la categoría de raza 'mexicana' en el censo de 1930, la lengua materna, el idioma hablado en la infancia, el apellido, el lugar de nacimiento y el lugar de nacimiento del padre y la madre, así como la actual pregunta sobre origen hispano (Leeman, 2013, 2016; Rodríguez, 2000). En esta sección, presentamos algunas investigaciones que dejan claro que la clasificación etnorracial de las personas también puede ser variable a lo largo del tiempo o según el contexto.

En un estudio a gran escala de más de 162 millones de registros anónimos de la Oficina del Censo, Liebler *et al.* (2017) compararon la clasificación racial de los individuos en el censo de 2000 con la clasificación de las mismas personas en el censo de 2010. En contraste con las ideologías dominantes que ven la raza como una característica permanente, Liebler y sus colegas encontraron que casi 10 millones de personas 'cambiaron' de raza de un censo a otro. La mayor parte de los cambios (37%) consistió en personas latinxs que fueron clasificadas como de raza blanca en un censo y de "alguna otra raza" en el otro. Algunas personas han pronosticado que la población inmigrante de América Latina y su descendencia se asimilarán a la raza blanca (p. ej., Alba, 2016) de la misma manera que la inmigración de Europa meridional y oriental de principios del siglo xx 'se volvió blanca' (Ignatiev, 1995; Jacobson, 1998). Sin embargo, esta predicción no fue apoyada por el estudio de Liebler *et al.* en el que encontraron movimiento en ambas direcciones, tanto hacia dentro como hacia fuera de la blanquitud. En otras palabras, aunque algunas personas que habían sido clasificadas como de alguna otra raza en 2000 fueron clasificadas como blancas en 2010, un número similar de personas cambió en la otra dirección. Aunque Liebler *et al.* reconocen las limitaciones de su estudio (por ejemplo, la imposibilidad de saber si fue el mismo miembro del hogar quien llenó el formulario en ambos censos), los hallazgos muestran claramente la fluidez de la identidad racial captada por el censo.

Las identidades etnorraciales no solo pueden cambiar con el tiempo, sino que también dependen del contexto. Así, la forma en que una persona piensa en su identidad racial al responder al censo puede no coincidir con la forma en que se ve a sí misma en otros contextos o con la forma en que es tratada por otras personas. Por ejemplo, en la investigación de Vargas (2015), latinxs que en el censo habían identificado su raza como blanca y marcado la casilla correspondiente reportaron que en la vida cotidiana no se les percibía o trataba así. Los resultados contradictorios de dos encuestas recientes también sugieren un desajuste entre la clasificación censal y el propio sentido de identidad en otros contextos: como señalamos en el capítulo 2, una encuesta del Centro Pew reveló que un tercio de la población latinx se considera de raza mixta (González-Barrera, 2015), pero en el censo de 2010 menos del 6% indicó pertenecer a más de una raza. De manera similar, en ese mismo censo poco más del 2% de la población latinx reportó que su raza era negra o afroamericana, pero en la encuesta del Centro Pew aproximadamente el 25% se describió como "afrolatino, afrocaribeño u afro-[país de origen]" (López y González-Barrera, 2016).

En algunos casos, la forma en que la gente responde a las preguntas del censo puede ser estratégica. A este respecto, Dowling (2014) descubrió que muchas de las personas mexicanas y mexicoamericanas que participaron en su estudio se habían declarado de raza blanca en la pregunta del censo pero no se consideraban realmente blancas. Entonces, ¿por qué marcaron la casilla con la opción "blanca"? A partir de las entrevistas de seguimiento a sus participantes, Dowling llegó a la conclusión de que identificarse como de raza blanca era una manera de reclamar la pertenencia social y nacional como estadounidense y, al mismo tiempo, diferenciarse de grupos racializados como lo son la población afroamericana y la inmigración mexicana. En cambio, algunas de las personas mexicanas y mexicoamericanas que habían elegido la categoría "alguna otra raza" lo hicieron como una forma de expresar solidaridad con los grupos racializados. Los resultados de Dowling muestran que marcar una casilla no siempre es una simple cuestión de decir a qué raza pertenecemos, sino que puede ser una forma de expresar otros aspectos de nuestra identidad o creencias, o incluso un acto político.

Los estudios que hemos analizado en esta sección, así como en las secciones anteriores, muestran que las estadísticas etnorraciales del censo no son el reflejo de las identidades 'verdaderas' e inamovibles de las personas encuestadas sino que representan una expresión particular de la identidad etnorracial, en un lugar y un momento determinados (Leeman, 2018a; Schiller *et al.*, 1995). Esto no debe interpretarse en el sentido de que las estadísticas de los censos sean inexactas o erróneas, pero debemos tomarlas con una cuota de sano escepticismo y mantener una perspectiva crítica sobre lo que significan. Además de revelar otra posible limitación de las estadísticas de los censos, la inestabilidad de la identificación etnorracial de los censos a lo largo del tiempo demuestra la inestabilidad más amplia de las identidades etnorraciales en general (Leeman, 2018a); de hecho, hemos visto que no es solo en el censo donde las identidades etnorraciales de las personas varían con el tiempo y según los contextos.

Origen o hispano o latino o español

Tal como hemos señalado, dos aspectos de la categoría 'hispano o latino' que han recibido atención académica y popular son los siguientes: 1) si tiene algún sentido o no tener una categoría panétnica; y de ser así, 2) si la categoría debería considerarse étnica o racial. En esta sección, abordamos una tercera cuestión: los significados y la aplicabilidad de las diferentes etiquetas aplicadas a la categoría.

Como se muestra en la figura 5.2, la pregunta sobre origen hispano dice: "Is this person of Hispanic, Latino, or Spanish origin?" ('¿Esta persona es de origen hispano, latino o español?') La frase *Spanish origin* ('origen español') se ha incluido desde que la pregunta se probó por primera vez en el censo de 1970. Este uso puede parecer extraño e incluso ofensivo, pero debemos tener en cuenta que hay personas latinxs que en inglés se describen a sí mismas como *Spanish* (literalmente 'españoles/as'). En el Suroeste de Estados Unidos, especialmente en Nuevo México, algunas personas usan este término (así como el término en lengua española *hispano/a*) para referirse a personas que descienden de colonos/as españoles que se establecieron en el área en el siglo xvi (Nieto-Phillips, 2004). Como vimos en el capítulo 3, para algunas personas esta expresión de la identidad española o hispanoamericana equivale a una reivindicación de ascendencia europea y de blanquitud (Nieto-Phillips, 2000, 2004; Wilson, 1997).

Sin embargo, cierta parte de la población latinx, en particular la de ascendencia caribeña en el Noreste de Estados Unidos, a veces también se identifica como *Spanish* pero con un significado diferente al del Suroeste. En el siguiente intercambio, Nanette, una adolescente dominicoamericana en Providence (Rhode Island) explica al investigador Benjamin Bailey lo que ella entiende por *Spanish*:

BB:	*When people ask you what you are, what do you say?*
Nanette:	*I say I'm Spanish. I've had disputes over that one, "What do you call Spanish, you're not from Spain". When you're not Spanish, you don't really understand it, and I don't know if I really understand it myself. When people ask me, I'm Spanish. They're like, "What's Spanish? Where are you from then if you're just Spanish?". Well, there's tons of different Spanish people, but we just come from all different places. But we all speak Spanish, so we're Spanish. And they're like, "But no we speak English, and we're not all English". But it's just so different. There's something different. We all say we're Spanish.*

BB: Cuando la gente te pregunta qué eres, ¿qué respondes?

Nanette: Digo que soy *Spanish*. He tenido disputas sobre eso, "¿A qué le llamas
             Spanish?, no eres de España". Cuando no eres *Spanish*, no lo entiendes
             realmente, y no sé si yo misma lo entiendo. Cuando la gente me pregunta,
             soy *Spanish*. Dicen: "¿Qué es *Spanish*? ¿De dónde eres si eres *Spanish?*".
             Bueno, hay un montón de personas diferentes que son *Spanish*, pero
             venimos de muchos lugares diferentes. Pero todos hablamos *Spanish*, así
             que somos *Spanish*. Y ellos dicen: "Pero no, hablamos *English* ['inglés'], y
             no todos somos *English*". Pero es tan diferente. Hay algo diferente. Todos
             decimos que somos *Spanish*. (Bailey, 2000a:199)

Más que una referencia a una conexión ancestral con España, Nanette usa el término
Spanish como una etiqueta panétnica aproximadamente equivalente a identificarse como
latina o hispana. En este uso, no se trata de una negación del origen o de la identidad
dominicana (ni de una reivindicación de la ascendencia europea), sino más bien de una
supracategoría panétnica que abarca varios subgrupos, entre ellos, el dominicano. Como
se puede ver en la explicación de Nanette, la lengua española juega un papel clave en la
creación de esta identidad panétnica. Bailey descubrió lo siguiente:

> ... la lengua española es tan central para la identidad de las personas dominicanas en
> Providence que muchas usan el término *Spanish* para referirse a su raza, cultura y
> etnicidad, incluso cuando se ha perdido la fluidez activa del español (Bailey, 2000a: 204;
> traducido del inglés).

El hecho de que un solo término (es decir, *Spanish*) sea utilizado por diferentes grupos
para reivindicar identidades muy diferentes pone de relieve un hecho importante sobre
las etiquetas de identidad (y las palabras en general): sus significados se construyen
socialmente y pueden variar según los contextos.

Hispano versus latino

La Oficina del Censo se esfuerza por utilizar términos que se ajusten a las preferencias
del público. Por esta razón, las directrices de la OMB de 1997 cambiaron el nombre oficial
de la categoría de "Hispanic" a "Hispanic or Latino" (aunque también autorizan el uso de
"Spanish origin"). Oficialmente, entonces, *Hispanic* y *Latino* son tratados como sinónimos.
¿Pero realmente significan lo mismo? La respuesta corta es 'sí y no'. A continuación
ofrecemos la respuesta larga.

Una rápida búsqueda en Internet mostrará numerosos videos y entradas de blog que
pretenden explicar la diferencia entre *Hispanic* y *Latino*. Estas explicaciones suelen decir
que el término *Hispanic* se refiere a las personas que tienen una conexión con los países
'hispanohablantes' de América y, por lo tanto, la población brasileña suele ser excluida. Sin

embargo, las personas con ascendencia española (es decir, de España) a veces también se incluyen. En cambio, el término *Latino* se define a menudo como extensivo a las personas brasileñas, pero en general se supone que excluye a las personas cuya ascendencia está vinculada a las antiguas colonias francesas en las Américas, así como a las personas de España. Muchas de estas explicaciones afirman explícitamente, o sugieren implícitamente, que las diferencias entre los términos están relacionadas con su etimología u origen. Examinemos entonces esos orígenes.

La etimología exacta de *Hispanic* no está clara, pero parece provenir de *Hispania*, el nombre que se le daba en la Antigua Roma a la península ibérica (donde se encuentran España y Portugal) (Gracia, 2000). Puede haber entrado en el idioma inglés a través de la palabra *hispanoamericano*, que Oquendo (1995) define como una persona de las antiguas colonias de España. Los diferentes significados en inglés y en español le dan un giro adicional; dentro de la población nuevomexicana, quienes afirman tener ascendencia española se autodenominan *hispanos* cuando hablan en español, pero en inglés a menudo se autodenominan *Spanish*, lo cual implica una diferenciación respecto de la población mexicana y de otros grupos de origen latinoamericano. Hay algo más de consenso respecto a los orígenes de *latino*, que probablemente se deriva de la palabra española *latinoamericano*, siendo *latinx* una variante más reciente. El término *América Latina* fue acuñado por el Imperio francés para distinguir los países colonizados por Francia, Portugal y España de los colonizados por Inglaterra (Gracia, 2000).

Sin embargo, si bien la etimología es interesante, el uso de los orígenes de las palabras para distinguir los significados de los términos actuales es problemático porque el lenguaje cambia. La noción de que el significado de una palabra es fijo y está contenido dentro de la palabra refleja una ideología referencialista (Hill, 2008) que no tiene en cuenta que el significado de las palabras depende de la forma en que cada hablante las utiliza y entiende. O, para decirlo de un modo más simple, los orígenes de *hispano* y *latino* importan menos que la forma en que estos términos se usan ahora. Ya que estas categorías están construidas socialmente, no es posible llegar a una definición definitiva.

Al igual que la OMB, el uso habitual y muchos diccionarios ven las dos etiquetas como referidas a los mismos colectivos. Por ejemplo, la cuarta edición del *Webster's New World College Dictionary* define ambos *Hispanic* y *Latino* como "a usually Spanish-speaking person of Latin American birth or descent who lives in the U.S." ('una persona, usualmente hispanohablante, de nacimiento o de ascendencia latinoamericana que vive en Estados Unidos'), aunque también comprende una acepción de "a Latin American" ('una persona latinoamericana') como equivalente a *Latino* (http://www.collinsdictionary.com, consultado el 12 de agosto de 2018). Se puede apreciar la vinculación de la lengua y la identidad en las definiciones de *Hispanic* y *Latino*, así como la exclusión de las personas de ascendencia latinoamericana que viven fuera de Estados Unidos (hay poblaciones crecientes de personas de ascendencia latinoamericana en varios países europeos, entre ellos España, algunas de las cuales también se identifican como *latinos*, *latinas* o *latinxs*).

Las entradas del diccionario recién citado también señalan que los términos *Latino* y *Latina* "are now often preferred" ('en la actualidad a menudo se prefieren') en comparación con *Hispanic*, pero no especifica ni a quiénes ni a qué responde esta preferencia, así que abordemos esta incógnita ahora mismo. Incluso si se refieren a la misma gente, estos términos pueden tener significados simbólicos y valores **indexicales** muy diferentes. En efecto, para algunas personas, el uso del término *Hispanic* (o *hispano/a*) representa una continuación de las ideologías coloniales y el racismo que elevan la herencia española y, por lo tanto, constituye un borrado o negación de la herencia indígena y africana (Gracia, 2000; Oquendo, 1995). Por ejemplo, la activista y escritora mexicoamericana Sandra Cisneros rechazó una oferta para aparecer en la portada de la revista *Hispanic* debido al título; como ella dijo: "To me, it's like a slave name. I'm a Latina" ('Para mí, es como un nombre de esclava. Soy latina') (Fears, 2003).

Si bien la etimología de *latino* también tiene sus raíces en la historia colonial (Oquendo, 1995), y hace referencia explícita a culturas europeas, a menudo se considera más inclusiva para con la herencia indígena y africana. En este sentido, para algunas personas el uso de *latino* indica la conciencia política y la resistencia respecto al racismo, convirtiéndolo en el término preferido en ciertos contextos, incluyendo muchos grupos activistas y ámbitos académicos (¡incluyendo este libro!). Sin embargo, esta preferencia no es en absoluto universal. De hecho, la encuesta nacional del Centro Pew sobre las personas que se autoidentifican como *Hispanic* o *Latino* encontró que aproximadamente el 50% no tenía preferencia por ninguno de los dos términos. Y dentro del 50% restante, el número de personas que prefería el término *Hispanic* duplicaba al número de personas que prefería *Latino*. (Taylor *et al.*, 2012). Ahora debe quedar claro por qué tomamos ciertas precauciones para dirimir si *Hispanic* y *Latino* son sinónimos. En última instancia, nuestra respuesta tiene que ser 'depende del contexto y de cada hablante'.

Etiquetas etnorraciales y lenguaje inclusivo: latino/a, latina/o, latin@ y latinx

Antes de dejar este asunto de los términos *latino* e *hispano*, queremos tocar la cuestión del género y el lenguaje inclusivo. Como se refleja en la definición del *Webster's New World College Dictionary* que mencionamos anteriormente, el término *Latina* se utiliza a menudo para referirse a las mujeres, de acuerdo con las convenciones de la marcación de género en español, a pesar de que en inglés no se suele marcar el género en los gentilicios (u otros adjetivos). En contextos en los que el referente no está especificado o incluye tanto a hombres como a mujeres, el inglés y el español han utilizado tradicionalmente la forma masculina, como en la frase: *Latinos use a variety of labels to identify themselves* ('Los latinos utilizan una variedad de etiquetas para identificarse a sí mismos').

Sin embargo, muchas personas consideran que el uso de la forma masculina como genérico borra simbólicamente a las mujeres y por lo tanto es cómplice de la reproducción de la dominación masculina. Por esta razón, y en línea con las discusiones más amplias sobre el lenguaje inclusivo que están teniendo lugar en todo el mundo, muchas personas prefieren los términos *latino/a*, *latina/o* o *latín@* al tradicional *latino* genérico masculino. Si bien estas formas reconocen tanto a las mujeres como a los hombres, reflejan (y refuerzan) una comprensión binaria del género como masculino o femenino, y por lo tanto no incluyen a las personas queer, trans o que no se identifican con el binario. Se han propuesto varias terminaciones de palabras alternativas, incluyendo *-e*, que está ganando terreno en Argentina y Chile, entre otros lugares, y *-x*, que es la forma no binaria más comúnmente utilizada en Estados Unidos (tanto en español como en inglés). El uso de *-x* (y otras terminaciones no binarias) se extiende más allá del término *latinx*; algunas personas lo usan para todos los sustantivos y adjetivos que se refieren al ser humano (como *amigxs*). En septiembre de 2018, *Latinx* se añadió oficialmente al diccionario Merriam-Webster (en lengua inglesa) y la dicha definición expresa: "of, relating to, or marked by Latin American heritage – used as a gender-neutral alternative to Latino or Latina" ('de, relacionado con, o marcado por la herencia latinoamericana; usado como una alternativa de género neutro a latino o latina') (https://www.merriam-webster.com/dictionary/Latinx, consultado el 1 de diciembre de 2018).

En ambos idiomas, el uso más extendido de *latinx* tal vez sea para las formas genéricas (es decir, cuando no se refiere a nadie en concreto) y para los grupos de género mixto. Sin embargo, algunas personas también utilizan *latinx* en referencia a individuos específicos. Algunas personas lo usan solo para individuos que se identifican como no binarios o queer, pero otras lo usan para todo el mundo, independientemente de su identidad de género, como una forma de desafiar las categorías de género y expresar una inclusividad más amplia que trasciende las fronteras etnorraciales, nacionales y de clase (Torres, 2018). No obstante, algunas personas rechazan el uso universal de *latinx* porque consideran que paradójicamente borra la diversidad de las identidades de género al utilizar un solo término para todo el mundo (Trujillo-Pagán, 2018). Por esta razón, algunas personas prefieren una distinción tripartita entre *-o/-a/-x* al referirse a individuos específicos, ya que esto permite el reconocimiento abierto de identidades de género específicas así como identidades no binarias (p. ej., latina, latinx y latino).

Aunque estos términos y terminaciones de palabras más inclusivos parecen estar ganando terreno, especialmente en contextos académicos y activistas, su uso también ha sido criticado, especialmente en español. Por una parte, quienes lo critican afirman que lo que hemos llamado 'forma masculina' no es tal, sino una forma neutra (que es igual a la forma masculina). El otro punto de vista apunta a que la terminación *-x* es artificial, innecesaria e impronunciable; una imposición de normas o tendencias inglesas sobre el español, y/o excesivamente pasajera o de moda (p. ej., Guerra y Orbea, 2015; Martínez, 2017). Estas críticas vienen avaladas por el rechazo de la *-x* así como de otros tipos de lenguaje inclusivo en cuanto al género por parte de la Real Academia Española (RAE) en sus manuales de estilo y diccionarios.

La posición de la RAE, que es coherente con el conservadurismo que la caracteriza, proporciona pruebas claras de que la 'norma' no es ni universalmente aceptada ni políticamente neutral, a pesar de que comúnmente se pregone lo contrario (véase el capítulo 4). Asimismo, al igual que las controversias en torno a las clasificaciones del censo, las polémicas sobre el lenguaje inclusivo en materia de género ponen de relieve que los debates en torno a las etiquetas de identidad, y el lenguaje en general, tienen que ver con mucho más que simples cuestiones lingüísticas.

Conclusiones y conexiones

En este capítulo examinamos la construcción social de la identidad etnorracial en América Latina y en Estados Unidos, enfatizando el papel de la colonización y la conquista en la racialización. Vimos que ambos procesos, y la estructuración racial de la sociedad tanto en las colonias españolas como en las inglesas, han dejado un legado duradero en la racialización actual de la población latinx de Estados Unidos. En el capítulo 7 veremos cómo las ideologías raciales se reproducen en los medios de comunicación. En los capítulos 8 y 9, respectivamente, veremos la promulgación y el impacto de la racialización en la política lingüística y la educación.

Un tema recurrente que se ha discutido en este capítulo es la vinculación del español con las identidades latinxs, que también tratamos en nuestras discusiones anteriores sobre el desplazamiento lingüístico (capítulo 2) y las ideologías lingüísticas (capítulo 4). Aquí nos centramos en la construcción de la lengua española como parte de la composición racial de la población latinx, examinando la noción de que la capacidad de hablar español es un rasgo cuasi biológico. Como vimos, esta ideología permite que el vilipendio del español sirva como mecanismo para la denigración de las personas latinxs, sin importar sus conocimientos o prácticas lingüísticas reales. En el próximo capítulo veremos cómo esta ideología también subyace en el *Mock Spanish*, un uso supuestamente cómico del español que reproduce solapadamente estereotipos negativos sobre la población latinx.

El vínculo indexical entre el español y la identidad latinx también permite que el lenguaje sobrepase al fenotipo en la adscripción racial, como fue evidente en la investigación de Bailey (2000a, 2000b), con varios testimonios de adolescentes que encarnaban diferentes identidades raciales basadas en el idioma que hablaban. Asimismo, esa investigación resaltó el hecho de que, a pesar de que esté racializado en algunos contextos, el español es, sin embargo, un poderoso recurso para construir y expresar la identidad, lo cual estudiaremos con mayor detalle en el próximo capítulo.

Dada la prominencia del censo como un ámbito para la clasificación etnorracial, y su protagonismo en la difusión de las construcciones oficiales de las identidades etnorraciales, dedicamos una cantidad considerable de espacio a la discusión de las preguntas sobre origen hispano y sobre raza. Esta discusión, además de ponderar las razones que avalan la recolección de datos etnorraciales, tuvo en cuenta los desafíos que implica determinar si el origen hispano debe ser considerado como una identidad étnica o racial, así como los controvertidos significados referenciales y simbólicos de las varias etiquetas panétnicas. Si bien las etiquetas explícitas son una forma destacada en que las personas expresan y reivindican sus identidades, queremos subrayar que no son la única forma en que las personas utilizan el lenguaje para **indexicalizar** su identidad o atribuir identidades a otras personas (tal como lo demostró la investigación de Bailey).

No cabe duda de que las identidades etnorraciales ocupan un lugar destacado en la idea que las personas tienen de sí mismas y de sus experiencias vitales, así como en la estructuración de la sociedad, pero no son las únicas identidades que importan. Al subrayar que las respuestas de las personas a las preguntas del censo pueden cambiar con el tiempo y/o diferir de las reivindicaciones de identidad que hacen en otros contextos o de la forma en que otras personas las ven, intentamos señalar de manera más amplia que la identidad etnorracial no es una parte fija e inherente de las personas. Por el contrario, es contextual y puede fluctuar con el tiempo. En el próximo capítulo veremos que esto también es así para otros tipos de identidad, a medida que analicemos las diversas formas en que las personas utilizan el lenguaje para construir, realizar y negociar una amplia gama de categorías sociales.

Actividades y preguntas de discusión sobre el capítulo 5

(1) Mira el Op-Doc del *New York Times*, *A Conversation with Latinos on Race* ('Una conversación con latinos sobre la raza') (http://www.nytimes.com/video/opinion/100000004237305/a-conversation-with-latinos-on-race.html) y trata de identificar algunos ejemplos de los puntos siguientes: a) la diversidad racial dentro de las familias; b) las reivindicaciones de identidad de una persona que se cuestionan en función de su uso del idioma; y c) el español como base para la clasificación racial y/o la racialización.

(2) Mira el video *Afro Latinos Get DNA Tested* ('Afrolatinos se hacen pruebas de ADN'), un video de Pero Like en el sitio web de Buzzfeed (https://www.buzzfeed.com/watch/video/62918?utm_term=.ewOXl6XX96#.ybLx4Zxx5Z). ¿Cuáles son algunas de las suposiciones sobre la identidad y el ADN reflejadas en este video? ¿Cómo reflejan los comentarios de las cuatro personas las ideologías raciales tratadas en este capítulo? ¿Por qué crees que la gente está interesada en hacerse estas pruebas genéticas? ¿Crees que el sentido de las personas sobre sí mismas o su identidad, o la forma en que otras personas las tratan, cambia en función de los resultados? Cuando los resultados difieren de las experiencias vitales y creencias de la gente antes de la prueba, ¿cuál vendría a ser la raza 'real' de la persona?

(3) Busca en Internet sobre la diferencia entre *hispano* y *latino*, y/o sobre el término *latinx* (intenta encontrar fuentes en español e inglés). ¿Qué tipo de explicaciones encuentras y qué tipo de ideologías reflejan? ¿Puedes encontrar algún ejemplo en el que los términos se usen indistintamente y/o en el que solo se use uno? ¿Son diferentes las definiciones y argumentos que se dan en inglés y español? Analiza tus hallazgos, incluyendo cualquier definición u opinión contradictoria, a la luz de nuestra discusión en este capítulo.

(4) Compara la clasificación etnorracial y lingüística del censo de Estados Unidos con la de otro país, como Cuba (http://www.one.cu/publicaciones/cepde/cpv2012/20140428informenacional/7_tematicas.pdf), México (https://www.inegi.org.mx/programas/ccpv/2010) o Canadá (https://www12.statcan.gc.ca/nhs-enm/2016/ref/questionnaires/questions-eng.cfm). ¿Qué preguntas etnorraciales y lingüísticas se incluyen? ¿Qué opciones de respuesta se ofrecen? ¿Quién es 'invisible' en estos censos? ¿Qué te aportó esto sobre la construcción social de la raza en esos lugares o en general?

(5) Échale un vistazo a la siguiente entrada de blog sobre la dificultad de una mujer mexicana para responder a la pregunta sobre raza en el censo de 2010: https://justanothergirlinthewall.wordpress.com/tag/census-2010. Analiza su relato a la luz de los temas tratados en este capítulo; considera su noción acerca de su propia identidad etnorracial, su interpretación de las opciones ofrecidas y la orientación que le brindó el operador de la línea de ayuda. Si conocieras a la escritora en persona, ¿qué le dirías respecto de los temas y las opciones? ¿Qué visión general te aporta esto a propósito del significado de las etiquetas y su relación con la identidad?

Notas

(1) Los diccionarios en español también muestran la falta de distinción clara entre los dos términos.

(2) Aunque la traducción exacta de la palabra *Spanish* sería 'español', en este contexto se utiliza como una etiqueta panétnica (más o menos equivalente a *hispano/a* o *latinx*). Como se verá más adelante en este capítulo, *Spanish* hace referencia al idioma, no al país de España.

Lecturas y materiales adicionales

Bailey, B. (2000) The language of multiple identities among Dominican Americans. *Journal of Linguistic Anthropology* 10 (2), 190–223. https://doi.org/10.1525/jlin.2000.10.2.190.

Milian, C. (ed.) (2017) Special Issue on Theorising Latinx. *Cultural Dynamics* 29 (3), 121–140.

Gates, Jr., H.L. (2011) *Black in Latin America*. PBS. Ver https://www.pbs.org/wnet/ black-in-latin-america/.

Leeman, J. (2018) Becoming Hispanic: The negotiation of ethnoracial identity in U.S. census interviews. *Latino Studies* 16 (4), 432–460. https://doi.org/10.1057/s41276-018-0147-6.

Mora, G.C. (2014) *Making Hispanics: How Activists, Bureaucrats, and Media Constructed a New American*. Chicago, IL: University of Chicago Press.

Taylor, P., Lopez, M.H., Martínez, J.H. y Velasco, G. (2012) When labels don't fit: Hispanics and their views of identity. *Hispanic Trends*, 4 de abril. Washington DC: Pew Hispanic Center. Ver http://www.pewhispanic.org/2012/04/04/when-labels-dont-fit-hispanics-and-their-views-of-identity/.

Capítulo 6

Lengua e identidad

Objetivos

Presentar un marco teórico para el análisis de la construcción de las identidades en la interacción lingüística y examinar las investigaciones sobre la forma en que las personas de habla hispana en Estados Unidos utilizan el idioma en la construcción, la performance y la negociación de la identidad.

Introducción

En capítulos previos, discutimos las ideologías lingüísticas y la concepción de la raza como **constructo social**. En este capítulo esas ideas servirán de base teórica para nuestra discusión de la construcción de varios otros tipos de identidad (p. ej., el género, la clase social, ser activista social o ser mejor amigo/a de alguien) a través del lenguaje. Presentaremos un marco teórico sobre la relación entre lengua e identidad, y lo aplicaremos al caso particular del español en Estados Unidos. Como veremos, las formas en que usamos el lenguaje para construir y encarnar nuestras identidades no se limitan a la elección de hablar español o inglés. La gente usa muchas características lingüísticas diferentes (incluyendo estilos, palabras y pronunciaciones específicas) para señalar quiénes son o para posicionarse de maneras particulares. Hacemos hincapié en que la identidad está entrelazada con los temas de otros capítulos de este libro, porque los seres humanos estamos constantemente construyendo nuestras identidades a través de todo lo que hacemos.

Identidades

La palabra *identidad* se utiliza de muchas maneras diferentes en el discurso contemporáneo; se suele emplear para hablar de la esencia aparentemente objetiva de una persona o de las categorías demográficas a las que pertenece. El término también se utiliza para hablar de los registros oficiales y cuentas bancarias o digitales de las personas, como en la frase *robo de identidad*. Esos usos implican que la identidad es de naturaleza estática, un conjunto de características, categorías o incluso números. En este libro pensamos en la identidad de manera diferente, en consonancia con las concepciones empleadas actualmente en las ciencias sociales y las humanidades. En particular, la identidad no es una categoría fija o un sentido unitario del yo, sino que las identidades individuales se construyen socialmente, y también son fluidas, variadas y múltiples. Por una parte, así como las identidades **etnorraciales** son definidas de manera diferente por los diferentes grupos y en diferentes contextos, otras identidades también se basan en una concepción compartida entre las personas en un contexto dado. Así pues, identidades como 'mujer', 'docente', 'ciclista', 'activista social', 'amigo', 'amiga', 'sabelotodo', etc., no se construyen de la misma manera, ni se asocian con las mismas características, en todos los contextos. Por ejemplo, las categorías 'amigo' y 'amiga' significan cosas muy diferentes en el mundo digital y en la vida real, así como la identidad 'ciclista' en el contexto de una reunión de planificación de transporte no tiene el mismo significado que en el marco de los Juegos Olímpicos.

En segundo lugar, una persona no tiene solo una identidad, o una sola forma de ser, verse a sí misma en el mundo y ser vista por otras personas. Por el contrario, tenemos varias identidades que salen a la luz en función de dónde estamos, con quién estamos y qué estamos haciendo. Una premisa clave de los enfoques socioconstruccionistas es que la manera en que actuamos o hablamos no es el resultado de nuestras identidades, sino más bien, nuestras identidades nacen a través de las formas en que actuamos, hablamos, nos vestimos, nos movemos, etc. Así pues, en la teoría social la identidad se concibe como algo que la gente 'hace' en lugar de algo que 'tiene'; la identidad consiste en performances (es decir, actuaciones o representaciones) del yo en diferentes contextos (Kroskrity, 2000: 111). El presente capítulo se centra en el uso del lenguaje como recurso simbólico para construir y encarnar identidades, especialmente mediante interacciones con otras personas.

El concepto de las identidades como performativas tiene sus raíces en la investigación de Butler (1990) sobre género. La idea central de este trabajo es que las identidades de género se basan en comportamientos sociales más que en el sexo biológico, y que la **performance de la identidad** se basa en asociaciones entre comportamientos particulares y categorías sociales. Estos comportamientos y categorías, y las asociaciones entre ellas, son culturalmente específicos. Por lo tanto, encarnamos nuestras identidades actuando en función de las categorías identitarias tal como se definen en nuestro contexto cultural. Al mismo tiempo, la performance de identidades a través de determinados comportamientos también refuerza las asociaciones de esos comportamientos con esas identidades. Por ejemplo, la concepción **hegemónica** de la feminidad en Estados Unidos la asocia con un conjunto particular de actitudes, comportamientos y formas de ser, como ser emocional y cariñosa. Sin embargo, esta feminidad no es una cuestión biológica o inherente, sino que está construida socialmente; es decir, no es el resultado de tener dos cromosomas X, sino que se trata de una manera de entender lo que es ser femenina. Cuando una persona adopta estas formas 'femeninas' de ser, encarna o performa una identidad femenina a la vez que refuerza la idea de que esto es lo que define la feminidad. No obstante, hay muchas formas potenciales de encarnar la feminidad, y aunque podríamos nombrar o etiquetar algunas de ellas (p. ej., 'niña bien', 'mujer emprendedora'), también es posible construir un tipo de feminidad que no encaje en ninguna de las categorías nombradas. Esto es cierto, desde luego, para todos los demás aspectos de la identidad también, como las identidades étnicas o nacionales.

Además del lenguaje, se pueden utilizar muchos otros recursos simbólicos en la construcción social y la performance de identidades, entre ellos, la vestimenta. Por ejemplo, en el capítulo 4, analizamos la investigación de Mendoza-Denton (2008) y las formas en que las integrantes de las Norteñas y Sureñas usaban peinados y colores de la ropa para **indexicalizar** o señalar sus afiliaciones a las pandillas. Aunque tal vez no seamos conscientes de ello, y no sigamos códigos de color tan estrictos, la mayoría probablemente estemos de acuerdo en que también tomamos decisiones sobre cómo vestirnos basándonos en la forma en que queremos presentarnos. Esas elecciones están limitadas por normas y valores sociales; nuestras ideas sobre cómo ciertas prendas de vestir indican el género, la sexualidad, las costumbres religiosas y la pertenencia a un grupo étnico (o de otro tipo) evidentemente influyen en nuestras elecciones, y a veces las normas incluso se hacen explícitas en los códigos de vestimenta de las escuelas y lugares de trabajo. Pero no hay ninguna razón inherente por la que las faldas se consideren a menudo femeninas y las corbatas masculinas, así como tampoco había ninguna razón particular para que las Norteñas se vistieran de rojo y las Sureñas de azul. La existencia de excepciones a las normas de vestimenta (como los kilts escoceses) y el hecho de que cambien con el tiempo son una prueba más de que esas normas están construidas socialmente.

Asimismo, la gente no usa automáticamente determinada ropa *porque* sea mujer, gay, adolescente o provenga de una clase media; son decisiones individuales. La ropa que elegimos es parte de la performance de nuestras identidades, pero la forma en que queremos presentarnos no es siempre la misma. En un contexto (como una entrevista para un trabajo de oficina) es posible que alguien elija una ropa determinada para demostrar que es profesional y que comprende las expectativas de un trabajo de tales características, por ejemplo. O, según la terminología de la teoría social, podría utilizar los significados simbólicos de diferentes prendas de vestir para construir y encarnar la identidad de una persona profesional de clase media. En otros contextos, esa misma persona podría vestirse con los colores de su equipo favorito para encarnar la identidad de hincha fiel, o usar ropa tradicionalmente asociada con el sexo opuesto para encarnar una identidad de género no binario o de una persona que se opone a los roles de género hegemónicos. No es que ninguna de estas identidades sea más 'real' que las otras, o que una persona solo pueda ser una cosa a la vez. Se trata de que una persona performa diferentes identidades dependiendo del contexto, con quiénes esté o qué desee transmitir. Pero, insistimos, el punto crucial es que la identidad de una persona no determina su comportamiento o su elección de vestimenta sino todo lo contrario: las personas adoptan comportamientos y recursos simbólicos (entre ellos el lenguaje) para construir y encarnar sus identidades.

En el capítulo anterior hablamos de identidades etnorraciales como la 'latinx', que obviamente es de particular interés. Ahora abordaremos otros tipos de identidad, incluyendo el género y la sexualidad, así como las identidades no vinculadas a categorías sociales convencionales. Aunque a veces utilizamos etiquetas para construir, encarnar y reivindicar explícitamente identidades, queremos reiterar que las etiquetas no son identidades en sí mismas, y hay muchas otras formas en las que utilizamos el lenguaje para construir y encarnar nuestras identidades.

La construcción lingüística de las identidades sociales

En esta sección analizamos cómo se utiliza el lenguaje en la construcción, performance y negociación de las identidades. Se trata de un área en la que se ha realizado una enorme cantidad de investigación teórica, no solo en sociolingüística y antropología lingüística, sino también en varios subcampos de la lingüística (como la adquisición y la enseñanza de idiomas), así como en otras disciplinas. Aquí esbozamos un modelo que es representativo de las concepciones contemporáneas. Concretamente, presentamos el marco de Bucholtz y Hall (2005) para el estudio de cómo se producen las identidades en la interacción lingüística, y proporcionamos ejemplos que provienen de la investigación sobre el español en Estados Unidos.

Bucholtz y Hall (2005) exponen cinco aspectos clave de la relación entre el lenguaje y la identidad, que analizaremos a continuación: 1) la identidad se construye a través de la interacción; 2) existen múltiples niveles de identidad; 3) se pueden utilizar diversos medios lingüísticos para construir y encarnar identidades; 4) las identidades se construyen en relación con otras personas; y 5) existen múltiples fuerzas que intervienen en la construcción de las identidades.

La construcción de la identidad a través de la interacción

Bucholtz y Hall (2005) argumentan que la identidad no es la *fuente*, sino más bien el *resultado* de la conducta lingüística (y otras conductas sociales). La noción de que el lenguaje es un medio para construir un significado social no es exclusiva de este marco, y está muy alineada con las investigaciones recientes sobre la variación lingüística. Los primeros estudios sociolingüísticos se centraban en la forma en que los diferentes grupos (como los hombres y las mujeres, o los sectores pudientes y pobres) utilizaban el lenguaje de manera diferente, reflejando así la idea de que la pertenencia a una categoría social está correlacionada con el uso lingüístico, sin centrarse en la variabilidad o la agencia de cada hablante. En cambio, las investigaciones más recientes sobre la variación lingüística se centran en la forma en que las personas utilizan el lenguaje para construir y encarnar identidades (Eckert, 2012). Según este punto de vista, la identidad es social y cultural más que un estado psicológico interno (Bucholtz y Hall, 2005).

Niveles de identidad

Tal vez las identidades más obvias o destacadas están vinculadas a categorías demográficas de nivel macro; es decir, determinadas categorías que se establecen socialmente. Estas a menudo corresponden a etiquetas étnicas, raciales, religiosas, nacionales, de edad, de género, de sexualidad, etc. Por ejemplo, una persona podría describirse a sí misma (o describir a otra persona) como 'latinx', 'heterosexual', 'asiática', 'católica' o 'mujer' e incluso puede que se le pida que use estas categorías para identificarse en contextos oficiales (p. ej., en Estados Unidos es común indicar la edad, el sexo y la raza en los formularios para inscribirse en la escuela). Si bien muchas veces las categorías demográficas o de nivel macro parecen fáciles de definir, en realidad pueden construirse de manera diferente en contextos distintos. Asimismo, las categorías que una persona utiliza para describirse a sí misma o a otras personas dependen del contexto: en algunos contextos la nacionalidad o la religión pueden ser destacadas; en otros, el género y la etnicidad.

También está lo que Bucholtz y Hall (2005: 585; traducido del inglés) llaman "posiciones culturales locales, etnográficamente emergentes", que son específicas del entorno y la situación. Esas identidades generalmente no tienen reconocimiento oficial y solo tienen significado dentro de un contexto particular. Por ejemplo, las identidades más destacadas en la investigación de Fuller (2007, 2009, 2012) sobre niñas y niños en aulas bilingües tenían que ver con el rendimiento escolar (p. ej., ser 'buen/a estudiante'), así como las identidades relacionadas con la competencia lingüística. A menudo, ser buen/a estudiante se construía en parte adhiriendo al idioma de la lección, ya que cada asignatura se enseñaba explícitamente en un idioma (p. ej., matemáticas en español, estudios sociales en inglés). Asimismo, había hablantes que se posicionaban como bilingües traduciendo del inglés al español y viceversa, y construyendo a otras personas como monolingües.

Además de las identidades locales y de nivel macro, Bucholtz y Hall (2005: 585; traducido del inglés) señalan que existen "posturas y roles de participación temporales y específicos a una interacción determinada". Estas identidades de nivel micro incluyen roles como el de 'evaluador/a' y 'oyente comprometido/a', que se realizan en la interacción particular, mientras que las **posturas** son posiciones respecto de lo que se dice (más adelante explicamos con más detalle la toma de posturas). Así pues, en una interacción conversacional una persona puede ocupar el rol de aguafiestas, pero en otra conversación puede encarnar una identidad de bromista o ser el alma de la fiesta.

En resumen, tenemos muchos niveles diferentes de identidad. En cualquier interacción, hay múltiples niveles presentes, aunque en un momento dado uno puede ser más destacado que otro. Así, si pensamos en la investigación de Fuller mencionada anteriormente, en una interacción una niña puede encarnar simultáneamente su identidad como 'niña latina' (nivel macro), 'buena estudiante' (categoría local, etnográfica) y 'oyente comprometida' (categoría interaccional). ¿Pero cómo usamos el lenguaje para hacer esto? En la siguiente subsección comentaremos algunas estrategias y recursos lingüísticos involucrados.

Los medios lingüísticos utilizados en la construcción de identidades

Hay muchos aspectos del lenguaje que pueden ser utilizados en la construcción y la performance de la identidad. Un medio aparentemente sencillo de reivindicar o asignar una identidad es a través del uso de una etiqueta. Esto ocurre en el censo, como vimos en el capítulo anterior, pero también tiene lugar en otros contextos. Al igual que las categorías del censo, el significado de las etiquetas utilizadas en las interacciones también se construyen social y contextualmente. Esto se ejemplifica en el estudio de Shenk (2007) sobre las construcciones interaccionales de identidad de tres estudiantes de universidad: Bela, Rica y Lalo. Mientras conversaban en inglés y español, Bela, Rica y Lalo utilizaban la etiqueta explícita de *Mexican*, así como otros términos, para construir sus propias identidades (y las del resto de la gente), pero cada quien reivindicaba la identidad mexicana de manera diferente. Bela, que nació en México, daba prioridad al lugar de nacimiento y la ciudadanía en la determinación de la auténtica identidad mexicana y manifestaba que Lalo no era "original" por haber nacido en Estados Unidos. En cambio, Lalo implícitamente definía la identidad mexicana como arraigada en la ascendencia y aspectos biológicos, lo que le permitía rechazar el cuestionamiento de Bela. En concreto, afirmaba que él era "más original" que ella, y "puro" porque tanto su madre como su padre "are Aztec blood" ('son de sangre azteca'), mientras que en el caso de Bela solo la madre era mexicana (Shenk, 2007: 206–207). Por último, para Rica, la auténtica identidad mexicana requería dominar el español.

Además de poner de relieve el carácter negociado y discutible de las categorías de identidad, el estudio de Shenk también señala otras formas, además de las etiquetas, en las que se utiliza el lenguaje en la construcción y la performance de las identidades. En particular, Bela, Rica y Lalo utilizaban la relación indexical de idiomas particulares con identidades particulares a fin de reivindicar sus propias identidades y cuestionar las del resto de las personas. El vínculo **esencializado** entre hablar español y la identidad mexicana (o latinx) que analizamos anteriormente permite que la elección del idioma funcione como otro recurso lingüístico para la construcción de la identidad. Por ejemplo, en los datos de Shenk hay un momento en que Bela —que estaba hablando en inglés— cuestiona las afirmaciones de Lalo sobre la mexicanidad no solo preguntándole dónde nació, sino cambiando al español para hacerlo. Claramente el contenido de lo que dice es importante, pues plantea el argumento de que él es menos mexicano que ella por haber nacido en Estados Unidos y ella en México. Sin embargo, dada la conexión del idioma español con la identidad mexicana, el uso del español por parte de Bela es una forma de encarnar una identidad mexicana y reforzar su afirmación. La relación indexical entre el español y la identidad mexicana también se puede inferir del momento en que Bela le dice a Rica —luego de que esta pronuncia mal una palabra en español—: "I'm going to revoke your Mexican privileges" ('Voy a revocar tus privilegios mexicanos'), poniendo de esta manera en su contra la construcción de la auténtica identidad mexicana basada en el idioma, que era el argumento que la propia Rica defendía.

No solo se utilizan diferentes idiomas, como el español o el inglés, en la construcción y la performance de la identidad: las variedades, los acentos, los estilos de habla y las palabras o estructuras particulares también pueden utilizarse para indexicalizar las identidades. Incluso la pronunciación de palabras o nombres de una manera específica puede ser un acto de identidad. En el caso de latinxs con nombres en español, la decisión de utilizar una pronunciación española o una anglicizada constituye una posición particular con respecto a la identidad y la pertenencia etnolingüística (Parada, 2016). El uso de la pronunciación española puede representar la resistencia no solo a la violencia simbólica de tener que cambiar el nombre —un marcador destacado de identidad— para encajar en la sociedad dominante, sino también a las ideologías monolingües y asimilacionistas subyacentes que construyen a Estados Unidos como una nación blanca de habla inglesa.

El hecho de que alguien pronuncie su propio nombre en español a veces puede generar resistencia en otras personas. Esto lo podemos ver en las quejas que hizo una parte de la audiencia televisiva a raíz de que la periodista de Arizona Vanessa Ruiz arrastrara la *r* e incorporara a su dicción otros aspectos de la pronunciación del español en sus reportajes, que eran en inglés. Más allá de que cada vez haya más periodistas que pronuncian sus nombres según las normas de su primera lengua, Ruiz también utilizó la pronunciación española para los nombres de lugares locales como Mesa, la tercera ciudad más grande del estado. Respondió en el aire a las quejas explicando que se consideraba afortunada por haber crecido hablando dos idiomas, y luego agregó:

So yes, I do like to pronounce certain things the way they are meant to be pronounced. And I know that change can be difficult, but it's normal and over time I know that everything falls into place.

Pues sí, me gusta pronunciar ciertas cosas de la forma en que deberían ser pronunciadas. Y sé que el cambio puede ser difícil, pero es normal y con el tiempo sé que todo termina cuajando. (https://www.nytimes.com/2015/09/04/us/latina-arizona-news-anchor-vanessa-ruiz-spanish-pronunciation.html, consultado el 5 de diciembre de 2018)

En una publicación posterior en Facebook agradeciendo a sus colegas por el apoyo, Ruiz concluyó: "I am more proud now than ever to be an American, and also, a Latina. Thank you. Gracias." ('Estoy más orgullosa que nunca de ser estadounidense y, también, latina. Gracias.') (https://web.facebook.com/vanessaruiznews/posts/739128352886942?_ rdc=1&_rdr, consultado el 27 de marzo de 2019). Incluso sin el comentario explícito de Ruiz, la pronunciación en sí misma, así como el decir *gracias* en español, fue parte de su performance de identidad como hispanohablante y latina. Asimismo, las implicaciones de la pronunciación de Ruiz van más allá de la identidad; al referirse a las ciudades por sus nombres en español y enmarcar su pronunciación como la correcta (al decir que "deberían ser pronunciadas así"), eleva discursivamente el español frente al inglés y normaliza su presencia dentro de Estados Unidos.

Esta atención (o vigilancia) en torno a la pronunciación de Ruiz no es un incidente aislado; por ejemplo, en una entrevista en Fox News, la representante de Nueva York Alexandria Ocasio-Cortez también fue criticada por la pronunciación de su propio nombre y acusada de "doing that Latina thing" ('hacer esa cosa de latina'); es decir, de construirse a sí misma como latina y de no asimilarse plenamente renunciando a la pronunciación española de su nombre. Como se señaló en los posteriores tuits de Ocasio-Cortez, estas críticas pueden estar basadas en una concepción que ve el multilingüismo como una amenaza (https://www.nbcnews.com/news/latino/latina-thing-alexandria-ocasio-cortez-s-name-latest-culture-war-n985916, consultado el 27 de marzo de 2019). Sin embargo, cambiar o anglicizar el nombre de otra persona contra su voluntad es una especie de violencia simbólica y de asimilación forzada (Bucholtz, 2016). Dada la falta de comprensión por parte de las personas **anglo**, así como las reacciones negativas (volvemos a esto más adelante), el aparentemente simple acto de presentarse puede estar ideológica y emocionalmente cargado. Además, las reacciones negativas a los nombres que se perciben como españoles o latinxs no son simple retórica, sino que también implican discriminación laboral y otras consecuencias materiales. Por ejemplo, el sitio web Business Insider publicó recientemente la historia de un hombre que cambió su nombre de *José* a *Joe* en su currículum vitae e inmediatamente recibió más entrevistas de trabajo (https://www.businessinsider.com/job-seeker-changed-his-name-2014-9?international=true&r=US&IR=T, consultado el 1 de junio de 2019; tratamos la discriminación lingüística en el mundo laboral en el capítulo 8).

Estos debates sobre los nombres y la pronunciación también son de nuestro interés porque ilustran cómo las personas utilizan el lenguaje en la toma de postura, y cómo la postura está relacionada con la identidad. No todo el mundo define la *toma de postura* exactamente de la misma manera, pero somos afines a la definición directa que hace Jaffe (2009: 3; traducido del inglés): "tomar una posición con respecto a la forma y el contenido de un enunciado". Tales posiciones pueden ser sobre nuestros sentimientos o emociones con respecto a lo que decimos (postura afectiva), o sobre si pensamos que es creíble o verdadero (postura epistémica). La postura está relacionada con la identidad en el sentido de que cuando las personas muestran su evaluación de lo que se está diciendo, se presentan como tipos específicos de personas y/o se (des)alinean con sus interlocutores/as. Cuando determinados rasgos lingüísticos se utilizan repetidamente en determinadas posturas y esas posturas están vinculadas a identidades específicas, los propios rasgos pueden entonces asociarse a categorías de identidad (Jaffe, 2009; Johnstone, 2009).

Un ejemplo del uso del lenguaje para posicionarse de una manera particular es la etiqueta de identidad *chicanx*. Hasta la década de 1960, el término *chicano/a* se utilizaba con una connotación despectiva, y los términos *mexicano/a* o *mexicoamericano/a* eran los más utilizados para la autoidentificación. Sin embargo, en la década de 1960 una nueva generación de activistas dio un nuevo significado al término *chicano*. Rechazando los discursos dominantes que concebían la falta de asimilación cultural como la causa de la desigualdad social, estos grupos de activistas consideraban que el colonialismo y el racismo eran la causa de la pobreza y los problemas sociales en sus comunidades. Como parte de un esfuerzo simbólico más amplio que resaltaba que su presencia en el Suroeste precede a la existencia de Estados Unidos y rechazando la noción de que debían elegir ser o mexicanos/as o estadounidenses, reivindicaron la etiqueta *chicano/a*. En consecuencia, el identificarse como *chicano/as* (y más tarde, *chicanxs*) constituía una forma de encarnar una postura social y política específica. (Para más información acerca de esto, escucha el pódcast tratado en la pregunta 5 de las actividades sobre el capítulo 9.)

De manera similar, en el ejemplo anterior, Ruiz utiliza la pronunciación española no solo para indexicalizar y encarnar su identidad como latina, sino también para adoptar una postura con respecto a la historia de Mesa y, por extensión, de Arizona y Estados Unidos. Una prueba de la intención de Ruiz proviene de su declaración publicada en el sitio web del canal de televisión donde trabajaba:

> *Let me be clear: My intention has never been to be disrespectful or dismissive, quite the contrary. I actually feel I am paying respect to the way some of Arizona's first, original settlers intended for some things to be said.*

> Permítanme ser clara: mi intención nunca ha sido ser irrespetuosa o despectiva, sino todo lo contrario. De hecho, siento que estoy respetando la forma en que una parte de la primera población colonial de Arizona pretendía que se dijeran algunas cosas. (https://www.nytimes.com/2015/09/04/us/latina-arizona-news-anchor-vanessa-ruiz-spanish-pronunciation.html, consultado el 5 de diciembre de 2018)

El vínculo de la postura con la identidad es evidente en el hecho de que, al tomar una postura específica sobre la historia de Arizona, Ruiz se posiciona como un tipo particular de persona: alguien que aprecia el pluralismo lingüístico y cultural, y que reconoce y desea llamar la atención sobre el **borrado** histórico del pasado español y mexicano del Suroeste, que abordamos en el capítulo 3 (vale la pena acotar que simultáneamente hace un borrado de la historia indígena). Asimismo, el uso que hace Ruiz del inglés y del español ("Thank you. Gracias") en su declaración de orgullo patriótico es una manera de tomar una postura con respecto a lo que significa ser estadounidense y de cuestionar la construcción monolingüe de la identidad nacional. Además, su declaración de que es estadounidense "y también latina" cuestiona la noción de que estas identidades son incompatibles y de que ser estadounidense 'de verdad' implica necesariamente ser anglo. Aunque los comentarios de Ruiz en el aire y en línea son útiles para entender su intención, y proporcionan evidencia de esta, normalmente este tipo de toma de postura no es explícita. La respuesta positiva de parte de la audiencia, así como la reacción negativa de otras personas, demuestra que entendieron la postura que ella estaba adoptando, y su cuestionamiento más amplio a las ideologías dominantes, incluso antes de que ella las explicara.

Otro ejemplo de toma de postura puede encontrarse en el análisis de Showstack (2016) sobre cómo estudiantes de un curso de español para **hablantes de herencia** evaluaron textos que combinaban el inglés y el español. Hubo estudiantes que expresaron implícitamente su desdén por el español que muestra influencia inglesa, como cuando Aldo respondió al uso del **préstamo** *cora* (del inglés *quarter;* una moneda de 25 centavos) diciendo simplemente, "Really. Wow." ('De veras. Vaya.') (Showstack, 2016: 7), en contraposición a quienes mostraron una postura positiva a través de la risa de aprecio. El análisis de Showstack revela que estas posturas formaban parte de la manera en que cada estudiante se posicionaba como persona experta o novata en cuanto al conocimiento del español. Esta investigación también arroja luz sobre cómo las ideologías puristas (véase el capítulo 4) se reproducen y/o cuestionan en el aula.

Para mostrar que la elección de palabras o la estructura gramatical pueden ser actos de identidad, nos remitimos al estudio de Rivera-Mills (2011) sobre el uso de los pronombres entre múltiples generaciones de personas de origen salvadoreño y de origen hondureño en el Oeste de Estados Unidos. Específicamente, analizó el uso que le daban a dos pronombres de segunda persona del singular: *tú* y *vos*. Mientras que el *tú* se usa en todo el mundo hispanohablante, el *vos* se usa principalmente en el Cono Sur y en América Central, donde coexiste con el *tú*. En América Central, el *vos* se utiliza para expresar relaciones interpersonales particulares y posiciones afectivas (como la intimidad o la solidaridad). En consonancia con nuestra discusión sobre la forma en que se encarnan las identidades a través de la interacción y la manera en que las personas se hablan entre sí, cabe señalar que la elección de los pronombres (es decir, *usted* vs. *tú* vs. *vos*) es una forma en que cada hablante construye su propia identidad y la relación con su interlocutor/a como más o menos distante, deferente, formal, familiar, etc. (Raymond, 2016).

Entre otros hallazgos, Rivera-Mills encontró que para personas de origen centroamericano el uso del *vos* era más frecuente entre inmigrantes que en la segunda y la tercera generación. El uso más reducido del *vos* entre personas nacidas en Estados Unidos probablemente se debía a la influencia de la comunidad mexicoamericana, que era mucho más numerosa que la centroamericana en el lugar donde se realizó el estudio y que se caracteriza por usar solo el *tú* (véase el capítulo 10 para una discusión del contacto entre las diferentes variedades del español). Pero lo más relevante para nuestra discusión aquí son los patrones de uso del *vos*. Aunque las personas salvadoreñas de tercera generación lo usaban *más* que aquellas de segunda generación, lo usaban sin la forma verbal que correspondería a dicho pronombre en el uso más común en El Salvador (p. ej.,"Vos, ¿por qué no te compras unos zapatos nuevos?"; en lugar de *comprás*) (p. 100). Rivera-Mills explica que, en lugar de un pronombre asociado a distintas formas verbales, *vos* se ha convertido en una forma de señalar el origen salvadoreño, así como la identificación con Centroamérica de manera más amplia. Esto puede verse en la siguiente respuesta de un participante de segunda generación cuando le preguntaron si usaba *vos* y, en caso de que la respuesta fuera afirmativa, con quién.

> Sí, en los Estados Unidos las raras veces que conocí a un salvadoreño en la universidad que era de El Salvador, y con él usaba el *vos*, pero los otros eran de Panamá, o de Bolivia, o de Sudamérica, o de España, y con ellos no usé el *vos*, de vez en cuando, pero solamente para distinguir que yo era de otro país, con ellos era de *usted* o de *tú*.
> (Rivera-Mills, 2011: 102)

La naturaleza relacional de la identidad

El último ejemplo de Rivera-Mills nos lleva al siguiente aspecto del marco de Bucholtz y Hall (2005): las identidades son relacionales. Es decir, las identidades se construyen en relación con otras personas y varían conforme a las relaciones que se co-construyen en la interacción. En otras palabras, la construcción de un 'yo' va de la mano con la construcción de un 'tú', y de la misma manera un 'nosotros/as' implica un 'ellos/as'. El carácter relacional de la identidad también se hizo evidente en la investigación de Roth (2012) sobre la clasificación etnorracial entre migrantes del Caribe en Nueva York que vimos en el capítulo anterior; quienes participaron de este estudio clasificaban a las personas de manera diferente según con quiénes las comparaban.

Bucholtz y Hall citan tres relaciones particulares que intervienen en la construcción relacional de la identidad: similitud/diferencia, autenticidad/artificio, y autoridad/deslegitimidad. En el ejemplo anterior de Rivera-Mills (2011), vimos que el *vos* no era solo una forma de establecer conexión (similitud) con la comunidad centroamericana, sino también una forma de diferenciarse de hispanohablantes de otros orígenes nacionales. Las relaciones de similitud y diferencia también se ilustran en los ejemplos del trabajo de Bailey (2000a, 2000b) que vimos en el capítulo anterior; en dicho estudio, el uso del **inglés afroamericano** (AAE, por sus siglas en inglés) por parte de adolescentes de origen dominicano encarnaba simultáneamente la similitud con las personas afroamericanas y la diferencia/distancia respecto a la gente de raza blanca. En otros casos, se construía la diferencia respecto a las personas afroamericanas utilizando el español, al tiempo que también se expresaba la similitud y la conexión con otras personas dominicanas mediante el uso de una variedad dominicana del español. Cuáles de estas diferencias o similitudes se ponían de manifiesto a través del lenguaje dependía de cada individuo y de las interacciones específicas, pero en todos los casos las identidades giraban, en parte, en torno a la relación entre el yo y las otras personas.

La obra de Shenk que analizamos anteriormente constituye un excelente ejemplo del papel de la autenticidad, la genuinidad o la 'suficiencia' (Woolley, 2016) en la construcción de la identidad. Lalo, Bela y Rica trataban, a través de su conversación, de establecer sus propias identidades auténticamente mexicanas basadas en los criterios contrapuestos de sangre, lugar de nacimiento y/o dominio del idioma español. Un elemento importante del estudio de Shenk es que muestra que la definición de la autenticidad no es fija, sino que se construye social e interaccionalmente. Otro punto clave es que una forma de establecer la propia autenticidad es cuestionar la autenticidad de otras personas; en el estudio de Shenk, Bela, Lalo y Rica trataban de establecer su auténtica identidad mexicana no solo definiéndola sobre la base de sus criterios preferidos, sino también desautenticando la 'mexicanidad' de sus pares. Por ejemplo, Lalo no solo afirmaba ser "puro" y "original", sino que insistía en que era "más original" que Bela, y la falta de 'originalidad' de ella realzaba la suya.

En otras investigaciones, vemos la atribución de la autenticidad étnica basada en la asociación de una persona con otros miembros del grupo. En Woolley (2016), dos chicas discuten si hay alguna persona latinx o asiática en su escuela que sea gay, coincidiendo en que una compañera de clase en particular no cuenta (no está claro si es candidata por ser latinx o asiática) porque sus amistades son mayoritariamente de raza blanca. En su investigación en un restaurante mexicano en Austin (Texas), Barrett (2006) menciona que en el trabajo tenía colegas anglo que lo llamaban "burrito" —es decir, blanco por fuera pero marrón (latinx) por dentro— porque hablaba español y se relacionaba socialmente con colegas latinxs; lo que a sus ojos lo hacía menos auténticamente blanco. En estos ejemplos, la autenticidad y el artificio no solo se basan en las formas en que cada individuo se parece a, y se diferencia de, los miembros del grupo de identidad en cuestión, sino también en las personas con quienes se relaciona.

La dicotomía final de Bucholtz y Hall es la autoridad y la deslegitimidad, que se refiere al uso de posiciones de poder en la construcción de identidades. Por ejemplo, la afirmación de Bela de ser más mexicana que Lalo y Rica a partir de su ciudadanía mexicana se apoya en la autoridad del Estado para sustentar su construcción de identidad. Del mismo modo, su deslegitimización de la identidad de Lalo se basa en el mismo criterio. Sin embargo, no todas las referencias a la legitimidad que sirven en la construcción de la identidad están tan explícitamente vinculadas a la autoridad gubernamental; puede ser simplemente lo que se considera normativo en un contexto particular. Por ejemplo, en un estudio sobre hablantes bilingües de inglés y español en las ciudades fronterizas entre México y Estados Unidos (Holguín Mendoza, 2018b: 21), una participante que dice una palabra en inglés con acento estadounidense es criticada (risueñamente) por su amiga, quien le dice: "Mira, Diana, nooo se dice así, estamos en México".

Las múltiples fuentes de identidad

Anteriormente analizamos la noción de identidad como performance, algo que hacemos más que algo que tenemos. Aunque la palabra *performance* puede evocar la sensación de que las elecciones que hacemos sobre quiénes somos y cómo hablamos son conscientes, esto no siempre es así. De hecho, las formas en que hablamos son a menudo habituales e inconscientes, así como limitadas por nuestra capacidad de utilizar diferentes variedades. A veces no somos conscientes de los rasgos lingüísticos que utilizamos —y podemos pasar inconscientemente de un idioma a otro sin darnos cuenta—, mientras que en algunos casos podemos ser muy conscientes de los estilos, variedades o acentos que utilizamos. Por ejemplo, muchas personas que se desplazan de una región a otra, inconscientemente, empiezan a hablar de forma diferente; es bastante común adoptar el acento que nos rodea sin intentar conscientemente cambiar la forma de hablar. En otros casos podemos hacer un esfuerzo consciente para asimilarnos lingüísticamente, o para cambiar nuestra manera de hablar (como se puede ver en la existencia de varios programas de reducción de acento). Sin embargo, adquirir un nuevo acento es notoriamente difícil para personas adultas (Lippi-Green, 2012).

En otras palabras, aunque hablamos de 'elegir' idiomas específicos, rasgos lingüísticos y prácticas lingüísticas (como la combinación de idiomas), esto no significa que seamos conscientes de todas estas 'elecciones', o de todos los significados sociales implicados en nuestras palabras. Aunque las personas con conocimientos en lingüística pueden describir y analizar las características del habla, no siempre son evidentes para quienes no cuentan con tales conocimientos. Una persona puede adquirir o utilizar determinadas formas de pronunciación o palabras específicas sin estar atenta a ese nivel de detalle. Y la falta de conciencia no es solo con respecto a los rasgos lingüísticos, sino también con respecto a las ideologías que influyen en nuestra manera de pensar o actuar. En efecto, no siempre somos capaces de comprender o articular cuáles son estas ideologías o si las apoyamos explícitamente.

Asimismo, no podemos reivindicar y encarnar cualquier identidad que deseemos, ya que la identidad está condicionada tanto por las opiniones de otras personas como por fuerzas ideológicas y estructurales. Pensemos, a modo de ejemplo, en una profesora universitaria de mediana edad que se considera una persona muy *cool*, que está en la onda, se viste como tal y utiliza todas las expresiones de moda. ¿Sería esta performance suficiente para encarnar la identidad correspondiente? Depende en parte de cómo la vean otras personas. Lamentablemente, es probable que ni sus estudiantes ni sus colegas le atribuyan la identidad esperada, y en su lugar le asignen otras categorías de identidad. De hecho, a menudo hay tensión entre las identidades que reivindicamos y las que otras personas nos atribuyen, y ninguna de ellas es suficiente para expresar nuestra identidad plenamente.

El desajuste entre las identidades que nos adjudicamos y las que otras personas nos atribuyen a veces conduce a la negociación. Esos desajustes fueron un tema recurrente en la investigación de Bailey (2000b) sobre la comunidad dominicana de Providence, en la que había adolescentes que se identificaban como personas dominicanas o *Spanish* (literalmente 'español/a' pero equivalente a latinx), pese a que en el aula sus pares frecuentemente consideraban que eran de raza negra. Esto se puso de manifiesto en el ejemplo que citamos en el capítulo anterior, en el que Wilson explicó que a menudo se lo percibía como negro hasta que hablaba español. En el estudio de Bailey, la negociación de la identidad tenía lugar a través del lenguaje, en parte mediante discusiones explícitas, pero también a través de la performance o actuación lingüística (p. ej., hablar en español). Lo mismo ocurría en el estudio de Shenk; las identidades de sus participantes se basaban en parte en sus propias reivindicaciones y performances, pero también dependían en parte de lo que pensaban las personas a su alrededor.

La negociación interaccional de la identidad también fue evidente en el estudio de Leeman (2018a) sobre las entrevistas del censo en español (que mencionamos en el capítulo anterior). En ese estudio, completar las preguntas de raza y etnicidad no era un simple proceso en el que las personas encuestadas expresaban su propia identidad y el personal de la Oficina del Censo la anotaba en la casilla correspondiente; por el contrario, las personas encuestadas y quienes las entrevistaban negociaban la clasificación, elaborando conjuntamente el significado de las categorías (que no siempre coincidía con las definiciones oficiales), así como el lugar que ocupaban los miembros del hogar en dichas categorías. El estudio de Leeman (2018a) también señala que las ideologías sociales y las fuerzas institucionales pueden limitar nuestras opciones de identidad. Por un lado, el Gobierno de Estados Unidos se basa teóricamente en el principio de la autoidentificación en la clasificación etnorracial, pero, por otro lado, existe un conjunto limitado de opciones de respuesta, y a las personas cuya primera respuesta no coincide con las categorías oficiales se les pide que den una respuesta diferente. Esto refleja lo que ocurre también en otros contextos: no somos completamente libres de elegir cualquier identidad que queramos, pero tampoco se nos imponen completamente nuestras identidades. Esta tensión entre nuestro propio sentido del yo y las ideologías dominantes se produce en múltiples niveles de identidad (Benwell y Stokoe, 2006).

El racismo estructural también interviene en la construcción y atribución de identidades, incluidas las vinculadas a la lengua. Por ejemplo, Flores y Rosa (2015) han demostrado que a estudiantes afroamericanos/as, latinxs y de otros grupos racializados se les suele 'oír' hablando un inglés no estándar, independientemente de sus características y comportamientos lingüísticos reales. Son sus identidades racializadas lo que lleva a la evaluación negativa de su habla por parte de las personas oyentes, sin importar cómo hablen en realidad. De igual manera, el racismo individual y estructural impide que las personas racializadas sean vistas como miembros de la clase media con formación académica incluso cuando lo son (y hablan la **variedad 'estándar'**).

Para resumir esta sección, entonces, podemos decir que nuestra identidad está conformada por una combinación de nuestras acciones inconscientes o habituales, nuestras elecciones intencionales, las identidades que otras personas nos atribuyen y las fuerzas ideológicas y estructurales. Nuestra performance lingüística de la identidad, así como su eficacia para encarnar la identidad, está limitada por los mismos factores.

Indexicalidad e identidad

En esta sección exploraremos con mayor profundidad la noción de **indexicalidad**, introducida en el capítulo 4. Tal como vimos, la idea básica es que ciertas formas de hablar 'indican' o 'apuntan a' categorías sociales particulares. Por ejemplo, en Estados Unidos hablar español se considera a menudo como índice (además de requisito) de la identidad latinx. Sin embargo, este tipo de relaciones indexicales entre el lenguaje y la identidad no se limitan al español en Estados Unidos. En muchos contextos de América Latina, por ejemplo, el reconocimiento como miembro de un grupo indígena suele depender de que la persona hable el idioma correspondiente. De la misma manera, muchas naciones utilizan el idioma como sustituto de la identidad etnorracial en los censos (Leeman, 2017; Morning, 2008). Esas prácticas reflejan y contribuyen a las ideas esencialistas sobre lengua e identidad, así como a la suposición de que las personas que no hablan 'su' **lengua de herencia** han 'perdido su cultura'.

Si bien es común la vinculación ideológica del idioma con la identidad etnorracial, el lenguaje también puede indexicalizar otras identidades y atributos sociales. En algunos casos se trata de una cadena indexical, en la que un idioma (o una variedad o un rasgo lingüístico) apunta a un grupo específico, y si ese grupo está asociado con cualidades o atributos específicos, ese idioma o rasgo lingüístico puede indexicalizar esos atributos (Johnstone, 2010). Para ver la forma en que el lenguaje puede indexicalizar cualidades sociales o morales, en lugar de categorías sociales, veamos otro ejemplo de la investigación de Bailey. Como señalamos, en algunos contextos el grupo de adolescentes que participó de su estudio usaba el AAE para alinearse con las personas afroamericanas y desalinearse de las de raza blanca. En otros contextos usaban el español para diferenciarse de personas afroamericanas y encarnar identidades dominicanas (o *Spanish*). Sin embargo, el español no era solo o siempre un índice de la identidad dominicana o de la **latinidad**; la proporción y las formas en que usaban el español servían para diferenciar entre la identidad dominicoamericana y la dominicana (correspondiente a personas que llevan menos tiempo en Estados Unidos). Esta indexicalidad es evidente en una conversación entre Isabella y Janelle sobre Sammy, un inmigrante dominicano recién llegado con el que Isabella ha estado saliendo durante unos 10 días.

I: *He's like – I don't know. He's- he's so jealous.*
J: *Oh*
I: *This kid is sickening! He- he tells me to call him before I go to the club. He- I'm like, I don't have time to call you, pick up the phone, call you while my friends are outside beeping the horn at me so I can jet with them to the club. And he's like- I don't know, he talks he's like a hick, he talks so much Spanish!*

I: Él es como... no lo sé. Es... es tan celoso.
J: Ah...

I: ¡Este chico me enferma! Me dice que lo llame antes de salir al club. Él... Y yo como que... no tengo tiempo para llamarte, agarrar el teléfono, llamarte mientras afuera me están tocando bocina, esperándome para ir al club. Y él es como... no sé, habla, es como un palurdo, ¡habla tanto español!

(Adaptado de Bailey, 2000a: 210)

Luego Isabella continúa señalando que Sammy usa términos afectuosos en español ("niña" y "loca") y menciona sus esfuerzos para que él le hable en inglés. En este contexto, explica Bailey, Isabella y Janelle ven el uso (excesivo) del español y de términos de afecto en español como índice de ser posesivo y celoso, características que asocian con hombres heterosexuales de la República Dominicana.

La investigación de DuBord (2017) sobre jornaleros en la región fronteriza entre Estados Unidos y México también muestra que los idiomas pueden indexicalizar no solo categorías de identidad, sino atributos sociales y cualidades morales particulares. En este escenario, los jornaleros bilingües a menudo traducían lo necesario para facilitar la comunicación entre sus colegas hispanohablantes monolingües y sus empleadores/as de habla inglesa. Varios jornaleros monolingües imaginaban que la capacidad de utilizar dos idiomas era ventajosa desde el punto de vista socioeconómico (una opinión que no compartían los bilingües, quienes sentían que sufrían la misma explotación económica). No obstante, al mismo tiempo que los hispanohablantes monolingües asociaban el inglés con más oportunidades, también lo asociaban con la deshonestidad. De hecho, a menudo veían a sus pares bilingües como personas desleales que buscaban sacarles ventaja. Además de ser un ejemplo de cómo los idiomas pueden ser asociados con atributos morales, la investigación de DuBord es también un recordatorio de que es posible la coexistencia de ideologías contradictorias (véase el capítulo 4).

La indexicalidad no se refiere únicamente al uso de un idioma u otro, como el inglés o el español; las variedades lingüísticas, los estilos y los rasgos específicos del idioma también pueden indexicalizar posturas, atributos específicos y categorías de identidad. La investigación de Negrón (2014, 2018) en la ciudad de Nueva York es ilustrativa a este respecto. Negrón descubrió que, aunque en algunos casos latinxs de diferentes orígenes nacionales utilizaban el español para expresar una identidad latinx panétnica, en ciertos contextos utilizaban variedades nacionales y regionales de español específicas para posicionarse dentro de "una jerarquía de estatus y privilegio" (Negrón, 2018: 187; traducido del inglés) alineándose o distanciándose de los diferentes grupos de origen nacional. La jerarquía intralatinx y las percepciones sociales de los diferentes grupos estaban vinculadas a la condición socioeconómica, los sectores laborales, el estatus migratorio y la identidad racial. En particular, Negrón explica que algunas personas mexicanas y ecuatorianas que participaron en su estudio eran conscientes de los prejuicios antiindígenas en la comunidad latinx y la percepción de algunos países como 'más indígenas' que otros. Por lo tanto, en algunas interacciones comerciales cambiaban su manera de hablar. Por ejemplo, hubo participantes que eran de origen mexicano pero que dejaban que otras personas creyeran que eran de Puerto Rico o incluso lo afirmaban explícitamente. Del mismo modo, un participante ecuatoriano informó que había cambiado deliberadamente su acento para ser percibido como colombiano. Utilizando una variedad regional específica de español, construyó una identidad que en la ciudad de Nueva York se asociaba con con la blanquitud y un estatus socioeconómico más alto.

La cualidad de los estilos lingüísticos para indexicalizar una constelación de identidades y características sociales es evidente también en la investigación que Holguín Mendoza (2018b) llevó a cabo en México, cerca de la frontera con Estados Unidos. Las 'fresas', una categoría y estereotipo social mexicano muy conocido, son típicamente mujeres jóvenes blancas, de clase alta y orientadas al consumo (aunque también hay hombres fresas). El discurso fresa se caracteriza por el uso de elementos léxicos particulares (p. ej., güey) y marcadores de discurso (p. ej., o sea), groserías y expresiones en inglés. La asociación de este estilo con la identidad fresa es ampliamente reconocida y se ha reproducido en los medios de comunicación mexicanos por lo menos desde la década de 1980. El estilo fresa no es simplemente un índice de la clase social, sino también de categorías raciales específicas, orientaciones culturales, atributos y posturas sociales; dicho estilo marca a quien lo usa como persona adinerada, cosmopolita y geográficamente móvil. En México, dado que tener la oportunidad de estudiar inglés y/o viajar se asocia con tener medios económicos, el estilo fresa (así como el uso de expresiones en inglés) puede ser un índice de la condición de clase media alta, que vincula a quien lo usa con la blanquitud. Las numerosas parodias de fresas y de la forma en que hablan también se basan en la indexicalidad. Sin embargo, más que la mundanidad y el estatus de clase alta, estas parodias utilizan el estilo fresa para indexicalizar un consumismo insípido. Debido a que las fresas son estereotipadamente femeninas, estas representaciones interactúan con una concepción específica de la identidad femenina al mismo tiempo que la refuerza. En ambos casos, el estilo lingüístico no se limita a señalar la identidad de grupo, sino que hace referencia a las cualidades (positivas o negativas) asociadas a ese grupo, ya sea cuando es usado por fresas o cuando es usado por otras personas a modo de representación paródica.

Prácticas multilingües e identidad

Las investigaciones sobre el multilingüismo se han centrado durante mucho tiempo en la forma en que se combinan dos (o más) idiomas en una conversación. Ya en la década de 1970, se estudiaban los patrones gramaticales del discurso bilingüe en español e inglés (p. ej., Pfaff, 1979; Poplack, 1980). Este tipo de investigaciones se analizará en el capítulo 10; aquí nos centramos en los significados simbólicos de las prácticas multilingües, y en el uso del **translenguaje** (*translanguaging*) en la construcción de la identidad. Los **repertorios lingüísticos** de hablantes multilingües consisten en recursos distribuidos en lo que tradicionalmente se consideran idiomas diferentes, por ejemplo, el español o el inglés. Estos recursos incluyen registros, estilos y una gama de variedades regionales y sociales asociadas con una 'lengua' u otra, y todas estas formas de hablar conllevan significados sociales diferentes. Así, cada hablante no elige simplemente el español o el inglés, sino que selecciona y combina rasgos específicos asociados con ambos en la performance de la identidad. A pesar de las opiniones negativas de algunas personas que piensan que los idiomas tienen que mantenerse separados, el translenguaje representa un recurso comunicativo e identitario potente.

En Estados Unidos, existen variedades del español que muestran influencia del contacto con el inglés. La conexión de las prácticas multilingües y las variedades de contacto con la identidad ha sido potentemente expresada por la escritora y activista chicana Gloria Anzaldúa en su conocido ensayo *How to tame a wild tongue* ('Cómo domesticar una lengua salvaje'):

> *So if you really want to hurt me, talk badly about my language. Ethnic identity is twin skin to linguistic identity. I am my language. Until I can take pride in my language, I cannot take pride in myself. Until I can accept as legitimate Chicano Texas Spanish, Tex-Mex, and all the other languages I speak, I cannot accept the legitimacy of myself. Until I am free to write bilingually and to switch codes without having always to translate, while I still have to speak English or Spanish when I would rather speak Spanglish, and as long as I have to accommodate the English speakers rather than them accommodating me, my tongue will be illegitimate.*

Así que si realmente quieres hacerme daño, habla mal de mi lengua. La identidad étnica y la identidad lingüística son dos caras de la misma moneda. Yo soy mi lengua. Hasta que no pueda enorgullecerme de mi lengua, no puedo enorgullecerme de mí misma. Hasta que no pueda aceptar como legítimo el español chicano de Texas, el tex-mex y todas las demás lenguas que hablo, no puedo aceptar mi propia legitimidad. Hasta que no sea libre de escribir bilingüemente y de cambiar de código sin tener que traducir siempre, mientras tenga que hablar inglés o español cuando preferiría hablar espanglish, y mientras tenga que acomodarme a la gente de habla inglesa en vez de que esta se acomode a mí, mi lengua será ilegítima. (Anzaldúa, 1987: 81)

Además de hacer referencia a la ideología que vincula el idioma con la identidad étnica, este extracto deja claro que las identidades y el sentido de autoestima de una persona también están influidos por las formas en que se perciben sus variedades y prácticas lingüísticas. También pone de relieve el poder de las ideologías hegemónicas para ser asumidas incluso por personas que se ven perjudicadas por ellas, pero también la posibilidad de resistir a esas ideologías. En esta cita y en otras, Anzaldúa señala que quienes hablan **espanglish** se exponen a las denigraciones de puristas tanto de la lengua inglesa como de la española (analizamos el término *espanglish*, así como las actitudes hacia el translenguaje, en el capítulo 10). Aun así, resalta la posición privilegiada del inglés, y de las personas de habla inglesa, que pretenden que hablantes de otros idiomas se adapten al inglés.

El trabajo de Parra (2016) sobre clases de español para hablantes de herencia destaca el valor de las prácticas multilingües en los repertorios de las personas latinxs. Muchas de las personas latinxs recogidas en su estudio se criaron en familias y comunidades en las que había un interés y un orgullo por el legado étnico y el mantenimiento del español. Por supuesto, esto no significa que rechazaran el inglés. Por el contrario, muchas de ellas tenían el inglés como lengua dominante, por lo que no debería llamar la atención el hecho de que para este grupo de estudiantes el inglés, el español y el discurso multilingüe constituían recursos para la performance de la identidad. Mientras que el español funcionaba como un índice de cultura latinx y pertenencia a la comunidad, y el inglés como un índice de alineación con la sociedad en general, la combinación del inglés y el español se utilizaba en la construcción de identidades duales o híbridas.

La fusión de dos idiomas se ha analizado a veces como la construcción de un 'tercer espacio' (Bhabha, 1990) en el que se valoran ambas lenguas y culturas, así como la mezcla entre ellas. La conexión del translenguaje con las identidades latinxs en Estados Unidos se puede apreciar en un testimonio recogido en la etnografía de Zentella sobre una comunidad puertorriqueña de Nueva York: "Sometimes I'm talking a long time in English and then I remember I'm Puerto Rican, lemme say something in Spanglish" ('A veces hablo mucho tiempo en inglés y luego recuerdo que soy puertorriqueño, déjame decir algo en espanglish') (Zentella, 1997a: 114).

En el capítulo 4, nuestro abordaje sobre la indexicalidad destacó que el español no tiene un único significado social fijo o constante, sino que los significados sociales, como las identidades sociales, se construyen localmente. En este sentido, Showstack (2018) muestra que en algunos contextos de Estados Unidos hay hablantes que utilizan variedades de contacto del español para construir una identidad localizada y diferenciarse de inmigrantes que llegaron recientemente, mientras que en otros tiene diferente significado. Lo ilustra con una viñeta sobre una estudiante universitaria de Houston que habla una variedad local de español con su familia y en la comunidad. En este contexto, la variedad local de español indexicaliza su pertenencia a esta comunidad mexicoamericana. En cambio, cuando visita al círculo más extenso de su familia, que vive en México, le dicen que habla como estadounidense, sin embargo, en un encuentro con una chica de España esta le dijo que hablaba 'español defectuoso' (Showstack, 2018: 92), lo que pone de relieve que el significado simbólico de las variedades y rasgos lingüísticos depende del contexto.

Cashman (2005) ilustra la forma en que el translenguaje o **cambio de código** puede utilizarse para encarnar diversas identidades sociales y de nivel micro. Como en el caso del participante del estudio de Zentella que dijo "déjame decir algo en espanglish", es la combinación de idiomas, en lugar de la elección del idioma *per se*, lo que sirve como recurso lingüístico para adoptar posturas específicas y construir identidades. En el estudio de Cashman el cambio al inglés era a veces una forma de mostrar oposición o desalineación con algo dicho en español, pero no necesariamente un rechazo del español o la identidad latinx. Fuller (2010) muestra cómo la mezcla de inglés y español adquiere connotaciones de género entre cuatro niños/as en un aula bilingüe, en función de sus preferencias y prácticas individuales; en dicho contexto un mayor uso del inglés por parte de dos niñas conformaba su identidad de 'mejores amigas'. Estos ejemplos ilustran que el significado social de las elecciones de idioma suele ser muy específico al contexto y la comunidad. En la sección siguiente, seguiremos analizando los numerosos matices de los significados sociales relativos a las prácticas multilingües.

Identidades múltiples e interseccionales

Tal como venimos señalando a lo largo de este capítulo, no solo hay varios niveles de identidad, sino que las personas pueden tener múltiples identidades que encarnan en diferentes contextos, a menudo a través del lenguaje. Asimismo, las identidades de las personas pueden incluir no solo muchas capas diferentes, sino también categorías híbridas o incluso aparentemente conflictivas o mutuamente excluyentes que varían según la situación. Por ejemplo, una persona puede encarnar una identidad masculina en un contexto y una femenina en otro, o una identidad filial en una situación y una identidad paternal o maternal en otra. Los puntos de vista de la teoría queer (p. ej., Motschenbacher y Stegu, 2013) son relevantes aquí. Este enfoque teórico no solo se ocupa de las identidades sexuales, sino que también cuestiona la existencia de límites rígidos entre los grupos sociales en general, así como la supuesta homogeneidad de los grupos.

Otro ejemplo de multiplicidad se refiere a las identidades nacionales. Cuando pensamos en las personas, o las etiquetamos, basándonos únicamente en sus identidades nacionales, esto esconde la heterogeneidad de las personas dentro de una nación. Es posible que las personas no se identifiquen en absoluto con su identidad nacional, sino con una identidad regional o local; a menudo, es solo cuando alguien está fuera de su país de origen que la identificación nacional adquiere importancia (Rodríguez, 2003). Así, las ideas que puede tener una persona latinx que vive en Estados Unidos sobre lo que significa ser mexicano/a, por ejemplo, probablemente sean diferentes a las que puede tener alguien que vive en México; además, pueden ser diferentes para personas de diferentes comunidades dentro de cualquiera de las dos naciones. Y tal como señalamos reiteradamente, el significado de la etiqueta *mexicano/a* es complejo, ya que puede ser tanto una identidad etnorracial como una identidad nacional.

Las identidades nacionales (así como otras identidades) frecuentemente son consideradas mutuamente excluyentes; es decir, la pregunta '¿Eres mexicano/a o estadounidense?' supone que puedes ser lo uno o lo otro pero no ambas cosas, pese a que en los hechos sí es posible. Para decirlo con mayor claridad, no nos referimos a la posibilidad de tener doble nacionalidad, sino a la noción subjetiva que una persona tiene de sí misma, junto con la forma en que es vista por la sociedad. Debido a que la identidad es contextual y se construye socialmente, una persona puede ser mexicana y estadounidense, o mexicoamericana, o cosas diferentes en distintos contextos. En algunos casos, la reivindicación de una identidad mexicana y una identidad estadounidense también es una forma de cuestionar las construcciones racistas de la identidad estadounidense arraigadas en la blanquitud (anglo), como en el ejemplo de la periodista Vanessa Ruiz, analizado anteriormente en este capítulo.

Figura 6.1 La bandera puertorriqueña junto a la estadounidense y una réplica de la Estatua de la Libertad en Reading (Pensilvania)
Fuente: ©Héctor Emanuel (2019)

La multiplicidad de identidades es evidente en la discusión de García y Gaddes (2012) sobre las identidades transnacionales de adolescentes latinxs en un programa de escritura. Las investigadoras describen estas identidades como aditivas; este grupo de participantes no reemplazó sus lazos con sus países de origen cuando adquirieron nuevas prácticas culturales en Estados Unidos, sino que las añadieron a las que ya tenían. Además, utilizaban el inglés y el español para expresar diferentes experiencias vinculadas a estos diferentes contextos, así como el sentido de hibridación que conlleva ser lo que a veces se denomina un *hyphenated American* ('estadounidense con guion', por ejemplo, mexicano-americano, cubano-americano). El programa de escritura en el que participaban se describe como un espacio de aprendizaje en el que se les animaba a "explorar la naturaleza de ese 'guion'" (García y Gaddes, 2012: 159; traducido del inglés) (en el capítulo 9 analizamos otros programas educativos diseñados para promover el análisis del lenguaje y la identidad en estudiantes).

No se trata solo de que tengamos más de una identidad y de que los diferentes aspectos de nuestra identidad sean relevantes en diferentes contextos. Por el contrario, nuestras múltiples identidades interactúan y se influyen mutuamente. La importancia de atender a estas interacciones se refleja en el término **interseccionalidad**, un enfoque analítico que suele atribuirse a Crenshaw (1989). Crenshaw sostenía que es imposible comprender la experiencia de ser una mujer negra considerando la experiencia de ser negra y la experiencia de ser mujer por separado. Es decir, no podemos entender la discriminación a la que se enfrentan las mujeres negras si nos fijamos solo en el racismo o el sexismo. Por el contrario, es crucial observar la forma en que las diferentes identidades y las diferentes formas de discriminación se cruzan e interactúan entre sí. De manera similar, no podemos discutir la latinidad como una identidad etnolingüística sin prestar atención a la elevación de la blanquitud y el racismo antiindígena y antinegro, como vimos en nuestro análisis de las etiquetas y categorías etnorraciales en el capítulo 5, y en la discusión de la construcción, performance y negociación de la identidad etnorracial en el presente capítulo. En el caso de las personas latinxs y/o hispanohablantes de Estados Unidos, es crucial tener en cuenta la forma en que la clase socioeconómica, el origen nacional, el estatus migratorio y las identidades de género, entre otros aspectos de la identidad, también se cruzan con las identidades etnolingüísticas.

Estatus migratorio

Otra categoría de identidad relevante es el estatus migratorio y/o de ciudadanía, como se desprende del análisis de De Fina (2018) de 15 relatos de *dreamers* ('soñadores'). Se llama *dreamers* a personas que en su niñez fueron llevadas a Estados Unidos pero que no tienen autorización para vivir y trabajar en dicho país (porque entraron sin autorización o se quedaron más tiempo de lo permitido por sus visas). Se les llama *dreamers* en referencia al proyecto de ley DREAM (*Development, Relief, and Education for Alien Minors*) ('Desarrollo, Asistencia y Educación para Menores del Extranjero'), que se introdujo por primera vez en 2001 para que este tipo de residentes de Estados Unidos tuvieran una posibilidad de acceder a la ciudadanía, pero que no ha sido aprobado por el Congreso. La versión más reciente fue aprobada por la Cámara de Representantes en marzo del 2021 pero no se ha sometido a votación en el Senado (para obtener información actualizada, véase http://unitedwedream. org). El nombre del proyecto de ley y la categoría de identidad hacen referencia a la idea del sueño americano, y se eligió a propósito para enmarcar a estas personas como parte de una larga tradición estadounidense. De esta manera, se indexicalizan las cualidades asociadas a una identidad de 'buen/a inmigrante', propias de una persona trabajadora y con capacidad para ascender socialmente.

En las narrativas analizadas por De Fina (2018), estas personas se posicionaban con relación a sus antecedentes nacionales y étnicos, pero también de varias otras maneras. Una conclusión destacada es que, a través de las historias de dificultades superadas y logros alcanzados, se autoconstruían como ciudadanos/as deseables y también como activistas sociales. Este énfasis en su ética de trabajo, sus logros educativos y éxito profesional también se pone de manifiesto en las movilizaciones que buscan proporcionarles la residencia permanente o un camino hacia la ciudadanía, lo que puede traer como consecuencia no deseada la construcción de aquellas personas menos educadas o sin tanto éxito profesional como menos 'merecedoras' de quedarse.

Mangual Figueroa (2012) analizó la influencia de las diferencias en el estatus migratorio y la ciudadanía, y también cómo se hablaba de ellas, en una familia mexicana de estatus mixto en Pensilvania. Observó que estas diferencias eran el enfoque de los descriptores que el padre y la madre usaban para referirse a sus hijos/as, que incluían cosas como "el que nació en México" o "los americanos" en lugar de otros posibles atributos como la edad o la apariencia física. La diferencia de estatus migratorio no solo determinaba varios aspectos importantes de la vida de los miembros de la familia, sino que formaba parte de sus construcciones cotidianas de identidad, lo que pone de relieve el impacto de las instituciones y los gobiernos incluso en las identidades dentro de la familia.

En su investigación en Arizona, Ullman (2015) mostró cómo migrantes de México sin autorización utilizaban estratégicamente el lenguaje y otros recursos simbólicos para evitar la detención por parte de la U.S. Border Patrol ('Patrulla Fronteriza de los Estados Unidos'). Concretamente, un participante varón utilizaba formas del inglés coloquial (por ejemplo, *'s'up*, una contracción de *What's up?*, que en español podría traducirse como '¿Qué pasa?') y afectaba una apariencia que, según él, lo identificaba como un "cholo" ('hombre afiliado a una pandilla chicanx'): cabeza afeitada, gorra de béisbol de los Dodgers, gafas de sol, camiseta holgada de los Chicago Bulls, bermudas largas y zapatillas de caña alta. Aunque esta no era su forma de vestir preferida, la usaba para indexicalizar a alguien nacido en Estados Unidos. En cambio, una participante en el estudio ocultaba estratégicamente su dominio del inglés para no revelar el hecho de que vivía en Estados Unidos. Por el contrario, adoptaba lo que ella describió como una apariencia mexicana, incluyendo no solo ropa comprada en México, sino también champú y otros productos de aseo personal de México, con el fin de encarnar una identidad "súper mexicana" y dar la impresión de que acababa de cruzar la frontera para ir de compras, como lo hacen muchas personas mexicanas de clase media y alta. Notoriamente, cuando se desplegaban en combinación con otros recursos simbólicos (como la ropa), tanto el español como el inglés podían servir para performar o actuar la autorización para estar en Estados Unidos. Estos ejemplos muestran que las performances de la identidad nacional pueden ser muy específicas de género; las identidades de 'cholo' y 'súper mexicana' pueden tener homólogos femeninos y masculinos, respectivamente, pero en la investigación de Ullman se entrelazaban con las nociones sobre cómo se comportan los hombres y mujeres de estos orígenes nacionales/étnicos. En la siguiente sección, veremos más investigaciones sobre identidades de género relevantes para el caso del español en Estados Unidos.

Género

Otras investigaciones han estudiado cómo las identidades de género —es decir, los aspectos de la identidad construidos socialmente y vinculados a las nociones relativas a las categorías de hombre/mujer/no binario y masculinidad/feminidad— se entrelazan con las identidades latinxs. En el estudio de Meador (2005) sobre una escuela secundaria del Suroeste rural, la identidad de 'buen estudiante' estaba vinculada al dominio del inglés y a la participación en deportes competitivos. Debido a que se suponía que las niñas inmigrantes mexicanas no eran deportistas ni hablaban inglés con fluidez, no podían ser vistas como 'buenas estudiantes', lo que limitaba las identidades disponibles para ellas. Cuero (2009) analiza una situación similar con un niño latinx que, a pesar de que sus calificaciones y los resultados de sus exámenes correspondían con los de un 'buen estudiante', no era posicionado como tal debido a que su comportamiento no se ajustaba a las expectativas de la escuela. Aquí también vemos que la identidad de 'buen estudiante' depende de una constelación de características, más allá de obtener buenos resultados en las tareas escolares. Por otra parte, Cammarota (2004) también muestra que el rendimiento académico puede ser utilizado por las niñas para resistir la discriminación de género; cuando tenían un buen rendimiento escolar e iban a la universidad se veían expuestas a políticas de género que las empoderaban.

Hasta ahora hemos hecho varias referencias al uso del AAE por parte de adolescentes latinxs. Ese uso está a veces relacionado con el género, como en la investigación de Dunstan (2010) en dos escuelas secundarias de Carolina del Norte, una en la ciudad de Durham y la otra en una comunidad rural. La autora observó que adolescentes latinxs del entorno urbano utilizaban rasgos del AAE en mayores proporciones que sus pares en el entorno rural, y en algunos casos incluso más que sus pares afroamericanos/as. También se demostró que el género y la afiliación a pandillas eran factores importantes, lo que sugería que en ese contexto el AAE constituía un recurso lingüístico utilizado para encarnar no solo identidades etnorraciales, sino también cierto tipo de identidades masculinas asociadas con las pandillas urbanas. Este análisis concuerda con la investigación de Bucholtz (1999), en la que un adolescente blanco utilizaba el AAE para presentarse como un tipo duro, una representación que reflejaba y a la vez reproducía las nociones racistas sobre la masculinidad negra.

Estos hallazgos se repiten en un estudio realizado por Carter (2013), también en Carolina del Norte, que determinó que los estudiantes varones latinxs utilizaban rasgos típicos del AAE mucho más que las estudiantes mujeres (quienes utilizaban más el español que el inglés), y que el uso frecuente del AAE por parte de un joven afiliado a una pandilla era para indexicalizar un tipo particular de dureza masculina. Asimismo, Carter sugiere que las prácticas lingüísticas de este joven ponía en cuestión la dicotomía racial negro-blanco; al utilizar el AAE de manera diferente a sus pares afroamericanos, construía una identidad latinx distinta tanto a la anglo como a la afroamericana.

Sexualidad

Aunque la sexualidad suele estar entrelazada con el género, las categorías e identidades sexuales están vinculadas a las prácticas sexuales. Así, por ejemplo, la performance de una identidad masculina (género) simultáneamente podría ser la performance de una identidad homosexual (sexualidad). Las identidades sexuales también se intersectan con otros aspectos de la identidad. En un estudio que mencionamos anteriormente, Woolley (2016) analizó los discursos de etnicidad y sexualidad en una escuela secundaria urbana del norte de California, utilizando el concepto de 'suficiencia': ¿qué comportamiento era necesario para ser considerado 'suficientemente' gay o 'suficientemente' latinx? Además de las discusiones sobre quién es o no es gay, y qué criterios se utilizaban para determinar esto, quienes participaron en la investigación también clasificaban a sus pares en términos de etnicidad. En el ejemplo que comentamos antes, vimos que una compañera de clase no contaba como latinx o asiática porque socializaba principalmente con personas blancas. En otras conversaciones se hicieron observaciones similares sobre una persona de quien no se sabía cuál era su identidad sexual. El estudio de Woolley indica que tanto la etnicidad como la sexualidad se construyen socialmente y que las personas deben construir identidades auténticas para lograr pertenecer a ambos tipos de grupos identitarios. Asimismo, esta investigación demuestra que incluso cuando las identidades étnicas son destacadas en un contexto determinado, hay también otras categorías que tienen un significado social.

Cashman (2017) aborda la forma en que el segmento de la población latinx que se identifica como queer utiliza el lenguaje para construir identidades étnicas y sexuales interseccionales, desafiando la idea de que estas funcionan de manera independiente. Quienes participaron en su investigación tenían una amplia gama de ideas sobre la importancia de hablar español; si bien hubo quienes afirmaron que el dominio del español no era esencial para la identidad latinx, para una buena parte el vínculo entre la lengua y la identidad era claramente un elemento clave en la construcción discursiva de la latinidad. Un aspecto interesante de la investigación de Cashman es la aplicación del concepto de 'salir del armario' tanto en cuanto a la sexualidad como al dominio del idioma. Es decir, hubo participantes en su investigación que a menudo contaban historias sobre cómo expusieron o reconocieron su incapacidad para hablar español, lo cual era paralelo a las narrativas sobre la revelación de su sexualidad a la familia o entre el círculo de amistades. En ambos casos, había un aspecto de su identidad que sentían que estaba oculto porque las identidades heterosexuales y/o de habla hispana se asumían y se les asignaban por defecto. Así pues, para ser fieles al sentido propio de sus identidades, tenían que corregir estas falsas suposiciones y correr el riesgo de una reacción homofóbica o de que se les considerara no auténticamente latinxs.

Al analizar las intersecciones de las identidades queer, latinx y bilingüe, así como la forma en que esas intersecciones se manifestaban en sus interacciones cotidianas, Cashman reporta que buena parte de sus participantes en la investigación se habían encontrado con el racismo y la xenofobia dentro de las comunidades queer, así como con la homofobia y el heterosexismo dentro de las comunidades latinxs. Así pues, la posibilidad de autoidentificarse íntegramente como queer y latinx se veía a menudo mitigada por la dificultad que suponía lograr la aceptación. Esta discriminación interseccional es uno de los focos de los llamados *Jotería Studies* ('estudios de jotería'), que se ocupan de las preocupaciones de las personas queer de origen chicanx/mexicanx/latinx. La palabra *jotería* deriva de términos mexicanos originalmente despectivos para personas que no encajan en las categorías binarias y heteronormativas de sexualidad. Entre algunas personas latinxs y latinoamericanas, las palabras *joto* y *jota* han sido reivindicadas y ahora se utilizan orgullosamente como términos de autoidentificación, muy parecido a lo que ha sucedido con el término *queer* (para más información, véase Cashman, 2017; para acceder a un poema y un video en español sobre el tema, véase https://www.youtube.com/watch?v=qZCFLkglGbQ).

En los estudios de jotería se hace hincapié tanto en el reconocimiento de la interseccionalidad como en el abandono de las jerarquías tradicionales de las categorías de identidad (p. ej., las estructuras heterosexistas que privilegian los estilos de vida heterosexuales) (Bañales, 2014; Hames-García, 2011). Las consonancias entre la teoría queer, los estudios de jotería y los enfoques socioconstruccionistas de la identidad en general también se ejemplifican en la investigación de Carrillo y Fontdevila (2014) sobre hombres homosexuales que migraron de México a Estados Unidos. Carrillo y Fontdevila hacen hincapié en las múltiples concepciones de las prácticas sexuales y en las categorías 'gay' y 'homosexual' a ambos lados de la frontera México-Estados Unidos, argumentando en contra de las concepciones monolíticas de las identidades nacionales, de género y sexuales, y demostrando cómo estas identidades se intersectan.

Centrándose más específicamente en el lenguaje dentro de su análisis sobre la fluidez de las categorías de identidad, Rodríguez (2003) analiza cómo la marcación de **género gramatical** en español se presta a una transformación queer del lenguaje que derriba las concepciones tradicionales de género y sexualidad. Por ejemplo, señala el uso de *vestida* con el significado de 'in drag' (término que hace referencia a alguien que está vistiendo ropa que se considera propia de una persona del sexo opuesto), así como el uso de *buchota*, un préstamo de la palabra inglesa *butch* ('marimacho') (Rodríguez, 2003: 26). En la siguiente sección, analizaremos la clase social y la raza, manteniendo esta actitud de cuestionar la categorización social unívoca.

Clase socioeconómica

Otro aspecto de la identidad que suele estar vinculado a las formas de hablar es la clase social. Muchos estudios de sociolingüística incluyen la variable de clase socioeconómica y analizan su vínculo con los rasgos lingüísticos, pero de acuerdo con lo que dijimos en la última sección, y con el enfoque socioconstruccionista en general, es importante preguntarse qué implica esta categoría. ¿Qué significa, por ejemplo, ser de 'clase media'? Aunque se pueden utilizar definiciones basadas en factores como los ingresos o la educación, nos inclinamos por una perspectiva construccionista que reconoce que las identidades de clase social, como todos los demás aspectos de la identidad, no se limitan a características objetivas, sino que son algo que hacemos más que algo que tenemos. Una forma en que las personas encarnan identidades de clase media o de clase alta es mediante el uso de prácticas lingüísticas normativas o consideradas estándar.

Fuller (2012) comparó dos contextos de educación bilingüe diferentes: alemán-inglés en Alemania y español-inglés en Estados Unidos. En el contexto alemán, que se trataba de educación bilingüe de élite, se combinaban las lenguas menos que en el contexto estadounidense, donde la mayoría del estudiantado venía de familias migrantes que trabajaban en el sector agrícola. Fuller argumenta que las personas de clase media tienen mucho que perder al no hablar el estándar monóglota, y es por eso que entre bilingües alemán-inglés el discurso bilingüe era relativamente poco frecuente y a menudo estaba marcado por la risa, la corrección o algún comentario. Por el contrario, en el otro caso de estudiantes bilingües español-inglés, ya tenían un bajo estatus dentro de sus comunidades, y según Fuller, por eso tenían poco que perder en términos de escalones en la jerarquía social. Aunque en el contexto mundial el español es un idioma importante, en el contexto rural estadounidense donde se realizó este estudio no se valoraba más allá de la comunidad étnica, y a menudo era percibido como una desventaja en el ámbito escolar. Buena parte del estudiantado bilingüe español-inglés mezclaba libremente los idiomas en sus interacciones dentro del grupo, usando muchas más expresiones mixtas que el estudiantado bilingüe alemán-inglés, y sin marcarlo como algo inusual. Si bien había hablantes que también se ajustaban a los ideales de la producción lingüística monolingüe, en general parecían mucho menos susceptibles a la presión ideológica de mantener códigos separados en la conversación, quizás debido a que ya tenían un estatus racializado. Así pues, la clase socioeconómica, entrelazada con otros aspectos de sus identidades, desempeñaba un papel en los patrones lingüísticos que se encontraban en estas aulas bilingües. Este estudio señala el impacto de las ideologías lingüísticas, y de la racialización, en las prácticas multilingües.

Mock Spanish

En esta sección analizamos el llamado **Mock Spanish** ('español paródico'), un tipo de discurso racista encubierto (Hill, 2005). Aunque es algo difícil de definir, el *Mock Spanish* implica el uso de elementos que suenan parecido al español, o que incorporan rasgos del español, pero sin la intención de hablarlo realmente. Es utilizado típicamente por personas anglo que no saben español, y suele basarse en palabras y expresiones ampliamente conocidas o en juegos de palabras. Los ejemplos originales de Hill (1995, 2005) incluyen letreros (p. ej., "¡Adios, Cucaracha!", en un anuncio de una empresa de exterminio de insectos), tarjetas de felicitación ("Fleas Navidad", como texto en una tarjeta navideña, un juego de palabras que se basa en la similitud fonética entre la palabra inglesa *fleas*, 'pulgas', y la palabra *feliz*; literalmente: 'Pulgas Navidad'), y expresiones populares como *no problemo* ('no hay problema') o *hasta la vista, baby* (Hill, 1995, 2005). Según Hill, el uso del *Mock Spanish* sirve para retratar a personas de habla hispana (y a las personas asociadas con el español) de manera negativa y, al mismo tiempo, posicionarse de manera positiva.

El análisis de Hill sobre el *Mock Spanish* se basa en dos niveles de indexicalidad, uno para quien lo usa (indexicalidad directa) y otro para las personas latinxs o hispanohablantes (indexicalidad indirecta). La indexicalidad directa del *Mock Spanish* permite a quien lo usa tomar una postura jovial, mientras que la indexicalidad indirecta refleja (y refuerza) las ideas negativas sobre las personas de habla hispana. Como escribe Hill (2005: 113; traducido del inglés): "El *Mock Spanish* indexicaliza una personalidad y un posicionamiento relajado, chistoso y a la vez cosmopolita. El *Mock Spanish* también reproduce estereotipos racistas en torno a las personas hispanohablantes". Por ejemplo, Hill (2005) analiza cómo el uso supuestamente juguetón de la palabra *mañana* con el significado de 'nunca' refuerza el estereotipo de las personas latinxs (y particularmente las de origen mexicano) como perezosas, que dejan para mañana lo que deberían hacer hoy. Del mismo modo, el uso de *¿comprende?* al final de una oración en inglés se basa en el estereotipo que supone que las personas de habla hispana no entienden el inglés. Aunque el *Mock Spanish* se basa en ideas racistas, no las expresa abiertamente y por eso Hill lo considera un discurso racista "encubierto".

Hill (1995) describe cuatro estrategias utilizadas en el *Mock Spanish*. La primera es la degradación semántica, en la que a una palabra neutra en español se le da una connotación negativa. Los ejemplos incluyen el anuncio de la empresa fumigadora citado anteriormente (es decir, "¡Adios, Cucaracha!"), así como una tarjeta que por fuera dice "adiós" y, por dentro: "That's Spanish for, sure, go ahead and leave your friends, the only people who really care about you, the ones who would loan you their last thin dime, give you the shirts off their backs, sure, just take off!" ('Así es como se dice en español, muy bien, adelante, abandona a tus amigos, las únicas personas que realmente se preocupan por ti, capaces de prestarte hasta su último centavo, de darte la camisa que llevan puesta, seguro, ¡lárgate nomás!') Estos usos del *adiós* no son neutros, sino que expresan aspectos negativos de las despedidas: deshacerse de las cucarachas (y matarlas) y abandonar a quienes más te quieren. Otro ejemplo de degradación semántica y del uso de palabras en español para indexicalizar significados negativos fue cuando el entonces candidato a presidente Donald Trump usó la frase "bad hombres" para describir a inmigrantes como traficantes de drogas; en este contexto, el uso de *hombres*, más que ofrecer una alternativa neutra a la palabra *men*, indexicaliza los estereotipos racistas de criminalidad y violencia (Schwartz, 2016).

La segunda estrategia del *Mock Spanish* es el eufemismo, en el cual el español se utiliza para expresiones tabú o potencialmente ofensivas, por ejemplo la frase *caca de toro* (en español) en lugar de *bullshit* (literalmente 'mierda de toro' pero que significa 'algo totalmente falso'). La tercera estrategia es la fijación de elementos gramaticales del español en las palabras del inglés. El caso más común es fijar la terminación *-o* a las palabras inglesas, como en *no problemo, el cheapo* (*cheap* significa 'barato o de mala calidad') o *indeed-o* (*indeed* significa 'de hecho'). Estas palabras híbridas del *Mock Spanish* también indexicalizan directamente un carácter divertido y juguetón para las personas anglo que las usan, pero indirectamente indexicalizan una descalificación del español y/o de las personas de habla hispana al implicar que el español no es un idioma completo o 'real'. Como sostiene Lippi-Green (2012), la trivialización es parte del proceso de subordinación lingüística.

Por último, la cuarta estrategia consiste en utilizar un acento exagerado de anglohablante, que Hill (1995) llama "hiperanglicización y mala pronunciación descarada" para indicar que es a propósito y no se trata simplemente de no haber logrado una pronunciación correcta del español (p. 11, traducido del inglés). Hill proporciona varios ejemplos de tarjetas de felicitación: una tarjeta de agradecimiento en la que *gracias* se presenta en broma como *grassy ass* ('culo cubierto de hierba') y va acompañada de un dibujo de nalgas cubiertas de hierba, y la tarjeta navideña que desea al destinatario "Fleas Navidad", que mencionamos antes. Además de referirse a la pronunciación hiperanglicizada, estos juegos de palabras utilizan términos con connotaciones absurdas o negativas, lo que le permite a quien las enuncia (o, en este caso, a quien compra la tarjeta) representarse como una persona jovial que aprecia un buen juego de palabras, pero al mismo tiempo denigra el español.

Muchas de las personas que usan *Mock Spanish* insisten en que solo están siendo juguetonas y no intentan burlarse del español ni de quienes lo hablan. Sin embargo, independientemente de sus intenciones, el *Mock Spanish* reproduce ideologías negativas en torno al español y a las personas de habla hispana. Asimismo, una cantidad considerable de hispanohablantes y latinxs lo perciben como una trivialización o ridiculización. De hecho, en su investigación sobre la interpretación del *Mock Spanish*, Callahan (2010) observó que la abrumadora mayoría de las 147 personas que participaron, en su mayoría no latinxs, interpretaban que los ejemplos de *Mock Spanish* estaban "making fun" ('burlándose'). Es cierto que hubo participantes que no encontraron ofensivos todos los ejemplos, pero definitivamente vieron la 'gracia' del *Mock Spanish* como algo que venía a expensas de alguien. A su vez, consideraron menos aceptable el uso del *Mock Spanish* por parte de personas anglo con interlocutores/as latinxs, y también consideraron que era potencialmente menos ofensivo cuando era usado por hablantes latinxs que cuando era usado por personas anglo. El hecho de que la aceptabilidad del *Mock Spanish* dependa de quién lo utilice, y a quién se dirija, confirma que no es un discurso o una práctica neutral.

Potowski (2011) investigó las reacciones de latinxs bilingües a 17 tarjetas de felicitación que combinaban el inglés y el español. Las 30 personas que participaron tendieron a evaluar más favorablemente las tarjetas que combinaban el inglés y el español en formas que sonaban más 'auténticas', o en formas que una persona bilingüe podría llegar a usar al combinar ambos idiomas. Por otro lado, hubo participantes que consideraron que las combinaciones 'poco auténticas' sonaban como si las personas se burlaran del español y de quienes lo hablan, al tiempo que se jactaban de que sabían algunas palabras en español, lo que da un apoyo empírico al análisis de Hill.

No todos los usos del español por parte de personas anglo (y otras no latinxs) deben considerarse *Mock Spanish*. Asimismo, hablar español puede ser un acto de solidaridad. Por esta razón, queremos enfatizar que el *Mock Spanish* no es un intento de hablar el español 'real' o de alinearse con las personas de habla hispana. Por el contrario, como explica Hill (1995; traducido del inglés), respecto a su uso:

> ... expresa icónicamente la extrema distancia social de quien lo usa, y del *Mock Spanish* en sí mismo, respecto al español real y a cualquier posible contaminación negativa que se pueda experimentar al ser escuchado erróneamente como hablante real de español.

Por lo tanto, el *Mock Spanish* puede ser usado como índice de la identidad anglo (Barrett, 2006). Además, no solo devalúa el español, sino que también construye la blanquitud como norma (Hill, 1995, 2005, 2008). Basándose en este trabajo, Schwartz (2011) argumenta que el *Mock Spanish* desempeña el mismo papel que los estereotipos culturales negativos en la concepción del español y las personas latinxs como **otredad** y la reproducción de la dominación anglo: una práctica cultural más amplia a la que Schwartz se refiere como "gringoism" ('gringoísmo').

Hill (1998, 2008) y otras personas que han analizado las funciones y los significados indexicales del *Mock Spanish* han contrastado su uso por parte de personas anglo con los usos del español 'real' por parte de latinxs. El *Mock Spanish*, o la mezcla de inglés y español, cuando es utilizado por miembros de la mayoría **anglófona** indexicaliza lo que Zentella (2003: 53) llama "multicultural 'with-it-ness'", es decir, que se está al tanto de lo último del multiculturalismo. En cambio, el español hablado por latinxs es racializado y considerado fuera de lugar, así como la mezcla español-inglés es vista como una deficiencia que necesita ser controlada y corregida (Hill, 1995, 1998, 2008; Zentella, 2003). Incluso cuando no hay una intención racista, la **apropiación** del español por parte de personas anglo puede incidir en la reproducción de las jerarquías sociales y la desigualdad racial, puesto que les confiere beneficios (una apariencia juguetona, divertida, callejera y/o de moda) sin tener que afrontar ninguna de las discriminaciones o consecuencias negativas que experimentan las personas de habla hispana.

Barrett (2006) ofrece pruebas adicionales de que el *Mock Spanish* no es neutral en el estudio que realizó en un restaurante mexicano de Arizona (mencionado anteriormente). Como es el caso en muchos restaurantes en Estados Unidos, había una clara división etnorracial entre el personal: las personas que trabajaban en la cocina o lavaban platos eran latinxs hispanohablantes, y quienes atendían a la clientela o gerenciaban el local eran anglohablantes de raza blanca. Barrett analiza varios ejemplos del *Mock Spanish* utilizados por parte del personal anglo y demuestra que tenían el efecto de intensificar la división. Muchos de sus ejemplos muestran no solo una nula intención de hablar realmente en español, sino también una actitud de desprecio hacia el idioma —p. ej., el uso de *ice-o* para *ice* ('hielo')— . Asimismo, el uso del *Mock Spanish* a menudo impedía la comunicación; en muchos casos, hablar inglés lenta y claramente podía haber aclarado cualquier malentendido, mientras que el *Mock Spanish* aumentaba la confusión. Inevitablemente, se culpaba a las personas de habla hispana por la falta de comunicación; a menudo se las retrataba como si no tuvieran la disposición o incluso como si fueran incapaces de entender lo que se les decía. En estos casos, la carga de la comprensión recaía únicamente sobre la persona a quien iba destinado el mensaje, incluso cuando la persona que hablaba estaba siendo intencionalmente incomprensible.

Se pueden encontrar otros ejemplos de *Mock Spanish* en un libro infantil llamado *Skippyjon Jones* (Schachner, 2003). El texto, que es principalmente en inglés, contiene algunas frases estereotipadas que podrían considerarse español 'real' (p. ej.: "Yo quiero frijoles", "Buenas noches", "Mis amigos"), junto con muchas más que son definitivamente *Mock Spanish*:

Skippyjon, el protagonista, se llama a sí mismo "El Skippito" y hace exclamaciones como "holy guacamole" y "holy jalapeño". El libro también incluye rimas creadas añadiendo la terminación *-o* y la terminación *-ito* a palabras inglesas en el probado estilo del *Mock Spanish*: *indeed-o, eat-o, bird-ito, snap-ito*. Esta representación negativa y trivializada del español y de quienes lo hablan (Martínez-Roldán, 2013) va acompañada de un aluvión de estereotipos y clichés: fiestas, siestas, castañuelas, burritos, banditos y piñatas. También hay algunos ejemplos de inglés con acento español representados a través del uso de la doble *e* en palabras inglesas como *is* y *big* en lugar de la ortografía normativa ('es' y 'grande'): "It ees I, El Skippito Friskito" ('soy yo, El Skippito Friskito') y "My ears are too beeg for my head" ('tengo las orejas demasiado grandes para la cabeza') (Schachner, 2003). Este es un caso de *Mock Spanish* puro y duro, con todos los significados sociales negativos analizados por Hill, Barrett y Zentella, que además se presenta ante un público infantil como si fuera algo divertido. A pesar de que al principio la autora dedica unas palabras en las que expresa "special thanks [and] much love" ('un agradecimiento especial y mucho amor') a las "muchachas hispanas" que la ayudaron a aprender español, el libro incurre plenamente en la trivialización y racialización del español.

Mock Spanish versus espanglish

Aunque todavía no hemos analizado en profundidad el caso del espanglish (véase el capítulo 10), queremos subrayar que el *Mock Spanish* y el espanglish son fenómenos diferentes que no deben confundirse. Como acabamos de ver, el *Mock Spanish* es una especie de español 'falso' utilizado principalmente por personas anglo para distanciarse de quienes son realmente hablantes de español. En cambio, el espanglish refiere a las prácticas y rasgos lingüísticos de personas bilingües. Si bien puede haber casos en lo que las formas lingüísticas son iguales en el *Mock Spanish* y el espanglish (p. ej., el uso de palabras reales en español y/o la integración lingüística de palabras del inglés en el español), la falsa españolización de las palabras en inglés solo ocurre en el *Mock Spanish*. Palabras como *indeed-o* o *ice-o* no son espanglish, ni tampoco las frases que hacen bromas basadas en la pronunciación de palabras españolas, como *Fleas Navidad*, tal como se analiza en Hill (1995), o la expresión *holy frijoles* pronunciadas por Skippyjon (Schachner, 2003). Estos ejemplos no reflejan intento alguno por hablar español.

Las parodias de acentos hispanos

Como acabamos de ver, el libro *Skippyjon Jones* contiene ejemplos de la burla o parodia del inglés con acento español, que es un fenómeno relacionado pero diferente al *Mock Spanish*. Márquez (2018) analiza la parodia de los acentos en el contexto de una parada en la autopista con restaurantes y tiendas llamada *South of the Border*. Esta atracción turística se encuentra justo sobre la frontera entre Carolina del Sur y Carolina del Norte, pero la frontera a la que se hace referencia es la frontera entre Estados Unidos y México, y el tema es lo que podría llamarse *Mock Mexican* ('mexicano paródico'). Un aspecto clave de este tema es la construcción del personaje Pedro, que se expresa en una columna del periódico local, como en el siguiente pasaje, escrito con sintaxis y ortografía idiosincráticas para representar un acento influido por la lengua española:

> *Thees South of the Border, she grow an' grow & grow. ... So beeg pedro hisself have hard time keep opp weeth everytheeng goin' on. ...*

> Este sur de la frontera, ella crece y crece y crece. ... Tan grande que al mismo Pedro le cuesta mantenerse al día con todo lo que pasa. ... (Márquez, 2018: 12)

Además del lenguaje, el estereotipado tema mexicano también está indexicalizado por una enorme estatua de un hombre con bigote luciendo un sombrero (aparentemente el mismo Pedro), así como estatuas más pequeñas de hombres en sarapes, también con bigotes y sombreros, y personal de los centros comerciales también vistiendo de esta manera y fingiendo acentos españoles en inglés. Sin embargo, a la forma de "jugar al mexicano" ('playing Mexican'), como lo llama Márquez, también se le da un sabor sureño, con publicidades que incluyen joyitas como estas: "Pedro got all kinds of year 'roun' sports. ... Y'all come!" ('Pedro tiene todo tipo de deportes de todo el año. ... ¡Vengan todos!'); y también, "SPESHUL THEES WEEK: CONFEDERATE FRIED CHICKEN complete with all the trimmin's and REBEL FLAG" ('ESPECIAL DE LA SEMANA: POLLO FRITO CONFEDERADO junto con todas las guarniciones y BANDERA REBELDE') (Márquez, 2018: 16–17). Lingüísticamente, esta es una mezcla de estereotipos de acento español y estereotipos del habla sureña, la cual representa a Pedro como otredad y al mismo tiempo lo construye como confortablemente local. Como una táctica de mercadeo, esta combinación sirve para atraer tanto a personas norteñas fascinadas por el sur como a personas locales ansiosas por mantener su identidad sureña construida a través de la Confederación. Al mismo tiempo, la yuxtaposición de la representación paródica del acento mexicano con este símbolo de la supremacía blanca refuerza su carácter racista. Así, South of the Border contribuye a la racialización de las personas latinxs y de habla hispana al mismo tiempo que refuerza una versión racista de la identidad sureña.

Otras parodias

Las prácticas lingüísticas que implican burlarse de ciertas formas de hablar, como se dijo anteriormente, se extienden más allá del *Mock Spanish* hacia otras variedades asociadas a grupos no dominantes, como el *Mock AAE* (es decir, la parodia del inglés afroamericano) (Ronkin y Karn, 1999; Smokoski, 2016), el *Mock Asian* (el asiático paródico) (Chun, 2004, 2009, 2016; Reyes, 2016), y el *Mock non-Standard Englishes* (es decir, la parodia de las variedades no estándar de inglés) (Fuller, 2009; Márquez, 2018).

También hay parodias del lenguaje de los grupos dominantes. Por ejemplo, Carris (2011) habla de "la voz gringa", que implica burlarse de la pronunciación anglo de las palabras españolas. Dado que las personas anglo son un grupo dominante y el inglés es la norma, la burla o parodia de la pronunciación anglicizada no tiene el mismo poder de reproducir la desigualdad que el *Mock Spanish*. Por el contrario, en lugar de subordinar al inglés este tipo de performances a menudo constituyen una resistencia a la jerarquía sociolingüística hegemónica, es decir la subordinación del español.

Sin embargo, no debemos ignorar el hecho de que la voz gringa analizada por Carris involucra rasgos lingüísticos asociados al género y de esta manera la resistencia que implica también conlleva la burla o parodia hacia otro grupo no dominante: mujeres y chicas. En los datos discutidos por Carris, la pronunciación, la entonación y el léxico utilizados para parodiar a una persona anglo hablando español son los mismos rasgos que Slobe (2018) describe como *Mock White Girl* (parodia de la forma en que supuestamente hablan las chicas blancas). Así, mientras desafiaban un tipo de hegemonía, los hombres latinxs del estudio de Carris reproducían simultáneamente las jerarquías de género y la masculinidad hegemónica.

Rosa (2016c) analiza otra parodia utilizada por personas latinxs, que él llama "inverted Spanglish" ('espanglish invertido'). Aunque comparte algunas características con el *Mock Spanish* (p. ej., la pronunciación hiperanglicizada), el espanglish invertido es una parodia de personas anglo, en lugar de hispanohablantes o latinxs. Además, puede tener una función simbólica adicional; al emplear el espanglish invertido, una persona bilingüe no solo se burla de quienes no saben español (o que utilizan el *Mock Spanish*), sino que también señala su propio dominio de las dos lenguas. Por lo tanto, puede servir como índice de la identidad latinx y el bilingüismo, al mismo tiempo que también indexicaliza una postura crítica hacia las actitudes asimilacionistas y la racialización.

Conclusiones y conexiones

La construcción de la identidad y las performances expresadas a través del lenguaje son una parte integral de muchos otros temas discutidos en este libro. Vimos que muchas formas diferentes de hablar se utilizan al servicio de la construcción de diversos aspectos de la identidad. Sin embargo, es importante señalar que las relaciones entre la forma lingüística y el significado social utilizadas para construir las identidades de las personas están enraizadas en las ideologías lingüísticas que circulan en la sociedad en general (como se analiza en el capítulo 4), y esto a su vez incide en los patrones de mantenimiento del español y de **desplazamiento lingüístico** (véase el capítulo 2). Asimismo, hemos visto que las personas construyen más que sus propias identidades: también construyen categorías sociales, como 'latinx' o 'gringa', mediante el uso del idioma y las referencias específicas a las características de los miembros del grupo, así como al hablar sobre quién pertenece al grupo y quién no.

La construcción de la identidad sigue siendo un tema importante en los próximos capítulos. En nuestra discusión sobre el español en los medios de comunicación (capítulo 7), demostramos que las representaciones mediáticas juegan un papel destacado en la reproducción de las categorías de identidad y su significado social. Las conexiones entre las identidades sociales y la política lingüística se examinan en el capítulo 8, en el cual demostramos que las normas sobre quién tiene derecho a hablar qué idioma y en qué contexto dependen de los vínculos entre los diferentes tipos de hablantes y las formas específicas de hablar. Las ideologías y políticas lingüísticas también inciden en la construcción de identidades, pues posicionar al inglés como la única lengua legítima posiciona necesariamente al español como la lengua de personas marginalizadas, y esta relación es iterativa. Estas ideologías sociales que rodean al español, tal como vimos, también pueden incidir en qué lengua decide usar cada individuo. En el capítulo 9 sobre el español en el sistema educativo, vemos que hay cuestiones de identidad —incluyendo el rol de estudiantes y docentes, además de las estructuras institucionales, en la construcción de la identidad— que tienen un impacto importante en la escolarización. Finalmente, en el capítulo 10, nuestra discusión sobre los aspectos estructurales del español hablado en Estados Unidos reafirma que la decisión de hablar de determinada manera, o de utilizar determinado rasgo lingüístico, es un acto de identidad.

Actividades y preguntas de discusión sobre el capítulo 6

(1) ¿Qué comportamientos o elementos culturales, aparte del lenguaje, se utilizan en la construcción de las identidades étnicas? Piensa en la ropa y otras formas de adornar el cuerpo, el pelo (en la cabeza, la cara y el cuerpo), las formas de caminar, sentarse, estar de pie o hacer gestos, y los intereses o actividades. ¿De qué manera se construyen identidades interseccionales a través de estos comportamientos culturales, como la etnicidad y el género? Para inspirarte, podrías buscar en Internet sobre cómo hablan las fresas y considerar los elementos no lingüísticos.

(2) A lo largo de este capítulo subrayamos repetidamente que los significados indexicales y simbólicos de la lengua y las variedades lingüísticas dependen del contexto. Según a) la investigación de Bailey; y b) la investigación de Carter (2013) y Dunstan (2010), ¿en qué difieren los significados simbólicos y las funciones de identidad del AAE? ¿Cuáles son algunos de los diferentes significados indexicales de hablar español? ¿Qué factores contribuyen a los diferentes significados?

(3) Mira el video *If Latinos said the stuff White people say* ('Si los latinos dijeran las cosas que dice la gente blanca') (https://www.buzzfeed. com/abefg/if-latinos-said-the-stuff-white-people-say). Este video 'invierte los papeles' en un intento de

exponer con humor las suposiciones que subyacen a las cosas que las personas de raza blanca a menudo dicen a las personas latinxs. ¿Son estas situaciones realmente equivalentes? ¿En qué se diferencian? (Piensa en las diferencias de poder, así como en las diferencias en lo que los grupos dominantes y no dominantes conocen del otro y por qué esto es así.) En cualquier caso, ¿qué ideas sobre las categorías 'latinxs' y 'personas blancas' están representadas en las "cosas que dice la gente" y de qué manera se las cuestiona en este video?

(4) ¿Qué factores lingüísticos e interaccionales influyen en que ciertas expresiones propias del español 'real' (tales como *¿Qué pasa?* o *amigo*) puedan considerarse como *Mock Spanish* o simplemente como español? (Piensa, por ejemplo, en quién las dice, el contexto en que se dicen, y el impacto en quienes las escuchan.) ¿Qué identidades construyen estos usos para el/la hablante, y qué ideologías lingüísticas y categorías sociales son reproducidas (o cuestionadas) por su uso? ¿En qué contextos el uso del español por parte de personas no latinxs transmite significados simbólicos distintos a la burla o parodia?

(5) Lee el siguiente ensayo de un hombre de origen puertorriqueño que viaja a Argentina con una beca Fulbright para enseñar inglés. Discute las diferentes afirmaciones sobre la autenticidad latinx que el autor menciona, así como lo que las demás personas esperan de él y por qué. Ver: https://www.washingtonpost.com/news/post-nation/wp/2017/08/31/i-dont-speak-spanish-does -that-make-me-less-latinx/?utm_term=.8d13a892c3c9.

(6) Mira el anuncio del día del padre (correspondiente al 2013) de la compañía de telefonía Personal, considerando la relación del lenguaje con la identidad (https://www.youtube.com/watch?v=Vkm9-Lb9iYE). Primero, ¿en qué consiste el chiste y qué tiene que ver con la variación lingüística? Segundo, ¿cómo se refleja la idea de la identidad como performance? Tercero, ¿cómo vemos la tensión entre las identidades que adoptamos y las identidades que nos asignan (es decir, la autoidentificación y la adscripción de identidades)? Finalmente, ¿qué características o cualidades quiere comunicar el niño al hablar como adulto, y qué tiene que ver con la indexicalidad?

Lecturas y materiales adicionales

Aldama, A.J., Sandoval, C. y García, P.J. (eds.) (2012) *Performing the U.S. Latina and Latino Borderlands.* Bloomington, IN: Indiana University Press.

Bucholtz, M. (2016) On being called out of one's name: Indexical bleaching as a technique of de-racialization. En J.R. Rickford (2016) *Raciolinguistics: How Language Shapes our Ideas about Race* (pp. 273–289). Nueva York: Oxford University Press.

Hurtado, A. y Cantú, N.E. (eds.) (2020) *MeXicana Fashions: Politics, Self-adornment, and Identity Construction.* Austin, TX: University of Texas Press.

Mendoza-Denton, N. (2008) *Homegirls: Language and Cultural Practice among Latina Youth Gangs.* Malden, MA: Blackwell.

Parra, M.L. (2016) Understanding identity among Spanish heritage learners: An interdisciplinary endeavor. En D. Pascual y Cabo (ed.) *Advances in Spanish as a Heritage Language* (pp. 177–204). Ámsterdam: John Benjamins.

Rodríguez, J.M. (2003) *Queer Latinidad: Identity Practices, Discursive Spaces.* Nueva York: New York University Press.

Walker, A., García, C., Cortés, Y. y Campbell-Kibler, K. (2014) Comparing social meanings across listener and speaker groups: The indexical field of Spanish /s/. *Language Variation and Change* 26 (2), 169–189.

Capítulo 7

El español y las personas latinxs en los medios estadounidenses

Objetivos

Analizar cómo se retrata a la gente latinx en los medios de comunicación, examinar el papel del lenguaje en dichas representaciones, estudiar la reproducción de las ideologías lingüísticas en los medios y fomentar el consumo crítico de estos.

Introducción

En los capítulos anteriores, abordamos la historia del español y de la población hispanohablante en Estados Unidos, examinamos las ideologías y políticas lingüísticas, y analizamos el papel de la lengua en las **construcciones sociales** y en las performances individuales de la **latinidad** y de otras identidades. En nuestro análisis de las formas en que el español y el multilingüismo se retratan en Estados Unidos, observamos varios discursos contradictorios que a veces compiten entre sí, incluidos algunos que valoran y fomentan el uso y el mantenimiento del español y otros que lo limitan, así como ideologías racializantes que estigmatizan a la población latinx y sus prácticas lingüísticas. En este capítulo examinamos el papel de los medios de comunicación en la reproducción de las ideologías **hegemónicas** sobre el lenguaje y las identidades, y consideramos algunos casos en que las cuestionan. También exploramos las formas en que las representaciones influyen en las actitudes de la audiencia hacia las personas latinxs.

Después de una discusión sobre la historia de la representación de las personas latinxs en los medios de comunicación estadounidenses, el resto del capítulo se centra en el contexto actual. En primer lugar, examinamos la televisión y el cine en lengua inglesa y analizamos de qué manera allí se representa a las personas latinxs y de habla hispana, con una sección posterior que desglosa estas representaciones en las noticias. Luego nos centramos más específicamente en el papel de la lengua y los acentos en tales representaciones. Sobre esta base, ofrecemos un panorama general de los medios de comunicación en español, enfocándonos principalmente en la televisión y en cómo se construye al público objetivo (incluyendo su **repertorio lingüístico**) en estas producciones. Por último, examinamos la investigación y los datos empíricos sobre el español en los carteles públicos del espacio urbano.

Una cuestión relacionada al modo en que son retratadas las personas latinxs en los medios de comunicación tiene que ver con la cantidad de espacio que estos les dedican, es decir, en qué proporción están representadas o están ausentes las personas latinxs. Smith *et al.* (2019), en un análisis de 1 200 películas populares estrenadas entre 2007 y 2018, muestran que solo el 5,3% de los personajes eran latinxs, con 47 películas en las que no había ningún personaje significativo que fuera latinx. Negrón-Muntaner (2014) observó que mientras que la población latinx aumentó un 43% entre 2000 y 2010, su representación en los medios de comunicación en inglés se mantuvo cuantitativamente igual. Dicha autora llama a esto "la brecha mediática latina", señalando que, a medida que crece el poder de consumo en este segmento de la población, su presencia relativa en los medios se reduce (Negrón-Muntaner, 2014; traducido del inglés). La falta de representación latinx en los medios puede tener un importante impacto afectivo e ideológico tanto en televidentes latinxs como en el resto de la audiencia, al enviar mensajes implícitos sobre la pertenencia social y reforzar sutilmente la idea de Estados Unidos como una sociedad blanca de habla inglesa.

Lichter y Amundson (1997) trazan la historia de la presencia latinx en la televisión, señalando no solo que las minorías **etnorraciales** estaban muy poco representadas, sino también que hasta la década de 1960 las pocas excepciones a un mundo esencialmente blanco eran representaciones muy estereotipadas: maleteros de raza negra trabajando en el ferrocarril y bandidos latinxs. Durante la década de 1960, el número, la variedad y la calidad de los personajes pertenecientes a las minorías etnorraciales comenzó a aumentar lentamente. Algunos programas retrataban la diversidad de manera deliberada al incluir personajes con una cuidadosa selección de identidades etnorraciales y de género; p. ej., *The Mod Squad* ('Patrulla juvenil'), serie en la que un hombre blanco, un hombre negro y una mujer blanca interpretaban los papeles principales. Recién en la década de 1990 se ha incluido rutinariamente a personajes latinxs en estos intentos formulistas de mostrar la diversidad. Más recientemente, también se han añadido personajes de origen asiático a la mezcla.

Así pues, si bien no se trata de un **borrado** completo, la representación histórica de la población latinx puede describirse en gran medida como meramente simbólica en cuanto a la cantidad, y estereotipada en cuanto a la calidad. En las siguientes secciones, nos centramos en este último aspecto, y analizamos en detalle la visión de la latinidad en los medios de comunicación tanto en español como en inglés. También abordamos el uso del lenguaje, incluyendo distintas variedades del español y del inglés, como recurso simbólico en la construcción de estas representaciones.

Representaciones estereotipadas

Hay una serie de estereotipos sobre la población latinx que aparecen una y otra vez en las películas y en las representaciones televisivas, así como en la cobertura de las noticias (para un análisis exhaustivo de la participación latinx en la industria cinematográfica, véase Serna, 2017). En particular, Ramírez Berg (2002) identifica seis estereotipos recurrentes de personajes latinxs que forman parte de la narración cinematográfica convencional. Estos papeles y personajes tipo, todos los cuales tienden a presentarse en contraste con un héroe o protagonista **anglo** masculino, son los siguientes: el bandido, el bufón, el *latin lover* o amante latino, la ramera (en inglés, *the harlot*), la mujer payaso y la dama oscura. Todos estos papeles se remontan a los primeros días del cine; a continuación los explicamos y proporcionamos algunos ejemplos históricos de cada uno. También presentamos ejemplos más contemporáneos que ilustran cómo estos estereotipos han perdurado en los medios de comunicación hasta la actualidad.

El *bandido* es, justamente, el personaje del bandido mexicano, un retrato que se remonta a películas mudas como *Bronco Billy and the Greaser*, producida en 1914 (en el título se hace referencia al personaje mexicano con el término despectivo *Greaser*, es decir, 'grasiento'). Los bandidos mexicanos también eran los malos secundarios en los wésterns (que seguían a los 'indios', los malos de siempre); los héroes rara vez eran latinxs (Chávez, 2003: 96). El papel del bandido perdura hoy en día con algunas variantes: el gánster/narcotraficante latinoamericano y el pandillero latinx del barrio son las versiones más contemporáneas (Ramírez Berg, 2002: 68–69). Otros personajes masculinos estereotipados incluyen al *bufón*, un personaje que proporciona un poco de humor al ofrecer a alguien de quien reírse; un ejemplo clásico de esto es Ricky Ricardo en *I Love Lucy* ('Yo amo a Lucy').

El *latin lover*, posiblemente el estereotipo más prominente, es el hombre erótico, por lo general peligroso y violento pero lleno de promesas y proezas sexuales. En las primeras versiones, solía haber cierta incongruencia entre los personajes latinxs y los actores anglo o europeos que los interpretaban. Esta tendencia se remonta a Rodolfo Valentino, un inmigrante italiano que interpretó varios papeles 'exóticos' que requerían un *sex symbol* de pelo y ojos oscuros, como un jeque árabe, un rajá indio o un torero español. El papel del amante latino nunca o rara vez era interpretado por actores **mestizos**, indígenas o afrolatinos; durante gran parte del siglo xx, incluso los personajes supuestamente españoles eran interpretados a menudo por actores anglo, como Douglas Fairbanks en *The Mark of Zorro* ('La marca del Zorro', 1920). Más recientemente, este papel fue retomado por el actor español Antonio Banderas en *The Mask of Zorro* ('La Máscara del Zorro', 1998). No obstante, aunque se han contratado más actores latinxs para papeles latinxs, Rodríguez (1997) señala que hay diferencias físicas y de clase social entre los bandidos y los amantes latinos: en particular, "los primeros son más pobres y oscuros, mientras que los segundos son de clase alta y de fenotipo europeo" (Rodríguez, 1997: 81; traducido del inglés). De este modo, las representaciones cinematográficas del las personas latinxs continúan vinculando la blanquitud con el bien moral así como con el deseo sexual y/o romántico. Esto refleja y reproduce el racismo y el **colorismo** que analizamos en el capítulo 4.

Los últimos tres estereotipos son versiones femeninas de estos estereotipos masculinos. En particular, *la ramera* es una mujer lujuriosa y de carácter fuerte, una tentadora y una ninfómana, como Katy Jurado en *High Noon* ('A la hora señalada', 1952), mientras que *la mujer payaso* es una latina retratada como tonta, y a menudo como sexualmente promiscua; p. ej., Lupe Vélez en *Mexican Spitfire* (1940). Ambos tipos tienen características que las hacen indeseables para el héroe anglo blanco, al que inevitablemente desean. Por el contrario, *la dama oscura* es fría y con clase; está ejemplificada por Dolores del Río en *Flying Down to Rio* ('Volando a Río', 1933) (Ramírez Berg, 2002: 76). Una vez más, la representación de este personaje gira en gran medida en torno a la lujuria; la diferencia es que la dama oscura inspira lujuria en otros, mientras que la ramera y la mujer payaso muestran pasiones propias. Rodríguez (1997: 80) combina estas tres categorías en dos, lo que ella llama *señoritas* —mujeres ricas y virtuosas—, y *spitfires* (es decir, vehementes o furibundas) —mujeres pobres retratadas como sexualmente 'fáciles'—.

Hispanohablantes y latinxs en los medios en inglés

Cortés (1997:131) señala que las personas **chicanas** comenzaron a ser retratadas como 'personas reales' a mediados de la década de 1940; en los años setenta los estereotipos étnicos disminuyeron. Sin embargo, una consecuencia de esto fue que desde entonces, "las películas han plagado la pantalla con latinas que lo único que las distinguía de las mujeres anglo era llevar un apellido español" (Cortés, 1997: 134; traducido del inglés). En otras palabras, debido a que las películas solo representaban la identidad latina a través de estereotipos, la eliminación de los estereotipos significó también la pérdida de todas las características culturalmente específicas. Una excepción a este borrado de la identidad latinx, incluso dentro de las películas que contienen papeles latinxs, es lo que Cortés llama "películas de violencia urbana", que, según él, era el principal género cinematográfico que representaba las experiencias de latinxs como tales. Sin embargo, estas representaciones se construyeron sobre el estereotipo del bandido al retratar a las pandillas como algo central en la vida de la población latinx de la ciudad (Ramírez Berg, 2002). Por lo tanto, estaban arraigadas en una ideología racista en la que los hombres latinxs eran construidos como violentos e incultos y como parte de lo peor de la sociedad estadounidense.

Otro retrato común se centra en lo difícil que es la vida de latinxs e inmigrantes, incluyendo la representación de nobles intentos por trascender la pobreza y otros problemas sociales a través del trabajo duro y quizás un poco de talento o intelecto. Ramírez Berg (2002: 111–112) argumenta que el género de "Chicano social problem film" ('la película sobre problemas sociales de la comunidad chicana') a menudo se superpone con un patrón narrativo más amplio que se centra en la asimilación. Hay múltiples versiones de esta narrativa de asimilación, todas las cuales implican a latinxs que se esfuerzan por alcanzar el llamado sueño americano. Una versión de la narrativa analizada por Ramírez Berg se centra en personajes latinxs que se dan cuenta de que el éxito es incompatible con sus valores culturales básicos, entre ellos la honestidad, la lealtad, el compromiso con la familia y una fuerte ética de trabajo. Al mismo tiempo, los valores 'estadounidenses' tradicionalmente mitificados, como la ambición, la competitividad y la astucia, se presentan como problemáticos, al menos cuando son adoptados por latinxs. Así pues, en la lectura de Ramírez Berg, aunque la cultura latinx se retrata de manera positiva, los personajes latinxs deben elegir en última instancia entre permanecer en la marginalidad de los enclaves étnicos o traicionar su herencia cultural y arriesgar su moralidad. Este género incluye *Bordertown* ('Ciudad al límite', 2006), *Real Women Have Curves* ('Las mujeres de verdad tienen curvas', 2002) y *Spanglish* (2004), así como los programas de televisión *Ugly Betty* ('Betty, la fea', 2004–2010) y *American Family* (2002–2004). El retrato de latinxs que luchan por integrarse en la clase media puede ser un intento de representar la auténtica latinidad (Sowards y Pineda, 2011: 137), pero al mismo tiempo refuerza el estereotipo de la población latinx como inmigrantes pobres y sin educación, con historias de éxito retratadas como excepciones a la regla. Asimismo, en muchos casos, la asimilación lingüística y cultural se presenta como la clave del éxito.

Recientemente, encontramos representaciones más matizadas en el programa aclamado por la crítica *One day at a time* ('Un día a la vez', 2017–presente), que retrata a una familia cubanoamericana de tres generaciones. La serie, que es una nueva versión de una comedia de los años setenta, explora no solo la diversidad cultural y lingüística, la asimilación y la ciudadanía, sino también una amplia gama de cuestiones relacionadas con las feminidades, masculinidades y sexualidades de sus personajes, que van más allá de los estereotipos del amante latino y la dama oscura. En esta serie, Lydia, la abuela de origen cubano, interpretada por Rita Moreno, es algo así como una *spitfire* en una representación algo más estereotipada que los otros personajes. Los papeles principales también incluyen a Penelope, la hija adulta de Lydia, nacida en Estados Unidos y que sirvió en el ejército estadounidense, así como a su nieta feminista y académicamente exitosa, Elena, que revela ser lesbiana en la primera temporada. La noticia de que Netflix iba a cancelar el programa después de la tercera temporada por falta de audiencia fue recibida con consternación y motivó varias campañas en las redes sociales para revertir la decisión, mostrando cuánto valora la audiencia latinx el verse representada. En última instancia, fue recogido por PopTV y una cuarta temporada salió al aire en 2020.

Guzmán y Valdivia (2004: 208; traducido del inglés) señalan que los discursos dominantes sobre las personas latinxs las describen como "étnicamente homogéneas, racialmente no blancas, con el español como lengua dominante, socioeconómicamente pobres y, generalmente, de origen mexicano", pero hay profesionales del mercadeo que parecen estar trabajando para cambiar esta representación estereotipada. Tukachinsky *et al.* (2017) observan que la mayoría de los peores estereotipos, que representan a las personas latinxs como estúpidas y perezosas, sexualmente promiscuas, de menor estatus socioeconómico y principalmente en los papeles de policías y criminales, son cada vez menos frecuentes. Asimismo, Negrón-Muntaner (2014) ha constatado un aumento de actores de ascendencia afrolatina, por ejemplo, aunque todavía tienen una representación escasa. Los cambios demográficos en Estados Unidos han influido de varias maneras en las representaciones de la población latinx en los medios de comunicación, pero una de las principales influencias es que quienes producen las películas no quieren ofender al mercado potencialmente lucrativo que significa la audiencia latinx (Chávez, 2003: 96). En los últimos años, tanto activistas como la audiencia latinx han exigido mejoras, por ejemplo, a través de los medios sociales y otros foros.

Negrón-Muntaner (2014: 2) señala que en el período que estudió (2010–2013) no hubo protagonistas latinxs en las diez principales películas y programas de televisión, y el 67% de los papeles secundarios interpretados por latinxs en la televisión convencional fueron mujeres. Pero, ¿cómo se retrata a estas mujeres? Guzmán y Valdivia (2004) argumentan que los estereotipos del amante latino y de la dama oscura no desaparecieron, sino que solo evolucionaron y sobreviven en las películas del siglo xxi. En otras palabras, aunque las representaciones mediáticas de la población latinx se han vuelto un poco más variadas y complejas a medida que pasa el tiempo, a menudo siguen representando a la gente latinx como la encarnación de una sensualidad exótica. Según Guzmán y Valdivia, las representaciones de las latinas siguen "construyendo una tradición de exotización, **racialización** y sexualización, una tradición que sirve para posicionar a las latinas como perpetuamente extranjeras y como una amenaza cultural" (p. 217; traducido del inglés). Bush (2015) sugiere que la representación de las latinas como altamente sexualizadas y apasionadas es parte de su representación más amplia como temperamentales y con propensión a la violencia.

Un giro interesante sobre el tema de la sexualidad de las latinas se encuentra en la reciente serie *Jane the Virgin* ('Jane la virgen', 2014–presente), en la que la protagonista, una joven estadounidense de ascendencia venezolana, pretende permanecer virgen hasta que se case, pero es inseminada artificialmente por accidente y se convierte en una madre soltera. Mientras que la dulce y sumisa abuela de Jane y su ardiente madre representan, de alguna manera, los dos extremos en las representaciones televisivas de las latinas, esta sátira de telenovela también desafía esos estereotipos presentándolas como personajes más complejos (Martínez, 2015).

En su análisis de la representación de la población latinx en el cine popular, quienes estudian los medios han ido más allá de mirar las características y el arco narrativo de los papeles latinxs, al considerar también las formas en que se retratan los cuerpos de las latinas. Por ejemplo, se ha prestado mucha atención, tanto desde las masas como desde la academia, a las nalgas de la actriz e ícono del pop Jennifer López, a la fetichización mediática de su trasero y a la satisfacción que ella misma ha expresado con respecto a su cuerpo (Beltrán, 2002). Según Mendible (2010), en su análisis del cuerpo de las latinas en el cine popular, el hecho de que frecuentemente se haga foco en las nalgas grandes podría contribuir al desarrollo de estándares de belleza más inclusivos pero suele servir para exotizar aún más a las mujeres latinas. Asimismo, su análisis revela que la evaluación positiva de los voluptuosos glúteos (además de la evidente naturaleza cosificadora de este enfoque) coexiste con los estándares hegemónicos de belleza que favorecen la blanquitud y la delgadez. Este hallazgo tiene su eco en el trabajo de Molina-Guzmán (2010), quien también examina la representación de los cuerpos de las latinas en los medios de comunicación y concluye que la mujer étnica en general sigue siendo sexualizada y limitada en las formas en que es retratada, lo que pone de relieve la **interseccionalidad** de las identidades etnorraciales y de género.

Algunos estudios han revelado que los retratos estereotipados no son tan comunes en películas cuyo enfoque es una comunidad latinx o que comprenden múltiples papeles latinxs, sino más bien en aquellas en las que hay apenas uno o dos personajes latinxs. En otras palabras, es más probable que los papeles de amante latino y dama oscura aparezcan en películas compuestas en su mayoría por personajes de raza blanca en las que el papel latinx trae aparejado determinadas peculiaridades: se trata de una persona oscura y misteriosa o de una persona extraña y sensual. Es así en el caso de Gloria en la comedia *Modern Family*, interpretada por la actriz de origen colombiano Sofía Vergara; su voluptuosidad, volatilidad emocional y origen humilde se destacan en comparación con la riqueza y el comportamiento más moderado del marido anglo de Gloria y su familia. En contraste con el retrato de Gloria, Báez (2007) encontró que tres películas centradas en las latinas —*Selena* (1997), *Girlfight* (2000) y *Real Women Have Curves* (2002)— ofrecían representaciones más matizadas de las latinas y por lo tanto desafiaban algunos de los estereotipos dominantes sobre el género y la etnicidad.

Como vimos, gran parte de la investigación sobre las latinas en los medios sugiere que los estereotipos siguen vivos. Asimismo, aunque por una parte las películas analizadas por Báez desafían las representaciones estereotipadas de las mujeres latinas, pueden reforzar simultáneamente las nociones gastadas sobre la importancia de los roles de género tradicionales dentro de las familias latinxs, o pintar a las personas latinxs como inmigrantes pobres y sin educación. De manera similar, la serie de televisión *Orange is the New Black* va más allá del tokenismo de las representaciones anteriores de las latinas, al tiempo que incluye una diversidad de **fenotipos**, así como conocimientos y prácticas lingüísticas (incluyendo el español como lengua dominante, el bilingüismo español-inglés y el monolingüismo en inglés), pero, aun así, puede verse como una reproducción de los mismos viejos tópicos que asocian la criminalidad y la pobreza con ser latinx.

Además del comportamiento criminal y la sexualidad, la representación de la población latinx en los medios de comunicación a menudo toca temas relativos al estatus migratorio y a la integración en la sociedad estadounidense. Hablar español es a menudo un elemento clave en la representación de las personas no autorizadas, no integradas o consideradas criminales (volveremos a este tema en la sección sobre el uso del lenguaje en la representación de latinxs). También en este caso suele haber una línea fina entre la exploración de las cuestiones sociales y la reproducción de los estereotipos. Por ejemplo, en su análisis de *Ugly Betty*, Sowards y Pineda (2011) interpretan la representación de las dificultades del padre de Betty por ser un inmigrante no autorizado como parte de un retrato auténtico, pero lo que parece 'auténtico' para algunos públicos puede parecer una fórmula o un cliché para otros. En particular, Amaya (2010) sostiene que *Ugly Betty* reproduce estereotipos sobre el estatus de ciudadanía y los patrones de empleo en la población latinx. Asimismo, el maltrato hacia Betty en su lugar de trabajo se enmarca como una parte natural o normal de su experiencia laboral que debe superar para avanzar —solo un obstáculo más que debe superar en el camino hacia el éxito— en vez de concebirlo como una discriminación ilegal de la que debería quejarse o denunciar, con lo que se **naturalizan** las condiciones de explotación laboral.

También en relación al tema de la inmigración, hay un episodio de *Jane the Virgin* en el que la abuela de Jane, que es una inmigrante no autorizada, es admitida en un hospital pero amenazada con ser deportada al salir. Un mensaje que apareció en inglés en la pantalla —"Sí, esto realmente sucede. Búscalo. #immigrationreform"— sugiere que la producción del programa no había incluido el estatus migratorio de la abuela como un modo formulista de construir su personaje, sino que lo hizo porque vio en el programa una instancia propicia para la educación y/o el activismo político, y no un mero producto de entretenimiento (Martínez, 2015).

Más allá de la descripción de la población latinx como personas potencialmente no autorizadas, *Ugly Betty* también aborda el tema de la integración, y especialmente la tensión entre la **otredad** étnica y la asimilación cultural (Ávila-Saavedra, 2011). Por un lado, a menudo se destaca la diferencia entre personajes latinxs y no latinxs, y se respalda tácitamente el comportamiento más asimilado de Betty (como no hablar español). Por otro lado, la latinidad de Betty y su familia se posiciona como parte de la cultura dominante de Estados Unidos, con la cual es compatible; celebran Halloween y el Día de Acción de Gracias, pagan sus impuestos y ven el programa de Oprah como el resto de la sociedad estadounidense. Ávila-Saavedra argumenta que esta representación proporciona simultáneamente a la audiencia latinx un modelo de construcción de la identidad latinx de Estados Unidos y educa a la audiencia no latinx sobre un importante subgrupo de la sociedad estadounidense.

Ávila-Saavedra (2011) también examina cómo los comediantes latinxs George López, Carlos Mencía y Freddie Prinze Jr. exploran los temas relativos al sentido de pertenencia latinx. La base de gran parte del humor radica en las características distintivas por las que se puede reconocer a una persona latinx, pero al mismo tiempo a menudo reproduce ideologías tradicionales de Estados Unidos sobre la individualidad y el progreso. Específicamente, estos comediantes sugieren que han llegado a donde están en la vida a través de la educación y, sobre todo, del trabajo duro, como tanta gente estadounidense. Así, al igual que en *Ugly Betty*, la asimilación es recompensada y presentada como mejor que la no integración, que se asocia con la pobreza y la discriminación.

En esta sección se examinó el retrato de las personas latinxs en historias ficticias en los principales medios de comunicación de habla inglesa. Vimos que las representaciones han mejorado tanto en cantidad como en calidad desde los primeros días, pero tanto personajes como actores y actrices latinxs todavía cuentan con una representación proporcionalmente por debajo de lo esperable y los estereotipos siguen abundando. En algunos casos, las representaciones específicas serían menos problemáticas si hubiera más representación latinx en general, lo que permitiría una mayor diversidad de papeles; cuanto menos papeles e historias sobre latinxs haya, mayor será la fuerza de su significado simbólico. A su vez, hemos demostrado que los medios de comunicación pueden reforzar y desafiar simultáneamente las ideologías dominantes sobre la población latinx en Estados Unidos, y que no toda la audiencia o la crítica hacen la misma lectura de un programa o una película. En las siguientes secciones, observamos las representaciones en las noticias en inglés, y luego nos detenemos en los medios de comunicación en español. Como veremos, buena parte de los mismos temas pueden encontrarse en estos otros contextos, aunque también emergen diferentes focos.

Latinxs en las noticias en inglés

En una declaración sumamente eufemística, Valdeón (2013: 440; traducido del inglés) señala que "La relación entre la población hispana de Estados Unidos y sus medios de comunicación anglófonos no puede describirse como una relación feliz". Como sucede en el caso de las series de televisión y las películas, las investigaciones sobre las noticias demuestran inequívocamente que la población latinx se encuentra subrepresentada; ya que las personas latinxs aparecen en menos del 1% de las noticias, y la cobertura tiende a ser negativa (Negrón-Muntaner, 2014; Santa Ana, 2013). Los estereotipos de la latina orientada a la familia pero excesivamente sexualizada —tan comunes en las películas— también aparecen en la cobertura de las noticias (Bush, 2015; Correa, 2010), pero el principal estereotipo en los reportajes de noticias es el de la inmigración latinx no autorizada que no aprende inglés (Markert, 2010) y comete delitos (Chiricos y Eschholz, 2002) (véase nuestro análisis de estos estereotipos y su inexactitud, en los capítulos 2 y 4). Las investigaciones que comparan la representación de las personas negras, latinxs y blancas en las noticias con su proporción en los reportes de crímenes muestran que la población latinx está subrepresentada mientras que la población de raza negra está sobrerrepresentada y presentada como particularmente violenta (Dixon y Azócar, 2006) (véase nuestro análisis de la racialización en el capítulo 5). Este hallazgo ofrece un importante recordatorio de que la 'visibilidad' no siempre es positiva, y que la cobertura mediática de la población latinx debe considerarse como parte del proceso de racialización y estereotipación negativa de las personas de color.

En su investigación sobre la representación de latinxs en las noticias, Santa Ana (2002) analizó las metáforas utilizadas en artículos periodísticos para referirse a la inmigración y a las personas inmigrantes. Su análisis revela que las metáforas más comunes representaban a las personas inmigrantes como 'animales' o 'invasoras' con intenciones de causar daño a la nación, por lo que las retrataban como infrahumanas, indignas de derechos o protección. Santa Ana encontró que la metáfora más común para la inmigración era 'aguas peligrosas', como cuando se habla de 'olas' de inmigración que 'inundan' la nación, que representa a la población inmigrante como una masa indiferenciada (en lugar de personas individuales) y que probablemente sea perjudicial. De un modo similar, un análisis reciente sobre la cobertura de cuestiones relacionadas con la inmigración reveló que muchos medios de comunicación estadounidenses utilizan términos como 'inmigrante ilegal' y/o reproducen discursos antiinmigrantes de grupos extremistas, en contradicción con la política de la Society for Professional Journalism ('Sociedad de Periodismo Profesional') contra el lenguaje deshumanizante (Ndulue *et al.*, 2019) (analizamos los problemas de este término en el capítulo 3).

Rosa (2016a) señala que en gran parte de la cobertura de la inmigración el hablar inglés se presenta como la clave del éxito y la solución a los retos que debe afrontar una persona inmigrante. Sorprendentemente, este es el caso tanto en los discursos positivos como en los negativos, incluyendo el *Latino spin* ('giro latino') (Dávila, 2008), que representa a las personas latinxs como inmigrantes modelo, y el discurso de la *Latino threat* ('amenaza latina') (Chávez, 2013), que representa a dichas personas como una población problemática que es peligrosa para la cultura e identidad nacionales de Estados Unidos. Según Rosa, incluso cuando los medios de comunicación presentan el español de forma positiva, la atención tiende a centrarse en el futuro, como en las afirmaciones de que el español está en alza y que un día se convertirá en un recurso valioso. Sin embargo, estas predicciones han existido durante años, y el futuro imaginado, en el que el español es apreciado y la adquisición del inglés conduce a la aceptación y el éxito económico, parece no llegar nunca. A su vez, este énfasis en la importancia futura del español se basa en el borrado del papel del español y la población latinx en la historia y el presente de Estados Unidos. Como vimos, la presencia de personas de habla hispana en el actual territorio estadounidense data de más de 500 años atrás —más tiempo que muchos otros grupos etnolingüísticos que han sido integrados en la construcción nacional de la identidad—, además de que el idioma en sí reviste especial valor e interés.

Asimismo, el hecho de que se presente el inglés como la clave del éxito reproduce la falsa noción de que los problemas a los que se enfrentan las comunidades latinxs se basan en su falta de inglés, más que en la desigualdad estructural o la discriminación. Según Lippi-Green (2012: 70), este tipo de discurso —en el que se 'promete' a aquellas personas hablantes de **lenguas minoritarias** y variedades 'no estándar' que el éxito resultará de la asimilación a la lengua o variedad dominante— forma parte de un proceso más amplio de subordinación lingüística. Así pues, presenta el idioma como la causa de la marginación, más que como el mecanismo mediante el cual se instituye (véase el capítulo 4). Como veremos en la siguiente sección, el uso del idioma está entrelazado con todas las representaciones negativas y estereotipadas de la población latinx tanto en la televisión popular y el cine como en los noticieros.

La representación del lenguaje latinx: normas monolingües y comportamiento 'aberrante'

En esta sección se analiza cómo se representan las características y prácticas lingüísticas de la población latinx en las películas de Hollywood y en la televisión, así como el papel de estas representaciones en la reproducción ideológica. Como vimos en capítulos anteriores, en la interacción social ciertas formas de hablar pueden **indexicalizar** identidades particulares; ahora veremos cómo esta indexicalización también se utiliza en la representación mediática de personajes de ficción. En particular, de la misma manera que el español se construye como un aspecto inherente de la identidad latinx que señala la autenticidad latinx en la 'vida real', esta relación indexical se emplea en la representación de los personajes latinxs en la ficción. En otras palabras, el español es una forma de mostrarle a la audiencia que un personaje es auténticamente latinx. Sin embargo, en las representaciones mediáticas, el español también tiende a indexicalizar rasgos específicos del personaje, y no solo la identidad etnorracial. Por ejemplo, Bush (2015), en su estudio de los personajes latinxs en las telenovelas, señala que el español se utiliza a menudo para marcar escenas en las que quien protagoniza la historia atraviesa un momento particularmente emotivo (¡ese personaje latinx de sangre caliente!) o para conversaciones secretas (Bush, 2015: 1159), lo cual marca a este tipo de personajes como una otredad. En esta sección enfatizamos que las representaciones mediáticas de hispanohablantes reflejan y reproducen los discursos dominantes en torno al español y a quienes lo hablan.

En el capítulo 3 analizamos la ideología que supone que el monolingüismo es el estado natural de las cosas, tanto para los individuos como para las sociedades, y su hegemonía en Estados Unidos. Petrucci (2008) muestra cómo las representaciones de idiomas distintos del inglés en los medios de comunicación estadounidenses presuponen y refuerzan este **monolingüismo normativo**. Al analizar diez películas en inglés producidas entre 2000 y 2004, en las que participan supuestos personajes hispanohablantes, observó que todos los diálogos clave se desarrollaban en inglés, incluso cuando se suponía que eran o debían ocurrir en español. En lugar de simplemente utilizar el español (tal vez con subtítulos para un público **anglófono**), se empleaban tres estrategias para señalar a la audiencia que los personajes hablaban en español. Una estrategia era hacer que se oyera de fondo palabras en español, mientras que los diálogos importantes para la trama se desarrollaban en inglés. Como resultado, el español no se utilizaba para transmitir información real, sino para crear ambiente, casi como una escenografía. Otra estrategia era que los personajes hablaran en inglés con acento español. La tercera estrategia consistía en que se hablara en inglés pero incorporando usos emblemáticos del español: términos de cariño, palabrotas y **cognados** fácilmente reconocibles que pudieran ser entendidos por la audiencia anglófona; mucha gente reconoce expresiones como *mi amor* o *hijo de puta* aunque no hablen español, y la mayoría también es capaz de interpretar cosas como '¡Viva el presidente!'. (Petrucci, 2008: 411). Y aunque el contenido semántico de estas frases no se entendiera, no impediría que se siguiera la trama de la película. Además de estas estrategias, como señala Bürki (2008: 12), en algunas películas y programas cuando los personajes dicen algo en español inmediatamente se traducen al inglés, como cuando un personaje de *Miami Vice* ('Vicio en Miami') dijo: "On the other hand, if what you wish is *el plomo*, the lead, then do that" ('Por otra parte, si lo que deseas es el plomo, *the lead*, entonces hazlo').

Petrucci sostiene que, aunque la motivación de los usos emblemáticos y ambientales del español parece ser principalmente pragmática —después de todo, el público destinatario es en gran parte anglohablante—, la consecuencia es la representación del mundo como normativamente anglófono. En concreto, el uso del inglés con acento para indicar que los personajes están hablando en español, al tiempo que permite que sea comprensible para anglohablantes monolingües (sin tener que leer los subtítulos), refuerza la noción de que el público anglohablante debe entenderlo todo sin tener que aprender otro idioma. Asimismo, refuerza la idea común de que es 'grosero' o 'inapropiado' que personas de habla hispana hablen español en presencia de anglohablantes monolingües, incluso cuando no forman parte de la conversación. Esta creencia de que las personas que hablan lenguas minorizadas siempre deben acomodarse a las personas de habla inglesa se refleja en situaciones casuales y en los ataques a personas de habla hispana en los espacios públicos (como los que se tratan en el capítulo 4), y también son la base de que en muchos lugares de trabajo se implementen políticas de *English-only* ('solo inglés') (véase el capítulo 8). Un estudio de grupo focal en Ohio (https://mershoncenter.osu.edu/research-project-directory/immigrants-assimilation-and-cultural-threat-political-exploration) muestra que, si bien esas opiniones no son universales, no son infrecuentes.

Además, la representación del español a través del inglés con acento refuerza la noción de que el dominio del español interfiere con el inglés y que la gente de habla hispana no es capaz de hablar inglés como una persona nativa (lo cual, como vimos en el capítulo 2, es falso). El uso emblemático de los cognados para 'dar sabor latinx' también construye el español como algo inferior a un idioma real, el cual consiste principalmente en palabras inglesas con acento español (como en el *Mock Spanish*, del que hablamos en el capítulo anterior).

En Estados Unidos hay inmigrantes dominantes en español que hablan inglés en sus hogares a veces o incluso todo el tiempo, al igual que muchas personas latinxs nacidas en dicho país. En algunos casos, lo hacen porque quieren que sus hijas/os tengan el beneficio de aprender el idioma dominante cuando son jóvenes o porque desde las instituciones educativas les sugieren que hablarles en español les afectará el aprendizaje o retrasará su desarrollo lingüístico y su progreso escolar (véase el capítulo 9). Como vimos en profundidad en el capítulo 2, la inmigración hispanohablante se enfrenta a desafíos considerables en el esfuerzo de transmitir el español a la próxima generación. Estas representaciones en la pantalla grande —o incluso en la pequeña pantalla de televisión— de inmigrantes de América Latina que hablan inglés normalizan este comportamiento y hacen que el español parezca prescindible.

Cabe señalar que se usa el inglés 'con acento' para representar tres cosas diferentes: 1) el diálogo que, según la trama, es en español; 2) el habla de las personas que aprendieron inglés como segunda lengua y tienen un acento 'extranjero'; y 3) el habla de las personas que hablan una variedad del inglés latinx de forma nativa y pueden o no hablar español (véase la sección del capítulo 10 sobre el inglés latinx para tener una visión más completa). En cierto modo no importa que estas tres cosas se confundan; lo que es más importante es el hecho de que el inglés 'con acento' suele utilizarse para retratar a las personas latinxs e hispanohablantes de una manera decididamente negativa. A este respecto, Lippi-Green (2012) ha demostrado que los acentos utilizados por ciertos personajes se basan en estereotipos sociales sobre los miembros de determinados grupos sociales y étnicos, y son un medio de reforzar los prejuicios contra las minorías lingüísticas. Este es claramente el caso cuando el inglés con acento y el inglés latinx son representados como características o variedades no estándar o problemáticas, así como cuando se los vincula a aspectos negativos y estereotipados como la pobreza, la falta de asimilación, los roles tradicionales de género, etc. Por un lado, los acentos 'extranjeros' indexicalizan la latinidad en general, pero también se utilizan para distinguir entre personajes 'positivos' y 'negativos' en lo que respecta a las líneas morales, intelectuales y de clase socioeconómica. Por ejemplo, Betty, de *Ugly Betty*, habla inglés estándar, mientras que su hermana Hilda tiene un acento marcado por el español. Aunque Hilda no es un personaje antipático, es menos inteligente y tiene menos estudios que Betty y da la impresión de ser sexualmente promiscua. Esta vinculación de los acentos (o del inglés latinx) con personajes que tienen rasgos socialmente indeseables refuerza la subordinación de las variedades étnicas al inglés estándar y reproduce los estereotipos que suponen que sus hablantes tienen poca educación y una moral dudosa, entre otras características negativas.

La interpretación de Sofía Vergara de Gloria, comentada anteriormente en este capítulo, es otro ejemplo en el que el inglés con acento constituye un elemento clave en la representación de una latina como una sensual mujer payaso, con numerosos chistes basados en sus malentendidos en inglés y sus errores de pronunciación y gramática. Casillas *et al.* (2018) muestran que el lenguaje utilizado por el personaje de Gloria contribuye a su representación racializada y al retrato de las personas latinxs como una 'otredad' no integrada. Asimismo, Casillas *et al.* sostienen que, mientras que otros personajes de la serie desarrollan personalidades matizadas a lo largo de los episodios,

Gloria sigue siendo una caricatura de una latina altamente sexualizada y lingüísticamente incompetente. El impacto de este personaje en una serie de televisión de larga duración y ampliamente vista puede ser el de reforzar las jerarquías raciales y lingüísticas, dándole al público licencia para burlarse de las personas con acento y presentando la discriminación basada en el lenguaje como si fuera algo cómico.

En algunos casos, la línea entre los personajes y quienes los interpretan es borrosa. Este es el caso de Sofía Vergara y Gloria; ambas son retratadas como altamente sexualizadas y el acento juega parte en esa representación. (El hecho de que el grado de acento de Vergara varíe sugiere intencionalidad y constituye un ejemplo de la utilización del lenguaje para encarnar la identidad e indexicalizar características particulares, como vimos en el capítulo 6.) Hinojos (2019) trae a colación la larga historia del uso del inglés con acento para enmarcar tanto a intérpretes como a personajes dentro de una otredad racializada, analizando la representación del habla de la actriz mexicana Lupe Vélez en revistas cinematográficas de la primera mitad del siglo xx. En este medio escrito, el acento en inglés de Vélez fue retratado a través de ortografías como *Meestar* para *Mister* ('señor'), y *wan'* y *han'* para *want* y *hand* ('quiero' y 'mano'), que recuerdan la representación paródica del acento mexicano en South of the Border, la atracción turística que discutimos en el capítulo 6. Vale la pena destacar que mientras estas ortografías no estándar podrían capturar el habla de Vélez (y de otras personas), este tipo de transcripciones informales rara vez —si es que alguna vez— se utilizan para capturar la amplia gama de acentos utilizados por quienes hablan el inglés como primera lengua. Por el contrario, solo se utilizan para llamar la atención y caricaturizar los acentos 'extranjeros' y las variedades 'no estándar'. Desde luego, estas representaciones y el prejuicio contra determinados acentos traen consecuencias para quienes interpretan estos papeles. Por ejemplo, Beltrán (2016) explica que durante la transición de las películas del cine mudo a los 'talkies' de finales de los años veinte, intérpretes con acento español solían aparecer solo en papeles menores y racializados. Esto reforzaba a la construcción de la 'auténtica' identidad estadounidense como anglo, la exaltación de la blanquitud y la marginación de la población latinx.

Además del uso del inglés con acento, otro uso común del lenguaje en las representaciones mediáticas de latinxs es el discurso bilingüe no convergente o asimétrico, en el que diferentes personajes hablan idiomas diferentes entre sí (Bürki, 2008). En esta representación suelen participar miembros de diferentes generaciones; madres, padres, abuelas y/o abuelos hablan español y la generación más joven responde o en inglés o en una combinación de inglés y español. Un ejemplo prototípico se puede encontrar en *¿Qué pasa, U.S.A.?*, una comedia que se emitió en la televisión pública de 1975 a 1980 (la mayoría de los episodios están disponibles en YouTube). Financiado por un programa de subvenciones del U.S. Department of Education ('Departamento de Educación de Estados Unidos') y diseñado para ayudar a los distritos escolares a superar las desventajas educativas, los prejuicios y el aislamiento a los que se enfrentan niños y niñas de grupos minorizados, el programa se centraba en una familia cubanoamericana de tres generaciones radicada en Miami. Cabe destacar el papel central de las personas de origen cubano en la producción, el guion, la dirección y actuación en *¿Qué pasa, U.S.A.?*, así como el hecho de que el principal público al que iba dirigido era cubanoamericano, aunque también obtuvo la aclamación de la crítica y la audiencia entre el público anglo y monolingüe en inglés (Rivero, 2012). En los argumentos se exploran diversos desafíos culturales a los que se enfrentan las tres generaciones, en los que las cuestiones de idioma suelen desempeñar un papel destacado. Por ejemplo, en un episodio de la primera temporada, *We speak Spanish* ('Hablamos español', https://www.youtube.com/watch?v=Em4KBzIo3fk), la abuela y el abuelo, que son hispanohablantes monolingües, se quejan de que su nieto y su nieta hablen español con acento inglés, quienes por su parte se avergüenzan del acento (en inglés) de su madre y de su padre. Al hablar en español, Joe y Carmen, que son la generación más joven de la familia, utilizan palabras prestadas del inglés y hacen numerosos chistes y juegos de palabras creativos e interlingüísticos (p. ej., Joe se refiere a la Mrs. Peabody como "la señora cuerpo de chícharo", dado que *body* en español se traduciría como *cuerpo*; y *pea*, como *chícharo* o *arveja*). A su vez, el programa incluye diálogos extensos en español así como un discurso bilingüe no convergente, sin subtítulos (en algunos casos, los personajes parafrasean en inglés lo que otros dijeron en español). Por lo tanto, el programa es a menudo considerado como la primera comedia bilingüe en la televisión estadounidense (Rivero, 2012), y hasta donde sabemos ningún otro programa se ha acercado a incluir tanto discurso bilingüe. Cabe señalar, entonces, que el papel central desempeñado por latinxs e hispanohablantes en la producción y en la recepción de *¿Qué pasa, U.S.A.?*, así como la cantidad de español no traducido y el grado de bilingüismo, lo distinguen de los programas en inglés que se analizan en esta sección. Sin embargo, lo incluimos aquí porque se emitió en una cadena que transmite casi exclusivamente en inglés (es decir, PBS, que es la cadena pública auspiciada por el Gobierno) y llegó a una audiencia general.

Más recientemente, Androutsopoulos (2007: 220) también observó el uso del discurso bilingüe no convergente en *One Day at a Time*, programa que comentamos anteriormente. También lo vemos en la serie *Jane the Virgin*, en la cual la abuela de Jane habla español y Jane le contesta en inglés. Hay un cierto realismo en esta representación; tales patrones intergeneracionales de **cambio de código** asimétrico están bien documentados (Boeschoten, 1990; Fuller, 1997) y la representación refleja el patrón típico de **desplazamiento lingüístico** hacia el inglés que se analiza en el capítulo 2. Sin embargo, en muchos casos el español también indexicaliza características sociales negativas; los personajes que hablan español tienden a ser personas mayores, pobres, incultas y socialmente conservadoras (p. ej., sexistas) mientras que los personajes más jóvenes, más joviales e inteligentes responden en inglés. Esta representación sitúa al español en el pasado, enmarcándolo como incompatible con la modernidad, así como un obstáculo para lograr el poder social, en lugar de ser una parte positiva de la experiencia de ser latinx. Así pues, estas representaciones pueden reforzar la noción de asimilación al inglés como un bien tanto moral como social.

Una representación muy diferente del español se puede encontrar en la programación infantil; en este tipo de espectáculos, el uso del español suele tener un objetivo pedagógico (Moran, 2007). Por ejemplo, *Sesame Street* ('Barrio Sésamo') tiene una palabra española del día, y programas como *Dora the Explorer* ('Dora la exploradora') y la serie *Go, Diego, Go!* presentan el español como parte del repertorio lingüístico de los personajes principales, pero con ciertas frases explicadas o utilizadas repetidamente para fomentar el aprendizaje del idioma. Estos programas también se centran en el multiculturalismo y la apreciación de la diversidad (De Casanova, 2007). Aunque son similares a las series para público adulto en las cuales el español se asocia con la identidad etnorracial, difieren en que el español rara vez se estigmatiza. Por el contrario, en la serie *Dora the Explorer*, por ejemplo, la protagonista es una joven latina inteligente y bilingüe que en sus aventuras utiliza tanto el español como el inglés. En la película en imagen real de 2019 *Dora and the Lost City of Gold* ('Dora y la ciudad perdida'), ambientada en el Perú, el repertorio lingüístico de la adolescente Dora también incluye el quechua, que refleja los esfuerzos concertados de la producción para representar con exactitud la diversidad lingüística y cultural de América Latina (Llamoca, 2019). En ambas versiones el conocimiento del español se presenta de manera positiva, más que como una barrera para aprender inglés, y Dora cambia entre lenguas sin esfuerzo dependiendo de las habilidades lingüísticas de sus interlocutores/as. De este modo, el desprecio por el español que se observa en el mundo adulto, del que se habla en la siguiente subsección, es sustituido por una ideología pluralista dirigida al público joven. No obstante, a pesar de que el programa de televisión vincule el español con la identidad latina de la protagonista, dicho idioma se enmarca como un recurso disponible para todo el mundo; Dora se dedica a menudo a enseñar el español, y el énfasis pedagógico se centra claramente en el aprendizaje del español por parte de niños y niñas no latinxs, más que en el mantenimiento o el desarrollo del español entre quienes ya lo hablan. (Para un panorama más detallado de la historia de *Dora*, incluyendo la representación visual de la identidad panlatina de la protagonista, escucha el episodio del pódcast *Latino USA* sobre el legado del programa: https://www.latinousa.org/2019/08/14/doratheexplorer/).

Las decisiones sobre qué idiomas se escuchan y cómo se escuchan, es decir, si se presentan como parte de la vida cotidiana o se destacan como 'extranjeros' o 'exóticos', participan en la construcción de la diversidad lingüística como algo normal o algo aberrante. Si bien en muchos casos la representación del español refleja y refuerza las ideologías dominantes, Kelly-Homes y Milani (2011) muestran que los medios de comunicación también pueden desafiar estereotipos y presentar el multilingüismo como una parte natural de la vida cotidiana. Por ejemplo, a diferencia de las técnicas para representar el uso del español analizadas anteriormente (como presentar el inglés con acento como si fuera español), en un enfoque más natural los personajes simplemente hablan en español. En algunos casos, se proporcionan subtítulos en inglés (p. ej., *Quinceañera*, 2006; *Orange is the New Black*, 2013–2019), pero en otros, como *One Day at a Time* (analizado anteriormente en este capítulo), el público que no habla español simplemente no tiene acceso a esas partes del diálogo, pero pueden seguir el programa ya que el contenido principal se ofrece en inglés. Esas representaciones ofrecen un contrapunto al borrado del español y constituyen una representación más realista del multilingüismo, en el sentido de que las personas que se supone hablan español lo hacen realmente, al tiempo que son accesibles a los públicos que no hablan español. Las series de Netflix *Narcos* y *Narcos México* (2015–presente) han recibido mucha atención por su uso combinado del inglés y el español en un programa dirigido al público anglohablante de Estados Unidos, donde ha tenido mucho éxito de audiencia. Aquí también los personajes hablan en español de manera real, pero en lugar de limitar el diálogo en español a cosas que no interfieran con la trama si no se entienden, se proporcionan subtítulos en inglés. Estas dos técnicas bilingües de narración también se utilizan en *Orange Is the New Black* y en *The Bridge* (2013–2015) de FX. Además de ofrecer una representación más realista del bilingüismo, la mayor inclusión del español en la programación (predominantemente) en inglés también refleja un mayor reconocimiento por parte de las grandes productoras y empresas publicitarias de las personas bilingües español-inglés como potenciales audiencias y consumidores/as. A continuación volvemos a este tema.

La construcción de la audiencia latinx: los medios de comunicación en español

Durante las últimas décadas, los medios de comunicación en español se han hecho cada vez más accesibles en Estados Unidos; prueba de ello son Univision y Telemundo, cadenas de televisión ampliamente accesibles, junto con los canales de cable, y los medios de comunicación en línea. Millones de personas en Estados Unidos sintonizan diariamente para ver una amplia variedad de programación en español, incluyendo noticias, deportes y programas de variedades y de entrevistas, así como telenovelas y otras series como *Color de la Pasión*, el programa más visto de Univision en 2017 (https://www.statista.com/statistics/497739/spanish-tv-programs-usa/). También ha habido un enorme crecimiento de los servicios de *streaming* en español (como Netflix), que ofrecen programación original en español, así como programas en inglés y otros idiomas doblados y/o subtitulados en español.

Un punto clave en la investigación acerca de los medios de comunicación en español es la forma en que los idiomas, las variedades lingüísticas y las formas de utilizar el lenguaje se emplean para enmarcar a los miembros de la audiencia de maneras particulares, a la vez que se reproducen ideologías lingüísticas particulares, por ejemplo, la idea de que el español es un elemento esencial de la identidad latinx. En su investigación, Dávila (2012) demuestra que la publicidad y los medios de comunicación en español producen una imagen de lo que la antropóloga describe como una latinidad homogénea que habla solo o principalmente español. En cuanto a los valores culturales, la representación de este grupo resalta su carácter familiar y tradicional, y una identidad colectiva que contrasta con la cultura dominante altamente individualista de Estados Unidos.

Los hallazgos de Dávila son compartidos por Fullerton y Kendrick (2000), quienes muestran que en los anuncios de televisión en español las mujeres son representadas en gran medida como amas de casa, así como por Rivadeneyra (2011), cuyo análisis de las telenovelas revela una tendencia paralela de representar a las mujeres principalmente en el papel de cuidadoras y a los hombres principalmente como trabajadores. Si bien persiste una dicotomía entre las representaciones de la mujer como extremadamente sexualizada o como modesta y tradicional (Dávila, 2012), gran parte de la programación de la televisión en español está orientada a la familia y no presenta personajes femeninos exageradamente sexualizados. Correa (2010), en su trabajo sobre las representaciones de las mujeres latinas, señala que en *El Nuevo Herald* (la versión en español del periódico *The Miami Herald*) la cobertura a menudo presentaba las acciones de las latinas como orientadas a la familia y al sacrificio propio, en contraste con la versión en inglés del periódico, donde las representaciones más comunes se centraban en los logros de las latinas exitosas y/o las construían como consumidoras desatendidas y por lo tanto un nuevo mercado atractivo. Correa analiza estas diferencias en términos de ideologías hegemónicas que ven la cultura latinx como colectivista y la cultura popular dominante anglo como individualista. Estas tendencias de representación pueden incidir en la construcción del español como algo inherentemente ligado a los valores culturales 'tradicionales'.

En cuanto a la representación etnorracial en la programación y la publicidad en español en Estados Unidos, Dávila (2012) sostiene que la mayoría de los personajes e intérpretes tienen un *look* latinx genérico que consiste en piel aceitunada y cabello oscuro, y por lo tanto no reflejan la diversidad fenotípica de la población latinx de Estados Unidos. Como la producción y el consumo de medios de comunicación en español se ha vuelto cada vez más transnacionales, con programas de televisión producidos en Miami que se transmiten en toda América Latina (y viceversa) o que se emiten a través de servicios internacionales como Netflix, la programación que se ve en Estados Unidos por lo general está pensada para captar los múltiples mercados de habla hispana. En este contexto, el *look* latinx se utiliza para mostrar una identidad latinx a la audiencia (y a las empresas anunciantes) de Estados Unidos, mientras que la ausencia de personas indígenas y afrodescendientes también se alinea con las normas y el sesgo racial de los medios y sociedades de América Latina. En contraste con la blanquitud de quienes suelen interpretar a los personajes centrales, Rivadeneyra (2011) sostiene que a intérpretes de piel oscura se les suele asignar, más que nada, papeles estereotipados, a menudo como maleantes o personajes de moralidad cuestionable. Sin embargo, aunque Alford (2018) sigue lamentando la falta de afrolatinxs en los medios de comunicación dominantes, señala que las nuevas plataformas mediáticas en línea ofrecen más oportunidades para una mayor inclusión.

La investigación de Rivadeneyra sobre las opiniones de adolescentes latinxs acerca de la televisión en español demuestra que la perciben como menos estereotipada que la programación en inglés. Asimismo, los noticieros de las cadenas de televisión en español como Univision y Telemundo incluyen una mayor cobertura de América Latina y de los temas que afectan a la población latinx de Estados Unidos que las cadenas en inglés. En este sentido, el presentador de noticias de Univision, Jorge Ramos, ganador de un Emmy, ha cobrado notoriedad por sus frecuentes cuestionamientos a la retórica y las políticas practicadas por Trump con respecto a la población latinx y a la inmigración durante su mandato. Strom (2015), en su análisis de artículos e imágenes de las noticias en español de la prensa de Minnesota, encuentra una fuerte presencia de lo que denomina textos transformadores, es decir, representaciones de latinxs que resisten la discriminación a través del activismo.

El Pew Research Center ('Centro de Investigaciones Pew') informa que cada vez más latinxs ven las noticias en inglés (López y González-Barrera, 2013), por lo que también hay más esfuerzos de captar y hablarle a la audiencia latinx en esta lengua. Por ejemplo, el estudio de Moran (2015) sobre *LatiNation*, un programa televisivo de noticias en inglés dirigido a latinxs que nacieron en Estados Unidos, reveló que aquellas personas que se identificaban como latinxs no solo se percibían como la audiencia objetivo, sino que encontraron la cobertura inspiradora, destacando la importancia simbólica de sentir que esta representa y está dirigida a la población latinx, independientemente del idioma en que eso ocurra.

Igual que el *look* genérico, los medios de comunicación en español suelen presentar una visión homogeneizada del lenguaje usado por la población latinx de Estados Unidos, mediante el uso del español y variedades específicas del español. A mediados del siglo xx, cuando se producían programas de radio y televisión en español para audiencias regionales o locales, las variedades utilizadas tendían a reflejar la composición de la población local de habla hispana (Dávila, 2012). Por ejemplo, las variedades mexicanas eran típicas en los anuncios y programas producidos y difundidos en el Suroeste, mientras que las variedades caribeñas eran más frecuentes en el Noreste. Hoy en día, hay más programación y campañas publicitarias nacionales y estas tienden a reducir al mínimo la variación lingüística. No obstante, la influencia lingüística de la demografía local todavía es notable en los anuncios de las empresas locales.

El hecho de centrarse en un español genérico sin rasgos regionales marcados refleja la **ideología de la lengua estándar**, y el hecho de que el genérico hipotético sea el más cercano al español mexicano refleja las jerarquías lingüísticas sobre el valor relativo de las diferentes variedades (véase el capítulo 3). Incluso Fox News retomó este tema y presentó un segmento que aborda los sesgos lingüísticos y la idea de que las variedades mexicanas son 'neutras' en Estados Unidos (https://www.foxnews.com/lifestyle/not-allaccents-are-equal-in-spanish-language-media). La ideología de la lengua estándar también ha sido documentada en la radio en español por De Fina (2013), quien informa sobre casos de presentadores/as que a veces 'corrigen' el español de sus colegas o se burlan de los acentos.

Dávila (2012) sostiene que la presentación mediática de las personas latinxs como un grupo culturalmente homogéneo y universalmente de habla hispana es en gran parte el resultado de los esfuerzos de las agencias de publicidad por convencer a sus clientes de la necesidad de campañas publicitarias en idioma español para atraer al mercado latinx, que supuestamente tiene valores culturales muy diferentes del resto de la población y no responde a la publicidad en inglés. No obstante, esta **comodificación** del lenguaje y la cultura contribuye a la construcción de las personas latinxs como un grupo social distinto en Estados Unidos, por lo que desempeña un papel importante en la reproducción de la noción de una identidad panlatinx. Una forma en que los medios de comunicación en español unifican discursivamente a varios grupos de origen nacional y fomentan una identidad compartida es a través del uso del pronombre personal *nosotros* (y/o las formas verbales correspondientes) en referencia a la totalidad de latinxs o hispanohablantes (Dávila, 2012).

Las investigaciones sobre la programación radiofónica en español también reflejan esta tendencia unificadora. De Fina (2013) documenta el uso de los términos *la raza, nuestra comunidad* y *latino* como estrategia lingüística para la construcción de la unidad panlatinx, junto con un enfoque en las noticias de los países latinoamericanos o sobre residentes de origen latinoamericano en el área de la emisión. Strom (2015) muestra significados simbólicos adicionales vinculados al uso del pronombre de primera persona del plural (*nosotros*), argumentando que puede indexicalizar el activismo y ser inclusivo no solo con respecto a personas latinxs, sino también respecto a personas no latinxs que quieren hacer frente a la discriminación.

A pesar de la presentación de la población latinx como un grupo homogéneo y del uso del español 'genérico', hay cierta variación lingüística representada en los medios de comunicación en español de Estados Unidos. Esto incluye la programación y la publicidad locales con la variación regional que mencionamos anteriormente, así como otros casos de acentos 'no genéricos' en la programación nacional. Un ejemplo particularmente destacado es Andrés Cantor, el comentarista de Univision famoso tanto para el público anglohablante como para el hispanohablante por su característico grito alargado de "¡goooooool!" durante los partidos de la Copa Mundial de Fútbol. Cantor informa que nunca intentó disimular su acento argentino (García, 2018). Por supuesto, cabe señalar que dentro de las jerarquías ideológicas de las variedades nacionales de español, los acentos argentinos suelen ser juzgados más favorablemente que las variedades asociadas a grupos racializados (Alfaraz, 2002, 2014; Valdés *et al.*, 2003) (véase el capítulo 10).

Además, investigaciones recientes han encontrado que las cadenas en español como Univision han comenzado a mostrar más variación lingüística, incluyendo no solo acentos hispanocaribeños, sino también programas bilingües o solo en inglés (Avilés-Santiago y Báez, 2019; Beltrán, 2016; Piñón y Rojas, 2011). Avilés-Santiago y Báez (2019) ven en ello una estrategia para captar el público bilénial (es decir, milénials biculturales y bilingües) con presentaciones lingüísticamente más variadas e inclusivas de la latinidad. No obstante, la inclusión de la variación lingüística y del **translenguaje** (*translanguaging*) cuestiona la idea de que la homogeneidad lingüística y una **variedad estándar** 'neutra' sean la base para definir la cultura e identidad latinxs. Por el contrario, pone de relieve no solo la variación lingüística, sino también la diversidad de las culturas, los antecedentes y las experiencias vitales de las personas latinxs.

El aumento de la publicidad y la programación dirigidas a una audiencia latinx bilingüe y bicultural (Báez y Avilés-Santiago, 2016; Chávez, 2015) refleja las tendencias demográficas discutidas en el capítulo 2 así como el creciente porcentaje de latinxs que prefieren ver los medios en inglés (López y González-Barrera, 2013), además del deseo de las empresas anunciantes de captar este mercado en alza. De hecho, algunas campañas publicitarias en español destinadas específicamente al mercado estadounidense (entre ellas, los siguientes anuncios de la cadena de tiendas Target) incluyen una mezcla de inglés y español, y a veces también hacen referencia explícita a la mezcla de idiomas, como una forma de hablarle —y venderle— a un público bilingüe. Por ejemplo, véase el análisis de los anuncios bilingües de Target en https://thinknowresearch.com/blog/targets-bilingual-ads-are-on-target/.

Una tendencia relacionada con este fenómeno es la producción de dos versiones de un anuncio dirigido al público latinx, una en inglés y otra en español. A veces estos anuncios están completamente en un idioma u otro; otras veces ambas versiones incluyen los dos idiomas, aunque en grados diferentes. Consideremos por ejemplo unos anuncios de Honda protagonizados por el comediante latinx Felipe Esparza y una joven pareja latinx (ambas versiones están disponibles en https://www.ispot.tv/topic/comedian/LQC/felipe-esparza). Estos anuncios, del año 2015, comienzan con Esparza diciendo que la juventud latinx es tan versátil como el Honda Fit, un modelo de coche dirigido, precisamente, a un público más joven. Según Sebreros (2014, citado en Betti, 2015), el segmento bicultural del mercado latinx está compuesto por personas que buscan marcas que las traten como individuos, no como estereotipos, y este anuncio parece hacerlo burlándose de los clichés sobre la población latinx y la generación milénial. Por ejemplo, Esparza se sorprende de que la pareja vaya al cine en vez de a una fiesta y de que valoren el amplio maletero para transportar los comestibles, en vez de las bicicletas fijas. Más tarde, la latina vestida con ropa de profesional se va a trabajar y Esparza dice: "always defying expectations" ('siempre desafiando las expectativas'), presumiblemente en referencia tanto a la juventud latinx como al Honda Fit. Las dos versiones incluyen la frase "Un buen Fit" (en referencia a que encaja bien), así como la palabra inglesa *party* ('fiesta'). Mientras que uno de los anuncios está casi todo en español y el otro mayormente en inglés, ambas versiones utilizan el bilingüismo español-inglés para indexicalizar la identidad latinx, mientras que la existencia de las dos versiones también refleja el reconocimiento de que no todas las personas latinxs utilizan dichos idiomas en el mismo grado. La inclusión en estos anuncios del bilingüismo, el translenguaje y la parodia de las generalizaciones representan un bienvenido cuestionamiento al monolingüismo normativo, así como a los estereotipos, aunque, por supuesto, la motivación principal es incitar al público latinx a consumir.

Si bien las personas que preconizan el purismo lingüístico pueden objetar esta hibridación de idiomas o considerar que contribuye a la erosión del español entre la población latinx de Estados Unidos, otras lo ven como un reflejo de las variadas prácticas culturales y lingüísticas, así como parte del proceso natural que es el cambio lingüístico (Amaya, 2013). A su vez, el bilingüismo y el translenguaje se han convertido en estrategias comunes tanto para indexicalizar como para dirigirse a latinxs biculturales, así como en un tema de interés para este segmento latinx. De hecho, hay numerosos sitios web y canales de YouTube (como Flama, Mitú y Pero Like) orientados a latinxs bilingües o con dominio del inglés, en los que las cuestiones relativas al dominio del español y la mezcla de idiomas suelen ser objeto de videos humorísticos.

Las diferencias entre la programación monolingüe en español y la bilingüe español-inglés no son solo lingüísticas, sino que el contenido de la programación también varía según el público objetivo. Por ejemplo, González Tosat (2017) encuentra que mientras que la mayoría de las emisoras de radio en español ofrecen programas religiosos, las que tienen una programación bilingüe tienden a ser menos religiosas, lo que ilustra que las audiencias españolas y bilingües están construidas con algunos valores y prácticas diferentes. El trabajo de Betti (2015) sobre anuncios publicitarios se hace eco de este fenómeno, describiendo el uso del español, el inglés y el **espanglish** como dirigido a personas con diferentes identidades. En otras palabras, el que se esté incluyendo cada vez más el bilingüismo corresponde a una estrategia más amplia diseñada para llegar a este creciente mercado que constituyen las personas bilingües. Por supuesto, la elección del idioma (o los idiomas) y el contenido por parte de los organismos de radiodifusión y las empresas publicitarias responde en cierta medida a las identidades, prácticas y preferencias de este público cada vez más numeroso, pero también incide en la construcción de ese público y en la configuración de esas identidades, prácticas y preferencias.

El español en el paisaje lingüístico

El término *paisaje lingüístico* se refiere al uso del lenguaje en el entorno construido, incluidos los letreros, nombres de empresas, escaparates, anuncios y grafitis; en síntesis, todo uso público y visible del lenguaje (Landry y Bourhis, 1997). Los primeros trabajos sobre el paisaje lingüístico tendían a ver el uso de un idioma en particular como un signo de **vitalidad etnolingüística**, pero las investigaciones más recientes han demostrado que los paisajes lingüísticos no reflejan necesariamente las prácticas lingüísticas reales de la comunidad, sino que están influidos por el estatus social y el valor percibido de las diferentes lenguas (Ben-Rafael *et al.*, 2010; Gorter, 2013; Helôt *et al.*, 2012; Leeman y Modan, 2010; Stroud y Mpendukana, 2009). Asimismo, los paisajes lingüísticos, al igual que las representaciones del lenguaje en la televisión, el cine y los periódicos que hemos analizado en este capítulo, se basan en ideologías sobre la(s) lengua(s) y sus hablantes, al tiempo que las reproducen.

En algunos casos, el uso de un idioma minorizado está dirigido a hablantes de esa lengua, como se muestra en el estudio de Berry (2004) sobre las empresas que son propiedad de latinxs en Reno (Nevada). En este caso, la clientela objetivo era principalmente hispanohablante y el español se consideraba el mejor idioma para atraerla. Del mismo modo, la cadena Lowe's Home Improvement —que vende productos relacionados con las reparaciones y mejoras domésticas— ha incorporado el español en la señalización del empaque y embalaje, así como en las instrucciones de los productos, con el fin de captar a la creciente población latinx que es propietaria de viviendas (Hepford, 2017). En otros casos, el público objetivo no son hablantes de la lengua minorizada utilizada en las publicidades, ya que el idioma es un "índice fácilmente identificable de etnicidad y autenticidad cultural" y a menudo se comodifica como tal (Leeman y Modan 2010: 191; traducido del inglés). Es decir, los negocios a veces emplean lenguas minoritarias para hacer que un lugar parezca más 'auténtico' o 'exótico' con el fin de atraer un público general, que no son hablantes de esa lengua. Además, en su investigación sobre el Barrio Chino de Washington D.C., Leeman

Figura 7.1 El paisaje lingüístico en el centro de Paterson (Nueva Jersey, 2019)

y Modan descubrieron que a menudo los letreros con escritura china no se utilizaban para la comunicación lingüística, sino como un elemento decorativo que también reforzaba la marca y la comercialización del barrio. Dichas autoras hacen hincapié en que las lenguas que aparecen en el paisaje lingüístico urbano pueden tener múltiples significados simbólicos y también inciden en la manera en que se percibe el espacio público.

La investigación realizada por Fuller (2016) sobre el uso del español en Chicago ha demostrado que, aunque el español se utiliza claramente para dirigirse al público hispanohablante, los bienes y servicios que se utilizan para vender también construyen una imagen particular de las personas de habla hispana. Los alimentos representaban el producto más comúnmente publicitado mediante el uso del español, y dicho idioma servía tanto para dirigirse al público hispanohablante como para construir el producto como auténtico. Sin embargo, otros servicios ofrecidos en español indicaban el tipo de necesidades que algunos miembros de una comunidad hispanohablante podían tener: los letreros con traducción al español ofrecían abogados de inmigración, cobro de cheques, programas de guardería subvencionados por el Gobierno y trabajos como lavaplatos. Todo esto podía contribuir a la construcción de la comunidad hispanohablante como una población de inmigrantes y/o de pocos recursos económicos. En algunos casos, la conexión con otros países se hacía explícita, como la valla publicitaria de El Patrón, una emisora de radio que afirma ser "mexicano como tú", y el cartel del banco que dice que acepta tarjetas de identificación "de tu país" —dando a entender que ese país no es Estados Unidos— .

La visibilidad del español, y por tanto de la población latinx, en estos paisajes lingüísticos a veces es percibida como una amenaza por personas no hispanohablantes, como se argumentó en un estudio realizado en un barrio de Pittsburgh (Mitchell *et al.*, 2010). Por otro lado, la ausencia de señalización en español puede implicar una falta de consideración hacia las personas de habla hispana, lo que puede desencadenar emociones negativas; en el estudio de Martínez (2014), la juventud hispanohablante del condado de Hidalgo (Texas) expresó su desaprobación por el predominio del inglés en las señales de los centros de salud, y lo interpretaron como una indicación de que tenían menor reconocimiento que las personas anglo. Otro trabajo sobre el español y el inglés en el paisaje lingüístico estadounidense encontró que en los letreros en San Antonio (Texas), que es una ciudad bilingüe, se reforzaba la 'naturalidad' y la hegemonía del inglés y se representaba al español como una lengua asociada con la migración o el hogar (Hult, 2014). De manera similar, se demostró que el inglés en un barrio históricamente latinx de Chicago coincidía con aspectos de la cultura 'alternativa' o 'hipster', mientras que los letreros en español enfatizaban el entorno familiar o los lugares de origen de la población inmigrante de dicho sitio (Lyons y Rodríguez-Ordóñez, 2015).

Mientras que en algunos casos el español en el paisaje lingüístico enmarca a la población latinx como inmigrantes pobres, algunos carteles bilingües posicionan a las personas de habla hispana como pertenecientes a la sociedad estadounidense y como miembros de la clase media. En la investigación de Fuller (2016) en Chicago, los carteles dirigidos a una población establecida hace tiempo y de clase media no suelen ser totalmente bilingües, sino que incluyen en español solo una parte de la información que se ofrece en inglés o utilizan el español de forma emblemática. Por ejemplo, la American Family Insurance Company anuncia tanto en inglés como en español que ofrece descuentos de hasta el 65%, lo que incluye a las personas de habla hispana como miembros de las familias estadounidenses (véase la figura 7.2). Sin embargo, hay ciertas cosas que solo aparecen en inglés, como el hecho de que allí se vende *insurance* ('seguros'), la oferta de *free quotes* ('cotizaciones gratuitas'), y la exhortación a *switch and save* ('cambie y ahorre'). La tienda de muebles Mi Casa Furniture brinda la mayor parte de la información en inglés (sobre los tipos de muebles que venden, las políticas de financiamiento, etc.), pero también utiliza un eslogan en español que no se traduce: "Reventando precios". El nombre de la tienda, Mi Casa Furniture, aunque (en parte) está en español, utiliza una frase que muchas personas no hispanohablantes conocen, ya que es parte de la frase cliché "mi casa es su casa", que hasta se puede escuchar en boca de estadounidenses anglohablantes cuando desean expresar hospitalidad.

Estos usos del español se alejan de las prácticas que fijan a la población hispanohablante en el paisaje lingüístico como monolingüe y extranjera. Otros letreros de este tipo incluyen juegos de palabras bilingües (una tienda de camisetas llamada Es-tee-lo, nombre que hace referencia a la palabra española *estilo* y la palabra inglesa *tee*, de *T-shirt*, que significa 'camiseta') pero también pueden basarse en estereotipos de las personas de habla hispana. Por ejemplo, el estereotipo de una latina sexualizada se evoca en el restaurante puertorriqueño llamado Ay! Mami, que usa el eslogan "una cocina caliente" (véase

Figura 7.2 *American Family Insurance.* Letrero en Little Village (Chicago)

figura 7.3). Por lo tanto, en algunos casos, tales usos podrían considerarse ejemplos de *Mock Spanish*, un discurso racista encubierto que reproduce los estereotipos que recaen sobre la población latinx, como vimos en el capítulo anterior.

Se puede apreciar más claramente cómo el español se representa en la cultura popular cuando nos enfocamos en las campañas publicitarias nacionales, las que también pueden aparecer en los paisajes lingüísticos locales. El español (y también el *Mock Spanish*) puede verse con una frecuencia cada vez mayor. Un ejemplo es Taco Bell, con su antiguo eslogan de "Yo quiero Taco Bell", pronunciado por un chihuahua, y más recientemente el uso de la palabra *más* en español junto con varios verbos en inglés: "Live más" ('Vive más', la fundación Taco Bell también ofrece una beca con este nombre); y "Want más?" ('¿Quieres más?'), un eslogan utilizado para anunciar ofertas de trabajo que iba seguido del enunciado en inglés "Experience Taco Bell. Apply today" ('Experimenta Taco Bell. Postúlate hoy'). Hay diferencias de opinión en cuanto a si estos eslóganes deben ser considerados *Mock Spanish*, pero no es controvertido afirmar que el público objetivo de los anuncios de comida, empleo o becas de Taco Bell, y del español que estos contienen, no son solo hispanohablantes o latinxs, sino la población en general. Por lo tanto, estos usos del español no deben considerarse como un índice de la vitalidad etnolingüística del español, sino más bien como una forma de indexicalizar la latinidad y/o la mexicanidad en aras de la venta de tacos.

Consideramos que se debe tener cierta cautela a la hora de interpretar el uso del español (u otras lenguas minoritarias) en la esfera pública como una aceptación del multilingüismo; dependiendo de cómo se use el español, la línea entre el juego multilingüe y el *Mock Spanish* es muy fina. Si bien no todos los casos de bilingüismo lúdico son una burla o

Figura 7.3 *Ay! Mami "Una cocina caliente".* Letrero en Humboldt Park (Chicago)

parodia (véase el capítulo 6), tampoco reflejan necesariamente una ideología pluralista. Debemos tener en cuenta que el uso de un idioma en el paisaje lingüístico (y en otros lugares) puede transmitir múltiples significados simbólicos simultáneamente, dependiendo en parte del contexto y la audiencia, y que no debe interpretarse como un simple reflejo de la vitalidad etnolingüística.

Conclusiones y conexiones

En muchos casos, las representaciones mediáticas del español y de las personas de habla hispana contribuyen a la reproducción de estereotipos y al posicionamiento del español como lengua de personas pobres, criminales y extranjeras. No es de extrañar que las ideologías lingüísticas hegemónicas que discutimos en el capítulo 4 también se reproduzcan a menudo en los medios de comunicación, ámbito en el que las actitudes negativas hacia las variedades no estándar y la mezcla de idiomas son particularmente comunes. Sin embargo, a medida que más latinxs participan en la producción de los medios de comunicación, vemos representaciones más matizadas de sus experiencias así como ideologías lingüísticas más pluralistas. También vemos cada vez más al español incluido en los principales medios de comunicación en inglés y representado como 'lengua de verdad', en lugar de ser un elemento simplemente decorativo o emblemático de la identidad latinx. Por otra parte, los medios de comunicación en español son un recurso importante en el mantenimiento del español en Estados Unidos.

El uso del español en letreros y carteles es a la vez una manera de llegar al público objetivo hispanohablante y un recurso emblemático tanto para personas bilingües como para quienes saben decir poco más que *adiós* y *nada*. Como discutimos en el capítulo 3, hay una larga historia del empleo del español en el paisaje lingüístico del Suroeste para evocar un pasado español pintoresco, crear un ambiente exótico o dar la impresión de autenticidad cultural. Algunos de estos usos perduran hasta el día de hoy, y se han extendido a otras regiones, donde el uso del español en el paisaje lingüístico también tiene una amplia gama de otros significados simbólicos. Como veremos en los próximos capítulos, el papel del español en la sociedad y las ideologías subyacentes —cuyo desarrollo está fuertemente influenciado por los medios de comunicación— forman parte del contexto en el que se establecen las políticas lingüísticas y educativas (como se tratará en los capítulos 8 y 9, respectivamente) y en el que surgen las prácticas multilingües (como se tratará en el capítulo 10). Les invitamos a que tengan en cuenta, mientras siguen leyendo, cómo las representaciones en los medios de comunicación tradicionales como el cine y la televisión, así como las comunidades virtuales y la comunicación contemporáneas, conforman la situación del español en Estados Unidos.

Actividades y preguntas de discusión sobre el capítulo 7

(1) ¿Hay películas o programas de televisión recientes que representen a la comunidad latinx? ¿Cómo se utiliza el lenguaje en estos programas? Discute el uso del español, el inglés estándar y el inglés 'con acento', así como la relación entre las prácticas lingüísticas y las identidades de los personajes.

(2) Analiza el paisaje lingüístico de un área o edificio en particular. ¿Qué idiomas aparecen y cómo se utilizan? Entre otras cuestiones, considera lo siguiente: a) los aspectos formales del idioma, incluidos la ortografía, las características regionales y el translenguaje; b) a quién se dirigen las diferentes lenguas (es decir, a hablantes de esos idiomas o a otras personas); c) cualquier diferencia en la información disponible en los distintos idiomas; y d) el significado simbólico e ideológico o el impacto ideológico del paisaje lingüístico que has analizado.

(3) En lo que respecta a tu consumo de los medios de comunicación, ¿cuánto consumes de los medios más tradicionales (es decir, televisión y cine), y cuánto de las nuevas plataformas y medios de comunicación como Instagram, Twitter, etc.? ¿Notas diferencias en la representación de los grupos sociales, etnorraciales o lingüísticos, como señala Alford (2018; ver https://www.nytimes.com/2018/07/28/opinion/sunday/race-black-latina-identity.html)?

(4) ¿Cuál es la diferencia entre el uso de un idioma y la **apropiación** del mismo? ¿Cómo caracterizarías el uso de palabras en español por parte de Taco Bell en los anuncios discutidos en este capítulo (u otros que encuentres en línea)? ¿Qué indexicaliza dicho uso? ¿Lo clasificarías como *Mock Spanish*? Fundamenta tu respuesta.

(5) Mira el anuncio del Toyota Camry Hybrid de 2006 (ver https://adage.com/videos/toyota-hybrid/617) en el que un padre y un hijo se hablan en una mezcla de inglés y español. ¿Cómo representa este anuncio la relación entre el lenguaje y las identidades? ¿Cómo representa el inglés y el español? Además de los temas tratados en este capítulo, tal vez desees consultar los capítulos sobre identidades e ideologías.

(6) Mira algún episodio de la serie *¿Qué pasa, U.S.A.?* y analiza el uso del lenguaje en el retrato de los personajes, tal vez utilizando la información presentada no solo en el presente capítulo, sino también en el capítulo 6 y/o el capítulo 4. (Los episodios se encuentran disponibles en YouTube.) Luego, considera con qué ojos verían el programa personas monolingües en español o inglés. ¿Podrían entender lo que pasa o se sentirían perdidos? ¿Qué estrategias específicas se utilizan para que el programa sea accesible?

Lecturas y materiales adicionales

Casillas, D.I. (2014) *Sounds of Belonging: US Spanish-language Radio and Public Advocacy*. Nueva York: New York University Press.

Cepeda, M.E. (ed.) (2016) *The Routledge Companion to Latina/o Media*. Nueva York: Routledge.

Dávila, A. (2012) *Latinos, Inc.: The Marketing and Making of a People*. Berkeley, CA: University of California Press.

Dávila, A. y Rivero, Y.M. (eds.) (2014) *Contemporary Latina/o Media: Production, Circulation, Politics*. Nueva York: New York University Press.

Dixon, T.L. (2017) Good guys are still always in white? Positive change and continued misrepresentation of race and crime on local television news. *Communication Research* 44 (6), 775–792.

Salzman, R. (2014) News or noticias: A social identity approach to understanding Latinos' preferred language for news consumption in the United States. *Mass Communication and Society* 17 (1), 54–73.

Vidal-Ortiz, S. (2016) Sofía Vergara: On media representations of Latinidad. En J.A. Smith y B.K. Thakore (eds.) *Race and Contention in Twenty-first Century US Media* (pp. 93–107). Nueva York: Routledge.

Capítulo 8

La política lingüística y el español en Estados Unidos

Objetivos

Ofrecer una explicación de lo que es la planificación y la política lingüística, examinar la evolución de las políticas lingüísticas en Estados Unidos y Puerto Rico, analizar el estatus legal de la discriminación lingüística, repasar los movimientos que han intentado oficializar el inglés y mostrar las formas en que las políticas lingüísticas interactúan con las ideologías lingüísticas.

Introducción

En el capítulo 4, presentamos el marco teórico de las ideologías lingüísticas y explicamos algunas de las formas en que estas se expresan y reproducen en el discurso y las prácticas sociales. En este capítulo nos centramos en una de las manifestaciones clave de las ideologías: la política lingüística. Comenzamos definiendo la **planificación y política lingüística** (PPL), así como presentando los principales tipos de PPL. A partir de ahí, pasamos a una consideración del concepto de *orientaciones* hacia la lengua y de las formas en que las ideologías se materializan en las políticas lingüísticas. Después de proporcionar estas herramientas conceptuales, nos centramos en la política lingüística en Estados Unidos, comenzando con una visión general histórica y luego examinando algunos aspectos específicos, incluyendo las políticas sobre lenguas en el contexto educativo, los derechos lingüísticos, el estatus legal de la discriminación basada en el lenguaje y los movimientos que pretenden hacer del inglés el idioma oficial. Finalmente, analizamos la política lingüística en Puerto Rico. A lo largo del capítulo, hacemos hincapié en la interacción de las políticas lingüísticas con otros tipos de preocupaciones sociales y políticas.

Planificación y política lingüística

Lo primero que debemos mencionar es que a pesar de que en la academia hay quienes distinguen entre la *planificación lingüística* y la *política lingüística,* también hay quienes consideran estos términos más o menos como sinónimos (p. ej., García, 2015). Una de las definiciones más sencillas y directas de la *política lingüística* es la toma de decisiones sobre el lenguaje. Por otro lado, Cooper (1989) define la *planificación lingüística* como un intento de gestionar el comportamiento lingüístico de otras personas: "La planificación lingüística se refiere a los esfuerzos deliberados para influir en el comportamiento de las personas con respecto a la adquisición, la estructura o la asignación funcional de sus códigos lingüísticos" (p. 45; traducido del inglés). Asimismo, puesto que a menudo no se puede distinguir entre estos dos conceptos, y porque se influyen mutuamente, algunos estudios los combinan en uno: *planificación y política lingüística* (p. ej., Ricento y Hornberger, 1996). Debido a que hay innumerables maneras de influir en el uso lingüístico de la gente, la PPL abarca una amplia gama de esfuerzos públicos y privados.

Las primeras investigaciones sobre la PPL se centraron principalmente en las políticas explícitas de los gobiernos nacionales en relación con la diversidad lingüística o los idiomas recientemente reconocidos en las sociedades poscoloniales. Entre ellas figuran la elaboración de variedades estándar y convenciones ortográficas, así como decisiones sobre la condición oficial de los diferentes idiomas, el uso de los idiomas en las escuelas y los derechos lingüísticos otorgados a hablantes de idiomas no oficiales, entre otras cuestiones. En estudios posteriores sobre la PPL se ha destacado que las políticas incluyen las normas implícitas, encubiertas o tácitas que influyen en el uso lingüístico, además de las leyes oficiales y los reglamentos explícitos (Schiffmann, 1996; Shohamy, 2006; Wiley y García, 2016). También hay políticas lingüísticas que funcionan en menor escala, por ejemplo, dentro de una escuela o un lugar de trabajo específicos (Ricento y Hornberger, 1996; Shohamy, 2006); en esta misma línea, investigaciones recientes también han estudiado las políticas lingüísticas que se implementan dentro de los hogares y las familias (King *et al.*, 2008).

Las políticas lingüísticas reflejan ideologías lingüísticas particulares. Por ejemplo, una política que hace de un idioma la lengua oficial de un país representa la **ideología de una lengua-una nación**, así como las ideas sobre la importancia de ese idioma y las nociones sobre la identidad y la pertenencia nacional. Asimismo, esas políticas no solo reflejan las ideologías lingüísticas, sino que las reproducen y las difunden. Así pues, la PPL incide también en la reproducción de las jerarquías sociales y el poder político (Johnson y Ricento, 2013; Tollefson, 1991, 2006). Como dice Tollefson:

> Por *política-planificación lingüística* se entiende la institucionalización del idioma como base para las distinciones entre grupos sociales (clases). Es decir, la política lingüística es un mecanismo para situar el idioma dentro de la estructura social de modo que este determine quién tiene acceso al poder político y a los recursos económicos. La política lingüística es uno de los mecanismos por el cual los grupos dominantes establecen la hegemonía en el uso del idioma. (Tollefson, 1991: 16; traducido del inglés)

Sin embargo, las políticas lingüísticas pueden servir tanto a los objetivos de inclusión como a los de exclusión; por ejemplo, cuando instituciones u organismos gubernamentales proporcionan servicios y materiales en varios idiomas (Leeman, 2018c). A su vez, las ideologías lingüísticas también pueden limitar el grado de aplicación de las políticas oficiales (Hornberger, 2005; Hornberger y Johnson, 2007; Leeman, 2018c).

Tipos de planificación lingüística

Los primeros trabajos sobre planificación lingüística se centraron en dos tipos de planificación: la *planificación de estatus* y la *planificación de corpus* (Kloss, 1968). La planificación del estatus de un idioma determinado implica la asignación de sus funciones y usos particulares. Por ejemplo, ¿tiene estatus oficial a nivel nacional o regional? ¿En qué idioma(s) funcionan las escuelas? ¿En qué idiomas(s) se puede interactuar con los organismos gubernamentales? En algunos casos, la planificación de estatus está orientada a promocionar y darle prestigio a un idioma (p. ej., en los esfuerzos de revitalización de una **lengua minoritaria** o en peligro de desaparición), mientras que en otros casos está orientada a la restricción o la represión, y tiene por objeto reducir o eliminar el uso de idiomas desfavorecidos (Wiley, 2004).

La planificación de corpus implica la toma de decisiones sobre las propiedades formales del idioma, como el desarrollo de sistemas ortográficos, la estandarización de la gramática y la creación de nuevo vocabulario. Como vimos en el capítulo 4, la academia de lenguas financiada por el Gobierno español, la Real Academia Española (RAE), define el estándar de España, y también juega un papel central en el establecimiento de una norma 'panhispánica'. Estados Unidos no tiene ninguna academia oficial de lenguas. En el caso del inglés, la planificación de corpus se lleva a cabo de manera no oficial a través de métodos descentralizados como diccionarios, libros de gramática y guías de estilo, así como a través de la educación y los medios de comunicación. En el caso del español, la Academia Norteamericana de la Lengua Española (ANLE), que define parte de su misión como el establecimiento de normas o estándares para el español de Estados Unidos, es una institución sin fines de lucro, sin ningún apoyo del Gobierno estadounidense. Como miembro de la Asociación de Academias de la Lengua Española (ASALE), colabora con otras academias homólogas en todo el mundo.

Si bien el campo de la PPL tradicionalmente ha concebido la planificación de estatus como la asignación de las funciones y el prestigio de los idiomas y las variedades lingüísticas, la planificación de corpus también puede ser determinante en estos aspectos. Concretamente, la codificación de una **variedad estándar** implica que las demás variedades no son ni estándar ni correctas, lo que conforma las actitudes hacia las distintas variedades, por ejemplo, cuáles se consideran aceptables para diversas funciones y usos sociales. A este respecto, la ANLE ha demostrado ser hostil a las palabras y a las prácticas lingüísticas que muestran cualquier influencia del inglés como el **cambio de código** o el **translenguaje** (*translanguaging*). La ANLE incluso vincula el **espanglish** con el "alingüismo, el estatus de gueto y la marginación" y llega a considerarlo "perjudicial para sus hablantes" (Zentella, 2017: 31; traducido del inglés). Al hacerlo, los esfuerzos de estandarización de la ANLE relegan las variedades estadounidenses de español y a sus hablantes a un estatus subordinado.

Además de la planificación de corpus y de estatus, un tercer tipo de planificación lingüística que suele tratarse en la literatura especializada es la *planificación de la adquisición*, que consiste en decisiones sobre qué idiomas o idiomas aprenderá la gente, así como dónde y cómo los aprenderá (Wiley y García, 2016). El enfoque principal de la planificación de la adquisición es la política educativa relativa a la **lengua vehicular de la enseñanza** —es decir, en qué idioma(s) se imparten las clases— . La planificación de la adquisición también determina qué idiomas adicionales (si los hay) se enseñan, y si el estudio de un idioma es opcional u obligatorio. En el caso de Estados Unidos, la planificación de la adquisición abarca las políticas relativas a la disponibilidad en las escuelas de la enseñanza del inglés como segunda lengua, la educación bilingüe y la enseñanza de idiomas 'extranjeros'. También puede incluir la oferta de cursos de idiomas para gente adulta; por ejemplo, para inmigrantes que quieren aprender inglés. La planificación de la adquisición está entrelazada con la planificación de corpus y de estatus, y depende de ella, ya que el estatus de un idioma tiene repercusiones en la política educativa y las decisiones sobre las normas lingüísticas influyen en las variedades que se enseñan en las escuelas.

En los últimos años ha habido un creciente interés en la **política lingüística familiar**, que se centra en las decisiones sobre qué idioma(s) se utiliza(n) en el hogar. Esta área de investigación relativamente nueva incorpora las ideas de los estudios sobre la adquisición del lenguaje y la socialización lingüística además de la política lingüística, a la vez que contribuye en estos campos (King *et al.*, 2008). Aunque es común pensar que madres, padres y otras personas adultas son quienes establecen las normas relativas al uso de las lenguas dentro del hogar, también los miembros más pequeños de la familia inciden en la configuración de la política lingüística de la familia, por ejemplo, al negarse a hablar español, lo que puede llevar a los miembros adultos a cambiar al inglés (Ager, 2001). Los estudios de la política lingüística familiar, y la correlación de diferentes políticas con distintos resultados lingüísticos, puede ayudar a arrojar luz sobre la **vitalidad etnolingüística** y los patrones de mantenimiento de lenguas minoritarias y/o de **desplazamiento lingüístico** (véase el capítulo 2).

Las investigaciones sobre la política lingüística familiar han demostrado un interés particular en la interacción de las ideologías sociales y familiares, así como en sus repercusiones en las prácticas lingüísticas dentro del hogar. Por ejemplo, si el padre y la madre comparten las ideologías dominantes que conciben el mantenimiento del español como una barrera a la adquisición del inglés o a la asimilación a una nueva identidad cultural, o que presentan el inglés como la clave del éxito, las probabilidades de que les hablen en español a sus hijos/as se reducen (Schwartz, 2010). Aunque la política lingüística familiar puede reflejar las ideologías dominantes, también puede ser un medio para resistir la subordinación social del español, como es el caso de madres y padres que se esfuerzan activamente por transmitir el español a sus hijos/as, ya sea proporcionándoles cursos de alfabetización en español o alentándolos a que hablen español en el hogar (Schecter y Bayley, 2002; Schwartz, 2010; Velázquez, 2014, 2018). También se ha investigado la relación entre la política lingüística en familias multilingües y la construcción y negociación de las identidades familiares a través del lenguaje (King, 2016).

Orientaciones hacia la lengua en la planificación y política lingüística

Una de las herramientas analíticas más influyentes en el campo de la PPL es el concepto acuñado por Ruíz (1984) de *orientación* hacia la lengua. Ruíz definió una orientación como "un complejo de disposiciones sobre el lenguaje y su rol, y sobre las lenguas y el rol que desempeñan en la sociedad" (p. 16, traducido del inglés). Según su punto de vista, las orientaciones "delimitan las maneras en que hablamos sobre el lenguaje y las cuestiones lingüísticas, determinan las preguntas básicas que hacemos, las conclusiones que sacamos de los datos, e incluso los datos mismos" (Ruíz, 1984: 16). Claramente, las orientaciones hacia la lengua limitan lo que es "pensable sobre el lenguaje y la sociedad" (Ruíz, 1984: 16), y son similares a las ideologías y discursos sobre el lenguaje. Dado que la visión de Ruíz se centraba en cómo las actitudes, valores y orientaciones sociales dan forma a la PPL, preferimos presentar su trabajo en esta sección y no en el capítulo sobre ideologías.

El principal enfoque académico de Ruíz era la política lingüística en la educación para niños y niñas pertenecientes a minorías lingüísticas. Además de desarrollar un modelo teórico, pretendía señalar y cuestionar las concepciones negativas del multilingüismo individual y social, así como ofrecer una alternativa mejor (Hult y Hornberger, 2016). En otras palabras, el análisis crítico de Ruíz sobre la PPL formaba parte de su compromiso por la justicia social. Aunque también dio ejemplos de otras orientaciones hacia la lengua, Ruíz se enfocó en las tres orientaciones que consideraba más relevantes para el caso de Estados Unidos: la lengua como problema, la lengua como derecho y la lengua como recurso.

La lengua como problema

Como explica Ruíz, los primeros trabajos en lo que refiere a la PPL concebían en gran medida las cuestiones relacionadas con la lengua como "problemas" que podían ser resueltos por políticas o "tratamientos" (Ruíz, 1984: 10; traducido del inglés). Por ejemplo, el análisis de Ruíz de los documentos de política y de los reportajes de los periódicos en Estados Unidos muestra que los idiomas minorizados se representaban a menudo como algo similar a la pobreza y a la precariedad de vivienda. La **orientación de la lengua como problema** no solo era discursiva, sino que también se reflejaba en la política educativa en Estados Unidos. Concretamente, el apoyo federal a la educación bilingüe se proporcionaba en un principio solo en zonas con índices altos de pobreza, e incluso después de que se ampliara el alcance, el objetivo curricular era que el estudiantado se desplazara de su primera lengua hacia el inglés, resolviendo así el 'problema' que suponían los idiomas minorizados al eliminarlos gradualmente de las escuelas (y quizás más allá de ellas).

La lengua como derecho

La segunda orientación de Ruíz conceptualiza la lengua dentro de un marco legal que engloba el derecho a no ser discriminado en base al idioma (conocido como **derechos lingüísticos negativos**), así como el derecho a usar la propia lengua (llamado **derechos lingüísticos positivos**). Los derechos lingüísticos se construyen de forma diferente según los distintos marcos normativos, pero suelen estar vinculados a protecciones más amplias de los grupos minoritarios, como el derecho a participar en la democracia representativa, a la escolarización y/o al mantenimiento y desarrollo de la identidad cultural. El reconocimiento oficial de los derechos de las minorías (incluidos los derechos lingüísticos) por parte de los gobiernos nacionales y de instituciones internacionales como la Organización de las Naciones Unidas (ONU) ha proliferado desde mediados del siglo xx.

En el marco jurídico internacional de los derechos humanos, el idioma suele concebirse como necesario para el mantenimiento y el desarrollo de la identidad cultural, por lo que se considera que la protección de los derechos de los grupos minoritarios requiere la protección de los idiomas minoritarios (Gilman, 2011; Skutnabb-Kangas, 2013). Más que una simple protección, según Gilman (2011: 12; traducido del inglés), los derechos lingüísticos tienen por objeto "garantizar la diversidad y la promoción de las múltiples identidades culturales en una sociedad". Este marco se ejemplifica en los dos siguientes extractos de la Declaración sobre los derechos de las personas pertenecientes a minorías nacionales o étnicas, religiosas y lingüísticas (https://www.ohchr.org/sp/professionalinterest/pages/minorities.aspx), que fue adoptada por la Asamblea General de las Naciones Unidas en 1992:

Artículo 1

1. Los Estados protegerán la existencia y la identidad nacional o étnica, cultural, religiosa y lingüística de las minorías dentro de sus territorios respectivos y fomentarán las condiciones para la promoción de esa identidad. [...]

Artículo 2

1. Las personas pertenecientes a minorías nacionales o étnicas, religiosas y lingüísticas [...] tendrán derecho a disfrutar de su propia cultura, a profesar y practicar su propia religión, y a utilizar su propio idioma, en privado y en público, libremente y sin injerencia ni discriminación de ningún tipo. [...]

Según la ONU, los países no solo deben proteger las lenguas e identidades minoritarias, sino que deben fomentar las condiciones para que prosperen. En otras palabras, no basta con permitir que las personas hablen lenguas minoritarias sin ser discriminadas; los gobiernos también deben facilitar el mantenimiento, la transmisión intergeneracional y la revitalización de estas lenguas. Como veremos con más detalle a continuación, los derechos lingüísticos en Estados Unidos son mucho más limitados de lo que se prevé en la declaración de la ONU.

Ruíz (1984) consideraba que un inconveniente de la orientación de la lengua como derecho es que se basa en un discurso legalista al mismo tiempo que lo promueve, lo que, en su opinión, podría limitar el apoyo a los idiomas minoritarios entre los grupos de idiomas mayoritarios. Asimismo, según Ruíz, la orientación de la lengua como derecho es inherentemente adversaria porque la reivindicación de algo para un grupo siempre significa una reivindicación contra otro grupo. Por estas razones, la obra original de Ruíz expresaba su escepticismo respecto a la posibilidad de que la orientación de la lengua como derecho diera lugar a un apoyo público a las lenguas minorizadas. Si bien estamos de acuerdo en que un régimen de derechos lingüísticos no siempre se sustenta en el apoyo generalizado al pluralismo lingüístico o a las lenguas minorizadas, ni siempre conduce a ello (véase Leeman, 2018c), rechazamos la premisa de que las ganancias para un grupo signifiquen necesariamente una pérdida para otro grupo. De hecho, eso suena un poco a la **ideología de suma cero** que vimos en el capítulo 4. Sin embargo, Ruíz claramente creía que el apoyo a las lenguas minoritarias significaba un beneficio mayor para todo el mundo, y compartimos su visión.

La lengua como recurso

Con el fin de obtener el apoyo público para las políticas educativas que fomentan las lenguas minoritarias, Ruíz defendió una orientación de la lengua como recurso, que contempla las lenguas como valiosas no solo para sus hablantes, sino para la sociedad en su conjunto. A este respecto, él menciona la importancia de los idiomas para la diplomacia internacional, la seguridad nacional y las preocupaciones comerciales, al tiempo que lamenta la destrucción de los recursos lingüísticos existentes en la nación, así como el tibio esfuerzo de Estados Unidos por enseñar idiomas adicionales a personas de habla inglesa. En la orientación de la lengua como recurso que propone Ruíz, los idiomas no serían simplemente tolerados, sino que serían vistos como algo que debe ser manejado, conservado y desarrollado, igual que sucede con los recursos naturales.

Algunas críticas de la orientación de la lengua como recurso sostienen que favorece los enfoques basados en el mercado o en la seguridad nacional, y que se centran en las lenguas que pueden beneficiar al Estado, en lugar de ayudar a las propias personas que son hablantes de lenguas minoritarias (Petrovic, 2005; Ricento, 2005). Otro problema con esos enfoques es que a corto plazo podrían conducir a políticas que promuevan solo algunos idiomas **comodificados**, pero sin poner en tela de juicio la ideología social más amplia del **monolingüismo normativo**. Reconociendo esta preocupación, Ruíz (2010) reclamó una concepción más amplia del valor instrumental de los idiomas que fomentara la apreciación del multilingüismo en las escuelas, los medios de comunicación y toda la sociedad. Ruíz consideró que la orientación de la lengua como recurso era la más prometedora para sostener un régimen de política lingüística multilingüe y pluralista.

La investigación de Ruíz sobre las orientaciones hacia la lengua proporciona una forma útil de concebir las formas en que las ideologías lingüísticas sustentan y limitan la política lingüística, y por lo tanto vale la pena tenerlas en cuenta al leer sobre la política lingüística en Estados Unidos, que es el tema del resto de este capítulo. Ahora veremos la historia de la política lingüística en este país, un tema que anunciamos en el capítulo 3.

Una mirada histórica a la política lingüística en Estados Unidos

Como vimos en el capítulo 4, las ideologías lingüísticas dominantes retratan a Estados Unidos como un país que es, y que siempre ha sido, de habla inglesa. Este retrato no solo tergiversa la situación actual, sino que también implica un **borrado** de la diversidad lingüística y el multilingüismo que han estado presentes a lo largo de la historia estadounidense. De hecho, esta historia multilingüe comienza mucho antes de la formación de dicho país; antes de la invasión europea al menos 375 idiomas distintos y mutuamente ininteligibles se hablaban en lo que hoy es el territorio continental de Estados Unidos (Mithun, 2001; Taylor, 2002).

A partir del siglo xvi, a medida que colonizadores llegaban de España, Gran Bretaña, Francia, Portugal, Rusia y los Países Bajos, trajeron varias lenguas europeas a la mezcla. A su vez, las personas esclavizadas traídas de África eran lingüística y culturalmente diversas. De esta población (unos 12 millones de personas), 2 ó 3 millones practicaban el islam, de los cuales un pequeño porcentaje sabía leer y escribir en árabe, aunque este no fuera su idioma principal (Lepore, 2002; Wiley, 2010). Las lenguas principales del Gobierno y de la vida pública en los territorios que más tarde se incorporarían a Estados Unidos eran europeas; el español era el idioma **hegemónico** de Florida, el Suroeste, Luisiana (que estuvo bajo dominio español de 1763 a 1803) y Puerto Rico (véase el capítulo 3).

Durante el período colonial británico el inglés era la lengua dominante pero había mucha tolerancia lingüística y una política de *laissez faire* hacia las otras lenguas europeas (Wiley y García, 2016). Así, las escuelas funcionaban en los idiomas de las comunidades locales, incluidos el francés, el alemán y el español (véase el capítulo 9), y los periódicos y los servicios religiosos se ofrecían en una gran variedad de idiomas (Schmid, 2001). Los documentos gubernamentales solían estar disponibles en varios idiomas (King y Ennser-Kananen, 2013) e incluso el Congreso Continental, que se reunió por primera vez en 1774 para debatir las respuestas a las impopulares políticas británicas, publicó algunos de sus materiales en francés y alemán (Crawford, 1990).

La presencia y aceptación de las lenguas europeas continuó mucho después de la independencia. El alemán estuvo particularmente bien representado, especialmente en Pensilvania —aunque no solamente allí—, y se usó en iglesias, escuelas y muchas áreas de gobierno hasta el siglo xx. Además, muchos estados exigían que ciertas sesiones legislativas y avisos se tradujeran a varios idiomas europeos. No obstante, esta tolerancia a la diversidad lingüística no se oficializó en la Constitución de Estados Unidos, ni hubo un reconocimiento explícito de los derechos lingüísticos en ninguna otra política federal. Aunque los tribunales han interpretado la Enmienda 1 de la Constitución, que establece la libertad de expresión, como una protección de la elección del idioma, esto no se menciona explícitamente en el propio texto. Como veremos más adelante en este capítulo, los tribunales también han interpretado que otras enmiendas constitucionales sí confieren determinados derechos lingüísticos, aunque solo indirectamente.

La falta de derechos explícitos sobre el idioma refleja una falta de prominencia del idioma como marcador de la diferencia social en el período posterior a la independencia estadounidense, cuando la raza y la clase socioeconómica eran categorías mucho más importantes (Leeman, 2004). Y como señalamos en el capítulo 4, el inglés no era todavía un elemento definitorio de la identidad nacional. Incluso Noah Webster (del famoso *Webster's Dictionary*), quien intentó establecer una academia de lengua 'americana' y una nueva ortografía distinta de las convenciones británicas con el fin de promover el nacionalismo estadounidense en el período posterior a la independencia, estaba más interesado en eliminar la variación interna del inglés que en restringir el uso de otros idiomas (Lepore, 2002). En todo caso, Webster no tuvo éxito en sus esfuerzos, y la academia de lengua nunca se estableció. Tampoco se declaró un idioma oficial. Sin embargo, puede ser que, como el inglés era el idioma nacional *de facto*, no pareciera necesario otorgarle estatus oficial (Wiley y Wright, 2004). Hasta el día de hoy, Estados Unidos no tiene un idioma oficial a nivel federal.

En contraste con la tolerancia hacia los idiomas europeos, las leyes y prácticas coloniales restringían el uso de los idiomas africanos y las lenguas indígenas, y utilizaban esta restricción lingüística como instrumento de subordinación. Era una práctica común mezclar personas esclavizadas de diferentes orígenes lingüísticos con el fin de que no pudieran comunicarse entre sí, y se les prohibía hablar sus idiomas nativos o enseñárselos a su descendencia (García, 2009a; Wiley, 1998). Otras políticas lingüísticas se hicieron explícitas en los **códigos de esclavos**, que en muchos estados del sur hicieron ilegal que las personas esclavizadas aprendieran a leer o escribir (Wiley y García, 2016). Estas primeras políticas lingüísticas dejan muy claro que el idioma puede ser una herramienta de poder y que las políticas lingüísticas a menudo tienen que ver con el control social y no con el idioma en sí: la represión de los idiomas africanos y las restricciones a la alfabetización se diseñaron en parte para evitar que las personas esclavizadas se sublevaran contra la esclavitud y la supremacía blanca (Wiley, 2014).

Las políticas lingüísticas también se utilizaron como una forma de subyugar a los pueblos originarios. Aunque en el siglo xix se promovió la alfabetización en cheroqui y en otras lenguas indígenas, el objetivo principal era facilitar la conversión al cristianismo y promover la adquisición del inglés (Wiley, 1998). Como explica Wiley (1998), la motivación última de esta asimilación forzosa era la 'pacificación' de los pueblos originarios. A medida que la población eurodescendiente invadía cada vez más territorios indígenas, la política de deculturación dio paso a la expulsión y a la migración forzosa; en 1830 el presidente Andrew Jackson firmó la *Indian Removal Act* ('Ley de Traslado Forzoso de los Pueblos Indígenas'), obligando a los pueblos cheroqui, chickasaw, choctaw, creek y semínola a ceder sus tierras y a reubicarse al oeste del río Misisipi.

Tras la Guerra Civil, se intensificó la política de asimilación coercitiva y de erradicación de las lenguas indígenas. El Gobierno de Estados Unidos estableció internados solo en inglés para niños y niñas indígenas —a quienes separaron por la fuerza de sus familias—, en las que se les castigaba severamente si hablaban sus lenguas maternas (García, 2009a). En estas escuelas se mezclaban a propósito niños/as de diferentes orígenes lingüísticos para evitar que mantuvieran sus propios idiomas (Wiley, 1998; Wiley y García, 2016). La política de enviar a las nuevas generaciones de jóvenes indígenas a internados lejos de las reservas siguió siendo el modelo dominante hasta la aprobación en 1975 de la *Indian Self-Determination and Education Assistance Act* ('Ley de Autodeterminación Indígena y Asistencia Educativa'), que dio un mayor control sobre la educación a las naciones originarias reconocidas federalmente.

Como vimos en el capítulo 3, al final de la guerra mexicano-estadounidense, en 1848, México cedió 525 000 millas cuadradas (lo que equivale a 1 359 745 kilómetros cuadrados) de tierra a Estados Unidos. Sobre el papel, el Tratado de Guadalupe Hidalgo concedió la ciudadanía estadounidense a las personas de origen mexicano que vivían en los territorios anexionados (aproximadamente 56 000 habitantes), a menos que eligieran explícitamente rechazarla, pero en la práctica una buena parte de la población indígena (como los grupos pueblo) quedó excluida (Lozano, 2018). Dado que en ese momento solo las personas de raza blanca tenían derecho a acceder a la ciudadanía a través de la naturalización, la concesión de la ciudadanía a personas **mestizas** de origen mexicano fue interpretada posteriormente por los tribunales como prueba de que eran oficialmente de raza blanca (Gross, 2008). Sin embargo, a pesar de esta 'blanquitud legal', en la práctica las personas mexicanas y mexicoamericanas fueron racializadas como no blancas y sometidas a la exclusión y segregación en muchos aspectos de la vida, entre ellos la vivienda, las escuelas y las instalaciones públicas (Gómez, 2007). La hostilidad y el racismo hacia quienes tenían origen mexicano a veces se expresaba o se llevaba a cabo con referencia al idioma español, como aún sucede hoy en día.

No obstante, a pesar de que las personas de origen mexicano estuvieran subordinadas a la población **anglo**, el español se empleaba en el ámbito gubernamental y la educación (Lozano, 2018). Lozano explica que se trataba en gran medida de una cuestión de conveniencia o necesidad, ya que la población era predominantemente de habla hispana, más que de una cuestión de principios. También había diferencias geográficas en el tratamiento del español y de las personas de habla hispana, que estaban vinculadas en parte a las diferencias demográficas entre las regiones. Concretamente, las zonas en que la población hispanohablante constituía una mayoría tendían a ofrecer más protecciones, mientras que las zonas con una mayor proporción de personas anglo tendían a ofrecer solo un apoyo limitado o temporal. Por ejemplo, en Nuevo México, donde la mayoría de la población era hispanohablante, el español era ampliamente utilizado en el ámbito político y recibía mayor protección jurídica que en otros estados (Lozano, 2018). También en California la Constitución de 1849 exigía que todas las leyes, reglamentos y decretos estatales se divulgaran tanto en español como en inglés. Utilizando la terminología del modelo de vitalidad etnolingüística que presentamos en el capítulo 2, podríamos decir que una mayor densidad de hispanohablantes estaba asociada a un mayor apoyo institucional al español. Cuando la fiebre del oro trajo un influjo de población anglo a California, transformando la demografía del estado y convirtiendo a las personas de habla hispana en minoría, se revisó la Constitución estatal (1879) y se restringieron los procedimientos oficiales al inglés (Crawford, 1992). La nueva política no solo reflejaba los cambios demográficos; al hacer del conocimiento de la lengua inglesa un mecanismo de entrada para la plena participación cívica y económica, confería un mayor estatus social y poder político a las personas anglo.

El período previo al comienzo del siglo xx trajo una creciente sospecha y hostilidad hacia todas las lenguas distintas del inglés y también hacia sus hablantes. Este cambio ideológico se produjo en respuesta a un aumento de la inmigración en general, así como de la proporción de personas inmigrantes del sur y del este de Europa, en comparación con aquellas provenientes del norte y el oeste de dicho continente, que constituían los grupos predominantes en las oleadas migratorias anteriores (Bonfiglio, 2002; Wiley, 2000). Quienes luchaban por restricciones migratorias argumentaban que la inmigración más reciente alteraba tanto la composición lingüística como la composición racial del país y a menudo equiparaban los 'idiomas extranjeros' con las 'razas extranjeras' (Bonfiglio, 2002; Leeman, 2013).

La intensificación del racismo de este período no se centró únicamente en la inmigración; de hecho, las personas afroamericanas fueron su principal objetivo, y fue también hacia finales del siglo xix que las leyes Jim Crow se extendieron por todo el sur. Estas leyes infames imponían la segregación y la discriminación racial en la mayoría de los aspectos de la vida pública. Todo, desde las escuelas, el transporte público y los teatros, hasta los restaurantes y las fuentes de agua potable, era designado a menudo como *Whites only* ('Exclusivo para gente blanca'), y cuando había instalaciones separadas para 'personas de color', eran de calidad inferior. Lo que es menos conocido es que en el Suroeste las personas mexicoamericanas e indígenas también estaban sujetas a la segregación y exclusión de las instalaciones reservadas para gente blanca. Un ejemplo de este trato racista reflejado en el paisaje lingüístico es el cartel que la Lonestar Restaurant Association (una asociación de dueños/as de restaurantes) de Dallas distribuyó a sus miembros para que lo colgaran en la entrada de sus locales, en el que se leía *NO DOGS, NEGROES, MEXICANS* ('NO SE ADMITEN PERROS, NEGROS, MEXICANOS') (http://www.loc.gov/exhibits/civil-rights-act/segregation-era.html#obj024, consultado el 1 de octubre de 2018).

Con el **nativismo** y el racismo en auge, se prohibió totalmente la inmigración de China, Japón y otros países asiáticos, y se impusieron nuevas restricciones a la inmigración de Europa. Asimismo, las nuevas políticas lingüísticas pusieron un mayor énfasis en el inglés, tanto para inmigrantes como para personas nacidas en Estados Unidos. Por ejemplo, la *Naturalization Act* ('Ley de Naturalización') de 1906 (firmada por el presidente Theodore Roosevelt, cuya referencia despectiva a la "pensión políglota" analizamos en el capítulo 4) hizo por primera vez que el conocimiento del inglés fuera un requisito para las personas migrantes que querían acceder a la ciudadanía estadounidense. En 1917 también se añadió un requisito de alfabetización en inglés. A medida que la xenofobia aumentaba en el período previo a la Primera Guerra Mundial, se promulgaron restricciones generalizadas a la enseñanza de lenguas 'extranjeras', así como al envío de periódicos y revistas en idiomas distintos al inglés (Wiley, 2000; Wiley y García, 2016). Algunos estados llegaron a prohibir el uso del idioma alemán en los servicios religiosos, en el teléfono y en la vía pública (Crawford, 1990). Así como las ideologías lingüísticas del siglo xxi entrelazan el idioma, la raza y la identidad nacional estadounidense, las políticas lingüísticas de principios del siglo xx eran inseparables del sentimiento antiinmigrante y la preocupación sobre la composición **etnorracial** del país (Leeman, 2004, 2016, 2018c).

El sentimiento antiinmigrante y racista llevó finalmente al Congreso a aprobar nuevas restricciones a la inmigración y establecer cuotas de origen nacional en 1921 y 1924. Estas estaban explícitamente diseñadas para devolver la composición étnica y racial de la población estadounidense a como había sido en 1910. Aunque las cuotas y la exclusión de las personas provenientes de Asia sufrieron algunas modificaciones en las décadas siguientes, se mantuvieron en gran medida hasta la *Immigration and Nationality Act* de 1965 ('Ley de Inmigración y Nacionalidad'). Las personas mexicanas no fueron incluidas en los cuotas de origen nacional de la década de 1920, pero de todos modos fueron objeto de una intensa vigilancia y de una exclusión arbitraria en la frontera (Hernández, 2017; Ngai, 2004). Asimismo, como dijimos en el capítulo 4, desde la Gran Depresión hasta los años cincuenta, cientos de miles de personas mexicanas y mexicoamericanas, más de la mitad de las cuales tenían la ciudadanía estadounidense, fueron deportadas a México (Balderrama y Rodríguez, 2006; Malavé y Giordani, 2015; Zayas, 2015).

En este clima de racismo institucionalizado, nativismo y sentimiento de *English-only* ('solo inglés'), se restringieron los usos oficiales del español y se eliminaron las protecciones para las personas de habla hispana. Por ejemplo, la ley federal de 1910 por la que se estableció el proceso para que Arizona y Nuevo México se convirtieran en estados exigía que sus nuevas Constituciones incluyeran los siguientes requerimientos: (1) la creación de un sistema de escuelas públicas impartidas exclusivamente en inglés; y (2) el establecimiento del conocimiento del inglés como requisito para acceder a cualquier cargo estatal (Crawford, 1992; Lozano, 2018). Es importante recordar que estas políticas lingüísticas no se referían solo a los idiomas que la gente debía hablar o a cómo debían asimilarse las personas que recién accedían a la ciudadanía; en última instancia, tenían que ver con la distribución del poder político dentro de esos estados (Lozano, 2018). Este también fue el caso cuando, tras convertirse en estado en 1912, Arizona implementó el requisito de alfabetización en inglés para votar; el nuevo requisito privó a hispanohablantes monolingües del derecho al voto a pesar de que el Tratado de Guadalupe les había prometido plenos derechos de ciudadanía. En Nuevo México, la Constitución estatal ofrecía solo protecciones temporales para el español, entre ellas, un plan para contratar a docentes bilingües para ayudar a niños y niñas hispanohablantes a aprender inglés, y un requisito de que las leyes se imprimieran en español durante 20 años.

Las políticas de *English-only* también se convirtieron en la norma en las escuelas, al igual que la segregación de niñas y niños mexicanos y mexicoamericanos en función del idioma y/o la identidad etnorracial. En la década de 1930, más del 85% de la población infantil de origen mexicano del Suroeste asistía a escuelas segregadas de calidad inferior y en las que se impartían clases solo en inglés (Lozano, 2018). Los distritos escolares solían justificar la segregación de niños y niñas hispanohablantes, y su asignación a 'escuelas mexicanas' inferiores, diciendo que no podían seguir el ritmo de la escolarización en inglés, pero en realidad la lengua dominante (o incluso la única lengua) de una buena parte de la población mexicoamericana infantil era el inglés (San Miguel, 2001). Por supuesto, el conocimiento del español no significaba que no supieran también inglés (véase la discusión de la ideología de suma cero en el capítulo 4), y este tratamiento es otro ejemplo más de la **racialización** del español (véase el capítulo 5), así como del uso de la política lingüística para la exclusión social.

Con este análisis de las políticas lingüísticas desde el período colonial hasta mediados del siglo xx, esperamos haber proporcionado un entendimiento del fundamento histórico de las ideologías y políticas actuales, y haber demostrado que las políticas lingüísticas tratan en gran medida de cuestiones no lingüísticas y son inseparables de la política y el poder. De hecho, las primeras políticas lingüísticas se centraron en la restricción y/o erradicación de las lenguas indígenas y africanas como mecanismo de control y dominación. Por el contrario, los idiomas europeos se toleraban en gran medida en la vida pública de Estados

Unidos así como en las escuelas, y los gobiernos locales proporcionaban algunos materiales en varios idiomas. Sin embargo, esta tolerancia empezó a disminuir hacia finales del siglo xx, cuando todas las lenguas distintas del inglés eran objeto de sospecha por ser vistas como indicadores de una posible lealtad a potencias extranjeras o de identidades etnorraciales 'indeseables'. En consecuencia, las políticas lingüísticas se volvieron cada vez más restrictivas, al igual que las políticas de inmigración. Aun así, la asimilación lingüística fue un medio por el cual la inmigración europea podía americanizarse y pasar a formar parte del 'crisol de culturas', una opción de la que no disponía la población indígena, la africana ni la asiática, que eran racializadas y concebidas como una **otredad** incapaz de asimilarse (Leeman, 2004; Schmidt, 2002; Wiley, 2000).

Tampoco había opciones de asimilación e incorporación para la mayoría de las personas que vivían en los territorios del Suroeste en el momento de la anexión, ni para la inmigración posterior proveniente de México y Puerto Rico. Aunque hubo algunas protecciones tempranas para el español, estas fueron limitadas y en su mayoría temporales, y hubo una falta de servicios y educación en español. El idioma era solo un aspecto de la subordinación; las personas latinxs también estaban sujetas a viviendas y escuelas segregadas y/o de calidad inferior, así como a la discriminación en el empleo y los alojamientos públicos.

Lengua y derechos civiles en Estados Unidos

En las décadas de 1950 y 1960, las poblaciones afroamericanas, latinxs, asiáticas americanas e indígenas se organizaron para exigir la igualdad de derechos, condiciones de trabajo equitativas, mejores escuelas y el fin de la discriminación. Dos grupos fundados en la década de los sesenta fueron especialmente influyentes: los *Young Lords* y el Movimiento Estudiantil Chicano de Aztlán (MEChA). Los boicots, las huelgas, la organización política y las demandas por parte de activistas latinxs dieron lugar a importantes logros legales y políticos.

Dos casos de la Corte Suprema de Estados Unidos fueron cruciales para terminar con la segregación escolar: *Méndez versus Westminster* ('Méndez contra Westminster', 1947) y *Brown versus Board of Education* ('Brown contra el Consejo de Educación',1954). En el primero, *Méndez contra Westminster*, cinco familias mexicoamericanas impugnaron la política de segregación escolar del Condado de Orange (California) que había utilizado los apellidos y el tono de piel como criterio para asignar a aproximadamente 5 000 niños/as a 'escuelas mexicanas' (Macías, 2014). La Corte Suprema falló a favor de las familias sin declarar inconstitucional la segregación. Aun así, el caso llevó a California a prohibir la segregación escolar dentro de ese estado. Unos años más tarde, en el caso mucho más conocido de *Brown contra el Consejo de Educación*, la Corte Suprema determinó que la exclusión de niñas y niños afroamericanos de las 'escuelas blancas' era una violación de la

Enmienda xiv de la Constitución estadounidense, que garantiza la igualdad de protección para toda la ciudadanía.

Los fallos de la Corte Suprema contra las escuelas segregadas se ampliaron luego en dos piezas clave de la legislación federal. En primer lugar, la *Civil Rights Act* de 1964 ('Ley de Derechos Civiles') prohibió la discriminación basada en la raza, el color, la religión, el sexo o el origen nacional en la votación, y también prohibió la segregación racial en las escuelas, en el empleo y en los alojamientos públicos. En segundo lugar, la *Voting Rights Act* de 1964 ('Ley de Derecho al Voto') contenía múltiples disposiciones destinadas a eliminar la discriminación en la votación, incluida la prohibición de las pruebas de alfabetización y otros mecanismos utilizados para privar del derecho al voto a las minorías raciales, así como el requisito de que los distritos con un historial de discriminación obtuvieran una aprobación previa antes de realizar cualquier cambio en los procedimientos de votación.[1]

Estas leyes históricas de los derechos civiles han sido tremendamente importantes en la lucha contra la discriminación racial. Sin embargo, en Estados Unidos los derechos lingüísticos no se reconocen directamente, ni se protegen o promueven los idiomas minoritarios.[2] De hecho, así como la Constitución no establece explícitamente los derechos lingüísticos, tampoco la Ley de Derechos Civiles ni la Ley de Derecho al Voto prohíben explícitamente la discriminación basada en el idioma. En la medida en que existen derechos lingüísticos en Estados Unidos, estos se derivan de otros derechos explícitamente nombrados. En concreto, la prohibición de la discriminación por origen nacional y los derechos constitucionales a la igualdad de protección, al debido proceso y a un juicio justo han sido interpretados por los tribunales para conferir algunos derechos a hablantes de idiomas minoritarios, como se explica en las siguientes secciones. Las ideologías que vinculan la ciudadanía y la pertenencia nacional, junto con la hostilidad hacia la población latinx y otras minorías etnorraciales, han hecho que esos derechos sean frecuentemente objeto de ataques y no siempre se respeten.

Discriminación lingüística y de origen nacional en el ámbito escolar

Uno de los objetivos del MEChA era aumentar la representación e inclusión de la población **chicanx** en las universidades, en parte mediante la creación de programas de estudios étnicos. Sin embargo, las actividades del MEChA se extendieron más allá de la universidad, e incluyeron colaboraciones con activistas de la comunidad para mejorar la educación primaria y secundaria; como vimos anteriormente, una buena parte de la población infantil latinx y de habla hispana era relegada rutinariamente a escuelas segregadas de baja calidad. (Las escuelas de baja calidad, así como la racialización de niños/as latinxs en la política y la práctica educativas, son un problema continuo y el foco permanente de la protesta y la defensa de la justicia social, como veremos en el capítulo 9.)

Como parte del impulso para mejorar las escuelas y generar contenidos educativos más inclusivos, junto con el deseo de valorar y mantener el español, madres y padres latinxs también pedían la educación bilingüe. Esto llevó al Congreso a aprobar la *Bilingual Education Act* de 1968 ('Ley de Educación Bilingüe'), que puso a disposición de los distritos de bajos ingresos algunos fondos competitivos para implementar programas bilingües para niños y niñas de tres a nueve años. Esto estaba muy lejos de asegurar que el total de la población infantil de habla hispana (u otros idiomas minorizados) recibiera educación en su lengua natal, dado que la participación de los distritos escolares era voluntaria. Además, como mencionamos anteriormente, el Congreso parecía adoptar una orientación de la lengua como problema al relacionar el bilingüismo con la pobreza infantil (Ruíz, 1984). No obstante, la Ley de Educación Bilingüe atrajo la atención nacional hacia la educación bilingüe y la necesidad de apoyo educativo para la población infantil hablante de idiomas minoritarios.

En 1974, el caso de la Corte Suprema de *Lau versus Nichols* ('Lau contra Nichols') dio lugar a una política federal que por primera vez exigía que los distritos escolares proporcionaran apoyo educativo a la población infantil con capacidad limitada para hablar inglés. Kinney Kinmon Lau era un niño monolingüe de habla china que asistía a una escuela pública en San Francisco. El caso se centraba en si el uso del inglés como única lengua vehicular constituía una discriminación educativa contra quienes tenían conocimientos limitados de dicho idioma. Como señalamos anteriormente, la decisión en el caso *Brown* y la Ley de Derechos Civiles habían prohibido la discriminación y la segregación en la educación, pero no estaba completamente claro hasta dónde llegaba esa prohibición (Moran, 2009). No había duda de que las escuelas no podían segregar o discriminar por raza a propósito. ¿Pero cuál era el estatus legal de las prácticas educativas excluyentes que no eran intencionalmente discriminatorias pero que tenían el mismo efecto? ¿Era también ilegal el descuido educativo de niñas y niños que hablan idiomas minoritarios? En el caso *Lau*, la Corte Suprema dictaminó que la enseñanza exclusivamente en un idioma que una parte del estudiantado no conocía, sin la provisión de apoyo o asistencia adicional, excluía a este tipo de estudiantes de la plena participación y del acceso significativo a la educación (Moran, 2009). Debido a que esta exclusión se basaba en el idioma, y el idioma estaba vinculado a la raza, la etnicidad o el origen nacional, la Corte Suprema dictaminó que el trato que San Francisco daba a Kinney y a sus pares constituía una violación de la Ley de Derechos Civiles.

Queremos enfatizar algunos puntos cruciales sobre el fallo del caso *Lau* y sus implicaciones. Primero, la Corte Suprema no dictaminó que las escuelas tuvieran la obligación de impartir la educación en la lengua materna del estudiantado (aunque esto era lo que buena parte de las madres, padres y quienes defendían esta causa querían). Lo cierto es que solo exigió a las escuelas que ofrecieran algún tipo de acomodación para estudiantes que no hablaran inglés (Crawford, 2008; Moran, 2009). Si bien el fallo sentó las bases para la posterior política federal de aumentar la financiación que permitiera ampliar la educación bilingüe en todo el país, la Corte Suprema no había determinado que proveer educación en el idioma materno del estudiantado fuera exigido por la Constitución ni por la Ley de Derechos Civiles. Esto significaba que el Congreso, los estados y los distritos locales tenían libertad para eliminar la educación bilingüe cuando los vientos políticos cambiaron en la década de 1980. Y, de hecho, esto es más o menos lo que ocurrió (véase el capítulo 9 para un análisis detallado).

Un segundo punto, que está relacionado, es que el caso *Lau* solo se aplicaba a niños y niñas con dominio limitado del inglés, y no a todo el estudiantado hablante de idiomas minoritarios. Como veremos, esto es consistente con el enfoque general de Estados Unidos en lo que refiere a política y derechos lingüísticos. También es la razón por la que las preguntas sobre el idioma de la U.S. Census Bureau ('Oficina del Censo de los Estados Unidos') se centran en la capacidad de hablar inglés, como vimos en el capítulo 2. En contraste con los derechos positivos y orientados a la promoción que establece el marco internacional de derechos humanos presentado anteriormente, las políticas lingüísticas en Estados Unidos se centran en ayudar a las personas que no hablan inglés a acceder a la educación y a otros servicios públicos. Aunque esto a veces implica la prestación de servicios en lenguas minorizadas, el objetivo no es fomentar o promover el uso y el desarrollo de estas. Al contrario, la prestación de algunos servicios en lenguas minorizadas es una forma de gestionar el 'problema' de no hablar inglés (Gilman, 2011; Leeman, 2018c). Esto es evidente en la redacción de la *Equal Educational Opportunities Act* de 1974 ('Ley de Igualdad de Oportunidades Educativas'), que se aprobó a raíz del fallo del caso *Lau*.

> *No state shall deny equal educational opportunities to an individual on account of his or her race, color, sex, or national origin by the failure of an educational agency to take appropriate action to overcome language barriers that impede equal participation by its students in its instructional programs.*

> Ningún estado negará la igualdad de oportunidades educativas a un individuo por su raza, color, sexo u origen nacional por el hecho de que un organismo educativo no tome las medidas adecuadas para superar las barreras lingüísticas que impiden la participación igualitaria de sus estudiantes en sus programas de enseñanza. (Equal Educational Opportunities Act 1974, Sec. 204 [f])

Como veremos en el capítulo 9, la gran mayoría de los programas de educación bilingüe implementados después del caso *Lau* fueron diseñados para la transición hacia la educación en inglés, más que para promover el mantenimiento o la alfabetización en la primera lengua.

Un tercer aspecto del fallo del caso *Lau* que vale la pena destacar es que estableció un precedente jurídico en el que se reconoce el idioma como categoría legalmente protegida cuando se utiliza como sustituto de la etnicidad, la raza o el origen nacional, lo que ha tenido un importante impacto mucho más allá del ámbito educativo. En el caso *Lau*, la Corte Suprema dictaminó que la falta de conocimientos de inglés de Kinney estaba vinculada a su ascendencia china y que, por lo tanto, la discriminación lingüística era ilegal. Como veremos más adelante, este razonamiento también sentó el precedente legal para la prohibición de la discriminación basada en el acento. Aun cuando en los últimos años se ha visto una serie de decisiones judiciales que restringen el impacto del caso *Lau* (p. ej., las que permiten ciertas políticas que afectan negativamente solo a determinados grupos cuando no hay intención discriminatoria), el reconocimiento jurídico de la discriminación lingüística como un tipo de discriminación por origen nacional sigue intacto (Moran, 2015).

El idioma y la Ley de Derecho al Voto

Aunque las Enmiendas xiv y xv habían prohibido la discriminación racial en el voto, los estados del sur utilizaban impuestos de capitación, pruebas de alfabetización en inglés, requisitos de propiedad y otros mecanismos de exclusión para discriminar a las personas afroamericanas e impedirles ejercer el derecho al voto. Además de prohibir estas restricciones, la Ley de Derecho al Voto (1965) trató de asegurar que los estados y los gobiernos locales con un historial de discriminación racial no idearan nuevas formas de privar del derecho al voto a votantes pertenecientes a minorías. Por este motivo, también se exigía que los distritos con un historial documentado de discriminación electoral obtuvieran una aprobación previa antes de realizar cualquier cambio en los procedimientos electorales. (El requisito de la aprobación previa fue severamente restringido por la Corte Suprema en 2013; véase la nota 1 del presente capítulo.)

La versión de 1965 de la Ley de Derecho al Voto se centraba solo en las minorías raciales, pero después de que los tribunales documentaran prácticas discriminatorias contra las comunidades puertorriqueñas en los estados del Noreste, en 1974 el Congreso añadió protecciones para las minorías lingüísticas (Culliton-González, 2008). Como parte de esta extensión, los distritos con (1) una proporción suficiente de minorías lingüísticas históricamente discriminadas (al menos el 5%) y (2) tasas de alfabetización inferiores a la media nacional debían proporcionar materiales electorales en los idiomas correspondientes. Curiosamente, no se hizo referencia a la capacidad limitada para hablar inglés, lo que significa que los recuentos de las minorías lingüísticas también incluían a personas bilingües. En todo caso, al añadir estas disposiciones el Congreso reconoció no solo que el idioma podía servir como sustituto de la identidad etnorracial, sino también que la discriminación lingüística era un medio por el cual se promulgaba la discriminación etnorracial. En otras palabras, reconoció oficialmente que el idioma se utilizaba a veces como un mecanismo para limitar el ejercicio de los derechos propios y como un instrumento con el que excluir a algunos grupos del poder.

En 1982, la reautorización de la Ley de Derecho al Voto hizo que esta quedara más alineada con el resto de la política lingüística federal al basar los cálculos solo en las personas que "no podían hablar o comprender el inglés de manera suficiente para participar en el proceso electoral" (traducido del inglés), y no en toda persona hablante de un idioma minorizado. De esta manera, la Ley de Derecho al Voto no ofrece protecciones específicas o derechos lingüísticos a hablantes de idiomas minorizados que dominan el inglés (es decir, bilingües). Por el contrario, se centra en la superación de las barreras lingüísticas o en 'compensar' la deficiencia lingüística en inglés de quien la padezca (Gilman, 2011; Leeman, 2018c;

Skutnabb-Kangas, 2013). No obstante, cuando un distrito produce materiales en español (u otro idioma), cualquiera puede utilizarlos.

El suministro de materiales electorales en español es especialmente importante para las personas puertorriqueñas que, como parte de la ciudadanía estadounidense, tienen derecho a participar en las elecciones dondequiera que vivan sin pasar por el proceso de naturalización, el que incluye un examen de inglés. En 2018, las organizaciones de derechos civiles demandaron al estado de Florida, donde decenas de miles de personas puertorriqueñas se asentaron después de ser desplazadas por el huracán María, por no haber prestado servicios electorales en español (Hernández, 2018). Después de que un juez ordenara a 32 condados de Florida que proporcionaran papeletas en español, en 2019 el gobernador emitió reglamentos que harían este requisito extensivo a todo el estado, a partir de 2020 (Kam, 2019).

Acceso lingüístico y la Orden Ejecutiva 13166

Como resultado del aumento de la inmigración en las décadas de 1980 y 1990, la proporción de la población con un dominio limitado del inglés también aumentó. A su vez, esto trajo consigo una creciente conciencia de las barreras lingüísticas que impiden el acceso a los servicios públicos más allá de la educación y el voto. El hecho de no poder comunicarse con los organismos gubernamentales no es simplemente un inconveniente; puede tener consecuencias graves que alteran la vida e incluso la ponen en peligro. Imagina, por ejemplo, que te ves en la necesidad de llamar al teléfono de emergencias y quien te atiende no comprende nada de lo que le dices; o que asistes a una reunión de la escuela de tu hijo/a y nadie puede expresarte cómo le está yendo en la actividad escolar; por último, imagina que tienes que ir al hospital y el personal médico no te entiende ni te puede dar las instrucciones médicas que necesitas.

Con el fin de reducir algunas de estas barreras lingüísticas, el entonces presidente Bill Clinton emitió la **Orden Ejecutiva 13166**, *Improving Access to Services for Persons with Limited English Proficiency* ('Mejorando el acceso a los servicios para personas con dominio limitado del inglés'). Firmada por Clinton en el año 2000, la OE 13166 requiere que todas las agencias y programas federales tomen medidas para asegurar un "meaningful access" ('acceso significativo') a las personas con dominio limitado del inglés (**LEP**, por sus siglas en inglés: *Limited English Proficiency*). Al igual que las políticas descritas anteriormente, la OE 13166 tiene su origen en las protecciones otorgadas por la Constitución y la Ley de Derechos Civiles contra la discriminación por raza, etnicidad u origen nacional. Y, al igual que estas otras políticas, su objetivo es proporcionar acceso a las personas con dominio limitado del inglés, y no promover el uso de los idiomas minoritarios o incluso permitir que las personas bilingües interactúen con el Gobierno en el idioma que prefieran.

La OE 13166 es un elemento importante de la política lingüística federal porque requiere que todos los programas financiados federalmente tomen medidas para proveer el acceso lingüístico. Sin embargo, cabe destacar que no llega a requerir servicios para todas las personas LEP, sino solo que se tomen "medidas razonables". Por lo tanto, si bien la OE 13166 ha tenido definitivamente un impacto positivo, la disponibilidad de materiales en idiomas minoritarios varía enormemente, dependiendo en cierta medida de la voluntad de los organismos y proveedores de servicios en cuestión. Para dar solo un ejemplo muy visible, la administración de George W. Bush creó una versión en español del sitio web de la Casa Blanca. Se mantuvo durante la administración Obama, pero la administración Trump la eliminó poco después de asumir el cargo en enero de 2017. La administración Biden la reactivó pocas horas después de su investidura en enero del 2021.

No es solo en esos contextos tan visibles y simbólicos como el sitio web de la Casa Blanca que los servicios de acceso lingüístico pueden verse limitados por las actitudes o ideologías del proveedor de servicios. En su investigación en un hospital cerca de la frontera entre Estados Unidos y México, Martínez (2008, 2009) entrevistó a pacientes y profesionales de la salud sobre los servicios en español y con intérpretes. Martínez encontró que entre este grupo de profesionales sanitarios una buena parte creía que en Estados Unidos todo el mundo tenía la obligación moral de aprender inglés. Como consecuencia de esta ideología eran menos propensos a priorizar el acceso lingüístico para pacientes hispanohablantes o a cumplir con las directrices federales. Asimismo, no había casi médicos/as de habla hispana, y la interpretación a menudo se hacía de manera *ad hoc*; por ejemplo, era realizada por recepcionistas en lugar de intérpretes con la capacitación adecuada o de profesionales de la salud. También hubo pacientes que informaron que se les faltaba el respeto o que tenían que insistir reiteradas veces para que se les diera información en español. Las repercusiones de esa falta de respeto inciden significativamente en la calidad de la atención y en la evolución de cada paciente, lo cual eventualmente puede ser catastrófico (Martínez, 2010). De hecho, la literatura especializada sobre las barreras lingüísticas en la atención sanitaria ofrece numerosos relatos desgarradores sobre cómo la falta de intérpretes provocó una mala comunicación entre pacientes y el personal médico y, en última instancia, dio lugar a la muerte de pacientes (Flores, 2006).

En 2010 la *Affordable Care Act* ('Ley de Cuidado de Salud a Bajo Precio', conocida coloquialmente como *Obamacare*) reforzó los reglamentos que exigen la prestación de servicios de interpretación en los servicios de salud financiados y facilitados por el Gobierno federal. Según las directrices, quienes trabajan de intérprete deben estar calificados/as, pero en la práctica esto no siempre es así, y no se requiere licencia o certificación para ser intérprete médico (Jacobs *et al.*, 2018). Los errores médicos graves son más comunes con intérpretes no profesionales o *ad hoc* —como familiares, amistades o cualquier otra persona casual— que cuando se utilizan intérpretes profesionales (Flores *et al.*, 2012). El hecho de que a veces sean niños y niñas (por ejemplo, hijos/as de la persona que requiere atención médica) quienes hagan la interpretación introduce más riesgos porque es poco probable que manejen la terminología médica en dos idiomas (o incluso en uno).

Además de considerar los riesgos para pacientes, no debemos perder de vista que puede llegar a ser traumático para una persona menor de edad participar en discusiones médicas tan impactantes. Incluso fuera de los contextos médicos, los niños y niñas que sirven de intermediarios lingüísticos deben atravesar varias fronteras lingüísticas y sociales, entre ellas la de niño/adulto y la del inglés/español, pero también la de cliente/proveedor y, en algunos casos, la de ciudadano/no ciudadano (Orellana, 2009; Reynolds y Orellana, 2009). En estos casos, se ven en la difícil posición de hablar en nombre de instituciones poderosas y, al mismo tiempo, representar a sus familias ante esas instituciones, una tarea que produce mucha ansiedad y por la que terminan siendo objeto de las evaluaciones de ambas partes (Reynolds y Orellana, 2009). Cabe señalar, empero, que al hacer de intérpretes suelen desarrollar una impresionante gama de recursos y estrategias lingüísticas y sociolingüísticas (Orellana, 2009).

Como se mencionó anteriormente, la OE 13166 establece que las agencias federales y los programas financiados por el Gobierno federal deben hacer un esfuerzo razonable para proporcionar acceso al idioma. No se aplica a otros tipos de gobiernos, como los estados o ciudades. Sin embargo, también hay políticas de acceso lingüístico que se han implementado en esos niveles. Por ejemplo, los estados de Florida, Maryland y Massachusetts, entre otros, exigen que se proporcionen al menos algunas traducciones y servicios en idiomas minoritarios. Entre las ciudades que cuentan con políticas integrales de acceso lingüístico se encuentran Nueva York, Oakland (California), San Francisco y Washington D.C., que exigen que muchas o la mayoría de las agencias municipales proporcionen traducciones o intérpretes (para más información sobre el programa de acceso a los idiomas de Washington D.C., véase la figura 8.1 y https://ohr.dc.gov/page/LAportal/public). El acceso lingüístico es un ejemplo de política lingüística inclusiva, diseñada para facilitar la igualdad de oportunidades y la protección de grupos minoritarios.

El derecho a tener intérprete en el tribunal

Otro contexto en el que la política federal ofrece algunos derechos lingüísticos es en el sistema judicial. Además de las protecciones de la Enmienda xiv y de la Ley de Derechos Civiles contra la discriminación por motivos raciales, étnicos o de origen nacional, las Enmiendas v y vi también proporcionan un argumento jurídico en favor de los derechos lingüísticos de las personas LEP. Estas enmiendas establecen ciertos derechos para las personas acusadas de delitos penales, entre ellos, el derecho a un juicio imparcial, a contar con representación legal eficaz y a tener la oportunidad de confrontar a los testigos, pero estas garantías procesales carecen de sentido si el proceso se lleva a cabo en un idioma que la persona acusada no entiende. Sin embargo, la Corte Suprema no ha establecido un derecho universal al servicio de interpretación judicial, sino que lo deja a la discreción del

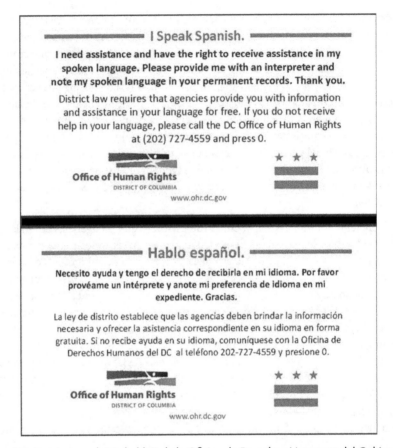

Figura 8.1 Tarjeta *I speak* ('Yo hablo') de la Oficina de Derechos Humanos del Gobierno de Washington D.C. La tarjeta, que tiene una lengua diferente en cada cara, se puede utilizar para solicitar intérprete en las oficinas públicas

tribunal (Dasevich, 2012). Por lo tanto, no importa que la persona acusada solicite servicio de interpretación, corresponde al juez o a la jueza del caso decidir si este se brinda o no. Asimismo, no se especifica el dominio del inglés que se debe tener para participar en los procedimientos legales (bajo el cual se podría requerir servicio de interpretación) ni se exige una evaluación lingüística profesional.

Hablar un idioma lo suficientemente bien para llevar a cabo las actividades cotidianas y tener la competencia lingüística necesaria para participar en los procedimientos judiciales son dos cosas muy diferentes, e incluso las personas que pueden arreglárselas en inglés a veces tienen dificultades para entender lo que sucede en el tribunal. Sin embargo, no tienen derecho a servicio de interpretación si el juez o la jueza considera que su inglés es lo suficientemente bueno. El hecho de que la gente no tenga el derecho a interactuar con el sistema jurídico en el idioma que prefiera es otro ejemplo de que la política lingüística de

Estados Unidos se centra en los servicios lingüísticos destinados a las minorías como medio para superar la 'deficiencia' de no hablar inglés (Gilman, 2011; Haviland, 2003; Leeman, 2018c). Otra limitación del servicio de interpretación es que en la mayoría de los sistemas judiciales se proporcionan intérpretes únicamente durante las actuaciones judiciales, y no en las reuniones previas al juicio ni en otros contextos, lo que hace que las personas acusadas tengan que acudir a alternativas inadecuadas, como a policías, otras personas acusadas o intérpretes *ad hoc* (Rahel, 2014).

Discriminación lingüística

En las secciones anteriores vimos que en Estados Unidos hay algunos derechos limitados para usar el español (y otros idiomas minoritarios) al votar, interactuar con el Gobierno, defenderse ante el sistema judicial o interactuar con programas apoyados por el Gobierno federal. ¿Pero qué hay del derecho a no ser discriminado/a por el idioma? Por ejemplo, ¿es legal negarse a contratar hispanohablantes y gente que habla inglés con acento? ¿Está permitido implementar políticas de *English-only* en el lugar de trabajo? Incluso sin protecciones constitucionales explícitas o legislación que lo prohíba, la discriminación basada en características lingüísticas, como el acento o la lengua hablada, es generalmente ilegal, ya que puede ser un sustituto de la discriminación basada en la raza, la etnicidad o el origen nacional. Sin embargo, hay menos conciencia social sobre la ilegalidad de la discriminación lingüística (en comparación con la discriminación etnorracial), y la hegemonía del inglés, el monolingüismo normativo y la **ideología de la lengua estándar** tienen fuerte arraigo entre jueces y jurados, igual que entre otros sectores de la sociedad (Lippi-Green, 1994, 2012).

Un ejemplo de discriminación lingüística que tiene sus raíces en la discriminación etnorracial es el **perfilado lingüístico**, en el que alguien reconoce la identidad étnica o racial de otra persona con tan solo oírla hablar, y luego la discrimina en función de esa identidad. Gran parte de las investigaciones sobre el perfilado lingüístico se han centrado en la discriminación racial realizada por teléfono, que se basa en la manera de hablar de la persona. Particularmente conocida es la investigación de Baugh sobre la discriminación en lo que respecta a la venta o alquiler de viviendas. Baugh (2003, 2017) descubrió que las personas que llamaban interesadas por un anuncio de vivienda tenían más probabilidades de que la inmobiliaria o la persona dueña de la propiedad les dijera que no había nada disponible cuando hablaban con un acento afroamericano o latinx que cuando lo hacían con un acento 'estándar' (blanco). Esto mismo se puede apreciar en el anuncio de servicio público del Department of Housing and Urban Development ('Departamento de Vivienda y Desarrollo Urbano'), *Accents* ('Acentos'), en http://www.youtube.com/watch?v=HAZMIC_OwTw. En tales casos de perfilado lingüístico, el idioma es el medio encubierto por el cual las inmobiliarias identifican la identidad étnica o racial de la persona que llama. Las directrices federales dejan claro que es ilegal negar una vivienda basándose en el idioma hablado, el acento o el dominio limitado del inglés (Misra, 2016).

En otros casos, la discriminación lingüística es más abierta o explícita. De hecho, muchas personas que no defenderían públicamente la discriminación etnorracial, sin embargo, sí se sienten perfectamente cómodas diciendo que tratan a las personas de manera diferente según el idioma que hablan. En un incidente reciente registrado en un video filmado por una de las personas involucradas, un agente de la U.S. Border Patrol ('Patrulla Fronteriza de los Estados Unidos') detuvo a dos mujeres en una gasolinera de Montana, explicando que sospechaba de ellas por el hecho de que hablaban español (el video está disponible en https://www.youtube.com/watch?v=DpnsFlu1uCA). La American Civil Liberties Union ('Unión Estadounidense por las Libertades Civiles') presentó una demanda en nombre de las mujeres, la cual sostenía que era inconstitucional cuestionar a las mujeres en función de su idioma o acento, que fueron tratados como sustitutos de la identidad etnorracial (Stack, 2019).

Debido a que la discriminación lingüística es una manifestación de la discriminación etnorracial, dejar de contratar a alguien por su forma de hablar es ilegal. De acuerdo con las directrices de la U.S. Equal Employment Opportunity Commission ('Comisión para la Igualdad de Oportunidades en el Empleo de los Estados Unidos' ; EEOC, por sus siglas en inglés) (https://www.eeoc.gov/laws/guidance/national-origin-guidance.cfm#_Toc451518801, consultadas el 15 de octubre de 2018), a menos que exista un motivo específico relacionado con el trabajo, es ilegal tomar decisiones de empleo basadas en el acento o el conocimiento del inglés, porque están vinculadas a categorías protegidas (es decir, raza, etnicidad u origen nacional). Por lo tanto, como se ilustra en los ejemplos del sitio web de la EEOC, sería ilegal asignarle a una persona un puesto de lavaplatos basado en su acento cuando a personas no latinxs con experiencia similar se les asigna puestos de mayor remuneración. Por el contrario, si el trabajo requiere comunicación oral o escrita en inglés (como tomar los pedidos de la clientela), entonces sí sería legal excluir a postulantes con un conocimiento limitado del idioma, ya que hay una actividad específica relacionada con el trabajo que no están en condiciones de desempeñar. Es importante resaltar que las directrices de la EEOC dejan claro que las preferencias de la clientela no constituyen una razón legítima para adoptar criterios en la contratación y el empleo.

A pesar de estas normas federales, los tribunales rara vez fallan a favor de las personas que han sido discriminadas por su acento (Lippi-Green, 1994, 2012). Una razón probable es que las autoridades judiciales también se adhieran a la ideología de la lengua estándar, que presenta formas particulares de hablar como objetivamente superiores (como vimos en el capítulo 4). Cuando alguien da por sentado que solo el inglés estándar 'sin acento' es 'correcto', es fácil suponer que las personas que hablan de otras maneras no tienen educación o son menos competentes, especialmente en contextos educativos (Leeman, 2012a). También vale la pena señalar que las directrices de la EEOC solo tratan los idiomas y acentos 'extranjeros', y que no se mencionan las variedades 'no estándar' del inglés, como el **inglés afroamericano** (AAE, por sus siglas en inglés).

La discriminación lingüística en el lugar de trabajo también puede adoptar la forma de políticas de *English-only* que imponen el uso exclusivo del inglés (a veces incluso se prohíbe el uso de otros idiomas durante los descansos). De hecho, existen casos de personas bilingües que obtuvieron empleos, en parte gracias a su capacidad para comunicarse con la clientela hispanohablante, y que, irónicamente, fueron despedidas luego de que colegas o clientes/as las denunciaran por hablar español (Zentella, 2014). Pero, ¿son legales estas prácticas? De acuerdo con las directrices de la EEOC, las reglas generales que requieren que el personal hable inglés (u otro idioma) en todo momento son consideradas ilegales. Por otra parte, las políticas de *English-only* sí son permisibles cuando existe una razón comercial legítima (por ejemplo, "para promover el desempeño seguro y eficiente del trabajo o las operaciones comerciales", traducido del inglés), cuando se limitan a determinados momentos o lugares, y cuando se aplican por igual a todas las personas sin importar el idioma que hablen.

Estas reglas que imponen el uso exclusivo del inglés, y los casos judiciales que las han confirmado, reflejan una concepción errónea del multilingüismo así como la noción equivocada de que ordenar el uso del inglés no impone ninguna carga a las personas que lo saben hablar; dado que son capaces de hablar inglés, según se piensa, pueden cumplir fácilmente con la política (Del Valle, 2003; Gilman, 2011). Esto pasa por alto el hecho de que el dominio de una lengua es diferente en cada hablante, e ignora el papel de la elección del idioma en la interacción social y la **performance de la identidad**. Sorprendentemente, en el caso *García versus Spun Steak* ('García contra Spun Steak', 1993), el tribunal desestimó la idea de que el derecho de expresión cultural incluyera el derecho a hablar español, adoptando así una visión muy estrecha de la relación del idioma con la etnicidad y el origen nacional (Del Valle, 2003; Gilman, 2011). En resumen, según los tribunales, una persona monolingüe de habla hispana no puede ser excluida de un trabajo por no saber inglés (suponiendo que el trabajo no requiera conocimientos de inglés), pero a una persona bilingüe sí se le puede decir que no hable español en ciertos contextos. Así pues, como explica Gilman (2011), aunque la discriminación lingüística en el empleo es ilegal, no existe el derecho de las personas bilingües a hablar en su idioma preferido en el trabajo.

Hasta ahora nos hemos centrado en la forma en que la política lingüística define los derechos de las personas a no ser discriminadas por hablar una lengua minoritaria (es decir, los derechos lingüísticos negativos). Como vimos, incluso cuando las políticas antidiscriminatorias existen sobre el papel, no siempre se hacen cumplir o se mantienen. Del mismo modo, aunque especialistas en derecho civil, así como las personas responsables de la formulación de políticas, generalmente están de acuerdo en que el Gobierno no puede prohibir el uso privado del español (o de cualquier otro idioma), ha habido casos de madres y padres que fueron prácticamente obligados por las autoridades judiciales a hablar en inglés con sus hijos/as, ya que de lo contrario corrían el riesgo de que la justicia se los quitara (Barry, 2005; Verhovek, 1995).

Además de las restricciones de idioma y la discriminación llevada a cabo por contratantes laborales o el Gobierno, ha habido numerosos casos de civiles que se han enfrentado a otras personas por hablar español en la calle, en tiendas o mientras comían en un restaurante, como vimos en capítulos anteriores. Por muy hiriente y perturbador que pueda ser que te insulten y te digan que hables inglés o que 'vuelvas' a otro país, la Corte Suprema afirmó en el caso *Matal versus Tam* ('Matal contra Tam', 2017) que el lenguaje racista y la expresión de odio están protegidos constitucionalmente por la Enmienda 1.

El estatus oficial del inglés

Mucha gente parece suponer que el inglés tiene estatus de lengua oficial de Estados Unidos, y con esto a veces se pretende justificar los reclamos que exigen que se hable inglés, así como los llamados a terminar con todos los servicios gubernamentales en otros idiomas. Y aunque el inglés es el idioma nacional *de facto*, Estados Unidos nunca ha tenido un idioma oficial. Desde la década de 1980, ha habido un movimiento para cambiar esto, primero a través de una propuesta de 1981 para enmendar la Constitución. Tras el fracaso de esa enmienda, se han presentado y aprobado varios proyectos de ley en la Cámara de Representantes y en el Senado, pero ninguno ha sido aprobado por ambas cámaras del Congreso. En contraste con el fracaso de esos esfuerzos a nivel nacional, 31 estados, así como varios condados y ciudades, han aprobado leyes o enmiendas constitucionales (estatales) confiriéndole estatus oficial al inglés (Grovum, 2014). Entre los estados en los que el inglés tiene carácter oficial figuran Hawái, donde el hawaiano también lo tiene desde 1978, y Alaska, donde los idiomas indígenas del estado también recibieron estatus oficial en 2014 (Canfield, 2014), así como cuatro estados (Nuevo México, Oregón, Rhode Island y Washington) que han aprobado resoluciones oficiales en apoyo de la diversidad lingüística (Fuller y Torres, 2018).

Los detalles de lo que implica el estatus de idioma oficial son a veces un poco difusos, y las disposiciones específicas de los diversos proyectos de ley y enmiendas constitucionales van desde declaraciones vagas sobre la preservación del inglés hasta reglamentos más específicos sobre su uso en los asuntos gubernamentales (Liu *et al.*, 2014). Asimismo, como explicamos anteriormente, algunos servicios de idiomas minoritarios (como la provisión de material electoral) están directamente vinculados a los derechos civiles federales y a las protecciones constitucionales, y por lo tanto son requeridos independientemente de la situación del inglés a nivel estatal o local. No obstante la falta de claridad en cuanto a los detalles, quienes abogan por otorgar la condición de oficial al inglés coinciden generalmente en su objetivo de reducir o eliminar el apoyo gubernamental a los idiomas minoritarios, como la educación bilingüe, los servicios de acceso a los idiomas y las papeletas electorales (Schmidt, 2007). A nivel estatal, los esfuerzos por prohibir la educación bilingüe a menudo se han llevado a cabo por separado de los intentos de declarar el inglés como idioma oficial, pero pueden considerarse parte del mismo movimiento político (analizaremos la educación bilingüe con más detalle en el capítulo 9). Dentro de los esfuerzos de la política a nivel estatal, también se ha buscado eliminar los exámenes de licencia de conducir en idiomas distintos del inglés.

Claramente, el objetivo de conferirle estatus oficial al inglés es reducir o eliminar los servicios de acceso lingüístico, así como cualquier otra política que se perciba como un apoyo al mantenimiento de los idiomas minoritarios, sin perjuicio de los programas de 'idiomas extranjeros' que benefician tanto a las personas de habla inglesa como a la diplomacia internacional (Schmidt, 2007). Dado que hacer del inglés el idioma oficial prohibiría ciertas actividades gubernamentales en otros idiomas, este movimiento político a veces es denominado *English-only* por parte de quienes se oponen a esta causa. Sin embargo, las dos organizaciones más prominentes que abogan por el inglés oficial, *US English* y *ProEnglish*, rechazan la etiqueta *English-only*, argumentando que no están tratando de prohibir el uso privado de las lenguas minoritarias, sino más bien de eliminar el apoyo gubernamental a las lenguas minoritarias así como su uso en el Gobierno.

¿Por qué algunas personas quieren que el inglés tenga estatus oficial? Consideremos los argumentos presentados por quienes apoyan esta causa, así como las suposiciones reflejadas en esos argumentos, y la conexión de estos movimientos con las ideologías lingüísticas. Lo más obvio es que el movimiento de inglés oficial está ligado a la ideología de una lengua-una nación comentada en el capítulo 4, que ve el uso de un solo idioma como promotor de la unidad y el bien común. Quienes defienden el inglés oficial consideran que dicho idioma es un elemento esencial de la identidad nacional estadounidense, mientras que otros idiomas se consideran divisorios y amenazantes para la cultura y la tradición populares. A su vez, se argumenta que las personas que hablan idiomas minoritarios son personas que eligieron voluntariamente migrar a Estados Unidos, y como tales tienen la obligación moral de aprender el idioma de su nuevo país (Schmidt, 2007). En cualquier caso, quienes desean oficializar el inglés sostienen que este idioma es necesario para el progreso socioeconómico, por lo que todo el mundo se beneficia de su aprendizaje. Un argumento relacionado es que la educación bilingüe y los servicios en idiomas minoritarios impiden la adquisición del inglés, por lo que ofrecerlos perjudica a quienes son hablantes de idiomas minoritarios y fomenta la división. Si no se oficializa el inglés y no se eliminan los servicios de idiomas minoritarios y la educación bilingüe —el argumento continúa—, las personas migrantes y su descendencia quedarán aisladas en enclaves etnolingüísticos. Por último, quienes apoyan esta causa sugieren que limitar el Gobierno a un solo idioma es justo, porque implica tratar a todas las personas por igual (Schmidt, 2002).

Ahora veamos más de cerca y evaluemos las motivaciones declaradas de quienes promueven la oficialización del inglés. Muchos de los argumentos presentados por quienes apoyan esta causa descansan en la premisa de que las nuevas oleadas de inmigrantes no están aprendiendo inglés (o lo están haciendo a un ritmo más lento que las oleadas anteriores), junto con la idea de que el estatus oficial les ayudará a hacerlo más rápidamente; así que empecemos por ahí. Esta premisa es simplemente falsa. En primer lugar, las oleadas anteriores de inmigrantes no aprendieron inglés ni remotamente tan rápido como la narrativa dominante nos quiere hacer creer (Wiley, 2000; Wilkerson y Salmons, 2008). En segundo lugar, si bien el nivel de conocimiento del inglés de las personas migrantes depende en gran medida de la edad de llegada y del tiempo que llevan en Estados Unidos, esencialmente todas las personas nacidas en dicho país aprenden y dominan el inglés (véase el capítulo 2). El patrón de tres generaciones de desplazamiento lingüístico permanece en gran medida intacto, y no es el inglés, sino el español, y otros idiomas minorizados, los que corren el riesgo de perderse. También queremos señalar que la ideología del monolingüismo normativo que considera que los idiomas existen en una relación de suma cero lleva a algunas personas a suponer que si un individuo habla un idioma minorizado, entonces no habla inglés. De hecho, como vimos en el capítulo 2, la gran mayoría de las personas de habla hispana en Estados Unidos también hablan inglés bien o muy bien (lo mismo ocurre con otras lenguas minorizadas).

¿Pero qué sucede con las personas que han migrado más recientemente o que les cuesta el inglés porque fueron expuestas por primera vez al idioma más tarde en la vida, o simplemente porque encuentran difícil su aprendizaje? (Quienes hayan estudiado otro idioma tal vez puedan comprender lo difícil que puede ser, y cuánto tiempo puede llevar llegar a hablarlo con cierta fluidez.) Quienes defienden la oficialización del inglés a veces se refieren a los servicios de idiomas minoritarios como una simple 'muleta', pero es difícil imaginar que el solo hecho de declarar el inglés como idioma oficial o negarse a prestar servicios en idiomas minoritarios haga que alguien aprenda inglés de la noche a la mañana. De hecho, se ha demostrado que la educación bilingüe es más efectiva para enseñar la alfabetización en inglés, como veremos en el próximo capítulo. Y también hay una cuestión moral: ¿debería negarse a la gente el acceso a la atención médica, a los servicios de emergencia o el derecho a interactuar con el Gobierno como 'castigo' por no haber aprendido inglés lo suficientemente rápido? Además, la idea de que, en cierto modo, es más 'justo' que todas las personas usen el mismo idioma (es decir, el inglés) ignora el hecho de que, si eso sucediera, algunas personas recibirían servicios en su primera lengua mientras que otras no. Esto se asemeja más o menos a representar las variedades 'estándar' como universales e igualmente accesibles para todo el mundo, cuando en realidad la variedad seleccionada como la norma está estrechamente relacionada con los grupos dominantes (véase el capítulo 4). En otras palabras, tratar a todas las personas por igual no significa necesariamente tratarlas de forma equitativa.

En el párrafo anterior, hablamos del conocimiento lingüístico de las personas inmigrantes y sus descendientes, y al hacerlo dejamos sin cuestionar una premisa falsa del movimiento de inglés oficial. Así que abordemos eso ahora. Como vimos en profundidad en el capítulo 3, así como en la sección de perspectivas históricas de la política lingüística, y como Schmidt (2002, 2007) también señala, las personas que hablan idiomas minorizados no son necesariamente inmigrantes, o descendientes de inmigrantes, que han elegido llegar a Estados Unidos, ni Estados Unidos es un país inherentemente monolingüe de habla inglesa. Por el contrario, la historia multilingüe de Estados Unidos también incluye a pueblos originarios que vivían en lo que ahora es territorio estadounidense —antes de la invasión europea—, personas esclavizadas que fueron traídas a dichas tierras como mano de obra, residentes de territorios conquistados y anexionados por Estados Unidos, y también refugiados/as (Schmidt, 2002; Wiley, 2000). La impresión de que el multilingüismo es algo nuevo no se basa en la realidad objetiva, sino más bien en la hegemonía y la **naturalización** del inglés en Estados Unidos, así como en el borrado de la diversidad lingüística (Schmidt, 2007).

Y sobre todo, al enmarcar Estados Unidos como una nación históricamente **anglófona** y presuponer que las personas hablantes de lenguas minorizadas son inmigrantes lo que se hace es borrar el uso histórico y contemporáneo del idioma como una forma de marginar grupos racializados y concebirlos como una otredad. Como vimos, el lenguaje ha sido un mecanismo para la subordinación de la población latinx y otros grupos, y para el favorecimiento del inglés y la blanquitud. Las lenguas minorizadas, y especialmente el español, sirven como índices de esas identidades racializadas, y en muchos casos la preocupación por el supuesto desplazamiento del inglés lo que en realidad refleja es la preocupación por el desplazamiento de la población blanca por parte de personas de color (Schmidt, 2007). A propósito, como señala Zentella (1997b), el movimiento de oficialización del inglés ha estado imbuido, desde su fundación, de una profunda "hispanofobia".

Es importante tener presente el prejuicio racial que subyace al movimiento para conferirle estatus oficial al inglés a la hora de evaluar la afirmación de que tal estatus ayudaría a las personas de habla hispana (y otros idiomas minorizados) a alcanzar el 'sueño americano'. Por un lado, sí, es cierto que es extremadamente difícil tener éxito en Estados Unidos sin saber inglés. Pero hablar inglés no es la solución mágica que permite a las personas de habla hispana superar el racismo, del mismo modo que hablar variedades 'estándar' no libera mágicamente a otras personas racializadas de la discriminación sistémica (Leeman, 2005, 2018c; Lippi-Green, 2012; Macedo, 1997; Villa, 2002). De hecho, esta promesa de que el inglés traerá el éxito no solo se incumple frecuentemente, sino que además constituye un elemento de lo que Lippi-Green (2012; traducido del inglés) llama "el modelo de subordinación lingüística", que devalúa las lenguas y variedades lingüísticas desfavorecidas y presiona a sus hablantes para que las abandonen. Asimismo, declarar el inglés como lengua oficial envía un poderoso mensaje simbólico sobre quién cuenta como un 'verdadero' miembro de la sociedad estadounidense y contribuye a que las personas que hablan lenguas minorizadas sean concebidas como una otredad. Definir la identidad nacional estadounidense en torno al inglés es particularmente perjudicial para las personas latinxs, ya que las ideologías dominantes las vinculan al español independientemente de la(s) lengua(s) que hablen (Leeman, 2013, 2016).

A veces se utiliza el término *pluralistas* para referirse a quienes se oponen al movimiento *English-only,* valoran la diversidad lingüística y el multilingüismo, y apoyan las políticas inclusivas (Schmidt, 2002). Queremos subrayar que oponerse a la oficialización del inglés no significa creer que no se deba aprender dicho idioma. Al contrario, la gente que se opone al *English-only* por lo general apoya las políticas que fomentan la adquisición del inglés y, al mismo tiempo, promueven el mantenimiento y el desarrollo de los idiomas minoritarios. En Estados Unidos, esta posición pluralista se denomina a veces *English Plus,* nombre que pone de relieve que el objetivo es apoyar el bilingüismo en inglés y otro idioma (o el multilingüismo en inglés y en varios idiomas adicionales), y no solo defender las lenguas minorizadas. Como señalamos anteriormente, cuatro estados se han opuesto al movimiento *English-only,* sin dejar de reconocer la centralidad del inglés en la vida de Estados Unidos, al aprobar resoluciones a favor de la diversidad lingüística, y dos estados han hecho co-oficiales las lenguas indígenas y el inglés. Además, de los estados que habían prohibido la educación bilingüe, todos menos uno (Arizona) posteriormente revocaron dicha resolución (véase el capítulo 9).

En esta sección vimos que, a pesar de las afirmaciones de que las políticas de *English-only* reflejan un intento de promover la unidad nacional y al mismo tiempo ayudar a las oleadas de inmigrantes a alcanzar el sueño americano, la realidad es muy diferente. Tanto estas políticas como las campañas por conferirle estatus oficial al inglés no solo son innecesarias, sino que tienen consecuencias simbólicas y materiales negativas. En lugar de prevenir la división, contribuyen a ella a través de la exclusión y la racialización. Los debates en torno a la oficialización del inglés ponen de relieve de qué modo varias ideologías lingüísticas están relacionadas entre sí, así como las formas en que las políticas no solo reflejan sino también reproducen las ideologías.

La política lingüística en Puerto Rico

Como condición del tratado que puso fin a la guerra hispano-estadounidense en 1898, España cedió su colonia de Puerto Rico a Estados Unidos. Al igual que en los Estados Unidos continentales, el énfasis de la política lingüística en Puerto Rico fue la 'americanización' de la población local, especialmente a través de la educación. La *Official Languages Act* de Puerto Rico ('Ley de Lenguas Oficiales', 1902) hizo que tanto el español como el inglés fueran idiomas oficiales y permitió el uso de ambos en las transacciones gubernamentales. No obstante, y a pesar de cierto apoyo al uso del español para 'americanizar' a la población local, la política lingüística en el contexto educativo impuso el inglés como lengua vehicular o principal medio de enseñanza (aunque en algunos años el español se utilizaba en los grados inferiores, y el estudiantado se pasaba al inglés en la escuela secundaria) (Pomada, 2008; Rodríguez-Arroyo, 2013). Esta política resultó ser muy problemática tanto para estudiantes como para docentes, porque una buena parte de la población solo tenía un dominio limitado, si es que lo tenían, del inglés. Al igual que en el caso de residentes de los territorios anexionados del Suroeste, cuando la población puertorriqueña pasó a ser parte de la ciudadanía estadounidense en 1917, no se les exigió que demostraran su conocimiento del inglés.

En la primera mitad del siglo xx, los gobernadores de Puerto Rico eran nombrados por el presidente de Estados Unidos, pero desde 1948 este cargo es elegido por la población puertorriqueña. La administración del primer gobernador electo implementó una política de enseñanza en español para las escuelas públicas poco después de asumir el cargo en 1949, política que permanece vigente. En cuanto a los idiomas oficiales, en 1991 se revocó la Ley de Lenguas Oficiales y el español fue declarado el único idioma oficial de Puerto Rico. Hay quienes vieron esto como una estratagema política del partido pro-Estado Libre Asociado para demostrar un compromiso con la identidad puertorriqueña y así ganar votos (Pomada, 2008), mientras que otras personas lo vieron como un intento de obstaculizar las campañas por la estadidad (Crawford, 1997). De hecho, cuando el partido pro-estadidad volvió al poder en 1993, el gobernador Pedro Rosselló revocó la política de *Spanish-only* ('solo español') y restableció el bilingüismo oficial (Pomada, 2008).

En los últimos años, se han adoptado varias medidas para promover el conocimiento del inglés en el estudiantado, entre ellas, aumentar la educación bilingüe. Quienes apoyan un mayor uso del inglés en las escuelas subrayan su valor instrumental, es decir, las presuntas ventajas económicas que trae aparejado saber hablarlo, así como una mayor integración política con Estados Unidos (y la posibilidad de que el territorio adquiera condición de estado) (Rodríguez-Arroyo, 2013). Quienes están en contra lo ven como un refrito de las políticas de americanización que subordinan la cultura puertorriqueña y reproducen la desigualdad basada en el acceso al inglés. El hecho de que el impulso a la educación bilingüe haya coincidido con el aumento de la privatización y el cierre de escuelas, especialmente tras la devastación del huracán María, no ha hecho sino aumentar las sospechas.

Conclusiones y conexiones

En este capítulo vimos que Estados Unidos ha tenido una variedad de políticas lingüísticas a lo largo de su historia. Estas políticas están ligadas a las ideologías lingüísticas que comentamos en el capítulo 4, pero también están conformadas por otras preocupaciones políticas e ideológicas. Las políticas lingüísticas determinan quiénes pueden obtener la ciudadanía, quiénes pueden votar y quiénes tienen acceso a la educación; influyen en el acceso de las personas al trabajo y a la vivienda y pueden tener consecuencias de vida o muerte en la atención médica y los servicios de emergencia. Por supuesto, las políticas lingüísticas en el contexto educativo son fundamentales para dar forma al futuro del español y otras lenguas minoritarias, como veremos en el siguiente capítulo. En varios momentos históricos, las políticas lingüísticas en Estados Unidos han sido utilizadas para reprimir y dominar, para limitar el acceso al poder político y social, y para definir la pertenencia e identidad nacional. Pero también es preciso recordar que otras políticas lingüísticas se han utilizado para combatir la discriminación y promover la inclusión y la equidad.

Aunque el inglés no es el idioma oficial estadounidense, y Estados Unidos siempre ha sido una nación multilingüe, una tendencia histórica ha sido la creciente hegemonía del inglés. Esta hegemonía se reflejaba y se reproducía en las políticas de principios del siglo xx relativas al uso del inglés en las escuelas y el Gobierno (incluida la introducción, en 1906, de un requisito de conocimiento del inglés para la ciudadanía), así como en el movimiento más reciente para otorgarle estatus oficial al inglés. En años recientes también ha habido propuestas para exigir un conocimiento del inglés a quienes solicitan visados para migrar a Estados Unidos. Estas políticas excluyentes han jugado, y siguen jugando, un papel en la racialización del español y las personas latinxs.

Por otro lado, en los últimos años también se ha observado una creciente incidencia, conciencia y apreciación del multilingüismo, al menos entre algunos segmentos de la población, lo que ha dado lugar a políticas lingüísticas más pluralistas que impulsan, por ejemplo, el acceso lingüístico y programas innovadores de educación bilingüe (como veremos en el próximo capítulo). Estas políticas de inclusión han abierto espacio en el ámbito público para los idiomas minorizados. Por supuesto, quienes se preocupan por estos temas deben involucrarse en el proceso político y abogar por las políticas que desean a nivel local y nacional, así como compartir lo que saben con sus círculos de amistades y con sus familiares. También es importante recordar que las políticas operan en múltiples niveles, y que las personas pueden a veces promover o aplicar políticas pluralistas o inclusivas en el plano local o micro (como en las ciudades, las escuelas o las aulas), incluso frente a políticas excluyentes en el plano nacional (Hornberger, 2005).

Actividades y preguntas de discusión sobre el capítulo 8

(1) Nuestra discusión sobre el acceso lingüístico y los servicios en español se centró en las entidades gubernamentales y los programas financiados por el Gobierno, como en el voto y la atención médica. Si bien señalamos que la discriminación basada en el idioma es ilegal en el empleo, la vivienda y los alojamientos públicos, no discutimos el uso del español por parte de las empresas privadas, por ejemplo, en servicios telefónicos de atención al cliente. Compara el uso del español por entidades gubernamentales y privadas, en términos de políticas lingüísticas y las ideologías que las rigen.

(2) Un tópico frecuente de quienes promueven la oficialización del inglés es la frase grabada *'press one for English'* ('pulse uno para inglés'), e incluso hay una canción de la Rivoli Revue sobre ello. Mira el video (https://www.youtube.com/watch?v=sEJfS1v-fU0) y analiza las declaraciones y mitos que contiene, así como las ideologías lingüísticas que refleja. También puedes comentar las imágenes. A continuación, considera las políticas lingüísticas que los miembros de Rivoli Revue podrían proponer para resolver el 'problema' que identifican. Aplica lo aprendido en este capítulo para evaluar la legalidad de esas políticas propuestas.

(3) Analiza las orientaciones hacia la lengua reflejadas en algunas de las políticas lingüísticas de Estados Unidos comentadas en este capítulo. ¿Puede haber más de una orientación reflejada en una sola política? ¿Crees que es posible cambiar las orientaciones hacia la lengua mediante la promulgación de nuevas políticas lingüísticas o, por el contrario, las políticas lingüísticas son siempre un reflejo de las orientaciones? Pon algunos ejemplos que sustenten tu posición.

(4) Pregunta entre tu círculo de amistades o a familiares sobre el estatus del inglés en Estados Unidos y en el estado en el que vives. Averigua lo que saben sobre

el estatus, si creen que el inglés debería ser oficial, y cuál sería el argumento en cualquier caso. Pregúntales qué tipos de servicios creen que deberían o no ser proporcionados en otros idiomas que no sean el inglés y por qué. Analiza sus respuestas a la luz de la información proporcionada en este capítulo. También puedes consultar el artículo de Ronald Schmidt (que figura en *Lecturas y materiales adicionales*) o el testimonio de James Crawford (2006) ante el Congreso, disponible en http://www.ailadownloads.org/advo/Crawford-CrawfordTestimony.pdf.

(5) Mira el video *Spanish-speaking Kansans Demand Language Access for Health Equity* ('Personas hispanohablantes de Kansas reclaman el acceso lingüístico por la equidad sanitaria' https://www.youtube.com/watch?v=SBoPI0LFpKY) sobre un proyecto llevado a cabo por la profesora Rachel Showstack. Analiza las narrativas de las pacientes utilizando la información presentada en este capítulo. Debes explicar la política de acceso lingüístico relevante, las limitaciones de esta, y las consecuencias de no ofrecer servicios en lenguas minorizadas. Además de la falta de acceso lingüístico, ¿los problemas experimentados por las pacientes apuntan a otros problemas en el sistema sanitario?

Notas

(1) En 2013 la Corte Suprema, en una decisión de 5 contra 4, revocó el requisito de aprobación previa que se basaba en datos del registro de votantes, que, supuestamente, mostraban que la diferencia en las tasas de registro entre personas negras y blancas se había reducido drásticamente desde 1965. Sin embargo, no se tuvo en cuenta el origen hispano/latino, ni las diferencias en las tasas de ciudadanía entre los grupos (Gabrielson, 2017). El hecho de que la categoría 'blancos' incluyera a las personas latinxs (incluso quienes no tenían ciudadanía) hizo que las tasas de registro de las personas blancas parecieran más bajas de lo que habrían sido de otro modo, lo que subraya que la clasificación etnorracial oficial, y la construcción de la **latinidad** como una categoría étnica más que racial, puede tener un impacto de gran alcance (véase el capítulo 5). Desde la decisión de 2013, numerosos estados han puesto en práctica procedimientos de votación más restrictivos que han privado de manera desproporcionada al electorado perteneciente a minorías etnorraciales.

(2) La única excepción parcial se refleja en la *Native American Languages Act* de 1990 ('Ley de Lenguas Indígenas Americanas'), que declara que es política de Estados Unidos "preservar, proteger y promover los derechos y la libertad de los pueblos originarios americanos de usar, practicar y desarrollar las lenguas indígenas americanas" (traducido del inglés). Sin embargo, esta política nunca ha sido totalmente financiada o implementada, y se aplica solo a las lenguas indígenas norteamericanas, que se definen como de 'estatus especial' único.

Lecturas y materiales adicionales

Lozano, R. (2018) *An American Language: The History of Spanish in the United States*. Oakland, CA: University of California Press.

Martínez, G. (2010) Language and power in healthcare: Towards a theory of language barriers among linguistic minorities in the United States. En J. Watzke, P. Chamness y M. Mantero (eds.) *Readings in Language Studies: Language and Power*, Vol. 2 (pp. 59–74). Lakewood, FL: International Society for Language Studies.

Pavlenko, A., Hepford, E., y Jarvis, S. (2019) An illusion of understanding: How native and non-native speakers of English understand (and misunderstand) their *Miranda* rights. *International Journal of Speech Language and the Law*. https://doi.org/10.1558/ijsll.39163.

Schmidt, Sr., R. (2002) Racialization and language policy: The case of the USA. *Multilingua* 21 (2–3), 141–162.

Skutnabb-Kangas, T. (2013) Role of linguistic human rights in language policy and planning. In C.A. Chapelle (ed.) *The Encyclopedia of Applied Linguistics*. https://doi.org/10.1002/9781405198431.wbeal1026.

Zentella, A.C. (2014) TWB (Talking While Bilingual): Linguistic profiling of Latina/os, and other linguistic torquemadas. *Latino Studies* 12 (4), 620–635.

Capítulo 9

El español en las escuelas de Estados Unidos

Objetivos

Examinar la política educativa con respecto al español en Estados Unidos, explicar los diferentes modelos educativos para aprendices de inglés y hablantes bilingües español-inglés, discutir la enseñanza del español y analizar las formas en que las ideologías lingüísticas influyen en las políticas educativas y se reproducen en las prácticas escolares.

Introducción

A medida que se han ido estableciendo importantes comunidades latinxs en cada vez más zonas de Estados Unidos, la presencia latinx y de la lengua española en las escuelas es cada vez más notable (López *et al.*, 2018). A nivel nacional, en 2015, el 26% de los 50,4 millones de estudiantes de primaria y secundaria eran latinxs (De Brey *et al.*, 2019). Si bien hay muchas cuestiones no lingüísticas importantes relacionadas con el bienestar y la escolarización de la población infantil latinx (para más detalle, véase Gándara y Mordechay, 2017), en este capítulo nos centramos en cuestiones relacionadas con el idioma y su enseñanza. Nos enfocamos principalmente en las políticas y programas educativos para hispanohablantes —como la enseñanza del inglés como segunda lengua (ESL, por sus siglas en inglés: *English as a Second Language*), la educación bilingüe, y las clases de español para **hablantes de herencia**—, aunque también tratamos la enseñanza del español como segunda lengua o lengua adicional.

Según la U.S. Census Bureau ('Oficina del Censo de los Estados Unidos'), el 16% de la población estadounidense de 5–17 años habla español en el hogar (American Community Survey, 2017). Como hemos insistido reiteradas veces en capítulos anteriores, la población de habla hispana es sumamente diversa y comprende una gran variedad de experiencias vitales. De la misma manera, la población infantil y adolescente que habla español en el hogar abarca una amplia gama de perfiles y habilidades lingüísticas, incluyendo casos de niños y niñas que dominan más el español, casos en los que dominan más el inglés y casos en los que dominan altamente ambos idiomas. En cierto modo, las personas denominadas En cierto modo, las personas denominadas aprendices de inglés (ELL, por sus siglas en inglés: *English Language Learners*) y las denominadas hablantes de herencia representan los extremos opuestos de un espectro de perfiles lingüísticos que están estrechamente ligados a la historia familiar y de inmigración; en el caso de inmigrantes recientes de América Latina, suelen ser estudiantes ELL, mientras que el inglés tiende a ser la lengua dominante de sus hijos/as y nietos/as, quienes suelen tener una capacidad más limitada en español (véase la discusión sobre **desplazamiento lingüístico** en el capítulo 2). Sin embargo, como vimos en el segundo capítulo de este libro, hay una amplia gama de factores que influyen en el mantenimiento o la pérdida del idioma de modo que no todo el mundo encaja en estos patrones.

Si bien nuestro principal interés se centra en el idioma, queremos destacar que la cuestión de qué idioma(s) enseñar o utilizar en el aula no es simplemente una cuestión práctica relacionada con la eficacia de la enseñanza. Por el contrario, el tratamiento del idioma por parte de las escuelas y las políticas educativas está íntimamente ligado a cuestiones más amplias de equidad educativa y del papel de las escuelas en la reproducción de jerarquías e ideologías sociales, entre otros asuntos. Dado que las escuelas son lugares donde no solo se aprenden 'cosas', sino que también se aprende cuáles son las 'cosas' que vale la pena conocer, es fundamental que nos preguntemos qué culturas, prácticas y valores se reflejan y se promueven en las políticas y prácticas educativas. Y, al mismo tiempo, necesitamos pensar qué culturas y pueblos se omiten en el programa de estudios o se presentan como 'problemáticos' o 'erróneos', así como considerar las implicaciones de este **borrado** simbólico y de la **racialización**. Típicamente, las escuelas estadounidenses elevan la cultura —incluyendo las formas de hablar— de la clase media blanca y la presentan como la clave del éxito y el modelo al que cualquier estudiante debería aspirar. Esta visión unilateral y celebratoria de las culturas y conocimientos de la clase media blanca es especialmente dañina para miembros de grupos racializados, estudiantes de pocos recursos económicos y hablantes de otros idiomas, así como para quienes hablan variedades no estándar de inglés. Como veremos en las siguientes secciones, estas ideologías, y las prácticas que surgen de ellas, influyen en las experiencias, las actitudes y el conocimiento lingüístico de las personas latinxs en el contexto educativo y más allá.

La historia de las lenguas minoritarias en las escuelas de Estados Unidos

Es común creer que la educación en Estados Unidos siempre se ha impartido en inglés, pero no es el caso. En la época de la independencia de Estados Unidos (1776), la educación de niños/as y jóvenes se realizaba en diversas lenguas inmigrantes (p. ej., alemán, italiano, polaco) según la comunidad local, y tanto la educación bilingüe como las escuelas que enseñaban exclusivamente en idiomas distintos del inglés todavía eran bastante comunes durante la segunda mitad del siglo xix (Baker, 2011: 184; García, 2009a: 163; Ramsey, 2010: 12). En algunas zonas rurales de los territorios del Suroeste anexionados de México, hubo que esperar 100 años después de la anexión para que llegara la enseñanza pública. No siempre existía la posibilidad de acceder a ella, y en las escuelas parroquiales católicas se enseñaba en español, lo que representaba una manera por la cual las poblaciones locales trataban de mantener su idioma (Dubord, 2010). No fue sino hasta principios del siglo xx cuando se generalizó la enseñanza pública en Estados Unidos, al igual que las leyes que requerían asistencia escolar obligatoria. En 1900, 33 estados tenían leyes de asistencia obligatoria (Lozano, 2018).

El establecimiento de la educación obligatoria coincidió con una creciente importancia del inglés en la construcción de la identidad nacional estadounidense y con la preocupación por la asimilación cultural y lingüística tanto de la población inmigrante como de la población hispanohablante que vivía en los nuevos territorios anexionados (véase el análisis en los capítulos 3, 4 y 8). Asimismo, la expansión de la educación pública, junto con la disminución en el control local de las escuelas, también contribuyó a que se diera mayor importancia al inglés (Ramsey, 2010). Estas tendencias, y la concepción de las escuelas como un sitio para la 'americanización' de hablantes de **lenguas minorizadas**, también se reflejan en la política y la práctica educativas de la época. Como vimos en el capítulo 3, la ley de 1910 que permitió que Nuevo México y Arizona se convirtieran en estados también exigió que las escuelas públicas enseñaran exclusivamente en inglés (Lozano, 2018; Wiley, 2000). De manera similar, en Puerto Rico la política educativa priorizó el inglés como **lengua vehicular de enseñanza** hasta la década de 1940 (Rodríguez-Arroyo, 2013).

A nivel nacional, en 1919, el Americanization Department of the U.S. Bureau of Education ('Departamento de Americanización de la Oficina de Educación') adoptó una resolución que recomendaba que en todas las escuelas del país la enseñanza se impartiera exclusivamente en inglés (Baker, 2011: 184). Aunque el Gobierno federal no acabó adoptando esa política, algunos estados sí prohibieron la enseñanza en idiomas distintos del inglés, y Nebraska incluso prohibió la enseñanza de idiomas 'extranjeros' en las escuelas privadas. En el caso de 1919 *Nebraska versus Myers* ('Nebraska contra Myers') la Corte Suprema dictaminó que tal prohibición era inconstitucional, pero muchos sistemas escolares públicos, que desempeñaban un papel cada vez mayor en la educación de la juventud estadounidense, simplemente decidieron no ofrecer enseñanza en otras lenguas, lo que no violaba el fallo (Fouka, 2016; Pavlenko, 2003). Desde entonces, el uso del inglés como única lengua vehicular ha sido la norma en todo el país.

Durante al menos la primera mitad del siglo xx, la mayoría de las niñas y niños mexicoamericanos del Suroeste asistían a escuelas segregadas que utilizaban el inglés como única lengua vehicular de la enseñanza (Gándara, 2012; Lozano, 2018). A su vez, hubo docentes que prohibían todo uso del español, incluso en el patio de recreo, y castigaban severamente a sus estudiantes por hablarlo (MacGregor-Mendoza, 2000). Aunque Nuevo México exigía que el español se enseñara del quinto al octavo grado, esta enseñanza estaba dirigida a hablantes de segunda lengua y enmarcaba el español como un idioma 'extranjero' en lugar de un idioma local (Lozano, 2018). Así pues, el español no era la lengua en que se impartía la enseñanza, sino una materia adicional. De manera similar, Texas permitió que el español se enseñara como asignatura, pero la educación bilingüe era ilegal en el estado hasta la década de 1960 (Lozano, 2018). Además de la represión del español, la historia de la educación de la juventud latinx se caracteriza por la segregación y una escolaridad inferior a la que se impartía a niñas y niños **anglo** (Gándara, 2012; Lozano, 2018).

En la década de 1960 hubo un creciente activismo en favor de los derechos de las minorías en todo el mundo. Un aspecto de tales luchas era la búsqueda de la equidad educativa, incluyendo la escolarización en lenguas minoritarias. En Estados Unidos, como parte de la lucha por los derechos civiles, los movimientos **chicanx** y puertorriqueño reclamaban la eliminación de las escuelas segregadas, el acceso a una educación de calidad, la enseñanza bilingüe y el fin de la discriminación racial en la contratación de docentes, entre otras cosas (Flores y García, 2017). Este activismo condujo a la aprobación de la *Bilingual Education Act* de 1967 ('Ley de Educación Bilingüe'), que pretendía reducir las altas tasas de deserción escolar de estudiantes latinxs, y proporcionaba fondos federales a los distritos escolares que quisieran ofrecer educación bilingüe u otros programas para estudiantes con dominio limitado del inglés (García, 2009a). Así, los orígenes del apoyo federal a la educación bilingüe se vinculaban a los esfuerzos por reducir la desigualdad educativa y cerrar la 'brecha de logros'. Como señaló Ruíz (1984), el discurso que rodeaba a esta política, así como la política misma, reflejaba la **orientación de la lengua como problema** que discutimos en el capítulo anterior.

Como vimos con más detalle en el pasado capítulo, la decisión de la Corte Suprema en el caso *Lau versus Nichols* ('Lau contra Nichols', 1974) determinó que el hecho de que el distrito escolar de San Francisco no brindara acomodación educativa a niños y niñas que no hablaban inglés constituía una discriminación por motivos de origen nacional y, por lo tanto, una violación de la *Civil Rights Act* de 1964 ('Ley de Derechos Civiles'). Ese fallo dio lugar a una nueva legislación que ampliaba considerablemente la educación bilingüe para estudiantes con dominio limitado del inglés, especialmente hispanohablantes. Aunque algunos de los primeros programas trataban de promover el mantenimiento y desarrollo de las lenguas minoritarias, en la gran mayoría de los casos el objetivo educativo era utilizarlas solo temporalmente mientras se adquiría el inglés, y se hacía la transición a la escolarización en inglés lo más rápidamente posible.

Contrariamente a la creencia popular, la decisión del caso *Lau* no exigía la provisión de una educación bilingüe, ni siquiera una educación en la lengua o las lenguas maternas de estudiantes con dominio limitado del inglés; solo se requería que se ofreciera algún tipo de acomodación. Esto hizo posible que la administración Reagan (1981–1989), que era en gran medida hostil a la educación bilingüe y a los derechos lingüísticos en general, redujera drásticamente los programas bilingües (Baker, 2011: 187–188). También se tomaron importantes medidas contra la educación bilingüe a nivel estatal, a menudo en forma de referéndums. En 1998 el electorado de California aprobó la Proposición 227 que ordenaba que "a todo niño/a de las escuelas públicas de California se le debe enseñar inglés mediante la enseñanza en inglés" (Proposición 227, 1998; traducido del inglés). Se aprobaron proposiciones similares en Arizona en 2000 y en Massachusetts en 2002, aunque una enmienda constitucional similar fue rechazada en Colorado (Escamilla *et al.*, 2003) y las proposiciones de Massachusetts y California han sido revocadas desde entonces. Estas iniciativas y referéndums pueden considerarse parte del movimiento más amplio de **English-only** ('solo inglés') (véase el capítulo 8).

Las medidas federales de rendición de cuentas también han obstaculizado los modelos de educación bilingüe para estudiantes de lenguas minoritarias. En 2002, la ley federal *No Child Left Behind* ('Que ningún niño se quede atrás') estableció que los exámenes estandarizados de las asignaturas básicas debían realizarse únicamente en inglés (incluso para aprendices de inglés), lo cual intensificó el enfoque en la adquisición de esta lengua y redujo el apoyo a la educación bilingüe (Menken y Solorza, 2014). En 2015, la ley *Every Student Succeeds* ('Cada estudiante triunfa'), que sustituyó a la ley *No Child Left Behind*, aumentó aún más los requisitos de rendición de cuentas con respecto al dominio del inglés entre estudiantes ELL. Aunque la nueva ley otorga a los estados mayores fondos para estudiantes ELL y permite más flexibilidad en las medidas de evaluación, el enfoque sigue siendo el desarrollo del inglés en lugar del apoyo a las lenguas maternas del estudiantado (Fránquiz y Ortiz, 2016). Asimismo, los regímenes de evaluación y rendición de cuentas que recompensan a escuelas y docentes por las altas calificaciones en los exámenes estandarizados (y que las castigan cuando son bajas) no incluyen las lenguas 'extranjeras' como asignatura básica. Esto significa que los incentivos que motivan la inversión de las escuelas en asignaturas como las matemáticas o la lectura en inglés no existen para los cursos que promueven el desarrollo del español en el estudiantado y, por lo tanto, a menudo se les priva de prioridad y no se les proporciona la financiación necesaria, si es que existen tales cursos (Pomerantz y Huguet, 2013). En resumen, aunque los programas de educación bilingüe encontraron cierto apoyo federal en la década de 1970, en los años ochenta la política lingüística federal de Estados Unidos en materia de educación se volcó cada vez más hacia la ideología de *English-only*.

A pesar de la histórica falta de apoyo federal y estatal a la educación bilingüe, existe una historia paralela de programas bilingües iniciados a través de movimientos comunitarios que en gran parte surgieron del activismo de familiares y comunidades que querían mantener y valorar el español como recurso cultural. Esta historia posterior comienza con el establecimiento del programa bilingüe español-inglés en la escuela Coral Way, una escuela pública del condado de Dade (Miami) en 1963 (Ovando, 2003). El programa de Coral Way y muchos otros que le siguieron fueron el resultado de la organización y el activismo locales, en lugar de iniciativas estatales o federales, y la participación local en el desarrollo de los programas parece haber sido clave para su éxito (Thomas y Collier, 2002). Esos esfuerzos, así como el creciente reconocimiento del valor del multilingüismo para niños y niñas de idiomas tanto mayoritarios como minoritarios, han llevado a que recientemente se ponga en cuestión la escolarización monolingüe en inglés. De hecho, en 2016 el electorado de California aprobó la derogación de la Proposición 227 por un amplio margen, dando así más flexibilidad (pero sin financiación estatal) a los distritos locales para implementar programas bilingües.

Otra prueba de la creciente apreciación del bilingüismo es la creación del *Seal of Biliteracy* ('**Sello de alfabetización bilingüe**'). Este certificado que reconoce el dominio de dos (o más) idiomas se añade en el diploma de la escuela secundaria de cada estudiante que haya cumplido con los requisitos para demostrarlo. Cada vez más distritos escolares y estados participan en este programa, ahora aprobado o en consideración en al menos 40 estados (véase https://sealofbiliteracy.org/, para una lista actualizada). Sin embargo, en la siguiente sección veremos que las **ideologías monoglósicas** siguen teniendo una gran influencia en la enseñanza de estudiantes ELL.

Modelos educativos para aprendices de inglés

Esta sección se centra en la educación de niñas y niños que provienen de hogares en los que se habla español, con especial énfasis en la lengua vehicular de la enseñanza. Los modelos educativos van desde clases impartidas totalmente en inglés, con poco o ningún apoyo adicional, hasta programas bilingües que se enseñan tanto en español como en inglés. Al comparar y contrastar los diferentes modelos educativos, nos interesan dos cuestiones centrales. Primero, ¿el objetivo es fomentar el bilingüismo, o más bien la transición del estudiantado al inglés, sin ninguna preocupación por el mantenimiento del idioma español? En otras palabras, ¿están orientados hacia el **bilingüismo aditivo** o hacia el **bilingüismo sustractivo** (Lambert, 1975)? En segundo lugar, ¿hay atención y apoyo para estudiantes ELL en el aprendizaje de los 'contenidos' (como matemáticas o estudios sociales) además del inglés? Abordamos estas preguntas con respecto a los cinco tipos de programas que han recibido mayor atención en los últimos años (Kim *et al.*, 2015): (1) integración (conocido como *mainstreaming* en inglés); (2) enseñanza del inglés como segunda lengua; (3) educación bilingüe de transición; (4) educación bilingüe de mantenimiento; (5) **inmersión dual**, también conocido como *inmersión bidireccional* (TWI, por las siglas en inglés, *two-way immersion*).

Integración e inmersión en el inglés

En este modelo el inglés es la lengua vehicular y el estudiantado es integrado sin importar su perfil lingüístico; tanto aprendices de inglés como estudiantes de habla inglesa reciben la misma enseñanza en aulas comunes. No hay enseñanza impartida en español, y muy poca o ninguna programación especial para el aprendizaje del inglés como lengua adicional. Asimismo, normalmente tampoco hay apoyo para estudiantes ELL en las asignaturas básicas como las matemáticas o las ciencias sociales para que puedan mantenerse al nivel correspondiente a su grado. No es sorprendente que la mayoría de las investigaciones hayan encontrado que este modelo no ayuda al estudiantado ELL a ponerse al nivel de sus pares de habla inglesa ni en términos de dominio del inglés ni en conocimiento de los contenidos (Kim *et al.*, 2015). Por este motivo, aunque las escuelas normalmente se refieran a este modelo curricular como *inmersión en el inglés* o *mainstreaming* ('integración'), quienes analizan la educación desde una perspectiva más crítica a veces utilizan el término *sumersión* (Baker, 2011).

Cabe preguntarse cómo puede ser legal el modelo de la integración, dado el fallo de la Corte Suprema en el caso *Lau*, según el cual la falta de acomodación para estudiantes que no hablan inglés constituye una discriminación por origen nacional. Como señalamos en el capítulo anterior, el razonamiento jurídico en que se basa ese caso ha sido cada vez más atacado, y varios tribunales han rechazado el argumento de que las políticas que afectan de manera diferente a los distintos grupos (p. ej., la educación en inglés) son discriminatorias cuando no hay intención maliciosa (Moran, 2015). Asimismo, incluso cuando las políticas estatales o locales exigen algún tipo de acomodación para estudiantes ELL, su aplicación es a menudo poco estricta.

Enseñanza del inglés como segunda lengua o lengua adicional

En contraste con la filosofía de 'nadar o ahogarse' propia de la integración de estudiantes ELL con estudiantes de habla inglesa, algunas escuelas ofrecen una enseñanza dirigida a la adquisición del inglés como segunda lengua o lengua adicional. Los detalles de la enseñanza del inglés como segunda lengua (ESL) varían de un programa a otro, pero un modelo común es la enseñanza *pull out*, mediante el cual se saca al estudiantado ELL de las actividades regulares de clase para darles lecciones de ESL. Esto es común en la educación primaria, donde la clase suele pasar el día entero en el mismo salón, con la docencia a cargo de una sola persona. En la escuela intermedia y secundaria, donde el estudiantado suele tener diferentes períodos de clase con diferentes docentes, la enseñanza de ESL generalmente se ofrece durante uno o más períodos, y el estudiantado ELL asiste al resto de sus clases con estudiantes de habla inglesa (Kim *et al.*, 2015).

La enseñanza de ESL, a diferencia de la sumersión, reconoce la necesidad de apoyar al estudiantado ELL en la adquisición del inglés. Pero cuando se enfoca únicamente en el aprendizaje del inglés, sin ofrecer apoyo en las otras asignaturas, puede ser difícil para quienes están aprendiendo inglés mantenerse al día porque todavía no tienen los conocimientos lingüísticos necesarios para entender las lecciones de matemáticas o historia, o porque al asistir a las clases de ESL pierden las lecciones de estas asignaturas, así como oportunidades de interacción con sus pares (Serafini *et al.*, 2018). Algunas escuelas han tratado de remediar esta situación centrando las clases de ESL específicamente en tareas para las otras materias u ofreciendo programas de 'inmersión protegida' (*sheltered immersion*), que combinan la enseñanza de ESL con asignaturas impartidas en inglés pero diseñadas específicamente para estudiantes ELL. Sin embargo, con demasiada frecuencia se mantiene al estudiantado ELL en los programas de inmersión protegida durante años, lo que bloquea su acceso a contenidos más avanzados así como a programas preparatorios para la universidad. Por esta razón, Gándara (2012) ha equiparado tales programas con la segregación histórica de niñas y niños mexicoamericanos y su asignación a escuelas inferiores, como hemos discutido anteriormente.

Educación bilingüe de transición

Igual que la enseñanza de ESL, la educación bilingüe de transición es para estudiantes ELL. Aunque técnicamente se trata de educación bilingüe, en el sentido de que se enseña en dos lenguas, el objetivo no es el bilingüismo, sino el aprendizaje del idioma inglés y la asimilación lingüística. En este tipo de programa, algunas asignaturas se enseñan en español para facilitar el aprendizaje de los contenidos correspondientes al grado que están cursando. Por lo general, en la educación bilingüe de transición se aumenta gradualmente el uso del inglés y se reduce el uso del español (p. ej., con proporciones de español a inglés de 90–10 en el primer año, 70–30 en el segundo y 50–50 en el tercero).

En la educación bilingüe de 'salida temprana' (*early exit*), los niños y niñas ELL solo reciben enseñanza bilingüe durante uno a tres años y luego pasan a la enseñanza convencional impartida en inglés. Por el contrario, en los programas de 'salida tardía' (*late exit*), reciben entre cuatro y seis años de enseñanza bilingüe. En general, la educación bilingüe de transición parece fomentar un mayor éxito académico que la simple enseñanza de ESL porque el estudiantado aprende las asignaturas en su primera lengua (Kim *et al.*, 2015).

Sin embargo, se trata de bilingüismo sustractivo, ya que el idioma del hogar (en este caso, el español) es reemplazado por el idioma mayoritario.

Educación bilingüe de mantenimiento

A diferencia del modelo educativo que acabamos de presentar, la educación bilingüe de mantenimiento está diseñada para fomentar el mantenimiento y el desarrollo del idioma minoritario (el español), y también para promover la adquisición y/o el desarrollo del inglés. Los programas de mantenimiento diseñados principalmente para hablantes de lenguas minoritarias son raros en Estados Unidos. Los ejemplos más conocidos son las escuelas en hawaiano y otras lenguas indígenas, para las cuales los esfuerzos de revitalización reciben un apoyo federal limitado, de acuerdo con la *Native American Languages Act* ('Ley de Lenguas Indígenas Americanas') mencionada en la nota 2 del capítulo anterior (McCarty y Lee, 2014; Yamauchi *et al.*, 2000). En la siguiente sección comentamos un tipo particular de programa de mantenimiento que sirve tanto a estudiantes de lenguas minoritarias como de lenguas mayoritarias.

Inmersión dual o bidireccional

El modelo de educación bilingüe de mantenimiento más común en Estados Unidos son los programas de inmersión dual o bidireccional (TWI), también conocidos como programas de *doble inmersión*. Cualquiera sea el término utilizado, estos programas matriculan tanto a estudiantes de una lengua minoritaria como a estudiantes de la lengua mayoritaria, y tienen el objetivo de que todo el estudiantado se vuelva bilingüe mediante la alfabetización en los dos idiomas. En Estados Unidos, los programas de doble inmersión más comunes son español-inglés y normalmente tratan de tener un equilibrio de estudiantes dominantes en cada idioma. Algunos programas llevan a cabo la mitad de la jornada escolar en inglés y la otra mitad en español, mientras que otros alternan de idioma cada día, y otros designan ciertas asignaturas para ser enseñadas en inglés y otras en español. Debido a que buscan promover el bilingüismo aditivo entre todo el estudiantado, los programas de inmersión dual pueden considerarse un tipo de enriquecimiento educativo y lingüístico tanto para niñas y niños de habla inglesa como para estudiantes ELL. En la mayoría de los casos, los programas TWI se ofrecen solo en la escuela primaria (desde kínder hasta el quinto o sexto grado), aunque algunos programas continúan hasta la escuela intermedia (que normalmente llega hasta el octavo o noveno grado).

Es difícil encontrar estadísticas exactas, pero el número de programas de inmersión dual parece estar aumentando, según los informes del Gobierno (McKay Wilson, 2011) y el directorio proporcionado por el Centro de Lingüística Aplicada (http://www.cal.org/twi/directory/). Sin embargo, están disponibles de manera desproporcionada para estudiantes de mayor nivel socioeconómico (Flores y García, 2017; Pomerantz y Huguet, 2013). A pesar de que estos programas se diseñaron originalmente para atender a estudiantes ELL, muchos parecen centrarse más en atender los intereses y necesidades del estudiantado de habla inglesa (Delavan *et al.*, 2017). Analizamos esto con mayor detalle en la sección de más abajo sobre **comodificación** del lenguaje.

Eficacia de los programas de educación bilingüe

Evaluar la educación bilingüe y determinar si es la manera más eficaz de educar a niñas y niños no es una cuestión sencilla. Una de las primeras preguntas a considerar es la siguiente: ¿qué es lo que pretendemos que se aprenda? Una vez que hayamos determinado qué tipos de conocimiento y aprendizaje queremos evaluar, debemos considerar cuál sería la mejor manera de medirlos. En Estados Unidos, hoy en día, la eficacia educativa suele basarse en el aprendizaje del estudiantado en las asignaturas básicas y la evaluación cuantitativa es el patrón dominante. Así, el aprendizaje se mide con pruebas estandarizadas, típicamente en lectura y matemáticas, aunque a veces se evalúa el conocimiento de otras asignaturas, especialmente en los grados superiores. Los exámenes estandarizados siempre se dan en inglés, por lo que existe un sesgo incorporado contra estudiantes ELL que deben completar los exámenes en su segundo (o tercer) idioma. Además, la capacidad de lectura en español no se reconoce ni se incluye en la mayoría de las evaluaciones de aprendizaje estandarizadas. Hay escalas de evaluación del idioma para el español (véase http://ericae.net/eac/eac0131.htm) pero solo se utilizan en algunos distritos y no forman parte del régimen universal de exámenes.

Hay varios problemas metodológicos relacionados con algunos estudios sobre la eficacia de diferentes modelos educativos. Uno de ellos es el marco temporal en el que se comparan los resultados; mientras que la inmersión en inglés parece promover un desarrollo del inglés más rápido que los programas bilingües, esta aparente ventaja puede desaparecer o invertirse con el tiempo. Según Thomas y Collier (2002: 319), se necesitan al menos cuatro años para alcanzar un dominio académico en un segundo idioma, por lo que es crucial considerar los resultados a largo plazo y no solo lo que ocurre en primera instancia.

Asimismo, como vimos anteriormente, existen múltiples modelos de educación bilingüe, pero las diferencias entre ellos no siempre se tienen en cuenta a la hora de medir la eficacia. En particular, algunos estudios agrupan los programas de transición y de inmersión dual en una sola categoría que luego comparan con la inmersión en inglés y la enseñanza de inglés como segunda lengua. Sin embargo, los diferentes tipos de educación no necesariamente son igualmente efectivos, y con esta metodología no se captan las diferencias que puede haber.

Otra limitación de algunos estudios es que no incluyen grupos de comparación o control. A este respecto, algunos informes sobre el 'impacto positivo' de la Proposición 227 de California (que eliminó la educación bilingüe) en el aprendizaje de estudiantes ELL no tuvieron en cuenta que hubo mejoras similares en estudiantes monolingües en inglés, lo que sugiere una tendencia general a la subida que no tiene que ver con la eliminación de la educación bilingüe (Butler *et al.*, 2000; García y Curry-Rodríguez, 2000). Por último, hay muchas otras variables que influyen en el rendimiento escolar y que deben controlarse en los estudios comparativos; por ejemplo, la clase socioeconómica, la edad de llegada (en el caso de inmigrantes) y el nivel educativo de las personas adultas con quienes viven.

A pesar de todos los factores que pueden complicar la evaluación de la eficacia de los modelos educativos, hay algunos hallazgos claros. De hecho, todos los estudios exhaustivos realizados por especialistas han encontrado que estudiantes de programas de mantenimiento se desempeñan mejor a largo plazo (Collier y Thomas, 2017; Lindholm-Leary, 2001, 2014; Lindholm-Leary y Hernández, 2011; Ramírez *et al.*, 1991; Serafini *et al.*, 2018, 2020; Thomas y Collier, 1997, 2002). Por ejemplo, en los estudios de Thomas y Collier se compararon estudiantes de ocho tipos de programa en una serie de distritos rurales y urbanos de todo el país. ¡Su investigación más reciente incluyó a 7,5 millones de estudiantes de 36 distritos escolares en 16 estados! Thomas y Collier observaron que, a mayor tiempo de enseñanza en español, los rendimientos tendían a mejorar tanto en los exámenes de inglés como en asignaturas básicas, aunque estas ventajas solo se mostraban después de un mínimo de tres años.

Otras investigaciones recientes, incluidos algunos estudios que asignaron estudiantes a los diferentes programas educativos de manera aleatoria (un aspecto clave de un buen diseño metodológico), también han revelado que estudiantes de inmersión dual obtienen mejores resultados en los exámenes de lectura que el estudiantado que recibe educación solo en inglés (y rinden igual de bien en matemáticas y ciencias) (véase Serafini *et al.*, 2018, para una revisión de esta investigación). Las razones de los resultados superiores en los programas de doble inmersión son claras: es más fácil aprender a leer en un idioma que se conoce, y la alfabetización se transfiere de un idioma a otro. Tal como lo expresan Serafini *et al.* (2018; traducido del inglés), "la evidencia sugiere que [...] el primer idioma de cada estudiante parece desempeñar un papel facilitador en la adquisición del segundo idioma, el inglés, y en la promoción de los logros académicos a largo plazo".

Queremos detenernos por un momento en el hecho de que la inmersión dual promueve el dominio de dos idiomas, en lugar de uno solo, en marcado contraste con los programas de inmersión en inglés, la enseñanza de ESL y los programas bilingües de transición. Aunque esto podría parecer obvio, se pasaba por alto o se ignoraba en los primeros estudios (e incluso en muchos de los más recientes) que solo comparaban resultados en exámenes de inglés, lectura y matemáticas. Por lo general, el desarrollo del estudiantado en español no se ha considerado una meta o logro importante, y el enfoque de la investigación sobre la educación bilingüe ha sido determinar si el uso del español enlentece o impide la adquisición del inglés o el rendimiento académico. Vale la pena reflexionar sobre las ideologías lingüísticas que subyacen a estos planteamientos. No es sorprendente que estudiantes que reciben enseñanza en español tengan más probabilidades de desarrollar habilidades de alfabetización en español, y que niños y niñas que aprenden a leer en su primer idioma tengan más probabilidades de mantener ese idioma, y esta es otra ventaja importante de la inmersión dual que debería reconocerse (Lindholm-Leary, 2014, 2016).

Asimismo, las investigaciones atestiguan la eficacia de la educación bilingüe para el desarrollo social. Es lógico que haya más progresos en niñas y niños cuando sus experiencias en el hogar (es decir, las prácticas culturales y lingüísticas) son reconocidas, respetadas y valoradas. Por ejemplo, Collins *et al.* (2011), en un estudio de 228 niños y niñas latinxs de kínder, observaron que el bilingüismo se correlacionaba con un mayor bienestar emocional y conductual. A su vez, numerosos estudios han documentado que la pérdida del español se asocia con menores niveles de motivación, autoestima y habilidades lingüísticas en general (p. ej., Beck y Allexsaht-Snider, 2002; Quiroz, 2001; Weisman, 2001). De hecho, en su investigación en una escuela de Texas, Valenzuela (1999) constató que, junto con una financiación inadecuada y una falta general de preocupación por el estudiantado mexicoamericano, la escolarización sustractiva orientada a la adquisición del inglés y la aculturación despojaba a dicho estudiantado de su cultura e idioma nativos sin prepararlo para tener éxito en la cultura dominante. Por lo tanto, hay una creciente demanda de prácticas educativas que incorporen y sostengan las diversas culturas y prácticas lingüísticas del estudiantado tanto para mejorar los resultados académicos así como para promover una mayor equidad (p. ej., Gándara, 2012; Macedo, 1997; Nieto, 2010; París, 2012; Valenzuela, 1999).

Por otra parte, el desarrollo del bilingüismo y la apreciación del pluralismo lingüístico y cultural entre hablantes de idiomas *mayoritarios* también es valioso para su desarrollo intelectual y social, así como para sus futuras actividades académicas y profesionales. Además, los estudios han demostrado que el aprendizaje de los contenidos académicos, evaluado mediante exámenes tomados en inglés, no se ve obstaculizado y, además, se aprende un segundo idioma (véase, por ejemplo, Potowski, 2007, para una descripción del uso del español por parte de estudiantes de habla inglesa). Por ende, los programas de inmersión dual no solo sirven a estudiantes de lenguas minorizadas, sino que también son enriquecedores para estudiantes pertenecientes al grupo dominante. Por esta razón, especialistas en educación abogan por políticas de 'bilingüismo para todo el mundo', como las que existen en muchos otros países.

Si los estudios demuestran consistentemente que los programas de mantenimiento y de inmersión dual son efectivos, cabría preguntarse, ¿por qué no están estos programas apoyados por las políticas y fondos federales y estatales? Este es un tema complejo, con múltiples factores que probablemente inciden en el asunto. Las ideologías lingüísticas juegan un papel clave, especialmente la **ideología de una lengua-una nación** y el **monolingüismo normativo,** que supone que el mantenimiento de las lenguas y culturas minoritarias interfiere con la adquisición del inglés, así como el discurso racista que atribuye poco valor a los idiomas minorizados y al multilingüismo. Otro factor relacionado es la idea de que los intereses y necesidades de hispanohablantes y latinxs no son tan legítimos como los del grupo dominante o que la educación bilingüe les proporciona un trato 'especial' que es injusto. (Por supuesto, el 'bilingüismo para todo el mundo' podría invalidar definitivamente ambas nociones.)

Otras objeciones a los programas de inmersión dual incluyen el costo, así como el argumento del hombre de paja de que, dada la diversidad de idiomas minoritarios en Estados Unidos, sería imposible ofrecer una educación bilingüe en todos ellos (lo cual nadie reclamaba). Por supuesto, la educación bilingüe implica ciertos costos en tiempo y dinero, al igual que toda la educación. En nuestra opinión, el compromiso de financiar una educación pública de alta calidad es esencial para una sociedad democrática en la que toda la población infantil sea valorada y esté preparada para una participación significativa. Los programas de educación bilingüe son un medio probado de crear un entorno que valora el pluralismo y de promover el bienestar y los logros académicos de todo tipo de estudiantes.

El español como segunda lengua o lengua adicional

Hasta ahora nos hemos centrado en los modelos pedagógicos para aprendices de inglés, aunque, como ya vimos, a los programas de inmersión dual también se inscriben estudiantes de habla inglesa. Gran parte de esa discusión se centró en la lengua vehicular de la enseñanza. Ahora dirigimos nuestra atención hacia la enseñanza del español como asignatura, o lo que a veces se denomina *español como lengua extranjera*. Luego de todo lo que hemos dicho a lo largo de este libro, especialmente en el capítulo 3, no es ninguna novedad decir que rechazamos la noción de que el español sea un idioma 'extranjero' dentro de Estados Unidos; de ahí que optamos por poner este término entre comillas y utilizar la denominación *español como segunda lengua* o *español como lengua adicional*. No obstante, en cierto modo la etiqueta *extranjero* es en realidad un reflejo exacto de la forma en que tradicionalmente se ha enseñado el español en Estados Unidos, con un enfoque en el español hablado fuera del país.

En cualquier caso, el español es, con mucho, la lengua no inglesa que más se enseña en Estados Unidos, tanto en la educación primaria como en la secundaria (ACIE, 2017). Sin embargo, en Estados Unidos solo una pequeña minoría de estudiantes se matricula en alguna clase de idioma 'extranjero': aproximadamente el 20%, según ACIE (2017). A su vez, la enseñanza de lenguas se concentra en la escuela media y secundaria, y generalmente consiste en solo unas pocas horas a la semana. El panorama es similar a nivel universitario: en 2016 las matrículas en español eran aproximadamente equivalentes a las de todos los otros idiomas combinados, pero juntas las matrículas en idiomas 'extranjeros' representaban solo el 7,5% de la totalidad de matrículas universitarias (Looney y Lusin, 2018). Este porcentaje refleja una disminución significativa y constante durante la última década, a pesar de los amplios esfuerzos de internacionalización por parte de las universidades, así como del discurso educativo y público que pregona los beneficios del multilingüismo a nivel individual y nacional.

Español para hablantes de herencia

La enseñanza del español en Estados Unidos tradicionalmente ha sido diseñada para estudiantes monolingües de habla inglesa cuya exposición principal al español es en el aula. Por lo tanto, a menudo no satisface las necesidades de quienes son hablantes de herencia: es decir, estudiantes con una conexión personal o cultural con el español y una exposición a dicho idioma en el hogar o la comunidad (Fairclough y Beaudrie, 2016: 2). Se ha discutido y debatido cómo definir la categoría de hablante de herencia y quiénes deben incluirse en dicha categoría y quiénes no (Hornberger y Wang, 2008; Leeman, 2015; Van Deusen-Scholl, 2003; Zyzik, 2016). Hay quienes sostienen que la etiqueta debería usarse solo para personas con cierta capacidad productiva en español; por otra parte, hay quienes consideran que basta con una conexión cultural (Valdés, 2005). En cualquier caso, los términos *hablante de español como* **lengua de herencia** e *hispanohablante de herencia* hacen referencia a un grupo heterogéneo en cuanto a experiencias y habilidades lingüísticas; incluye desde inmigrantes dominantes en español y con años de escolarización en dicho idioma hasta inmigrantes de tercera generación con un dominio más limitado.

A pesar de la diversidad de hablantes de herencia, hay algunos patrones comunes. Como resultado de las ideologías lingüísticas dominantes, y debido a que el modelo educativo más común es la escolarización en inglés, hay una gran cantidad de hablantes de herencia que no han tenido la oportunidad de desarrollar la alfabetización en español y, por lo tanto, es posible que su capacidad de comprensión en este idioma sea mucho mayor que su capacidad productiva (Beaudrie *et al.*, 2014; Carreira y Valdés, 2012; Leeman y King, 2015). Asimismo, las variedades del español habladas por estudiantes de herencia a veces difieren de las que se enseñan en las clases de español como lengua 'extranjera'. Es más, como este tipo de estudiante suele ser bilingüe, sus prácticas lingüísticas pueden incluir el **cambio de código** o el **translenguaje** (*translanguaging*).

A partir de la década de 1960, se han elaborado materiales de enseñanza, enfoques pedagógicos y planes de estudio específicamente para hablantes de herencia. Estos programas, que ahora se suelen denominar *español para hablantes de herencia, español como lengua de herencia*, o *español como lengua heredada*, se denominaban originalmente *español para hablantes bilingües* (García, 2005; Valdés, 2005). También se les llama a veces *español para hablantes con fluidez* o *español para hablantes nativos*. En cualquier caso, este modelo curricular refleja un reconocimiento creciente de la necesidad de apoyar el dominio del español entre hablantes de herencia, pero los porcentajes de escuelas donde se ofrecen son todavía bastante bajos. Rhodes y Pufahl (2014) informan que en 2008 solo el 7% de las escuelas primarias y el 8% de las secundarias ofrecían este tipo de clases. A nivel universitario las clases de español para hablantes de herencia parecen ser más comunes, al menos en algunas áreas del país y en universidades con alta matrícula de estudiantes latinxs; Beaudrie (2011) observó que en el Suroeste casi el 40% de las universidades donde la presencia latinx constituía al menos el 5% del cuerpo estudiantil ofrecían programas de español para hablantes de herencia. No obstante, en la mayoría de las universidades del país, no hay programas o cursos específicos para hablantes de herencia, y por lo tanto no tienen otra opción que inscribirse en las clases tradicionales de español como segunda lengua (Carreira y Chik, 2018).

Muchas de las investigaciones sobre la enseñanza del español como lengua de herencia se han enfocado en describir los conocimientos lingüísticos de este tipo de estudiante, con el objetivo de desarrollar contenidos y métodos de enseñanza para satisfacer sus necesidades educativas (p. ej., Valdés 1981, 1995). Otros estudios han examinado cómo algunos enfoques pedagógicos sobre la enseñanza del español como lengua heredada acaban reproduciendo las ideologías lingüísticas dominantes (e.g., Leeman, 2005, 2012), tema que abordamos en la siguiente sección. Una preocupación clave en ambas líneas de investigación es la variación lingüística, especialmente las denominadas variedades no estándar y/o variedades de contacto.

Los primeros enfoques pedagógicos se centraban en la adquisición del 'español estándar' y trataban de erradicar las prácticas lingüísticas 'no estándar' dentro del estudiantado (Valdés, 1995). Con el desarrollo del campo de la sociolingüística en la década de 1970 y el reconocimiento de la legitimidad de todas las variedades lingüísticas, se han propuesto nuevos modelos. Por una parte, en lugar de la erradicación de las variedades 'no estándar', los enfoques pedagógicos más recientes plantean la expansión de los **repertorios lingüísticos** del estudiantado (Beaudrie *et al.*, 2014; Valdés, 1981, 1995). Estos programas y pedagogías representan un esfuerzo importante para satisfacer mejor las necesidades educativas y afectivas del estudiantado que habla español como lengua de herencia, pero, como discutiremos más adelante, en muchos casos los materiales pedagógicos y las prácticas en el aula siguen reforzando la **ideología de la lengua estándar** entre otras nociones dañinas. Por otro lado, también hay cada vez más propuestas pedagógicas que intentan desestabilizar las ideologías lingüísticas dominantes, las que discutiremos en la sección sobre **pedagogía crítica** del presente capítulo.

Una limitación de los programas de español para hablantes de herencia es que tienen lugar en el contexto limitado y limitante de la educación en lenguas 'extranjeras', en vez de utilizar el español como lengua vehicular en la enseñanza de otras asignaturas. Por lo tanto, dejan intacto el modelo general que sitúa a la lengua inglesa como lengua vehicular durante la mayor parte de la jornada escolar (Leeman y King, 2015). No obstante, el español para hablantes de herencia ofrece otro contexto educativo en el que valorar sus conocimientos lingüísticos y sus identidades como hispanohablantes, además de promover el desarrollo de las aptitudes crítico-analíticas para hacerle frente a la subordinación social del español (Leeman y Serafini, 2016).

Ideologías lingüísticas en la educación

En el capítulo 4 esbozamos el marco conceptual de las ideologías lingüísticas, presentamos algunas ideologías que giran en torno al español en Estados Unidos y mostramos su impacto en las experiencias cotidianas de las personas latinxs. En esta sección nos centramos más estrechamente en las ideologías lingüísticas en contextos educativos. Nuestros objetivos interrelacionados son los siguientes: (1) explorar cómo formas particulares de concebir el idioma influyen en las oportunidades y resultados educativos de las personas de habla hispana; y (2) proporcionar información sobre el papel de las escuelas en la reproducción o el cuestionamiento de las ideologías lingüísticas.

La hegemonía del inglés

No debería sorprendernos que el modelo educativo dominante de *English-only* refleje y promueva la creencia en la suprema importancia del inglés. La concepción del inglés como un bien valioso y como si fuera la clave del éxito es evidente en los nombres de las iniciativas de Arizona y California que prohibieron la educación bilingüe: *English for the Children* ('Inglés para los niños'). Pero no es solo que se retrate al inglés como algo necesario para lograr el éxito (Fitzsimmons-Doolan *et al.*, 2017); también los idiomas minorizados en gran medida se construyen como indignos de ser mantenidos o aprendidos, o incluso como un obstáculo para el logro académico, lo que se refleja en su exclusión del plan de estudios y de las evaluaciones estandarizadas. Este desprecio por las lenguas minorizadas es inseparable del estatus racializado de sus hablantes, y en el caso del español, de su valor **indexical** como marcador de la **latinidad**.

Otra consecuencia de que las escuelas den la máxima prioridad a la adquisición del inglés es que prestan poca atención al aprendizaje de las asignaturas por parte de estudiantes ELL, lo que limita tanto su progreso académico como sus oportunidades posteriores (Gándara, 2012). Así pues, las políticas de *English-only* son a la vez un reflejo de la racialización y un mecanismo del proceso de racialización. En algunas escuelas, la racialización de hablantes de lenguas minorizadas es reforzada por un discurso que representa a los programas de ESL como un tipo de educación de recuperación, y al estudiantado ELL como intelectualmente limitado o deficiente, en vez de reconocer la riqueza de sus **repertorios lingüísticos** existentes y su participación activa en el complejo proceso de adquisición de una nueva lengua.

Las fuerzas externas también dan forma a lo que sucede dentro de las aulas y las escuelas. Por ejemplo, cuando las asignaturas básicas se imparten en inglés y este es también el idioma dominante en la vida cotidiana fuera de la escuela, esta **hegemonía** de la lengua inglesa contribuye a su elevación dentro de la escuela, incluido su uso por el estudiantado como idioma primario en el patio de recreo (Fuller, 2007, 2009; Fuller *et al.*, 2007; Pease-Alvarez y Winsler, 1994; Potowski, 2004, 2007). La hegemonía del inglés también puede invadir el dominio bilingüe de los programas de doble inmersión. De hecho, se ha observado que incluso en programas de mantenimiento, que tienen como objetivo explícito fomentar el bilingüismo, hay más oportunidades para utilizar el inglés que el español (Nuñez y Palmer, 2017). En algunos casos, las limitaciones curriculares, como el enfoque en las pruebas estandarizadas, contribuyen a poner mayor énfasis en el inglés, a pesar de que el bilingüismo sea el objetivo declarado del programa y/o de quienes están a cargo de las asignaturas (Henderson, 2017; Martínez-Roldán, 2015). Por ejemplo, en su estudio, Martínez-Roldán (2015) constató que algunas de las personas que enseñaban en un programa extraescolar diseñado para apoyar el uso del español presionaban a sus estudiantes para que leyeran en inglés, a pesar de que prefirieran el español.

Por otra parte, también hay estudios que han documentado la conciencia y la resistencia respecto a la hegemonía del inglés. Por ejemplo, DePalma (2010) describe los esfuerzos deliberados de una maestra de kínder por combatir el privilegio del inglés y construir el español como una 'lengua de poder' incorporándolo a más actividades que las que dictaba el plan de estudios, aunque en última instancia la percepción era que esto le quitaba tiempo que necesitaba para alcanzar las metas académicas. De igual modo, López (2012) describe los esfuerzos de una maestra del aula bilingüe para promover el español como un idioma legítimo tanto en Estados Unidos como en el aula, refiriéndose a este como "nuestro idioma", es decir, el idioma de todo el estudiantado, no solo de estudiantes latinxs. Freeman (2000) documentó un programa de doble inmersión en Washington D.C. que buscaba explícitamente contrarrestar el dominio del inglés no solo en el plan de estudios y las prácticas del aula, sino también en las reuniones de padres, madres y docentes así como en los eventos comunitarios. En esos contextos, todo se hacía de forma bilingüe y el español era a menudo la primera lengua utilizada, antes de la traducción al inglés. Estas prácticas formaban parte del proyecto más amplio de la escuela para promover el pluralismo lingüístico y cultural, además de la justicia social. En conjunto, estos programas, así como los esfuerzos individuales de diferentes docentes, dejan claro que es posible aplicar políticas inclusivas y pluralistas de enseñanza de la lengua en la educación a nivel local o en el aula, incluso en el contexto más amplio de la hegemonía del inglés, cuestión a la que volvemos más adelante en este capítulo.

Monolingüismo normativo e ideologías monoglósicas

Claramente, la construcción del monolingüismo como norma se refleja en los modelos educativos que ponen énfasis en la enseñanza de un solo idioma, así como en la falta de apoyo federal y estatal a la escolarización en lenguas 'extranjeras'. Pensemos por un momento en el contraste con las políticas educativas que enseñan a estudiantes dos o más idiomas desde la más tierna infancia, como la 'lengua materna más dos' de la Unión Europea. Pero incluso cuando se enseñan dos o más idiomas, las ideologías monoglósicas frecuentemente se reflejan en la idea de que estos deben mantenerse estrictamente separados, lo que da lugar a lo que puede denominarse **monolingüismo dual o doble**. En Estados Unidos, muchos programas bilingües están estructurados de esta manera: ciertas asignaturas o ciertos momentos del día son designados para hablar un idioma o el otro (Fitts, 2006; Henderson, 2017). Si bien especialistas en materia de educación han pedido que se apliquen pedagogías de translenguaje (p. ej., García, 2009b), estas no son la norma general, y muchas escuelas establecen horarios específicos para cada idioma, lo que refuerza las ideas dominantes sobre la separación de los idiomas.

El monolingüismo normativo y las ideologías monoglósicas también se reflejan en las clases de español. Por un lado, se tiende a presuponer que el o la estudiante 'por defecto' es una persona blanca criada en un hogar monolingüe de habla inglesa y, por lo tanto, hablante de español como segunda lengua (Leeman y Serafini, 2020; Schwartz, 2018). Esto ignora el creciente porcentaje de hablantes de herencia y construye este tipo de hablante como algo inusual o fuera de lo normal (Leeman, 2010; Leeman y King, 2015; Pomerantz y Schwartz, 2011). Asimismo, la enseñanza del español a menudo refuerza la idea de que este es un idioma 'extranjero' al centrarse casi exclusivamente en España y América Latina y no en el español de Estados Unidos (Álvarez, 2013; García, 1993). De manera similar, el multilingüismo en esos contextos internacionales también suele ser borrado, y la gran mayoría de las clases de español no mencionan las lenguas minoritarias ni las indígenas, algunas de las cuales tienen un estatus co-oficial (Leeman, 2014). Así pues, este enfoque tiene por objetivo que el estudiantado aprenda a hablar como lo haría una persona monolingüe en español.

Las prácticas educativas y las reglas en el aula también reflejan ideologías monolingües; muchas clases de español (ya sea como segunda lengua o como lengua heredada) prohíben el uso del inglés y el translenguaje, y consideran cualquier discurso bilingüe como una forma de contaminación o corrupción lingüística (Leeman, 2018b; Loza, 2017; Showstack, 2015; Villa, 2002). En el próximo capítulo ofrecemos una discusión más profunda de los fenómenos de contacto entre lenguas, y presentamos investigaciones que demuestran que el cambio de código o el translenguaje debe ser considerado como un recurso o habilidad lingüística, más que un signo de deficiencia lingüística; por ahora queremos señalar que en el campo de la enseñanza del español a menudo se insiste en mantener una completa separación entre los idiomas. Las políticas que imponen hablar únicamente en español no solo castigan prácticas que son completamente normales en comunidades bilingües, sino que también promulgan ideologías monoglósicas.

La noción común pero errónea de que el cambio de código es principalmente el resultado de lagunas en el conocimiento lingüístico, más que un acto de identidad o una estrategia conversacional, se refleja en la definición que se ofrece en el sitio web del American Council on the Teaching of Foreign Languages ('Consejo Americano para la Enseñanza de Idiomas Extranjeros'; ACTFL, por sus siglas en inglés): "Cambiar de un idioma a otro para completar una idea, pensamiento u oración, a menudo cuando se carece de la palabra o frase en el idioma en que se empezó" (https://www.actfl.org/publications/ guidelines-and-manuals/ actfl-proficiency-guidelines-2012/glossary#code-switching, consultado el 1 de mayo de 2019; traducido del inglés).

Ideologías de suma cero sobre el idioma y la cultura

Un aspecto de las ideologías monolingües es la noción de que los idiomas están en un estado constante de competición, tanto a nivel social como individual, lo que llamamos la **ideología de suma cero**. Como vimos en el capítulo 4, la ideología de una lengua-una nación implica ver el multilingüismo como una amenaza a la integridad o la unión nacional. En el nivel individual, la ideología de suma cero considera igualmente que cualquier 'espacio' cognitivo o emocional utilizado para un idioma o cultura deja menos espacio disponible para otros idiomas y culturas. Así pues, esta ideología respalda la oposición a la educación bilingüe al posicionar a los idiomas como competidores entre sí. De la misma manera, socava los esfuerzos por mantener los idiomas minorizados, bajo el supuesto de que ponen en peligro el inglés e impiden la adquisición de dicho idioma por parte de la población inmigrante. De hecho, la ideología de suma cero se ve plasmada en las políticas orientadas hacia el bilingüismo sustractivo (es decir, programas de ESL y educación bilingüe de transición), la aculturación sustractiva y la escolarización sustractiva (Valenzuela, 1999) más ampliamente. También se refleja en la denominación de la política que eliminó la educación bilingüe: *English for the Children* ('Inglés para los niños'), como si la única manera de promover la adquisición del inglés fuera prohibir el uso del español como lengua vehicular de enseñanza.

La ideología de la lengua estándar

La ideología de la lengua estándar impacta tanto en el inglés como en el español. En el capítulo 4, vimos que las jerarquías lingüísticas construyen las variedades del inglés asociadas con grupos racializados y/o de menor estatus socioeconómico como 'incorrectas' o 'malas'. La ideología de la lengua estándar también establece jerarquías similares entre las diferentes variedades del español. Como en el caso del inglés, en el español también son las variedades de la clase media alta las que se presentan como modelo del lenguaje 'educado', 'correcto' y 'bueno'. Tanto en el inglés como en el español, las variedades 'estándar' se presentan como objetivamente superiores, y las variedades 'no estándar' se presentan como deficientes no solo lingüísticamente sino también desde el punto de vista moral o intelectual (Lippi-Green, 2012; Milroy, 2007). Obviamente, cuando los exámenes estandarizados y las prácticas escolares solo reconocen una forma particular de hablar, esto pone en desventaja a hablantes de otras variedades y, por lo tanto, la ideología de la lengua estándar contribuye a la racialización y a la desigualdad académica y social más amplia.

La enseñanza del español en Estados Unidos históricamente ha favorecido las variedades del español que se hablan en España (Ducar, 2009; García, 1993; Herman, 2007; Leeman, 2012b). Aunque ahora hay una mayor inclusión de las variedades nacionales y regionales de América Latina, no todas esas variedades se representan como igualmente prestigiosas o valiosas, basándose en gran parte en las características percibidas de sus hablantes. Por ejemplo, las variedades caribeñas suelen estar subordinadas a otras variedades, en parte debido a las percepciones racializadas de sus hablantes, así como a la sensación de que esas variedades se desvían de las normas escritas (Alfaraz, 2002; Dávila, 2012; Valdés *et al.*, 2003). Además, incluso cuando se aceptan (o incluso se celebran) diferentes variedades nacionales y regionales, las variedades sociales a menudo no cuentan con el mismo reconocimiento (Leeman, 2018b; Leeman y Serafini, 2016).

En el contexto de la enseñanza del español, las personas que lo hablan como lengua de herencia y cuyas variedades se consideran rurales o se asocian a un nivel socioeconómico inferior pueden ser juzgadas negativamente, incluso en clases diseñadas específicamente para este tipo de estudiante. De hecho, todavía hay docentes que ven su papel como el de erradicar (o 'arreglar') el lenguaje 'malo' (o 'deficiente') de sus estudiantes y reemplazarlo por la **variedad estándar** (Leeman, 2005; Martínez, 2003; Valdés, 1981, 1995; Villa, 2002). En el caso del español en Estados Unidos, la ideología de la lengua estándar interactúa con el purismo lingüístico y las ideologías monoglósicas; el cambio lingüístico se concibe como un deterioro y las influencias externas como una contaminación del idioma. Así pues, cualquier influencia del inglés en el español se ve como problemática, a pesar de que es completamente normal que haya tal influencia en situaciones de contacto entre lenguas.

Un ejemplo del papel de la ideología de la lengua estándar en el menosprecio y la marginación de hablantes con estatus socioeconómico inferior puede verse en el trabajo de Allard *et al.* (2014) sobre una escuela secundaria de un entorno suburbano de la Costa Este, que forma parte de la 'nueva diáspora latinx'; es decir, una región en la que la población latinx ha crecido en el último tiempo. Esta investigación reveló que el personal docente posicionaba al estudiantado latinx no solo como académicamente flojo por ser aprendices de inglés, sino también como deficiente en su conocimiento del español. Incluso docentes monolingües en inglés despreciaban el español de sus estudiantes latinxs, y estereotipaban a sus familiares como personas analfabetas incapaces de enseñarles ni inglés ni español a sus hijos/as. Este menosprecio se hace eco de los discursos racistas que representan al estudiantado bilingüe como 'sin idioma' o 'alingüe' (Rosa, 2016b). Los comentarios de docentes sobre el español hablado por estudiantes latinxs se referían a este como "kitchen Spanish" ('español de cocina') y "hillbilly Spanish" ('español paleto'), y otros términos que vinculan la deficiencia con un estatus de clase socioeconómica inferior (Allard *et al.* 2014: 343).

En el capítulo 4 discutimos el papel de la ideología de la lengua estándar en contextos profesionales, incluyendo la discriminación laboral contra hablantes de variedades no estándar. Relacionado con eso, queremos señalar que la ideología de la lengua estándar no solo afecta a estudiantes, sino que también puede tener consecuencias negativas para docentes que hablan —o que se percibe que hablan— de una manera no estándar. La ideología de la lengua estándar incide en casos como el sucedido en Arizona, donde se intentó despedir a docentes de inglés que hablaban 'con acento' (Leeman, 2012a), o cuando se opina que la población latinx de Estados Unidos no habla 'el tipo de español adecuado' para la enseñanza (Bustamante y Novella, 2019; Valdés *et al.*, 2003; Villa, 2002; Zentella, 2017).

La comodificación del lenguaje

A diferencia de las ideologías monoglósicas y la orientación de la lengua como problema, que ofrecen un retrato negativo del bilingüismo y de los idiomas minorizados, la orientación de la lengua como recurso considera el bilingüismo como algo que debe valorarse y apoyarse (Ruíz, 1984). Hay muchos motivos para valorar una lengua. En lugar de centrarse en las motivaciones culturales, sociales o de justicia social para sostener las lenguas y culturas minoritarias, el proceso ideológico de la comodificación se centra en el valor económico del conocimiento lingüístico. Un ejemplo de ello es que el idioma y el saber hablar ciertas lenguas se consideran bienes que pueden 'venderse' o traer beneficios en el mercado laboral. De manera análoga, si un país cuenta con una población que tiene conocimiento de idiomas puede presentar este hecho como un recurso nacional para ser más competitivo a nivel mundial. Asimismo, la enseñanza del español como lengua adicional se ha convertido en una enorme industria, especialmente en España, donde el gran número de estudiantes internacionales en programas de estudios en el extranjero ha hecho que este sector de la economía se denomine *turismo lingüístico* (Bruzos Moro, 2017). A través del Instituto Cervantes, el Gobierno español ha tratado de promover el estudio del español en todo el mundo y de mantener el estatus de España como su 'propietario' simbólico, beneficiando así los intereses económicos españoles (Mar-Molinero y Paffey, 2011; Villa y Del Valle, 2014).

Si bien no se trata estrictamente de una comodificación, en el sentido de que no se centra en las preocupaciones financieras, otro **discurso instrumentalista** presenta el mantenimiento de los idiomas minoritarios como algo útil por razones de seguridad nacional (Bale, 2014; Ricento, 2009). El énfasis en el valor práctico y económico de los idiomas en general, y del español en particular, forma parte de una tendencia más amplia en la que el objetivo primordial de la educación superior se considera cada vez más la adquisición de aptitudes laborales y la formación profesional (Leeman, 2007).

En algunos casos, quienes defienden el estudio de idiomas adoptan discursos afines a la comodificación como forma de convencer a estudiantes, madres, padres, y a quienes se encargan de formular políticas educativas, de que el multilingüismo vale el tiempo, el esfuerzo y el costo necesarios. Esta puede ser una estrategia eficaz en algunos casos, como para alentar las decisiones familiares de matricular a sus hijos/as en programas de doble inmersión o para animar a estudiantes de nivel universitario a tomar clases en su lengua de herencia. Estudios recientes sobre los discursos en torno a la educación de inmersión dual han observado la comodificación y la 'gentrificación' de tales programas, en el sentido de que están disponibles para poblaciones de élite y de clase media con mayor frecuencia que para grupos de menos recursos socioeconómicos, y suelen enfatizarse los beneficios del español para estudiantes anglohablantes (Cervantes-Soon *et al.*, 2020; Delavan *et al.*, 2017; Valdez *et al.*, 2016a, 2016b). Como ya mencionamos, los programas bidireccionales son beneficiosos para estudiantes de habla hispana, pero no siempre son accesibles.

Sostenemos que estas ideologías que promulgan la comodificación son problemáticas por varias razones; además de promover potencialmente las desigualdades, el hecho de centrarse únicamente en las preocupaciones económicas y del mercado laboral implica una subestimación de la importancia del idioma para la identidad cultural así como de la importancia de la identidad cultural en los entornos educativos (Leeman y Martínez, 2007; Weisman, 2001). A su vez, si bien el posicionamiento de ciertos idiomas como bienes valiosos puede beneficiar a los idiomas considerados profesionalmente útiles, como el español y el mandarín, puede debilitar sin querer los argumentos para preservar los idiomas 'menos útiles' (Leeman y Martínez, 2007). En otras palabras, si la razón principal para aprender o mantener un idioma es conseguir un trabajo mejor, tal vez no haya ninguna razón para preservar el navajo, el mixteco o el finés, etc. (Dicho de un modo directo: ¡rechazamos ese argumento!) Además, las promesas de beneficios laborales no siempre se cumplen (Subtirelu, 2017).

Lo que parece faltar en gran parte del discurso educativo sobre el valor del español (así como de otros idiomas minoritarios) es que es valioso para el desarrollo emocional, cultural, social y cognitivo de las personas de habla hispana y, por lo tanto, su preservación está vinculada a cuestiones más amplias de justicia social. Asimismo, para hablantes de segunda lengua, el español es también un recurso cultural y el aprendizaje de idiomas puede fomentar las ideologías pluralistas.

Bilingüismo diferencial

Las ideologías del monolingüismo normativo y de suma cero enmarcan el mantenimiento de las lenguas minoritarias por parte de las personas migrantes y su descendencia como algo problemático tanto para quienes hablan estas lenguas como para la sociedad en general. Estas ideologías también contribuyen a la racialización de la población hispanohablante; el hecho de hablar español lleva a que una persona sea considerada racialmente 'otro' o parte de una **otredad**. Además, el idioma se concibe como la causa de la desigualdad social, más que un mecanismo a través del cual se lleva a cabo la discriminación. Otro resultado de estas ideologías son las expectativas sobre las personas con 'apariencia latinx': no solo se espera que hablen español, sino también que tengan un conocimiento limitado del inglés y que vengan de entornos de bajos ingresos o vivan en barrios de inmigrantes.

Asimismo, esas ideologías son la base del bilingüismo sustractivo. En contraste con el retrato negativo del **bilingüismo circunstancial** de niños y niñas latinxs que crecen hablando español en el hogar, el **bilingüismo electivo** de anglohablantes que eligen aprender español se representa positivamente. Esta distinción se denomina a veces **bilingüismo diferencial** (Aparicio, 1998) y refleja una doble moral. El bilingüismo circunstancial de las personas latinxs es 'malo' y refleja una falta de voluntad de asimilación, mientras que **el bilingüismo de élite** es 'bueno', sobre todo cuando se trata de un bilingüismo electivo por parte de una élite blanca. En lugar de una falta de voluntad de participar en la cultura dominante, el bilingüismo electivo de élite es visto como un boleto al éxito. En Estados Unidos, aprender español cuando ya se habla inglés es un bilingüismo aditivo. En cambio, quienes hablan español en casa deben someterse a un bilingüismo sustractivo, ya que mantenerlo se considera perjudicial para la adquisición del inglés, los logros académicos y la pertenencia social. Estas ideologías también están ligadas a la 'gentrificación' de la educación bilingüe que comentamos en la sección anterior.

Ideologías heteroglósicas y pluralistas

Anteriormente analizamos las ideologías monolingües y monoglósicas que subyacen a las políticas educativas y que circulan en los contextos educativos. A pesar de la fuerza de estas ideologías, no son las únicas. De hecho, el auge de la educación de doble inmersión, incluso en los casos en que la hegemonía del inglés perdura, es una prueba de que esta hegemonía no es completa. Asimismo, las escuelas no siempre son un reflejo de la sociedad en general: hay escuelas, programas y aulas en los que se valora el pluralismo lingüístico y cultural, y en los que el discurso bilingüe se considera un medio de comunicación legítimo y eficaz (Brunn, 1999; Jacobson, 1998; Shannon, 1999). En esta misma línea, García y sus colegas (García, 2009a, 2009b; García *et al.*, 2017) han documentado el uso del translenguaje en el aula, que definen como *"múltiples prácticas discursivas* en las que participan estudiantes bilingües para *dar sentido a sus mundos bilingües"* (García, 2009a: 45, cursiva en el original; traducido del inglés). En lugar de tener que ajustarse a una norma monoglósica impuesta por sus docentes, cada estudiante utilizaba el abanico de sus recursos lingüísticos para completar las tareas académicas. De manera similar, en un estudio de caso de dos docentes, Henderson (2017) observó que cambiaban de idioma con fluidez, abriendo así oportunidades para que sus estudiantes también utilizaran el discurso bilingüe.

Como vimos en el capítulo 4, las ideologías contradictorias compiten a veces en un mismo contexto, y en algunos casos se ha comprobado que las **ideologías heteroglósicas** y los enfoques pluralistas pueden compartir espacio con las ideologías de la lengua estándar y/o la elevación del inglés. Por ejemplo, en el programa extraescolar que analizó, Martínez-Roldán (2015) documentó tanto el translenguaje como la promoción del inglés. Del mismo modo, Martínez *et al.* (2015) observaron el uso de translenguaje en un programa de doble inmersión, aunque quienes dictaban los cursos de este programa también a menudo propugnaban ideologías puristas sobre la separación de idiomas. En la misma línea, en su investigación en un programa de nivel universitario de español para hablantes de herencia, Showstack (2015, 2017) observó que la docente y sus estudiantes retomaban diferentes discursos en diferentes momentos, a veces haciéndose eco de discursos institucionales sobre el 'español académico', pero en otras ocasiones celebrando prácticas comunicativas locales que combinaban inglés y español. Este conjunto de investigaciones destaca que múltiples ideologías lingüísticas que compiten entre sí pueden circular en los mismos espacios educativos, junto con prácticas que vacilan entre la estricta separación de las lenguas y la defensa del translenguaje.

Muchos de estos estudios ponen de manifiesto el valor de la agencia y el esfuerzo individual de cada docente en la creación de un ambiente que fomente el bilingüismo. Si bien las políticas oficiales y extraoficiales limitan lo que sucede en el aula (Hornberger, 2005), el cuerpo docente puede desempeñar un papel fundamental para resistir esas limitaciones o desafiarlas abiertamente (Palmer, 2007). Por ejemplo, Gort y Sembiante (2015) mencionan casos de docentes que utilizan prácticas bilingües flexibles para contrarrestar las ideologías monoglósicas y puristas que predominaban en sus escuelas. Esas prácticas se basaban en los repertorios y experiencias del estudiantado e incluían el cambio de código, el translenguaje, la interpretación y la mediación lingüística. Además, un estudio reciente llevado a cabo en las escuelas públicas de Nueva York constató que el personal docente que recibió entrenamiento sobre las ideologías monoglósicas luego se mostró más receptivo al translenguaje y más dispuesto a ver el bilingüismo como un recurso en el salón de clase, lo que demuestra que es posible cambiar tanto las ideologías lingüísticas como las prácticas educativas en el contexto escolar (Menken y Sánchez, 2019). En la siguiente sección presentamos algunos ejemplos de programas educativos y enfoques diseñados específicamente para contrarrestar las ideologías lingüísticas hegemónicas.

Pedagogía crítica en la enseñanza de idiomas

La falta de reconocimiento y valoración de las experiencias del estudiantado hispanohablante no solo contribuye al desplazamiento lingüístico y la pérdida del español, sino que también afecta negativamente el logro académico y el bienestar social. A su vez, cuando las escuelas refuerzan las ideologías monoglósicas y de la lengua estándar fomentan la desigualdad social y socavan los ideales democráticos. Aun así, las personas que se ven afectadas negativamente por ciertas ideologías lingüísticas a veces comparten esas mismas ideologías sin ser conscientes de ello. La pedagogía crítica busca promover la justicia social ayudando a cada estudiante a analizar y desafiar críticamente las desigualdades estructurales y las ideologías hegemónicas (Burbules y Berk, 1999; Freire, 1970). En esta sección presentamos solo algunos ejemplos de programas pedagógicos críticos diseñados para que la enseñanza de idiomas sea más representativa e inclusiva, para que cada estudiante sea consciente del papel del lenguaje en la vida social y política, y para que puedan desarrollar las herramientas analíticas para resistir las ideologías lingüísticas dominantes.

Un programa innovador es el programa *School Kids Investigating Language in Life and Society* ('Escolares investigando el lenguaje en la vida y en la sociedad'; SKILLS, por sus siglas en inglés), desarrollado en 2010 por la Universidad de California en Santa Bárbara y que ha sido implementado en una variedad de contextos educativos, principalmente para estudiantes de secundaria. El objetivo del curso es ofrecer al estudiantado la oportunidad de aprender a hablar sobre el papel del lenguaje en la sociedad con un enfoque en la justicia social, el antirracismo y el activismo. El programa se imparte principalmente en inglés, pero aborda cuestiones relativas al multilingüismo. Aunque la mayoría de los/las estudiantes que participan en el programa son latinxs, y este se enfoca en gran medida en las experiencias de estudiantes de color, también han completado este curso estudiantes de otros orígenes. Bucholtz *et al.* (2018) describen la forma en que SKILLS está diseñado para aprovechar los conocimientos y las competencias del estudiantado, para ayudar a jóvenes latinxs a analizar la racialización y las desigualdades que experimentan, así como a posicionarse como activistas en la lucha contra la discriminación.

En el contexto de la enseñanza del español (y de los programas universitarios de español), se han hecho numerosos llamamientos para ampliar el enfoque más allá de España y

América Latina, incorporando las variedades y prácticas lingüísticas, así como las literaturas y culturas, de la población latinx de Estados Unidos (p. ej., Alonso, 2006; Álvarez, 2013; Leeman, 2005). Especialistas en el campo también han pedido que las clases incluyan contenidos sobre sociolingüística y variación lingüística, y que fomenten discusiones sobre la legitimidad de todas las variedades del español y la 'normalidad' de los fenómenos de contacto lingüístico como el translenguaje y los **préstamos**. En muchos casos estos llamamientos se han centrado en los programas de español para hablantes de herencia (p. ej., Beaudrie *et al.*, 2014; Leeman, 2005; Martínez, 2003; Valdés, 1995), pero también ha habido propuestas para reorientar todo el programa de estudios de español e incorporar estos temas para estudiantes de segunda lengua (p. ej., Leeman y Rabin, 2007; Leeman y Serafini, 2016; Pascual y Cabo y Prada, 2018; Quan, 2020).

Quienes adoptan un enfoque pedagógico crítico no solo tratan de incorporar más variedades en el aula, sino que se esfuerzan por que el estudiantado comprenda la variación lingüística y el vínculo entre el idioma y cuestiones sociales y políticas, como la identidad, la desigualdad y la raza (p. ej., Holguín Mendoza, 2018a; Lado y Quijano, 2020; Leeman, 2005, 2018b; Martínez, 2003; Potowski y Shin, 2018). Algunas propuestas recientes también recomiendan incluir discusiones sobre el multilingüismo, las ideologías lingüísticas y la política lingüística (p. ej., Leeman, 2018b; Leeman y Serafini, 2016), ¡de manera similar a lo que estamos haciendo en este libro! El hecho de que un número cada vez mayor de departamentos de español ofrezcan cursos de español en Estados Unidos (algo bastante raro hace tan solo 20 años) muestra un reconocimiento creciente de la presencia e importancia de dicho idioma en el país.

También queremos destacar el creciente número de cursos universitarios de español que involucran al estudiantado en discusiones críticas sobre ideologías y políticas lingüísticas, así como sobre su papel en la desigualdad estructural, y les proporcionan oportunidades para hacer trabajo voluntario en las comunidades locales (p. ej., Holguín Mendoza, 2018a; Leeman *et al.*, 2011; Lowther Pereira, 2015; Martínez y Schwartz, 2012; Pascual y Cabo *et al.*, 2017; Quan, 2020). Al trabajar como intérpretes en clínicas locales o al dirigir un programa extraescolar de español como lengua de herencia, quienes participan en estos programas de servicio comunitario desarrollan identidades como especialistas en español, pero también como agentes de cambio social que trabajan para desafiar las ideologías lingüísticas dominantes y las desigualdades que estas sustentan.

La educación de grupos racializados: más allá de la diversidad lingüística

En este capítulo nos hemos centrado en el español dentro del ámbito educativo y hemos sugerido que las políticas lingüísticas en materia de educación desempeñan un papel importante en la reproducción de las ideologías lingüísticas y los patrones sociales del desplazamiento lingüístico, así como en la configuración de las experiencias del estudiantado latinx en las escuelas. Por supuesto, otros factores como la situación socioeconómica y el racismo también desempeñan un papel importante. En un informe para el National Research Center for Hispanic Children and Families ('Centro Nacional de Investigación para Niños/as y Familias Hispanas'), Wildsmith *et al.* (2016: 2) señalan que el 61% de la población infantil latinx vive en hogares de bajos ingresos. Gándara y Mordechay (2017) analizaron el efecto de la pobreza en el rendimiento académico y observaron que, además de influir en los recursos que niñas y niños tienen fuera de la escuela (incluyendo la nutrición y el cuidado de la salud), también determina "a qué escuela asistirán, con quiénes, y quiénes estarán a cargo de su enseñanza" (p. 149, traducido del inglés). En Estados Unidos, las políticas educativas hacen que la financiación de las escuelas públicas dependa de los ingresos fiscales locales, lo que asigna más dinero a las zonas ricas y tiene un impacto en los resultados académicos y en las experiencias escolares de niñas y niños. Hay menos programas educativos de alta calidad en barrios y distritos escolares pobres, lo cual condiciona el logro académico y las futuras oportunidades sociales y profesionales del estudiantado. A nivel nacional, solo el 75% del estudiantado latinx termina la escuela secundaria, mientras que el 87% del estudiantado blanco no latinx y el 89% del estudiantado asiático estadounidense lo hacen (Gándara y Mordechay, 2017: 148–149); estas cifras demuestran que las escuelas no atienden al estudiantado latinx de una forma adecuada.

Está claro que el racismo estructural, la racialización y las ideologías lingüísticas tienen un impacto en todo el sistema educativo, donde el discurso del déficit sobre el estudiantado latinx sigue prevaleciendo (Espinoza-Herold y González-Carriedo, 2017; Fernández, 2002; Flores y Rosa, 2015; Vega *et al.*, 2015; Villenas, 2012). A nivel de la sociedad, la desigualdad socioeconómica y las ideologías lingüísticas influyen no solo en la disponibilidad de escuelas de calidad, sino también en las cuestiones programáticas —por ejemplo, si se dispone de ESL, educación bilingüe, o español para hablantes de herencia— y en los objetivos de los programas que haya disponibles. A nivel de la escuela y del aula, las actitudes y comportamientos que sistemáticamente posicionan a las personas latinxs como racial, cultural, académica y/o lingüísticamente inferiores también influyen en los resultados. Esto repercute en el bienestar social y emocional, así como en el rendimiento académico (García, 2015). Por esta razón, el activismo y los movimientos en defensa de la población latinx han buscado expandir los planes de estudio para reconocer y valorar las historias, experiencias y culturas del estudiantado latinx, por ejemplo, a través de la inclusión de programas de estudios étnicos, así como a través del reconocimiento y la valoración del español.

La racialización y la devaluación de los conocimientos lingüísticos y culturales del estudiantado latinx a veces da lugar a que se les niegue el acceso a oportunidades y a que se les excluya de los cursos acelerados y preuniversitarios. Dadas las repercusiones de la clasificación educativa, la asignación a clases según la aptitud y las expectativas racializadas en cuanto al rendimiento de los diferentes tipos de estudiante, Achinstein *et al.* (2015) abogan por un proceso de 're-etiquetado' que cuestione la forma en que se clasifica a estudiantes pertenecientes a minorías, con el fin de revocar su posicionamiento como estudiantes inferiores, reconocer su potencial para asistir a la universidad y al mismo tiempo promover su rendimiento académico.

Si bien no es el único desafío que enfrenta el estudiantado que habla lenguas minorizadas (y el estudiantado racializado en general), las políticas lingüísticas en materia de educación y los enfoques pedagógicos que reconocen, valoran y sostienen los antecedentes culturales y lingüísticos de cada estudiante son claramente pertinentes para crear entornos de aprendizaje positivos y fomentar la participación activa y el éxito académico de todo el estudiantado (Giroux, 1991; Leeman, 2005, 2014; Nieto, 2010; París, 2012; Valenzuela, 1999). Para citar solo un ejemplo del impacto que la educación en español puede tener en el rendimiento académico del estudiantado, las tasas de graduación de estudiantes latinxs en la Roosevelt High School de Mineápolis (Minesota) aumentaron en 15 puntos porcentuales tras la creación de un programa de español como lengua heredada con un plan de estudios centrado tanto en la lengua como en la identidad (Hinrichs, 2016). Este ejemplo muestra una clara correlación entre el éxito académico por un lado, y la atención y validación de los antecedentes lingüísticos del estudiantado por otro.

Conclusiones y conexiones

En este capítulo hemos visto que varios de los temas tratados en este libro son relevantes para el análisis de las políticas lingüísticas que afectan la educación de la población latinx. Las ideologías hegemónicas que devalúan el bilingüismo, promueven la aculturación sustractiva y equiparan la blanquitud con un alto estatus se reflejan y refuerzan dentro de los modelos educativos de *English-only* que predominan en Estados Unidos, a pesar de las abrumadoras investigaciones que demuestran las ventajas de los programas bilingües aditivos. Estas ideologías y políticas, junto con la más amplia racialización de la población latinx, perpetúan la desigualdad. Incluso en el contexto de la enseñanza del español, la ideología de la lengua estándar y el bilingüismo diferencial favorecen a estudiantes de segunda lengua y subordinan a hablantes de herencia. Asimismo, las ideologías monolingües también tienen un impacto negativo en niños y niñas hablantes de la lengua mayoritaria, ya que solo tienen oportunidades limitadas de aprender un idioma adicional.

La esperanza de mejorar la educación radica en la concienciación y el activismo —tanto de docentes, investigadores/as, especialistas en pedagogía, madres y padres, como de estudiantes y comunidades— en torno a determinadas cuestiones: las ideologías lingüísticas; el análisis crítico de los discursos sobre la raza, la etnicidad, la clase social y los idiomas minoritarios y sus hablantes; y la promoción de visiones alternativas del multilingüismo y la diversidad lingüística. Las ideologías lingüísticas están directamente relacionadas con lo que puede suceder en las escuelas en cuanto a programas y políticas (es decir, dar espacios para el mantenimiento y el aprendizaje del español), así como a prácticas cotidianas (valorar la diversidad lingüística y cultural). La concienciación implica reconocer y analizar lo que a menudo son ideas implícitas (y prejuicios) sobre el español y sus hablantes en Estados Unidos. A través de la concienciación y el activismo, podemos crear mejores oportunidades educativas en Estados Unidos para niñas y niños, sean las que sean las lenguas que hablan.

Actividades y preguntas de discusión sobre el capítulo 9

(1) ¿Corresponde a cada estudiante adaptarse a las prácticas educativas para tener éxito, o es tarea de los sistemas educativos averiguar la mejor manera de servir a las poblaciones locales para ayudarlas a obtener logros académicos? ¿Cuáles son las implicaciones, en términos de políticas educativas, planes de estudio y prácticas en el aula, de cada una de estas opciones?

(2) ¿Cuáles son algunas de las razones históricas y los objetivos de la educación pública? Si te presentaras a un cargo público y abogaras por la educación pública gratuita, ¿cuáles serían tus argumentos? En esta misma línea, ¿cuál crees que es, o debería ser, el propósito de la educación superior? ¿Y de la enseñanza del español (ya sea para hablantes de segunda lengua o de herencia)?

(3) Busca en Internet sobre los beneficios del bilingüismo. ¿Qué tipo de beneficios se mencionan (p. ej., cognitivos, sociales, económicos, etc.)? ¿Hay alguna presuposición respecto a las diferencias entre el bilingüismo circunstancial o el electivo, o cualquier otra ideología reflejada en la discusión de los beneficios? Por último, ¿crees que la discusión sobre estos beneficios sería útil para cambiar la política escolar? Fundamenta tu respuesta.

(4) Si alguna vez tomaste un curso de español o ESL, o de cualquier otro idioma, reflexiona sobre tu experiencia y analiza las ideologías lingüísticas reflejadas y reproducidas en el diseño del curso, los libros de texto, las prácticas de enseñanza y las actividades de aprendizaje. ¿Qué culturas y variedades lingüísticas se incluyeron y/o enseñaron? ¿Cómo se representó el 'valor' del aprendizaje de idiomas?

(5) Escucha (al menos) la primera mitad de *The Breakdown: Battle Over MEChA* en el pódcast Latino USA de la radio pública de Estados Unidos (https://www.latinousa.org/2019/04/16/mechabreakdown). ¿Cuál fue el contexto y la motivación para la fundación del grupo, y cuáles fueron sus objetivos? ¿Cómo intentó el MEChA promover el éxito educativo y cómo se relacionó esto con otras preocupaciones sociales y políticas? Analiza el pódcast con respecto a estos temas tratados en otros capítulos: a) la motivación y los significados indexicales de las etiquetas de identidad; b) la identidad **etnorracial** latinx; c) el lenguaje inclusivo en cuanto al género; y d) la **interseccionalidad**.

Lecturas y materiales adicionales

Belpoliti, F., y Gironzetti, E. (2020) Hablantes de herencia. En J. Muñoz-Basols, E. Gironzetti, y M. Lacorte (eds.) *The Routledge Handbook of Spanish Language Teaching: Metodologías, contextos y recursos para la enseñanza del español L2* (pp. 447–462). Londres: Routledge.

Flores, N. y García, O. (2017) A critical review of bilingual education in the United States: From basements and pride to boutiques and profit. *Annual Review of Applied Linguistics* 37, 14–29.

Fránquiz, M.E., Leija, M.G. y Salinas, C.S. (2019) Challenging damaging ideologies: Are dual language education practices addressing learners' linguistic rights? *Theory into Practice* 58 (2), 134–144.

Leeman, J. (2018b) Critical language awareness and Spanish as a heritage language: Challenging the linguistic subordination of US Latinxs. En K. Potowski (ed.) *Handbook of Spanish as a Minority/ Heritage Language* (pp. 345–358). Nueva York: Routledge.

Martínez, G. y Train, R. (2019) *Tension and Contention in Language Education for Latinxs in the United States: Experience and Ethics in Teaching and Learning.* Nueva York: Routledge.

Parra Velasco, M. L. (2021) *Enseñanza del español y juventud latina.* Arco Libros.

Valdés, G. (2015) Latin@s and the intergenerational continuity of Spanish: The challenges of curricularizing language. *International Multilingual Research Journal* 9 (4), 253–273.

Capítulo 10

Variación y contacto entre lenguas: aspectos formales del español en Estados Unidos

Objetivos

Presentar algunos rasgos lingüísticos de las variedades más comunes del español hablado en Estados Unidos, explicar los fenómenos asociados con el contacto lingüístico y el discurso multilingüe, analizar el término *espanglish* así como las actitudes hacia estas variedades y prácticas lingüísticas.

Introducción

En lo que va de este libro no hemos dedicado mucho tiempo a comentar los rasgos lingüísticos formales del español que se habla en Estados Unidos. En parte, esto se debe a nuestro mayor interés en las cuestiones sociopolíticas del lenguaje, pero otra razón es que hay muchas otras publicaciones dedicadas a la dialectología (es decir, el estudio de la variación geográfica y regional) y a los rasgos lingüísticos del español hablado en Estados Unidos (p. ej., Bills, 1997; Espinosa, 1911; Lipski, 1993, 2008; Otheguy y Zentella, 2011). No obstante, es prácticamente imposible enfocarse exclusivamente en la forma lingüística o en los aspectos sociales del lenguaje. Por un lado, la variación y el cambio lingüístico están condicionados por factores sociales y políticos no lingüísticos. Y a estas alturas del libro, debería estar más que claro que la forma lingüística está cargada de significados sociales y simbólicos. En particular, al hablar utilizamos las diferentes variedades, registros, estilos, pronunciaciones y palabras de nuestros **repertorios lingüísticos** para construir y encarnar diversos tipos de identidades. Así también, hacemos juicios sobre las demás personas y les atribuimos identidades en base a sus formas particulares de hablar. Las variedades y rasgos lingüísticos asociados a grupos sociales u orígenes nacionales específicos proporcionan una gran cantidad de recursos para crear significados sociales y expresar la identidad, al igual que las prácticas lingüísticas que combinan el español y el inglés. Asimismo, la gente a menudo tiene opiniones y actitudes bien arraigadas con respecto a lenguas, variedades y prácticas lingüísticas particulares, a pesar de que ninguna de estas es objetivamente mejor que otra. Y como ya sabemos, estas actitudes e ideologías se utilizan para justificar una serie de prácticas sociales y políticas.

En este capítulo se analizan los rasgos lingüísticos de las variedades del español que más comúnmente se hablan en Estados Unidos, así como los fenómenos asociados con el contacto lingüístico. Discutiremos la problemática del término *espanglish* antes de pasar a examinar las características y usos del discurso multilingüe. A partir de ahí, abordaremos las investigaciones sobre el contacto entre las diferentes variedades del español, así como el contacto del español con otras lenguas. También nos ocupamos de las actitudes hacia las diferentes variedades del español y hacia los rasgos y prácticas lingüísticas asociadas con el contacto entre lenguas. En la sección final, veremos algunos rasgos del inglés latinx que muestran influencia del español.

Variación y variedades del español en Estados Unidos

La gran diversidad de orígenes nacionales e historias de las personas de habla hispana en Estados Unidos se reflejan en las formas en que se habla el español. Cuando los conquistadores y colonos/as españoles comenzaron a establecerse en las Américas a finales del siglo xv trajeron consigo las variedades y maneras de hablar que utilizaban en sus lugares de origen, y estos obviamente desempeñaron un papel clave en la formación de los sonidos, las estructuras y el vocabulario del español que se hablaba en América del Norte, del mismo modo que los orígenes particulares de la población de las colonias británicas influyeron en el inglés que allí se hablaba. Por ejemplo, tanto en Luisiana como en el Caribe, una parte importante de la población colonial provenía de las Islas Canarias. En consecuencia, el español isleño (la variedad vestigial de español que se mantuvo en el sur de Luisiana a lo largo del siglo xx), así como la variedad cubana, la dominicana y la puertorriqueña, estaban todos influidos por el español de las Canarias (Lipski, 1993, 2008).

De la misma manera, las personas de habla hispana que migran a Estados Unidos hoy en día traen consigo prácticas y repertorios lingüísticos específicos, y por lo tanto los patrones contemporáneos de migración tienen un impacto en los tipos de español que se hablan en diferentes partes del país. Por ejemplo, en Nueva Inglaterra, Nueva York y Florida es más probable que se escuche una variedad 'caribeña' de español; en Phoenix (Arizona), las variedades 'mexicanas' son las más comunes; y en el norte de Virginia hay más posibilidades de escuchar español 'salvadoreño', 'boliviano' o 'peruano'. Lógicamente, los cambios en los flujos migratorios pueden provocar cambios en la forma de hablar el español. Pero también es importante recordar que la forma de hablar de la gente cambia con el tiempo, y cuanto más tiempo esté alguien en Estados Unidos, más probable es que su **repertorio lingüístico** sea diferente del que tenía al llegar. Además, las generaciones que nacen en Estados Unidos experimentarán otras influencias lingüísticas que también influirán en su manera de hablar.

Otro punto que vale la pena destacar es que ni los países de donde proceden las personas migrantes ni los lugares a donde llegan son monolíticos en cuanto a identidades, variedades o prácticas lingüísticas. Por ejemplo, no todas las personas hispanohablantes de Phoenix son mexicanas o mexicoamericanas, ni tampoco todas las personas mexicanas hablan igual. En el capítulo 4 analizamos la ideología lingüística que concibe las lenguas como entidades distintas y delimitadas que se vinculan a las naciones (Anderson, 1991). Del mismo modo, en la dialectología española existe una larga tradición de discutir las variedades lingüísticas como si los límites entre ellas correspondieran a las fronteras políticas entre las naciones (Penny, 2000). Así, es frecuente ver referencias al 'español peruano' y al 'español boliviano', como si la manera de hablar fuera homogénea en cada país y fácilmente distinguible de un país vecino a otro. Sin embargo, así como los idiomas se construyen socialmente, la delimitación de las variedades se basa en la ideología y aspectos prácticos (como tomar de referencia las fronteras nacionales), incluso más que en aspectos lingüísticos. Dicho esto, por una cuestión de practicidad, también hemos seguido esta tradición al discutir sobre los rasgos lingüísticos de los diferentes grupos de origen nacional.

Como la mayoría de las cosas, los idiomas no son entidades estáticas, sino que están en constante cambio y evolución (Aitchison, 2001; Bybee, 2015), y esto también se aplica al caso del español. No hay nada inherentemente bueno o malo en el cambio lingüístico, pero quienes profesan el purismo lingüístico a menudo desprecian el cambio como si reflejara corrupción, decadencia o declive. Sin embargo, a pesar de esta resistencia, a medida que pasa el tiempo muchos cambios terminan por ser aceptados y considerados normales. Pensemos, por ejemplo, en el caso del latín. No fue sino el cambio lingüístico y las desviaciones de la norma prescrita del latín lo que explica el origen de las **lenguas romances**, entre las que se encuentra el español que hablamos hoy en día. De manera similar, el cambio lingüístico ha llevado a la variación geográfica interna al español. Esto se debe a que el cambio lingüístico no ocurre de la noche a la mañana, y no afecta a todas las palabras, a todos los contextos o a todos los grupos sociales al mismo tiempo y por igual. A veces, más tarde o más temprano, los cambios son adoptados por todo el mundo; en otros casos solo afectan a algunas variedades, algunas comunidades o algún subconjunto de hablantes. En los casos en que una variedad conserva una forma más antigua mientras que otras variedades adoptan un cambio, la forma más antigua se denomina *arcaísmo*. Algunos ejemplos de arcaísmos utilizados con frecuencia en el Suroeste de Estados Unidos incluyen la conjugación en pretérito del verbo *traer*, *truje* ('traje') y el adverbio *asina* ('así').

¿Pero cuál es el motor del cambio lingüístico? A veces, el cambio se debe a factores internos del propio idioma. Uno de estos motivadores del cambio es la facilidad de articulación; cuando un sonido o combinación de sonidos en particular es difícil de pronunciar, esto puede llevar a un cambio, como en el caso de la doble N en la palabra latina *alunnus* ('alumno'), que se convirtió en 'mn'. Otro tipo de cambio es la simplificación, en la que se eliminan los contrastes lingüísticos. Por ejemplo, en la mayoría de las variedades del español se puede utilizar *ser* o *estar* con adjetivos que describen la edad, el tamaño y el aspecto físico, dependiendo del significado que se quiera dar. Así, *el caballo es viejo* describe al caballo como viejo en contraste con otros caballos, mientras que *el caballo está viejo* implica que el caballo parece o es viejo comparado con antes (Falk, 1979). No obstante, en algunas variedades mexicanas esta distinción está desapareciendo, y *estar* se utiliza sistemáticamente con esos adjetivos (independientemente de su significado), un cambio que suele llamarse *la extensión de estar* (Silva-Corvalán, 1994). Silva-Corvalán observó que en Los Ángeles este fenómeno era más común entre personas que habían nacido en Estados Unidos o habían inmigrado a una edad temprana. En este caso, la falta de oportunidades de educación en español llevó a una mayor propensión al cambio lingüístico entre la segunda generación y las siguientes.

En otros casos, el cambio lingüístico se produce por causas externas al idioma en cuestión, como el contacto prolongado con otro idioma u otra variedad. Un fenómeno común en tales situaciones de contacto entre idiomas es el **préstamo**: una palabra proveniente de un idioma que es adoptada por otra lengua. Históricamente, el español ha incorporado préstamos de varios idiomas, incluyendo el árabe (p. ej., *almohada*), el náhuatl (p. ej., *tomate*) y el inglés (p. ej., *fútbol*), así como el inglés ha incorporado palabras del español como *alligator* (derivada de *lagarto*) y *ranch* (derivada de *rancho*). En situaciones de contacto entre lenguas, el bilingüismo generalizado y a largo plazo aumenta la probabilidad de que se produzca una influencia interlingüística. A medida que aumenta el porcentaje de hispanohablantes que nacieron en Estados Unidos (véase el capítulo 2), tal contacto puede jugar un papel cada vez más importante en el español hablado en dicho país. Más adelante en este capítulo veremos fenómenos adicionales asociados con el contacto entre idiomas.

En Estados Unidos el español obviamente ha tenido un amplio contacto con el inglés, pero también se caracteriza por el contacto entre diferentes variedades del español, ya que la inmigración hispanohablante proviene de muchos lugares diferentes. Por un lado, una persona inmigrante puede adoptar ciertos rasgos del español tal y como se habla en su nuevo lugar de residencia; al mismo tiempo, esa persona también puede tener un impacto en la variedad local si su forma de hablar (o algunos rasgos de esta) se extiende a otras personas. La inmigración recién llegada puede jugar un papel aún más importante en el español que se habla en Estados Unidos debido a la persistencia del patrón de tres generaciones en el **desplazamiento lingüístico**. De acuerdo con la distancia generacional de la inmigración, las personas nacidas en Estados Unidos tienden a hablar cada vez más el inglés y utilizar el español en ámbitos cada vez más reducidos —por ejemplo, en el entorno familiar—, lo cual limita su impacto en hablantes de otras variedades.

En las secciones siguientes presentamos brevemente ejemplos de los rasgos léxicos, fonéticos y estructurales que caracterizan a las variedades de los grupos de origen nacional más numerosos en Estados Unidos: el mexicano, puertorriqueño, cubano, dominicano y salvadoreño. Nuestro objetivo no es proporcionar una descripción exhaustiva de estas variedades del español, sino más bien explicar y ejemplificar los diferentes niveles de variación e identificar algunos rasgos destacados de manera accesible incluso para quienes no cuentan con formación en lingüística.

Variación léxica

Las diferencias en el léxico, o vocabulario, entre las variedades del español son a menudo el tema central de conversaciones informales sobre la variación lingüística en español (véase, por ejemplo, el video de YouTube sobre las variantes de la palabra *camiseta* en https://www.youtube.com/watch?v=LjaD_oFg90A, o la página web de *Why not Spanish?* que muestra cómo una pajilla para beber o un perrito caliente se denominan con muchas palabras diferentes, en https://www.whynotspanish.com/lexical-variations-spanish-many-words/). En algunos casos, la variación léxica del español latinoamericano resulta del contacto lingüístico con varias lenguas africanas e indígenas, debido a que las variantes son préstamos de lenguas indígenas diferentes. Por ejemplo, *aguacate*, que se utiliza en todo México y América Central, es de origen náhuatl, mientras que *palta*, que se utiliza en gran parte de América del Sur, es de origen quechua.

Variación fonética y fonológica

Un aspecto de la variación lingüística que puede llamar la atención de inmediato es la pronunciación. En ocasiones una persona con la que estamos hablando solo necesita decir una o dos palabras para que reconozcamos un acento particular y deduzcamos de dónde es. Muchas de las diferencias fonéticas entre las variedades del español habladas en Estados Unidos tienen que ver con sonidos en posición final de sílaba. Entre ellos se encuentra la /s/,[1] que a veces se aspira o se elide por completo, de manera que el artículo *los* se pronuncia 'loh' o 'lo'. Estas maneras de pronunciar la /s/ son típicas de las variedades caribeñas y centroamericanas, igual que la **velarización de la /n/**, en la que la parte posterior de la lengua hace contacto con el velo (la parte posterior de la boca). En otras variedades del español, la /n/ se produce de esta manera solo ante los sonidos 'g' o 'k' (como en la frase *un gato* o *un carro*); en las variedades que se caracterizan por la velarización, esto ocurre también en otros contextos, como en posición final absoluta (p. ej., en la palabra *pan*).

Otros dos fenómenos interrelacionados que también afectan a los sonidos en posición final de sílaba, y que también son típicos del español caribeño, son el **lambdacismo** (en el que la /r/ se pronuncia 'l') y el **rotacismo** (la /l/ se pronuncia 'r'). Tanto el lambdacismo como el rotacismo implican la neutralización del contraste entre /l/ y /r/; lo que los diferencia es el sonido resultante de esta neutralización. Un ejemplo de lambdacismo sería la pronunciación del nombre *Marta* como 'malta'; un ejemplo de rotacismo sería la pronunciación de *Alba* como 'arba'. En algunas regiones predomina uno u otro de estos fenómenos, pero en otras se encuentran ambos.

También es típico del Caribe el debilitamiento o la elisión de la /d/ entre vocales, de manera que palabras como *cortado* y *pensado* se pronuncian 'cortao' y 'pensao'. Otro rasgo común en el español puertorriqueño es la pronunciación de /r/ (correspondiente a la la doble *r* y la *r* en posición inicial de palabra) de manera similar a los sonidos asociados a la letra *j* en español y la *h* en inglés. La combinación de esta pronunciación con el lambdacismo (es decir, 'Puelto Jico') es emblemática de la variedad puertorriqueña, de la misma manera que 'pahk the cah' (*park the car*, es decir, 'estacionar el auto') es emblemática del inglés de Boston.

En cambio, en el español mexicano la /s/ suele pronunciarse como 's'. Asimismo, la /n/ generalmente se pronuncia con la punta de la lengua haciendo contacto en la parte delantera de la boca, detrás de los dientes (a menos que el siguiente sonido sea una consonante, en cuyo caso la /n/ se asimila en punto de articulación a la consonante siguiente). Una característica común a algunas variedades mexicanas y puertorriqueñas es la pronunciación de *ch* como 'sh' (de tal manera que palabras como *muchacho* se pronuncian 'mushasho') (Lipski, 2008). Por último, una de las características fonéticas más destacadas de las variedades mexicanas (así como de las andinas), y que generalmente no se observa en las variedades caribeñas y centroamericanas, es la reducción de las vocales átonas (es decir, no acentuadas), especialmente junto a la /s/, de manera que *mestizo* podría pronunciarse como 'mstizo' y *pues* como 'ps'.

Además de aspirar la /s/ en posición final de sílaba, muchas personas de origen salvadoreño también la aspiran en posición inicial de sílaba. A su vez, es común en la variedad salvadoreña pronunciar la /s/ con la punta de la lengua entre los dientes delanteros, de manera que suena casi como una versión más suave del sonido correspondiente a la *z* del español europeo, y a las letras *th* en inglés. Por ejemplo, *sí* suena casi como la primera sílaba de la palabra inglesa *theater* ('teatro') o la palabra española *cita* pronunciada con acento madrileño.

Variación morfosintáctica

Como mencionamos en el capítulo 6, un rasgo asociado con el español centroamericano es el voseo. El voseo consiste en el uso del pronombre *vos* como pronombre de segunda persona del singular y las correspondientes formas verbales, las que suelen tener el acento en la sílaba final (p. ej., *vos hablás*). En algunas variedades voseantes, como la argentina y la uruguaya, su significado referencial es más o menos equivalente al de *tú*, el pronombre de segunda persona del singular normativo en la mayoría de las variedades. En otras variedades, entre las que se encuentra la salvadoreña, *vos* es parte de un sistema pronominal de tres niveles en el que *vos*, *tú* y *usted* se utilizan para expresar diferentes significados sociales: *vos* se usa para las relaciones más íntimas; *usted* para expresar la mayor distancia social; y *tú* vendría a ser un punto intermedio (Rivera-Mills, 2011).

Otro ejemplo de variación relacionada con el uso de los pronombres en español tiene que ver con la posibilidad de que el sujeto de una oración se exprese implícitamente. A modo de ejemplo, si una persona quiere afirmar su conocimiento del español, puede decir *yo hablo español* o simplemente *hablo español*. En las variedades caribeñas, los pronombres de sujeto se utilizan más comúnmente que en otras variedades (veremos esto en detalle más adelante, en el contexto del contacto entre las variedades del español). Otra característica de las variedades caribeñas es que los pronombres personales pueden aparecer como sujeto de los infinitivos, como en los ejemplos proporcionados por Lipski (2008: 125): *para yo hacer eso; antes de tú venir aquí*, que en otras variedades podría ser 'para que yo haga eso' y 'antes de que vinieras aquí'. Un tercer rasgo del español del Caribe son las preguntas sin inversión del sujeto y el verbo, como en el ejemplo citado por Bullock y Toribio (2014: 156): *¿Cuánto un médico gana?*, que en las variedades no caribeñas se expresaría probablemente con la inversión normativa: *¿Cuánto gana un médico?*

Además de las variedades asociadas a los orígenes nacionales de la población hispanohablante, el contacto con el inglés es un factor clave que influye en el español hablado en Estados Unidos. En la siguiente sección se examinan los variados fenómenos asociados con el contacto entre idiomas, incluyendo las influencias interlingüísticas, así como las prácticas y el discurso multilingües.

El contacto entre lenguas

En varios pasajes de este libro hicimos referencia a personas que combinan el español y el inglés en una conversación, un fenómeno que se conoce como **cambio de código** o **translenguaje** (*translanguaging*). En el capítulo 4 explicamos que quienes prefieren el término *translenguaje* suelen adoptar un enfoque **heteroglósico**, cuestionar la existencia de lenguas tradicionalmente definidas, e interesarse más por el uso comunicativo y social del lenguaje que por sus características formales (p. ej., García, 2009b; García y Wei, 2014).

Pero si bien los idiomas son **constructos sociales** y la clasificación de determinadas formas de hablar como pertenecientes a una lengua u otra es una cuestión ideológica o política más que lingüística (véase el capítulo 4), eso no quiere decir que las personas no piensen en ellos como entidades claramente definidas (Auer, de próxima publicación). De hecho, sí existen distintas lenguas (y variedades lingüísticas) en la mente de las personas, y el cambio de código corresponde a una realidad cognitiva y social.

En contraste con las investigaciones desarrolladas dentro del marco teórico del translenguaje, gran parte de las investigaciones sobre aspectos formales del contacto lingüístico parten del supuesto de que los rasgos individuales normalmente sí pueden identificarse como pertenecientes a un idioma u otro, o que por lo menos los/las hablantes los perciben así. Tales trabajos estudian la interacción estructural y cognitiva de los sistemas lingüísticos, por ejemplo, qué elementos proceden de cada sistema, cómo se combinan en las situaciones de contacto y qué mecanismos cognitivos intervienen en el cambio de una lengua a otra. Dentro de las investigaciones que abordan estas cuestiones formales, hay quienes sostienen que el marco conceptual del translenguaje ofrece pocos aportes al respecto (Bhatt y Bolonyai, 2019). La mayoría de las investigaciones que discutimos en este capítulo presuponen que el español y el inglés son dos lenguas distintas entre sí o, al menos, así son percibidas por sus hablantes.

En las siguientes secciones, presentaremos definiciones y ejemplos de fenómenos asociados con el contacto lingüístico, pero primero hay dos puntos importantes que queremos señalar. En primer lugar, es completamente natural y normal que los idiomas en contacto prolongado se influyan mutuamente, y que quienes los hablan combinen elementos de ellos, ya sea mediante préstamos o cambios de código. Así pues, los fenómenos del contacto lingüístico asociados al español y el inglés en Estados Unidos también se encuentran en muchos otros contextos lingüísticos; la influencia interlingüística es común, si no universal, en situaciones de contacto entre lenguas (Fairclough, 2003; Lipski, 2007). Además, aunque la exposición a nuevas prácticas, tecnologías o ideas puede explicar el porqué de algunos préstamos, sería un error suponer que esta sea la única causa. Análogamente, sería un error suponer que el cambio de código es el resultado de lagunas lingüísticas; por el contrario, las personas bilingües a veces cambian de una lengua a otra para decir algo que saben expresar en ambas lenguas (Zentella, 1997a). Asimismo, las personas monolingües también combinan recursos lingüísticos sin tener en cuenta si estos se asocian con diferentes variedades o estilos lingüísticos. Es decir, el préstamo y el cambio de código no son signo de deficiencia lingüística.

En segundo lugar, pese a que los fenómenos del contacto lingüístico (incluido el discurso multilingüe) son completamente normales, las ideologías **hegemónicas** a menudo los consideran de manera negativa, especialmente en contextos en los que el **monolingüismo normativo** y/o la **ideología de la lengua estándar** son preponderantes, como hemos visto en varias ocasiones. En Estados Unidos el español que muestra cualquier signo de contacto con el inglés es a veces ridiculizado, y el discurso multilingüe frecuentemente se toma como señal de no saber ninguno de los dos idiomas; es decir, se ve como reflejo de deficiencia lingüística (Myers-Scotton, 2006: 10). En muchos casos las propias personas multilingües comparten estas actitudes negativas arraigadas en las ideologías hegemónicas, y también creen que los idiomas deben mantenerse 'puros' y separados. Como hemos dicho reiteradas veces, las ideologías lingüísticas nunca se limitan a cuestiones del lenguaje (Woolard, 1998); las actitudes negativas respecto a los fenómenos del contacto lingüístico reflejan la **racialización** de las personas con las que estos se asocian. Este es también el caso de las representaciones negativas del translenguaje, así como el retrato más amplio del multilingüismo como *languagelessness* ('alingüismo'; Rosa, 2019: 128).

De hecho, como veremos más adelante, más que una deficiencia lingüística, el uso combinado de dos idiomas requiere un conocimiento sofisticado de la estructura de ambos (Toribio, 2000; Waltermire, 2014). A su vez, como señalamos en los capítulos 5 y 6, el discurso multilingüe es un poderoso recurso para construir, encarnar y negociar identidades, y también para comunicar otros significados sociales y simbólicos. Asimismo, el cambio de código puede ser un gran recurso creativo; para conocer algunos ejemplos publicados, véanse los libros de literatura infantil que figuran en la sección de *Lecturas y materiales adicionales* de este capítulo, el video referido en la segunda consigna de las actividades y preguntas de discusión sobre el presente capítulo, el comentario en referencia a *¿Qué pasa, U.S.A.?* del capítulo 7 y el poema de Tato Laviera titulado *Spanglish* (disponible en: https://www.poetryoutloud.org/poem/spanglish). Este tipo de creatividad también es evidente en el discurso conversacional multilingüe.

Préstamos

En la obra emblemática de Haugen (1950), se definen varios tipos de influencia interlingüística en situaciones de contacto entre lenguas, muchos de los cuales son relevantes en el caso del español en Estados Unidos. Uno de los más conocidos, que mencionamos anteriormente, es el caso de una palabra de un idioma que se incorpora a otro, lo que se denomina *préstamo* o *préstamo léxico*. El idioma que incorpora un elemento de otro idioma se denomina *lengua receptora*, y el idioma del que se toma el elemento es llamado *lengua donante*.

Pero ¿cómo sabemos si una palabra ha sido incorporada en la lengua receptora? O dicho de otra manera, ¿cómo sabemos si se trata de un préstamo o un cambio de código? Una manera de saberlo es la integración fonológica; si una palabra está integrada fonológicamente, se pronuncia de acuerdo con la pronunciación de la lengua receptora, lo que normalmente indica que se trata de un préstamo. Pensemos, por ejemplo, en los préstamos del inglés al español *fútbol* y *suéter* y, por otro lado, en el préstamo del español al inglés *patio*: todas estas palabras suelen pronunciarse de acuerdo con el sistema fonológico de la lengua receptora y no cómo serían en la lengua donante. Esta integración, junto con el uso común de estas palabras —incluso por parte de hablantes monolingües— en la lengua receptora, lleva a su clasificación como préstamos.

Figura 10.1 *Tacos, plis!* Cartel publicitario en las afueras de Los Ángeles (California) (septiembre, 2018)

En las figuras 10.1 y 10.2 vemos otros ejemplos de palabras del inglés utilizadas en español. En 10.1, una campaña publicitaria de una cadena de taquerías incluye la palabra inglesa *please* ('por favor') escrita "plis"; en 10.2, un restaurante vietnamita anuncia puestos de "bosvoy", ('ayudante de mesero/a', por la palabra inglesa *busboy*) y "disguacher" ('lavaplatos', por la palabra *dishwasher*). Claramente, la ortografía no es lo mismo que la pronunciación, pero estos ejemplos pueden ser señal de la integración fonológica. Asimismo, sirven como recordatorio de que a veces las palabras se toman prestadas incluso cuando la lengua receptora ya tiene una palabra o una expresión que significa lo mismo. También cabe señalar que una palabra puede ser considerada un préstamo aunque no sea utilizado por todo el mundo ni en todas las variedades.

En cambio, si una palabra conserva la pronunciación de la lengua donante, no se considera plenamente incorporada a la lengua receptora y puede tratarse de un caso de cambio de código en lugar de un préstamo. Aunque en teoría el criterio de la integración fonológica nos permite diferenciar entre préstamos y cambios de código, en la práctica no es tan sencillo. Por ejemplo, si los dos idiomas tienen sistemas fonológicos similares, la integración es menos detectable. Por otro lado, si una persona es bilingüe pero habla una de las lenguas con acento puede ser difícil saber si una palabra se ha incorporado fonológicamente o no.

Dentro del ámbito académico, hay quienes distinguen entre los préstamos puntuales y utilizados exclusivamente por bilingües (a veces llamados *préstamos espontáneos*) y los *préstamos establecidos*, que son utilizados también por hablantes monolingües de la lengua receptora. Esta distinción pone de relieve la forma en que el contacto lingüístico puede repercutir tanto en el habla de monolingües como en el de bilingües y contribuir así a un cambio lingüístico más amplio. En general se piensa que primero las personas bilingües utilizan una palabra del idioma X en el idioma Y; más tarde, su uso se extiende al discurso

Figura 10.2 *Se nececita bosvoy y disguacher.* Cartel en Washington D.C. (2013)

monolingüe y se convierte en préstamo establecido y puede llegar a ser validado por las autoridades lingüísticas (como es el caso de *fútbol* y *suéter*, pero no de *plis*).

Calcos

En contraste con los préstamos, que son palabras que pasan de un idioma a otro, en el caso de los **calcos** son los significados de las palabras, o la manera en que se usan, lo que se transfiere. Así, los calcos semánticos son palabras ya existentes en la lengua receptora que adquieren un nuevo significado, por lo general debido a su similitud fonológica con palabras de la lengua donante. Ya que es el significado que se transfiere de un idioma a otro, los calcos semánticos a veces se denominan *préstamos semánticos* (Haugen, 1950). Otros calcos semánticos comunes en Estados Unidos son *introducir* (vs. *presentar*) cuando se presenta a alguien a otra persona y *aplicar* (vs. *solicitar*), cuando alguien se postula a un empleo. Smead (2000: 162) señala que en Estados Unidos la palabra *colegio* (que corresponde a *escuela secundaria* o *liceo* en muchas otras variedades) ha adquirido el significado de la palabra inglesa *college* (institución de educación terciaria), y Ardila

(2005: 72) señala que *ganga* (que en otras variedades significa que algo se vende a un precio conveniente) se utiliza con el significado de la palabra inglesa *gang* ('pandilla' o 'mara'). Al igual que los préstamos, los calcos son utilizados primero por personas bilingües y pueden llegar a extenderse también a hablantes monolingües.

Los calcos sintácticos son traducciones literales, a menudo expresiones idiomáticas o metáforas en las que se utilizan palabras existentes en la lengua receptora con la estructura de la lengua donante (Haugen, 1950; Myers-Scotton, 2006; Otheguy, 1993). Tal vez el calco sintáctico más conocido en español dentro de Estados Unidos es *llamar para atrás*, de la expresión inglesa *to call back* (lo que sería equivalente a 'volver a llamar' o 'devolver la llamada' en español normativo) (Fernández, 1983: 19). Otros ejemplos incluyen la expresión *tener un buen tiempo* (derivada de *to have a good time*), en vez de alternativas más estándar como *divertirse* o *pasarlo bien*, y enunciados como *John está supuesto a venir* ('Se supone que John va a venir'), que es un calco de *John is supposed to come* (Lipski, 2003: 238).

Convergencia

Hasta el momento hemos visto que las palabras, los significados de las palabras, y las estructuras gramaticales pueden pasar de un idioma a otro. Ahora abordaremos un fenómeno del contacto lingüístico que afecta a estructuras que existen en dos lenguas pero que no se utilizan de la misma manera en ambas. En situaciones de bilingüismo los patrones de uso pueden empezar a asemejarse, lo que se denomina *convergencia*. Nuestra explicación se centra en el uso de los pronombres personales de sujeto, pero también se han realizado investigaciones sobre la convergencia en varios otros aspectos del español en contacto con el inglés como los tiempos verbales, entre otros (Koontz-Garboden, 2004; Lipski, 1993; Lynch, 2000; Montoya, 2011; Montrul, 2007; Silva-Corvalán, 1994, 2004).

Como señalamos anteriormente en este capítulo, el español no requiere la expresión explícita del sujeto, aunque la frecuencia de su uso varía geográficamente. En inglés, los sujetos explícitos son obligatorios, por lo que el uso de pronombres de sujeto es la norma. Por el contrario, en muchas variedades del español los pronombres de sujeto se utilizan solo para el énfasis o el contraste. Por ejemplo, en español, la manera no marcada o por defecto de expresar amor o cariño por otra persona sería *te quiero* (omitiendo el pronombre de sujeto). Pero si la frase es en respuesta a una persona que se lamenta de que nadie la quiere, bien podría ser *yo te quiero*, con pronombre de sujeto, lo que añade énfasis. Los pronombres de sujeto también se utilizan para hacer contraste entre varios posibles sujetos, como en la frase *yo te quiero pero ella no*. Lo importante aquí es que el uso de los pronombres de sujeto es gramatical en ambas lenguas pero en español suele limitarse a ciertas situaciones específicas.

En un caso de convergencia del español con el inglés, esperaríamos ver un mayor uso de los pronombres de sujeto explícitos, incluso en contextos en los que no hay contraste ni énfasis.

Varios estudios han indagado sobre esta cuestión al investigar si en Estados Unidos las personas de habla hispana utilizan más pronombres de sujeto. Al revisar esta investigación, una pregunta crítica que hay que hacerse es, ¿más que quién? Es decir, ¿cuál es el grupo de comparación relevante? Se trata de una pregunta particularmente importante porque, como hemos señalado, las variedades caribeñas tienden a tener un uso más frecuente de los pronombres de sujeto que otras variedades. Y si hay un mayor uso de pronombres de sujeto, una segunda pregunta clave sería, ¿cómo se puede demostrar que esto se debe a la influencia del inglés? La mayoría de los estudios sobre convergencia han comparado entre monolingües y bilingües, o entre diferentes generaciones de inmigrantes, partiendo del supuesto de que si hay una correlación entre la frecuencia de pronombres de sujeto por un lado, y el bilingüismo o el contacto prolongado por otro, esto sería evidencia de la convergencia.

En un estudio llevado a cabo en California, Silva-Corvalán (1994) observó que las personas bilingües no utilizaban más pronombres de sujeto que las monolingües. Del mismo modo, Flores-Ferrán (2002, 2004) no encontró diferencias entre los patrones de uso en Puerto Rico y los patrones de uso de las personas de origen puertorriqueño en la ciudad de Nueva York, lo que llevó a esta autora a argumentar que el contacto con el inglés no había llevado a la convergencia en este sentido. Sin embargo, como ya vimos, el español hablado en el Caribe tiene tasas relativamente altas de uso de pronombres de sujeto, por lo que la base de referencia ya era bastante alta.

Otras investigaciones sobre el uso de pronombres de sujeto, como las de Otheguy *et al.* (2007) y Erker y Otheguy (2016), compararon entre hispanohablantes de diversos orígenes nacionales. Estos estudios documentaron lo siguiente: 1) entre las personas recién llegadas la frecuencia de uso variaba de acuerdo con el origen nacional (las personas procedentes del Caribe mostraron las tasas más altas de uso de pronombres de sujeto); 2) hubo un aumento intergeneracional en la frecuencia de uso entre hablantes que no eran del Caribe; y 3) disminuyó la frecuencia de uso de pronombres de sujeto entre hablantes de origen caribeño. Los resultados sugieren que no solo el contacto con el inglés, sino también con otras variedades del español, dan forma al español hablado en Estados Unidos; en el caso de la disminución del uso de pronombres de sujeto entre hablantes de origen caribeño, parece haber sido el contacto con hablantes de otras variedades lo que provocó el cambio.

Mientras que algunos estudios han hecho comparaciones entre grupos de origen nacional o entre diferentes generaciones en cuanto a la frecuencia de uso de pronombres de sujeto, otros han indagado sobre otras variables en sus intentos por identificar el impacto del contacto lingüístico. Por ejemplo, Montrul (2004) buscó correlaciones entre el uso de pronombres de sujeto y el dominio del español; encontró mayor uso entre quienes tenían un menor dominio del español, lo que sugiere una influencia del inglés. Así pues, en cuanto a la frecuencia de uso, la autora sostiene que la alta tasa de uso de pronombres de sujeto no correspondía a un cambio lingüístico ni a una variedad particular, sino que más bien reflejaba una convergencia con el inglés en el habla de ciertas personas específicas.

Por otra parte, Cacoullos y Travis (2010) examinaron la influencia del habla bilingüe en su estudio del uso del pronombre *yo*. Descubrieron que, si bien en términos generales las personas que hablaban la variedad neomexicana (una variedad influenciada por el contacto con el inglés) no producían más pronombres de sujeto que quienes hablaban variedades sin contacto, en los contextos en que había cambio de código hubo una tendencia a mayor uso. Las autoras sostienen que estos resultados no pueden explicarse simplemente por el hecho de que el contacto lingüístico lleve a la convergencia en general, ya que la influencia del inglés aparece solo dentro de las conversaciones en las que se recurre a dicho idioma. De manera similar, Prada Pérez (2018) argumenta que cuando las personas bilingües conversan entre sí, entran en 'modo bilingüe' (Grosjean, 2001; Kroll y De Groot, 2005) y producen más pronombres de sujeto que cuando están en 'modo monolingüe'. El impacto de la actividad comunicativa también fue observado por Martínez (2007) en su investigación con estudiantes bilingües, quienes utilizaban más pronombres de sujeto cuando escribían un ensayo formal que cuando escribían más libremente como parte de una actividad de lluvia de ideas, lo que también indica que en la escritura formal puede haber una transferencia de las aptitudes de lectura y escritura del inglés. Todos estos estudios indican que los factores situacionales e interaccionales influyen en la producción de pronombres de sujeto y resaltan la dificultad de determinar la influencia exacta del contacto lingüístico.

Las investigaciones que hemos comentado en esta sección ponen de relieve los desafíos que plantea la identificación de las causas del cambio lingüístico, especialmente en el contexto del español en Estados Unidos, donde existe un contacto simultáneo tanto con otros idiomas como con otras variedades. Si bien hemos visto muchas maneras en que el contacto entre lenguas y el multilingüismo pueden provocar cambios lingüísticos, el contacto no es el único motor del cambio. Diremos una vez más que el cambio lingüístico, al igual que la variación lingüística, es inherente a todas las lenguas.

El discurso multilingüe: cambio de código o translenguaje

El estudio del discurso multilingüe se remonta a mucho tiempo atrás, aunque no siempre se han utilizado los mismos términos para referise a él. Por ejemplo, Auer (1984: 9) analizó "la alternancia de códigos" y "la mezcla de códigos", Gafaranga y Torras (2002: 11) investigaron "la alternancia de idiomas", y Myers-Scotton (1993a: 119) describió "el cambio de código como un código no marcado" (todas las citas traducidas del inglés). Estas investigaciones se llevaron a cabo décadas antes de que el término *translenguaje* fuera de uso común, pero todas ellas conciben al uso de elementos de dos o más idiomas como algo frecuente y socialmente significativo, con sus propias normas. Es decir, el reconocimiento del discurso multilingüe como una forma dinámica de comunicación no es exclusivo del marco teórico del translenguaje. Ahora pasaremos a examinar las funciones sociales y conversacionales que puede desempeñar el discurso multilingüe.

Como vimos en el capítulo 6, las lenguas, variedades y estilos lingüísticos son recursos que se utilizan en la construcción y la performance de las identidades sociales (Zentella, 1997a). Insistimos en que, si bien los idiomas pueden **indexicalizar** identidades **etnorraciales** o nacionales particulares, no existe una correspondencia directa y unívoca entre, por ejemplo, hablar español y la identidad latinx. A su vez, no es solo la lengua que se habla (p. ej. el inglés o español), sino también los rasgos específicos de esa lengua —la variedad, el registro, o la pronunciación, por ejemplo— lo que incide en la **toma de posturas** y la **performance de la identidad**. Cambiar de una lengua a otra entre turnos o insertar palabras, frases o cláusulas asociadas a una lengua dentro de otra también pueden ser actos de identidad. Esta manera de entender la construcción y la performance de una identidad bilingüe pone en tela de juicio la ideología normativa de que los idiomas y las identidades etnolingüísticas son cosas bien delimitadas. Por ejemplo, Fuller (2012) argumenta que las diferencias en el uso del discurso bilingüe que ella observó entre hablantes bilingües alemán-inglés en Alemania (la inserción de sustantivos de un idioma en el otro) y hablantes bilingües español-inglés en Estados Unidos (cambios de código mucho más variados y complejos; véanse ejemplos en las actividades y preguntas de discusión sobre el presente capítulo) corresponden a diferentes posturas ideológicas con respecto al multilingüismo.

Además de ser un recurso para la construcción, performance y negociación identitaria, se ha demostrado que el cambio de código puede ser una estrategia conversacional o un indicio de contextualización para facilitar la interpretación de lo que se dice. A este respecto, el cambio de código puede utilizarse para indicar un cambio de tema, un cambio de postura o el paso de un rol interaccional a otro, por ejemplo, cuando alguien relata algo y cita a otra persona o hace un comentario sobre lo que está contando (véase Auer, 1988, 1995; Cashman, 2005; Fuller *et al.*, 2007; Zentella, 1997a). En su estudio de una clase bilingüe en Illinois, Fuller *et al.* (2007) dan el siguiente ejemplo del cambio de código utilizado como estrategia interaccional. En esta conversación, tres estudiantes, Miguel, Antonio y Dora, y la investigadora, Janet, discuten una serie de preguntas de múltiple opción sobre un texto que han leído; por lo que las letras C y A se refieren a posibles respuestas a las preguntas. Hay dos momentos en que Antonio cambia al español y al mismo tiempo habla más alto.

Miguel: {leyendo} *The main purpose of the expedition was to, to find out*
('El objetivo principal de la expedición era averiguar')
Antonio: *Oh! C! C! C!*
Janet: *Which was what?*
('¿Cuál era esa?')
Miguel: Es-ta-bl
Antonio: *C!* ¡La C!
Janet: *establish friendly relationships with the Indians. Is that what it says?*
('establecer relaciones amistosas con los grupos indígenas. ¿Eso es lo que dice?')

Miguel:	*Yeah.*
	('Sí')
Antonio:	*Yeah, and trade, uhm*
	('Sí, y comercio, eh,')
Miguel:	*Trade*
	('Comercio')
Antonio:	*and ways and and trade with the Indians*
	('y caminos y y comercio con los indígenas')
Janet:	*Wait a second. It says here the main purpose of the expedition was to find a water route across the continent to the Pacific Ocean.*
	('Un momento. Aquí dice que el objetivo principal de la expedición era hallar una ruta de agua a través del continente hasta el Océano Pacífico.')
Antonio:	*Water route?*
	('¿Ruta de agua?')
Janet:	*Is that one of 'em?*
	('¿Es una de ellas?')
Miguel:	*No*
Dora:	*A*
Miguel:	*Oh, yeah. They are all 'A's.*
	('Ah, sí. Son todas A')
Janet:	*I know. That's funny.*
	('Lo sé. Eso es curioso')
Antonio:	Pero también la, la 'C' 'ta bien, ¿verdad?
Miguel:	Sí:
Janet:	*Is that also, is that also one of the answers?*
	('¿Esa es también, esa es una de las respuestas?')

(Adaptado de Fuller *et al.*, 2007: 144–5)

Según el análisis de Fuller *et al.*, en este ejemplo Antonio cambia al español para atraer la atención sobre sus aportes a la conversación. No es el uso del español *per se*, sino más bien el acto de cambiar de código lo que, al igual que el cambio de volumen, funciona como estrategia discursiva e indicio de contextualización.

Patrones gramaticales en el cambio de código

Otro importante conjunto de investigaciones sobre el discurso multilingüe se centra en los patrones gramaticales en la yuxtaposición y combinación de idiomas. Esta línea de investigación ha analizado dónde se producen los cambios de código; por ejemplo, ¿entre oraciones o dentro de ellas? También se ha investigado si las personas bilingües cambian de una lengua a otra en cualquier punto de una frase o estructura gramatical, o si por el contrario solo lo hacen dentro de ciertas estructuras, lo cual podría indicar que hay reglas o restricciones que rigen el cambio de código. En contraste con la representación del cambio de código como una mezcolanza aleatoria o un revoltijo caótico, estos estudios muestran que hay patrones gramaticales consistentes que rigen dónde ocurren los cambios de código. Dicho de otro modo, las personas bilingües tienden a cambiar de un idioma a otro solo en ciertas estructuras gramaticales y coinciden en qué cambios suenan naturales o posibles (es decir, alguien podría decirlos) y cuáles suenan imposibles (o que nunca nadie diría).

Para comprobar la existencia de patrones gramaticales en el cambio de código, Toribio (2000) preparó dos textos en los que incluyó varios cambios entre el español y el inglés y les pidió a personas bilingües que los leyeran en voz alta. Los dos textos, que se basaban en cuentos de hadas, incluían cambios de código, pero estos ocurrían en diferentes tipos de estructuras gramaticales. En la segunda parte del estudio, Toribio les pidió contar un cuento de hadas utilizando cambio de código. En la primera parte, hubo mucho consenso entre participantes con respecto a qué cuento era más difícil de leer en voz alta, lo que se debía a la presencia de cambios de código imposibles o poco naturales. La mayoría de las personas coincidieron en que los ejemplos del cuento (1) eran posibles, mientras que los del (2) no lo eran (el asterisco se utiliza en lingüística para indicar que una estructura no es posible).

(1)

a. Al cumplir ella los veinte años, el rey invitó *many neighboring princes to a party.*
   'Al cumplir ella los veinte años, el rey invitó a muchos príncipes vecinos a la fiesta.'

b. *Since she was unmarried, he wanted her to choose* un buen esposo.
   'Dado que era soltera, él quería que ella eligiera un buen esposo.'

c. *Princess Grace was sweet* y cariñosa con todos.
   'La princesa Grace era dulce y cariñosa con todos.'

d. Juro por Dios que te casaré con el primer hombre *that enters this room!*
   '¡Juro por Dios que te casaré con el primer hombre que entre a esta habitación!'

e. *At that exact moment, a beggar arrived* en el palacio.
   'En ese preciso momento, un mendigo entró en el palacio.'

(2)

a. *Very envious and evil, the* reina mandó a un criado que matara a la princesa.
   'Muy envidiosa y malvada, la reina mandó a un criado que matara a la princesa.'

b. *El criado la llevó al bosque *and out of compassion abandoned* la allí.
   'El criado la llevó al bosque y por compasión la abandonó allí.'

c. *La reina le ofreció a Blancanieves una manzana que había *laced with poison.*
   'La reina le ofreció a Blancanieves una manzana que había rociado con veneno.'

d. *En la cabina vivían siete enanitos que *returned to find Snow White asleep.*
    'En la cabina vivían siete enanitos que volvieron para encontrar a Blancanieves dormida.'

e. *Los enanitos intentaron pero no *succeeded in awakening Snow White from her sleep.*
    'Los enanitos intentaron pero no tuvieron éxito en despertar a Blancanieves de su sueño.'

(Toribio 2000, 185; traducciones nuestras)

Es posible observar algunos patrones en estos casos; por ejemplo, se rechazaron los cambios que resultaban en un orden de palabras posible solo en uno de los dos idiomas (como en 2a) y los que ocurrían entre un verbo y un pronombre de complemento directo (como en 2b) o entre un adverbio de negación y el verbo al que modifica (como en 2e). A su vez, en la segunda parte del estudio, nadie produjo ningún cambio en estos tipos de contextos gramaticales. Los resultados de Toribio muestran la existencia de restricciones implícitas que rigen dónde pueden producirse los cambios de código.

Desde la década de 1970, se ha utilizado una amplia gama de marcos teóricos y modelos en la examinación de patrones gramaticales del cambio de código (Bhatt y Bolonyai, 2011; MacSwan, 2014; Myers-Scotton, 1993b; Pfaff, 1979; Poplack, 1980). Esas investigaciones pueden arrojar luz sobre cuestiones cognitivas acerca de la forma en que las personas bilingües almacenan, procesan y acceden a sus dos idiomas. Pero más importante para nuestro enfoque aquí es que, independientemente del marco, se ha demostrado consistentemente que el cambio de código no es una mezcolanza aleatoria ni un signo de 'semilingüismo'. Por el contrario, se ajusta a las restricciones estructurales y a las reglas implícitas, al igual que el discurso monolingüe.

El espanglish

Antes de continuar, debemos problematizar el uso del término *espanglish*. Un punto importante es que no está completamente claro qué es lo que denota exactamente el término; se utiliza quizás más comúnmente para referirse al cambio de código, pero también puede referirse a préstamos y calcos del inglés. También hay quienes llaman *espanglish* al lenguaje de las personas que hablan el español como segunda lengua; aunque este último uso es menos frecuente, vale la pena señalar que es otro ejemplo del uso del término para referirse al conocimiento incompleto del español.

Las **ideologías monoglósicas** y la ideología de la lengua estándar ven el discurso multilingüe y la influencia interlingüística como signos de deficiencia lingüística y a veces se usa el término *espanglish* no simplemente para referirse a estos fenómenos asociados al multilingüismo y el contacto entre lenguas, sino para hacerlo de una forma peyorativa. Como dice Rodríguez (2007: 38; traducido del inglés): "Los críticos del espanglish lo ven como un dialecto sucio que amenaza con contaminar el español y el inglés". Este uso peyorativo y la concepción de la influencia interlingüística como corrupción y contaminación, se puede ver, por ejemplo, en el tratamiento del espanglish por parte de la Real Academia Española (RAE) (véase el capítulo 8). Cuando la RAE decidió añadir la palabra *espanglish* a su famoso diccionario, así lo definía:

> Modalidad del habla de algunos grupos hispanos de los Estados Unidos, en la que se mezclan, deformándolos, elementos léxicos y gramaticales del español y del inglés.
>
> (RAE, 2014, citado en Zentella, 2017: 32)

Tras las protestas públicas y académicas, la RAE acabó por suprimir la palabra *deformándolos* de la definición, eliminando así el desprecio explícito. Sin embargo, la definición todavía implica que el espanglish se limita a "algunos grupos hispanos de los Estados Unidos". Esto es coherente con la descripción más general por parte de la RAE del espanglish como una aberración (Zentella, 2017), y proporciona un claro ejemplo del papel de los diccionarios (y las academias de lengua) en la reproducción de la ideología de la lengua estándar.

En contraste con la manera despectiva en que el término *espanglish* se utiliza a menudo en los medios de comunicación y en las conversaciones cotidianas, buena parte de la población hispanohablante de Estados Unidos lo utiliza con una connotación aparentemente más positiva. Asimismo, hay varios libros de humor sobre el espanglish que incluyen la palabra en el título, por ejemplo, *The Official Spanglish Dictionary: Un User's Guide to More Than 300 Words and Phrases That Aren't Exactly Español or Inglés* ('El diccionario oficial del espanglish; una guía del usuario a más de 300 palabras y frases que no son exactamente español ni inglés'), de Cruz y Teck (1998), y *Pardon my Spanglish* ('Perdone mi espanglish'), de Santiago (2008). También hay pegatinas, camisetas y otros artefactos de la cultura popular en los que la gente se refiere a sí misma como hablantes de espanglish, lo que demuestra que el término se utiliza a veces para marcar una forma intragrupal de hablar y reconocer la creatividad de estas prácticas lingüísticas. También hay cada vez más novelas y libros de literatura infantil que celebran el espanglish (véase la sección *Lecturas y materiales adicionales*, más adelante). En resumen, fuera del campo de la lingüística hay quienes utilizan el término *espanglish* para referirse a una forma de hablar que consideran una variedad o práctica creativa, así como un valioso marcador de la identidad latinx en Estados Unidos.

En el ámbito académico también hay quienes defienden y quienes cuestionan el término *espanglish*. Por ejemplo, Otheguy y Stern (2010) lo rechazan, argumentando que por una parte retrata el contacto lingüístico entre el español y el inglés como si fuera algo excepcional y diferente de otros casos de contacto entre idiomas, y por otra parte, que el uso del término *espanglish* representa al español hablado en Estados Unidos como algo menos que español 'de verdad'. En este sentido, afirman lo siguiente:

> Rechazamos el uso del término *espanglish* porque no hay ninguna justificación objetiva para el término, y porque expresa una ideología de excepcionalismo y desprecio que en realidad priva a la comunidad latina norteamericana de un recurso importante en este mundo globalizado: el dominio de un idioma mundial. Así pues, por razones

técnicas estrictamente objetivas, así como por razones de desarrollo personal y político, el término *espanglish* debe ser descartado y sustituido por el término *español* o, si se requiere una mayor especificidad, *español en Estados Unidos*. (Otheguy y Stern, 2010: 85; traducido del inglés)

El argumento de Otheguy y Stern es que el español hablado en Estados Unidos es igual a otras variedades que han cambiado a lo largo del tiempo, y por lo tanto debe considerarse simplemente otra variedad de dicha lengua, una tan legítima como las demás.

Mientras que Otheguy y Stern consideran que el término *espanglish* implica algo negativo, otras personas opinan que implica más bien lo contrario; es decir, no refleja desprecio sino una celebración de la heteroglosia y un intento de **naturalizar** el multilingüismo (p. ej., Cruz y Teck, 1998; Santiago, 2008; Stavans, 2003; Stavans y Albin, 2007). Por otra parte, Zentella (2017) sugiere que detenerse demasiado tiempo en el término en sí resta importancia a una batalla más relevante: la lucha contra la subordinación del español y de las personas de habla hispana en Estados Unidos.

Estas polémicas sobre el término *espanglish* sirven como otro recordatorio de que los significados de las palabras y etiquetas no son ni unitarios, ni fijos, ni neutrales. Por el contrario, una palabra puede tener múltiples significados, según el contexto, quién la diga y quién la escuche. Al igual que las etiquetas de identidad etnorracial que analizamos en el capítulo 5, *espanglish* puede significar cosas muy diferentes para distintas personas, y los diferentes significados están ligados a las ideologías sobre el lenguaje y la identidad. Por lo tanto, el debate sobre si usar *espanglish* o no abarca mucho más que la discusión relativa al término en sí o a su significado. En este libro usamos la palabra *espanglish* cuando hacemos referencia a investigaciones que la utilizan, pero en general preferimos especificar a qué nos referimos (p. ej., cambio de código, préstamo, etc.) o utilizar términos más neutrales como *variedades de contacto* o *discurso multilingüe*.

El contacto entre variedades del español

Si bien en algunas áreas de Estados Unidos la población latinx se compone principalmente de personas del mismo origen nacional, como en el Suroeste, donde la mayoría son mexicanas o mexicoamericanas, en otras áreas hay más diversidad de orígenes nacionales (véase el capítulo 2). Además, incluso en las zonas más homogéneas suele haber hablantes de diferentes variedades nacionales o regionales. Así pues, aunque en diferentes grados según la zona, el español en Estados Unidos se caracteriza no solo por el contacto lingüístico con el inglés, sino también por el contacto entre diferentes variedades del español. En muchos casos, los rasgos que distinguen a las diferentes variedades son fáciles de escuchar y a veces también de imitar. Constituyen un recurso que puede utilizarse en la performance de diferentes tipos de identidades relacionadas con orígenes nacionales específicos, identidades panlatinxs o relaciones negociadas localmente.

Una cuestión que se ha comenzado a indagar en años recientes es el impacto del contacto prolongado entre las diferentes variedades del español. En el estudio que comentamos anteriormente, Erker y Otheguy (2016) encontraron que en Nueva York hablantes de diferentes variedades estaban asemejándose en lo que respecta al uso de pronombres de sujeto. Estos investigadores documentaron patrones similares en la pronunciación de la /s/, que es un rasgo que distingue al español caribeño de otras variedades. En su estudio del contacto entre las diferentes variedades del español, Potowski y Torres (de próxima publicación) examinaron la pronunciación y el léxico (es decir, el vocabulario) de hispanohablantes de origen mexicano y puertorriqueño en Chicago. Descubrieron que los miembros de población puertorriqueña, que es superada por la mexicana en una proporción de 8 a 1, estaban mucho más familiarizados con el vocabulario mexicano que la población mexicana con el vocabulario puertorriqueño. También hubo más acomodación por parte de participantes de origen puertorriqueño a la pronunciación mexicana de la /r/, pero no de la /s/. Así pues, este estudio ofrece algunas pruebas de que el grupo más pequeño (es decir, el puertorriqueño) se acomoda más que el grupo mayor en tamaño, aunque también pueden incidir otros factores como la prominencia de ciertos rasgos, así como su asociación con determinadas identidades de clase o raza.

Potowski (2016) estudió el habla de personas criadas por un padre o una madre de origen mexicano y otro/a de origen puertorriqueño (conocidas en inglés como *MexiRicans*) que viven en Chicago. Su investigación reveló que la mayoría (70%) utilizaba fonología y léxico que se correspondía con una u otra variedad, aunque también había cierta variación individual. A su vez, había hablantes que empleaban rasgos de ambas variedades, en muchos casos según con quién se estuviera hablando. Estas conclusiones son coherentes con la visión expresada en el capítulo 6 sobre el uso del lenguaje en la performance de la identidad: los rasgos lingüísticos asociados a diferentes variedades pueden utilizarse para transmitir significados sociales específicos y/o indexicalizar diferentes aspectos de la identidad.

Otro rasgo particular del español, ya analizado en el capítulo 6, es el voseo, es decir, el uso del pronombre *vos* (segunda persona del singular) y las formas verbales correspondientes (Rivera-Mills, 2011). En los datos recabados por Rivera-Mills de tres generaciones de hispanohablantes de origen hondureño y salvadoreño que vivían en Estados Unidos, hubo una disminución del uso de *vos* a través de las generaciones, y también un uso menos productivo de las formas verbales, lo que indica la pérdida del voseo y una asimilación lingüística gradual a las variedades con mayor número de hablantes en Estados Unidos.

El contacto lingüístico más allá del inglés y el español

Históricamente, el español en las Américas ha tenido un amplio contacto con las lenguas indígenas y africanas. En Estados Unidos el contacto del español con otras lenguas no se limita al inglés; un amplio espectro de lenguas, entre ellas las lenguas indígenas de las Américas, forman parte del repertorio lingüístico de algunas personas de habla hispana. De hecho, hay un porcentaje creciente de inmigrantes de América Latina, y especialmente de América Central, que habla lenguas indígenas como el quiché, el mixteco y el náhuatl (Bazo Vienrich, 2018). Asimismo, hay inmigrantes hispanohablantes de América del Sur, especialmente de Bolivia y Perú, que conocen también el aimara o el quechua. Por lo tanto, el contacto extendido entre el español y las lenguas indígenas que existe fuera de Estados Unidos también continúa dentro de dicho país, pero con el inglés añadido a la mezcla.

La larga subordinación de las lenguas indígenas al español en América Latina también se extiende a Estados Unidos, donde están subordinadas tanto al inglés como al español. En este respecto, Morales (2016) analizó las actitudes lingüísticas en un programa bilingüe español-inglés en California, en el que había casos de estudiantes de origen mexicano que tenían el zapoteco como **lengua de herencia**. En su mayoría, estos niños y niñas estaban en el programa porque sus padres y madres valoraban el español, que era el principal idioma de comunicación con otras personas de origen mexicano. Sin embargo, esto no significa que el zapoteco dejara de ser una parte importante de sus identidades y los repertorios lingüísticos de la comunidad.

En una investigación comparativa sobre un programa de educación bilingüe alemán-inglés en Alemania y uno inglés-español en Estados Unidos, Fuller (2012) examinó las actitudes del estudiantado hacia otros idiomas. En el caso alemán, había una fuerte ideología pluralista tanto a nivel nacional como en el aula estudiada, lo que fomentaba la apreciación del multilingüismo y de los idiomas familiares del estudiantado, independientemente de que gozaran de prestigio social. En el programa estadounidense, por otra parte, el único niño que se sabía que hablaba purépecha, una lengua originaria de lo que es ahora México, parecía avergonzarse de cualquier mención que se hiciera al respecto, y sus pares a veces se burlaban de él. Incluso en este contexto de bilingüismo oficial, las ideologías monoglósicas, la hegemonía de las lenguas nacionales y la racialización de la población indígena tanto en México como en Estados Unidos iban en contra de la apreciación de su dominio de una tercera lengua. Sin embargo, las ideologías no son fijas y la pequeña comunidad rural donde se realizó el estudio ha experimentado cambios en las actitudes hacia las lenguas e identidades indígenas. En los últimos años, la comunidad local organizó un festival anual purépecha, con músicos que vinieron de México, danzas tradicionales y comida michoacana. Aun así, un líder comunitario entrevistado por Fuller le afirmó que el purépecha se hablaba poco; ya es bastante difícil mantener dos idiomas, dijo, y el español y el inglés tenían prioridad.

Actitudes hacia variedades del español y del inglés

Como venimos señalando a lo largo de este libro, la variación lingüística tiene significado social. En el capítulo 4 explicamos el papel de las ideologías en conectar las formas y prácticas lingüísticas con el mundo social, así como en el ejercicio del poder, y en el capítulo 6 analizamos el uso de la variación lingüística en la construcción y negociación de la identidad. En esta sección examinaremos un tema relacionado: las actitudes hacia las diferentes variedades del español y su conexión con cuestiones no lingüísticas. El estudio de las actitudes tiene sus raíces en la disciplina de la psicología, y por lo tanto históricamente tendía a enfocarse en las reacciones individuales; por contraste, el marco de las ideologías lingüísticas enfatiza el aspecto social de las creencias sobre el lenguaje, así como su impacto estructural. Sin embargo, en los últimos años esta distinción ha ido desapareciendo.

Hay tres métodos principales utilizados en la investigación sobre las actitudes lingüísticas que revisaremos. El primero es preguntarles directamente la opinión a quienes participan de la investigación. Si bien este tipo de datos, que típicamente se recogen a través de entrevistas, puede arrojar luz sobre lo que se piensa acerca de ciertas formas de hablar, a veces la gente es reacia a expresar lo que realmente opina. Por eso, otras investigaciones han empleado métodos indirectos, como la técnica de los *pares disfrazados* (*matched guise,* también conocida como *pares ocultos*) (Lambert *et al.*, 1966). En este segundo método, quienes participan en la investigación escuchan grabaciones de varias personas hablando en dos idiomas (o variedades) diferentes y las califican según diversos rasgos personales, frecuentemente utilizando una escala de siete puntos. Estos rasgos suelen incluir descriptores relacionados con la solidaridad, como la amabilidad y el atractivo, así como rasgos relacionados con el prestigio, como la ambición o la inteligencia. Sin que lo sepan, quienes evalúan las voces escuchan a las mismas personas en dos grabaciones diferentes. Luego se comparan las calificaciones en las dos lenguas, con la idea de que las diferencias que haya reflejan las diferentes actitudes hacia los dos idiomas.

Un tercer enfoque metodológico cada vez más utilizado se denomina *dialectología perceptual* (*perceptual dialectology*) (Long y Preston, 2002; Preston, 1999). Este enfoque surgió en respuesta a las tradicionales investigaciones de variación geográfica, que se enfocaban en las diferencias formales entre variedades, sin prestar atención a sus significados sociales o a lo que pensaban las personas no especializadas en lingüística. Una de las técnicas de la dialectología perceptual consiste en pedirles a quienes participan en la investigación que califiquen diferentes variedades en función de cuán agradables y correctas son (sin escuchar ninguna grabación). En algunos estudios también se les pide que dibujen y etiqueten las regiones dialectales en un mapa basado en sus propias percepciones (y no en las descripciones de lingüistas). Otra práctica común es incluir entrevistas con preguntas abiertas.

Uno de los estudios más tempranos de dialectología perceptual sobre el español en Estados Unidos fue llevado a cabo por Alfaraz (2002), quien estudió las actitudes de personas cubanas de Miami hacia las diferentes variedades nacionales del español. Para todos los países, menos Cuba, solo había una variedad que calificar; en el caso de Cuba se les pidió evaluar por separado el español que se hablaba antes y después de la revolución de 1959. Participaron en el estudio personas que habían llegado de Cuba en diferentes oleadas migratorias o momentos históricos, pero hubo una tendencia general de calificar el español peninsular (es decir, de España) como el más agradable, seguido por el español cubano prerrevolucionario. Esta preferencia por el español peninsular encaja con las ideologías lingüísticas discutidas en el capítulo 4, a saber, la idea de que las variedades europeas son superiores, más 'estándar' y más legítimas que las variedades latinoamericanas. Asimismo, las variedades de los países cuyas poblaciones se percibían como más pobres, más indígenas o más negras recibieron calificaciones más bajas.

Según el análisis de Alfaraz, las diferencias en las actitudes hacia el español cubano prerrevolucionario y el posrevolucionario estaban ligadas a la mayor representación de personas afrocubanas entre la inmigración recién llegada; como discutimos en el capítulo 3, las primeras oleadas migratorias tendían a estar conformadas por personas más blancas y de mayores recursos socioeconómicos. De hecho, quienes participaron en la investigación explicaron sus calificaciones negativas del español posrevolucionario diciendo que era "anegrado". Así y todo, le dieron una clasificación más elevada que a las otras variedades caribeñas; es decir, la dominicana y la puertorriqueña.

En el estudio de Alfaraz, la correlación de las clasificaciones con la percepción de la composición etnorracial y la riqueza de los diferentes países, junto con la diferencia marcada en las clasificaciones de las variedades caribeñas (que son lingüísticamente similares), pone de relieve que las actitudes lingüísticas no se basan en los rasgos lingüísticos propiamente dichos, sino en actitudes e ideologías sobre sus hablantes (y en el nacionalismo). En un estudio de seguimiento, Alfaraz (2014) constató que las actitudes hacia las variedades no cubanas seguían correlacionándose con la composición racial percibida y la pobreza relativa de los países. A su vez, las actitudes hacia el español hablado actualmente en Cuba eran aún más negativas que en el primer estudio. Como explica Alfaraz, sus datos revelan que la ideología política así como las creencias sobre la raza y la pobreza pueden incidir en las actitudes lingüísticas.

En otra investigación llevada a cabo en Miami, Carter y Callesano (2018) utilizaron una versión modificada de la técnica de los pares disfrazados para estudiar las actitudes hacia tres variedades nacionales del español (la colombiana, la cubana y la española). Quienes participaron en el estudio —jóvenes latinxs de diversos orígenes— mostraron una tendencia a hacer suposiciones sobre la clase social en función de la variedad hablada, así como una ideología que construía la cultura y el lenguaje europeos como superiores. Algo similar fue el resultado del estudio de Montes-Alcalá (2011), que se basó en una encuesta. En el estudio Montes-Alcalá, un grupo diverso de hispanohablantes en Estados Unidos completaron un breve cuestionario sobre el país o los países donde mejor se habla y donde peor se habla español, y sobre los rasgos lingüísticos que les gustaban y no les gustaban. La respuesta más frecuente a la pregunta sobre dónde se habla el mejor español fue España (12/30 participantes), aunque 10 participantes mencionaron también a Colombia. En cuanto al peor español, los primeros lugares de la lista fueron Puerto Rico, México, Estados Unidos y la República Dominicana. En otras palabras, los resultados muestran una preferencia general por el español peninsular y una opinión negativa de las variedades norteamericanas y caribeñas (que también corresponden a algunos de los grupos de latinxs más numerosos, y más racializados, en Estados Unidos).

En los últimos años está ganando terreno una nueva variante de la técnica de los pares disfrazados en la que las grabaciones son manipuladas digitalmente. A diferencia de la técnica tradicional, en la cual se comparan dos idiomas o dos variedades, la manipulación digital permite aislar y modificar un solo rasgo y mantener el resto igual entre las dos grabaciones. Chappell (2019) utilizó este tipo de manipulación en su estudio de las actitudes hacia la pronunciación de la /s/ en posición final de sílaba. En el estudio, oyentes de México evaluaron pares de grabaciones de voces mexicanas y puertorriqueñas; en una de cada par la /s/ en posición final de sílaba se pronunciaba como tal ('s') mientras que en la otra se aspiraba. Los resultados revelaron que la aspiración de la /s/ muchas veces era suficiente para que una voz fuera percibida como puertorriqueña, pero no siempre. Asimismo, hubo una tendencia a juzgar a las personas con la pronunciación aspirada negativamente (es decir, como personas menos inteligentes, trabajadoras y confiables) pero se juzgó mucho más severamente a las personas mexicanas con esta pronunciación que a las puertorriqueñas. Dicho de otra forma, no solo juzgaron la pronunciación puertorriqueña más negativamente en general, sino que se atribuyó una evaluación aún más baja a personas mexicanas que utilizaban una característica asociada al español de Puerto Rico. Hay varias explicaciones posibles para esto, incluyendo una ideología que supone que el habla de las personas debe ser fiel a su identidad 'auténtica'. Por otra parte, puede ser reflejo de que los patrones de variación y por lo tanto el valor indexical de la aspiración son contextuales; en el caso del español mexicano, la pronunciación aspirada se asocia con grupos sociales de menor estatus social, mientras que en Puerto Rico esta pronunciación es más común entre todos los sectores sociales.

En muchos casos, las actitudes hacia el idioma están determinadas por la identificación con determinadas variedades regionales, como las variedades puertorriqueñas o mexicanas. Sin embargo, un estudio realizado por Chappell (2018) muestra que un rasgo lingüístico, la pronunciación de la letra *v* como un sonido labiodental ('v'), y no como un sonido bilabial ('b'), se evaluó positivamente en el habla de las mujeres, pero negativamente en el de los hombres. Este hallazgo sugiere que las actitudes lingüísticas tienen que ver con más cuestiones que las simples asociaciones regionales, lo que no debería sorprender luego de nuestra discusión sobre los diferentes aspectos de las identidades en el capítulo 6.

Varias investigaciones basadas en entrevistas con hispanohablantes en Estados Unidos también han revelado jerarquías lingüísticas, así como actitudes asociadas que se basan en cuestiones no lingüísticas. Por ejemplo, Zentella (2007) analizó entrevistas con hispanohablantes de diversos orígenes nacionales en la ciudad de Nueva York. La mayoría de las personas entrevistadas rechazaban la norma peninsular y decían cosas como "we should not learn to speak like Spaniards" ('no deberíamos aprender a hablar como gente de España', p. 25), pero hubo algo de variación en esta actitud. Por ejemplo, pocas personas cubanas y colombianas consideraban que debían adherirse a la norma peninsular, en comparación con las personas de origen dominicano y puertorriqueño, posiblemente porque estas variedades están generalmente más estigmatizadas. Zentella describe la elisión de la /s/ en posición final de sílaba como un rasgo especialmente estigmatizado.

La investigación etnográfica de Rosa (2014, 2019) en una escuela secundaria de Chicago también arroja luz sobre las actitudes lingüísticas hacia las diferentes variedades del español. Los comentarios de jóvenes de origen puertorriqueño y mexicano revelan que las ideas sobre lo agradable y lo correcto no siempre coinciden: las variedades consideradas incorrectas pueden tener un **prestigio encubierto**; es decir, pueden ser valoradas aunque se consideren no estándar. En el estudio de Rosa, los miembros de ambos grupos consideraban el español mexicano como "correct, yet lame" ('correcto, pero aburrido/anticuado') y el español puertorriqueño como "cool, yet incorrect" ('*cool*, pero incorrecto') (Rosa, 2014: 50). Pero en otros casos, sus descripciones mostraban el valor que le asignaban a su propia variedad y sus hablantes. Por ejemplo, según las palabras de un estudiante puertorriqueño: "Puerto Ricans got that shit in the bag ... they can knock out any Spanish thing, bro" ('La gente puertorriqueña tiene eso asegurado... son capaces de hacer que cualquier cosa en español suene bien, hermano') (Rosa, 2014: 49). Por otro lado, un estudiante mexicano afirmó: "[Puerto Ricans] don't say the words right ... they miss some words ... like sometimes they lose the *r*, sometimes they lose the *s* ... and it's really weird ... and with Mexicans, they know how to talk!" ('[La gente puertorriqueña] no dice bien las palabras ... se les escapan algunas palabras ... como que a veces pierden la *r*, a veces pierden la *s* ... y es muy raro ... y con la gente mexicana, ¡saben cómo hablar!') (Rosa, 2014: 49).

Además de actitudes negativas hacia variedades nacionales asociadas con poblaciones afrodescendientes y/o indígenas, Valdés *et al.* (2003) también documentaron una fuerte estigmatización del español hablado por **hablantes de herencia**. En este estudio, Valdés y sus colegas realizaron entrevistas con docentes de español en universidades estadounidenses; entre las personas entrevistadas —de España, Estados Unidos y varios países latinoamericanos— había profesores/as y estudiantes de posgrado. En las entrevistas describieron el español hablado por estadounidenses latinxs, y en particular por **chicanxs**, como incorrecto, inferior e inadecuado para contextos académicos; tales comentarios los hicieron incluso algunas personas recién llegadas a Estados Unidos que admitieron no tener mucho conocimiento del tema. Los resultados de esta investigación demuestran una vez más que son las ideologías racializantes, más que los rasgos lingüísticos, lo que da forma a las percepciones de lo correcto (véase el capítulo 3), y que estas ideologías influyen en la forma en que el estudiantado latinx es tratado en los contextos educativos.

También se han realizado algunas investigaciones sobre las actitudes hacia el discurso bilingüe español-inglés. Por ejemplo, Montes-Alcalá (2000) analizó tanto las actitudes hacia el cambio de código como su uso por parte de quienes participaron en el estudio. La autora encontró que mientras el 60% de las personas encuestadas estaban de acuerdo en que mezclar el español y el inglés "sounds pretty" ('suena bonito'), solo el 40% afirmaba lo mismo respecto al cambio de código en la escritura. Sin embargo, a pesar de una visión bastante positiva respecto a la mezcla de idiomas, el 80% estuvo en desacuerdo con la afirmación de que el cambio de código merece respeto, lo que indica un reconocimiento de la estigmatización de esta práctica. Curiosamente, cuando se analizó la producción lingüística, se encontró una correlación entre tener actitudes negativas hacia el cambio de código y utilizarlo en su propia habla. Estos hallazgos reflejan algo común en cuanto al discurso multilingüe; se utiliza ampliamente a pesar de estar estigmatizado y también en casos de hablantes que, tras reflexionar, no lo consideran 'bonito'.

Anderson y Toribio (2007) examinaron con más detalle las actitudes hacia el discurso bilingüe, utilizando una variante de la técnica de los pares disfrazados. En lugar de escuchar grabaciones, quienes participaron en este estudio —que incluía a estudiantes de español como segunda lengua y hablantes de herencia— calificaron textos escritos que se les dijo eran transcripciones de una narración oral de un cuento de hadas. El texto en español monolingüe recibió las calificaciones más positivas, seguido por las inserciones de una sola palabra y, por último, el cambio de código más elaborado. Los resultados revelan que quienes tenían mayor fluidez en español calificaron más favorablemente los textos bilingües. Por otro lado, un estudio llevado a cabo en dos ciudades fronterizas de Texas (Rangel *et al.*, 2015) tuvo resultados diferentes. En este estudio las investigadoras grabaron a personas leyendo tres tipos de texto: en español mexicano monolingüe, en inglés monolingüe y en una combinación de las dos lenguas. Quienes participaron en la investigación (estudiantes bilingües en clases de español) dieron las calificaciones más bajas en cuanto a estatus, solidaridad y atractivo personal a la voz bilingüe. Curiosamente, el español y el inglés, en sus formas monolingües, recibieron la misma calificación en cuanto a estatus, mientras que el español recibió calificaciones más altas en la categoría de solidaridad. Así pues, si bien algunas investigaciones pueden mostrar una mayor aceptación del discurso bilingüe, también vemos que incluso en contextos en los que el español no tiene un valor social menor, la hegemonía de las ideologías monoglósicas puede verse reflejada en actitudes negativas hacia el cambio de código.

El inglés latinx

Usamos la denominación general *inglés latinx* para referirnos, valga la redundancia, a las variedades del inglés que se hablan principalmente en las comunidades latinxs de Estados Unidos. En varios pasajes de este libro hicimos referencia al **inglés afroamericano** (AAE, por sus siglas en inglés), y existen también otras variedades etnorraciales. Estas variedades y/o representaciones estereotipadas de las mismas aparecen frecuentemente en los medios de comunicación. Por ejemplo, decir *youse guys* ('ustedes' pero marcando el plural de forma no normativa) o pronunciar *these* y *those* ('estos' y 'aquellos') como 'dis' y 'dos' son características de algunas variedades italoamericanas de inglés. (Véase la discusión de esto en el video sobre la diversidad lingüística en Estados Unidos, *American Tongues*, 'Lenguas estadounidenses', en https://www.youtube.com/watch?v=Kmum-eT4hzM.) Al igual que los casos del inglés italoamericano y el AAE, que no son universales entre las poblaciones correspondientes, no toda la población latinx habla una variedad latinx del inglés. De hecho, una buena parte de la población latinx o hispanohablante habla inglés como otros miembros de la sociedad en su localidad o región.

Vale la pena señalar que muchas o incluso la mayoría de las personas que utilizan el inglés italoamericano no hablan italiano, ya que sus familias han estado en Estados Unidos durante generaciones y han experimentado un desplazamiento lingüístico hacia el inglés (véase el capítulo 2). No obstante, la variedad del inglés que hablan muestra influencia del contacto lingüístico histórico y el bilingüismo inglés-italiano de sus ancestros. El inglés latinx también es el resultado de situaciones de contacto tanto históricas como actuales, pero eso no quiere decir que sus hablantes sean necesariamente bilingües. Al contrario, hay muchas personas monolingües en inglés que hablan una variedad del inglés latinx, y no se trata de hablar inglés con acento 'extranjero' (Bayley y Santa Ana, 2004; Fought, 2003; Metcalf, 1979; Ornstein-Galicia, 1984; Penfield y Ornstein-Galicia, 1985; Santa Ana, 1993; Santa Ana y Bayley, 2004). Más allá del contacto lingüístico, el desarrollo de las variedades étnicas tiene que ver inevitablemente con la identidad. Como hemos visto, una forma de hablar puede llegar a ser una marca de identidad que las personas utilizan para señalar que son miembros del grupo y ser reconocidas como tales por otras personas.

Debido al predominio y la larga historia de personas mexicanas y mexicoamericanas entre la población latinx de Estados Unidos, la mayor parte de las investigaciones sobre el inglés latinx se han centrado en las variedades habladas en esas comunidades, generalmente denominadas **inglés chicanx**, para enfatizar que se trata del inglés propio de las personas mexicoamericanas nacidas en Estados Unidos. Las investigaciones más tempranas trataron de documentar rasgos específicos del inglés chicanx que lo distinguieran de otras variedades del inglés estadounidense. Encontraron que en cuanto a la estructura gramatical, hay pocos rasgos exclusivos del inglés chicanx u otras variedades latinxs (Bayley y Santa Ana, 2004; Fought, 2003; Penfield y Ornstein-Galicia, 1985). Por otra parte, sí hay algunas características fonológicas que distinguen las variedades latinxs de otras variedades estadounidenses del inglés (Fought, 2003; Konopka y Pierrehumbert, 2008; Santa Ana y Bayley 2004).

Una de las características fonológicas del inglés chicanx es la falta de reducción vocálica (Santa Ana y Bayley, 2004). En la mayoría de las variedades del inglés estadounidense la reducción afecta a todas las vocales átonas (es decir, las que no están acentuadas). Por ejemplo, en la palabra *because* ('porque') la primera vocal se reduce en el habla casual, lo que lleva a que las dos vocales se pronuncian casi igual. En el inglés chicanx, por contraste, la primera vocal conserva su sonoridad (no se reduce); por lo tanto se pronuncia como 'i', y las dos vocales se pronuncian de manera diferente. La pronunciación de la palabra *because* también refleja otra característica del inglés chicanx: el ensordecimiento de la /z/ en posición final de sílaba (es decir, su pronunciación como 's'). Por ejemplo, en el inglés chicanx las palabras *buzz* ('zumbido') y *bus* ('autobús') a veces se pronuncian igual.

En una investigación que llevaron a cabo en el sur de Texas, Bayley y Holland (2014) descubrieron que el ensordecimiento de la /z/ era más frecuente entre participantes con una orientación local (es decir, con fuertes lazos y el deseo de permanecer en la comunidad), revelando una vez más la conexión entre lenguaje e identidades sociales.

Asimismo, Callahan (2018) aboga por un análisis de lo que denomina 'inglés hispanizado' que se centra en la idea del repertorio lingüístico: cada hablante tiene una gama de recursos que puede seleccionar de acuerdo con los significados sociales que quiera transmitir o la manera en que quiera representarse (véase el capítulo 6). También es importante señalar que en el estudio de Bayley y Holland el ensordecimiento no era más común entre hablantes cuya primera lengua era el español, así que no debe considerarse una 'interferencia' intralingüística o el resultado de un acento 'extranjero' asociado con hablantes de segunda lengua, sino más bien un rasgo de una variedad particular del inglés latinx.

Más que las vocales y consonantes, la característica fonológica más marcada del inglés chicanx posiblemente sea la entonación, y especialmente los contornos finales (Santa Ana y Bayley, 2004; Metcalf, 1979). En muchas variedades estadounidenses del inglés, hay una entonación descendente al final de las declaraciones y una entonación ascendente al final de las preguntas. En el inglés chicanx, por otra parte, tanto las preguntas como las declaraciones tienden a tener una entonación ascendente y luego descendente al final. Este contorno en las declaraciones en particular sirve como marcador de la identidad mexicana y también se emplea en las representaciones estereotipadas de esta. Por ejemplo, Santa Ana y Bayley observan que esta entonación es un elemento central de la caricaturización racista de Speedy Gonzales, el conocido personaje de dibujos animados, y frecuentemente se ha utilizado para representar a bandidos y campesinos en los wésterns de Hollywood (véase también la discusión en el capítulo 7).

Cabe señalar que la mayoría de los estudios sobre el inglés latinx se realizaron en una sola localidad. Una importante excepción es el trabajo de Metcalf (1979), que comparó las investigaciones sobre el inglés chicanx en seis ciudades diferentes de California, Arizona y Las Vegas, así como en varios pueblos de Texas. Metcalf encontró diferentes patrones fonológicos en diferentes áreas, lo que demuestra que hay variación geográfica dentro del inglés chicanx, lo cual no es sorprendente dado lo que sabemos de la variación. El estudio de Metcalf se centró exclusivamente en el inglés chicanx y el Suroeste, y se realizó hace ya 40 años. Claramente, queda mucho trabajo por hacer en torno a las diferentes variedades del inglés latinx habladas en otras áreas del país. En este sentido, el reciente trabajo de Carter *et al.* (2020) sobre las características fonológicas del inglés hablado por latinxs de segunda generación en Miami es prometedor.

La asociación de rasgos lingüísticos particulares con identidades específicas no es solo una cuestión de autorrepresentación o de la construcción de nuestras propias identidades, sino que también juega un papel en la adscripción de identidades, o en cómo nos ven otras personas. Un estudio realizado por Frazer (1996) es relevante en este sentido, porque ofrece pruebas de que las personas no latinxs reconocen ciertos tipos de habla como indicadores de la identidad latinx. Específicamente, estudiantes no latinxs de nivel universitario pudieron distinguir fácilmente el habla de las personas *hispanas* (este es el término utilizado en el estudio mencionado) del habla de las personas *no hispanas*. Otro estudio llevado a cabo en el ámbito académico utilizó la técnica indirecta de los pares ocultos para indagar sobre las actitudes del estudiantado hacia el "inglés con acento **anglo**" y hacia el "inglés con acento hispano" (Dailey *et al.*, 2005; traducido del inglés). Las personas con acento anglo fueron calificadas más positivamente tanto por participantes latinxs como anglo, aunque en menor grado entre latinxs. Juntos, estos dos estudios muestran que la clasificación etnorracial y la racialización pueden basarse únicamente en la forma de hablar, independientemente de cómo una persona se vea o se identifique a sí misma (véase la discusión del **perfilado lingüístico** en el capítulo 8).

Conclusiones y conexiones

En este capítulo ofrecimos un panorama de los rasgos formales de las diferentes variedades del español, así como algunos análisis sobre el impacto lingüístico del contacto entre idiomas, incluidos los rasgos de las variedades de contacto del español que a veces se denominan *espanglish*. Como vimos en capítulos anteriores, esos rasgos lingüísticos son recursos de los que se sirven las personas para encarnar sus identidades (véase el capítulo 6). Y si bien la combinación de rasgos lingüísticos pertenecientes a lo que tradicionalmente se reconoce como lenguas distintas es algo común entre personas multilingües, y que a menudo desempeña un papel en la configuración de las identidades, también sirve como recurso interaccional para la estructuración de las conversaciones. No obstante, a pesar de las claras pruebas de que el discurso multilingüe se ajusta a reglas y restricciones estructurales, siguen circulando ideas negativas sobre los fenómenos de contacto tanto en la sociedad estadounidense como fuera de ella. En este capítulo también vimos que las ideologías lingüísticas tratadas en el capítulo 4, especialmente las ideologías monoglósicas y el purismo lingüístico, pueden influir en cómo se evalúa el uso combinado del español y el inglés, y en cómo son percibidas las personas asociadas con esta práctica lingüística.

Asimismo, en este capítulo se tomó nota del desarrollo histórico de las diferentes formas de hablar, desde las variedades del español y los préstamos que traspasan las fronteras lingüísticas hasta el desarrollo de las variedades del inglés latinx. Algunos de los fenómenos lingüísticos que discutimos (como el cambio de código o el translenguaje) dependen claramente del bilingüismo español-inglés, que, como vimos en el capítulo 2, es cada vez más común entre las personas que hablan español en Estados Unidos. Otros rasgos resultantes del contacto lingüístico surgen primero en hablantes bilingües y luego pueden extenderse a hablantes monolingües, como pasó en el caso de los préstamos de lenguas africanas e indígenas al español y de los préstamos del español al inglés, y así pueden sobrevivir incluso si el bilingüismo disminuye. Tanto si nos fijamos en la alternancia entre el español y el inglés, en la influencia del español en el inglés o en la influencia del inglés en el español, en cualquiera de estos casos, las ideologías lingüísticas, las identidades sociales, y las políticas educativas que hemos tratado en los capítulos anteriores, son esenciales para comprender estas estructuras del lenguaje latinx en Estados Unidos.

Actividades y preguntas de discusión sobre el capítulo 10

(1) Mira este clip de 1954 de la serie de televisión en inglés *I Love Lucy* ('Yo amo a Lucy') en la que el personaje cubano Ricky Ricardo combina el inglés y el español mientras le cuenta a su hijo un cuento para dormir (https://www.youtube.com/watch?v=_9ivqXzmrZ0). ¿Suena natural? ¿Por qué sí o por qué no? ¿Puedes identificar fenómenos específicos de contacto lingüístico explicados en este capítulo? ¿Qué opinas de la inclusión del español y el espanglish, en una época en la que era extremadamente raro escuchar cualquiera de los dos en la televisión nacional? ¿Cómo encaja este retrato con lo que se discutió en el capítulo 7?

(2) Analiza el anuncio de 2016 de Xfinity *Beautifully bilingual* (http://creativecriminals.com/comcast/beautifully-bilingual-como-t). En primer lugar, comenta los cambios o alternancias entre el español y el inglés con respecto a las restricciones estructurales y los patrones discutidos en este capítulo (teniendo en cuenta también que se trata de un texto escrito, más que de un lenguaje oral espontáneo). En segundo lugar, examina la forma en que las rimas interlingüísticas desafían las nociones puristas sobre los distintos idiomas con límites claros que deben mantenerse. ¿Hay otros elementos en el anuncio que refuerzan la idea de los idiomas como elementos claros y distintos? En tercer lugar, ¿qué ideologías lingüísticas se reflejan en el anuncio? En cuarto lugar, considera las formas en que el anuncio utiliza el lenguaje (incluyendo no solamente la combinación del español y el inglés) para construir una identidad y 'hablar con' la audiencia. ¿Por qué Xfinity tiene interés en retratar el bilingüismo de manera positiva? En otras palabras, ¿se trata de una valoración 'genuina' del bilingüismo o solo se trata de ganar más dinero?

(3) En parte, los debates sobre el término *espanglish* son paralelos a las controversias sobre las palabras que antes se consideraban negativas o despectivas como *chicano* o *queer*, y que ahora se utilizan para la autoidentificación y se han normalizado en el mundo académico (p. ej., *lingüística queer, estudios chicanxs*), así como en el discurso público más amplio (p. ej., la inclusión de *chicano* en el formulario del censo de Estados Unidos). Por un lado, esas palabras se han utilizado como insultos y por esa razón algunas personas todavía las rechazan; por otro, hay poder en la recuperación de las palabras y en su conversión en símbolos de solidaridad dentro del grupo. ¿En qué se parece y se diferencia el espanglish de las etiquetas de identidad reivindicadas? ¿Estás de acuerdo con el uso del este término o consideras que sería mejor evitarlo? ¿Por qué? Tal vez te interese considerar el argumento de Otheguy y Stern (2010) que aborda la cuestión de si el término representa el contacto español-inglés en Estados Unidos como algo excepcional.

(4) Si eres hablante tanto de inglés como de español, ¿qué piensas de los ejemplos de cambio de código que se dan a continuación (de Fuller, 2005)? ¿Hay algunos que suenan mejor o peor que otros? ¿Qué podría explicar las diferencias de opinión sobre los juicios de estas expresiones y cuáles son las implicaciones para el estudio de las restricciones estructurales que rigen la mezcla de idiomas?

    a. Porque *they have a lot of* protección
       ('porque tienen mucha protección')
    b. Estamos en *page one-hundred and twenty-seven*
       ('Estamos en la página ciento veintisiete')
    c. *I'm gonna* hacer todo los *planets*
       ('Voy a hacer todos los planetas')
    d. No, yo voy a *do the Earth*
       ('No, yo voy a hacer la Tierra')
    e. *For Mars draw a circle, then* lo mides *on the side*
       ('Para Marte dibuja un círculo, luego lo mides al costado')

(5) Analiza el video del BBC Mundo *¿Qué es el espanglish y cómo se habla?* (http://www.youtube.com/watch?v=NphJULxY5ng). Primero, ¿cómo se define *espanglish* en el video? ¿Hay algo controvertido en esa definición o en la descripción de quiénes lo hablan? Luego, analiza las ideologías reflejadas tanto en la representación del espanglish por parte de la presentadora como en los comentarios de las personas entrevistadas. ¿Qué elementos contribuyen a un retrato negativo del espanglish?, ¿cuáles corresponden a una visión más tolerante?, ¿y cuáles lo representan como un recurso sociolingüístico valioso?

Nota

(1) De acuerdo con el uso que se le da en el campo de la lingüística, usamos barras para indicar fonemas, o la representación de los sonidos (p. ej., /s/). Para facilitarles la lectura a quienes no tienen formación en esta disciplina, utilizamos comillas simples para indicar cómo se pronuncia algo, y cursivas para la forma en que se escribe. Por ejemplo, en las variedades caribeñas, la palabra *gracias* frecuentemente se pronuncia 'grasia'.

Lecturas y materiales adicionales

Braschi, G. (1998) *Yo-Yo Boing!* Pittsburgh, PA: Latin American Literary Review Press.

Elya, S.M. (2016) *La Madre Goose: Nursery Rhymes for los niños.* Nueva York: G.P. Putnam.

Erker, D. (2017) The limits of named language varieties and the role of social salience in dialectal contact: The case of Spanish in the United States. *Language and Linguistics Compass* 11 (1), e12232.

Lipski, J.M. (2008) *Varieties of Spanish in the United States.* Washington, DC: Georgetown University Press.

Montes-Alcalá, C. (2015) Code-switching in US Latino literature: The role of biculturalism. *Language and Literature* 24 (3), 264–281.

Moreno-Fernández, F. (2020) *Variedades de la lengua española.* Nueva York: Routledge. https://doi.org/10.4324/9780429426988.

Thomas, E.R. (2018) What a swarm of variables tells us about the formation of Mexican American English. En J. Reaser, E. Wilbanks, K. Wojik y W. Wolfram (eds.) *Language Variety in the New South: Contemporary Perspectives on Change and Variation* (pp. 274–288). Chapel Hill, NC: University of North Carolina Press.

Toribio, A.J. (2011) Code-switching among US Latinos. En M. Díaz-Campos (ed.) *The Handbook of Hispanic Sociolinguistics* (pp. 530–552). Oxford: Wiley-Blackwell.

Capítulo 11

El futuro del español en Estados Unidos

Objetivos

Reconsiderar algunos puntos clave de cada capítulo, identificar los factores que conformarán el futuro del español en Estados Unidos, plantear preguntas y cuestiones que se espera serán de interés e importancia para las personas de habla hispana en dicho país.

Introducción

Desde el principio hemos sostenido que el lenguaje es inseparable de las personas que lo hablan, de sus experiencias vitales y del contexto sociohistórico y político que habitan. Por esta razón, hemos adoptado un enfoque sociopolítico que incorpora múltiples disciplinas además de la sociolingüística. En este sentido, examinamos la historia del español en lo que hoy es territorio estadounidense y mostramos que los primeros patrones de la conquista y colonización españolas, junto con la posterior anexión de Florida, el Suroeste, el Oeste y Puerto Rico por parte de Estados Unidos, sentaron las bases que sustentan la **racialización** contemporánea de las personas latinxs e hispanohablantes y la subordinación del español en dicho país. También vimos que las necesidades laborales de Estados Unidos, así como la participación económica, política y militar en América Latina, han influido en los patrones de la migración de hispanohablantes. Además de ampliar nuestra visión de las personas de habla hispana en Estados Unidos, el conocimiento de los patrones de migración también proporciona un panorama de los rasgos lingüísticos y las variedades del español que se hablan dentro del país.

En nuestro análisis de la historia y el presente del español en Estados Unidos, enfatizamos el papel de las ideologías lingüísticas y su interacción con fuerzas sociales y políticas más amplias. Algunas de las ideologías lingüísticas más poderosas son las que se relacionan con diversos tipos de identidad, como el lugar del inglés y el español en la construcción de la identidad estadounidense y la pertenencia nacional, la necesidad (o no) del español para encarnar la 'auténtica' **latinidad,** y los significados sociales asociados con las diferentes variedades, registros, estilos y prácticas lingüísticas. De esta manera, vimos que tales ideologías median entre el lenguaje y el mundo social: no solo condicionan la forma en que pensamos y representamos a las demás personas en base a su idioma o su manera de hablar, sino que también son lo que permite que el idioma sirva como recurso para construir y encarnar nuestras propias identidades. Las ideologías también sustentan la **planificación y la política lingüística** (PPL), incluidos los esfuerzos de la Real Academia Española (RAE) y la Academia Norteamericana de la Lengua Española (ANLE) por dictar el uso lingüístico, así como las decisiones sobre qué idiomas se utilizan en el Gobierno, en las escuelas e incluso en las familias. Como vimos, esta relación es iterativa, en el sentido de que las políticas no solo reflejan, sino que también reproducen las ideologías y jerarquías lingüísticas, y juntas condicionan los patrones de uso lingüístico, del mantenimiento del español y del **desplazamiento lingüístico.** Hemos demostrado que las ideologías en torno al español, incluyendo sus significados **indexicales** y su valor percibido, también se reflejan y se reproducen en los discursos y prácticas oficiales (como el censo, por ejemplo) y en los medios de comunicación en inglés y español, así como en la interacción cotidiana y las conversaciones informales.

Como es evidente, incluso en el brevísimo resumen que hemos dado en los dos párrafos anteriores, y como venimos señalando a lo largo del libro, los temas y asuntos aquí tratados están interrelacionados y se influyen mutuamente. Si bien nuestro enfoque principal ha sido el español en Estados Unidos, hemos destacado que la relación del lenguaje con la vida social y política no se limita a este caso particular; esperamos haber proporcionado las herramientas teóricas para examinar estas cuestiones en otros contextos. También esperamos que tengan en cuenta esta interrelación al leer este capítulo final en el que discutimos el futuro del español en Estados Unidos.

Cada sección de este capítulo corresponde a uno de los capítulos anteriores y en cada una de ellas recordamos algunos puntos clave del capítulo correspondiente, a la vez que destacamos algunos temas particulares que creemos que serán especialmente relevantes o influyentes en el futuro. Así pues, consideramos en primer lugar algunas cuestiones relacionadas con la demografía, centrándonos en las tendencias demográficas y los patrones de mantenimiento y desplazamiento lingüísticos. A continuación, discutimos la representación histórica y algunas tendencias recientes en la política migratoria, además de las implicaciones de estas para el español en Estados Unidos, antes de pasar a considerar la evolución de las ideologías sobre el español, y así sucesivamente, identificando algunos puntos importantes relacionados con cada uno de los capítulos del libro. Confiamos en que, a pesar de que hayamos dividido este capítulo en secciones, se podrán apreciar los hilos que se entretejen a través de todas ellas. Nuestro objetivo aquí no es resumir cada capítulo ni ofrecer predicciones concretas para el futuro. Más bien, buscamos identificar algunos puntos clave y señalar algunos factores que darán forma al futuro del español en Estados Unidos, así como destacar temas e interrogantes para que quienes lean este libro reflexionen al respecto en los días, meses y años posteriores a su publicación.

Demografía, mantenimiento y desplazamiento

El crecimiento de las poblaciones hispanohablantes y latinxs es un tema casi omnipresente en las discusiones sobre un gran abanico de temas, desde la publicidad (p. ej., Morse, 2018), la divulgación religiosa (p. ej., Hodges, 2015) y la disminución de las tasas de circulación de los periódicos en inglés (p. ej., Ghoshal, 2014), hasta la política local y nacional. Quienes se dedican al análisis de la política señalan continuamente la creciente proporción de votantes que se identifican como latinxs. Aunque mucha gente cree que el llamado 'voto latino' es una categoría ficticia (debido a la diversidad **etnorracial**, socioeconómica y política de la población latinx), los esfuerzos por captarlo han dado lugar a un mayor uso del español en la divulgación política y la publicidad electoral; es cada vez más común que quienes se postulan en las elecciones digan algunas palabras en español durante los debates políticos o que participen en actos de campaña en canales de televisión en español como Univision. Tanto personas latinxs como no latinxs muchas veces celebran este uso del español y lo interpretan como una señal de pluralismo etnorracial y lingüístico. Por otro lado, también se ha criticado el **esencialismo** y la **ideología de la lengua estándar** que subyacen a las demandas de que las personas latinxs demuestren su 'autenticidad' etnorracial hablando un español 'impecable', incluso cuando se elogia a personas no latinxs por hablar cualquier tipo de español, demostrando que el **bilingüismo diferencial** también se da en el ámbito político (Rey Agudo, 2019; véase más abajo la segunda consigna de las actividades y preguntas de discusión al final de este capítulo).

Entre las reacciones a la mayor visibilidad del español también se encuentran sentimientos antiinmigrantes y antilatinxs, así como temores sobre la composición lingüística y etnorracial de la nación. En el ámbito político estos temores han sido fomentados y explotados a través de la retórica racista y las políticas **nativistas**. Dado que hay tanta gente que parece pensar lo contrario, repetiremos una vez más que el inglés no corre ningún peligro; prácticamente todas las personas de habla hispana y/o latinxs nacidas en Estados Unidos (y gran parte de las que son inmigrantes) hablan bien el inglés (como también sucede en otros grupos etnolingüísticos).

Muchas conversaciones sobre las tendencias futuras hacen referencia a las proyecciones de la U.S. Census Bureau ('Oficina del Censo de los Estados Unidos') sobre el número de hispanohablantes en Estados Unidos. Basándose en el crecimiento esperado de la población latinx, y teniendo en cuenta el descenso en la proporción de latinxs que hablan español, la Oficina del Censo había proyectado que la población de habla hispana continuaría creciendo hasta el año 2020, pero a un ritmo más lento que el total de la población latinx (Shin y Ortman, 2011). Queremos plantear dos preocupaciones o incertidumbres sobre los supuestos incorporados en estas proyecciones. En primer lugar, hay motivos para creer que el crecimiento proyectado de la población latinx podría ser demasiado alto (López *et al.*, 2017). Específicamente, dicha proyección se basó en la suposición de que las personas descendientes de inmigrantes de América Latina se identificarían como latinxs, pero no necesariamente es así. Al contrario, López *et al.* (2017) han encontrado que la identidad hispana se desvanece con las sucesivas generaciones. En otras palabras, las personas con ascendencia latinoamericana son cada vez menos propensas a identificarse como hispanas o latinxs cuanto más se distancian de la generación que inmigró. De hecho, mientras que el 97% de la inmigración nacida en América Latina o España se identifica como latinxs, solo el 92% de la segunda generación —personas con padre y/o madre inmigrante(s)—, el 77% de la tercera generación y el 50% de la cuarta generación se identifican de tal manera. Asimismo, las tasas de **exogamia** entre la población latinx están aumentando (Livingston y Brown, 2017), lo que reduce aún más las posibilidades de que la descendencia de actuales inmigrantes se identifique como latinx. Así pues, la población latinx podría crecer más lentamente de lo previsto.

La segunda incertidumbre respecto al crecimiento proyectado del número de hispanohablantes se relaciona con el porcentaje de latinxs que hablan español. Como hemos dicho una y otra vez, ser latinx no necesariamente implica hablar español; de hecho, el porcentaje de latinxs que lo hablan está disminuyendo gradualmente. La Oficina del Censo tuvo en cuenta esta tendencia descendente, pero su proyección se basó en datos de un período de pocos años, y por lo tanto no refleja patrones más largos ni va más allá del 2020. Dadas las crecientes tasas de exogamia, el creciente distanciamiento generacional respecto a la inmigración y los invariables patrones de desplazamiento hacia el inglés, es posible que el porcentaje de latinxs que hablan español haya disminuido aún más rápido de lo que se había supuesto. Esta cuestión jugará un papel clave en el futuro del español en Estados Unidos.

Estas incertidumbres plantean la posibilidad de que las poblaciones hispanohablantes y latinxs crezcan más lentamente de lo que algunas proyecciones prevén, pero no implican que no haya ningún crecimiento en absoluto. A su vez, también es posible que el crecimiento de la población hispanohablante sea más rápido de lo previsto. Esto ocurriría si la proporción de latinxs que hablan español dejara de reducirse o incluso aumentara. Como vimos, los factores demográficos como el tamaño y la densidad de la población hispanohablante hasta ahora no han frenado la tendencia a la pérdida del idioma, incluso cerca de la frontera entre Estados Unidos y México, pero tal vez el continuo crecimiento de la población nacional latinx podría llegar a un punto de inflexión. Si este crecimiento fuera acompañado de una mayor conciencia del valor cognitivo, emocional, social, cultural y económico del español, junto con un reconocimiento o celebración del pluralismo etnorracial y lingüístico, podría dar lugar a actitudes cada vez más positivas, así como a un apoyo institucional al español, dos factores clave para la **vitalidad etnolingüística**.

Claramente estaremos esperando las estadísticas de la Oficina del Censo sobre el año 2020, las que deben publicarse antes de finales del año 2021.

En cualquier caso, dadas las tremendas presiones que favorecen el desplazamiento hacia el inglés, el futuro del español en Estados Unidos no puede darse por sentado, y las personas que esperan que se mantenga el español —para sí mismas, sus descendientes, sus amistades o para la sociedad en general— tienen bastante trabajo que hacer. Nuestra discusión sobre los patrones de mantenimiento y desplazamiento lingüísticos en el capítulo 2 dejó claro que la supervivencia del español depende de dos factores clave: las prácticas lingüísticas en el hogar y la política lingüística en la educación, ambos fuertemente influenciados por ideologías lingüísticas a nivel social, como el **monolingüismo normativo**, la **hegemonía** del inglés y la racialización del español. Así pues, los esfuerzos por preservar y mantener el español tendrán que ser mancomunados y deberán abordar cuestiones sociales y estructurales, así como actitudes y decisiones individuales.

Historia e inmigración

Aunque la historia en sí no cambia, la interpretación y la representación de la historia sí evolucionan con el tiempo, ya que están conformadas no solo por lo que aconteció, sino también por las perspectivas e intereses actuales. Por ejemplo, en el mundo académico cada vez se estudia más la historia multirracial, multicultural y multilingüe de Estados Unidos, de modo que se ha reconocido que la historia estadounidense no comenzó en 1607 con la llegada de colonos ingleses a Jamestown y que no está formada únicamente por las historias de los conquistadores, colonos/as y quienes ejercían el poder (Taylor, 2002). A medida que Estados Unidos no solo se vuelve cada vez más diverso sino que la gente es cada vez más consciente de la diversidad etnorracial contemporánea e histórica, esperamos que el relato de la historia estadounidense incorpore una mayor diversidad de historias, incluidas las de los pueblos originarios y africanos, así como sus culturas, idiomas, políticas, alianzas y conflictos. Así pues, confiamos en que habrá más análisis críticos de las versiones dominantes de la historia estadounidense, como el de Ramos (2019), que adopta una postura crítica sobre la forma en que la Batalla del Álamo y la anexión de Texas se retratan en la cultura popular, el discurso político y los programas escolares. De la misma manera, estamos convencidas de que la conmemoración de las figuras históricas que desempeñaron un papel fundamental en la expansión de Estados Unidos se seguirá debatiendo. También esperamos que continúe el cuestionamiento y la desestabilización de la construcción hegemónica de la identidad estadounidense como inherentemente blanca y **anglo**, lo que también podría incidir en las actitudes hacia el multilingüismo y repercutir positivamente en el mantenimiento lingüístico.

Hemos señalado en varias ocasiones que el español en Estados Unidos no es solo un idioma de inmigrantes, ya que este se hablaba en gran parte del actual territorio estadounidense mucho antes de que existiera como país. Debido a la continua inmigración desde América

Latina (y otros lugares), es cada vez menor el porcentaje de las poblaciones hispanohablante y latinx que remonta sus raíces a la **ciudadanía del tratado** incorporada en 1848. No obstante, los patrones de racialización y discriminación establecidos en ese período han condicionado —y lo siguen haciendo— las experiencias tanto de las personas que migraron desde América Latina como las de su descendencia ya nacida en Estados Unidos (Gómez, 2007; Vélez-Ibáñez, 2017). Estos patrones, junto con el **borrado** de los pueblos originarios y mexicanos, así como del papel de la esclavitud, en la historia de la expansión de los Estados Unidos hacia el Suroeste sustentan la concepción tanto histórica como actual de lo que significa ser estadounidense (Ramos, 2019). La construcción de las personas latinxs como inherentemente extranjeras también descansa sobre ese borrado ideológico.

Tal vez uno de los temas más cambiantes que hemos tratado en este libro es la inmigración. De hecho, las tendencias fluctuantes y los nuevos desarrollos nos llevaron a revisar y reescribir nuestra cobertura de la inmigración varias veces antes de que el libro se imprimiera. Un cambio reciente es que durante muchos años la inmigración latinoamericana en general, y las detenciones en la frontera entre Estados Unidos y México en particular, habían estado en declive. Sin embargo, en 2018 se produjo un aumento de las llegadas, especialmente de Centroamérica, de los cruces fronterizos no autorizados y del porcentaje de migrantes formado por familias con hijos/as menores de edad. La administración Trump adoptó políticas cada vez más draconianas de separación de familias, cierre de cruces fronterizos, denegación de solicitudes de asilo y hacinamiento de migrantes en condiciones inhumanas en campamentos precarios, aun cuando proponía recortar la ayuda exterior a los países de América Central, lo que probablemente habría dado lugar a un aumento de la migración. Otra cuestión que se prevé que intensifique el aumento de la migración es el cambio climático, que según la U.S. Agency for International Development ('Agencia de los Estados Unidos para el Desarrollo Internacional') está contribuyendo a la prolongada sequía en América Central y dificultando la producción de cultivos (Markham, 2019). Como explicamos en el capítulo 3, la inmigración se ve afectada por **factores de empuje y de atracción** y, por lo tanto, las condiciones tanto en América Latina como en Estados Unidos determinarán el futuro de la inmigración, lo que también dificulta las predicciones.

En Estados Unidos hay varios casos judiciales relacionados con la inmigración y el asilo que se están considerando actualmente. En junio de 2020 la Corte Suprema mandó restaurar el programa DACA (*Deferred Action for Childhood Arrivals*, 'Acción Diferida para los Llegados en la Infancia'), que protege a inmigrantes sin autorización que llegaron a Estados Unidos en su niñez, pero la administración Trump se negó a aceptar nuevas solicitudes. Por esta razón, y dado que los tribunales son cada vez más conservadores y han permitido que se mantengan muchas restricciones, las elecciones desempeñan un papel clave en la determinación del futuro. Desde los sectores republicanos se apoya en gran medida la construcción de un muro fronterizo y menos asistencia a poblaciones extranjeras, y desde los sectores demócratas se apoya en gran medida un enfoque más orientado a los derechos humanos que incluya asistencia a poblaciones extranjeras, la concesión de asilo para aquellas personas cuyas vidas corren peligro en su país y la provisión de un camino a la ciudadanía para *dreamers* o 'soñadores' (inmigrantes sin autorización que llegaron a Estados Unidos en su niñez). Así pues, la política de inmigración, así como la situación de las personas solicitantes de asilo, depende en gran medida del resultado de las elecciones legislativas y presidenciales. Por cierto, en su primer día, la administración Biden inició una reforma de la política migratoria que incluye el fortalecimiento del programa DACA. En el momento en que se imprime esta edición en español, se planea reunir centenares de familias separadas por la administración anterior y aumentar el número de refugiados/as que se permite entrar al país.

Otro acontecimiento que ha tenido lugar desde que se publicara la versión en inglés de este libro es la pandemia de COVID-19. Esta ha provocado el cierre de fronteras globalmente, frenando la inmigración de golpe, por lo menos temporalmente. Todavía no se sabe qué impacto tendrá esto sobre el futuro.

Ideologías lingüísticas

Algunos puntos clave del capítulo 4 son que las ideologías lingüísticas nunca son solo sobre el lenguaje en sí, y que los significados simbólicos e indexicales de determinados idiomas y rasgos lingüísticos no son naturales o inherentes. Por el contrario, estos se construyen socialmente y están mediados por la ideología. Así, el significado simbólico del español —lo que indica sobre sus hablantes, la manera en que es percibido por la sociedad— depende de quién lo habla, a quién se dirige, dónde, cuándo y cómo se habla. Estos factores en parte determinan que el español sea considerado un idioma de baja categoría y asociado a la pobreza, como ocurre con demasiada frecuencia cuando lo hablan latinxs, o bien como un idioma de oportunidades económicas y cosmopolitismo, así como de enriquecimiento cognitivo, cuando lo hablan personas blancas de la clase media alta (Bruzos Moro, 2016; Leeman y Serafini, 2020). Hemos discutido este bilingüismo diferencial y las representaciones contradictorias del bilingüismo en varios pasajes del libro. ¿Seguirán los aspectos cognitivos, económicos y sociales positivos del bilingüismo siendo un beneficio exclusivo de las élites mayoritariamente blancas, y seguirá siendo el español un mecanismo de subordinación cuando se trata de latinxs de clase media y trabajadora? ¿O con el tiempo se extenderán los encuadres positivos e **instrumentalistas**, pero en gran medida **comodificados**, del bilingüismo? O, si quienes buscan empleo encuentran que sus habilidades lingüísticas no son recompensadas, ¿podrían perder terreno los discursos que sustentan la comodificación del español?

Nos parece difícil que la comodificación discursiva se desvanezca, por lo menos a corto plazo, ya que el énfasis en el valor económico del español está respaldado por una serie de instituciones poderosas. En particular, está vinculado a los esfuerzos del Gobierno español y de las empresas españolas por mantener la influencia en todo el continente americano, así como la prominencia en el escenario mundial (Bruzos Moro, 2017; Villa y Del Valle, 2014). Como resultado, los discursos afines a la comodificación se entrelazan con los discursos triunfalistas que celebran tanto el gran número de hispanohablantes en todo el mundo como el ascenso de Estados Unidos en la clasificación de los países con más hispanohablantes, lo que implícitamente reconfigura a Estados Unidos como un 'país de habla hispana' (borrando el estatus del español como **lengua minoritaria**). Como vimos en el capítulo 2, las encuestas de la Oficina del Censo no incluyen preguntas sobre el dominio en la lengua no inglesa. Por lo tanto, dado lo que sabemos sobre los patrones de desplazamiento lingüístico, las estadísticas oficiales sobre el número de hispanohablantes en Estados Unidos parecen pintar un cuadro demasiado rosado de la vitalidad del español en dicho país (Leeman, 2018b).

No obstante, otras ideologías sobre el valor del español, y del multilingüismo en general, podrían ganar prominencia, sustituyendo o agregándose a los discursos de la comodificación. En la sección anterior mencionamos la posibilidad de nuevas formas de entender la identidad nacional estadounidense y el sentido de pertenencia nacional. En lo que respecta al idioma más específicamente, ¿podría un multilingüismo más extendido conducir no solo a una mayor apreciación, sino también a una comprensión más amplia del valor no económico del idioma? ¿Podría una masa crítica de hispanohablantes y otros grupos multilingües que conceptualizan sus capacidades lingüísticas de manera diferente provocar ese cambio? Por supuesto, no es necesario ser multilingüe para reconocer y apreciar el multilingüismo, por lo que las personas que no hablan otros idiomas también podrían contribuir a nuevas formas de pensar sobre el español en Estados Unidos. Una cosa que queda clara en nuestro análisis de la evolución de las construcciones de la identidad estadounidense y las visiones cambiantes sobre el papel del inglés es que las ideologías lingüísticas cambian con el tiempo. Nuestra esperanza es que el futuro traiga consigo percepciones sociales más positivas del español, así como de las variedades lingüísticas estigmatizadas y de prácticas multilingües como el **translenguaje** (*translanguaging*).

Uno de nuestros objetivos ha sido invitar a quienes lean este libro a tener conciencia crítica sobre estas cuestiones, con la esperanza de que puedan resistir y desafiar las ideologías hegemónicas en relación con el valor relativo de los diferentes idiomas, variedades y prácticas lingüísticas, y promover una visión más justa e inclusiva de la variación lingüística y el multilingüismo.

Raza y etnicidad

En el capítulo 5 vimos que la **construcción social** de la identidad etnorracial —incluyendo cómo se definen las categorías, las etiquetas utilizadas y su significado social— no es igual en las sociedades de América Latina y de Estados Unidos. Las diversas formas de concebir la diferencia social y de vincularla a las características físicas se reflejan en las interacciones cotidianas, en las identidades y etiquetas que la gente atribuye a otras personas o reclama para sí, y en las clasificaciones oficiales como el censo. Por ello, tanto en el ámbito académico como en el administrativo se han dedicado considerables esfuerzos a investigar la identidad etnorracial de las personas latinxs, además del posible impacto de la creciente población latinx en la concepción social de la raza en Estados Unidos. Una esfera de particular interés a este respecto ha sido la clasificación censal. Tras un proceso de pruebas bastante amplio, la Oficina del Censo propuso modificar la clasificación etnorracial. Específicamente, se propuso reemplazar la pregunta sobre origen hispano/latino y la pregunta sobre raza con una sola que combinara el origen hispano/latino como opción de respuesta junto con las categorías de raza oficialmente reconocidas. Al final, la Office of Management and Budget ('Oficina de Administración y Presupuesto'; OMB, por sus siglas en inglés) no aceptó esta sugerencia y se mantuvieron las dos preguntas separadas para el censo de 2020. Sin lugar a duda, la consideración oficial del origen hispano/latino como categoría racial o categoría étnica seguirá siendo un tema de acalorado debate en el futuro.

Otro foco de intensa discusión relacionado con la identidad etnorracial de las personas latinxs es si la población de Estados Unidos dejará de ser mayoritariamente blanca y, si es así, cuándo ocurrirá. Basándose en las tasas de inmigración, natalidad y mortalidad, la Oficina del Censo ha proyectado que en 2042 la población blanca en Estados Unidos pasará a ser minoritaria (Alba, 2016; Vespa *et al.*, 2018). Sin embargo, esta proyección, así como otras similares del Pew Research Center ('Centro de Investigaciones Pew') que sitúan la fecha unos años más tarde, son controvertidas y han provocado un importante debate (Frey, 2018; Myers y Levy, 2018; Tavernise, 2018). Por un lado, aunque en las noticias se habla de predicciones sobre la población *blanca*, las proyecciones del censo son en realidad sobre la población *blanca no hispana*. Este es un claro ejemplo de lo que dijimos antes: aunque 'hispano o latino' es oficialmente una categoría étnica, a menudo es tratada como una categoría referente a la identidad racial, incluso por la Oficina del Censo. Asimismo, la predicción de un futuro estatus minoritario para la población blanca se basa en una definición estrecha de la blanquitud, que no solo excluye a las personas latinxs sino también a las personas de ascendencia multirracial (es decir, personas que marcan dos o más casillas: la casilla de raza blanca y por lo menos otra casilla más).

Quienes tienen una mirada crítica al respecto sostienen que esta definición estrecha de la blanquitud reproduce la **regla de una gota** relativa a la clasificación racial y no tiene en cuenta la fluidez de la identidad racial y la clasificación de esta (p. ej., Alba, 2016; Frey, 2018). Es más, estas proyecciones suponen que las generaciones descendientes de inmigrantes provenientes de América Latina seguirán identificándose como latinxs a lo largo del tiempo, lo que, como señalamos anteriormente, no es necesariamente el caso. Por otro lado, algunas proyecciones alternativas han incluido dentro de la blanquitud a las personas hispanas o latinxs de raza blanca, así como a las personas que eligen la casilla de raza blanca junto con otra(s) casilla(s). Con esta definición más amplia de la blanquitud, se proyecta que la población blanca permanezca en un 70% en el futuro previsible (Myers y Levy, 2018). Por lo tanto, la futura proporción de la población blanca depende de cómo se defina la blanquitud y de cómo se identifique la gente, aspectos que están sujetos a normas sociales e ideologías cambiantes.

¿Qué proyección tiene más sentido y por qué importa? Hay especialistas en la materia que argumentan que, entre la gente de raza blanca, la idea de que ya no constituirán el grupo mayoritario contribuye al racismo y al apoyo a políticas reaccionarias (p. ej., Alba, 2016; Myers y Levy, 2018). Por ejemplo, en su investigación empírica con estadounidenses de raza blanca, Myers y Levy (2018) encontraron que participantes que leían historias de noticias simuladas que indicaban que las personas blancas pasarían a ser minoría eran más proclives a expresar hostilidad hacia la inmigración que participantes que leían historias que solo describían un aumento de la diversidad, sin hablar de proporciones relativas. Así pues, quienes abogan por utilizar la definición más amplia de la blanquitud sostienen que hacerlo reconoce la posibilidad de nuevas concepciones de la identidad etnorracial y también tiene ventajas en términos de bienestar social. Al otro lado del debate, quienes argumentan en contra de incluir a latinxs y a personas de 'raza mixta' en los recuentos de la población blanca (p. ej., Mora y Rodríguez-Muñiz, 2017) sostienen que hacerlo borraría la condición racializada de estos grupos. De hecho, como vimos en el capítulo 5, incluso las personas que eligen la categoría de raza blanca en el censo no necesariamente se identifican como personas blancas ni son tratadas como tales en la vida cotidiana (Dowling, 2014; Vargas, 2015). Estos debates resaltan el gran impacto de las clasificaciones del censo y las etiquetas de identidad etnorracial. Dada la importancia de la identidad etnorracial en la sociedad estadounidense, así como el papel de las estadísticas censales en las políticas públicas y el discurso político, no tenemos ninguna duda de que estas cuestiones serán el centro de muchas investigaciones y debates futuros.

Identidad

Un tema que ha surgido repetidamente en este libro (e incluso en este capítulo) es la relación del español con la identidad latinx. En particular, vimos que las ideologías esencialistas suponen que toda persona latinx es hispanohablante y que si alguien no habla español no puede ser genuinamente latinx. También observamos que esta relación juega un papel en la racialización, ya que representa al español como un rasgo cuasibiológico de toda persona latinx (incluso latinxs que no hablan español), y como un idioma inherentemente extranjero e inoportuno en Estados Unidos (Leeman, 2004, 2016). Y como dijimos anteriormente, estas ideologías y representaciones son relevantes para la negociación y la **performance de la identidad** en las conversaciones cotidianas, en las clasificaciones oficiales y en todos los ámbitos en los que se desarrollan y se implementan políticas lingüísticas.

Así y todo, las tendencias demográficas muestran que un porcentaje creciente de latinxs no habla español en el hogar (aunque esta estadística no significa que no sepan hablarlo ni que no lo hablen en otros contextos). Asimismo, hay muchas personas monolingües en inglés que se identifican como latinxs y cuestionan la noción de que sean menos latinxs que sus pares bilingües o hispanohablantes (Shenk, 2007; para una mirada cómica sobre este tema, véase el video de Flama *Things non-Spanish-speaking Latinos are sick of hearing* ('Cosas que los latinos que no hablan español están hartos de oír'), disponible en: https://www.youtube. com/watch?v=VKJe4BTC1Vg, consultado el 17 de abril de 2019). ¿Cómo será la relación del español con la identidad latinx en el futuro? ¿El creciente porcentaje de latinxs que son monolingües o dominantes en inglés debilitará esta conexión? ¿O podrán los esfuerzos por mantener el español, junto con un impulso pluralista más amplio para valorar la diversidad lingüística y el multilingüismo, frenar el desplazamiento y así sofocar la disminución en el porcentaje de latinxs que hablan español?

Si se empieza a valorar más el multilingüismo, esto no implica necesariamente que el español siga **indexicalizando** la identidad latinx. De hecho, una amplia apreciación social del multilingüismo, junto con una mayor comodificación de los idiomas, podría conducir a una desvinculación simbólica del idioma y la identidad étnica. En cierta medida, esto es lo que parece haber sucedido en Canadá con el francés, donde hasta la década de 1960 lo hablaban principalmente personas de identidad étnica francocanadiense y se consideraba un marcador de esa identidad (Heller, 2002). Sin embargo, una vez que se reconfiguró la identidad nacional canadiense como bilingüe, y los derechos políticos e intereses comerciales aumentaron el valor del francés en el mercado de trabajo, el francés se empezó a considerar una aptitud laboral que también está disponible para la población anglohablante (Heller, 2002, 2003; Roy, 2005). Como vimos, los discursos que promulgan este tipo de comodificación también circulan en Estados Unidos con respecto al español, quizás en ningún lugar más que en los contextos educativos (Bruzos Moro, 2016; Leeman y Martínez, 2007). ¿Acaso estamos asistiendo a una disociación (parcial) del español y la identidad latinx en Estados Unidos? Aunque el español claramente está disponible para la población no latinx como medio para acceder a más oportunidades de trabajo (Subtirelu, 2017), a diferencia del caso canadiense, el bilingüismo está lejos de ser considerado una parte integral de la identidad nacional estadounidense; además, el español se sigue utilizando en la racialización discursiva de las personas latinxs, un proceso que se basa en el vínculo simbólico del español con la identidad latinx. Por estas razones, vemos la comodificación discursiva en torno al español, y la disponibilidad del español como un recurso para la población anglo, no como un desacoplamiento de la lengua y la identidad, sino más bien como un caso de ideologías contradictorias y de indexicalizaciones múltiples y cambiantes, y también como un caso de bilingüismo diferencial.

Ningún idioma o forma de hablar tiene un significado social fijo, y el significado simbólico del español también depende del contexto y de sus hablantes. Así, tanto las personas latinxs como las no latinxs pueden utilizar el español para encarnar una amplia paleta de categorías y **posturas** identitarias. Por ejemplo, independientemente de que la élite efectivamente sea recompensada en el ámbito laboral por sus conocimientos lingüísticos, este tipo de hablante puede utilizar el español para presentarse como una persona de mentalidad profesional y con visión global de futuro (Pomerantz, 2002). En otros contextos, las personas latinxs (y también algunas personas anglo) utilizan el español para señalar solidaridad y/o pertenencia al grupo (Barrett, 2006). Y como vimos, el uso del español, e incluso solo la pronunciación en español del propio nombre, también puede utilizarse para indexicalizar el orgullo latinx y/o el deseo de no renunciar a la propia identidad etnorracial. De esta manera, hablar español o usar la pronunciación española puede ser un acto de resistencia tanto a la hegemonía del inglés como a las ideologías asimilacionistas. Además, las investigaciones sobre el *Mock Spanish* han demostrado que se pueden usar elementos del español para encarnar una identidad de persona blanca o una personalidad jovial y relajada, aunque dicho uso reproduzca ideologías racistas sobre las personas latinxs (Barrett, 2006; Hill, 2005; Schwartz, 2011, 2016). Ya que en los últimos años se ha observado un aumento del uso y la atención que se da al español en la esfera pública (tanto en la publicidad como en el entretenimiento, en la esfera política como en la cotidianeidad), valdrá la pena prestar atención a las ideologías e indexicalizaciones que rodean su uso en la construcción de identidades que la gente asigna a otras personas o reclama para sí.

Como se destaca en este abordaje, la identidad etnorracial no es la única categoría de identidad pertinente para las personas latinxs. Por lo tanto, esperamos que sigan surgiendo nuevos estudios respecto a las amplias posibilidades de identidades interseccionales, de micro y macro nivel, en torno a las personas latinxs, y que se contemple la forma en que estas identidades se expresan a través del lenguaje. De igual manera, los debates sobre el valor y las limitaciones de la terminología inclusiva en cuanto al género seguramente continuarán en el futuro. Entre la gran cantidad de temas relacionados con el lenguaje inclusivo, prestaremos especial atención a la posibilidad de que la terminación -*x*, neutral en cuanto al género (como en *latinx*) y fácil de pronunciar en inglés, sea sustituida por nuevas formas más pronunciables en español. Zentella (2017) ha propuesto el uso de -*u* (p. ej., *latinu*), mientras que en Argentina y Chile la -*e* (p. ej., *latine*) parece haberse convertido en la norma de inclusión de género (López, 2018). Estas formas tienen la ventaja de ser pronunciables incluso entre consonantes, como en *les latines*, una consideración menos relevante en inglés, donde los artículos no llevan marca de género. También tenemos curiosidad por ver si las personas utilizarán estas formas no binarias independientemente de la identidad sexual de los individuos específicos a los que se hace referencia, o si se desarrollan como una tercera opción, utilizada junto con las terminaciones -*a* y -*o*.

Los medios de comunicación

En las últimas décadas se han producido grandes cambios en la representación de las personas latinxs y de habla hispana, así como del español, lo que se debe no solo al crecimiento de la población latinx, sino también a tendencias más amplias en la producción y distribución de noticias y entretenimiento. En particular, mientras que los primeros programas en español en Estados Unidos los emitían canales de radio y televisión locales, a menudo con publicidad de bajo presupuesto, estos fueron gradualmente absorbidos —y a veces reemplazados— por redes nacionales en español que llevaban a cabo campañas publicitarias a nivel nacional o internacional (Dávila, 2012). En los últimos años el uso y la representación del español en los medios de comunicación ha sido impactado por el enorme crecimiento del número de medios, con cada vez más estaciones y cadenas de radio y televisión, así como sitios web y canales en línea, servicios de *streaming* y servicios satelitales.

Esta fragmentación y diversificación de los medios de comunicación ha dado lugar a varios acontecimientos importantes. Por un lado, ha facilitado el mercadeo y la programación de nicho. Al mismo tiempo que los debates en torno a la representación han ganado prominencia social, las empresas mediáticas y publicitarias han tomado conciencia del aumento del poder adquisitivo de la población latinx. Esto ha dado lugar a un pequeño aumento del número de personajes latinxs en los medios en inglés (aunque los estereotipos y los borrados todavía abundan), así como a una mayor programación y publicidad dirigida específicamente para incentivar el consumo del público latinx. A su vez, mientras que los medios orientados específicamente al público latinx antes estaban casi exclusivamente en español, las producciones más recientes tratan de atraer al creciente porcentaje de latinxs nacido en Estados Unidos incorporando y/o celebrando el bilingüismo y el translenguaje, como en los anuncios que incluimos en las actividades del capítulo 10, así como a través de la programación y la publicidad completamente en inglés (véanse, por ejemplo, las series *Vida*, en Starz, *Gentefied*, en Netflix, y *Undocumented Tales*, en YouTube). La programación en línea y los canales web como Mitú y PeroLike también producen contenido sobre la gente latinx (y dirigida a esta), a menudo utilizando una combinación de inglés y español.

Un segundo acontecimiento, paradójicamente, es el aumento de la internacionalización y el transnacionalismo de los 'medios de comunicación latinxs' en Estados Unidos. En los primeros años de la televisión en español en dicho país, el transnacionalismo consistía principalmente en la importación de material originalmente destinado a las audiencias latinoamericanas (Dávila, 2014). Sin embargo, aunque las tendencias demográficas, de mercadeo y de los medios de comunicación mencionadas anteriormente han llevado a un mayor reconocimiento de la población latinx de Estados Unidos, las películas y los programas latinoamericanos y españoles están cada vez más disponibles para las diversas audiencias estadounidenses a través de servicios de suscripción y bajo demanda, como HBO y Netflix. Asimismo, Netflix produce programación original en español, incluyendo series grabadas en Argentina, Colombia, México y España, para ser vistas en todo el mundo. Estos servicios también ofrecen subtítulos (y a veces audio) en español para programas grabados en inglés, así como subtítulos y audio en inglés para producciones en español. Como resultado, la 'programación latinx' en español e inglés se ha expandido enormemente y a menudo tiene muy poco que ver con la población latinx de Estados Unidos *per se*.

En cuanto al idioma, el creciente transnacionalismo mediático también significa que las variedades y prácticas lingüísticas, así como las ideologías lingüísticas, a las que el público latinx estadounidense está expuesto pueden diferir de las que encuentran en su vida cotidiana. Por ejemplo, en la comedia *Club de Cuervos* de Netflix, ambientada en una ciudad ficticia de México, varios personajes utilizan con frecuencia términos y expresiones en inglés mientras hablan en español. Frente al hecho de que en Estados Unidos el español con influencia inglesa se considera a veces deficiente, inculto o como un índice de una identidad inauténticamente latinx, en este programa se utiliza para caracterizar y caricaturizar a los hombres de negocio de raza blanca y de alto poder adquisitivo de México como demasiado dependientes de la jerga empresarial internacional y de los cursos de formación de gerentes.

En el capítulo 7 observamos que el español se escucha cada vez más en las películas y programas de televisión (predominantemente) en inglés, y allí señalamos que este es un enfoque más realista de la representación de los idiomas. No es solo en las series y películas que la presencia del español está aumentando; en los últimos años se han emitido ocasionalmente anuncios en español (o parcialmente en español) en las tandas publicitarias que auspician programas en inglés. Por ejemplo, durante los Óscar de 2019, dos de los seis anuncios de la compañía Verizon estaban en español (Poggi, 2019), y Disney recientemente cambió sus reglas para facilitar la emisión de anuncios en español (Steinberg, 2019). Por cierto, en esa misma edición de los Óscar, hubo cuatro presentadores y ganadores de premios que hablaron en español frente a las cámaras (y no se proporcionaron traducciones al inglés en todos los casos). Varias de las personas que hablaron en español dejaron claro que al hacerlo se pretendía reivindicar a inmigrantes, latinxs y al español; en palabras del actor Diego Luna: "Ya se puede hablar español en los Óscar; ya nos abrieron la puerta y no nos vamos a ir".

En el pasado, los usos públicos del español en espacios que antes se habían construido como solo para el inglés fueron a menudo objeto de críticas y quejas, y será interesante ver cómo se desarrolla esta cuestión en el futuro. Observamos que aunque las empresas mediáticas han incrementado lentamente la presencia del español dentro de la programación principalmente en inglés, esta presencia puede pasar casi desapercibida para la audiencia **anglófona**. En particular, los avances tecnológicos permiten ofrecer subtítulos, pistas de audio y sitios web en español solo para quienes deseen activarlos. De esta manera, las empresas mediáticas y publicitarias pueden tenerlo todo: llegan a las audiencias de habla hispana en su propio idioma sin incomodar u ofender a quienes defienden el *English-only* ('solo inglés') o a quienes se quejan de que se les 'obliga' a escuchar el español. No obstante, la amplia disponibilidad de medios de comunicación en español de alta calidad (estén o no a la vista de todo el mundo) constituye un importante tipo de apoyo institucional al español, así como un reconocimiento simbólico y una fuente de exposición al uso del español en una variedad de contextos, todo lo cual puede contribuir a crear actitudes positivas y a promover el mantenimiento del idioma. La creciente representación del bilingüismo español-inglés en la programación y la publicidad dirigidas a Estados Unidos es un reconocimiento y una celebración del lenguaje y las prácticas lingüísticas de la población hispanohablante en dicho país, lo que también puede influir de manera positiva en la percepción de estas.

Políticas lingüísticas

En Estados Unidos, la falta de un idioma oficial a nivel nacional lleva a algunas personas a pensar que no hay política lingüística en Estados Unidos, pero no es así. Por un lado, 31 estados han declarado el inglés como su idioma oficial, aunque en dos de ellos el inglés comparte estatus oficial con lenguas indígenas y en cuatro de ellos la oficialización del inglés fue acompañada de resoluciones que apoyan la diversidad lingüística. No obstante la falta de idioma oficial a nivel nacional, existen otras numerosas políticas lingüísticas explícitas a nivel federal, como el requisito de saber inglés para la naturalización como ciudadano/a, la provisión de intérpretes judiciales a personas con un dominio limitado del inglés (**LEP**, por sus siglas en inglés: *Limited English Proficiency*) que hayan sido acusadas de un delito y el mandato de la **Orden Ejecutiva 13166** que establece que los organismos federales deben hacer un esfuerzo razonable para poner sus servicios a disposición de las personas LEP. Como vimos, los derechos lingüísticos que otorgan estas dos últimas políticas se basan principalmente en el derecho de las personas acusadas a participar en su propio juicio y el derecho a no sufrir discriminación por motivos de raza, etnicidad y origen nacional. Además de estas políticas lingüísticas explícitas, hay innumerables políticas implícitas que también influyen en el uso lingüístico en el Gobierno, en las escuelas, en los espacios públicos y en las familias.

Tanto las políticas explícitas como las implícitas dan forma a las ideologías lingüísticas y al mismo tiempo son determinadas por ellas, y por el contexto sociopolítico más amplio. Los movimientos políticos por limitar el acceso lingüístico, como la prohibición de los exámenes para la obtención de licencias de conducir en idiomas distintos del inglés, han coincidido con la creciente incidencia de las agresiones xenófobas y antilatinxs de los últimos años. Estos movimientos pueden continuar en los próximos años, y su éxito dependerá en gran medida de qué partido ocupa la Casa Blanca y controla el Senado y la Cámara de Representantes. En general, el Partido Republicano aboga por un mayor énfasis en el inglés dentro de la política federal, así como un continuo debilitamiento de la *Voting Rights Act* ('Ley de Derecho al Voto'), mientras que el Partido Demócrata tiende a defender el pluralismo y los derechos de los grupos minorizados. Sin embargo, independientemente de lo que suceda a nivel federal, los gobiernos estatales pueden declarar idiomas oficiales en este nivel y también tienen mucho poder en cuanto a los procedimientos electorales y el acceso al voto; no cabe duda de que veremos más debates y más activismo en torno a estas cuestiones.

Otro tema que debe tenerse en cuenta es cómo tratan la RAE y la ANLE al español en Estados Unidos, un tema que ya ha sido objeto de controversia y debate. Por un lado, estas instituciones han buscado mantener la autoridad y propiedad simbólica de un español 'estándar'. Además, normalizan las variedades peninsulares, aceptando las variedades latinoamericanas siempre que cumplan con la llamada norma panhispánica, que sigue privilegiando las prácticas lingüísticas de las élites educadas. En este marco, los rasgos lingüísticos y las prácticas asociadas al contacto con el inglés se consideran aberraciones y se denominan desdeñosamente *espanglish*. Por otro lado, como señalamos anteriormente, estas mismas instituciones, junto con el Instituto Cervantes, están muy comprometidas con la promoción del español como una lengua mundial que vale la pena conocer y estudiar. Su visión celebratoria del número de hablantes del español en todo el mundo, así como su continua aceptación y estatus como árbitros lingüísticos por excelencia, radica en parte en dar la bienvenida a la población hispanohablante de Estados Unidos dentro de la comunidad. A medida que el número de latinxs en Estados Unidos sigue aumentando, y que cada vez más personas —dentro y fuera del ámbito académico— están desafiando la imagen despectiva que la RAE y la ANLE promulgan del español de Estados Unidos, será interesante ver cómo se logra mantener este equilibrio ideológico. También estaremos atentas a la posición de las academias sobre el lenguaje inclusivo de género, que hasta ahora ha sido inquebrantable a pesar del aumento del activismo de feministas y activistas LGBTQ en todo el mundo. No obstante, la difusión de formas innovadoras sugiere no solo el reconocimiento del entrelazamiento de las preocupaciones sociales y políticas con el lenguaje, sino también de la voluntad de la gente de ignorar los dictados de las autoridades lingüísticas y de dar mayor prioridad a la inclusión que a las normas lingüísticas impuestas por ellas. Estaremos atentas a otras manifestaciones de resistencia a las autoridades lingüísticas.

Educación

Desde la década de 1980, las políticas referentes a la enseñanza del español como asignatura y al uso del español como **lengua vehicular** en la educación de la población hispanohablante se han caracterizado por una serie de paradojas (King, 2009). En particular, la escolarización en español y la educación bilingüe para quienes hablan español en el hogar han experimentado un importante descenso, incluso en contextos en que los programas de español elemental como segunda lengua han ganado popularidad (King, 2009). Para agravar esta situación, la recesión económica de 2008 y la desinversión en la educación pública, junto con un mayor énfasis en los exámenes estandarizados, condujeron a recortes significativos incluso en los programas de idiomas 'extranjeros' diseñados para estudiantes de segunda lengua (Pomerantz y Hueguet, 2013). Lamentablemente, a pesar de la recuperación económica de 2008–2020, la inversión pública en educación en general, y en la enseñanza de idiomas en particular, ha permanecido estancada. La nueva crisis económica provocada por el COVID-19 ha resultado en más recortes. Además, niñas y niños de grupos racializados se han visto especialmente perjudicados por el cierre de las escuelas y la transición a la modalidad de educación a distancia, así como por la enfermedad en sí.

Una tendencia más positiva ha sido el crecimiento de dos tipos de programas: la **inmersión dual o bidireccional** (TWI, por sus siglas en inglés: *two-way immersion*), principalmente a nivel de escuela primaria, y el español para **hablantes de herencia** (SHL, por sus siglas en inglés: *Spanish as a heritage language*), ofrecido principalmente a nivel de escuela secundaria y en la universidad. Como comentamos en el capítulo 9, los programas de inmersión dual son un tipo de educación bilingüe de mantenimiento, y uno de los modelos más efectivos para aprendices de lengua inglesa no solo en cuanto a logros académicos generales, sino también con respecto al desarrollo de las habilidades lingüísticas y la alfabetización en inglés. Es más, ofrecen la enorme ventaja de promover el **bilingüismo aditivo**, en el que el estudiantado puede retener y desarrollar su lengua materna (en este caso el español) al tiempo que aprende una lengua adicional. A diferencia de los anteriores programas de educación bilingüe de mantenimiento diseñados específicamente para estudiantes de habla hispana, los cuales surgieron de los movimientos de justicia social y solo recibieron un apoyo público limitado, los programas de inmersión dual están diseñados tanto para niñas y niños anglófonos como hispanohablantes. A menudo vinculada a los discursos sobre la necesidad de competencias globales, la inmersión dual ha obtenido un mayor apoyo público y se ha convertido en uno de los modelos educativos de más rápido crecimiento (Flores y García, 2017; Varghese y Park, 2010).

En cierta medida, la popularidad de los programas de inmersión dual, así como la creciente disponibilidad del *Seal of Biliteracy* ('**Sello de alfabetización bilingüe**'), refleja una imagen más positiva del multilingüismo en general y del español en particular. No obstante, los programas de inmersión dual a menudo encarnan y reproducen el bilingüismo diferencial en la forma en que se describen y promueven en la política educativa, en las prácticas de las aulas y en el hecho de que estén destinados, primordialmente, a niñas y niños de la élite (Flores y García, 2017; Palmer, 2009; Valdez *et al.*, 2016a). De manera similar, el análisis de Subtirelu *et al.* (2019) sobre el discurso en torno a los programas del Sello de alfabetización bilingüe plantea importantes preocupaciones respecto al grado de participación que podrán tener estudiantes pobres y/o pertenecientes a grupos racializados (véase también Flores *et al.*, 2021). Queda también por verse si el programa reconocerá y validará el conocimiento lingüístico de quienes hablan español como **lengua de herencia**, o si, por el contrario, las certificaciones oficiales de bilingüismo terminarán solo en manos de la élite (blanca) que estudia el español como segunda lengua, lo cual implicaría una reproducción de las desigualdades estructurales. Esta será un área importante de investigación, activismo y política en los próximos años.

El otro tipo de programa educativo que ha tenido un gran crecimiento en los últimos años es el español para hablantes de herencia. La creación de los cursos de SHL refleja un bienvenido reconocimiento de que la enseñanza tradicional del español diseñada para estudiantes de segunda lengua no estaba bien adaptada para hablantes de herencia, y no tenía en cuenta sus características y necesidades lingüísticas. No obstante, existe cierta preocupación de que la creación de cursos separados de SHL, y la continua construcción de la educación para estudiantes de segunda lengua como el modelo por defecto, reproduzca el monolingüismo normativo y la noción de que las personas bilingües requieren un tratamiento especial e incluso correctivo (Leeman, 2010; Leeman y King, 2015).

Ya que estamos en el tema de los discursos educativos, queremos destacar que de alguna manera el desarrollo y el encuadre discursivo de los programas de SHL es paralelo al de la educación bilingüe; específicamente, los orígenes del SHL también están ligados a los movimientos de derechos civiles y justicia social **chicanxs** y puertorriqueños, pero como muchos programas de inmersión dual, los programas actuales de SHL tienden a adoptar un enfoque instrumentalista del idioma, aunque en el caso del SHL uno orientado hacia latinxs y hacia quienes hablan español en el hogar más que hacia las élites (blancas) (Leeman, 2012b; Leeman y Martínez, 2007).

Sin embargo, en los últimos años, también ha aumentado el interés por los enfoques pedagógicos críticos de la enseñanza de idiomas destinados a promover en el estudiantado la apreciación y el análisis crítico del multilingüismo y la variación lingüística y su papel en la vida social y política (p. ej., Leeman, 2005; Martínez, 2003). Asimismo, se ha producido un movimiento para reivindicar las variedades del español habladas en Estados Unidos (p. ej., Leeman, 2005; Torres *et al.*, 2018; Villa, 2002). Afortunadamente, estas tendencias críticas no se limitan a los programas de SHL, sino que abarcan cursos de ciencias sociales (en inglés) a nivel de escuela secundaria (p. ej., Bucholtz *et al.*, 2017); cursos de literatura y lingüística en programas universitarios de español (p. ej., Leeman y Rabin, 2007; Leeman y Serafini, 2016; Rabin y Leeman, 2015); programas de aprendizaje-servicio basados en la comunidad (Leeman *et al.*, 2011; Lowther Pereira, 2015; Martínez y Schwartz, 2012; Rabin, 2013; Quan, 2020); educación en línea (p. ej., Román-Mendoza, 2018); y estudios en el extranjero (p. ej., Holguín Mendoza y Taylor, 2021). Esos cursos no solo promueven entre el estudiantado una comprensión más profunda del lenguaje y la sociolingüística, así como de la sociedad, sino que también prepara a cada estudiante para reconocer y resistir las ideologías hegemónicas dominantes y, por lo tanto, forman parte de un impulso más amplio en pro de la educación antirracista y la justicia social. El crecimiento y la diversidad de esos enfoques de la enseñanza de idiomas y la educación en general nos parece alentador.

El contacto lingüístico

Aunque este libro se ha centrado en cuestiones sociales y políticas, en el capítulo 10 presentamos algunos rasgos formales del español que se habla en Estados Unidos y proporcionamos una visión general del contacto lingüístico y del discurso multilingüe, antes de examinar las actitudes hacia las diferentes variedades del español, así como de las prácticas multilingües. Algunas conclusiones de ese capítulo, y de todo el libro, están relacionadas con los siguientes principios: (1) la variación lingüística es inherente a todas las lenguas; (2) ninguna lengua o variedad lingüística es mejor que otra; y (3) el cambio lingüístico es un hecho natural e inevitable. Así pues, las actitudes e ideologías sobre el valor relativo de las diferentes variedades y prácticas, y la consideración de un cambio específico como una innovación o un deterioro, se basan en preocupaciones no lingüísticas relacionadas principalmente con las personas a las que están asociadas. Como siempre ha ocurrido en todos los lugares donde se lo habla, el español seguirá variando y cambiando en Estados Unidos.

Así como el cambio lingüístico y la variación son fenómenos lingüísticos normales, también vimos que la influencia interlingüística entre idiomas y el translenguaje son prácticas comunes en todos los contextos multilingües. En realidad, la combinación y alternancia entre variedades, registros y estilos también es la norma en lo que comúnmente se denomina *habla monolingüe*. No es solo que no hay dos personas que compartan exactamente el mismo **repertorio lingüístico**, sino que nadie habla exactamente de la misma manera todo el tiempo. También vimos que el **cambio de código** no es un reflejo de deficiencia lingüística; al contrario, requiere un conocimiento lingüístico sofisticado de múltiples variedades o lenguas, y se ajusta a restricciones estructurales implícitas.

De hecho, el cambio de código también puede ser utilizado como una estrategia conversacional en la performance de la identidad. En los últimos años se ha observado una creciente celebración (así como una comodificación) del translenguaje (como en los anuncios dirigidos a personas bilingües inglés-español), a pesar del continuo rechazo por parte de instituciones como la RAE y la ANLE, y de individuos que también defienden el purismo. A medida que el español vaya ganando cada vez más atención y haya una mayor conciencia del multilingüismo, nos interesará ver cómo evolucionan las ideologías que rodean al discurso multilingüe. Esperamos que haya un mayor reconocimiento de las prácticas multilingües no solo como aceptables sino como innovaciones expresivas de la identidad y la creatividad.

Otro tema que ya ha recibido cierta atención, y que creemos que seguirá siendo un foco de discusión y debate en el futuro, es si tiene más sentido hablar del español *en* Estados Unidos o del español *de* Estados Unidos (p. ej., Escobar y Potowski, 2015; Moreno Fernández, 2018; Otheguy, 2013; Torres Torres, 2010). En otras palabras, ¿constituye el español tal como se habla en Estados Unidos una variedad nacional específica, en la misma línea que el español mexicano o el español dominicano? En el caso de las variedades habladas en las antiguas colonias españolas, como Luisiana y Nuevo México, y conservadas durante muchas generaciones con un impacto limitado de las variedades inmigrantes, hay poca controversia en cuanto a que estas podrían considerarse variedades estadounidenses, ya que evolucionaron a lo largo de muchas generaciones. Así pues, el debate se centra en otras formas de hablar español y en si tienen 'suficientes' rasgos regionales específicos para ser distinguidas como variedades estadounidenses del español.

Dentro del ámbito académico, quienes rechazan la etiqueta de *español de Estados Unidos* suelen argumentar que en la mayoría de los casos el español que se habla en Estados Unidos refleja los orígenes de quienes lo hablan, más que una variedad local de dicho país. Asimismo, dado que generalmente las personas que más hablan español fuera del hogar son **inmigrantes de primera generación**, y que el desplazamiento hacia el inglés suele producirse en la tercera generación, hay menos oportunidades de que se desarrolle una variedad local que en los países en los que el español es el idioma mayoritario y se transmite de forma fiable de una generación a otra. En el otro lado del debate, Escobar y Potowski (2015) sostienen que hay algunas formas lingüísticas que se originaron en Estados Unidos, y que son reconocidas y etiquetadas como "estadounidismos" por la RAE. Las autoras señalan que este hecho, junto con el gran número de hispanohablantes en Estados Unidos —quienes mayoritariamente nacieron en el país—, y el amplio bilingüismo entre la juventud latinx, son razones para adoptar el término *español de Estados Unidos* (o *español estadounidense*, que tiene las mismas implicaciones). Más que elegir un bando en este debate, nos interesa pensar en las razones por las que hay un debate, y al mismo tiempo observar cómo las dos posiciones interactúan con discursos más amplios.

Primero, no hay manera objetiva de responder a la pregunta de si hay 'suficientes' rasgos asociados al español tal como se habla en Estados Unidos para considerarlo una variedad aparte. Al contrario, como vimos reiteradas veces, la distinción entre variedades, al igual que la distinción entre lenguas, se construye socialmente (Otheguy, 2013; Penny, 2000). Entonces, ¿por qué hay especialistas en la materia que prefieren una etiqueta sobre la otra? ¿Realmente importa qué etiqueta se utiliza? Por un lado, la reivindicación del *español de Estados Unidos* como una variedad lingüística 'de pleno derecho' representa un intento de legitimar las características y prácticas lingüísticas de la población latinx de Estados Unidos y de 'elevarlas' a la categoría de variedad nacional, en parte sirviéndose del poder de las ideologías que vinculan la nación con la lengua. Al mismo tiempo, refuerza discursivamente la idea de Estados Unidos como un 'país hispanohablante', evocando así las ideologías triunfalistas y celebratorias descritas anteriormente.

Por el otro lado, el rechazo de la etiqueta *español de Estados Unidos* y la noción subyacente de que el español en dicho país es significativamente diferente de las variedades que se hablan en otros lugares es un rechazo de la idea del espanglish como una variedad excepcional o un nuevo idioma (p. ej., Otheguy, 2013). A su vez, el uso del término *español en Estados Unidos* puede ser un rechazo implícito de la complacencia sobre la condición del español en dicho país y un sutil recordatorio de la posibilidad de que su presencia pueda ser temporal y pueda perderse a través del desplazamiento lingüístico. Así pues, una vez más, las preocupaciones no lingüísticas sustentan debates que en la superficie parecen ser sobre el idioma y las etiquetas.

En los próximos años, será interesante prestar atención a los rasgos formales del español hablado en Estados Unidos, a fin de tener una mejor idea de si el contacto lingüístico con el inglés, y entre múltiples variedades del español, está contribuyendo al desarrollo de una variedad regional estadounidense. Los debates sobre cómo llamar al español que se habla en Estados Unidos ya han atraído la atención del Instituto Cervantes (Moreno Fernández, 2018), y estaremos pendientes de la posición de la RAE y la ANLE a este respecto, así como de la forma en que sortean las tensiones y contradicciones que implica validar el español *de* Estados Unidos como una variedad 'legítima' y, al mismo tiempo, sancionar las maneras de hablar que denominan "espanglish".

Conclusiones y conexiones

En este libro, hemos visto que hablar español en Estados Unidos puede tener múltiples implicaciones y significados, los cuales a veces son contradictorios entre sí. Por nombrar solo algunos, puede representar un acto de identidad, una expresión de solidaridad, un acto de resistencia y/o un acto creativo. Esperamos que nuestro enfoque sociolingüístico e interdisciplinario haya dado una idea de las diversas maneras en que podemos pensar sobre lo que significa hablar español en Estados Unidos, y que haya demostrado al mismo tiempo que el análisis de la sociopolítica del lenguaje puede aportarnos una concepción más profunda de las poblaciones hispanohablantes, de las comunidades latinxs y de la propia nación. En líneas más generales, esperamos haber proporcionado una mejor apreciación del papel del lenguaje en la vida social y política, y esperamos que quienes lean este trabajo puedan trasladar los temas aquí tratados al caso de otras lenguas, otras personas y otros lugares.

Hablar español en Estados Unidos no siempre ha sido fácil y la historia de sus hablantes incluye mucho sufrimiento. Pero también hemos asistido a tremendos avances en los derechos civiles y humanos, y a mejoras en la situación de una buena parte de las poblaciones hispanohablante y latinx. Esto es gracias a los esfuerzos y al activismo de quienes luchan por esta causa, líderes de los derechos civiles, organizaciones comunitarias, estudiantes, personas del ámbito político y gente común. Aun así, queda mucho por hacer. Por lo tanto, les pedimos a quienes nos acompañaron a lo largo de estos capítulos que piensen en lo que desearían que fuera el futuro del español en Estados Unidos y en lo que podrían hacer para que ese deseo se convierta en realidad. La amplia gama de temas tratados en este libro resalta la multitud de cuestiones que tienen un impacto en el español y en la población hispanohablante de Estados Unidos. A su vez, esto pone de relieve que hay un enorme número de acciones, grandes y pequeñas, en diversas situaciones, que pueden influir positivamente. Hay una necesidad de promoción y activismo en todos los temas tratados aquí, y cada esfuerzo individual puede hacer la diferencia. Por ejemplo, puedes involucrarte en campañas políticas, participar en organizaciones de base relacionadas con la política lingüística o los derechos de las personas inmigrantes, trabajar para crear representaciones mediáticas más inclusivas, convertirte en docente y promover una conciencia lingüística crítica, cuestionar las presuposiciones monolingües, denunciar la discriminación, los prejuicios lingüísticos y de otro tipo, o hacer un esfuerzo por mantener el español y transmitirlo a tus hijos/as, si es que tienes. Sea cual sea tu elección, esperamos que puedas contribuir positivamente al futuro del español y sus hablantes en Estados Unidos.

Actividades y preguntas de discusión sobre el capítulo 11

(1) Hojea este libro y reflexiona sobre lo que has leído. Si alguien te preguntara de qué trata y cuáles son sus principales aportes, ¿qué le dirías? ¿Cuáles son las cosas que más te interesaron, sorprendieron o molestaron, y por qué?

(2) Lee *El español de Julián Castro no tiene nada de malo*, un artículo de opinión sobre las críticas al español del candidato presidencial de 2020 (https://www.nytimes.com/es/2019/07/31/espanol/opinion/julian-castro-espanol.html) y analiza el tema en términos de las diversas ideologías lingüísticas presentadas en este libro. A continuación, comenta lo que el autor dice acerca de algunas personas que cuestionan si Castro es auténticamente latinx, y acerca de los significados confusos de los términos *bilingüe* y *fluidez*. ¿Puedes usar la sociolingüística para ampliar lo que dice, tanto sobre las etiquetas de identidad etnorracial como sobre

las categorías lingüísticas? Finalmente, analiza la aparente contradicción entre la descripción que Castro hace de su propia habilidad en español y lo que se puede observar de sus prácticas lingüísticas. ¿Qué explica la diferencia, y qué ideologías están involucradas?

(3) Lee el artículo *Who changed the pronunciation of California cities? A story of assimilation and reclamation* ('¿Quién cambió la pronunciación de las ciudades de California? Una historia de asimilación y recuperación') (https://thebolditalic.com/who-changed-the-pronunciation-of-california-cities-505d1ef369b0) y analízalo usando el material y los temas tratados en este libro. Discute cómo esta cuestión refleja los cambios de perspectiva en la historia del español en Estados Unidos y analiza las diferentes pronunciaciones teniendo en cuenta los siguientes temas: a) **indexicalidad**, postura e identidad; b) contacto y cambio lingüísticos. ¿Qué actitudes e ideologías están representadas en los argumentos a favor y en contra de la pronunciación propia del español? ¿Cómo se insertan estas ideologías en los debates sociales más amplios y en los discursos sobre las comunidades latinxs y la diversidad en general?

(4) Lee el breve ensayo *Growing up as a Japanese person in Peru* ('Crecer como japonés en el Perú'), de Shigueru Julio Tsuha, un peruano de ascendencia japonesa que emigró a Estados Unidos (http://www. discovernikkei.org/en/journal/2007/5/24/japanese-person-in-peru/). Comenta cómo cambió la visión que el autor tenía de su juventud a medida que adquirió una concepción más crítica del lenguaje, la identidad etnorracial y la pertenencia. Según el autor, ¿qué conclusiones sobre la noción de asimilación podríamos inferir a partir de las experiencias de las comunidades nikkei en el Perú? A partir de los temas tratados en este libro, analiza el papel de los nombres en la identidad así como los múltiples significados posibles de las etiquetas etnorraciales y las injurias racistas. Por último, tal vez te resulte pertinente comparar y contrastar la situación de la comunidad nikkei en el Perú con la población latinx de Estados Unidos, y/o considerar las racializaciones estratificadas y contradictorias que las personas nikkei del Perú podrían experimentar al migrar a Estados Unidos.

(5) Mira el video *Adolescente argentina criticada en entrevista de televisión por usar español de género neutro*, enlazado desde el artículo *Un lenguaje para todes* (https://www.washingtonpost.com/dc-md-va/2019/12/05/los-jvenes-en-argentina-estn-librando-una-batalla-lingstica-para-eliminar-el-gnero-del-espaol/?arc404=true) y coméntalo, haciendo conexiones con temas discutidos en este libro. Aparte del tema del lenguaje inclusivo, debes considerar los siguientes puntos: a) las ideologías lingüísticas, b) la autoridad lingüística, y c) el uso del lenguaje (y las normas lingüísticas) en el ejercicio del poder.

Glosario

AAE: Véase **inglés afroamericano**.

Anglo: Adjetivo o sustantivo que en Estados Unidos es utilizado para referirse a personas blancas no latinxs. A veces se usa como sinónimo de **anglófono/a**.

Anglófono/a (*Anglophone*): Persona cuya lengua dominante es el inglés o que solo habla dicho idioma.

Apropiación (*Appropriation*): La adopción o incorporación de prácticas culturales, lingüísticas o artísticas asociadas a una minoría racializada o a un grupo subordinado por parte de los miembros del grupo dominante, a menudo sin el debido reconocimiento.

Bilingüismo aditivo (*Additive bilingualism*): La adquisición de un idioma adicional sin perder la(s) primera(s) lengua(s); por ejemplo, aprender inglés y mantener el español. Compárese con el **bilingüismo sustractivo**.

Bilingüismo cíclico (*Cyclical bilingualism*): Término utilizado para referirse al patrón típico de personas que aprenden español (u otra lengua **minorizada**) en la niñez temprana, que se desplazan hacia el inglés (generalmente al entrar en la escuela) y que luego recuperan el español en la adolescencia o más tarde. El término reconoce que las competencias bilingües de las personas no son estáticas a lo largo del tiempo, y que hay variabilidad y cambio dentro de las 'generaciones'.

Bilingüismo circunstancial (*Circumstantial bilingualism*): El bilingüismo que resulta ya sea de la migración a un lugar donde se habla un idioma diferente, o de vivir en una sociedad donde el idioma dominante es diferente del primer idioma (más que de la decisión de adquirir un idioma 'extranjero'). Compárese con el **bilingüismo electivo**.

Bilingüismo de élite (*Elite bilingualism*): El bilingüismo entre miembros de clases socioeconómicas medias o superiores, que a menudo se considera socialmente ventajoso, sobre todo en el caso de las lenguas de prestigio; se trata a menudo de un **bilingüismo electivo**.

Bilingüismo diferencial (*Differential bilingualism*): Las ideologías que ven o representan el **bilingüismo circunstancial** entre grupos racializados como un problema, mientras que ven el **bilingüismo electivo** y **de élite** como un logro y un motivo de celebración.

Bilingüismo electivo (*Elective bilingualism*): El bilingüismo resultante de la decisión activa de adquirir un idioma adicional; se utiliza típicamente para referirse a hablantes de lenguas mayoritarias que aprenden un idioma minorizado o extranjero; compárese con el **bilingüismo circunstancial** y el **bilingüismo de élite**.

Bilingüismo sustractivo (*Subtractive bilingualism*): Aprender un nuevo idioma y perder el primer idioma. Véase también la **ideología de suma cero**; compárese con el **bilingüismo aditivo**.

Borrado (*Erasure*): Ignorar o hacer invisibles las prácticas o grupos sociales que contradicen las representaciones o ideologías **hegemónicas**. Por ejemplo, la representación de las personas latinxs de Estados Unidos como inmigrantes implica borrar a la población latinx nacida en el país (que es la mayoría dentro de la población total latinx).

Calco (*Calque*): Uso de significados o estructuras (a menudo frases idiomáticas) de la lengua donante con palabras de la lengua receptora. Uno de los calcos sintácticos más comentados del inglés al español en Estados Unidos involucra el adverbio inglés *back* en expresiones como *call back* ('volver a llamar') o *give back* ('devolver') que a veces son expresadas como *llamar para atrás* o *dar para atrás*. En el caso de los calcos semánticos normalmente se trata del uso de una palabra en la lengua receptora con el significado que tiene una palabra **cognada** en la lengua donante (p. ej., *aplicar* con el significado de 'solicitar', del inglés *to apply*).

Cambio de código, alternancia de códigos (*Codeswitching*): La combinación de idiomas, códigos, estilos o registros en un mismo enunciado o conversación. A menudo, pero no siempre, se basa en la noción de que los idiomas y las variedades son entidades claramente definibles. Compárese con **translenguaje**.

Casta: Categorías de 'raza mixta' del período colonial español en las Américas que determinaban el estatus social y político.

Chicano/a/x: Mexicanoamericano/a/x. Término, supuestamente derivado de *mexicano*, que se utilizaba a menudo con un significado peyorativo hasta que fue reivindicado por activistas de los derechos civiles en las décadas de 1960 y 1970. Para muchas personas, la adopción del término indexicalizaba el orgullo cultural y el activismo político, así como un rechazo a *mexicano americano* o *mexicoamericano*, que se consideraban asimilacionistas. En 1990 el término *chicano* se añadió al censo de Estados Unidos como una etiqueta adicional para la categoría de *mexicano* o *mexicano americano*.

Ciudadanía del tratado (*Treaty citizens*): Personas que vivían en territorio mexicano (lo que hoy es el Suroeste de Estados Unidos), a quienes se les concedió la ciudadanía estadounidense como parte del Tratado de Guadalupe Hidalgo (1848), que puso fin a la guerra entre Estados Unidos y México, luego de la anexión de dicho territorio.

Códigos de esclavos (*Slave codes*): Una serie de leyes estatales de los siglos xviii y xix que regulaban lo que tenía que ver con la población esclavizada y cómo debía ser tratada. Entre muchas otras restricciones, estas leyes a menudo prohibían enseñar a leer o escribir a las personas esclavizadas, y por lo tanto se pueden considerar algunas de las primeras políticas lingüísticas explícitas en Estados Unidos.

Cognado (*Cognate*): Término de un idioma que suena parecido a un término de otro idioma, con el que comparte un significado idéntico o similar, generalmente, debido a un origen etimológico en común. Por ejemplo, *telephone* en inglés y *teléfono* en español.

Colorismo (*Colorism*): Discriminación, desigualdad y/o prejuicio basado en el tono de la piel y el **fenotipo**, incluso entre personas consideradas de la misma raza; jerarquías sociales que privilegian la piel clara y las características fenotípicas asociadas a la blanquitud.

Comodificación, mercantilización (*Commodification*): Una forma de pensar o hablar sobre las prácticas culturales o lingüísticas que enfatiza su valor económico.

Construcción social, constructo social, construccionismo social o socioconstruccionismo (*Social construction, Social construct, Social constructionism*): Una idea o categoría que se crea dentro de la cultura humana a través de la interacción y el entendimiento compartido, es decir, que no es el fiel reflejo de una realidad objetiva. La raza es un constructo social porque aunque existen diferencias físicas entre grupos de personas, la variación humana no encaja claramente en categorías determinadas biológicamente y la identidad racial no puede determinarse biológicamente. Otros constructos sociales incluyen la nación y la lengua.

Cuantos de sangre (*Blood quantum*): Término utilizado para referirse a la supuesta proporción de sangre de cada raza que posee una persona, la cual determinaba la asignación de derechos y privilegios. Se basa en la noción de que las razas corresponden a una realidad biológica y que la identidad racial se puede medir matemáticamente.

Derechos lingüísticos negativos (*Negative language rights*): El derecho a no sufrir discriminación basada en la lengua. Compárese con los **derechos lingüísticos positivos**.

Derechos lingüísticos positivos (*Positive or affirmative language rights*): El derecho a utilizar una lengua, generalmente acompañado por la protección y el apoyo hacia dicha lengua; compárese con **derechos lingüísticos negativos**.

Desplazamiento lingüístico, cambio de lengua (*Language shift*): El proceso de aprendizaje de una lengua nueva y la pérdida de la primera lengua o la **lengua de herencia**. Se utiliza sobre todo para referir a un proceso intergeneracional en el que las nuevas generaciones no adquieren u olvidan el idioma minorizado de su familia y pasan a utilizar solo el idioma mayoritario.

Destino manifiesto (*Manifest Destiny*): La doctrina de mediados y finales del siglo xix que indicaba que la expansión territorial de Estados Unidos a través de América del Norte era tanto inevitable como deseable. Esta doctrina estaba ligada al racismo y la intolerancia religiosa, así como a las creencias sobre la supuesta superioridad de las instituciones políticas estadounidenses.

Dominación simbólica (*Symbolic domination*): Una forma de dominación que consiste en devaluar a los grupos sociales subordinados y convencerlos de que su lugar en la jerarquía social está justificado; véase también el término **hegemonía**.

Endogamia (*Endogamy*): Matrimonio con alguien del mismo grupo etnorracial o lingüístico; contrástese con **exogamia**.

English-only ('Solo inglés'): Ideología, política o legislación que limita la educación o los servicios públicos al inglés, o que desalienta o prohíbe el uso de otros idiomas. A menudo se utiliza para describir las políticas que hacen del inglés el único idioma oficial de Estados Unidos o de una ciudad o estado en particular.

Esencialismo, esencialista, esencializado/a (*Essentialism, essentialist, essentialized*): La noción de que ciertos atributos o características específicas son inherentes a las categorías de identidad, junto con el supuesto de que todos los miembros de una categoría comparten esas características. El esencialismo ve la identidad como algo que es interno de los individuos, más que construido y negociado socialmente. Las nociones de que toda persona latinx habla español o de que toda mujer está inherentemente ligada a la crianza son dos ejemplos de esencialismo.

Espanglish (*Spanglish*): Término utilizado para describir el uso lingüístico que combina el español y el inglés; puede incluir **préstamos**, **calcos**, así como **cambio de código** o **translenguaje**. Algunas personas utilizan el término de manera despectiva y otras lo usan de manera positiva para referirse a la creatividad de estas prácticas lingüísticas y su facultad de indexicalizar la identidad del grupo.

Estadounidenses de primera generación (*First-generation Americans*): Los primeros miembros de una familia nacidos en Estados Unidos, es decir, hijos/as de inmigrantes. Compárese con los términos **inmigrantes de primera generación** e **inmigrantes de segunda generación**.

Etnorracial (*Ethnoracial*): Un término que abarca tanto la identidad étnica como la racial. El uso del término implica normalmente el reconocimiento de que tanto la etnicidad como la raza son **constructos sociales**, y que la consideración de una identidad de grupo particular como una u otra no es sencilla.

Exogamia (*Exogamy*): Matrimonio con alguien que no pertenece al mismo grupo social; contrástese con la **endogamia**.

Factores de atracción (*Pull factors*): Son las condiciones en un país receptor que pueden fomentar la inmigración. Entre los factores de atracción se encuentran las condiciones económicas, sociales o políticas favorables, así como el reclutamiento activo por parte de las empresas. Compárese con los **factores de empuje**.

Factores de empuje (*Push factors*): Son las condiciones en los países de origen de las personas migrantes que contribuyen al aumento de la emigración. Entre los factores de empuje figuran la violencia de las pandillas, la guerra, la opresión política o religiosa, el cambio climático y la falta de oportunidades económicas. Compárese con los **factores de atracción**.

Fenotipo (*Phenotype*): Conjunto de características físicas visibles, como el color de los ojos, el tipo de pelo y el tono de piel. Estas características se utilizan a menudo en la **construcción social** de la raza.

Generación 1.5 (*Generation 1.5*): Término que se utiliza a veces para referirse a las personas que inmigran durante su niñez, normalmente menores de 10 ó 12 años, para distinguirlas de aquellas que llegan en la adolescencia o en la adultez. Contrástese con los términos **inmigrantes de primera generación** y **de segunda generación**.

Género gramatical (*Grammatical gender*): Marcación de clases de sustantivos como masculino, femenino y, a veces, neutro. Tanto en inglés como en español, algunos sustantivos y pronombres que se refieren a personas y otros seres animados están marcados por el género (p. ej., *daughter, son, him, her, hija, hijo, él, ella*). Sin embargo, en español, así como en muchos otros idiomas (pero no en inglés), todos los sustantivos tienen género gramatical (p. ej., *la mesa* es femenino y *el libro* es masculino). El género para los objetos inanimados es puramente gramatical; es arbitrario, no tiene nada que ver con las características de las cosas en sí.

Hablantes de herencia, hablantes de español como lengua de herencia (*Heritage speakers, heritage language speakers of Spanish*): Personas que estuvieron expuestas o aprendieron a hablar español (u otra lengua minoritaria) en el hogar. Puede incluir a personas que son dominantes en la **lengua de herencia**, así como a quienes son dominantes en la lengua nacional.

Hegemonía, hegemónico (*Hegemony, hegemonic*): El dominio de una entidad (especialmente un grupo social) sobre otra. La dominación suele lograrse no por la fuerza sino por consenso de que la entidad dominante es merecedora de esa condición. Las ideologías y los discursos hegemónicos se refieren a las maneras socialmente dominantes de pensar o hablar de algo o alguien, los que a menudo se consideran una cuestión de sentido común.

Heteroglosia, heteroglósico/a (*Heteroglossia, heteroglossic*): La coexistencia de múltiples variedades, registros y estilos lingüísticos dentro de lo que se considera una lengua determinada. Dentro de la academia, quienes adoptan un enfoque heteroglósico subrayan que no hay dos individuos que utilicen el lenguaje exactamente de la misma manera, y generalmente ven la variación lingüística como un recurso y/o algo digno de celebrar. Véase **ideología heteroglósica**.

Iconicidad (*Iconicity*): El proceso ideológico en el que un idioma o rasgo lingüístico pasa a ser no solo un índice de un determinado grupo, sino un ícono o símbolo del grupo; es decir, no se limita a indexicalizar o 'apuntar al' grupo social, sino que se supone que es una representación de ese grupo, compartiendo características con este.

Ideología de la lengua estándar (*Standard language ideology*): El conjunto de creencias que suponen que es posible y a la vez deseable eliminar la variación dentro de la lengua. Aunque nadie habla la 'variedad estándar', las formas de hablar que se *perciben* como estándar se consideran más 'correctas'. Por el contrario, las variedades percibidas como 'no estándar' se consideran intelectual y moralmente inferiores. Véase también **lengua o variedad estándar**.

Ideología de suma cero (*Zero-sum ideology*): La noción de que los idiomas compiten entre sí. A nivel individual, el mantenimiento de las **lenguas minorizadas** se considera (incorrectamente) como un impedimento para la adquisición de la lengua mayoritaria. Del mismo modo, a nivel de la sociedad, las lenguas minorizadas se consideran una amenaza para la lengua mayoritaria.

Ideología de una lengua-una nación (*One nation-one language ideology*): La idea de que cada nación tiene o debería tener un solo idioma que la defina, y que la existencia de múltiples idiomas es inherentemente divisiva. A veces la idea de que a cada nación le corresponde una lengua se utiliza para argumentar que los distintos grupos etnolingüísticos deberían tener independencia política. Tanto las lenguas como las naciones son constructos sociales que se utilizan para justificarse y reforzarse mutuamente.

Ideología heteroglósica (*Heteroglossic ideology*): Un sistema de creencias que reconoce y toma en cuenta la variación lingüística dentro de los idiomas definidos convencionalmente, así como la combinación de diferentes variedades e idiomas. La noción de que hay una multitud de formas diferentes de hablar un idioma determinado, y la fluidez con que las personas cambian de una lengua o variedad a otra, impide una delimitación clara de los idiomas. Contrástese con la **ideología monoglósica**.

Ideología monoglósica (*Monoglossic ideology*): Un sistema de creencias que considera que cada idioma consiste en un único sistema lingüístico. Como resultado, una variedad lingüística se considera generalmente superior a las demás, los límites entre los idiomas se perciben como si estuvieran claramente definidos y el **cambio de código** se ve con malos ojos. Véase también **ideología de la lengua estándar**; contrástese con la **ideología heteroglósica**.

Indexicalidad (*Indexicality*): El poder del lenguaje para indicar o 'apuntar a' significados e identidades sociales. Véase **indexicalizar**.

Indexicalizar (*Index*): 'Indicar' o 'apuntar a' algo o alguien a través del habla, como cuando la palabra *yo* indica a la persona que habla. En este libro nos interesa sobre todo el uso del lenguaje para indexicalizar o apuntar a los significados sociales, las identidades y las relaciones entre hablantes. Por ejemplo, hablar español puede indexicalizar la identidad latinx. Un rasgo o comportamiento lingüístico que apunta a una categoría social en particular se llama *índice* de esa categoría.

Inglés afroamericano (*African American English*, AAE): En español también llamado *inglés afroestadounidense vernáculo*; se trata de una variedad del inglés con orígenes en las comunidades afroamericanas, a veces conocida popularmente en inglés como *Ebonics*.

Inglés chicanx (*Chicanx English*): Una variedad (o variedades) del inglés con orígenes en las comunidades mexicoamericanas. Muestra influencia del contacto con el español pero no es el inglés hablado por una persona que lo adquiere como segunda lengua sino una variedad del inglés propia de dicho idioma. Entre las variedades del inglés latinx, el inglés chicanx ha sido la más investigada.

Inmersión dual (*Dual immersion programs*): Programas que ofrecen educación bilingüe tanto para estudiantes de lenguas minoritarias como para estudiantes de lenguas mayoritarias; estos dos tipos de estudiantes comparten la misma clase, donde aprenden ambas lenguas. También se los llama programas de *doble inmersión* y de *inmersión bidireccional* (*two-way immersion*, TWI).

Inmigrantes de primera generación (*First-generation immigrants*): Personas que nacieron en un país pero viven en otro país, en este caso Estados Unidos. Compárese con la **generación 1.5**, con **inmigrantes de segunda generación** y **estadounidenses de primera generación**.

Inmigrantes de segunda generación (*Second-generation immigrants*): Hijos/as de inmigrantes de primera generación; personas que nacieron en Estados Unidos (en este caso), con padre y/o madre del extranjero. Compárese con el término **estadounidenses de primera generación**.

Instrumentalidad, discursos/ideologías instrumentalistas (*Instrumentalism, instrumental discourses/ideologies*): Ideologías y discursos que enfatizan la utilidad del idioma, por ejemplo, para el mercado laboral o la seguridad nacional. Esto contrasta con las ideologías que subrayan la importancia del idioma o idiomas para la identidad o la apreciación cultural.

Interseccionalidad (*Intersectionality*): La idea de que las diferentes categorías sociales (p. ej., género, clase social, etnicidad, etc.) a las que pertenece una persona no son simplemente aditivas o múltiples, sino que se cruzan e interactúan entre sí. Así pues, el encuadre de la interseccionalidad no solo se reduce a que las experiencias de una mujer latina sean diferentes de las de un hombre latino, o que puedan entenderse como las experiencias asociadas a la identidad etnorracial sumadas a las asociadas al género. Por el contrario, sus experiencias están condicionadas por la interacción de las dos categorías. Este encuadre se utiliza con frecuencia para llamar la atención sobre cómo dos (o más) formas de discriminación (p. ej., el sexismo y el racismo) interactúan para crear nuevas formas de opresión (p. ej., las formas específicas en que las mujeres de color son discriminadas) que son diferentes a las dos (o más) formas por separado.

Lambdacismo, lateralización (de la /r/) (*Lateralization of* /r/): La pronunciación de la /r/ como 'l'. Característica de las variedades caribeñas de español, aunque también se encuentra en el sur de España. Compárese con el **rotacismo**.

Latinidad: Término que expresa una identidad panétnica basada en la idea de que hay algunas características culturales compartidas entre las poblaciones latinxs de diferentes orígenes regionales y etnorraciales.

Lengua de herencia (*Heritage language*): Término que puede referirse a **lenguas minoritarias**, o a la relación o el conocimiento que tienen las personas hablantes de herencia con una lengua.

Lengua o variedad estándar (*Standard language or variety*): Una variedad que se percibe como neutra y 'correcta', que es generalmente la variedad enseñada en la escuela, utilizada en las emisiones nacionales y la literatura, y asociada con las clases media y alta de la sociedad, a menudo basada en normas escritas. Debido a que la variación es inherente a todas las lenguas, es imposible definir la variedad estándar, excepto en la lengua escrita, y nadie la habla realmente. Por lo tanto, las lenguas estándar habitualmente son consideradas abstracciones idealizadas o formas de hablar que son percibidas como correctas y estándar, más que variedades lingüísticas reales que las personas hablan. Véase también **ideología de la lengua estándar**.

Lenguas minoritarias o minorizadas (*Minority or minoritized languages*): Idiomas distintos del idioma nacional o del idioma hablado por el grupo dominante (independientemente del tamaño relativo); en Estados Unidos, esto significa todos los idiomas distintos del inglés. Dentro de círculos académicos y activistas suele preferirse el término *minorizado* en lugar de *minoritario*, porque hace hincapié en los procesos sociales y políticos que asignan un estatus inferior a la(s) lengua(s) de los grupos no dominantes.

Lenguas romances (*Romance languages*): Las lenguas derivadas del latín, como el catalán, el francés, el italiano, el portugués y el español, entre otras.

Lengua vehicular de la enseñanza (*Medium of instruction*): El idioma en el que se imparte la educación. Esta lengua es utilizada como medio de enseñanza, y no es necesariamente la materia o el enfoque de la lección.

LEP (*Limited English Proficient*): Con dominio limitado del inglés.

Leyenda negra (*Black Legend*): El retrato de las atrocidades coloniales españolas como más brutales que las cometidas por la colonización y conquista británica. Basado en gran medida en los relatos del siglo XVI realizados por el fraile español Bartolomé de las Casas sobre la conquista y el trato a los pueblos nativos, fue popularizado por el Imperio británico para justificar su propio accionar en las Américas.

Mestizaje: La 'mezcla' racial, especialmente entre los pueblos originarios y europeos. A veces también se utiliza para referirse a la representación ideológica de dicha 'mezcla' como si fuera una prueba de la falta de racismo. En inglés, *mestizaje* es un **préstamo** del español y suele utilizarse principalmente con referencia a contextos latinoamericanos.

Mestizo/a/x: Este término también ha sido adoptado por el inglés como préstamo del español y se utiliza para hacer referencia a las personas con ascendencia indígena y europea. Históricamente se utilizó para referirse específicamente a personas con madre indígena y padre europeo.

Mock Spanish: Este término suele utilizarse en inglés o traducirse como *español paródico* y hace referencia al uso del español o de elementos del español en un intento de sonar como si se estuviera hablando en dicho idioma, sin hablarlo realmente, como por ejemplo añadiendo una -o a las palabras, o usando superficialmente elementos léxicos del español, en muchos casos de manera agramatical. Los ejemplos incluyen *no problemo* y *That's mucho bueno*. El *Mock Spanish* implícitamente retrata el español como lingüísticamente inferior al inglés y reproduce ideologías y estereotipos negativos sobre las personas de habla hispana, mientras que permite a quien lo usa presentarse como una persona relajada, inteligente y/o jocosa.

Monolingüismo dual o doble (*Dual or double monolingualism*): Una **ideología monoglósica** y purista sobre el bilingüismo que favorece la completa separación de los dos idiomas. De acuerdo con esta ideología, las personas bilingües deben hablar cada idioma como si fueran monolingües, sin mostrar influencias interlingüísticas.

Monolingüismo normativo (*Normative monolingualism*): Una ideología que construye el monolingüismo como si fuera el estado normal y preferido de las personas y las entidades sociales y políticas, así como de los Estados nación. Véase también la **ideología de suma cero** y la **ideología de una lengua-una nación**.

Mulato (*Mulatto*): Término utilizado para hacer referencia a personas de ascendencia europea y africana. Históricamente se utilizó para referirse a alguien que era hijo/a de una persona de raza blanca y otra de raza negra.

Nativismo, nativistas (*Nativism, nativists*): Ideología y personas que se oponen a la inmigración.

Naturalización, naturalizarse (*Naturalization, naturalize*): Considerar una ideología o suposición como si fuera de sentido común o un hecho objetivo, más que una construcción social o cultural.

Orden Ejecutiva 13166 (*Executive Order 13166*): Una orden ejecutiva firmada por el entonces presidente Bill Clinton en 2000, diseñada para mejorar los servicios de acceso lingüístico para las personas con dominio limitado del inglés (**LEP**). Establece que las agencias federales y los programas financiados por el Gobierno federal deben examinar los servicios que ofrecen, desarrollar planes para proporcionar un "acceso significativo" y tomar "medidas razonables" para implementar esos planes.

Orientación de la lengua como problema (*Language-as-problem orientation*): Una visión de la lengua reflejada en las políticas lingüísticas que presentan el multilingüismo como un problema social o cognitivo (Ruíz, 1984)

Otredad (*Othering*): La representación de un grupo social de manera que se destaque su diferencia respecto al grupo dominante para justificar su exclusión social o política.

Pedagogía crítica (*Critical pedagogy*): Una variedad de enfoques pedagógicos que hacen hincapié en el papel de la educación tradicional en la reproducción de las ideologías dominantes y la desigualdad social. Las pedagogías críticas luchan por que cada estudiante tenga la capacidad de entender la relación de las experiencias y prácticas cotidianas con estructuras sociales y políticas más amplias, a fin de fomentar el protagonismo y la agencia del estudiantado y promover la justicia social.

Perfilado lingüístico (*Linguistic profiling*): Identificar o juzgar la identidad **etnorracial** de las personas en base a su forma de hablar, normalmente como parte de la discriminación etnorracial.

Performance de la identidad (*Performance of identity*): Construcción y representación de la identidad a través de comportamientos culturalmente significativos. Los enfoques que manejan este término apuntan a que la identidad no se basa en la pertenencia a una categoría fija, sino que se realiza a través de acciones y comportamientos. Compárese con **esencialismo**.

Planificación y política lingüística (**PPL**) (*Language planning and policy,* LPP): Este término se refiere a los intentos concretos por configurar la lengua y las prácticas lingüísticas; puede incluir una amplia gama de políticas explícitas e implícitas en cualquier tipo de contexto gubernamental, institucional o familiar.

Pluricéntrico (*Pluricentric*): Que tiene varios centros geográficos de prestigio. A menudo, la variedad más prestigiosa de una lengua es la que habla la élite de la capital política. El reconocimiento de las normas de prestigio en las diferentes capitales nacionales pretende reconocer la variación lingüística, o al menos la variación regional.

Política lingüística familiar (*Family language policy*): Decisiones y prácticas relativas al idioma o los idiomas utilizados en los hogares. En un principio, desde el ámbito académico se hizo hincapié en las decisiones de madres, padres y otras personas encargadas de la crianza sobre el uso lingüístico, pero cada vez más se reconoce que los miembros más pequeños de la familia también inciden en la configuración de las prácticas lingüísticas del hogar.

Postura, toma de postura (*Stance, stance-taking*): La posición que adopta una persona o hablante en la interacción, en relación con otras personas o con el tema en cuestión. La toma de postura es una de las formas en que una persona o hablante utiliza el idioma para alinearse o distanciarse de otras personas, formas de hablar y/o ideologías. Por lo tanto, la toma de postura es un aspecto clave de la **performance de la identidad.**

Préstamo (*Borrowing, loan word*): Una palabra de un idioma que se usa en otro. Ejemplos de préstamos al español son *fútbol* (del inglés) y *chocolate* (del náhuatl). Ambos son préstamos incorporados, utilizados por hispanohablantes monolingües de todo el mundo (y validados por academias de lenguas y en diccionarios). En cambio, otros préstamos, como *londri,* (de *laundry,* 'lavado de ropa') y *liquear* (de *leak,* 'gotear o derramar') se encuentran solo en las variedades en las que ha habido más contacto con el inglés.

Prestigio encubierto (*Covert prestige*): La valoración de un idioma, variedad o rasgo, no asociado a las élites. La asociación de variedades y rasgos subordinados y/o no estándar con rasgos deseables.

Racialización (*Racialization*): El proceso por el cual las personas son agrupadas y asignadas a una categoría de identidad compartida que las representa como esencialmente y/o biológicamente similares entre sí, así como inferiores a un grupo dominante. La racialización de las características o prácticas culturales o lingüísticas asociadas a grupos sociales específicos retrata esas características como inferiores y como la causa de la desigualdad.

Regla de una gota (*One-drop rule*): Principio según el cual todas las personas con cualquier ascendencia africana subsahariana (es decir, 'incluso solo una gota de sangre negra') eran consideradas negras. A principios del siglo xx este principio se plasmó en las leyes estatales de Estados Unidos, que trataban a las personas de ascendencia 'mixta' como legalmente negras y las sometían a la segregación y discriminación, independientemente del **fenotipo** y de la identidad social. Aunque ya no es una doctrina legal, en Estados Unidos, las personas multirraciales son a menudo consideradas como pertenecientes al grupo de personas no blancas.

Repertorio lingüístico (*Linguistic repertoire*): La colección de recursos lingüísticos, incluyendo variedades lingüísticas, estilos, acentos y registros, etc., que una persona conoce. No hay dos personas que tengan exactamente el mismo repertorio lingüístico.

Rotacismo (de la /l/) (*Rhotacism*): La pronunciación de la /l/ como 'r'; característica de las variedades caribeñas del español. Compárese con el **lambdacismo**.

Sello de alfabetización bilingüe (*Seal of Biliteracy*): Premio o certificación otorgado por una escuela, distrito o estado que reconoce que un/a estudiante ha alcanzado la competencia en dos o más idiomas. Para más información, véase https://sealofbiliteracy.org.

Solo inglés: Véase *English-only*.

Teoría de las redes sociales (*Social network theory*): El estudio de cómo las relaciones sociales impactan en la producción de conocimiento, la transmisión y propagación de actitudes y comportamientos, y los resultados colectivos de los grupos. Dentro de la sociolingüística, la teoría de las redes sociales se ha utilizado para analizar la propagación del cambio lingüístico así como el mantenimiento o la pérdida de los idiomas minoritarios.

Translenguaje (*Translanguaging*): Este término hace referencia a las prácticas lingüísticas que combinan elementos de lo que tradicionalmente se ha considerado como idiomas diferentes, en las que las personas o hablantes se sirven de toda la gama de recursos de sus **repertorios lingüísticos**. El término tiene por objeto reconocer que las lenguas y variedades no son objetos delimitados, sino que se construyen social y políticamente. En comparación con *cambio de código*, el uso del término *translenguaje* sugiere una mayor preocupación por los aspectos sociales y simbólicos del uso lingüístico, que por los rasgos formales.

Variedad estándar (*Standard variety*): Véase la **lengua o variedad estándar**.

Velarización de la /n/ (*Velarization of /n/*): La elevación de la parte posterior de la lengua (o dorso) hacia la parte posterior de la boca (o velo) durante la producción de un sonido. En todas las variedades del español, la /n/ se velariza cuando precede a un sonido velar como la /g/, como en la frase *un gato*. En algunas variedades del español, la /n/ también se velariza en otros contextos, como al final de un enunciado y/o antes de otras consonantes.

Vitalidad etnolingüística (*Ethnolinguistic vitality*): La probabilidad de que un grupo mantenga un sentido distintivo de identidad. Dado que la lengua se construye a menudo como un componente **esencial** de la identidad del grupo, se considera que la vitalidad etnolingüística influye en los patrones de mantenimiento y desplazamiento lingüísticos. Los factores demográficos, los factores de estatus y los factores de apoyo institucional son los tres tipos de factores que, según la hipótesis, inciden en la vitalidad etnolingüística.

Referencias

Achinstein, B., Curry, M.W. y Ogawa, R.T. (2015) (Re)labeling social status: Promises and tensions in developing a college-going culture for Latina/o youth in an urban high school. *American Journal of Education* 121 (3), 311–345.

ACIE (American Councils for International Education) (2017) *The National K-12 Foreign Language Enrollment Survey Report*. Ver https://www.americancouncils.org/language-research-fle-state-language-us.

ACS (American Community Survey) (2017) US Census Bureau. Disponible en https://www.census. gov/programs-surveys/acs.

Acuña, R. (2015) *Occupied America* (8ᵛᵃ ed.) Nueva York: Pearson Longman.

Ager, D.E. (2001) *Motivation in Language Planning and Language Policy*. Clevedon: Multilingual Matters.

Aitchison, J. (2001) *Language Change: Progress or Decay?* Cambridge: Cambridge University Press.

Alba, R. (2004) *Language Assimilation Today: Bilingualism Persists More Than in the Past, But English Still Dominates*. Albany, NY: Lewis Mumford Center for Comparative Urban and Regional Research, University at Albany. Ver http://mumford.albany.edu/children/reports/language_assimilation/language_assimilation01.htm.

Alba, R. (2016) The likely persistence of a White majority. *The American Prospect*, Winter. Ver https://prospect.org/article/likely-persistence-white-majority-0.

Alcoff, L.M. (2000) Is Latino/a a racial identity? En J. Gracia y P. De Greiff (eds.) *Hispanics/Latinos in the United States: Ethnicity, Race, and Rights* (pp. 23–44). Nueva York: Routledge.

Alcoff, L.M. (2015) Mapping the boundaries of race, ethnicity, and nationality. En I. Jaksic (ed.). *Debating Race, Ethnicity, and Latino Identity* (pp. 38–47). Nueva York: Columbia University Press.

Alcorn, S. (2018) Oñate's foot. *99% Invisible*, 4 de diciembre. Ver https://99percentinvisible.org/episode/onates-foot/.

Aldama, A.J., Sandoval, C. y García, P.J. (eds.) (2012) *Performing the U.S. Latina and Latino Borderlands*. Bloomington, IN: Indiana University Press.

Alfaraz, G.G. (2002) Miami Cuban perceptions of varieties of Spanish. En D. Long y D.R. Preston (eds.) *Handbook of Perceptual Dialectology*, Vol. 2 (pp. 1–11). Filadelfia, PA: John Benjamins.

Alfaraz, G.G. (2014) Dialect perceptions in real time: A restudy of Miami-Cuban perceptions. *Journal of Linguistic Geography* 2 (2), 74–86.

Alford, N.S. (2018) Opinion: Overlooked by the media, women like me took to Instagram. *The New York Times Sunday Review*, 28 de julio. Ver https://www.nytimes.com/2018/07/28/opinion/sunday/ race-black-latina-identity.html.

Referencias

Allard, E., Mortimer, K., Gallo, S., Link, H. y Wortham, S. (2014) Immigrant Spanish as liability or asset? Generational diversity in language ideologies at school. *Journal of Language, Identity & Education* 13 (5), 335–353.

Almaguer, T. (2012) Race, racialization, and Latino populations in the United States. En D.M. HoSang, O. LaBennett y L. Pulido (eds.) *Racial Formation in the Twenty-First Century* (pp. 143–161). Berkeley, CA: University of California Press.

Alonso, C.J. (2006) Spanish: The foreign national language. *ADFL Bulletin* 37 (2–3), 15–20.

Alvarez, S.M. (2013) Evaluating the role of the Spanish Department in the education of U.S. Latin@ students: Un testimonio. *Journal of Latinos and Education* 12 (2), 131–151.

Amaya, H. (2010) Citizenship, diversity, law and Ugly Betty. *Media, Culture & Society* 32 (5), 801–817.

Amaya, H. (2013) *Citizenship Excess: Latino/as, Media, and the Nation.* Nueva York: NYU Press.

Anderson, B. (1991) *Imagined Communities: Reflections on the Origins and Spread of Nationalism* (ed. revisada). Londres: Verso.

Anderson, T.K. y Toribio, A.J. (2007) Attitudes towards lexical borrowing and intra-sentential code-switching among Spanish-English bilinguals. *Spanish in Context* 4 (2), 217–240.

Anderson-Mejias, P.L. (2005) Generation and Spanish language use in the Lower Rio Grande Valley of Texas. *Southwest Journal of Linguistics* 24, 1–12.

Andrews, G.R. (2004) *Afro-Latin America, 1800–2000.* Nueva York: Oxford University Press.

Androutsopoulos, J. (2007) Bilingualism in the mass media and on the internet. En M. Heller (ed.). *Bilingualism: A Social Approach* (pp. 207–230). Nueva York: Palgrave Macmillan.

Anzaldúa, G. (1987) *Borderlands/La Frontera.* San Francisco, CA: Aunt Lute Books.

Aparicio, F.R. (1998) Whose Spanish, whose language, whose power? An ethnographic inquiry into differential bilingualism. *Indiana Journal of Hispanic Literatures* 12, 5–26.

Ardila, A. (2005) Spanglish: An Anglicized Spanish dialect. *Hispanic Journal of Behavioral Sciences* 27 (1), 60–81.

Arriagada, P.A. (2005) Family context and Spanish-language use: A study of Latino children in the United States. *Social Science Quarterly* 86 (3), 599–619.

Auer, P. (1984) *Bilingual Conversation.* Ámsterdam: John Benjamins.

Auer, P. (1988) A conversation analytic approach to code-switching and transfer. En M. Heller (ed.). *Codeswitching: Anthropological and Sociolinguistic Perspectives* (pp. 187–214). Berlín: Mouton de Gruyter.

Auer, P. (1995) The pragmatics of code-switching. En L. Milroy y P. Muysken (eds.) *One Speaker, Two Languages: Cross-Disciplinary Perspectives on Code-switching* (pp. 115–135). Cambridge: Cambridge University Press.

Auer, P. (de próxima publicación). 'Translanguaging' or 'doing languages'? Multilingual practices and the notion of 'codes'. En J. MacSwan (ed.). *Language(s): Multilingualism and its Consequences.* Bristol: Multilingual Matters. Ver https://www.researchgate.net/publication/332593230_'Translanguaging'_or_'doing_languages'_Multilingual_practices_and_the_notion_of_'codes'.

Avila-Saavedra, G. (2011) Ethnic otherness versus cultural assimilation: US Latino comedians and the politics of identity. *Mass Communication and Society* 14 (3), 271–291.

Avilés-Santiago, M.G. y Báez, J.M. (2019) 'Targeting Billennials': Billenials, linguistic flexibility, and the new language politics of univision. *Communication Culture & Critique* 12 (1), 128–146.

Ayala, C.J. y Bernabe, R. (2009) *Puerto Rico in the American Century: A History since 1898*. Chapel Hill, NC: University of North Carolina Press.

Baez, J.M. (2007) Towards a latinidad feminista: The multiplicities of latinidad and feminism in contemporary cinema. *Popular Communication* 5 (2), 109–128.

Baez, J. y Avilés-Santiago, M. (2016) *Spanish Language Television*. Oxford Bibliographies in Cinema and Media Studies. Oxford: Oxford University Press.

Bailey, B. (2000a) Language and negotiation of racial/ethnic identity among Dominican Americans. *Language in Society* 29 (4), 555–582.

Bailey, B. (2000b) The language of multiple identities among Dominican Americans. *Journal of Linguistic Anthropology* 10 (2), 190–223.

Bailey, B. (2007) Heteroglossia and boundaries. En M. Heller (ed.). *Bilingualism: A Social Approach* (pp. 257–274). Nueva York: Palgrave Macmillan.

Baker, C. (2011) *Foundations of Bilingual Education and Bilingualism* (5ª ed.). Bristol: Multilingual Matters.

Bakhtin, M. (1981) *The Dialogic Imagination* (M. Bakhtin, ed.; M. Holquist y C. Emerson, trans.). Austin, TX: University of Texas Press.

Balderrama, F.E. y Rodriguez, R. (2006) *Decade of Betrayal: Mexican Repatriation in the 1930s*. Albuquerque, NM: University of New Mexico.

Bale, J. (2014) Heritage language education and the 'national interest'. *Review of Research in Education* 38 (1), 166–188.

Bañales, X. (2014) Jotería: A decolonizing political project. *Aztlán: A Journal of Chicano Studies* 39 (1), 155–166.

Baptist, E.E. (2016) *The Half Has Never Been Told: Slavery and the Making of American Capitalism*. Nueva York: Basic Books.

Barakos, E. y Selleck, C. (2019) Elite multilingualism: Discourses, practices, and debates. *Journal of Multilingual and Multicultural Development* 40 (5), 361–374. https://doi.org/10.1080/01434632. 201 8.154369.

Baron, D.E. (1990) *The English-only Question: An Official Language for Americans?* New Haven, CT: Yale University Press.

Barrett, R. (2006) Language ideology and racial inequality: Competing functions of Spanish in an Anglo-owned Mexican restaurant. *Language in Society* 35 (2), 163–204.

Barry, E. (2005) Learn English, judge tells moms. *Los Angeles Times*, 14 febrero. Ver http://articles.latimes.com/2005/feb/14/nation/na-english14.

Referencias

Bartolomé, L. y Macedo, D. (1999) (Mis)educating Mexican Americans through language. En T. Huebner y K.A. Davis (eds.) *Sociopolitical Perspectives on Language Policy and Planning in the USA* (pp. 223–241). Filadelfia, PA: John Benjamins.

Batalova, J. y Zong, J. (2017) Cuban immigrants in the United States. *MPI Spotlight*, 9 de noviembre. Ver https://www.migrationpolicy.org/article/cuban-immigrants-united-states.

Batalova, J. y Zong, J. (2018) Mexican immigrants in the United States. *MPI Spotlight*, 11 de octubre. Ver https://www.migrationpolicy.org/article/mexican-immigrants-united-states.

Baugh, J. (2003) Linguistic profiling. En S. Makoni, G. Smitherman, A.F. Ball y A.K. Spears (eds.) *Black Linguistics: Language, Society, and Politics in Africa and the Americas* (pp. 155–168). Nueva York: Routledge.

Baugh, J. (2017) Linguistic profiling and discrimination. En O. García, N. Flores y M. Spotti (eds.) *The Oxford Handbook of Language and Society* (pp. 349–368). Oxford: Oxford University Press.

Bayley, R. y Holland, C. (2014) Variation in Chicano English: The case of final (z) devoicing. *American Speech* 89 (4), 385–407.

Bayley, R. y Santa Ana, O. (2004) Chicano English: Morphology and syntax. En B. Kortmann, K. Burridge, R. Mesthrie, E.W. Schneider y C. Upton (eds.) *A Handbook of Varieties of English, Vol. 2: Morphology and Syntax* (pp. 374– 390). Berlín: Mouton de Gruyter.

Bazo Vienrich, A. (2018) Indigenous immigrants from Latin America (IILA): Racial/ethnic identity in the U.S. *Sociology Compass* e12644.

Beaudrie, S.M. (2011) Spanish heritage language programs: A snapshot of current programs in the Southwestern United States. *Foreign Language Annals* 44 (2), 321–337.

Beaudrie, S. y Ducar, C. (2005) Beginning level university heritage programs: Creating a space for all heritage language learners. *Heritage Language Journal* 3 (1), 1–26.

Beaudrie, S.M., Ducar, C. y Potowski, K. (2014) *Heritage Language Teaching: Research and Practice.* Columbus, OH: McGraw-Hill.

Beck, S.A.L. y Allexsaht-Snider, M. (2002) Recent language minority education policy in Georgia: Appropriation, assimilation, and Americanization. En S. Wortham, E.G. Murillo Jr. y E.T. Hamann (eds.) *Education in the New Latino Diaspora: Policy and the Politics of Identity* (pp. 37–66). Westport, CN: Ablex.

Beckert, S. y Rockman, S. (2016) *Slavery's Capitalism.* Filadelfia, PA: University of Pennsylvania Press.

Beckett, L. (2019) 'It can happen again': America's long history of attacks against Latinos. *The Guardian*, 15 de agosto. Ver https://www.theguardian.com/us-news/2019/aug/14/it-can-happen-again-americas-long-history-of-attacks-against-latinos.

Belpoliti, F., y Gironzetti, E. (2020) Hablantes de herencia. En J. Muñoz-Basols, E. Gironzetti, y M. Lacorte (Eds), *The Routledge Handbook of Spanish Language Teaching: Metodologías, contextos y recursos para la enseñanza del español L2* (pp. 447–462). Londres: Routledge.

Beltrán, M. (2002) The Hollywood Latina body as site of social struggle: Media constructions of stardom and Jennifer Lopez's 'cross-over butt'. *Quarterly Review of Film and Video* 19 (1), 71–86.

Beltrán, M. (2016) Latina/os on TV!: A proud (and ongoing) struggle over representation and authorship. En F.L. Aldama (ed.). *The Routledge Companion to Latina/o Popular Culture* (pp. 39–49). Nueva York: Routledge.

Ben-Rafael, E., Shohamy, E. y Barni, M. (2010) Introduction: An approach to an 'ordered disorder'. En E. Shohamy, E. Ben-Rafael y M. Barni (eds.) *Linguistic Landscape in the City* (pp xi–xxvii). Bristol: Multilingual Matters.

Benwell, B. y Stokoe, E. (2006) *Discourse and Identity*. Edimburgo: Edinburgh University Press.

Berry, K.A. (2004) Latino commerce in northern Nevada. En D. Arreola (ed.). *Hispanic Spaces, Latino Places: Community and Cultural Diversity in Contemporary America*, (pp. 225–238). Austin: University of Texas Press.

Betti, S. (2015) La imagen de los hispanos en la publicidad de los Estados Unidos. *Informes del Observatorio*. Cambridge, MA: Observatory of the Spanish Language and Hispanic Cultures in the United States. Ver http://cervantesobservatorio.fas.harvard.edu/es/informes/informes-del-observatorio-observatorio-reports-009-032015sp-la-imagen-de-los-hispanos-en-la.

Bhabha, H. (1990) *The Location of Culture*. Nueva York: Routledge.

Bhatt, R.M. y Bolonyai, A. (2011) Code-switching and the optimal grammar of bilingual language use. *Bilingualism: Language and Cognition* 14 (4), 522–546.

Bhatt, R.M. y Bolonyai, A. (2019) On the theoretical and empirical bases of translanguaging. *Working Papers in Urban Language and Literacies*, (254). Recuperado de https://www.academia.edu/39950581/WP254_Bhatt_and_Bolonyai_2019._On_the_theoretical_and_empirical_bases_of_translanguaging

Bialystok, E. (2011) Reshaping the mind: The benefits of bilingualism. *Canadian Journal of Experimental Psychology/Revue Canadienne de Psychologie Experimentale* 65 (4), 229–235.

Billig, M. (1995) *Banal Nationalism*. Londres: Sage.

Bills, G. (1997) New Mexican Spanish: Demise of the earliest European variety in the United States. *American Speech* 72, 154–171.

Bills, G.D., Hudson, A. y Chávez, E.H. (1999) Spanish home language use and English proficiency as differential measures of language maintenance and shift. *Southwest Journal of Linguistics* 19 (1), 11–27.

Blatt, B. (2014) What language does your state speak? *Slate Magazine*, 13 de mayo. Ver https://slate.com/culture/2014/05/language-map-whats-the-most-popular-language-in-your-state.html.

Blommaert, J. (2010) *The Sociolinguistics of Globalization*. Cambridge: Cambridge University Press.

Boeschoten, H. (1990) Asymmetrical code-switching in immigrant communities. En G. Lüdi (ed.). *Papers for the Workshop on Constraints, Conditions and Models* (pp. 85–100). Strasbourg: European Science Foundation Network on Codeswitching and Language Contact.

Bolnick, D.A., Fullwiley, D., Duster, T. *et al.* (2007) The science and business of genetic ancestry testing. *Science* 318 (5849), 399–400.

Bonfiglio, P.T. (2002) *Race and the Rise of Standard American*. Berlín: Mouton de Gruyter.

Bourdieu, P. (1991) *Language and Symbolic Power 1982* (J.B. Thompson, ed.; G. Raymond, trans.). Cambridge, MA: Harvard University Press.

Boyd, J.P. (1955) *The Papers of Thomas Jefferson.* Princeton, NJ: Princeton University Press.

Braschi, G. (1998) *Yo-Yo Boing!* Pittsburgh, PA: Latin American Literary Review Press.

Bristol, J.C. (2007) *Christians, Blasphemers, and Witches: Afro-Mexican Ritual Practice in the Seventeenth Century.* Albuquerque, NM: University of New Mexico Press.

Brooke, J. (1998) Conquistador statue stirs Hispanic pride and Indian rage. *The New York Times*, 9 de febrero. Ver https://www.nytimes.com/1998/02/09/us/conquistador-statue-stirs-hispanic-pride-and-indian-rage.html.

Brunn, M. (1999) The absence of language policy and its effects on the education of Mexican migrant children. *Bilingual Research Journal* 23 (4), 319–344.

Bruzos Moro, A. (2016) El capital cultural del español y su enseñanza como lengua extranjera en Estados Unidos. *Hispania* 99 (1), 5–16.

Bruzos Moro, A. (2017) 'De camareros a profesores' de ELE: La mercantilización del español y de su enseñanza como lengua extranjera. *Spanish in Context* 14 (2), 230–249.

Bucholtz, M. (1999) You da man: Narrating the racial other in the production of white masculinity. *Journal of Sociolinguistics* 3 (4), 443–460.

Bucholtz, M. (2016) On being called out of one's name: Indexical bleaching as a technique of deracialization. En H.S. Alim (ed.). *Raciolinguistics: How Language Shapes our Ideas about Race* (pp. 273–289). Oxford: Oxford University Press.

Bucholtz, M. y Hall, K. (2005) Identity and interaction: A sociocultural linguistic approach. *Discourse Studies* 7 (4–5), 585–614.

Bucholtz, M., Casillas, D.I. y Lee, J.S. (2017) Language and culture as sustenance. En D. Paris y H.S. Alim (eds.) *Culturally Sustaining Pedagogies: Teaching and Learning for Justice in a Changing World* (pp. 43–60). Nueva York: Teachers College Press.

Bucholtz, M., Casillas, D.I. y Lee, J.S. (2018) California Latinx youth as agents of sociolinguistic justice. En N. Avineri, L.R. Graham, E.J. Johnson, R.C. Riner y J. Rosa (eds.) *Language and Social Justice in Practice* (pp. 166–175). Nueva York: Routledge.

Bullock, B. y Toribio, A.J. (2014) Dominican Spanish. En M. Di Paolo y A.K. Spears (eds.) *Languages and Dialects in the U.S.* (pp. 151–162). Nueva York: Routledge.

Burbules, N.C. y Berk, R. (1999) Critical thinking and critical pedagogy: Relations, differences, and limits. En T.S. Popkewitz y L. Fender (eds.) *Critical Theories in Education: Changing Terrains of Knowledge and Politics* (pp. 45–65). Nueva York: Routledge.

Bürki, Y. (2008) El español en las películas estadounidenses: Aproximación discursiva. *Círculo de Lingüística Aplicada* 36, 3–25.

Bush, D.P. (2015) Syndicates, Spanish and slurs: Flexible latinidad on US daytime soap operas. *Journal of Popular Culture (Boston)* 48 (6), 1151–1170.

Bustamante, C. y Novella G.M.Á. (2019) When a heritage speaker wants to be a Spanish teacher: Educational experiences and challenges. *Foreign Language Annals* 52 (1), 184–198.

Butler, J. (1990) *Gender Trouble and the Subversion of Femininity*. Nueva York: Routledge.

Butler, J. y Spivak, G.C. (2007) *Who Sings the Nation-State? Language, Politics, Belonging*. Londres: Seagull Books.

Butler, Y.G., Orr, J.E., Gutierrez, M.B. y Hakuta, K. (2000) Inadequate conclusions from an inadequate assessment: What can SAT-9 scores tell us about the impact of Proposition 227 in California? *Bilingual Research Journal* 24 (1–2), 141–154.

Bybee, J. (2015) *Language Change*. Cambridge: Cambridge University Press.

Cacoullos, R.T. y Travis, C.E. (2010) Variable yo expression in New Mexico: English influence. *Journal of the Rivera-Mills & Villa* 203, 185–206.

Callahan, L. (2010) Speaking with (dis)respect: A study of reactions to Mock Spanish. *Language and Intercultural Communication* 10 (4), 299–317.

Callahan, E. (2018) *Emerging Hispanicized English in the Nuevo New South: Language Variation in a Triethnic Community*. Nueva York: Routledge.

Cameron, C.D.R. (1997) How the García cousins lost their accents: Understanding the language of Title VII decisions approving English-only rules as the product of racial dualism, Latino invisibility, and legal indeterminacy. *California Law Review* 85, 1347–1393.

Cammarota, J. (2004) The gendered and racialized paths of Latino and Latina youth: Different struggles, different resistances in the urban context. *Anthropology and Education Quarterly* 35 (1), 53–74.

Canfield, J. (2014) Once forbidden, Alaska's Native languages now official state languages. *KTOO Public Media*, 24 de octubre. Ver https://www.ktoo.org/2014/10/24/forbidden-alaskas-native-languages-now-official-state-languages/.

Carreira, M. y Chik, C.H. (2018) Differentiated teaching: A primer for heritage and mixed classes. En K. Potowski (ed.).*The Routledge Handbook of Spanish as a Heritage Language*. Nueva York: Routledge.

Carreira, M.M. y Valdés, G. (2012) Meeting the needs of heritage language learners: Approaches, strategies, and research. En S.M. Beaudrie y M.A. Fairclough (eds.) *Spanish as a Heritage Language in the United States* (pp. 223–240). Washington, DC: Georgetown University Press.

Carrigan, W.D. y Webb, C. (2013) *Forgotten Dead: Mob Violence against Mexicans in the United States, 1848–1928*. Oxford: Oxford University Press.

Carrillo, H. y Fontdevila, J. (2014) Border crossings and shifting sexualities among Mexican gay immigrant men: Beyond monolithic conceptions. *Sexualities* 17 (8), 919–938.

Carris, L.M. (2011) La voz gringa: Latino stylization of linguistic (in)authenticity as social critique. *Discourse & Society* 22 (4), 474–490.

Carter, P.M. (2013) Shared spaces, shared structures: Latino social formation and African American English in the US South. *Journal of Sociolinguistics* 17 (1), 66–92.

Carter, P.M. y Callesano, S. (2018) The social meaning of Spanish in Miami: Dialect perceptions and implications for socioeconomic class, income, and employment. *Latino Studies* 16 (1), 65–90.

Carter, P.M. y Lynch, A. (2015) Multilingual Miami: Current trends in sociolinguistic research. *Language and Linguistics Compass* 9 (9), 369–385.

Carter, P.M., Valdez, L.L. y Sims, N. (2020) New Dialect Formation Through Language Contact: Vocalic And Prosodic Developments In Miami English. *American Speech*, 95(2), 119–148. https://doi.org/10.1215/00031283-7726313.

Cashman, H. (2005) Identities at play: Language preference and group membership in bilingual talk in interaction. *Journal of Pragmatics* 37 (30), 1–15.

Cashman, H. (2017) *Queer, Latinx, and Bilingual: Narrative Resources in the Negotiation of Identities*. Nueva York: Routledge.

Casillas, D.I., Ferrada, J.S. e Hinojos, S.V. (2018) The accent on Modern Family: Listening to representations of the Latina vocal body. *Aztlan: A Journal of Chicano Studies* 43 (1), 61–88.

Cepeda, M.E. (2000) Mucho loco for Ricky Martin or the politics of chronology, crossover, and language within the Latin music 'boom'. *Popular Music and Society* 24 (3), 55–71.

Cepeda, M.E. (2010) Singing the 'Star-Spanglish Banner'. En G.M. Pérez, F.A. Guridy y A. Burgos (eds.) *Beyond El Barrio: Everyday Life in Latina/o America* (pp. 27–43). Nueva York: NYU Press.

Cervantes-Soon, C., Gambrell, J., Kasun, G.S., Sun, W., Freire, J.A. y Dorner, L.M. (2020) "Everybody Wants a Choice" in Dual Language Education of El Nuevo Sur: Whiteness as the Gloss for Everybody in Media Discourses of Multilingual Education. *Journal of Language, Identity y Education*, 0(0), 1–17. https://doi.org/10.1080/15348458.2020.1753201.

Chappell, W. (2018) The sociophonetic perception of heritage Spanish speakers in the United States: Reactions to labiodentalized <v> in the speech of late immigrant and U.S.-born voices. Manuscrito inédito. Ver https://www.academia.edu/37264932/The_sociophonetic_perception_of_heritage_Spanish_speakers_in_the_United_States_Reactions_to_labiodentalized_v_in_the_speech_of_late_immigrant_and_U.S.-born_voices.

Chappell, W. (2019) Caribeño o mexicano, profesionista o albañil? *Sociolinguistics Studies* 12 (3–4), 367–393.

Chávez, C. (2015) *Reinventing the Latino Television Viewer: Language, Ideology, and Practice*. Londres: Lexington Books.

Chavez, L. (2013) *The Latino Threat: Constructing Immigrants, Citizens, and the Nation* (2ª ed.). Palo Alto, CA: Stanford University Press.

Chávez, R. (2003) Ethnic stereotypes: Hispanics and Mexican Americans. En P.M. Lester y S.D. Ross (eds.) *Images That Injure: Pictorial Stereotypes in the Media* (2ª ed.) (pp. 93–102). Westport, CN: Praeger.

Chiricos, T. y Eschholz, S. (2002) The racial and ethnic typification of crime and the criminal typification of race and ethnicity in local television news. *Journal of Research in Crime and Delinquency* 39 (4), 400–420.

Christoffersen, K. (2019) Linguistic Terrorism in the Borderlands: Language Ideologies in the Narratives of Young Adults in the Rio Grande Valley. *International Multilingual Research Journal* 13 (3), 137–151.

Chun, E.W. (2004) Ideologies of legitimate mockery. *Pragmatics* 14 (2), 263–289.

Chun, E.W. (2009) Speaking like Asian immigrants. *Pragmatics* 19 (1), 17–38.

Chun, E.W. (2016) The meaning of *ching-chong*: Language, racism and new media. En H.S. Alim, J.R. Rickford y A.F. Ball (eds.) *Raciolinguistics: How Language Shapes our Ideas about Race* (pp. 81–96). Oxford: Oxford University Press.

Chun, E.W. y Lo, A. (2016) Language and racialization. En N. Bonvillain (ed.). *The Routledge Handbook of Linguistic Anthropology* (pp. 220–233). Nueva York: Routledge.

Collier, V.P. y Thomas, W.P. (2017) Validating the power of bilingual schooling: Thirty-two years of large-scale, longitudinal research. *Annual Review of Applied Linguistics* 37, 203–217.

Collins, B.A., Toppelberg, C.O., Suárez-Orozco, C., O'Connor, E. y Nieto-Castañon, A. (2011) Cross-sectional associations of Spanish and English competence and well-being in Latino children of immigrants in kindergarten. *International Journal of the Sociology of Language* 208, 5–23.

Compton, E., Bentley, M., Ennis, S. y Rastogi, S. (2013) *2010 Census Race and Hispanic Origin Alternative Questionnaire Experiment* (No. 2011, 2ª reimpresión). Washington, DC: US Census Bureau.

Cooper, R.L. (1989) *Language Planning and Social Change*. Cambridge: Cambridge University Press.

Correa, T. (2010) Framing Latinas: Hispanic women through the lenses of Spanish-language and English-language news media. *Journalism* 11 (4), 425–443.

Cortés, C.E. (1997) Chicanas in film: History of an image. En C.E. Rodriguez (ed.). *Latin Looks: Images of Latinas and Latinos in the U.S. Media* (pp. 121–141). Boulder, CO: Westview Press.

Coupland, N. (2003) Introduction: Sociolinguistics and globalisation. *Journal of Sociolinguistics* 7 (4), 465–472.

Crawford, J. (1990) Language freedom and restriction. En J. Reyhner (ed.). *Effective Language Education Practices and Native Language Survival* (pp. 9–22). Choctaw, OK: Native American Language Issues.

Crawford, J. (1992) *Language Loyalties: A Source Book on the Official English Controversy*. Chicago, IL: University of Chicago Press.

Crawford, J. (1997) *Language Policy – Puerto Rico and Official English*. Ver http://www.languagepolicy. net/archives/can-pr.htm.

Crawford, J. (2008) *Advocating for English Learners: Selected Essays*. Clevedon: Multilingual Matters.

Crenshaw, K. (1989) Demarginalizing the intersection of race and sex: A Black feminist critique of antidiscrimination doctrine, feminist theory and antiracist politics. *University of Chicago Legal Forum* 1. Ver https://chicagounbound.uchicago.edu/uclf/vol1989/iss1/8.

Cruz, G.J. (2017) The Insular Cases and the broken promise of equal citizenship: A critique of U.S. policy toward Puerto Rico. *Revista de Derecho Puertorriqueño* 57, 27–62.

Cruz, B. y Teck, B. (1998) *The Official Spanglish Dictionary: Un User's Guide to More Than 300 Words and Phrases That Aren't Exactly Español or Inglés*. Nueva York: Fireside.

Cuero, K.K. (2009) Authoring multiple formas de ser: Three bilingual Latino/a fifth graders navigating school. *Journal of Latinos and Education* 8 (2), 141–160.

Referencias

Culliton-Gonzalez, K. (2008) Time to revive Puerto Rican voting rights. *La Raza Law Journal* 19, 27–68.

Curtin, M. (2007) Differential bilingualism: Vergüenza and pride in a Spanish sociolinguistics class. En N.M. Antrim (ed.). *Seeking Identity: Language in Society* (pp. 10–31). Newcastle: Cambridge Scholars.

Dailey, R.M., Giles, H. y Jansma, L.L. (2005) Language attitudes in an Anglo-Hispanic context: The role of the linguistic landscape. *Language & Communication* 25 (1), 27–38.

Daniels, J.D. (1992) The Indian population of North America in 1492. *The William and Mary Quarterly* 49 (2), 298–320.

Dasevich, I. (2012) *The Right to an Interpreter for Criminal Defendants with Limited English*. Ver https://www.jurist.org/commentary/2012/04/iryna-dasevich-criminal-justice/.

Dávila, A. (2008) *Latino Spin: Public Image and the Whitewashing of Race*. Nueva York: New York University Press.

Dávila, A. (2012) *Latinos, Inc.: The Marketing and Making of a People*. Berkeley, CA: University of California Press.

Dávila, A. (2014) Introduction. En A. Dávila y Y.M. Rivero (eds.) *Contemporary Latina/o Media: Production, Circulation, Politics* (pp. 1–8). Nueva York: New York University Press.

De Brey, C., Musu, L., McFarland, J., Wilkinson-Flicker, S., Diliberti, M., Zhang, A., Branstetter, C. y Wang, X. (2019) *Status and Trends in the Education of Racial and Ethnic Groups 2018* (NCES No. 2019-038; p. 228). Ver https://nces.ed.gov/pubsearch/pubsinfo.asp?pubid=2019038.

De Casanova, E.M. (2007) Spanish language and Latino ethnicity in children's television programs. *Latino Studies* 5, 455–477.

De Fina, A. (2013) Top-down and bottom-up strategies of identity construction in ethnic media. *Applied linguistics* 34 (5), 554–573.

De Fina, A. (2018) What is your dream? Fashioning the migrant self. *Language & Communication* 59, 42–52.

De Fina, A. y Perrino, S. (2013) Transnational identities. *Applied Linguistics* 34 (5), 509–515.

Delavan, M.G., Valdez, V.E. y Freire, J.A. (2017) Language as whose resource? When global economics usurp the local equity potentials of dual language education. *International Multilingual Research Journal* 11 (2), 86–100.

Del Valle, S. (2003) *Language Rights and the Law in the United States: Finding Our Voices*. Clevedon: Multilingual Matters.

DePalma, R. (2010) *Language Use in the Two-way Classroom: Lessons from a Spanish-English Bilingual Kindergarten*. Bristol: Multilingual Matters.

Dick, H.P. (2011) Making immigrants illegal in small-town USA. *Journal of Linguistic Anthropology* 21, E35–E55.

Dixon, T.L. y Azocar, C.L. (2006) The representation of juvenile offenders by race on Los Angeles area television news. *The Howard Journal of Communications* 17 (2), 143–161.

Dowling, J.A. (2014) *Mexican Americans and the Question of Race*. Austin, TX: University of Texas Press.

Duany, J. (2005) Neither White nor Black: The representation of racial identity among Puerto Ricans on the island and in the U.S. Mainland. En A. Dzidzienyo y S. Oboler (eds.) *Neither Enemies nor Friends: Latinos, Blacks, Afro-Latinos* (pp. 173–188). Nueva York: Palgrave Macmillan.

Duany, J. (2017) *Puerto Rico: What Everyone Needs to Know.* Oxford: Oxford University Press.

DuBord, E.M. (2010) Language policy and the drawing of social boundaries: Public and private schools in territorial Tucson. *Spanish in Context* 7 (1), 25–45.

DuBord, E.M. (2014) *Language, Immigration and Labor: Negotiating Work in the U.S.-Mexico Borderlands.* Nueva York: Palgrave Macmillan.

DuBord, E.M. (2017) Bilingual tricksters: Conflicting perceptions of bilingualism in the informal labor economy. *Language & Communication* 58, 107–117.

Ducar, C. (2009) The sound of silence: Spanish heritage textbooks' treatment of language variation. En M. Lacorte y J. Leeman (eds.) *Español en Estados Unidos y otros contextos de contacto: Sociolingüística, ideología y pedagogía* (pp. 347–367). Madrid: Iberoamericana.

Duchêne, A. (2019) Multilingualism: An insufficient answer to sociolinguistic inequalities. *Items: Insights from the Social Sciences,* 8 de octubre. Ver https://items.ssrc.org/sociolinguistic-frontiers/multilingualism-an-insufficient-answer-to-sociolinguistic-inequalities/.

Duchêne, A. y Heller, M. (2011) *Language in Late Capitalism: Pride and Profit.* Nueva York: Routledge.

Dunstan, S. (2010) Identities in transition: The use of AAVE grammatical features by Hispanic adolescents in two North Carolina communities. *American Speech* 85, 185–204.

Echenique, M. y Melgar, L. (2018, 11 de mayo) Watch the exodus and return of Puerto Rico's hurricane migrants. *CityLab,* 11 de mayo. Ver https://www.citylab.com/environment/2018/05/watch-puerto-ricos-hurricane-migration-via-mobile-phone-data/559889/.

Eckert, P. (2012) Three waves of variation study: The emergence of meaning in the study of sociolinguistic variation. *Annual Review of Anthropology* 41, 87–100.

Elya, S.M. (2016) *La Madre Goose: Nursery Rhymes for los niños.* Nueva York: G.P. Putnam.

Erker, D. (2017) The limits of named language varieties and the role of social salience in dialectal contact: The case of Spanish in the United States. *Language and Linguistics Compass* 11 (1), e12232.

Erker, D. y Otheguy, R. (2016) Contact and coherence: Dialectal leveling and structural convergence in NYC Spanish. *Lingua* 172, 131–146.

Errington, J. (2000) Ideology. *Journal of Linguistic Anthropology* 9 (1–2), 115–117.

Escamilla, K., Shannon, S., Carlos, S. y García, J. (2003) Breaking the code: Colorado's defeat of the anti-bilingual education initiative (Amendment 31). *Bilingual Research Journal* 27 (3), 357–382.

Escobar, A.M. y Potowski, K. (2015) *El Español de los Estados Unidos.* Cambridge: Cambridge University Press.

Espinosa, A.M. (1911) *The Spanish Language in New Mexico and Southern Colorado.* Santa Fe, NM: New Mexican Printing Company.

Espinoza-Herold, M. y González-Carriedo, R. (2017) *Issues in Latino Education.* Nueva York: Routledge.

Referencias

Fairclough, M. (2003) El (denominado) Spanglish en Estados Unidos: Polémicas y realidades. *Revista internacional de lingüística iberoamericana* 1 (2), 185–204.

Fairclough, M. y Beaudrie, S. (eds.) (2016) *Innovative Strategies for Heritage Language Teaching: A Practical Guide for the Classroom*. Washington, DC: Georgetown University Press.

Fairclough, N. (1992) The appropriacy of 'appropriateness'. En N. Fairclough (ed.). *Critical Language Awareness* (pp. 33–56). Londres: Longman.

Fairclough, N. (2001) *Language and Power* (2ª ed.). Londres: Longman.

Falk, J. (1979) Visión de norma general versus visión de norma individual. *Studia Neophilologica* 51 (2), 275–293.

Farr, M. (2010) *Rancheros in Chicagoacán: Language and Identity in a Transnational Community*. Austin, TX: University of Texas Press.

Fears, D. (2003) The roots of 'Hispanic'. *The Washington Post*, 15 de octubre. Ver https://www.washingtonpost.com/archive/politics/2003/10/15/the-roots-of-hispanic/3d914863-95bc-40f3-9950-ce0c25939046/.

Fernández, L. (2002) Telling stories about school: Using critical race and Latino critical theories to document Latina/Latino education and resistance. *Qualitative Inquiry* 8 (1), 45–65.

Fernández, R.G. (1983) English loanwords in Miami Cuban Spanish. *American Speech* 58 (1), 13–19.

Fishman, J. (1991) *Reversing Language Shift*. Clevedon: Multilingual Matters.

Fishman, J. (2001) 300-Plus years of heritage language education. En J.K. Peyton, D.A. Ranard y S. McGinnis (eds.) *Heritage Languages in America: Preserving a National Resource* (pp. 87–97). Washington, DC: Center for Applied Linguistics.

Fitts, S. (2006) Reconstructing the status quo: Linguistic interaction in a dual language school. *Bilingual Research Journal* 29 (2), 337–365.

Fitzsimmons-Doolan, S., Palmer, D. y Henderson, K. (2017) Educator language ideologies and a top-down dual language program. *International Journal of Bilingual Education and Bilingualism* 20 (6), 704–721.

Flores, A. (2017) How the U.S. Hispanic population is changing. *Fact Tank*, 18 de septiembre. Washington, DC: Pew Research Center. Ver http://www.pewresearch.org/fact-tank/2017/09/18/how-the-u-s-hispanic-population-is-changing/.

Flores, G. (2006) Language barriers to health care in the United States. *New England Journal of Medicine* 355 (3), 229–231.

Flores, G., Abreu, M., Barone, C.P., Bachur, R. y Lin, H. (2012) Errors of medical interpretation and their potential clinical consequences: A comparison of professional versus ad hoc versus no interpreters. *Annals of Emergency Medicine* 60 (5), 545–553.

Flores, N. y García, O. (2017) A critical review of bilingual education in the United States: From basements and pride to boutiques and profit. *Annual Review of Applied Linguistics* 37, 14–29.

Flores, N. y Rosa, J.D. (2015) Undoing appropriateness: Raciolinguistic ideologies and language diversity in education. *Harvard Educational Review* 85 (2), 149–171.

Flores, N., Tseng, A., y Subtirelu, N. (eds.) (2021) *Bilingualism for All?: Raciolinguistic Perspectives on Dual Language Education in the United States*. Bristol: Multilingual Matters.

Flores-Ferrán, N. (2002) *A Sociolinguistic Perspective on the Use of Subject Personal Pronouns in Spanish Narratives of Puerto Ricans in New York City*. Múnich: Lincom-Europa.

Flores-Ferrán, N. (2004) Spanish subject personal pronoun use in New York City Puerto Ricans: Can we rest the case of English contact? *Language Variation and Change* 16, 49–73.

Flores-González, N. (2017) *Citizens but not Americans: Race and Belonging among Latino Millennials*. Nueva York: New York University Press.

Fought, C. (2003) *Chicano English in Context*. Nueva York: Palgrave Macmillan.

Fouka, V. (2016) Backlash: The unintended effects of language prohibition in US schools after World War I. Working Paper No. 591. King Center on Global Development, Stanford University, Stanford, CA.

Fránquiz, M.E. y Ortiz, A.A. (2016) Co-editors' introduction: Every Student Succeeds Act – a policy shift. *Bilingual Research Journal* 39 (1), 1–3.

Frazer, T. (1996) Chicano English and Spanish interference in the Midwestern United States. *American Speech* 71 (1), 72–85.

Freeman, R. (2000) Contextual challenge to a dual-language education: A case study of a developing middle school program. *Anthropology & Education Quarterly* 31 (2), 202–229.

Freire, P. (1970) *A Pedagogia do Oprimido*. Sao Paolo: Paz e Terra. Ver http://www.bibli.fae.unicamp.br/pub/pedoprim.pdf.

French, B.M. (2008) Maya ethnolinguistic identity: Violence, and cultural rights in bilingual Kaqchikel communities. En M. Niño-Murcia y J. Rothman (eds.) *Bilingualism and Identity: Spanish at the Crossroads with Other Languages* (pp. 127–150). Ámsterdam: John Benjamins.

Frey, W.H. (2018) The US will become 'minority White' in 2045, Census projects. *Brookings*, 14 de marzo. Ver https://www.brookings.edu/blog/the-avenue/2018/03/14/the-us-will-become-minority-white-in-2045-census-projects/.

Fuller, J.M. (1997) Co-constructing bilingualism: Non-converging discourse as an unmarked choice. En A. Chu, A.-M.P. Guerra y C. Tetreault (eds.) *SALSA (Symposium About Language in Society – Austin) IV Proceedings* (pp. 68–77). Austin, TX: University of Texas Linguistics Department.

Fuller, J.M. (2005) Unpublished corpus of Spanish-English language use in the classroom.

Fuller, J.M. (2007) Language choice as a means for shaping identity. *Journal of Linguistic Anthropology* 17 (1), 105–129.

Fuller, J.M. (2009) How bilingual children talk: Strategic codeswitching among children in dual language programs. En M. Turnbull y J. Dailey-O'Cain (eds.) *First Language Use in Second and Foreign Language Learning* (pp. 115–130). Bristol: Multilingual Matters.

Fuller, J.M. (2010) Gendered choices: Codeswitching and collaboration in a bilingual classroom. *Gender and Language* 4 (1), 181–208.

Referencias

Fuller, J.M. (2012) *Bilingual Pre-teens: Competing Ideologies and Multiple Identities in the US and Germany.* Nueva York: Routledge.

Fuller, J.M. (2016) Minority languages in linguistic landscapes: Berlin and Chicago. *Paper* presentado en la University of Illinois en Chicago Talks in Linguistics, 10 de abril.

Fuller, J.M. (2019) Ideologies of language, bilingualism, and monolingualism. En A. De Houwer y L. Ortega (eds.) *The Cambridge Handbook of Bilingualism* (pp. 119–134). Cambridge: Cambridge University Press.

Fuller, J.M. y Torres, J. (2018) Spanish in the United States. En C. Seals y S. Shah (eds.) *Heritage Language Policies around the World* (pp. 13–29). Nueva York: Routledge.

Fuller, J.M., Elsman, M. y Self, K. (2007) Addressing peers in a Spanish-English bilingual classroom. En K. Potowski y R. Cameron (eds.) *Spanish in Contact: Educational, Social, and Linguistic Inquiries* (pp. 135–151). Ámsterdam: John Benjamins.

Fullerton, J.A. y Kendrick, A. (2000) Portrayal of men and women in US Spanish-language television commercials. *Journalism & Mass Communication Quarterly* 77 (1), 128–142.

Gabrielson, R. (2017, 17 de octubre) It's a Fact: Supreme Court Errors Aren't Hard to Find. Recuperado del sitio web ProPublica: https://www.propublica.org/article/supreme-court-errors-are-not-hard-to-find

Gafaranga, J. y Torras, M.-C. (2002) Interactional otherness: Towards a redefinition of codeswitching. *International Journal of Bilingualism* 6 (1), 1–22.

Gal, S. (1998) Multiplicity and contention among ideologies: A commentary. En B.B. Schiefflin, K.A. Woolard y P.V. Kroskrity (eds.) *Language Ideologies: Practice and Theory* (pp. 317–331). Oxford: Oxford University Press.

Gándara, P. (2012) From González to Flores: A return to the Mexican room? En O. Santa Ana y C. Bustamante (eds.) *Arizona Firestorm* (pp. 121–144). Lanham, MD: Rowman & Littlefield.

Gándara, P. y Mordechay, K. (2017) Demographic change and the new (and not so new) challenges for Latino education. *The Educational Forum*, 81 (2), 148–159.

Gannon, M. (2016) Race is a social construct, scientists argue. *Scientific American*, 5 de febrero. Ver https://www.scientificamerican.com/article/race-is-a-social-construct-scientists-argue/.

García, A. y Gaddes, A. (2012) Weaving language and culture: Latina adolescent writers in an after-school writing project. *Reading & Writing Quarterly* 28 (2), 143–163.

Garcia, E.E. y Curry-Rodríguez, J.E. (2000) The education of limited English proficient students in California schools: An assessment of the influence of Proposition 227 in selected districts and schools. *Bilingual Research Journal* 24 (1–2), 15–35.

García, M. (2003) Recent research on language maintenance. *Annual Review of Applied Linguistics* 23, 22–43.

García, O. (1993) From Goya portraits to Goya beans: Elite traditions and popular streams in US Spanish language policy. *Southwest Journal of Linguistics* 12, 69–86.

García, O. (2005) Positioning heritage languages in the United States. *The Modern Language Journal* 89 (4), 601–605.

García, O. (2009a) *Bilingual Education in the 21st Century: A Global Perspective*. Malden, MA: John Wiley.

García, O. (2009b) Education, multilingualism and translanguaging in the 21st century. En T. Skutnabb-Kangas, R. Phillipson, A. Mohanty y M. Panda (eds.) *Social Justice through Multilingual Education* (pp. 140–158). Bristol: Multilingual Matters.

García, O. (2015) Language policy. En *International Encyclopedia of the Social & Behavioral Sciences, Vol. 13* (2ª ed.) (pp. 353–359). Ver https://ofeliagarciadotorg.files.wordpress.com/2011/02/ languagepolicy.pdf.

García, O., Johnson, S.I., Seltzer, K. y Valdés, G. (2017) *The Translanguaging Classroom: Leveraging Student Bilingualism for Learning*. Filadelfia, PA: Caslon.

García, O. y Wei, L. (2014) *Translanguaging: Language, Bilingualism and Education*. Nueva York: Palgrave Macmillan.

García, O., Morín, J.L. y Rivera, K. (2001) How threatened is the Spanish of New York Puerto Ricans? En J.A. Fishman (ed.). *Can Threatened Languages Be Saved?* (pp. 44–73). Clevedon: Multilingual Matters.

Garcia, S.E. (2018, 6 de julio) Andrés Cantor thinks everything sounds better in Spanish (especially 'gooool'). *The New York Times*. Recuperado de https://www.nytimes.com/2018/07/04/sports/ world-cup/andres-cantor-goooool.html.

García Bedolla, L. (2003) The identity paradox: Latino language, politics and selective disassociation. *Latino Studies* 1 (2), 264–283.

Gauthier, J. G. (2002) *Measuring America: The decennial censuses from 1790 to 2000*. US Census Bureau. http://www.census.gov/prod/2002pubs/pol02-ma.pdf.

Gelpí, H.G.A. (2011) The Insular Cases: A comparative historical study of Puerto Rico, Hawai'i, and the Philippines. *The Federal Lawyer* (marzo/abril), 22–25, 74.

Ghoshal, D. (2014) Newspapers that aren't dying: Ethnic communities in NYC. *The Atlantic*, 26 de junio. Ver https://www.theatlantic.com/business/archive/2014/06/newspapers-that-arent-dying/ 373492/.

Giles, H., Bourhis, R.Y. y Taylor, D.M. (1977) Towards a theory of language in ethnic group relations. En H. Giles (ed.) *Language, Ethnicity and Intergroup Relations* (pp. 307–344). Nueva York: Academic Press.

Gilman, D. (2011) A 'bilingual' approach to language rights: How dialogue between U.S. and international human rights law may improve the language rights framework. *Harvard Human Rights Journal* 24, 1–70.

Giroux, H.A. (1991) Series introduction: Rethinking the pedagogy of voice, difference, and cultural struggle. En C. Walsh (ed.) *Pedagogy and the Struggle for Voice: Issues of Language, Power and Schooling for Puerto Ricans* (pp. xv–xxvii). Nueva York: Bergin & Garvey.

Goble, R.A. (2016) Linguistic insecurity and lack of entitlement to Spanish among third-generation Mexican Americans in narrative accounts. *Heritage Language Journal* 13 (1), 29–54.

Gómez, L.E. (2007) *Manifest Destinies: The Making of the Mexican American Race*. Nueva York: New York University Press.

Gonzales-Berry, E. y Maciel, D.R. (2000) Introduction. En E. Gonzales-Berry y D.R. Maciel (eds.) *The Contested Homeland: A Chicano History of New Mexico* (pp. 1–9). Albuquerque, NM: University of New Mexico Press.

González, C.M. (2018) The renaissance of a Native Caribbean People: Taíno Ethnogenesis. *Smithsonian Voices*, 3 de octubre. Ver https://www.smithsonianmag.com/blogs/smithsonian-latino-center/2018/10/03/renaissance-native-caribbean-people-taino-ethnogenesis/.

Gonzalez, J. (2011) *Harvest of Empire: A History of Latinos in America* (2ª ed.). Nueva York: Penguin.

Gonzalez-Barrera, A. (2015) 'Mestizo' and 'mulatto': Mixed-race identities among U.S. Hispanics. *Fact Tank*, 10 de julio. Washington, DC: Pew Research Center. Ver http://www.pewresearch.org/fact-tank/2015/07/10/mestizo-and-mulatto-mixed-race-identities-unique-to-hispanics/.

Gonzalez-Barrera, A. y Krogstad, J.M. (2018) What we know about illegal immigration from Mexico. *Fact Tank*, 3 de diciembre. Washington, DC: Pew Research Center. Ver http://www. pewresearch.org/fact-tank/2018/12/03/what-we-know-about-illegal-immigration-from-mexico/.

Gonzalez-Barrera, A. y Lopez, M.H. (2015) Is being Hispanic a matter of race, ethnicity or both? *Fact Tank*, 15 de junio. Washington, DC: Pew Research Center. Ver http://www.pewresearch.org/fact-tank/2015/06/15/is-being-hispanic-a-matter-of-race-ethnicity-or-both/.

González Tosat, C. (2017) La radio en español en los Estados Unidos. *Informes Del Observatorio/Observatorio Reports* 027-01/2017SP. https://doi.org/10.15427/OR027-01/2017SP.

Gort, M. y Sembiante, S.F. (2015) Navigating hybridized language learning spaces through translanguaging pedagogy: Dual language preschool teachers' languaging practices in support of emergent bilingual children's performance of academic discourse. *International Multilingual Research Journal* 9 (1), 7–25.

Gorter, D. (2013) Linguistic landscapes in a multilingual world. *Annual Review of Applied Linguistics* 33, 190–212.

Gracia, J. (2000) *Hispanic/Latino Identity: A Philosophical Perspective*. Oxford: Blackwell.

Grosjean, F. (1982) *Life with Two Languages: An Introduction to Bilingualism*. Cambridge, MA: Harvard University Press.

Grosjean, F. (2001) The bilingual's language modes. En J. Nicol (ed.) *One Mind, Two Languages: Bilingual Language Processing* (pp. 1–22). Oxford: Blackwell.

Gross, A.J. (2008) *What Blood Won't Tell: A History of Race on Trial in America*. Cambridge, MA: Harvard University Press.

Grovum, J. (2014) A growing divide over official-English laws. *Stateline*, 8 de agosto. Washington, DC: Pew Research Center. Ver http://pew.org/1akfU1z.

Guarnizo, L.E. (1994) Los Dominicanyorks: The making of a binational society. *Annals of the American Academy of Political and Social Science* 533, 70–86.

Guerra, G. y Orbea, G. (2015) The argument against the use of the term 'Latinx'. *The Phoenix*, 19 de noviembre. Ver http://swarthmorephoenix.com/2015/11/19/the-argument-against-the-use-of-the-term-latinx/.

Guzmán, I.M. y Validivia, A.N. (2004) Brain, brow, and booty: Latina iconicity in U.S. popular culture. *The Communication Review* 7, 205–221.

Hames-Garcia, M. (2011) Queer Theory Revisited. En M. Hames-Garcia y E.J. Martinez (eds.) *Gay Latino Studies: A Critical Reader*, (pp. 19–45). Durham, NC: Duke University Press.

Harwood, J., Giles, H. y Bourhis, R.Y. (1994) The genesis of vitality theory: Historical patterns and discoursal dimensions. *International Journal of the Sociology of Language* 108 (1), 167–206.

Haugen, E. (1950) The analysis of linguistic borrowing. *Language* 26 (2), 210–231.

Haviland, J.B. (2003) Ideologies of language: Some reflections on language and U.S. Law. *American Anthropologist* 105 (4), 764–774.

Hedgpeth, D. (2019) Powhatan and his people: The 15,000 American Indians shoved aside by Jamestown's settlers. *The Washington Post*, 3 de agosto. Ver https://www.washingtonpost.com/history/2019/08/03/powhatan-his-people-american-indians-that-jamestowns-settlers-shoved-aside/.

Heller, M. (1999) *Linguistic Minorities and Modernity*. Londres: Longman.

Heller, M. (2002) Globalization and the commodification of bilingualism in Canada. En D. Block y D. Cameron (eds.) *Globalization and Language Teaching* (pp. 67–82). Londres: Routledge.

Heller, M. (2003) Globalization, the new economy, and the commodification of language and identity. *Journal of Sociolinguistics* 7, 473–493.

Heller, M. y Duchêne, A. (2007) Discourses of endangerment: Sociolinguistics, globalization. En A. Duchêne y M. Heller (eds.) *Discourses of Endangerment: Ideology and Interest in the Defence of Languages* (pp. 1–13). Nueva York: Continuum.

Helôt, C., Barni, M. y Janssens, R. (2012) Introduction. En C. Helôt, M. Barni y R. Janssens (eds.) *Linguistic Landscapes, Multilingualism and Social Change* (pp. 17–26). Frankfurt am Main: Peter Lang.

Henderson, K.I. (2017) Teacher language ideologies mediating classroom-level language policy in the implementation of dual language bilingual education. *Linguistics and Education* 42, 21–33.

Hepford, E.A. (2017) Language for profit: Spanish–English bilingualism in Lowe's Home Improvement. *International Journal of Bilingual Education and Bilingualism* 20 (6), 652–666.

Herman, D.M. (2007) It's a small world after all: From stereotypes to invented worlds in secondary school Spanish textbooks. *Critical Inquiry in Language Studies* 4 (2–3), 117–150.

Hernández, A.R. (2018) Florida lawsuit seeks Spanish translation of ballots, alleges voting rights violations affecting Puerto Ricans. *The Washington Post*, 16 de agosto. Ver https://www. washingtonpost. com/national/florida-lawsuit-seeks-spanish-translation-of-ballots-alleges-voting-rights-violations-affecting-puerto-ricans/2018/08/16/59f7776c-a171-11e8-93e3-24d1703d2a7a_ story.html.

Hernandez, K.L. (2017) How crossing the US-Mexico border became a crime. *The Conversation*, 1 de mayo. Ver http://theconversation.com/how-crossing-the-us-mexico-border-became-a-crime-74604.

Hernandez, T.K. (2002) Multiracial matrix: The role of race ideology in the enforcement of antidiscrimination laws, a United States-Latin America comparison. *Cornell Law Review* 87, 1093–1176.

Hill, J. (1995) Mock Spanish: The indexical reproduction of racism in American English. *Language & Culture*, 9 de octubre. Ver http://language-culture.binghamton.edu/symposia/2/part1/index.html.

Hill, J.H. (1998) Language, race, and white public space. *American Anthropologist* 100 (3), 680–689.

Hill, J.H. (2005) Intertextuality as source and evidence for indirect indexical meanings. *Journal of Linguistic Anthropology* 15 (1), 113–124.

Hill, J.H. (2008) *The Everyday Language of White Racism*. Oxford: Blackwell.

Hinrichs, E. (2016) Spanish heritage program at Roosevelt High helps boost Latino graduation rates, students voice. *MinnPost*, 7 de marzo. Ver https://www.minnpost.com/education/2016/03/spanish-heritage-program-roosevelt-high-helps-boost-latino-graduation-rates-studen/.

Hinojos, S.V. (2019) Lupe Vélez and her spicy visual "accent" in English-language print media. *Latino Studies* 17 (3), 338–361.

Hodges, S. (2015) Local pastors lead Hispanic outreach. *United Methodist News Service*, 1 de octubre. Ver https://www.umnews.org:443/en/news/local-pastors-lead-hispanic-outreach.

Hoffman, A. (1974) *Unwanted Mexican Americans in the Great Depression: Repatriation Pressures, 1929–1939*. Tucson, AZ: University of Arizona Press.

Holguín Mendoza, C. (2018a) Critical language awareness (CLA) for Spanish Heritage language programs: Implementing a complete curriculum. *International Multilingual Research Journal* 12 (2), 65–79.

Holguín Mendoza, C. (2018b) Sociolinguistic capital and Fresa identity formations on the U.S.-Mexico border. *Frontera Norte* 60.

Holguín Mendoza, C. y Taylor, A. (de próxima publicación 2021) Spanish heritage language learners abroad: Inclusive pedagogies for critical sociocultural-linguistic literacy En R. Pozzi, T. Quan, y C. Escalante (eds.) *Heritage Speakers of Spanish and Study Abroad*. Nueva York: Routledge.

Hornberger, N.H. (2005) Opening and filling up implementational and ideological spaces in heritage language education. *The Modern Language Journal* 89 (4), 605–609.

Hornberger, N.H. y Johnson, D.C. (2007) Slicing the onion ethnographically: Layers and spaces in multilingual language education policy and practice. *TESOL Quarterly* 41 (3), 509–532.

Hornberger, N.H. y Wang, S.C. (2008) Who are our heritage language learners? Identity and biliteracy in heritage language education in the United States. En D. Brinton, O. Kagan y S. Bauckus (eds.) *Heritage Language Education: A New Field Emerging* (pp. 3–35). Nueva York: Routledge.

Horner, K. y Weber, J.-J. (2018) *Introducing Multilingualism A Social Approach* (2ª ed.). Nueva York: Routledge.

Horsman, R. (1981) *Race and Manifest Destiny*. Cambridge, MA: Harvard University Press.

Hult, F.M. (2014) Drive-thru linguistic landscaping: Constructing a linguistically dominant place in a bilingual space. *International Journal of Bilingualism* 18 (5), 507–523.

Hult, F.M. y Hornberger, N.H. (2016) Revisiting orientations in language planning: Problem, right, and resource as an analytical heuristic. *Bilingual Review/Revista Bilingüe* 33 (3), 30–49.

Hunt, K. (2007) Gingrich: Bilingual classes teach 'ghetto' language. *The Washington Post*, 1 de abril. Ver http://www.washingtonpost.com/wp-dyn/content/article/2007/03/31/AR2007033100992.html.

Hunter, M. (2016) Colorism in the classroom: How skin tone stratifies African American and Latina/o students. *Theory into Practice* 55 (1), 54–61.

Huntington, S.P. (2004) *Who Are We? The Challenges to America's National Identity*. Nueva York: Simon & Schuster.

Hurtado, A. y Cantú, N.E. (eds.) (2020) *MeXicana Fashions: Politics, Self-adornment, and Identity Construction*. Austin, TX: University of Texas Press.

Husband, C. y Khan, V.S. (1982) The viability of ethnolinguistic vitality: Some creative doubts. *Journal of Multilingual and Multicultural Development* 3 (3), 193–205.

Ignatiev, N. (1995) *How the Irish Became White*. Londres: Routledge.

Inoue, M. (2006) *Vicarious Language: Gender and Linguistic Modernity in Japan*. Berkeley, CA: University of California Press.

Instituto Cervantes (2018) *El español, una lengua viva: Informe 2018*. Centro Virtual Cervantes. Ver https://cvc.cervantes.es/lengua/espanol_lengua_viva/.

Irvine, J.T. (1989) When talk isn't cheap: Language and political economy. *American Ethnologist* 16 (2), 248–267.

Irvine, J. y Gal, S. (2000) Language ideology and linguistic differentiation. En P. Kroskrity (ed.) *Regimes of Language: Ideologies, Polities, and Identities* (pp. 35–83). Santa Fe, NM: School of American Research Press.

Jacobs, B., Ryan, A.M., Henrichs, K.S. y Weiss, B.D. (2018) Medical interpreters in outpatient practice. *Annals of Family Medicine* 16 (1), 70–76.

Jacobson, M.F. (1998) *Whiteness of a Different Color: European Immigrants and the Alchemy of Race*. Cambridge, MA: Harvard University Press.

Jaffe, A. (ed.) (2009) *Stance: Sociolinguistic Perspectives*. Nueva York: Oxford University Press.

Jenkins, D. (2018) Spanish language use, maintenance, and shift in the United States. En K. Potowski (ed.) *The Routledge Handbook of Spanish as a Heritage Language* (pp. 53–65). Nueva York: Routledge.

Jobling, M.A., Rasteiro, R. y Wetton, J.H. (2016) In the blood: The myth and reality of genetic markers of identity. *Ethnic and Racial Studies* 39 (2), 142–161.

Johnson, D.C. y Ricento, T. (2013) Conceptual and theoretical perspectives in language planning and policy: Situating the ethnography of language policy. *International Journal of the Sociology of Language* 219, 7–21.

Johnstone, B. (2009) Stance, style, y the linguistic individual. En A. Jaffe (ed.) *Stance: Sociolinguistic Perspectives* (pp. 29–52). Oxford: Oxford University Press.

Johnstone, B. (2010) Indexing the local. En N. Coupland (ed.) *Handbook of Language and Globalization* (pp. 386–405). Malden, MA: Wiley-Blackwell.

June-Friesen, K. (2005) Recasting New Mexico history. *Alibi*, 20 de octubre. Ver https://alibi.com/feature/13065/Recasting-New-Mexico-History.html.

Kam, D. (2019) State advances plan for Spanish-language ballots. *News Service of Florida*, 24 de julio. Ver https://news.wjct.org/post/state-advances-plan-spanish-language-ballots.

Kamen, H. (2008) The myth of a universal language. En H. Kamen, *Imagining Spain* (pp. 150–171). New Haven, CT: Yale University Press.

Katzew, I. (2005) *Casta Painting: Images of Race in Eighteenth-century Mexico*. New Haven, CT: Yale University Press.

Kelly-Holmes, H. y Milani, T.M. (2011) Thematising multilingualism in the media. *Journal of Language and Politics* 10 (4), 467–489.

Kim, Y.K., Hutchison, L.A. y Winsler, A. (2015) Bilingual education in the United States: An historical overview and examination of two-way immersion. *Educational Review* 67 (2), 236–252.

King, K.A. (2009) Spanish language education policy in the US: Paradoxes, pitfalls and promises. En M. Lacorte y J. Leeman (eds.) *Español en Estados Unidos y otros contextos de contacto: Sociolingüística, ideología y pedagogía* (pp. 303–323). Madrid: Iberoamericana.

King, K.A. (2016) Language policy, multilingual encounters, and transnational families. *Journal of Multilingual and Multicultural Development* 37 (7), 726–733.

King, K.A. y Ennser-Kananen, J. (2013) Heritage languages and language policy. En C.A. Chapelle (ed.) *The Encyclopedia of Applied Linguistics*. Ver http://onlinelibrary.wiley.com/ doi/10.1002/9781405198431.wbeal0500/full.

King, K.A. y Fogle, L. (2006) Bilingual parenting as good parenting: Parents' perspectives on family language policy for additive bilingualism. *International Journal of Bilingual Education and Bilingualism* 9 (6), 695–712.

King, K.A., Fogle, L. y Logan-Terry, A. (2008) Family language policy. *Language and Linguistics Compass* 2 (5), 907–922.

Kloss, H. (1968) Notes concerning a language-nation typology. *Language Problems of Developing Nations* (pp. 69–85). Malden, MA: John Wiley.

Kloss, H. (1977) *The American Bilingual Tradition*. Rowley, MA: Newbury House.

Knafo, S. (2013) When it comes to illegal drug use, White America does the crime, Black America gets the Time. *Huffington Post*, 17 de septiembre. Ver https://www.huffingtonpost.com/2013/09/17/racial-disparity-drug-use_n_3941346.html.

Koc-Menard, N. (2017) Processes of racialization after political violence: The discourse of marginality in the community of Chapi, Ayacucho. En M. Back y V. Zavala (eds), *Racialization and language: Interdisciplinary perspectives from Peru* (pp. 66–91). Nueva York: Routledge.

Konopka, K. y Pierrehumbert, J. (2008) Vowels in contact: Mexican heritage English in Chicago. *Texas Linguistic Forum* 52, 94–103.

Koontz-Garboden, A. (2004) Language contact and Spanish aspectual expression: A formal analysis. *Lingua* 114, 1291–1330.

Kroll J.F. y De Groot, A.M.B. (2005) *Handbook of Bilingualism: Psycholinguistic Approaches.* Nueva York: Oxford University Press.

Kroskrity, P. (2000) Identity. *Journal of Linguistic Anthropology* 9 (1–2), 111–114.

Kroskrity, P. (2004) Language ideologies. En A. Duranti (ed.) *A Companion to Linguistic Anthropology* (pp. 496–517). Malden MA: Blackwell.

Kurtzleben, D. (2017) Fact check: Are DACA recipients stealing jobs away from other Americans? *NPR.org*, 6 de septiembre. Ver https://www.npr.org/2017/09/06/548882071/fact-check-are-daca-recipients-stealing-jobs-away-from-other-americans.

Lado, B. y Quijano, C. (2020) Ideologies, Identity, Capital, and Investment in a Critical Multilingual Spanish Classroom. *Critical Multilingualism Studies*, 8(1), 135–164. Ver https://cms.arizona.edu/index.php/multilingual/article/view/210/306.

Lambert, W.E. (1975) Culture and language as factors in learning and education. En A. Wolfgang (ed.), *Education of jmmigrant students.* Toronto: Ontario Institute for Studies in Education.

Lambert, W.E., Frankle, H. y Tucker, G.R. (1966) Judging personality through speech: A French-Canadian example. *Journal of Communication* 16 (4), 305–321.

Landry, R. y Bourhis, R.Y. (1997) Linguistic landscape and ethnolinguistic vitality: An empirical study. *Journal of Language and Social Psychology* 16 (1), 23–49.

Leeman, J. (2004) Racializing language: A history of linguistic ideologies in the US census. *Journal of Language and Politics* 3 (3), 507–534.

Leeman, J. (2005) Engaging critical pedagogy: Spanish for native speakers. *Foreign Language Annals* 38, 35–45.

Leeman, J. (2007) The value of Spanish: Shifting ideologies in United States language teaching. *ADFL Bulletin* 38 (1–2), 32–39.

Leeman, J. (2010) The sociopolitics of heritage language education. En S. Rivera-Mills y D. Villa (eds.) *Spanish of the US Southwest: A Language in Transition* (pp. 309–317). Madrid: Iberoamericana.

Leeman, J. (2012a) Illegal accents: Qualifications, discrimination and distraction in Arizona's monitoring of teachers. En *Arizona Firestorm* (pp. 145–166). Lanham, MD: Rowman & Littlefield.

Leeman, J. (2012b) Investigating language ideologies in Spanish as a heritage language. En S.M. Beaudrie y M. Fairclough (eds.) *Spanish as a Heritage Language in the United States: The State of the Field* (pp. 43–59). Washington, DC: Georgetown University Press.

Leeman, J. (2013) Categorizing Latinos in the history of the US Census: The official racialization of Spanish. En J.D. Valle (ed.) *A Political History of Spanish: The Making of a Language* (pp. 305–323). Cambridge: Cambridge University Press.

Leeman, J. (2014) Critical approaches to the teaching of Spanish as a local-foreign language. En M. Lacorte (ed.) *The Handbook of Hispanic Applied Linguistics* (pp. 275–292). Nueva York: Routledge.

Leeman, J. (2015) *Cognitive Testing of the American Community Survey: Language Questions in Spanish.* Center for Survey Measurement Study Series No. 2015-02.Washington, DC : US Census Bureau, Research and Methodology Directorate. Ver https://www.census.gov/srd/ papers/pdf/ssm2015-02.pdf.

Referencias

Leeman, J. (2016) La clasificación de los latinos y latinas en la historia del censo de los Estados Unidos: La racialización oficial de la lengua española. En J. Del Valle (ed.), *La historia política del español* (pp. 354–379). Madrid: Editorial Aluvión.

Leeman, J. (2017) Censuses and Large-Scale Surveys in Language Research. En K.A. King, Y.-J. Lai y S. May (eds), *Research Methods in Language and Education* (pp. 83–97). https://doi. org/10.1007/978-3-319-02249-9_8.

Leeman, J. (2018a) Becoming Hispanic: The negotiation of ethnoracial identity in US census interviews. *Latino Studies* 16 (4), 432–460. https://doi.org/10.1057/s41276-018-0147-6.

Leeman, J. (2018b) Critical language awareness and Spanish as a heritage language: Challenging the linguistic subordination of US Latinxs. En K. Potowski (ed.) *Handbook of Spanish as a Minority/ Heritage Language* (pp. 345–358). Nueva York: Routledge.

Leeman, J. (2018c) It's all about English: The interplay of monolingual ideologies, language policies and the U.S. Census Bureau's statistics on multilingualism. *International Journal of the Sociology of Language* 252, 21–43.

Leeman, J. (2020) Los datos censales en el estudio del multilingüismo y la migración: Cuestiones ideológicas y consecuencias epistémicas. *Iberoromania*. 2020(91): 77-92.

Leeman, J. y King, K. (2015) Heritage language education: Minority language speakers, second language instruction, and monolingual schooling. En M. Bigelow y J. Ennser-Kananen (eds.) *The Routledge Handbook of Educational Linguistics* (pp. 210–223). Nueva York: Routledge.

Leeman, J. y Martínez, G. (2007) From identity to commodity: Ideologies of Spanish in heritage language textbooks. *Critical Inquiry in Language Studies* 4, 35–65.

Leeman, J. y Modan, G. (2010) Selling the city: Language, ethnicity and commodified space. En E. Shohamy, E. Ben-Rafael y M. Barni (eds.) *Linguistic Landscape in the City* (pp. 182–198). Bristol: Multilingual Matters.

Leeman, J. y Rabin, L. (2007) Reading language: Critical perspectives for the literature classroom. *Hispania* 90, 304–315.

Leeman, J. y Serafini, E.J. (2016) Sociolinguistics for heritage language educators and students: A model for critical translingual competence. En M. Fairclough y S.M. Beaudrie (eds.) *Innovative Strategies for Heritage Language Teaching* (pp. 56–79). Washington, DC: Georgetown University Press.

Leeman, J. y Serafini, E.J. (2020) 'It's not fair': Discourses of deficit, equity, and effort in mixed HL/L2 Spanish classes. *Journal of Language, Identity & Education*.

Leeman, J., Rabin, L. y Román-Mendoza, E. (2011) Critical pedagogy beyond the classroom walls: Community service-learning and Spanish heritage language education. *Heritage Language Journal* 8 (3), 293–314.

Lepore, J. (2002) *A is for American: Letters and Other Characters in the Newly United States*. Nueva York: Alfred A. Knopf.

Lewis, L.A. (2000) Blacks, Black Indians, Afromexicans: The dynamics of race, nation, and identity in a Mexican 'moreno' community (Guerrero). *American Ethnologist* 27 (4), 898–926.

Lichter, S.R. y Amundson, D.R. (1997) Distorted reality: Hispanic characters in TV entertainment. En C.E. Rodríguez (ed.) *Latin Looks: Images of Latinas and Latinos in the U.S. Media* (pp. 57–72). Boulder, CO: Westview Press.

Liebler, C.A., Rastogi, S., Fernandez, L.E., Noon, J.M. y Ennis, S.R. (2017) America's churning races: Race and ethnic response changes between Census 2000 and the 2010 Census. *Demography* 54 (1), 259–284.

Lindholm-Leary, K. (2001) *Dual Language Education*. Clevedon: Multilingual Matters.

Lindholm-Leary, K. (2014) Bilingual and biliteracy skills in young Spanish-speaking low-SES children: Impact of instructional language and primary language proficiency. *International Journal of Bilingual Education and Bilingualism* 17 (2), 144–159.

Lindholm-Leary, K. (2016) Bilingualism and academic achievement in children in dual language programs. En E. Nicoladis y S. Montanari (eds.) *Bilingualism Across the Lifespan: Factors Moderating Language Proficiency* (pp. 203–223). Washington, DC: APA Books.

Lindholm-Leary, K. y Hernández, A. (2011) Achievement and language proficiency of Latino students in dual language programmes: Native English speakers, fluent English/previous ELLs, and current ELLs. *Journal of Multilingual and Multicultural Development* 32 (6), 531–545.

Linton, A. (2004) A critical mass model of bilingualism among U.S.-born Hispanics. *Social Forces* 83 (1), 279–314.

Lippi-Green, R. (1994) Accent, standard language ideology, and discriminatory pretext in the courts. *Language in Society* 23, 163–198.

Lippi-Green, R. (2012) *English with an Accent: Language, Ideology and Discrimination in the United States* (2ª ed.). Londres: Routledge.

Lipski, J. (1993) Creoloid phenomena in the Spanish of transitional bilinguals. En A. Roca y J. Lipski (eds.) *Spanish in the United States: Linguistic Contact and Diversity* (pp. 155–182). Berlín: Mouton de Gruyter.

Lipski, J.M. (2002) Rethinking the place of Spanish. *PMLA* 117 (5), 1247–1251.

Lipski, J.M. (2003) La lengua española en los Estados Unidos: Avanza a la vez que retrocede. *Revista Española de Lingüística* 33 (2), 231–260.

Lipski, J.M. (2005) *A History of Afro-Hispanic Language: Five Centuries, Five Continents*. Cambridge: Cambridge University Press.

Lipski, J.M. (2007) The evolving interface of U.S. Spanish: Language mixing as hybrid vigor. http://citeseerx.ist.psu.edu/viewdoc/summary?doi=10.1.1.131.7959.

Lipski, J.M. (2008) *Varieties of Spanish in the United States*. Washington, DC: Georgetown University Press.

Liu, A.H., Sokhey, A.E., Kennedy, J.B. y Miller, A. (2014) Immigrant threat and national salience: Understanding the 'English official' movement in the United States. *Research & Politics* 1 (1), 1–8.

Livingston, G. y Brown, A. (2017) *Intermarriage in the U.S. 50 Years After Loving v. Virginia*. Washington, DC: Pew Research Center. Ver https://www.pewsocialtrends.org/wp-content/uploads/sites/3/2017/05/Intermarriage-May-2017-Full-Report.pdf.

Llamoca, J. (2019) Dora the Explorer and the quest for authentic Indigenous representations. *The New York Times*, 23 de agosto. Ver https://www.nytimes.com/2019/08/23/movies/dora-the-explorer-peru.html.

Long, D. y Preston, D.R. (eds.) (2002) *Handbook of Perceptual Dialectology, Vol. 2*. Ámsterdam: John Benjamins.

Looney, D. y Lusin, N. (2018) Enrollments in Languages Other than English in United States Institutions of Higher Education, Summer 2016 and Fall 2016: Preliminary Report. Nueva York: Modern Language Association.

Lope Blanch, J. (1986) *El estudio del español hablado culto: Historia de un proyecto*. México, DF: UNAM.

Lope Blanch, J. (2001) La norma lingüística hispánica. Presented at the Congreso Internacional de la Lengua Española: El español en la Sociedad de la Información, 16 de octubre. Ver https://revistas-filologicas.unam.mx/anuario-letras/index.php/al/article/viewFile/3/3.

López, G. y Gonzalez-Barrera, A. (2016) Afro-Latino: A deeply rooted identity among U.S. Hispanics. *Fact Tank*, 1 de marzo. Washington, DC: Pew Research Center. Ver http://www. pewresearch.org/fact-tank/2016/03/01/afro-latino-a-deeply-rooted-identity-among-u-s-hispanics/.

López, G. y Patten, E. (2015) *The Impact of Slowing Immigration: Foreign-born Share Falls among 14 Largest U.S. Hispanic Origin Groups*. Washington, DC: Pew Research Center.

López, I. (2005) Borinkis and chop suey: Puerto Rican identity in Hawai'i, 1900 to 2000. En C.T. Whalen y V. Vázquez-Hernández (eds.) *Puerto Rican Diaspora* (pp. 43–67). Filadelfia, PA: Temple University Press.

Lopez, M.H. y Gonzalez-Barrera, A. (2013) A growing share of Latinos get their news in English. *Hispanic Trends*, 23 de julio. Washington, DC: Pew Research Center.

Lopez, M.H., Gonzalez-Barrera, A. y López, G. (2017) Hispanic identity fades across generations as immigrant connections fall away. *Hispanic Trends*, 20 de diciembre. Washington, DC: Pew Research Center. Ver http://www.pewhispanic.org/2017/12/20/hispanic-identity-fades-across-generations-as-immigrant-connections-fall-away.

Lopez, M.H., Krogstad, J.M. y Flores, A. (2018) Hispanic parents' Spanish use with children falls as generations pass. *Fact Tank*, 2 de abril. Washington, DC: Pew Research Center. Ver http://www.pewresearch.org/fact-tank/2018/04/02/most-hispanic-parents-speak-spanish-to-their-children-but-this-is-less-the-case-in-later-immigrant-generations/.

López, M.M. (2012) Children's language ideologies in a first-grade dual-language class. *Journal of Early Childhood Literacy* 12 (2), 176–201.

López, N. (2013) Killing two birds with one stone? Why we need two separate questions on race and ethnicity in the 2020 census and beyond. *Latino Studies* 11 (3), 428–438.

López, V. (2018) 'Todes les diputades': El lenguaje inclusivo avanza entre los jóvenes y genera polémica. *Clarín*, 6 de diciembre. Ver https://www.clarin.com/sociedad/todes-diputades-lenguaje-inclusivo-avanza-jovenes-genera-polemica_0_Sy6mQt6em.html.

Loveman, M. (2014) *National Colors: Racial Classification and the State in Latin America*. Oxford: Oxford University Press.

Lowenthal, A.F. (1970) The United States and the Dominican Republic to 1965: Background to intervention. *Caribbean Studies* 10 (2), 30–55.

Lowther Pereira, K. (2015) Developing critical language awareness via service-learning for Spanish heritage speakers. *Heritage Language Journal* 12 (2), 159–185.

Loza, S. (2017) Transgressing standard language ideologies in the Spanish heritage language (SHL) classroom. *Chiricù Journal: Latina/o Literature, Art, and Culture* 1 (2), 56–77. https://doi. org/10.2979/ chiricu.1.2.06.

Lozano, R. (2018) *An American Language: The History of Spanish in the United States*. Oakland, CA: University of California Press.

Lutz, A. (2006) Spanish maintenance among English-speaking Latino youth: The role of individual and social characteristics. *Social Forces* 84 (3), 1417–1433.

Lynch, A. (2000) The subjunctive in Miami Cuban Spanish: Bilingualism, contact, and language variability. PhD dissertation, University of Minnesota.

Lynch, A. (2018) A historical view of US Latinidad and Spanish as a heritage language. En K. Potowski (ed.) *Handbook of Spanish as a Minority/Heritage Language* (pp. 17–35). Nueva York: Routledge.

Lynch, A. y Potowski, K. (2014) La valoración del habla bilingüe en los Estados Unidos: Fundamentos sociolingüísticos y pedagógicos en 'Hablando bien se entiende la gente'. *Hispania* 97 (1), 32–46.

Lyons, K. y Rodríguez-Ordóñez, I. (2015) Public legacies: Spanish-English (in)authenticity in the linguistic landscape of Pilsen, Chicago. *University of Pennsylvania Working Papers in Linguistics* 21 (2), 14.

Macedo, D. (1997) English only: The tongue-tying of America. En A. Darder, R.D. Torres y H. Gutierrez (eds.) *Latinos and Education: A Critical Reader* (pp. 269–278). Nueva York: Routledge.

MacGregor-Mendoza, P. (2000) Aquí no se habla español: Stories of linguistic repression in southwest schools. *Bilingual Research Journal* 24 (4), 355–367.

Macías, R.F. (2014) Spanish as the second national language of the United States: Fact, future, fiction, or hope? *Review of Research in Education* 38 (1), 33–57.

MacSwan, J. (2014) *A Minimalist Approach to Intrasentential Code Switching*. Nueva York: Routledge.

Makoni, S. y Pennycook, A. (2005) Disinventing and (re)constituting languages. *Critical Inquiry in Language Studies* 2, 137–156.

Malavé, I. y Giordani, E. (2015) *Latino Stats: American Hispanics by the Numbers*. Nueva York: The New Press.

Mangual Figueroa, A. (2012) 'I have papers so I can go anywhere!': Everyday talk about citizenship in a mixed-status Mexican family. *Journal of Language, Identity & Education* 11 (5), 291–311.

Markert, J. (2010) The changing face of racial discrimination: Hispanics as the dominant minority in the USA – a new application of power-threat theory. *Critical Sociology* 36 (2), 307–327.

Markham, L. (2019) How climate change is pushing Central American migrants to the US. *The Guardian*, 6 de abril. Ver https://www.theguardian.com/commentisfree/2019/apr/06/us-mexico-immigration-climate-change-migration.

Referencias

Mar-Molinero, C. y Paffey, D. (2011) Linguistic imperialism: Who owns Global Spanish? En M. Díaz-Campos (ed.) *The Handbook of Hispanic Sociolinguistics* (pp. 747–764). Malden, MA: John Wiley.

Márquez, C. (2018) Becoming Pedro: 'Playing Mexican' at South of the Border. *Latino Studies* 16 (4), 461–481.

Márquez Reiter, R. y Martín Rojo, L. (2014) Introduction: Exploring Latin American communities across regions and communicative arenas. En R. Márquez Reiter y L. Martín Rojo (eds.) *A Sociolinguistics of Diaspora* (pp. 1–11). Nueva York: Routledge.

Martinez, D. (2015) *Jane the Virgin* proves diversity is more than skin deep. *The Atlantic*, 19 de octubre. Ver https://www.theatlantic.com/entertainment/archive/2015/10/jane-the-virgin-telenovelas/409696/.

Martinez, D. (2017) Op-Ed: The case against 'Latinx'. *Los Angeles Times*, 17 de diciembre. Ver http://www.latimes.com/opinion/op-ed/la-oe-hernandez-the-case-against-latinx-20171217-story.html.

Martínez, G. (2003) Classroom based dialect awareness in heritage language instruction: A critical applied linguistic approach. *Heritage Language Journal* 1.

Martínez, G. (2007) Writing back and forth: The interplay of form and situation in heritage language composition. *Language Teaching Research* 11 (1), 31–41.

Martínez, G. (2008) Language-in-healthcare policy, interaction patterns, and unequal care on the U.S.-Mexico border. *Language Policy* 7 (4), 345–363.

Martínez, G. (2009) Language in healthcare policy and planning along the U.S. Mexico border. En M. Lacorte y J. Leeman (eds.) *Español en Estados Unidos y otros Contextos de Contacto: Sociolingüística, Ideología y Pedagogía* (pp. 255–269). Madrid: Iberoamericana.

Martínez, G. (2010) Language and power in healthcare: Towards a theory of language barriers among linguistic minorities in the United States. En J. Watzke, P. Chamness y M. Mantero (eds.) *Readings in Language Studies: Language and Power* (Vol. 2, pp. 59–74). Lakewood, FL: International Society for Language Studies.

Martínez, G. (2014) Vital Signs: A photovoice assessment of the linguistic landscape in Spanish in healthcare facilities along the US-Mexico border. *International Journal of Communication and Health* 14, 18–24.

Martínez, G. y Schwartz, A. (2012) Elevating 'low' language for high stakes: A case for critical, community-based learning in a medical Spanish for heritage learners program. *Heritage Language Journal* 9, 37–49.

Martínez, R. A., Hikida, M. y Durán, L. (2015) Unpacking ideologies of linguistic purism: How dual language teachers make sense of everyday translanguaging. *International Multilingual Research Journal* 9 (1), 26–42.

Martínez-Roldán, C.M. (2013) The representation of Latinos and the use of Spanish: A critical content analysis of Skippyjon Jones. *Journal of Children's Literature* 39 (1), 5–14.

Martínez-Roldán, C.M. (2015) Translanguaging practices as mobilization of linguistic resources in a Spanish/English bilingual after-school program: An analysis of contradictions. *International Multilingual Research Journal* 9 (1), 43–58.

Massey, D.S. (2016) The Mexico-U.S. border in the American imagination. *Proceedings of the American Philosophical Society* 160 (2), 160–177.

May, S. (2001) *Language and Minority Rights: Ethnicity, Nationalism and the Politics of Language.* Harlow: Longman.

McCarty, T.L. (2016) Policy and politics of language revitalization in the USA and Canada. En S.M. Coronel-Molina y T.L. McCarty (eds.) *Indigenous Language Revitalization in the Americas* (pp. 15–34). Nueva York: Routledge.

McCarty, T.L. y Lee, T. (2014) Critical culturally sustaining/revitalizing pedagogy and Indigenous education sovereignty. *Harvard Educational Review* 84 (1), 101–124.

McKay Wilson, D. (2011) Dual language programs on the rise: 'Enrichment' model puts content learning front and center for ELL students. *Harvard Education Letter* 27 (2).

Meador, E. (2005) The making of marginality: Schooling for Mexican immigrant girls in the rural southwest. *Anthropology and Education Quarterly* 36 (2), 149–164.

Megenney, W.W. (1983) Common words of African origin used in Latin America. *Hispania* 66 (1), 1–10.

Mendible, M. (ed.) (2010) *From Bananas to Buttocks: The Latina Body in Popular Film and Culture.* Austin, TX: University of Texas Press.

Mendoza-Denton, N. (2008) *Homegirls: Language and Cultural Practice among Latina Youth Gangs.* Malden, MA: Blackwell.

Menjívar, C. y Gómez Cervantes, A. (2018, 27 de agosto) El Salvador: Civil war, natural disasters, and gang violence drive migration. *MPI Profile*, 27 de agosto. Ver https://www.migrationpolicy.org/article/el-salvador-civil-war-natural-disasters-and-gang-violence-drive-migration.

Menken, K., y Sánchez, M. T. (2019) Translanguaging in English-Only Schools: From Pedagogy to Stance in the Disruption of Monolingual Policies and Practices. *TESOL Quarterly, 53*(3), 741–767.

Menken, K. y Solorza, C. (2014) No child left bilingual: Accountability and the elimination of bilingual education programs in New York City schools. *Educational Policy* 28 (1), 96–125.

Mersha, T.B. y Abebe, T. (2015) Self-reported race/ethnicity in the age of genomic research: Its potential impact on understanding health disparities. *Human Genomics* 9 (1), 1.

Metcalf, A. (1979) *Chicano English.* Washington, DC: Center for Applied Linguistics.

Migration Policy Institute (s.f.). *Countries of Birth for U.S. Immigrants, 1960–Present.* Washington, DC: Migration Policy Institute. Ver https://www.migrationpolicy.org/programs/data-hub/charts/immigrants-countries-birth-over-time.

Milian, C. (ed.) (2017) *Cultural Dynamics.* Special Issue 29 (3) on Theorising LatinX.

Milroy, J. (2007) The ideology of the standard language. En C. Llamas, L. Mullany y P. Stockwell (eds.) *Routledge Companion to Sociolinguistics* (pp. 133–139). Londres: Routledge.

Milroy, J. y Milroy, L. (1999) *Authority in Language* (3ª ed.). Londres: Routledge.

Milroy, L. (2002) Social networks. En J.K. Chambers, P. Trudgill y N. Schilling-Estes (eds.) *The Handbook of Language Variation and Change* (pp. 549–572). Oxford: Blackwell.

Referencias

Misra, T. (2016) Yes, the Fair Housing Act protects non-English speakers. *CityLab*, 15 de septiembre. Ver http://www.citylab.com/housing/2016/09/yes-the-fair-housing-act-protects-non-english-speakers/500210/.

Mitchell, T.D., Jaworski, A. y Thurlow, C. (2010) "A Latino community takes hold": Reproducing semiotic landscapes in media discourse. *Semiotic landscapes: Language, image, space* 168–186.

Mithun, M. (2001) *The Languages of Native North America*. Cambridge: Cambridge University Press.

Mize, R.L. y Swords, A.C.S. (2010) *Consuming Mexican Labor: From the Bracero Program to NAFTA*. Toronto: University of Toronto Press.

Molina-Guzmán, I. (2010) *Dangerous Curves: Latina Bodies in the Media*. Nueva York: New York University Press.

Montes-Alcalá, C. (2000) Attitudes towards oral and written codeswitching in Spanish-English bilingual youths. En A. Roca (ed.) *Research on Spanish in the U.S.* (pp. 218–227). Somerville, MA: Cascadilla Press.

Montes-Alcalá, C. (2011) ¿Mejor o peor español? Actitudes lingüísticas de universitarios hispanohablantes en Estados Unidos. *Studies in Hispanic and Lusophone Linguistics* 4 (1), 35–54.

Montes-Alcalá, C. (2015) Code-switching in US Latino literature: The role of biculturalism. *Language and Literature* 24 (3), 264–281. Moreno-Fernández, F. (2020). *Variedades de la lengua española*. Nueva York: Routledge. https://doi.org/10.4324/9780429426988.

Montgomery, D. (2006) An anthem's discordant notes: Spanish version of 'Star-Spangled Banner' draws strong reactions. *The Washington Post*, 28 de abril. Ver https://www.washingtonpost.com/archive/politics/2006/04/28/an-anthems-discordant-notes-span-classbankheadspanish-version-of-star-spangled-banner-draws-strong-reactionsspan/5885bf36-cf07-4c56-a316-f76e7d17c158/.

Montoya, M.C. (2011) Expression of possession in Spanish in contact with English: A sociolinguistic study across two generations in the greater New York metropolitan area. PhD thesis, University at Albany, State University of New York.

Montrul, S. (2004) Subject and object expression in Spanish heritage speakers: A case of morphosyntactic convergence. *Bilingualism: Language and cognition* 7 (2), 125–142.

Montrul, S. (2007) Interpreting mood distinctions in Spanish as a heritage language. En K. Potowski y R. Cameron (eds.) *Spanish in Contact: Policy, Social and Linguistic Inquiries* (pp. 23–40). Filadelfia, PA: John Benjamins.

Mora, G.C. (2014) *Making Hispanics: How Activists, Bureaucrats, and Media Constructed a New American*. Chicago, IL: University of Chicago Press.

Mora, G.C. y Rodríguez-Muñiz, M. (2017) Latinos, race, and the American future: A response to Richard Alba's 'The likely persistence of a White majority'. *New Labor Forum* 26 (2), 40–46.

Mora, M.T., Dávila, A. y Rodríguez, H. (2017) Education, migration, and earnings of Puerto Ricans on the island and US mainland: Impact, outcomes, and consequences of an economic crisis. *Migration Studies* 5 (2), 168–189.

Morales, P.Z. (2016) Transnational practices and language maintenance: Spanish and Zapoteco in California. *Children's Geographies* 14 (4), 375–389.

Moran, K.C. (2007) The growth of Spanish-language and Latino-themed television programs for children in the United States. *Journal of Children and Media* 1 (3), 294–300.

Moran, R.F. (2009) The untold story of Lau v. Nichols. En M. Lacorte y J. Leeman (eds.) *Español en Estados Unidos y Otros Contextos de Contacto: Sociolingüística, ideología y pedagogía* (pp. 277–302). Madrid: Iberoamericana.

Moran, R. (2015) Undone by law: The uncertain legacy of Lau v. Nichols. *Berkeley La Raza Law Journal* 16 (1). https://doi.org/10.15779/Z38J94M.

Moreno, M. y Benavides, M. (2019) Dynamics of ethnic and racial self-identification in contemporary Peru. *Ethnic and Racial Studies* 42 (10), 1686–1707.

Moreno-Fernández, F. (ed.) (2018) U.S. Spanish in the Spotlight. *Informes Del Observatorio/ Observatorio Reports* 043-09/2018EN. https://doi.org/10.15427/OR043-09/2018EN.

Moreno-Fernández, F. (2020) *Variedades de la lengua española*. Nueva York: Routledge. https://doi. org/10.4324/9780429426988.

Morning, A. (2008) Ethnic classification in global perspective: A cross-national survey of the 2000 census round. *Population Research and Policy Review* 27 (2), 239–272.

Morse, P. (2018) Six facts about the Hispanic market that may surprise you. *Forbes*, 9 de enero. Ver https://www.forbes.com/sites/forbesagencycouncil/2018/01/09/six-facts-about-the-hispanic-market-that-may-surprise-you/.

Motschenbacher, H. y Stegu, M. (2013) Queer linguistic approaches to discourse. *Discourse y Society* 24 (5), 519–535.

Murji, K. y Solomos, J. (2005) Introduction: Racialization in theory and practice. En K. Murji y J. Solomos (eds.) *Racialization: Studies in Theory and Practice* (pp. 1–27). Oxford: Oxford University Press.

Myers, D. y Levy, M. (2018) Racial population projections and reactions to alternative news accounts of growing diversity. *The Annals of the American Academy of Political and Social Science* 677 (1), 215–228.

Myers-Scotton, C. (1993a) *Social Motivations for Codeswitching: Evidence from Africa*. Oxford: Clarendon Press.

Myers-Scotton, C. (1993b) *Duelling Languages: Grammatical Structure in Codeswitching*. Oxford: Clarendon Press.

Myers-Scotton, C. (2006) *Multiple Voices: An Introduction to Bilingualism*. Oxford: Blackwell.

NBC News (2019) Meet the press. *NBC News*, 27 de enero. Ver https://www.nbcnews.com/meet-the-press/meet-press-january-27-2019-n963321.

Ndulue, E.B., Bermejo, F., Ramos, K., Lowe, S.E., Hoffman, N. y Zuckerman, E. (2019) *The Language of Immigration Reporting: Normalizing vs. Watchdogging in a Nativist Age*. Cambridge, MA: MIT Center for Civic Media. Ver https://defineamerican.com/journalismreport/.

Negrón, R. (2014) New York City's Latino ethnolinguistic repertoire and the negotiation of latinidad in conversation. *Journal of Sociolinguistics* 18 (1), 87–118.

Negrón, R. (2018) Ethnic identification and New York City's intra-Latina/o hierarchy. *Latino Studies* 16, 185–212.

Referencias

Negrón-Muntaner, F. (2014) *The Latino Media Gap*. Nueva York: Center for the Study of Ethnicity and Race. Ver https://media-alliance.org/2016/05/the-latino-media-gap/.

Ngai, M.M. (2004) Impossible Subjects: Illegal Aliens and the Making of Modern America. Princeton, NJ: Princeton University Press.

Nieto, S. (2010) *Language, Culture, and Teaching: Critical Perspectives*. Nueva York: Routledge.

Nieto-Phillips, J. (2000) Spanish American ethnic identity and New Mexico's statehood struggle. En E. Gonzales-Berry y D.R. Maciel (eds.) *The Contested Homeland: A Chicano History of New Mexico* (pp. 97–142). Albuquerque, NM: University of New Mexico Press.

Nieto-Phillips, J. (2004) *The Language of Blood*. Albuquerque, NM: University of New Mexico.

Niño-Murcia, M. (2001) Late-stage standardization and language ideology in the Colombian press. *International Journal of the Sociology of Language* 149, 119–144.

Nobles, M. (2000) *Shades of Citizenship*. Stanford, CA: Stanford University Press.

Nuñez, I. y Palmer, D. (2017) Who will be bilingual? A critical discourse analysis of a Spanish- English bilingual pair. *Critical Inquiry in Language Studies* 14 (4), 294–319.

Oboler, S. (1998) Hispanics? That's what they call us. En R. Delgado y J. Stefancic (eds.) *The Latino/a Condition: A Critical Reader* (pp. 3–5). Nueva York: New York University Press.

Ochs, E. (1992) Indexing gender. En A. Duranti (ed.) *Rethinking Context: Language as an Interactive Phenomenon* (pp. 335–359). Cambridge: Cambridge University Press.

Olivas, M.A. (ed.) (2006) *'Colored Men' and 'Hombres Aquí': Hernandez v. Texas and the Emergence of Mexican-American Lawyering*. Houston, TX: Arte Público Press.

OMB (Office of Management and Budget) (1997) *Revisions to the Standards for the Classification of Federal Data on Race and Ethnicity*. Federal Register Notice, 30 de octubre. Washington, DC: Executive Office of the President.

Omi, M. (2001) The changing meaning of race. En N.J. Smelser, W.J. Wilson y F. Mitchell (eds.) *America Becoming: Racial Trends and their Consequences, Vol. 1.* (pp. 243–263). Washington, DC: National Academies Press.

Omi, M. y Winant, H. (1994) *Racial Formation in the United States* (2ª ed.). Nueva York: Routledge.

Oquendo, Á. (1995) Re-imagining the Latino/a race. *Harvard Blackletter Law Journal* 12, 93–129.

Orellana, M.F. (2009) *Translating Childhoods: Immigrant Youth, Language, and Culture*. New Brunswick, NJ: Rutgers University Press.

Ornstein-Galicia, J. (ed.) (1984) *Form and Function in Chicano English*. Rowley, MA: Newbury House.

Otheguy, R. (1993) A reconsideration of the notion of loan translation in the analysis of U.S. Spanish. En A. Roca y J.M. Lipski (eds.) *Spanish in the United States: Linguistic Contact and Diversity* (pp. 21–45). Berlín: Mouton de Gruyter.

Otheguy, R. (2013) Convergencia conceptual y la sobrestimación de la presencia de elementos estructurales ingleses en el español estadounidense. En D. Dumitrescu y G. Piña-Rosales (eds.) *El español en los Estados Unidos: E Pluribus Unum? Enfoques Multidisciplinarios* (pp. 129–149). Nueva York: Academia Norteamericana de la Lengua Española.

Otheguy, R. y Stern, N. (2010) On so-called Spanglish. *International Journal of Bilingualism* 15 (1), 85–100.

Otheguy, R. y Zentella, A.C. (2011) *Spanish in New York: Language Contact, Dialectal Leveling, and Structural Continuity.* Oxford: Oxford University Press.

Otheguy, R., Zentella, A.C. y Livert, D. (2007) Language and dialect contact in Spanish in New York: Toward the formation of a speech community. *Language* 83 (4), 770–802.

Ovando, C.J. (2003) Bilingual education in the United States: Historical development and current issues. *Bilingual Research Journal* 27 (1), 1–24.

Paffey, D. (2012) *Language Ideologies and the Globalization of 'Standard' Spanish: Raising the Standard.* Londres: Bloomsbury.

Painter, N.I. (2010) *The History of White People.* Nueva York: W.W. Norton.

Palmer, D. (2007) A dual immersion strand program in California: Carrying out the promise of dual language education in an English-dominant context. *International Journal of Bilingual Education and Bilingualism* 10 (6), 752–768.

Palmer, D. (2009) Middle-class English speakers in a two-way immersion bilingual classroom: 'Everybody should be listening to Jonathan right now ...'. *TESOL Quarterly* 43 (2), 177–202.

Parada, M. (2016) Ethnolinguistic and gender aspects of Latino naming in Chicago: Exploring regional variation. *Names* 64 (1), 19–35.

Paris, D. (2012) Culturally sustaining pedagogy: A needed change in stance, terminology, and practice. *Educational Researcher* 41 (3), 93–97.

Parra, M.L. (2016) Understanding identity among Spanish heritage learners: An interdisciplinary endeavor. En D. Pascual y Cabo (ed.) *Advances in Spanish as a Heritage Language* (pp. 177–204). Ámsterdam: John Benjamins.

Parra Velasco, M.L. (2021) *Enseñanza del español y juventud latina.* Madrid: Arco Libros.

Pascual y Cabo, D. y Prada, J. (2018) Redefining Spanish teaching and learning in the United States. *Foreign Language Annals* 51 (3), 533–547.

Pascual y Cabo, D., Prada, J. y Lowther Pereira, K. (2017) Effects of community service-learning on heritage language learners' attitudes toward their language and culture. *Foreign Language Annals* 50 (1), 71–83.

Pauwels, A. (2016) *Language Maintenance and Shift.* Cambridge: Cambridge University Press.

Pavlenko, A. (2002) 'We have room but for one language here': Language and national identity at the turn of the 20th century. *Multilingua* 21, 163–196.

Pavlenko, A. (2003) 'Language of the enemy': Foreign language education and national identity. *International Journal of Bilingual Education and Bilingualism* 6 (5), 313–331.

Pavlenko, A., Hepford, E., y Jarvis, S. (2019) An illusion of understanding: How native and non-native speakers of English understand (and misunderstand) their *Miranda* rights. *International Journal of Speech Language and the Law.* https://doi.org/10.1558/ijsll.39163

Pease-Alvarez, L. (2003) Transforming perspectives on bilingual language socialization. En R. Bayley y S.R. Schecter (eds.) *Language Socialization in Bilingual and Multilingual Societies* (pp. 9–24). Clevedon: Multilingual Matters.

Pease-Alvarez, L. y Winsler, A. (1994) Cuando el maestro no habla Español: Children's bilingual language practices in the classroom. *TESOL Quarterly* 28 (3), 507–535.

Penfield, J. y Ornstein-Galicia, J.L. (1985) *Chicano English: An Ethnic Contact Dialect.* Ámsterdam: John Benjamins.

Penny, R. (2000) *Variation and Change in Spanish.* Cambridge: Cambridge University Press.

Petrovic, J.E. (2005) The conservative restoration and neoliberal defenses of bilingual education. *Language Policy* 4 (4), 395–416.

Petrucci, P.R. (2008) Portraying language diversity through a monolingual lens: On the unbalanced representation of Spanish and English in a corpus of American films. *Sociolinguistic Studies* 2 (3), 405–425.

Pew Research Center (2006) America's immigration quandary. *Hispanic Trends,* 30 de marzo. Ver https://www.pewhispanic.org/2006/03/30/v-views-and-perceptions-of-immigrants/.

Pfaff, C.W. (1979) Constraints on language mixing: Intrasentential code-switching and borrowing in Spanish/English. *Language* 55 (2), 291–318.

Piller, I. (2015) Language ideologies. En K. Tracy, T. Sandel y C. Ilie (eds.) *The International Encyclopedia of Language and Social Interaction.* Malden, MA: John Wiley. https://doi. org/10.1002/9781118611463. wbielsi140

Piñón, J. y Rojas, V. (2011) Language and cultural identity in the new configuration of the US Latino TV industry. *Global Media and Communication* 7 (2), 129–147.

Poggi, J. (2019) Verizon to debut new campaign starring real customers during Oscars. *AdAge,* 22 de febrero. Ver https://adage.com/article/media/verizon-debuts-campaign-oscars/316717.

Pomada, A. (2008) Puerto Rico, school language policies. En J.M. González (ed.) *Encyclopedia of Bilingual Education* (pp. 701–704). Los Ángeles, CA: SAGE.

Pomerantz, A. (2002) Language ideologies and the production of identities: Spanish as a resource for participation in a multilingual marketplace. *Multilingua* 21, 275–302.

Pomerantz, A. y Huguet, A. (2013) Spanish language education in US public schools: Bilingualism for whom? *Infancia y Aprendizaje* 36 (4), 517–536.

Pomerantz, A. y Schwartz, A. (2011) Border talk: Narratives of Spanish language encounters in the United States. *Language and Intercultural Communication* 11 (3), 176–196.

Poplack, S. (1980) Sometimes I'll start a sentence in Spanish y termino en Español: Toward a typology of code-switching. *Linguistics* 18 (7–8), 581–618.

Porcel, J. (2006) The paradox of Spanish among Miami Cubans. *Journal of Sociolinguistics* 10 (1), 93–110.

Portes, A. y Rumbaut, R.G. (2001) *Legacies: The Story of the Immigrant Second Generation.* Berkeley, CA: University of California Press.

Portes, A. y Rumbaut, R.G. (2005) Introduction: The second generation and the Children of Immigrants Longitudinal Study. *Ethnic and Racial Studies* 28, 983–999.

Potowski, K. (2004) Student Spanish use and investment in a dual immersion classroom: Implications for second language acquisition and heritage language maintenance. *The Modern Language Journal* 88 (1), 75–101.

Potowski, K. (2007) *Language and Identity in a Dual Immersion School.* Clevedon: Multilingual Matters.

Potowski, K. (2010) *Language Diversity in the USA.* Cambridge: Cambridge University Press.

Potowski, K. (2011) Linguistic and cultural authenticity of 'Spanglish' greeting cards. *International Journal of Multilingualism* 8 (4), 324–344.

Potowski, K. (2016) IntraLatino Language and Identity: MexiRican Spanish. Ámsterdam: John Benjamins.

Potowski, K. y Shin, N.L. (2018) *Gramática Española: Variación Social.* Routledge.

Potowski, K. y Torres, L. (de próxima publicación) *Spanish in Chicago.* Oxford: Oxford University Press.

Prada Pérez, A.D. (2018) Subject pronoun expression and language mode in bilingual Spanish. *Studies in Hispanic and Lusophone Linguistics* 11 (2), 303–336.

Preston, D.R. (ed.) (1999) *Handbook of Perceptual Dialectology, Vol. 1.* Ámsterdam: John Benjamins.

Proposition 227 (1998) Ver http://vigarchive.sos.ca.gov/1998/primary/propositions/227text.htm.

Quan, T. (2020) Critical language awareness and L2 learners of Spanish: An action-research study. *Foreign Language Annals.* Ver https://doi.org/10.1111/flan.12497.

Quiroz, P.A. (2001) The silencing of Latino student 'voice': Puerto Rican and Mexican narratives in eighth grade and high school. *Anthropology & Education Quarterly* 32 (3), 326–349.

Rabin, L. (2013) Literacy narratives for social change: Making connections between service-learning and literature education. *Enculturation* 6.

Rabin, L. y Leeman, J. (2015) Critical service-learning and literary study in Spanish. En L. Grobman y R. Rosenberg (eds.) *Service Learning and Literary Studies in English* (pp. 128–137). Nueva York: Modern Language Association.

Radford, J. (2019) Key findings about U.S. immigrants. *Fact Tank*, 17 de junio. Washington, DC: Pew Research Center. Ver https://www.pewresearch.org/fact-tank/2019/06/17/key-findings-about-u-s-immigrants/.

RAE/Real Academia Española (2014) Estadounidismo. *Diccionario de la lengua española, Edición del Tricentenario.* Ver http://dle.rae.es/?id=GjyFPOD.

Rael-Gálvez, E. (2017) Raising consciousness and imagining reconciliation. *Green Fire Times*, de noviembre.

Rahel, K.O. (2014) Why the Sixth Amendment right to counsel includes an out-of-court interpreter. *Iowa Law Review* 99, 2299–2333.

Ramírez, J.D., Yuen, S.D. y Ramey, D.R. (1991) Final Report: Longitudinal Study of Structured English Immersion Strategy, Early-exit and Late-exit Programs for Language Minority Children. Report submitted to the US Department of Education. San Mateo, CA: Aguirre International.

Referencias

Ramirez Berg, C. (2002) *Latino Images in Film: Stereotypes, Subversion, and Resistance*. Austin, TX: University of Texas Press.

Ramos, R. (2019) The Alamo is a rupture. *Guernica*, 19 de febrero. Ver https://www.guernicamag.com/the-alamo-is-a-rupture-texas-mexico-imperialism-history/.

Ramsey, P.J. (2010) *Bilingual Public Schooling in the United States: A History of America's 'Polyglot Boardinghouse'*. Nueva York: Palgrave Macmillan.

Rangel, N., Loureiro-Rodríguez, V. y Moyna, M.I. (2015) 'Is that what I sound like when I speak?': Attitudes towards Spanish, English, and code-switching in two Texas border towns. *Spanish in Context* 12 (2), 177–198.

Raschka, C., Wei, L. y Lee, S. (2006) Bilingual development and social networks of British-born Chinese children. *International Journal of the Sociology of Language* 2002 (153), 9–25.

Raymond, C.W. (2016) Reconceptualizing identity and context in the deployment of forms of address. En M.I. Moyna y S. Rivera-Mills (eds.) *Forms of Address in the Spanish of the Americas* (pp. 267–288). Ámsterdam: John Benjamins.

Relaño Pastor, A.M. (2014) *Shame and Pride in Narrative: Mexican Women's Language Experiences at the U.S.-Mexico Border*. Nueva York: Palgrave Macmillan.

Rey Agudo, R. (2019) There is nothing wrong with Julián Castro's Spanish. *The New York Times*, 27 de julio. Ver https://www.nytimes.com/2019/07/27/opinion/sunday/julian-castro-spanish.html.

Reyes, A. (2016) The voicing of Asian American characters: Korean linguistic styles at an Asian American cram school. En H.S. Alim, J.R. Rickford y A.F. Ball (eds.) *Raciolinguistics: How Language Shapes our Ideas about Race* (pp. 309–326). Oxford: Oxford University Press.

Reynolds, J.F. y Orellana, M.F. (2009) New immigrant youth interpreting in White public space. *American Anthropologist* 111 (2), 211–223.

Rhodes, N. y Pufahl, I. (2014) *An Overview of Spanish Teaching in US Schools: National Survey Results*. Cambridge, MA: Instituto Cervantes at Harvard University – FAS.

Ricento, T. (2005) Problems with the 'language-as-resource' discourse in the promotion of heritage languages in the USA. *Journal of Sociolinguistics* 9 (3), 348–368.

Ricento, T. (ed.) (2009) *An Introduction to Language Policy: Theory and Method*. Malden, MA: John Wiley.

Ricento, T.K. y Hornberger, N.H. (1996) Unpeeling the onion: Language planning and policy and the ELT professional. *TESOL Quarterly* 30 (3), 401.

Ríos, M., Romero, F. y Ramírez, R. (2014) Race reporting among Hispanics: 2010. Working Paper No. 102, Population Division, U.S. Census Bureau, Washington, DC.

Rivadeneyra, R. (2011) Gender and race portrayals on Spanish-language television. *Sex Roles* 65 (3–4), 208–222.

Rivera-Mills, S. (2001) Acculturation and communicative need: Language shift in an ethnically diverse Hispanic community. *Southwest Journal of Linguistics* 20 (2), 211–223.

Rivera-Mills, S.V. (2011) Use of voseo and Latino identity: An intergenerational study of Hondurans and Salvadorans in the western region of the US. En L.A. Ortiz-López (ed.) *Selected Proceedings of the 13th Hispanic Linguistics Symposium* (pp. 94–106). Somerville, MA: Cascadilla Proceedings Project.

Rivera-Mills, S.V. (2012) Spanish heritage language maintenance: Its legacy, its future. En S.M. Beaudrie y M.A. Fairclough (eds.) *Spanish as a Heritage Language in the United States: The State of the Field* (pp. 21–42). Washington, DC: Georgetown University Press.

Rivera Ramos, E. (1996) The legal construction of American colonialism: The Insular Cases (1901–1922). *Revista Jurídica Universidad de Puerto Rico* 65 (2), 225–328.

Rivero, Y.M. (2012) Interpreting Cubanness, Americanness, and the sitcom: WPBT-PBS's ¿Qué pasa, U.S.A.? (1975–1980). En S. Shahaf y T. Oren (eds.) *Global Television Formats: Understanding Television Across Borders*. Nueva York: Routledge.

Robbins, L. (2018) Man threatens Spanish-speaking workers: 'My next call will be to ICE'. *The New York Times*, 17 de mayo. Ver https://www.nytimes.com/2018/05/16/nyregion/man-threatens-spanish-language-video.html.

Rodríguez, A. (2007) *Diversity*. Mountain View, CA: Floricanto Press.

Rodríguez, C. (2000) *Changing Race: Latinos, the Census, and the History of Ethnicity in the United States*. Nueva York: New York University Press.

Rodríguez, C.E. (1997) Visual retrospective: Latino film stars. En C.E. Rodríguez (ed.) *Latin Looks: Images of Latinas and Latinos in the U.S. Media* (pp. 80–84). Boulder, CO: Westview Press.

Rodríguez, J.M. (2003) *Queer Latinidad: Identity Practices, Discursive Spaces*. Nueva York: New York University Press.

Rodriguez-Arroyo, S. (2013) The never ending story of language policy in Puerto Rico. *Comunicación, Cultura y Política* 4 (1), 79–98.

Román-Mendoza, E. (2018) *Aprender a aprender en la era digital: Tecnopedagogía crítica para la enseñanza del español LE/L2* (1ª ed.). Londres: Routledge.

Ronkin, M. y Karn, H.E. (1999) Mock Ebonics: Linguistic racism in parodies of Ebonics on the internet. *Journal of Sociolinguistics* 3 (3), 360–380.

Roosevelt, T. (1919) *Letter from Theodore Roosevelt to Richard M. Hurd*, 3 de enero. Ver http://www.theodorerooseveltcenter.org/Research/Digital-Library/Record.aspx?libID=o265602.

Rosa, J. (2014) Learning ethnolinguistic borders: Language and diaspora in the socialization of US Latinas/os. En R. Rolón-Dow y J.G. Irizarry (eds.) *Diaspora Studies in Education: Toward a Framework for Understanding the Experiences of Transnational Communities* (pp. 39–60). Nueva York: Peter Lang.

Rosa, J. (2016a) Racializing language, regimenting Latinas/os: Chronotope, social tense, and American raciolinguistic futures. *Language & Communication* 46, 106–117.

Rosa, J. (2016b) Standardization, racialization, languagelessness: Raciolinguistic ideologies across communicative contexts. *Journal of Linguistic Anthropology* 26 (2), 162–183.

Rosa, J. (2016c) From mock Spanish to inverted Spanglish. En J. Rosa, H.S. Alim, J.R. Rickford y A.F. Ball (eds.) *Raciolinguistics: How Language Shapes our Ideas about Race* 65–80. Oxford: Oxford University Press.

Referencias

Rosa, J. (2019) *Looking Like a Language, Sounding Like a Race*. Oxford: Oxford University Press.

Rosa, J. y Flores, N. (2017) Unsettling race and language: Toward a raciolinguistic perspective. *Language in Society* 46 (5), 621–647.

Roth, W.D. (2012) Race Migrations: Latinos and the Cultural Transformation of Race. Palo Alto, CA: Stanford University Press.

Roth, W.D. y Ivemark, B. (2018) Genetic options: The impact of genetic ancestry testing on consumers' racial and ethnic identities. *American Journal of Sociology* 124 (1), 150–184.

Roy, S. (2005) Language and globalized discourse: Two case studies of Francophone minorities in Canada. *Sociolinguistic Studies* 6 (2), 243–268.

Ruíz, R. (1984) Orientations in language planning. *NABE Journal* 8 (2), 15–34.

Ruíz, R. (2010) Reorienting language-as-resource. En J.E. Petrovic (ed.) *International Perspectives on Bilingual Education: Policy, Practice, and Controversy* (pp. 155–172). Charlotte, NC: Information Age.

Rumbaut, R.G. (2009) A Language graveyard? The evolution of language competencies, preferences and use among young adult children of immigrants. En T.G. Wiley, J.S. Lee y R. Rumberger (eds.) *The Education of Language Minority Immigrants in the United States* (pp. 35–71). Bristol: Multilingual Matters.

Rumbaut, R.G., Massey, D.S. y Bean, F.D. (2006) Linguistic life expectancies: Immigrant language retention in Southern California. *Population and Development Review* 32 (3), 447–460.

Sallabank, J. (2010) The role of social networks in endangered language maintenance and revitalization: The case of Guernesiais in the Channel Islands. *Anthropological Linguistics* 52 (2), 184–205.

Sánchez Munoz, A. (2016) Heritage language healing? Learners' attitudes and damage control in a heritage language classroom. En D. Pascual y Cabo (ed.) *Advances in Spanish as a Heritage Language* (pp. 205–218). Ámsterdam: John Benjamins.

Sánchez-Muñoz, A. y Amezcua, A. (2019) Spanish as a tool of Latinx resistance against repression in a hostile political climate. *Chiricú Journal: Latina/o Literatures, Arts, and Cultures* 3 (2), 59–76.

San Miguel, G. (2001) *Let All of Them Take Heed: Mexican Americans and the Campaign for Educational Equality in Texas, 1910–1981*. College Station, TX: Texas A&M University Press.

Santa Ana, O. (1993) Chicano English and the nature of the Chicano language setting. *Hispanic Journal of Behavioral Sciences* 15 (1), 3–35.

Santa Ana, O. (2002) *Brown Tide Rising: Metaphors of Latinos in Contemporary American Public Discourse*. Austin, TX: University of Texas Press.

Santa Ana, O. (2013) *Juan in a Hundred: The Representation of Latinos on Network News*. Austin, TX: University of Texas Press.

Santa Ana, O. y Bayley, R. (2004) Chicano English phonology. En B. Kortmann, K. Burridge, R. Mesthrie, E.W. Schneider y C. Upton (eds.) *A Handbook of Varieties of English, Vol. 1: Phonology* (pp. 417–434). Berlín: Mouton de Gruyter.

Santiago, B. (2008) *Pardon my Spanglish*. Filadelfia, PA: Quirk Books.

Saperstein, A. y Penner, A.M. (2012) Racial fluidity and inequality in the United States. *American Journal of Sociology* 118 (3), 676–727.

Schachner, J. (2003) *Skippyjon Jones.* Nueva York: Puffin Books.

Schecter, S.R. y Bayley, R. (2002). *Language as Cultural Practice: Mexicanos en el Norte.* Mahwah, NJ: Lawrence Erlbaum.

Schiffman, H.F. (1996) *Linguistic Culture and Language Policy.* Londres: Routledge.

Schiller, N.G., Basch, L. y Blanc, C.S. (1995) From immigrant to transmigrant: Theorizing transnational migration. *Anthropological Quarterly* 68 (1), 48.

Schmid, C. (2001) *The Politics of Language: Conflict, Identity and Cultural Pluralism in Comparative Perspective.* Oxford: Oxford University Press.

Schmidt, R. (2000) *Language Policy and Identity Politics in the United States.* Filadelfia, PA: Temple University Press.

Schmidt Sr., R. (2002) Racialization and language policy: The case of the USA. *Multilingua* 21 (2/3), 141–162.

Schmidt Sr., R. (2007) Defending English in an English-dominant world: The ideology of the 'Official English' movement in the United States. En A. Duchêne y M. Heller (eds.) *Discourses of Endangerment: Ideology and Interest in the Defence of Languages* (pp. 197–215). Nueva York: Continuum.

Schwartz, A. (2008) Their language, our Spanish: Introducing public discourses of 'Gringoism' as racializing linguistic and cultural reappropriation. *Spanish in Context* 5 (2), 224–245.

Schwartz, A. (2011) Mockery and appropriation of Spanish in White spaces: Perceptions of Latinos in the United States. En M. Díaz-Campos (ed.) *The Handbook of Hispanic Sociolinguistics* (pp. 646–663). Malden, MA: John Wiley.

Schwartz, A. (2016) Trump relies on Mock Spanish to talk about immigration. *Latino Rebels,* 20 de octubre. Ver http://www.latinorebels.com/2016/10/20/trump-relies-on-mock-spanish-to-talk-about-immigration-opinion/.

Schwartz, M. (2010) Family language policy: Core issues of an emerging field. *Applied Linguistics Review* 1 (1), 171–192.

Serafini, E.J., Rozell, N. y Winsler, A. (2018) Long-term outcomes of bilingual education models: What does the research tell us? *Teachers' Hub Magazine,* marzo. Ver https://www. teachershubmag.com/longterm-outcomes.html.

Serafini, E. J., Rozell, N. y Winsler, A. (2020) Academic and English language outcomes for DLLs as a function of school bilingual education model: The role of two-way immersion and home language support. *International Journal of Bilingual Education and Bilingualism,* 0(0), 1–19. https://doi.org/10.1080/13670050.2019.1707477

Serna, L.I. (2017) Latinos in Film. En *Oxford Research Encyclopedia of American History.*

Shannon, S.M. (1999) The debate on bilingual education in the US: Language ideology as reflected in the practice of bilingual teachers. En J. Blommaert (ed.) *Language Ideological Debates* (pp. 171–199). Berlín: Mouton de Gruyter.

Shenk, P.S. (2007) 'I'm Mexican, remember?' Constructing ethnic identities via authenticating discourse. *Journal of Sociolinguistics* 11, 194–220.

Shin, H. y Ortman, J. (2011) *Language Projections: 2010 to 2020*. Presented at the Federal Forecasters Conference, Washington, DC, 21 de abril.

Shohamy, E. (2006) *Language Policy: Hidden Agendas and New Approaches*. Nueva York: Routledge.

Showstack, R.E. (2015) Institutional representations of 'Spanish' and 'Spanglish': Managing competing discourses in heritage language instruction. *Language and Intercultural Communication* 15 (3), 341–361.

Showstack, R.E. (2016) Stancetaking and language ideologies in heritage language learner classroom discourse. *Journal of Language, Identity & Education* 16 (5), 271–284.

Showstack, R. (2018) Spanish and identity among Latin@s in the US. En K. Potowski (ed.) *The Routledge Handbook of Spanish as a Heritage Language* (pp. 106–120). Londres: Routledge.

Silva-Corvalán, C. (1994) *Language Contact and Change: Spanish in Los Angeles*. Oxford: Oxford University Press.

Silva-Corvalán, C. (2004) Spanish in the southwest. En E. Finnegan y J. Rickford (eds.) *Language in the USA: Themes for the Twenty-first Century* (pp. 205–229). Cambridge: Cambridge University Press.

Silverstein, M. (1996) Monoglot 'standard' in America: Standardization and metaphors of linguistic hegemony. En D. Breinneis y R. Macaulay (eds.) *The Matrix of Language: Contemporary Linguistic Anthropology* (pp. 284–306). Boulder, CO: Westview.

Silverstein, M. (2003) The whens and wheres – as well as hows – of ethnolinguistic recognition. *Public Culture* 15 (3), 531–557. Ver https://muse.jhu.edu/article/47190.

Skutnabb-Kangas, T. (2013) Role of linguistic human rights in language policy and planning. En C.A. Chapelle (ed.) *The Encyclopedia of Applied Linguistics*. https://doi.org/10.1002/9781405198431.wbeal1026

Slobe, T. (2018) Style, stance, and social meaning in mock white girl. *Language in Society* 47 (4), 541–567.

Smead, R.N. (2000) Phrasal calques in Chicano Spanish: Linguistic or cultural innovations? En A. Roca (ed.) *Research on Spanish in the U.S.* (pp. 162–172). Somerville, MA: Cascadilla Press.

Smith, S.L., Choueiti, M., Pieper, M., Yao, K., Case, A. y Choi, A. (2019) *Inequality in 1,200 Popular Films: Examining Portrayals of Gender, Race/Ethnicity, LGBTQ & Disability from 2007 to 2018*. Los Ángeles, CA: Annenberg Foundation.

Smokoski, H.L. (2016) Voicing the other: Mock AAVE on social media. MA thesis, City University of New York.

Sniderman, P.M., Piazza, T., Tetlock, P.E. y Kendrick, A. (1991) The new racism. *American Journal of Political Science* 35 (2), 423–447.

Sowards, S.K. y Pineda, R.D. (2011) *Latinidad* in Ugly Betty: Authenticity and the paradox of representation. En M.A. Holling y B.M. Calafeel (eds.) *Latina/o Discourse in Vernacular Spaces: Somos de Una Voz?* Nueva York: Rowman & Littlefield.

Spell, J. (1927) Spanish teaching in the United States. *Hispania* 10, 141–159.

Stack, L. (2019) A border agent detained two Americans speaking Spanish. Now they have sued. *The New York Times*, 14 de febrero. Ver https://www.nytimes.com/2019/02/14/us/border-patrol-montana-spanish.html.

Stannard, D.E. (1993) *American Holocaust: The Conquest of the New World*. Oxford: Oxford University Press.

Stavans, I. (2003) *Spanglish: The Making of a New American Language*. Nueva York: Harper Collins.

Stavans, I. y Albin, V. (2007). Language and empire: A conversation with Ilan Stavans. En N. Echávez-Solano y K.C. Sworkin y Méndez (eds.) *Spanish and Empire* (pp. 219–243). Nashville, TN: Vanderbilt University Press.

Steinberg, B. (2019) Disney open to running more Spanish-language ads on English-language TV. *Variety*, 7 de marzo. Ver https://variety.com/2019/biz/news/disney-spanish-language-commercials-abc-espn-1203157198/.

Stevens, M. (2017) New Jersey teacher who told students to 'Speak American' returns to school. *The New York Times*, 24 de octubre. Ver https://www.nytimes.com/2017/10/24/nyregion/speak-american-high-school.html.

Stoessel, S. (2002) Investigating the role of social networks in language maintenance and shift. *International Journal of the Sociology of Language* 153, 93–132.

Stolz, T., Bakker, D. y Palomo, R.S. (2008) *Hispanisation: The Impact of Spanish on the Lexicon and Grammar of the Indigenous Languages of Austronesia and the Americas*. Múnich: Walter de Gruyter.

Strom, M. (2015) Intersemiotic relationships in Spanish-language media in the United States: A critical analysis of the representation of ideology across verbal and visual modes. *Discourse & Communication* 9 (4), 487–508.

Stroud, C. y Mpendukana, S. (2009) Towards a material ethnography of linguistic landscape: Multilingualism, mobility and space in a South African township. *Journal of Sociolinguistics* 13 (3), 363–386.

Subtirelu, N.C. (2017) iolinguistic ideology and Spanish-English bilingualism on the US labor market: An analysis of online job advertisements. *Language in Society* 46 (4), 477–505.

Subtirelu, N.C., Borowczyk, M., Thorson Hernández, R. y Venezia, F. (2019) Recognizing *whose* bilingualism? A critical policy analysis of the Seal of Biliteracy. *The Modern Language Journal* 103 (2), 371–390. https://doi.org/10.1111/modl.12556

Tavernise, S. (2018) Why the announcement of a looming White minority makes demographers nervous. *The New York Times*, 22 de noviembre. Ver https://www.nytimes.com/2018/11/22/us/white-americans-minority-population.html.

Taylor, A. (2002) *American Colonies*. Nueva York: Penguin.

Taylor, A. (2013) *Colonial America: A Very Short Introduction*. Oxford: Oxford University Press.

Taylor, P., Lopez, M.H., Martínez, J.H. y Velasco, G. (2012) When labels don't fit: Hispanics and their views of identity. *Hispanic Trends*, 4 de abril. Washington, DC: Pew Research Center. Ver http://www.pewhispanic.org/2012/04/04/when-labels-dont-fit-hispanics-and-their-views-of-identity/.

Telles, E.E. (2014) *Pigmentocracies: Ethnicity, Race, and Color in Latin America*. Chapel Hill, NC: UNC Press Books.

Telles, E. y Bailey, S. (2013) Understanding Latin American beliefs about racial inequality. *American Journal of Sociology* 118 (6), 1559–1595.

Referencias

Thomas, E.R. (2018) What a swarm of variables tells us about the formation of Mexican American English. En J. Reaser, E. Wilbanks, K. Wojik y W. Wolfram (eds.) *Language Variety in the New South: Contemporary Perspectives on Change and Variation* (pp. 274–288). Chapel Hill, NC: University of North Carolina Press.

Thomas, W. y Collier, V. (1997) *School Effectiveness for Language Minority Students*. Washington, DC: National Clearinghouse for Bilingual Education.

Thomas, W. y Collier, V. (2002) *A National Study of School Effectiveness for Language Minority Students' Long-term Academic Achievement*. Final Report, Center for Research on Education, Diversity and Excellence, UC Berkeley. Ver http://escholarship.org/uc/item/65j213pt.

Tollefson, J. (1991) *Planning Language, Planning Inequality: Language Policy in the Community*. Londres: Longman.

Tollefson, J.W. (2006) Critical theory and language policy. En T. Ricento (ed.) *An Introduction to Language Policy: Theory and Method* (pp. 42–57). Malden, MA: Blackwell.

Toribio, A.J. (2000) Nosotros somos dominicanos: Language and self-definition among Dominicans. En A. Roca (ed.) *Research on Spanish in the United States: Linguistic Issues and Challenges* (pp. 252–270). Somerville, MA: Cascadilla Press.

Toribio, A.J. (2004) Spanish/English speech practices: Bringing chaos to order. *International Journal of Bilingual Education and Bilingualism* 7 (2–3), 133–154.

Toribio, A.J. (2011) Code-switching among US Latinos. En M. Díaz-Campos (ed.) *The Handbook of Hispanic Sociolinguistics* (pp. 530–552). Oxford: Wiley-Blackwell.

Torres, J., Pascual y Cabo, D. y Beusterien, J. (2018) What's next? Heritage language learners shape new paths in Spanish teaching. *Hispania* 100 (5), 271–276.

Torres, L. (2018) Latinx? *Latino Studies* 16 (3), 283–285.

Torres Torres, A. (2010) El español de América en los Estados Unidos. En M. Aleza Izquierdo y J.M. Enguita Utrilla (eds.) *La Lengua española en América normas y usos actuales* (pp. 403–427). Valencia: Universitat de València. Ver http://www.uv.es/aleza/.

Torrez, J.E. (2013) 'Somos mexicanos y hablamos mexicano aquí': Rural farmworker families' struggle to maintain cultural and linguistic identity in Michigan. *Journal of Language, Identity & Education* 12 (4), 277–294.

Torruella, J.R. (2007) The Insular Cases: The establishment of a regime of political apartheid. *University of Pennsylvania Journal of International Law* 29 (2), 283–348.

Trujillo-Pagán, N. (2018) Crossed out by LatinX: Gender neutrality and genderblind sexism. *Latino Studies* 16 (3), 396–406.

Tukachinsky, R., Mastro, D. y Yarchi, M. (2017) The effect of prime time television ethnic/racial stereotypes on Latino and Black Americans: A longitudinal national level study. *Journal of Broadcasting & Electronic Media* 61 (3), 538–556.

Ullman, C. (2010) Consuming English: How Mexican transmigrants form identities and construct symbolic citizenship through the English-language program *Inglés sin Barreras*. *Linguistics and Education* 21 (1), 1–13.

Ullman, C. (2015) Performing the Nation: Unauthorized Mexican migration and the politics of language use and the body along the US–Mexico border. *Ethnos* 80 (2), 223–247.

Urciuoli, B. (1996) *Exposing Prejudice: Puerto Rican Experiences of Language, Race, and Class*. Boulder, CO: Westview.

Urciuoli, B. (2008) Whose Spanish? The tension between linguistic correctness and cultural identity. En M. Niño-Murcia y J. Rothman (eds.) *Bilingualism and Identity: Spanish at the Crossroads with Other Languages* (pp. 257–278). Ámsterdam: John Benjamins.

Urciuoli, B. (2009) Talking/not talking about race: The enregisterments of culture in higher education discourses. *Journal of Linguistic Anthropology* 19 (1), 21–39.

US Citizenship and Immigration Services (2018) *DACA Characteristics Data: Approximate Active DACA Recipients as of Aug. 31, 2018*. US Department of Homeland Security. Ver https://www.uscis.gov/sites/default/files/USCIS/Resources/Reports%20and%20Studies/Immigration%20Forms%20Data/All%20Form%20Types/DACA/DACA_Population_Data_August_31_2018.pdf

Valdeón, R.A. (2013) Hispanic or Latino: The use of politicized terms for the Hispanic minority in US official documents and quality news outlets. *Language and Intercultural Communication* 13 (4), 433–449.

Valdés, G. (1981) Pedagogical implications of teaching Spanish to the Spanish-speaking in the United States. En G. Valdés, A.G. Lozano y R. García-Moya (eds.) *Teaching Spanish to the Hispanic Bilingual* (pp. 3–20). Nueva York: Teacher's College.

Valdés, G. (1995) The teaching of minority languages as academic subjects: Pedagogical and theoretical challenges. *The Modern Language Journal* 79 (3), 299–328.

Valdés, G. (2005) Bilingualism, heritage language learners, and SLA research: Opportunities lost or seized? *The Modern Language Journal* 89 (3), 410–426.

Valdés, G. (2015) Latin@s and the intergenerational continuity of Spanish: The challenges of curricularizing language. *International Multilingual Research Journal* 9 (4), 253–273.

Valdés, G., González, S.V., García, D.L. y Márquez, P. (2003) Language ideology: The case of Spanish in departments of foreign languages. *Anthropology & Education Quarterly* 34 (1), 3–26.

Valdez, V.E., Freire, J.A. y Delavan, M.G. (2016a) The gentrification of dual language education. *The Urban Review* 48 (4), 601–627.

Valdez, V.E., Delavan, G. y Freire, J.A. (2016b) The marketing of dual language education policy in Utah print media. *Educational Policy* 30 (6), 849–883.

Valenzuela, A. (1999) *Subtractive Schooling: U.S.-Mexican Youth and the Politics of Caring*. Albany, NY: State University of New York Press.

Van Deusen-Scholl, N. (2003) Toward a definition of heritage language: Sociopolitical and pedagogical considerations. *Journal of Language, Identity & Education* 2 (3), 211–230.

Van Dijk, T. (1993) *Elite Discourse and Racism*. Newbury Park, CA: Sage.

Van Dijk, T.A. (2005) *Racism and Discourse in Spain and Latin America*. Ámsterdam: John Benjamins.

Referencias

Vargas, N. (2015) Latina/o whitening: Which Latinas/os self-classify as White and report being perceived as White by other Americans? *Du Bois Review: Social Science Research on Race* 12 (1), 119–136.

Varghese, M.M. y Park, C. (2010) Going global: Can dual-language programs save bilingual education? *Journal of Latinos and Education* 9 (1), 72–80.

Vega, D., Moore III, J.L. y Miranda, A.H. (2015) In their own words: Perceived barriers to achievement by African American and Latino high school students. *American Secondary Education* 43 (3), 36.

Velázquez, I. (2014) Maternal perceptions of agency in intergenerational transmission of Spanish: The case of Latinos in the U.S. Midwest. *Journal of Language, Identity & Education* 13 (3), 135–152.

Velázquez, I. (2018) *Household Perspectives on Minority Language Maintenance and Loss: Language in the Small Spaces*. Bristol: Multilingual Matters.

Vélez-Ibáñez, C.G. (2017) Hegemonies of Language and their Discontents: The Southwest North American Region since 1540. Tucson, AZ: University of Arizona Press.

Veltman, C. (2000) The American linguistic mosaic. En S.L. McKay y S.C. Wong (eds.) *New Immigrants in the United States* (pp. 59–93). Cambridge: Cambridge University Press.

Verhovek, S.H. (1995) Mother scolded by judge for speaking in Spanish. *The New York Times*, 30 de agosto. Ver http://www.nytimes.com/1995/08/30/us/mother-scolded-by-judge-for-speaking-in-spanish.html.

Vespa, J., Armstrong, D.M. y Medina, L. (2018) *Demographic Turning Points for the United States: Population Projections for 2020 to 2060*. No. 2550 2099. Washington, DC: US Census Bureau.

Vidal-Ortiz, S. y Martínez, J. (2018) Latinx thoughts: Latinidad with an X. *Latino Studies* 16 (3), 384–395.

Villa, D.J. (2002) The sanitizing of US Spanish in academia. *Foreign Language Annals* 35 (2), 222–230.

Villa, D. y Rivera-Mills, S. (2009) An integrated multi-generational model for language maintenance and shift: The case of Spanish in the Southwest. *Spanish in Context* 6 (1), 26–42.

Villa, L. y Del Valle, J. (2014) The politics of Spanish in the world. En M. Lacorte (ed.) *The Routledge Handbook of Hispanic Applied Linguistics* (pp. 571–587). Nueva York: Routledge.

Villenas, S.A. (2012) Ethnographies de lucha (of struggle) in Latino education: Toward social movement. *Anthropology & Education Quarterly* 43 (1), 13–19.

Wade, P. (2008) Race in Latin America. En D. Poole (ed.) *A Companion to Latin American Anthropology* (pp. 175–192). Oxford: Blackwell.

Walker, A., García, C., Cortés, Y. y Campbell-Kibler, K. (2014) Comparing social meanings across listener and speaker groups: The indexical field of Spanish /s/. *Language Variation and Change* 26 (2), 169–189.

Walsh, C. (1991) Pedagogy and the Struggle for Voice: Issues of Language, Power and Schooling for Puerto Ricans. Nueva York: Bergin & Garvey.

Waltermire, M. (2014) The influence of English on US Spanish: Introduction. *Sociolinguistic Studies* 8 (1), 1.

Walters, J. (2006) Come sing along, Señor Bush. *The Guardian*, 30 de abril. Ver https://www.theguardian.com/world/2006/apr/30/usa.joannawalters.

Weber, D.J. (2000) The Spanish frontier in North America. *OAH Magazine of History* 14 (4), 3–4.

Wei, L. (2018) Translanguaging as a practical theory of language. *Applied Linguistics* 39 (1), 9–30.

Weisman, E.M. (2001) Bicultural identity and language attitudes: Perspectives of four Latina teachers. *Urban Education* 36, 203–225.

Welch, K. (2007) Black criminal stereotypes and racial profiling. *Journal of Contemporary Criminal Justice* 23 (3), 276–288.

Whalen, C.T. (2005) Colonialism, citizenship, and the making of the Puerto Rican diaspora: An introduction. En V. Vázquez-Hernández y C.T. Whalen (eds.) *The Puerto Rican Diaspora: Historical Perspectives* (pp. 1–42). Filadelfia, PA: Temple University Press.

Wildsmith, E., Alvira-Hammond, M. y Guzman, L. (2016) *A National Portrait of Hispanic Children in Need*. Publication No. 2016-15. Bethesda, MD: National Research Center on Hispanic Children and Families. Ver https://www.hispanicresearchcenter.org/wp-content/uploads/2018/04/ Hispanics-in-Need-Errata-11.29-V2.pdf.

Wiley, T.G. (1998) The imposition of World War I era English-only policies and the fate of German in North America. En T. Ricento (ed.) *Language and Politics in the United States and Canada* (pp. 211–241). Mahwah, NJ: Lawrence Erlbaum.

Wiley, T.G. (2000) Continuity and change in the function of language ideologies in the United States. En T. Ricento (ed.) *Ideology, Politics and Language Policies: Focus on English* (pp. 67–85). Filadelfia, PA: John Benjamins.

Wiley, T.G. (2004) Language planning, language policy, and the English-Only Movement. En E. Finegan y J.R. Rickford (eds.) *Language in the USA: Themes for the Twenty-first Century* (pp. 319–338). Cambridge: Cambridge University Press.

Wiley, T.G. (2010) The United States. En J.A. Fishman y O. García (eds.) *Handbook of Language and Ethnic Identity: Disciplinary and Regional Perspectives, Vol. 1* (pp. 302–322). Oxford: Oxford University Press.

Wiley, T.G. (2014) Policy considerations for promoting heritage, community, and Native American languages. En T.G. Wiley, J.K. Peyton, D. Christian, S.C.K. Moore y N. Liu (eds.) *Handbook of Heritage, Community, and Native American Languages in the United States: Research, Policy, and Educational Practice* (pp. 45–53). Nueva York: Routledge.

Wiley, T.G. y García, O. (2016) Language policy and planning in language education: Legacies, consequences, and possibilities. *The Modern Language Journal* 100 (S1), 48–63.

Wiley, T.G. y Wright, W.E. (2004) Against the undertow: Language-minority education policy and politics in the 'age of accountability'. *Educational Policy* 18 (1), 142–168.

Wilkerson, M.E. y Salmons, J. (2008) 'Good old immigrants of yesteryear' who didn't learn English: Germans in Wisconsin. *American Speech* 83 (3), 259–283.

Wilson, C. (1997) *The Myth of Santa Fe: Creating a Modern Regional Tradition*. Albuquerque, NM: New Mexico University Press.

Woolard, K.A. (1998) Language ideology as a field of inquiry. En B.B. Schieffelin, K.A. Woolard y P.V. Kroskrity (eds.) *Language Ideologies: Practice and Theory* (pp. 3–47). Oxford: Oxford University Press.

Woolard, K. (2005) Language and identity choice in Catalonia: The interplay of contrasting ideologies of linguistic authority. UCSD Linguistic Anthropology Working Paper, University of San Diego.

Woolard, K.A. (2016) *Ideologies of Linguistic Authority: Authenticity, Anonymity, and Naturalism*. Oxford: Oxford University Press.

Woolley, S. (2016) 'Out gay boys? There's, like, one point seven five': Negotiating identity in super-diversity. *International Journal of the Sociology of Language* 241, 39–68.

Yagmur, K. y Ehala, M. (2011) Tradition and innovation in the Ethnolinguistic Vitality theory. *Journal of Multilingual and Multicultural Development* 32 (2), 101–110.

Yamauchi, L.A., Ceppi, A.K. y Lau-Smith, J.A. (2000) Teaching in a Hawaiian context: Educator perspectives on the Hawaiian language immersion program. *Bilingual Research Journal* 24 (4), 385–403.

Yrigoyen Fajardo, R.Z. (2015) The panorama of pluralist constitutionalism: From multiculturalism to decolonization. In C.R. Garavito (ed.) *Law and Society in Latin America: A New Map* (pp. 157–174). Nueva York: Routledge.

Zayas, L.H. (2015) *Forgotten Citizens: Deportation, Children, and the Making of American Exiles and Orphans*. Oxford: Oxford University Press.

Zelinsky, W. (2001) *The Enigma of Ethnicity: Another American Dilemma*. Iowa City, IA: University of Iowa Press.

Zentella, A.C. (1997a) *Growing Up Bilingual*. Oxford: Blackwell.

Zentella, A.C. (1997b) The hispanophobia of the Official English movement in the US. *The International Journal of the Sociology of Language* 127, 71–86.

Zentella, A.C. (2003) José, can you see? In D. Sommer (ed.) *Bilingual Games* (pp. 51–66). Nueva York: Palgrave Macmillan.

Zentella, A.C. (2007) 'Dime con quién hablas, y te diré quién eres': Linguistic (in)security and Latina/o unity. En J. Flores y Renato Rosaldo (eds.) *A Companion to Latina/o Studies* (pp. 25–38). Oxford: Blackwell.

Zentella, A.C. (2014) TWB (Talking While Bilingual): Linguistic profiling of Latina/os, and other linguistic torquemadas. *Latino Studies* 12 (4), 620–635.

Zentella, A.C. (2017) 'Limpia, fija y da esplendor': Challenging the symbolic violence of the Royal Spanish Academy. *Chiricú Journal* 1 (2), 21.

Zong, J. y Batalova, J. (2018) Dominican immigrants in the United States. *MPI Spotlight*, 9 de abril. Ver https://www.migrationpolicy.org/article/dominican-immigrants-united-states.

Zyzik, E. (2016) Toward a prototype model of the heritage language learner: Understanding strengths and needs In M. Fairclough y S. Beaudrie (eds.) *Innovative Strategies for Heritage Language Teaching: A Practical Guide for the Classroom* (pp. 19–38). Washington, DC: Georgetown University Press.

Índice

Printed in the USA
CPSIA information can be obtained
at www.ICGtesting.com
JSHW051738210823
46934JS00004B/76

9 781800 413931